3・11 後の教育実践記録

第2巻　原発被災校と3・11受入校

大森直樹　大橋保明　［編著］
一般財団法人 教育文化総合研究所　［編］

はじめに

大森直樹

本書は、2011年の東京電力福島第一原子力発電所事故後における教育の歩みを10年が経過した時点で振り返り、そのことを通じて、これからの教育のあり方を明らかにすることを目的としている。2011年に０歳で被ばくした子どもや避難した子どもは、2021年に小学５～６年生になり、今後に中学、高校、大学や就業へと進む。そうした子どもが、原発事故による被災の事実を改めて整理して受け止めることや、被ばくや避難を免れた子どもと一緒に原発災害について認識を深めていく学習を、小中高大においてどう具体化するべきか。こうした目的ともかかわって、本書には、類書とは異なる４つの特徴がある。

第１は、原発被災校の拡がりの大きさをふまえて、そこでの教育の歩みを振り返ろうとしていることだ。本書では、原発被災校を「避難区域、自主的避難等対象区域、汚染状況重点調査地域のいずれかに対応する地域の学校」と定義している。編者の大橋保明と大森直樹の調査によると、2011年３月時点で原発被災校は岩手・宮城・福島・茨城・千葉・栃木・埼玉・群馬８県の公立2,346校に及び、そこには73万5,660人の子どもが在籍していた。2,346という校数は、８県の公立校総数7,315の32パーセントに相当する。「原発被災校」＝「福島の学校」という教育界に拡がっている誤った認識を改めることも本書が意図していることである。

第２は、東北地方太平洋沖地震と東京電力福島第一原子力発電所事故（以下、３・11）がもたらした３・11受入校の拡がりの大きさをふまえて、そこでの教育の歩みについても振り返ろうとしていることだ。本書では３・11受入校を「震災により、震災前の学校と別の学校において受け入れた子どもが在籍する学校」と定義している。文科省によると「震災により、震災前の学校と別の学校において受け入れた幼児児童生徒の数」は2018年５月時点でも１万3,065人であり、そうした子どもが在籍する３・11受入校は47都道府県に拡がっている。各都道府県の受入数は、福島3,311人、宮城1,899人、岩手789人、新潟741人、山形664人、埼玉553人、茨城532人、北海道450人、東京445人、神奈川397人、残り37府県3,284人である。

第３は、原発被災校と３・11受入校における教育の歩みを、教育実践を中心に振り返ろうとしていることだ。教育実践とは、「教育の実際の活動を意識的に把握しようとする言葉」（横須賀薫「教育実践」『新教育学大辞典 第２巻』第一法規、1990年）であるが、ここでは次のことを確認しておきたい。

１つは、この言葉が、1951年３月の無着成恭編『山びこ学校』を皮切りとする教育実践記録の「めざましい刊行のなかで」（海老原治善『現代日本教育実践史』明治図書、1975年）、人々に支持されてきたこと。

２つは、その無着による教育実践においては、子どもの生活の事実が大切にされていたこと。無着は1948年に山形県山元村（現在の上山市）の山元中に社会科教員として着任した。無着は、「学級の２割の生徒が家の仕事の都合で欠席するというような、貧困きわまる村の現実」に接して、文部省著作の教科書（『日本のいなかの生活』）の内容と村の現実があまりにも異なること、教科書をそのまま教えたのでは嘘を教えることになることを痛感した（太郎良信「山びこ学校」『現代教育史事典』東京書籍、2001年)。それと同時に無着は、教科書に「自分たちの村の生活を振り返って〔中略〕新しいいなかの社会をつくりあげるよう努力すること」と書かれていたことにも着目し、戦前の綴方の教育方法についても活用を行い、新たな教育内容としても「子どもの生活の事実」を位置付けていった。

子どもの生活の事実を大切にすることと、国が定めてきた教育内容のプラスとマイナスを吟味して新たな教育内容をつくること。これらのことは、３・11後の学校において、いよいよ発展させなければならない教育実践の原則となるのではないか。

３つは、この言葉が、授業実践のみでなく、「国の教育政策そのものへの改革」にかかわる「教育課程改革」や「教育制度改革」も含めたものとして用いられてきたこと(『現代日本教育実践史』)。

第４は、以上のことをふまえて本書では、原発被災校と３・11受入校において「原発災害と向き合った教育実践の記録」を幅広く集めて収録していることだ。かつて教育学者の海老原治善は、日本の教員たちが「その時代の核心的な歴史的、社会的な教育課題にどう立ち向かったのか」という問いを立てて1912〜45年の教育実践史の研究を行い、戦前から戦後に引き継ぐべき「歴史的、社会的な教育課題」として「児童解放」「貧困」「反戦平和」「『地域』にねざす教育」があること、新たな教育課題として「疎外」「差別」があることを指摘していた(『現代日本教育実践史』)。これらの『歴史的、社会的な教育課題』に「原発災害」を加えるべきであると編者たちは考えている。

原発被災校において「原発災害と向き合った教育実践の記録」として、すでに公表されてきたものの中には、教員、高校生、元校長、研究者、保護者が作成した以下のものがある。

・中村晋(すすむ)「福島の高校生の絶望聞いて」(『朝日新聞』声欄、2011年５月27日)。福島の県立高教員の中村が教室における生徒のつぶやきを記録したもの。後に中村ほか『福島から問う教育と命』(岩波書店、2013年)に所収。
・福島県立相馬高の部活動「相馬高校放送局」において生徒が2011〜17年度に作成した約30の映像作品。同部の顧問だった渡部(わたのべ)義弘は同部卒業生と任意団体「相馬クロニクル」を立ち上げ作品の上映を続けている。
・具永泰(クヨンテ)ほか編『原発災害下の福島朝鮮学校の記録―子どもたちとの県外避難204日』(明石書店、2014年)。具は福島朝鮮学校元校長。郡山市にある同校の教職員が保護者と議論を重ねて県外の新潟朝鮮学校で合同授業を重ねた記録。
・大谷尚子(ひさこ)・白石草(はじめ)・吉田由布子(ゆうこ)『３・11後の子どもと健康―保健室と地域に何ができるか』(岩波書店、2017年)。研究者の大谷が宮城県の養護教諭松田智恵子ほかの取り組みを記録。
・木本さゆり「なぜすべての子どものことを考えるのか―松戸市における３・11後の子育てから」と佐藤登志子「３・11後の子育て―我孫子市における学校とのやりとりを中心に」『３・11後の子育てと学校』(東京学芸大学教育実践研究支援センター、2018年)所収。３・11後に関東子ども健康調査支援基金共同代表となる木本と佐藤の原発被災校の校区における子育ての記録。

これらはいずれも貴重な教育実践記録であり繰り返し参照されるべきものであるが、原発被災校と３・11受入校の拡がりの大きさをふまえたとき、これらだけでは原発災害下における教育の歩みを十分に明らかにしたことにはならない。そこで大森と大橋が着目したのが、全国の教育現場で毎年作成される教育実践記録のタイトルをもっとも体系的に整理した書誌として『日本の教育』(1952～2020年)と『日本の民主教育』(1990～2020年)があり、それらがいずれも東京学芸大学附属図書館にフルセットで収蔵されていることだった。前者は、日本教職員組合(日教組)が1952年6月に機関誌『教育評論』の臨時特集号として第1集に相当する書誌を発行したものであり、第2集を岩波書店が発行したこと等をへて、いま第69集がアドバンテージサーバーから発行されている。後者は、教育研究全国集会実行委員会が1990年10月に第1集に相当する書誌を労働旬報社から発行したものであり、いま第39集に相当する書誌の発行が大月書店から行われている。

今回、大森と大橋は、まず『日本の教育』の第61～69集に2011～19年度に公表された教育実践記録約5,400件のタイトルが掲載されていることを手がかりにして、それらの全ての本文を一般財団法人日本教育会館附設教育図書館において閲覧し、次の内容を備えた教育実践記録のリストアップを行った。原発被災校で原発災害と向き合った教育実践記録、準原発被災校で原発災害と向き合った教育実践記録、3・11受入校で原発災害と向き合った教育実践記録等、計61件である。そのうえで大森と大橋は、これらの教育実践記録の著者から許諾が得られたものを中心にして本書を編むための出版を計画した。この計画が一般財団法人教育文化総合研究所の支持と参加を得たことにより、2020年夏から本書の編集が始まり、42件の教育実践記録を以下の構成により収録することになった。

Ⅰ　原発被災校で原発災害と向き合った教育実践記録　30件
Ⅱ　準原発被災校で原発災害と向き合った教育実践記録　4件
Ⅲ　3・11受入校で原発災害と向き合った教育実践記録等　8件

本書の「Ⅰ」に収録した30件は、31校の教育実践を伝えている。31校の原発被災校の教育実践記録を1冊に収録したのは本書が初めてである。31校の中で2011年3月に存立していた学校は30校になるが、この30という数字は、2011年3月の原発被災校2,346校の1パーセントにすぎない。残る2,316校99パーセントでは、教職員・保護者・子どもが、原発災害とどう向き合ってきたのか、あるいは、向き合うにはいたらなかったのか。それらの事実が今後明らかにされる必要がある。本書に大橋が作成した原発被災校一覧を収録したのは、そのためである。

本書「Ⅱ」に準原発被災校で原発災害と向き合った教育実践記録を収録した理由についても記しておきたい。先に原発被災校の定義について述べたが、その定義だけでは、教職員・保護者・子どもの生活実感からは原発被災が認められている学校が被災校の特定から外れてしまうことがある。そこで本書では、原発被災校の定義から外れていても汚染への対処等が行われた学校は準原発被災校とみなすこととし、それらの学校で原発災害と向き合った教育実践記録についても収録した。

本書の「Ⅲ」に収録した教育実践記録はまだ8件に限られているが、これらから得られた新たな知見の1つに、「避難した子どもが安心して生活できる3・11受入校のイメージ」の重要性がある。こうしたイメージが教職員と子どもに共有されている学校では、避難した子どもが安心して自分の経験を話し始めることができる。こうした知見をひろく教育界に知らせることも、本書がとくに意図したことである。

本書の刊行にあたっては多くの人たちから激励と協力をいただいた。認定特定非営利活動法人原子力資料情報室の山口幸夫共同代表は、本書のために「3・11後の教育実践の課題」を寄稿してくださった。3・11受入校の定義に際して兵庫教育文化研究所と公教育計画学会における質疑から教えられたことは大きかった。日教組とそれに加盟する都道府県教職員組合（県教組）は、本書の刊行を支持するだけでなく、教育実践記録の著者への連絡についても便宜を図ってくださった。本書に収録した教育実践記録は、いずれも県教組の教育研究集会における討論をへたものである。教育実践記録の著者からは、コロナ下での多忙な職務の中で原稿の確認と本書への掲載の許諾をいただいた。著者から頂戴した許諾の書面の中には、以下のような添え書きもあった。

あれから10年になります。今も南相馬市内の学校に勤務しております。震災直後の夏、いち早い学校再開が優先され、汚染土を保管する場所も確保できなかったため、市内各校では、あろうことか校庭にその土を埋設しました。10年の時を経て、その汚染土を掘り出して中間貯蔵施設に運び入れるための工事が先月ようやく始まったところです。工事用の柵で仕切られ、来春まで校庭が半分しか使えずに不便な思いをしている子どもたちです。私たちの記憶や震災が残した苦い教訓を発信してくださるとのこと、大変心強く思います。拙いリポートで恐縮ですが、どうぞよろしくお願い致します（菅野哲朗記）。

ここに記された汚染土の校庭埋設とその取り出しは、2011年５月11日に文科省が「まとめて地下に集中的に置く方法」と「上下置換法」が校庭の線量低減に有効であるとの見解を福島県教育委員会に示したことを始まりとするものだった（大森直樹ほか編『資料集　東日本大震災と教育界 - 法規・提言・記録・声』明石書店、2013年）。汚染土の校庭埋設は、地方自治体の施策だが、国の政策にもとづき行われたものである。こうした国の政策を検証するためにも、原発被災校で原発災害と向き合った教育実践記録を私たちは読み続ける必要があるだろう。

本書の内容は「はじめに」「Ⅰ　解説　原発被災校一覧　教育実践記録」「Ⅱ　解説　教育実践記録」「Ⅲ　解説　教育実践記録」「Ⅳ　3・11後の教育実践の課題」「おわりに」の順になっているが、とくにⅠⅡⅢの教育実践記録42件はそれぞれが独立した内容を備えている。どうか自由な順番で読み進めていただきたい。

目　次

凡例

１．「Ⅰ」「Ⅱ」「Ⅲ」に収録した教育実践記録の対象

日本教職員組合が2011～19年度に主催した教育研究全国集会において報告されたリポート（以下、教育実践記録と記す）の中から42件を収録した。

２．「Ⅰ」「Ⅱ」「Ⅲ」における教育実践記録の排列

報告年度順に排列した。2011～19年度の教育研究全国集会の「開催年度」「開催次数」「開催地」「会期」は次の通りである。本書の目次や図表における「2011年度」という表記は、下記をふまえて「2012年１月28～30日に富山で開催された教育研究全国集会において報告された教育実践記録」の意で用いる。「2012年度」「2013年度」…についても同様とする。

2011年度	第61次	富山	2012年１月28～30日
2012年度	第62次	佐賀	2013年１月26～28日
2013年度	第63次	滋賀	2014年１月24～26日
2014年度	第64次	山梨	2015年２月６～８日
2015年度	第65次	岩手	2016年２月５～７日
2016年度	第66次	新潟	2017年２月３～５日
2017年度	第67次	静岡	2018年２月２～４日
2018年度	第68次	福岡	2019年２月１～３日
2019年度	第69次	広島	2020年１月24～26日

３．「Ⅰ」「Ⅱ」「Ⅲ」における教育実践記録の収録にあたって

教育研究全国集会において報告された教育実践記録は、一般財団法人日本教育会館附設教育図書館に開催年度と分科会ごとに製本され収蔵されている。それらの教育実践記録は「タイトル」「サブタイトル」「目次」「都道府県教職員組合名」「著者名」「報告時の所属校名等」「本文」「分科会の番号と名称」からなるが、本書への収録にあたっては以下のことを行った。

１）実践番号

本書における整理のため、タイトルの頭に実践番号を付した。この実践番号は、目次、解説、図表、原発被災校一覧の備考欄等における記載と対応している。

２）タイトルとサブタイトル

タイトルとサブタイトルを著者の了解を得て一部変更した。元のタイトルは図表２、６、11に記した。

３）実践が行われた学校の設置者と校種別等

読者の便宜のため、タイトルとサブタイトルの後に、実践が行われた学校の設置者略称と校種別等を〔兵庫県芦屋市　小学校〕のように記した。県立高校については〔千葉県（流山市）高校〕のように（　）内に学校が所在する市区町村名を記し、学校名を公表しない教育実践記録については〔(東京都) 小学校〕のように所在都道府県名を記し、家庭の教育実践記録については〔(埼玉県所沢市) 家庭〕のように家庭の所在自治体名を記した。１件の教育実践記録に複数校の教育実践が収録されている場合は「〔郡山市　中学校〕※」のように記した。

４）目次と都道府県教職員組合名と報告時の所属校名等

これらは省略した。

５）本文

原則として全文を収録したが、都道府県教職員組合が主催した教育研究集会の内容等を記した部分や図表や写真の多くは割愛した。読みやすくするため、本文の一部と、本文内の章・節・項の番号等は、著者の了解を得て一部変更した。

６）分科会の番号と名称

分科会の番号は省略し、分科会の名称を図表２、６、11に記した。

４．「Ⅳ　３・11後の教育実践の課題」について

初出時のタイトルは「３・11後の教育現場と社会への提案」であり、『「東日本大震災・原発災害と学校」研究委員会報告書　本編』（国民教育文化総合研究所、2016年３月）に掲載されたものである。本書への収録に際して著者の山口幸夫による加筆と修正をへている。

I

原発被災校で
原発災害と向き合った
教育実践記録

解　説　I

原発被災校一覧　2,346 校

教育実践記録 1 ～ 30

解説Ⅰ

大森直樹

原発被災校の拡がりと教育実践記録

本書では、原発被災校を「避難区域[1]、自主的避難等対象区域[2]、汚染状況重点調査地域[3]のいずれかに対応する地域の学校」と定義している。避難区域の内訳は、警戒区域（事故地点から20キロメートル）、計画的避難区域（年20ミリシーベルト）、緊急時避難準備区域（事故20～30キロメートル）の３区域で始まったものである。避難区域と自主的避難等対象区域は福島県内に、汚染状況重点調査地域は岩手・宮城・福島・茨城・千葉・栃木・埼玉・群馬の８県（以下、東日本８県）内に、いずれも国により指定されてきた。

大橋保明が作成した原発被災校一覧（本書29～78頁）によると、2011年３月時点で、原発被災校は東日本８県の公立2,346校に及び、そこには73万5,660人の子どもが在籍していた。2,346という校数は同８県の公立校総数7,315の32パーセントに相当し、73万5,660という人数は同８県の公立校児童生徒総数265万4000の28パーセントに相当する（図表１、３）。

だが、教育界には「原発被災校」＝「福島の学校」という誤った認識が拡がっている。その原因の１つに、国が、原発災害下で本来なら福島県外でも行うべき施策を福島県内に限って行ってきたことがある。文科省が、学校の線量の目安を福島県内に限って設けてきたことや、校庭の線量低減策を福島県内に限って示してきたこと等である（2011年５月11日の事務連絡）。原発災害による子どもの健康被害を明らかにすることにかかわる県民健康調査（甲状腺エコー検査）についても、福島県内に限って行われてきた。

なぜ国は、本来なら福島県外でも行うべき施策を福島県内に限って行ってきたのか。この問題に手がかりを与える記述が、福島県庁職員だった安西宏之による著書『毒砂』（2018年12月刊行・非売品）の中にある。同書は、2012年５月に同庁を退職して2017年に亡くなった著者が書き残したもので、全国で福島県だけが行った県民健康調査について、次のように述べている。まず、「通例、福島県庁は積極性に乏しく」「全国に先んじて新たな試みに乗り出すことを敬遠し」「やりたがらない傾向を持っていた」ことに触れている。次に、「『県民健康調査』は福島県だけが福島県の基準で行えばよいという問題では断じてない」ことと、「このような調査こそ国が主体となって関係都県と比較対象府県と

1　本書はその指定解除後の時期も対応する地域の学校を原発被災校とみなしている。

2　原子力損害賠償法（1961年法律第147号）により文科省に設置された原子力損害賠償紛争審査会が2011年12月６日に避難区域外23市町村を指定。本書はその指定前の時期も対応する地域の学校を原発被災校とみなしている。

3　放射性物質汚染対処特措法（2011年法律第110号）により環境省が2011年と2012年に８県104市町村を指定（巻末付録２）。「その地域の平均的な放射線量が１時間あたり0.23マイクロシーベルト以上の地域を含む市町村を、地域内の事故由来放射性物質による環境の汚染の状況について重点的に調査測定をすることが必要な地域」として指定した。本書はその指定前の時期と指定解除後の時期も対応する地域の学校を原発被災校とみなしている。

図表１　原発被災校数と児童生徒数（東日本８県　2010年度）

		校数	県全体	%	児童生徒数	県全体	%
岩手	小中	104	582		20,724	108,675	
	高特	22	83		6,883	32,860	
	計	126	665	18.9	27,607	141,535	19.5
宮城	小中	173	666		31,588	190,705	
	高特	28	105		11,079	51,567	
	計	201	771	26.1	42,667	242,272	17.6
福島	小中	636	747		156,684	176,923	
	高特	99	116		47,964	51,298	
	計	735	863	85.2	204,648	228,221	89.7
東北3県	計	1,062	2,299	46.2	274,922	612,028	44.9
茨城	小中	391	798		131,702	248,299	
	高特中等	71	129		34,175	67,465	
	計	462	927	49.8	165,877	315,764	52.5
千葉	小中	289	1,230		138,496	485,952	
	高特	48	170		26,753	107,143	
	計	337	1,400	24.1	165,249	593,095	27.9
栃木	小中	224	559		48,779	166,151	
	高特	30	83		13,406	43,157	
	計	254	642	39.6	62,185	209,308	29.7
埼玉	小中	38	1,247		16,481	578,739	
	高特	6	192		2,600	128,718	
	計	44	1,439	3.1	19,081	707,457	2.7
群馬	小中	155	512		36,466	171,462	
	高特	32	96		11,880	44,886	
	計	187	608	30.8	48,346	216,348	22.3
首都圏5県	計	1,284	5,016	25.6	460,738	2,041,972	22.6
東日本8県	総計	2,346	7,315	32.1	735,660	2,654,000	27.7

を一律の実施基準と専門性の高い検討会によって分析すべき」であることを指摘している。その上で、「何故今回に限って福島県は専行したのか」と疑義の念を示し、そこに「国による意図的な被災都県の分断と抵抗の弱体化策が見えてくる」と述べていた。

いずれにせよ、福島県外でも行うべき施策を福島県内に限って行ったことは、原発災害をあたかも福島県内に限られたものと人々に思わせる効果を持ち、その影響は今日まで続いている。

さて、2,346の原発被災校では、教職員・保護者・子どもが、原発災害とどう向き合ってきたのか。日本教職員組合編『日本の教育』第61～69集には、2011～19年度公表の教育実践記録約5,400件のタイトルが収録されている。それらの本文にあたると、原発被災校で原発災害と向き合った教育実践記録が43件あることがわかった（図表2）。その中から、本書に30件を収録している。以下、その30件を中心としながら、ここに収録できなかった13件の内容もふまえて解説を行うことにする。

まず、43件の県別の内訳は、岩手1件、福島41件、千葉1件である。この43件の中には、のべ50校の教育実践が記録されており、同一校の重複を数えない実数では41校の教育実践が記録されている（図表4）。なお、本書では、41校の中の1校である浪江町立なみえ創成中については、2018年の新校であるが、原発被災校である同町立の浪江中と浪江東中と津島中の休校と入れ替わりに開設した経緯があることから原発被災校と数えている（「3・11被災継承校」）。

こうした43件の教育実践記録から原発被災校における教育実践の成果を整理すると3点にまとめられる。

1　子どもの生活の事実を大切にする

第1は、原発災害下における子どもの生活の事実を記録してきたことだ。その一部を書き抜いてみたい。

原発災害に翻弄される子ども

事故20キロメートル圏内にあった浪江町立浪江中は、警戒区域[4]に指定されて、二本松市にある旧学校校舎（旧二本松市立針道小）に臨時移転を行った[5]。浪江町教育委員会が同所への臨時移転を決めたのは2011年7月4日であり、それまでに200人以上の生徒が転出し、8月における浪江中への入学者は33人だった。同校に震災前から勤めていた渡邊康尊（やすたか）は、**実践4**において、同年に浪江中からI市の学校に転出した子どもの言葉を書きとめている。

> 先生、自分達はもう浪江に帰れないですよ。だから、I市でがんばるしかないんです。高校もサテライトでなくてI市内の高校に進学します。でも、自分が浪江町民だということは忘れなくないです。それは絶対に失いたくないです。

南相馬市立福浦小は、警戒区域に指定されて、市内の事故30キロメートル圏外にある八沢小に間借りをする臨時移転を行った[6]。南相馬市教育委員会が同校への臨時移転を決めたのは浪江町より早く、4月22日から始業したが、それでも入学者は十数人で、同校に震災前から勤めていた大和田修が子どもの転出先を調べると次のようだった（**実践3**）。

4　原子力災害特別措置法（1999年2月17日法律第156号）により設置された原子力災害対策本部（本部長は内閣総理大臣）が2011年4月21日の「指示」により福島第一原発事故20キロメートル圏を立ち入り禁止にしたもの。福島県と6市町（南相馬市・浪江町・双葉町・大熊町・富岡町・楢葉町）の教育委員会は同区域の学校の臨時休業と臨時移転（いずれも県内）を行った。

5　その後、同所で8年8ヵ月間の間借りが続いた。

6　その後、八沢小8ヵ月間、鹿島小1年4ヵ月間、鹿島中4年間、小高小4年間と10年間の間借りが続いた。

県内（人）

相馬市６　飯舘村１　伊達市１　いわき市２　二本松市６　福島市17　会津若松市５　猪苗代町２　小野町１

県外（人）

宮城県６　山形県７　茨城県11　栃木県２　群馬県２　埼玉県12　千葉県３　東京都１　神奈川県５　新潟県８　富山県１　石川県１　福井県１　長野県３　京都市２　大阪府３　愛媛県１　熊本県１

入学した十数人の子どもを放射線から守るため、「屋外での活動は行わず、できるだけ屋外に出ないように」して、「どうしても行う場合は、事前に放射線量を測定してから行う」ようにした。屋外にでるときは「マスク・帽子」をして「肌をできるだけ露出せず、帰ればうがい手洗い」を行った。また、「窓はできるだけ開けないように」した。

事故30キロメートル圏内にあった南相馬市立原町第三小は、緊急時避難準備区域[7]に指定されて、市内の事故30キロメートル圏外にある鹿島小に間借りをする臨時移転を行った。[8] １ヵ月をすぎると、転校する子どもと併せて、転入する子どももみられるようになる。同校に震災前から勤めていた菅野哲朗（てつお）は、次のように記している（**実践２**）。

戻ってくる子どもも事情は様々である。避難先での学校生活につまずいて戻ってくる子どもも少なくない。原発事故や放射線をネタにからかわれて傷ついた、などという声も聞こえてきた。

事故40キロメートル地点にあった相馬市立桜丘小では、放射能の影響を考慮して集団登校は取りやめ、保護者の送迎に切り替えることが行われたが、臨時移転や臨時休業は行われなかった。同校の槇和恵は、事故１年目の子どもの感想を書きとめている。「はじめは、体に影響がない。と言われていたのに、どんどん情報が変わっていく。何を信じていいのか分からなくなった」（**実践６**）。

福島市にある大笹生養護学校では、４月６日から新学期が始まった。子どもの中には、「震災後のトラウマからか、小さな余震があったり、緊急地震速報に似た音が鳴ったりしただけで、パニックになってしまう子ども」が多かった。さらに難しかったのは子どもに被ばくを避けさせることだった。屋外活動に制限時間を設けたが、「子どもたちがその理由を理解するのは難し」く、「隠れて外に出」たり、外に出られないストレスのためか「いらだったりしている子ども」が多く見られた（**実践11**）。

福島県の中通り（福島県中部）にある郡山市の学校では、2011年６月から、校庭から剥離した汚染土を校庭に埋設することや、校舎周辺や通学路の除染が行われた。郡山市立小山田小の田母神真一が、当時のこととして、「保護者や教師の除染活動を遠くから見たり、作業の内容を質問したりする

7　原子力災害対策本部が2011年４月22日の「指示」により計画的避難区域を除く事故20〜30キロメートル圏の大部分に設定。区域内の居住者に「常に緊急時に避難のための立退き又は屋内への退避が可能な準備を行うこと」を求め、あわせて、「引き続き自主避難」を求め、「保育所、幼稚園、小中学校及び高等学校」に「休所、休園又は休校とすること」を求めた。福島県と４市町村（南相馬市・田村市・広野町・川内村）の教育委員会は同区域の学校の臨時休業と臨時移転（いずれも県内）を行った。

8　４月22日に始業し、緊急時避難準備区域の解除により10月17日に自校に戻った。

図表２　原発被災校で原発災害と向き合った教育実践記録43件（2011-19年度）

著者	実践校（県）	タイトル（分科会）実践記録番号
2011年度		
藤田美智子	福島市立平野中（福島）	「60キロ圏外まで逃げないと！」（日本語教育）1
田母神真一	郡山市立小山田小（福島）	福島県内の放射線管理区域レベルにおける小学校社会科について（社会科教育）7
森川正徳	一関市立花泉中（岩手）	文部科学省からの学習用機器貸出『はかるくん』を借りて放射線量を調べよう（理科教育）
槇和恵	相馬市立桜丘小（福島）	福島原発事故による理科教育への影響（同上）6
内村勝男	桑折町立睦合小（福島）	大震災・原発事故から何を学ぶのか（保健・体育）5
渡邊康尊	浪江町立浪江中（福島）	福島県の教育現場は今（人権教育）4
柴口正武	広野町立広野中（福島）	原発事故・・・私たちは何ができ、何ができなかったか。そして、これから何をすべきか（環境・公害と食教育）8
菅野哲朗	南相馬市立原町第三小（福島）	震災・原発事故被災地から　壊れてしまった学校（カリキュラムづくりと評価）2
大和田修	南相馬市立福浦小（福島）	原発事故後の学校や子どもの現状と課題（地域における教育改革とPTA）3
2012年度		
大槻知恵子	福島市立蓬莱中（福島）	文科省版『放射線副読本』についての検討と理科の授業における放射線教育の試み（理科教育）10
深谷拓男	矢吹町立矢吹小（福島）	郷土福島復興の願いを込めて（美術教育）9
前田文子	郡山市立宮城中（福島）	学校における「放射線教育」の試み（保健・体育）
栗山和幸	郡山市立大槻小（福島）	原発事後後の体育学習の現状のとりくみ（同上）
三浦俊彦	福島市立松川小（福島）	放射線教育の実践から（環境・公害と食教育）
菊池ゆかり	福島県立大笹生養護学校・いわき養護学校（福島）	震災・原子力災害から考えるインクルーシブ教育（障害児教育）11
2013年度		
伊藤弥	須賀川市立白江小（福島）	福島からの震災・原発の授業（社会科教育）15
佐藤雄一	伊達市立伊達中（福島）	原発事故以後の「避難区域」の状況と課題と福島第一原発事故後の福島における放射線教育のあり方（理科教育）14
鈴木祐美	南相馬市立鹿島小（福島）	「モンスター」に思いを込めて（美術教育）
伏見市子	相馬市立中村第一小（福島）	東日本大震災・原発事故からの福島の今（保健・体育）
佐藤毅	川俣町立山木屋中（福島）	「フクシマ」を生きる（両性の自立と平等をめざす教育）※
飯塚裕一	郡山市立薫小・柴宮小（福島）	放射線教育の実践（環境・公害と食教育）13
山本晴久	千葉県立流山おおたかの森高（千葉）	「コンセンサス会議」の手法を用いた「千葉県柏市における放射能問題」授業実践（同上）12
2014年度		
深谷拓男	矢吹町立矢吹小（福島）	家庭科を通して見つめさせる「命と絆」の教育（家庭科教育）

阿部弘子	相馬市内公立小（福島）	ぼくたちの福島・・・希望、そして未来に向かって！（自治的諸活動と生活指導）
大槻真孝	相馬市立向陽中（福島）	あの日から今まで（人権教育）17
柴口正武	広野町立広野中（福島）	「原発事故」に向き合う！（環境・公害と食教育）16

2015年度

佐藤誠	棚倉町立高野小（福島）	震災・原発事故を見つめなおす社会科教育（社会科教育）19
伊藤弥	須賀川市立白江小（福島）	福島からの震災・原発の授業パート2（同上）21
鶴島孝子	南相馬市立原町第一小（福島）	放射線教育（保健・体育）20
佐藤方信	三島町立三島小（福島）	小学校におけるシイタケ栽培、ダイズ栽培、味噌造りの実践（技術・職業教育）
柴口正武	楢葉町立楢葉中（福島）	「教材ふたば」の実践から人権を考える（人権教育）18
坂井聡	相馬市立中村第二小（福島）	「フクシマ」における放射線教育の実践（子ども・教職員の安全・健康と環境・食教育）

2016年度

押部逸哉	郡山市立郡山第六中・福島市立蓬葉中・浅川町立浅川小・福島市立信陵中（福島）	原発事故を伝え、健康と生命を守る放射線教育（子ども・教職員の安全・健康と環境・食教育）23
押部香織	県内公立小（福島）	はじめての「平和教育」実践リポート（平和教育）24
柴口正武	浪江町立浪江中（福島）	ふるさとについて知ろう（総合学習と防災・減災教育）22

2017年度

深谷拓男	矢吹町立矢吹小（福島）	家庭科を通して見つめさせる福島の「命と絆」の教育（家庭科教育）25
三浦俊彦	福島市立渡利小（福島）	放射線教育の実践（子ども・教職員の安全・健康と環境・食教育）

2018年度

伊藤弥	天栄村立大里小（福島）	福島からの避難した児童へのいじめの授業（自治的諸活動と生活指導）26
菊池ゆかり	石川町立石川小・福島市立大久保小（福島）	「放射線教育」における人権教育学習の実践（人権教育）27
三浦俊彦	福島市立渡利小（福島）	東京電力福島第一原発事故8年目（子ども・教職員の安全・健康と環境・食教育）

2019年度

日野彰	富岡町立富岡第一中（福島）	放射線教育と福島の現状（同上）28
今野美保	いわき市立中央台東小（福島）	福島県にいる人としての悩みと平和教育（平和教育）29
柴口正武	浪江町立浪江中・浪江町立なみえ創成中（福島）	「ふるさと浪江」を発信（総合学習と防災・減災教育）30

※橋本康子による教育実践記録「『フクシマ』の今」の一部として報告されたもの。

図表３　自治体別原発被災校数（2011年3月）

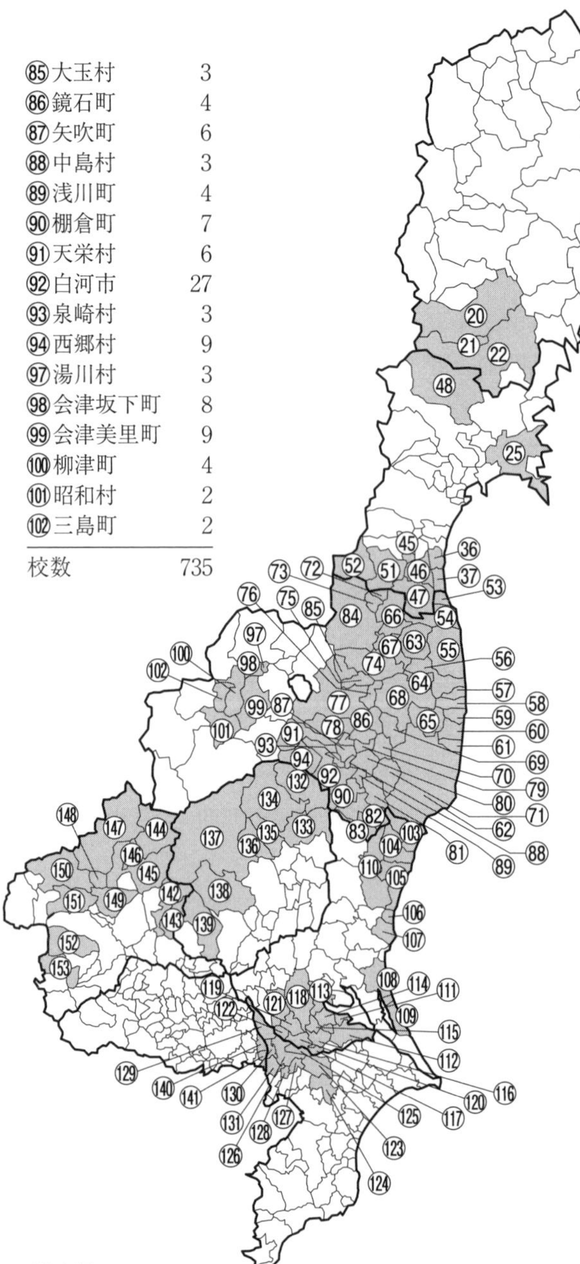

原発被災校がある市町村

総校数 2,346

岩手県

20	奥州市	55
21	平泉町	3
22	一関市	68
	校数	126

宮城県

25	石巻市	74
36	亘理町	11
37	山元町	8
45	大河原町	8
46	角田市	14
47	丸森町	14
48	栗原市	47
51	白石市	21
52	七ヶ宿町	4
	校数	201

福島県

53	新地町	5
54	相馬市	18
55	南相馬市	26
56	浪江町	11
57	双葉町	4
58	大熊町	4
59	富岡町	6
60	楢葉町	3
61	広野町	2
62	いわき市	139
63	飯舘村	5
64	葛尾村	2
65	川内村	3
66	伊達市	30
67	川俣町	9
68	田村市	26
69	小野町	7
70	平田村	7
71	古殿町	7
72	国見町	6
73	桑折町	5
74	二本松市	26
75	本宮市	11
76	三春町	12
77	郡山市	103
78	須賀川市	34
79	玉川村	5
80	石川町	12
81	鮫川村	4
82	塙町	8
83	矢祭町	6
84	福島市	89
85	大玉村	3
86	鏡石町	4
87	矢吹町	6
88	中島村	3
89	浅川町	4
90	棚倉町	7
91	天栄村	6
92	白河市	27
93	泉崎村	3
94	西郷村	9
97	湯川村	3
98	会津坂下町	8
99	会津美里町	9
100	柳津町	4
101	昭和村	2
102	三島町	2
	校数	735

茨城県

103	北茨城市	19
104	高萩市	11
105	日立市	49
106	東海村	9
107	ひたちなか市	38
108	鉾田市	27
109	鹿嶋市	20
110	常陸太田市	30
111	美浦村	5
112	稲敷市	21
113	土浦市	35
114	阿見町	12
115	牛久市	15
116	龍ケ崎市	23
117	利根町	4
118	つくば市	59
119	つくばみらい市	16
120	取手市	31
121	常総市	24
122	守谷市	14
	校数	462

群馬県

142	みどり市	17
143	桐生市	39
144	片品村	5
145	沼田市	29
146	川場村	2
147	みなかみ町	11
148	高山村	2
149	渋川市	33
150	中之条町	9
151	東吾妻町	11
152	安中市	23
153	下仁田町	6
	校数	187

栃木県

132	那須町	18
133	大田原市	38
134	那須塩原市	40
135	矢板市	16
136	塩谷町	7
137	日光市	45
138	鹿沼市	47
139	佐野市	43
	校数	254

埼玉県

140	吉川市	12
141	三郷市	32
	校数	44

千葉県

123	印西市	31
124	佐倉市	39
125	我孫子市	23
126	柏市	72
127	白井市	15
128	鎌ヶ谷市	16
129	野田市	35
130	流山市	30
131	松戸市	76
	校数	337

図表4　原発災害と向き合った教育実践が記録された原発被災校数（2011-2019年度）

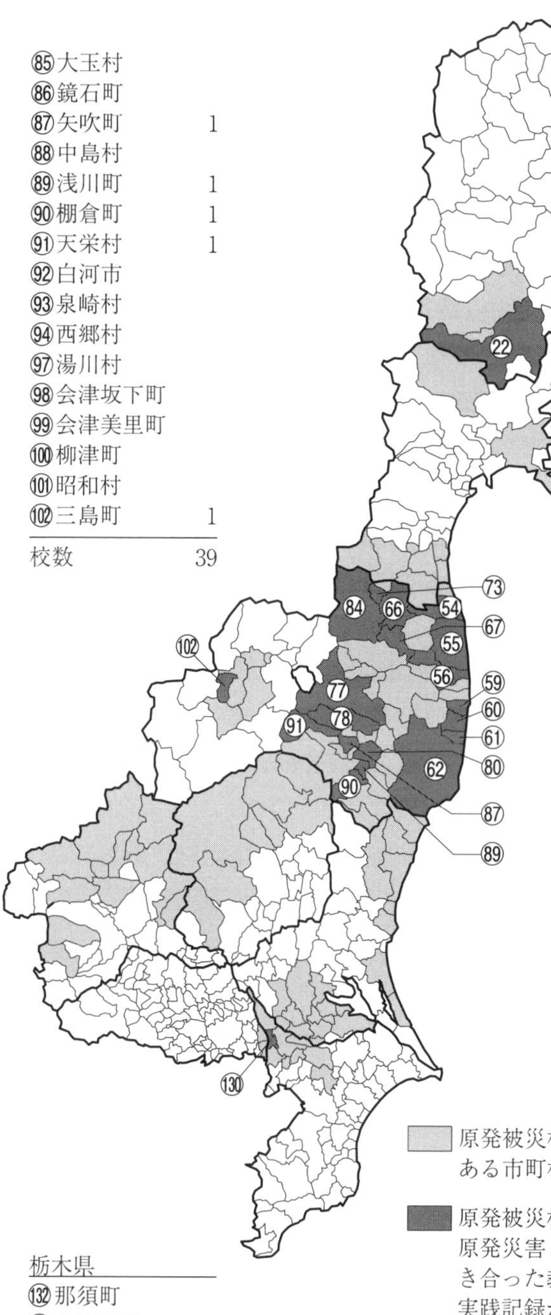

原発被災校がある市町村

原発被災校で原発災害と向き合った教育実践記録が認められた市町村

総校数 41

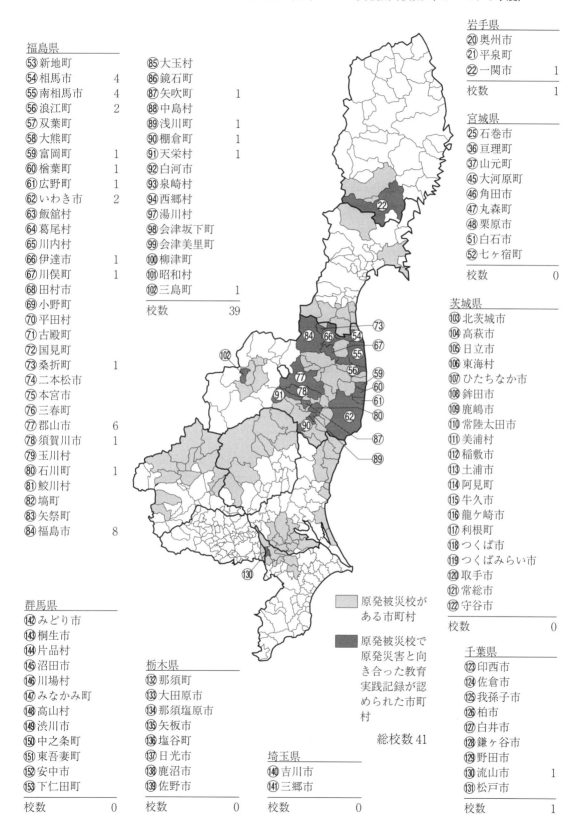

岩手県

⑳奥州市	
㉑平泉町	
㉒一関市	1
校数	1

宮城県

㉕石巻市	
㊱亘理町	
㊲山元町	
㊺大河原町	
㊻角田市	
㊼丸森町	
㊽栗原市	
(51)白石市	
(52)七ヶ宿町	
校数	0

福島県

(53)新地町	
(54)相馬市	4
(55)南相馬市	4
(56)浪江町	2
(57)双葉町	
(58)大熊町	
(59)富岡町	1
(60)楢葉町	1
(61)広野町	1
(62)いわき市	2
(63)飯舘村	
(64)葛尾村	
(65)川内村	
(66)伊達市	1
(67)川俣町	1
(68)田村市	
(69)小野町	
(70)平田村	
(71)古殿町	
(72)国見町	
(73)桑折町	1
(74)二本松市	
(75)本宮市	
(76)三春町	
(77)郡山市	6
(78)須賀川市	1
(79)玉川村	
(80)石川町	1
(81)鮫川村	
(82)塙町	
(83)矢祭町	
(84)福島市	8
(85)大玉村	
(86)鏡石町	
(87)矢吹町	1
(88)中島村	
(89)浅川町	1
(90)棚倉町	1
(91)天栄村	1
(92)白河市	
(93)泉崎村	
(94)西郷村	
(97)湯川村	
(98)会津坂下町	
(99)会津美里町	
(100)柳津町	
(101)昭和村	
(102)三島町	1
校数	39

茨城県

(103)北茨城市	
(104)高萩市	
(105)日立市	
(106)東海村	
(107)ひたちなか市	
(108)鉾田市	
(109)鹿嶋市	
(110)常陸太田市	
(111)美浦村	
(112)稲敷市	
(113)土浦市	
(114)阿見町	
(115)牛久市	
(116)龍ケ崎市	
(117)利根町	
(118)つくば市	
(119)つくばみらい市	
(120)取手市	
(121)常総市	
(122)守谷市	
校数	0

千葉県

(123)印西市	
(124)佐倉市	
(125)我孫子市	
(126)柏市	
(127)白井市	
(128)鎌ヶ谷市	
(129)野田市	
(130)流山市	1
(131)松戸市	
校数	1

栃木県

(132)那須町	
(133)大田原市	
(134)那須塩原市	
(135)矢板市	
(136)塩谷町	
(137)日光市	
(138)鹿沼市	
(139)佐野市	
校数	0

埼玉県

(140)吉川市	
(141)三郷市	
校数	0

群馬県

(142)みどり市	
(143)桐生市	
(144)片品村	
(145)沼田市	
(146)川場村	
(147)みなかみ町	
(148)高山村	
(149)渋川市	
(150)中之条町	
(151)東吾妻町	
(152)安中市	
(153)下仁田町	
校数	0

子どもが多数」だったこと、「子どもたちは、団体行動での指示に従うことが多く、生徒指導の問題が起きてこなかったが、室内で過ごすことが多い中で奇跡的」だったことを書きとめている（**実践７**）。

2011年度は東日本の多くの学校で放射性物質による汚染への対策がとられたが、市区町村ごとに対応の違いがあり、同一の市区町村内でも学校ごとに対応にはばらつきがみられた。福島県の中通りにある桑折町立睦合小の内村勝男が、次のように記している（**実践５**）。「幼稚園、小学校のほとんどが屋外活動を制限している時期に、中学校、高校では部活動を再開」していた。

測定値をどう評価すればよいか

原発災害下の子どもの生活の事実の中には、放射線量の測定値が含まれている。教職員による測定値の入手にも様々な事例があった。岩手県の南に位置する一関市内の中学では、事故後に教育委員会から特段の指示もないことから「特に問題なし」と生徒に伝えていく動きがあった。だが、隣の藤沢町の稲わらの汚染が報道されるようになる。同校の教員は、文科省から測定器を借用して、2011年８月から学校における空間線量の測定を始めた。11月１日の測定値は野球部応援場所が１時間0.78マイクロシーベルトだった。生徒からは「自分の身近なところにとても高い数値の放射線量が出て驚いた。これからの生活の中で草むらや雨水のたまるところに近づかいないように気をつけたい」などの感想が出された（図表２の2011年度森川実践）。

相馬市立桜丘小では、同年、職員と東京大学院工学系研究科原子力国際研究室による空間線量の測定が並行して行われた（**実践６**）。９月10日、校庭中心は表土除去後でも１時間0.48マイクロシーベルトだった（地表100センチメートル）。郡山市立柴宮小では、飯塚裕一が2013年７月に空間線量の測定を行った（**実践13**）。学校農園は１時間0.74マイクロシーベルトだった（いずれも地表近く）。

一関市内中、桜丘小、柴宮小のほかにも、本書に収録した教育実践記録には多くの測定値が記されている。これらの測定値をどう評価したらよいか。これらの中には、測定に習熟した者により得られた値もあれば、測定の初心者により得られた値も含まれている（たとえば測定器に放射性物質が付着していると正確な値が得られない。測定器の管理ひとつとっても習熟が求められる）。測定器の違いや、測定条件の違いもある。教職員による測定値だけでなく、行政が行った測定値も含めて、あらゆる測定値については慎重な評価を行うことがまず必要だ。それと同時に、原発被災校に通う子どもの生活の安全を考えるために、本書に掲載された測定値から、改めて考えなければならない問題は多い。ここでは、２つのアプローチをセットにした評価のあり方を仮説的に示してみたい。

１つ目のアプローチは、国が示した線量限度や目安にもとづく評価をとりあえずは行うことだ。だが、これが一筋縄ではいかない。原発災害下の日本の教育界では、空間線量について、異なる線量限度と目安が福島県の内外で並走しており、１年あたりの線量限度や目安（年○○ミリシーベルト）から１時間あたりの線量限度や目安（１時間○○マイクロシーベルト）を求める際にも、異なる換算式がとられているからだ。しかも、それらの事実がほとんど共有されていない。

原発事故前の2001年、経産省が定めた一般区域の線量限度は年１ミリシーベルトだった（自然放射線量を含めず）。１時間の線量限度をXマイクロシーベルトとしたとき、Xは次頁の換算式で求められ0.11となる。自然放射線量１時間 0.04を加えると0.15となり、これが１時間の線量限度となる。この線量限度によれば、一関市内中、桜丘小、柴宮小における上記の測定値はいずれも線量限度超である。

X×24（時間）×365（日）＝1（ミリシーベルト）×1000　　一般的な換算式①

原発事故後の2011年4月、文科省が福島県内校に示した利用判断の線量の暫定的な目安は年20ミリシーベルトだった（自然放射線量を含めていると推定される）。1時間の線量をXマイクロシーベルトとしたとき、Xは以下の式で求められ2.28となる。ただし、文科省は別の式を用いてXを3.8として、これを1時間の暫定的な目安としている。これらのことを文科省が局長の通知で行ったことも注目に値する。経産省は告示により線量限度を示していたが、告示よりも位置づけの低い通知により、福島県内の学校における線量限度は実質的に変更された。経産省の法規によれば線量限度超の学校の多くが、文科省の通知によれば暫定的な目安内になり、福島県内外の教育界から、とりわけ保護者からのきびしい批判を招いた。

X×24（時間）×365（日）＝20（ミリシーベルト）×1000　　一般的な換算式②

同年8月、文科省が福島県内校に改めて示した利用判断の線量の目安は年1ミリシーベルトだった（自然放射線量を含めず。内部被ばく線量も含めるとしているが、ここでは他の線量限度や目安と比較するため、内部被ばくは0と仮定して以下の考察を行う）。1時間の線量をXマイクロシーベルトとしたとき、Xは一般的な換算式①で求められ0.11となる。自然放射線量 0.04を加えると0.15である。ただし、文科省は独自の考え方を用いて、0.15ではなく、1マイクロシーベルトを1時間あたりの目安としている（自然放射線量と内部被ばく線量を含む）。文科省は、これ以降に線量の目安の変更を行っておらず、年1ミリシーベルト、1時間1マイクロシーベルトが、今も福島県内の学校には適用されている。この目安によれば、一関市内中、桜丘小、柴宮小における上記の測定値はいずれも目安内である。

同年12月、環境省が汚染状況重点調査地域の指定の要件としたのは1時間あたり0.23マイクロシーベルト以上の放射線量だった。自然放射線量を 0.04マイクロシーベルトとし、1年あたりの追加線量をYミリシーベルトとしたとき、Yは一般的な換算式③で求められ1.7となる。ただし、環境省は別の式を用いてYを1としている。いずれにせよ、これらの要件によれば、一関市内中、桜丘小、柴宮小における上記の測定値はいずれも指定の要件に適合である。

（0.23－0.04）×24（時間）×365（日）＝Y（ミリシーベルト）×1000　　一般的な換算式③

以上の内容をまとめると図表5のようになる。グレーで表示した部分が今も適用されている線量限度と目安と指定要件である。1年あたりの線量限度と目安と指定要件はいずれも1ミリシーベルトであるが、1時間あたりのそれらは0.15マイクロシーベルト、1マイククロシーベルト、0.23マイクロシーベルトとばらつきがある。この中で突出して大きな値が、文科省の1マイククロシーベルトである。なぜ文科省は、一般的な換算式を用いることなく、独自の考え方で1マイククロシーベルトを導いたのか。

図表５　線量限度と目安と指定要件（　内は2021年３月現在適用）

法令通知	概要	年あたり値 ミリ シーベルト	時間あたり値 マイクロ シーベルト	備考
2001経産省 ３・21告示[1]	一般区域の線量限度	1	0.15※	右欄の値は一般的な換算式［(X－0.04)×24×365＝１×1000］による。
2011文科省 ４・19通知[2]	福島県内校利用判断の暫定の目安	20	3.8	右欄の値は４・19通知の換算式［X×８×365＋X×0.40×16×365＝20×1000］による。１日に屋外８時、屋内（遮へい効果0.40倍）16時滞在を想定。
2011文科省 ８・26通知[3]	福島県内校利用判断の目安	1	1※	右欄の値は８・26通知の考え方による。学校生活のみ（６・５時×年200日）を対象とし、１日に屋外２時、屋内（遮へい効果0.40倍）4.5時滞在を想定。
2011環境省 12・14省令[4]	汚染状況重点調査地域の指定要件	1	0.23※	左欄の値は環境省の換算式[5]［0.19×８×365＋0.19×0.40×16×365＝Y×1000］による。１日に屋外８時、屋内（遮へい効果0.40倍）16時滞在を想定。
【参考】 岩見億丈医師の見解[6]	子どもの追加被ばく限度	0.003	0.00034	右欄の値は一般的な換算式［X×24×365＝0.003×1000］による。

※　自然放射線量 0.04(環境省による国内平均値)を加算した値

1　2001年３月21日経済産業省告示第187号「実用発電用原子炉の設置、運転等に関する規則の規程に基づく線量限度等を定める告示」第３条
2　2011年４月19日文科ス第134号「福島県内の学校の校舎・校庭等の利用判断における暫定的考え方について（通知）」
3　2011年８月26日文科ス第452号「福島県内の学校の校舎・校庭等の線量低減について（通知）」
4　2011年12月14日環境省令第34号「汚染廃棄物対策地域の指定の要件等を定める省令」
5　2011年９月27日環境省の第２回環境回復検討会における資料５「除染特別地域・汚染重点調査の指定要件等の要素(案)」
6　岩見億丈「放射線被ばくリスク　共通の評価値浸透望む」『河北新報』2015年12月17日

手がかりを与えるやりとりが船橋淳『フタバから遠く離れて』（岩波書店、2012年、73頁）に記録されている。４月に年20ミリシーベルトの暫定的な目安が出されたことの問題性について、福島の保護者たちが文科省の担当者に詰め寄ったときのことだ。船橋は、「文科省の役人が放った」発言に耳を疑った。その発言は、「『基準を厳しくしすぎると福島県内の学校の運営が立ちゆかなくなる』というものだった。一瞬、会場は静まりかえった。…子どもたちの命の問題だというのに」。こうした発言にみられる文科省の考え方については、国会事故調報告にも次の指摘がある。「その後、文科省は４月９日、検討すべき問題を学校再開の可否ではなく、学校の再開を前提とした学校の校舎・校庭等の利用判断基準の数値へと変更」[9]した。文科省は、子どもの健康と命を守るためではなく、学校再開のために目安をつくったのである。その考え方は８月の通知にも当てはまる。８月の目安は、１年あたりの目安については１ミリシーベルトを掲げて、あたかも原発事故前の線量限度に戻したことを装いながら、学校を継続させるために４月の目安を再調整するものだった。

２つ目のアプローチは、国が示してきた線量限度や目安それ自体についても検討を行い、子どもの

9　東京電力福島原子力発電所事故調査委員会『国会事故調報告書』徳間書店、2012年、428頁。

健康と命を守るための基準を保護者と教職員の協力により探し出し、その基準に照らして、測定値の評価を行っていくことだ。だが、まだ日本の教育界は、子どもの健康と命を守るための基準を探し出して立場をこえた合意をつくるところには進んでいない。ここでは、今後における議論の叩き台として、そもそも年１ミリシーベルトについても「高すぎる」という見解が出されていること、岩見億丈医師から年0.003ミリシーベルトの提案が行われていることを示しておきたい（詳しくは山口幸夫執筆の本書461〜462頁参照）。

原発事故直後の学校について、相馬市内で勤務していた大槻真孝による次のような観察がある（**実践17**）。「政府から流される『ただちに影響はない＝安全である＝心配はない』というマインドコントロールにより、私たちの周囲は放射能を怖がらないで良いものと刷り込まれていった」。いま改めて、線量の基準について考える必要がある。

時間の経過の中で

原発事故から数年が経過した子どもの生活の事実についても、次のような記述がある。福島県の中通りにある伊達市立伊達中の佐藤雄一は、「一昨年度〔2011年度〕は、週末の度に〔線量の少ない〕県外に旅行に出かける家庭や給食を食べずに弁当を持参する生徒が数名いたが、昨年度〔2012年度〕はやや減少し、今年度〔2013年度〕はいない」（**実践14**）。

福島県内小学校の押部香織は、「５年以上経過したが、未だに福島県内では放射能の影響を受け続けている」と述べて、県民健康調査（甲状腺検査）が同校で行われたときのことを次のように記している（**実践24**）。

> 子どもから「どうして、こんな検査を受けなきゃいけないの？」という質問があった。その時、その場にいたおとなたちは黙ったり、「病気を早く見つけるためだから」といった曖昧な説明をしたりするだけであった。

福島県の浜通り（福島県沿岸部）にあるいわき市立中央台東小の今野美保は、2014年度に小１を担任したが、その子どもたちが震災時に３歳だったことに着目をして、その子どもたちにとっては「東日本大震災や、原発事故が、歴史の学習になりつつある」ことを書きとめている（**実践29**）。南相馬市立原町第一小の養護教諭の鶴島孝子は、2015年度の報告の中で、「子どもたちのほとんどが、家庭において『放射線』のことで気をつけることは何も言われていない、と答えていた」と記している（**実践20**）。

こうした子どもの生活の事実を無視するのではなく大切にして、そこから教育実践を進めようとしていることが、43件の教育実践記録の多くにみられる共通の成果である。

2　新たな教育内容をつくる

第２の成果は、子どもの生活の事実をふまえて、新たな教育内容をつくりだしてきたことだ。戦後の教育実践は、国が定めてきた教育内容を吟味してそれらをつくりかえるとりくみを今日まで重ねてきた。それらのことも背景にして、以下の教育内容がつくられてきた。

自由な表現を引き出す

1つは、原発災害下で生活を圧迫された子どもから自由な表現を引き出す教育内容である。福島県の中通りにある矢吹町立矢吹小の深谷拓男は、原発事故から9ヵ月が過ぎた頃に次のことを考えていた。「今の福島で、教科書通りの指導で良いのだろうか」「子どもたちが本当に表現したいと思っていることを引き出せる授業ができているのだろうか」。そこで、4年生の図画工作でとりくんだのは、「震災と汚染に苦しむ故郷矢吹、福島をテーマ」にして、「ヒーロー仮面」をつくることだった（**実践9**）。「時には怒りを持ち正しくそれを伝えること」「怒りはあるが、もとの美しい福島を取り戻し、安心して平和な心で福島で成長し、暮らせるアイテムを考える」ことなどが指導の要点に掲げられた。「福島自然仮面」をつくった子どもの感想は、「この仮面を作って40年後には、放射能がない福島になってもらいたい」だった。この仮面のアイテムには再生可能な自然エネルギーのアイディアも盛られていた。「頭の2本の木と五本松は放射能を吸い込み、炎で燃やし、空気を口で出す」「ご飯を食べると米は薬なので体中の放射能を消せる」「鼻の下のミニ風車は鼻息で電気をつくる」。子どもたちのどの作品にも、ユーモアの中に現実の厳しさ、放射能汚染への不安が表現されていた。[10]

福島市立平野中の藤田美智子は、2011年度の新学期、中3の国語で、まず3月11日の体験を綴らせて、学年文集『私たちの3・11－東日本大震災』をつくった（**実践1**）。だが、継続して書かせる機会はつくれないでいた。しばらくしてから、藤田は、「どうも変だぞという気が」するようになった。「校地の放射線量を測る毎日は、決してあたりまえの『日常』ではない。だが、気がつくと、何ごとも起きてはいないのではと錯覚するような教育活動が展開されて」いた。子どもたちに「いったい原発のことをどう考えているのか」を聞いてみると、まずは「仕方がないよ」という答えがあり、そのうちに、「本当は不安だけど、不安だなんていうと、友だちからバカにされそうで言えない」という答えが返ってきた。藤田は、子どもたちが「原発のことを、だれとも本音で話してはいないのではないか。原発事故や放射能への不安や心配をだれとも共有することなく、何ごともないようにふるまってきているのではないか」と考え、夏休み前に改めて作文の授業を組んだ。生活の中で果樹園の仕事を見てきた子どもが次のように書いている。

> 果樹園で働いているお兄さんたちが、暑い中頑張って果物を育てているところを私はずっと見ていた。私が暑くて外に出たくないとか思っているときにもおじさんたちが木の枝の手入れをしているのを見てきた。しかも放射線量が決して低くはない中で放射能をあびながらだ。そうやっておじさんたちがいっぱい頑張って育てていた果物を食べてもらえないのはすごく悲しいことだ。

子どもたちは、原発災害下の生活の事実を見つめて、それを文にすることで、放射能への不安や心配を表現していった。「陽炎や被曝者失語者たる我ら」。福島市内の定時制高の中村晋が2011年度に詠んだ句である。子どもだけでなく教職員も、「なかなかお互いが本音を言えないという状況」[11]が始まるなかで、深谷や藤田の授業がもつ意味は大きかった。

10　深谷拓男の教育実践への注目を最初に行った論文に平山瑠子「あの時、福島で生きていたこと」原子力資料情報室編『検証　福島第一原発事故』（七つ森書館、2016年）がある。

11　中村晋・大森直樹『福島から問う教育と命』岩波書店、2013年、18頁。

どうするかは社会で決める

２つは、放射性物質の汚染地でくらす子どもが少しでも被ばくを避けるための教育内容である。郡山市立宮城中では、養護教諭の前田文子が、「保健便りで情報提供をしようと考え」、2011年５月20日に放射線を取り上げた最初の「ほけんだより」を発行し、学級担任に学級での指導をお願いした。「事実を事実として伝えることを主眼に、いろいろな情報や今の状況を伝え、被ばく量を減らすために自分で考えて行動できるようになってほしいという思いで」作成を行った（図表２の2012年度前田実践）。郡山市立薫小では、2012年１月、飯塚裕一が小２の学級活動で授業「ほうしゃせんから　みをまもろう」を行った（**実践13**）。「放射線に対する基本的な知識を知らせていくとともに、身の回りの放射性物質が集まりやすい場所や除染後で比較的安心な校地内であっても放射線量が高い場所があることに気づかせ、今後どのようなことに注意していかなければならないかについて考えさせるとともに、可能な限り放射線をあびる量を少なくして生活できるよう、身を守る手立てを身に付けさせ」ることがねらいとされた。

2012年度からは、中学理科の取り組みも始まった。福島市立蓬莱中で大槻知恵子が４月に放射線に関して知りたいこと興味のあることについて生徒に自由に書いてもらうと、「人体への影響」が最も多く、「放射線」「原子力発電」の順番になった（**実践10**）。大槻は10月にまず教職員を対象に「放射線の人体への影響」をテーマにした模擬授業を行った。

飯塚や大槻をはじめとする福島県の教職員による取り組みの背景には、2011年10月に文科省が全国の小中高の子どもに１人１冊の『放射線副読本』の配布を行い、福島県教育委員会がこの副読本に準拠した「平成23年度放射線等に関する指導資料」の発行を進めたこともあった[12]。その『放射線副読本』は、「学習指導要領の改訂により中学校理科で放射線の学習が必須になったため、作成準備していたものを急きょ改訂したものであり、子どもたちを原発事故の被害から守るにはあまりにも不十分な内容」だった（**実践23**における押部逸哉の指摘）。「学校や身の回りには、放射線量の高いところがあること」を理解し、「放射線から自分の身を守る手立て」（**実践13**）を知るための教育内容を飯塚や大槻がつくりだしたことの意義は大きい。

以上は、2011～12年度における福島県内の教育実践ということもあり、少しでも被ばくを避けることについての合意が校内にある程度は成立していた場合の事例といえる。だが、同じ福島県内でも、時間の経過とともに、そうした合意は薄れていった。また、そもそも原発事故当初から、そうした合意がほとんどつくられていない学校が福島県外には拡がっていた。子どもはどうしたらいいのか。

そうした課題も視野におさめながら、千葉県立流山おおたかの森高の山本晴久は、2013年度に、「千葉県柏市における放射能問題」の授業を行った（**実践12**）。山本は、問題を次のように整理している。「柏市周辺のように実際に低線量被ばくのリスクを抱えてしまった地域においては、その放射線

12　こうした国と福島県の主導による放射線教育はどのように進められたのか。押部逸哉は福島県教職員組合が行った「放射線教育の実態調査」の結果をふまえ2016年度にこう記している（実践23）。「ほとんどの小・中学校で学活の時間に年間２時間の放射線教育が位置付けられているものの、実施しているのは小学校で約６割、中学校ではさらに低い実施率だった。福島県であっても、放射線についての授業を担任が行うのは中々敷居が高いのが現状である」。佐藤誠は2015年度にこう記している（実践19）。「〔福島〕県内多くに共通するが原発事故を扱うこと自体高い壁になっている実態もある。文科省資料すら使用していない教員もいる。文科省資料に課題が多いから別の資料を使うのではなく、よく分からないからやらずに済ましてしまう。福島に生きる子どもにとって自分たちの置かれた社会状況を正しく掴んでいないことは大きな課題である」。

防護策をどのように考えればよいのだろうか」。放射線防護に関する基本的な考え方として、「社会的に可能な限り合理的な範囲で被ばくを低減するための対策を講じること」がある。その場合、「『可能な限り合理的な範囲』とは、もはや『科学』ではなく『社会』で決めるべきもの」になる。地域住民による「柏の子どもたちを放射線汚染から守る会」の取り組み（2011年５～10月）が、「柏市除染計画」（2012年３月）に影響を及ぼしたことは、この「社会で決める」過程だったといえるだろう。こうした整理にもとづき10回の授業が行われた。

第１～５回では、「放射線に関する科学的知識を丁寧に理解させること」が目指された。とくに第４～５回では、低線量被ばくの健康影響について異なる見解を持った専門家の話を聞いた。第７～９回では、柏市における市民と行政の協働による除染計画に関わった地域住民の話を聞き、この問題は「社会で決める」ものであること、さらには「自分たちで決める」ものであることを生徒たちが認識することが目指された。第６、９、10回では、生徒たちが、考えの違いを尊重しながら議論を行った。「科学的に危険と証明できないので安全とみなす」べきか、それとも「科学的に安全と証明できないので危険とみなす」べきか。生徒は「柏市の事例を学ぶ中から、社会問題の解決にあたっては、切実な当事者意識を持つ人々が十分な情報をもとに判断していくとともに、立場や見解の異なる人々との合意を粘り強く」つくることが重要であることを学んだ。

戦後の教育実践では、国が定めてきた教育内容の中にあった非合理を「科学の確かさ」を学ぶことで克服することが目指されてきた。だが、原発災害は、「科学のあいまいさ（一面性や部分性）」、「科学のあいまいさ」の政策利用、「科学だけでは決められないことをどうするか」といった問題を、改めて顕在化させている。ここにみた教育実践は「科学の確かさとあいまいさ」[13]を地域住民と行政の取り組みから学ぶ課題にも手をかけている。

喪失感と向き合う

３つは、原発災害による喪失感と子どもが向き合うための教育内容である。

事故39キロメートルにあった川俣町立山木屋中では、計画的避難区域[14]に指定されたため、市内で事故45キロメートルにある小学校に臨時移転して教育活動が行われてきた[15]。同校の佐藤毅は、子どもの不安が、直接的な不安から漠然とした不安へと変化したことを2013年度に書きとめている。原発事故直後の不安が「放射線・避難」によるものだったのに対して、１年後の不安は「健康・帰還」をめぐるものになり、２年後は「進路・将来の生活」にかかわる不安となった。佐藤によれば、そこには「埋めきれぬ喪失感」があり、「ふるさとと安全・安心を奪われた子どもたちの喪失感を同じもので埋めることはできない」のだから、「乗り越える力を与える対策が必要」であるとした。この課題に応じるため、佐藤は「心に力を蓄える」ための全体合唱を行った。佐藤が重視したのが「思いの共有」だった。「『思いの共有』とは『全く同じ思い』を共有するということではない。『思いの共有』

13　山口幸夫「『科学的に安全』とは？」『原子力資料情報室通信』第550号、2020年４月、２頁。

14　原子力災害対策本部が2011年４月22日の「指示」により福島第一原発事故20キロメートル圏外で年間積算線量が20ミリシーベルトに達するおそれのある区域に設定。同区域の住民を対象として、「原則としておおむね一月程度の間に順次当該区域へ避難のための立退きをおこなうこと」を求めた。福島県と４町村（浪江町・川俣町・葛尾村・飯館村）の教育委員会は、同区域の学校の臨時休業と臨時移転（いずれも県内）を行った。

15　４月18日から。2013年３月25日からは市内の中学校に臨時移転。

とは、原発事故のために環境が大きく変わり、そのために生じた『思い』をそれぞれの人が持っていることを確認することであり、自分の『思い』も含めそれぞれの『思い』を大切にすること」とされた（図表２の2013年度佐藤毅実践）。

広野町立広野中は、緊急時避難準備区域に指定されたため、いわき市立湯本第二中に臨時移転をして、2012年10月から元の校舎に戻っていた。同校の柴口正武は、2013年から１年をかけて、双葉郡の子どもが原発災害について学ぶための教材「ふたば」の作成を行った（**実践16、付録３**）。まず、小５社会の単元「公害から国民の健康や生活環境を守る」の教材からつくることにした。「汚染水処理」「福島第一原発稼働と大熊町の関係」「原発事故の経過」「四大公害病」「これからの町づくり」を内容とすることに決めたが、すぐに「壁」にぶつかる。これで「明るい未来」を見出せるのか。子どもに意味があるのか。柴口は悩んだ。

> 「戻る」「戻れない」「戻らない」などの議論がある中で、子どもたちに、「ふるさと」になるはずだった双葉のことを教材として取り上げることが、子どもたちにとっていいことなのか、むしろ、触れない方がいいのではないか、という思いがあった。そして何よりも、本教材の学習を終えて、「希望のない未来」を子どもたちが持ってしまうのであれば、こんな教材はない方がいい。

柴口が「苦肉の策」として考えたのが、この教材を学習する子どもたちの立場を３つに想定することだった。「自分や家族の中でできること、していきたいことを考える立場」「自分の町や村の中でできること、していきたいことを考える立場」「日本や、地球の規模で、自分ができること、していきたいことを考える立場」。柴口は、まずは教材を提示して、「子どもたちの考えや思い」を知ることから学習を進めることにした。柴口には、こうした教材を早くつくらないと原発災害にかかわる多くのことが「完全に忘れ去られてしまう」という危機感もあった。この柴口の取り組みは2014年11月時点ではまだ授業実践をへていないものだったが、「必ず実践していくつもりである」との言葉が記されていた。

楢葉町立楢葉中は、警戒区域に指定されたため、2011年度は臨時休業をして、2012年からいわき明星大学に臨時移転をしていた。同校の教員は、2015年に中２道徳の授業「郷土の中の私」を行ったが、その教材「二つのふるさと」は柴口が新たに作成したものだった（**実践18、付録４**）。同校では２年生17人の全員が避難者であり、小４に進級するときから自宅を離れ、自宅のあった楢葉町には入ることもできていなかった。

「二つのふるさと」は、柴口の自身の家庭における生活の事実にもとづき創作した物語であり、原発災害で浪江町から家族全員で郡山市に避難をした小学生の恵子が、転入した郡山市の学校から中学に進み、2014年に３年生となり進学先を選ぶのに迷う話である。双葉郡の子どもを受け入れる中高一貫校（2015年４月開校）に進むべきなのか、家族が住む郡山市にある高校に進学するべきなのか。恵子にとっての「ふるさと」は「浪江」なのか、「郡山」なのか。

この授業で配布したワークシートには「恵子は、なぜ進学先を悩むようになってしまったのでしょうか」と質問が印刷されていたが、生徒たちはなかなか書くことができなかった。そこで授業者が、避難先に家を建てた家庭の生徒について「○○の家も同じだよね」と問いかけると、生徒たちは

「あぁ～！」と気がついて、恵子の状況と「自分のおかれた状況」を対比して考えを始めた。自分にとって「ふるさと」は「楢葉」なのか「いわき」なのか。

この柴口の教材の意味は、無着成恭の『山びこ学校』と比較することで見えてくるところがある。1948年に教職に就いた無着にとって、戦争により生活を壊された子どもの喪失感を前にしたとき、それを埋めていく手がかりは無かった。文部省著作の教科書もそれだけでは役に立たなかった。そこで無着は、子どもの生活の事実を新たな教育内容とした。子どもの喪失感を、子どもの生活の事実についての共感で埋めようとしたのである。

柴口にとっても、原発災害により生活を壊された子どもの喪失感を前にしたとき、それを埋めていく手がかりは無かった。教科書や文科省発行の『放射線等に関する副読本』(2011年版と2014年版)もそれだけでは役に立たなかった。そこで柴口が行ったことも、子どもの生活の事実を新たな教育内容にして、子どもを励ますことだった。

社会のあり方についての認識

4つは、原発災害下の社会のあり方について認識を深めるための教育内容である。福島県の中通りにある須賀川市立白江小の伊藤弥は、「社会科の視点からの震災・原発の授業」に2013年度に取り組み(**実践15**)、2018年度には「福島のことを福島の子どもに聞く」授業を行ってきた(**実践26**)。同じく中通りにある棚倉町立高野小の佐藤誠は、放射性物質を含む指定廃棄物処分場建設の問題をテーマにした授業の報告を2015年度に行っている(**実践19**)。

3 教職員配置を検証する

第3は、原発災害下の教職員配置を検証するための手がかりを残してきたことだ。原発災害下の教職員配置は、日本の教育界がはじめて遭遇した事案だった。避難区域の指定による学校の臨時休業と臨時移転、これらの措置と自主的避難による事故前と別の学校で学ぶ子どもの増大、それらに対応した教職員配置を国と教育委員会はどのように進めたのか。

日野彰は、避難区域の学校に勤務していた教職員が兼務発令により異動を行い、そうした兼務発令による配置が続けられたことを、以下の表で明らかにしている(**実践28**)。表の数字は日野が職員名簿から数えたもので、2011～19年度の配置のおおよその動きを読み取ることができる。

兼務者の推移

年度	2011	2012	2013	2014	2015	2016	2017	2018	2019
教職員数	317	92	94	60	58	57	57	41	0

福島県教育委員会によると、原発事故後の「兼務発令による教員の配置」には、2つの種類があった。[16] 1つは、「双葉町の児童生徒を受け入れた埼玉県加須市への教員の派遣」である。6人の教職員

16 福島県教育委員会「東日本大震災及び原発事故に伴う教職員加配の活用状況と今後の見通し」2011年8月19日(国民教育文化総合研究所編『資料集 東日本大震災・原発災害と学校－岩手・宮城・福島の教育行政と教職員組合の記録』明石書店、2013年所収)。

が、臨時休業中の双葉町の学校に籍を置きながら、実際には加須市の学校に配置された（2011年５月時点）。２つは、「被災し避難した児童生徒を受け入れた県内の小中学校への教員の配置」である。多くの教職員が、臨時休業あるいは臨時移転中の学校に籍を置きながら、実際には県内の別の学校に配置された（2011年５月時点）。こうした教職員配置の「活用内容」は、「兼務校において避難している児童生徒の学習進度の遅れへの対応や心のケア」「県内外に避難した児童生徒との連絡」「学校再開に向けた準備等」だった。これらの記述だけを見るならば、兼務発令による教職員の配置は、原発災害下の学校や子どもの動態に対応した意味のある施策だったようにも見える。

しかし、兼務発令による教職員の配置には問題が山積だった。浪江町立浪江中の渡邊康尊によれば、「子どもの心身のケアを図るという当初の目的は十分に果たされていない」ばかりか、「教職員を心身ともに疲弊させせ」ていた（**実践４**）。「兼務校が、中通りの学校になり、50〜100キロメートルの遠距離通勤や別居をしなければならなくなった教職員」もいた（**実践３**）。南相馬市立原町第三小の菅野哲朗によれば、「ケアとは名ばかりで単なる補充人員としての役目を押しつけられている」場合もあった（**実践２**）。問題は兼務先だけではない。南相馬市立福浦小の大和田修によれば、同小の教職員は10名だったが、「５月23日から４名が兼務発令で、県内の他の学校の勤務」となり、臨時移転下の勤務を残された教職員でこなさなければならなかった（**実践３**）。兼務発令は、震災下の臨時移転という非常時の学校運営にあたっていた小学34校と中学17校から、2011年夏時点で169人の教職員を引きはがすものでもあった[17]。

こうした兼務発令の背景を、「阪神・淡路大震災後における教職員配置の成果」と「その継承と非継承」という視点から整理しておきたい。まず、「阪神・淡路大震災後における教職員配置の成果」を理念的に要約すると、１点目は「震災がなかった場合を想定した教員の配置（そのための加配）」を行ったことである。教職員は法により新年度の子ども数に応じて配置されるので、震災で子どもが県外に避難すると教員の減員が起こり、震災対応に支障が生じる（「震災減員」）。「震災減員を防ぐための加配」である。２点目は「心のケアにあたる担当教員の加配」を行ったことだった。

こうした成果を継承して、福島県における教職員の配置を進めるためには、まず国が、上の２点を基本方針として採択する必要があった。文科省はそれを行っただろうか。2011年４月６日に文科省が発した事務連絡[18]には次の記述があった（以下の番号は後論のために付した）。

1. 被災校の再開にあたり「やむをえない事情がある場合には」「学級編成の基準を上回る学級を編成することも許容するなど」「弾力的な運用」に「特段の配慮」をすること。
2. 基礎定数の算定に際して「転学した場合」は「転学先の学校において標準学級数等の算定に含める」こと。
3. 加配定数の算定に際して「教育活動再開のため、被災した児童生徒の実態把握や地域・家庭との連携等の対応に教職員定数を必要とする場合」「仮に震災が無かった場合に」「想定された児

17　大森直樹「東日本大震災後の教員配置の検証－福島の兼務発令を中心に」『季刊教育法』第173号、2012年６月（大森ほか編『資料集　東日本大震災と教育界－法規・提言・記録・声』明石書店、2013年所収）。
18　文部科学省「東北地方太平洋沖地震に伴う平成23年度の学級編成及び教職員定数の取扱いに係る当面の対応について（事務連絡）」2011年４月６日（前掲『資料集　東日本大震災と教育界』所収）。

童生徒数を前提に算定した定数との差を上限として加配」を予定していること。

「1」を読むと、2点を排除していない。「2」を読むと、「震災減員を防ぐための加配」を排除しているようにも読めるが、基礎定数の算定で「震災減員」となっても、加配定数の算定で取り戻せば良いのだから、必ずしも2点を排除していない。「3」を読むと、「震災減員を防ぐための加配」をストレートに認めているように読める。文言上、文科省は「震災減員を防ぐための加配」という基本方針を排除していない（「心のケアにあたる担当教員の加配」を容認したか排除したかの検討は本稿では割愛する）。この事務連絡の運用の焦点は、「3」における加配の条件である「教育活動再開のため、被災した児童生徒の実態把握や地域・家庭との連携等の対応に教職員定数を必要とする場合」を、県教育委員会がどのように解釈し計画するのか、また、国が県教育委員会の解釈と計画をどこまで許容するかにかかっていた。

4月6日の事務連絡が出された後、県教育委員会による解釈と計画が重い意味を持つことになった。各県の教育委員会はそれをどのように行ったのか。震災対応のための加配の要求の実数（義務教育諸学校分）を見ると、まず4月28日までに、岩手から134人、宮城から216人、茨城から23人、新潟から10人の加配要求があり、国はそれに応じている[19]。この時点では福島からの要求はなかった。次に6月24日までに、福島から481人、岩手から追加の68人、山形から14人、茨城から追加の26人、栃木から14人の要求があり、国はそれに応じている[20]。

国と福島県教育委員会は、教職員配置の総数としては「震災減員」の幅を抑制できた。だが、教職員配置の具体的な中身については、「兼務発令」の多くがそうであったように、原発被災校の実態や要求とは離れたものとなった。図式的に整理すると、「教育活動再開のため、被災した児童生徒の実態把握や地域・家庭との連携等」を行うことは、元の被災校に籍を置きながら、かつ、元の被災校で進めることが、多くの場合可能であった。しかし、福島県教育委員会は、元の被災校に籍を置きながら、子どもの転出先において「連携等」を進める計画を立てて、その机上の計画に教員を従わせたのである。

原発災害下の教育を振り返ることは、今後に巨大災害が起きたときの教育界の対応を準備することにもつながる。とくに巨大災害下の教職員配置については、1995年（阪神・淡路大震災）の経験が、2011年（東日本大震災と原発災害）には一面においては活かされ、別の一面においては活かされなかっただけに、その検証が重要な意味を持っている。これは立場の違いをこえて取り組むべき全国の教育界の課題であり、本書に収録した教育実践記録が活かされるべきだ。

19　文部科学省「東日本大震災への対応のための教職員の加配定数について（4月28日追加内示分）」2011年4月28日（前掲『資料集　東日本大震災と教育界』所収）。

20　文部科学省「東日本大震災への対応のための教職員の加配定数について（6月24日追加内示分）」2011年6月24日（『同上書』所収）。

原発被災校一覧

東日本８県　2,346校

2011年３月

大橋保明

紙碑としての原発被災校一覧

原発被災校一覧は、岩手・宮城・福島・茨城・千葉・栃木・埼玉・群馬の東日本８県の教育界における原発災害の事実を学校ごとに整理したものである。主な項目は、所在自治体、学校名、汚染状況重点調査地域、児童生徒数、教職員数[1]である（福島県には避難指定区域と自主的避難等対象区域の項目が加わる）。備考欄には、本書所収の教育実践記録番号を付すとともに、震災後の学校統廃合の経過等を記載した。こうした経過を記したのは、原発被災校として度重なる移転や長期にわたる強制避難先での間借り生活等の筆舌に尽くしがたい悲しみや苦しみを負った学校について、たとえ閉校や休校になったとしても、その経験や記憶を継承する統合校を「３・11被災継承校」として記録し、わすれないためでもある。兵庫県教職員組合の震災資料室には阪神・淡路大震災で亡くなった子どもと教職員の名前が刻まれた銘板があり、神戸高専には被災状況が記された銘板「忘れない」がある。原発被災校一覧は、学校における東京電力福島第一原子力発電所事故の被害と教訓を後世に伝え、子どもたちの未来のいのちと学びを守るためにこうした銘板としての役割を果たすことを期待して作成した紙碑である。教育界はもとより、思想信条や社会的立場の違い、被災経験の有無を超えて、多くの人々が2,346校の学校名が刻まれたこの原発被災校一覧に向き合い、社会全体で対話を重ね、行動するその先に、震災をわすれない学校や社会の姿が見えてくると信じている。

原発被災校一覧ができるまで

原発被災校一覧の作成経過についても示しておきたい。本書の鍵概念である「原発被災校」は、国民教育文化総合研究所の「東日本大震災・原発災害と学校」研究委員会（以下、研究委員会）(2016）による「原発被災校Ａ」[2]および「原発被災校Ｂ」[3]の定義を再検討し、①原子力災害対策本部による警戒区域・計画的避難区域・緊急時避難準備区域、②文科省原子力損害賠償審査会による自主的避難等

1　東北３県（岩手県、宮城県、福島県）は教員数、首都圏４県（茨城県、千葉県、埼玉県、群馬県）は教職員数とした。また、栃木県は教職員数非公表のため、空欄とした。

2　①原子力災害対策本部による警戒区域・計画的避難区域・緊急時避難準備区域の設定にともない避難指示を受けて臨時休業あるいは臨時移転を行った学校、②文部科学省の原子力損害賠償紛争審査会が設定した自主的避難等対象区域に位置した学校、③子ども被災者支援法による支援対象地域に位置した学校、④環境省が設定した汚染状況重点調査地域に位置した学校のうち、１つ以上該当する学校。

3　上記①～④に加え、⑤文部科学省の航空機モニタリングの測定データにもとづき推定１平方メートル当たり４万ベクレル以上の汚染領域をもつ市町村に位置する学校、⑥福島第一原子力発電所事故により校庭、プール等の除染を行った学校、⑦福島第一原子力発電所事故により校庭の線量測定、プールの線量測定、給食の線量測定、モニタリングポストの設置等を行った学校のうち、１つ以上該当する学校。

対象区域、③環境省の汚染状況重点調査地域のいずれかに該当する公立学校[4]として再定義したものである。この再定義をもとに東北地方太平洋沖地震と東京電力福島第一原子力発電所事故が発生した2010年度の原発被災校数とその割合を算出すると、岩手県126校（県全体の18.9%）、宮城県201校（同26.1%）、福島県735校（同85.2%）、茨城県462校（同49.8%）、千葉県337校（同24.1%）、栃木県254校（同39.6%）、埼玉県44校（同3.1%）、群馬県187校（同30.8%）の計2,346校（東日本８県全体の27.7%）に及ぶことがわかった。

これまで、東北地方太平洋沖地震と東京電力福島第一原子力発電所事故が教育や学校に与えた影響や被害については、国、教育委員会、教職員組合、研究者等により調査研究が重ねられてきたが、その被害があまりに甚大かつ広域で、原発災害を含む前例のないものであったため、調査研究の前提となる原発被災校の定義は存在しなかった。さらに、都道府県や市町村ごとの被害数値は示されても、学校名や学校ごとの被害数値は明らかにされてこなかったため[5]、「ここが被災校だ」ということが共有されず、その結果、説得的な政策提言につながらないばかりか、被災の事実を忘れ去る動きの歯止めとなることも難しかった。

こうした問題意識や危機感を早くから共有し、調査研究に着手したのが前述の研究委員会であり、研究委員会（2016）『「東日本大震災・原発災害と学校」研究委員会報告書（本編・資料編）』では、東北３県における2014年度の３・11被災校1,101校の子どもや教職員の被害を学校ごとに把握し、各県の教職員組合と協力して３・11被災校の臨時移転や統廃合の動態、教職員配置の推移等を克明に記している。また、東北３県における2014年度の「原発被災校Ａ」982校の特定は、原発災害の拡がりのみならず、３・11被災校の全体像把握にも手がかりを与え、被害を受けた子どもや教職員に関わる学校の現状と課題を解明するための一助となった。しかしながら、残された課題もあった。そのひとつが東北３県以外の３・11被災校、具体的にはその周辺地域に膨大に広がる原発被災校の実態把握である。この作業は、2017～19年度科研費基盤研究（C）「首都圏の学校における原発事故の影響と課題についての調査研究」（研究代表者：大森直樹、研究分担者：大橋保明）に引き継がれ、首都圏５県における2014年度の原発被災校1,241校の実態が学校ごとに明らかになった。この調査研究において浮かび上がってきたのが、原発被災校に特定されない学校（「準原発被災校」）での教育実践、全国における３・11により避難した子どもの受入教育の実践（「３・11受入校」）、地域組織やボランティア等による熱心な保養活動、市民による甲状腺検査事業等の地道な取り組みである。こうした数多くの活動と原発被災校調査が重なり合うことで、東日本８県2,346校の少なくとも73万5,660人の子どもたちに「保養」に参加する権利を保障すべきであるという具体的な議論ができるようにもなった。

もうひとつの課題は、震災後の教育実践およびその全体像を質的に把握できなかったことである。戦後積み重ねられてきた教育実践記録、とりわけ日本教職員組合の教育研究全国集会リポートの収集と分析によってその課題の克服をめざそうとするのが、2020～22年度科研費基盤研究（C）「３・11被災校における教育実践記録の収集と分析」（研究代表者：大森直樹、研究分担者：大橋保明）であり、本

4　幼稚園、大学、高等専門学校のほか、私立や朝鮮学校等も対象外とした。

5　文部科学省統計では、2012年９月12日時点で、死亡が確認された児童生徒479人（岩手80人、宮城325人、福島74人）、行方不明は園児児童生徒学生と教職員をあわせて74人（岩手23人、宮城41人、福島10人）と公表されているが、学校ごとの児童生徒の死亡・行方不明の数は明らかにされていない。

書はその調査研究成果の中間報告に位置づくものでもある。本書に収録された原発被災校で原発災害と向き合った教育実践記録30件、準原発被災校で原発災害と向き合った教育実践記録４件、３・11受入校で原発災害と向き合った教育実践記録等８件の計42件と原発被災校一覧との往還により、未曽有の原発災害と向き合った原発被災校等における教育実践への共感と理解を深めてほしい。

調査研究経過

○報告書等

国民教育文化総合研究所「東日本大震災・原発災害と学校」研究委員会編『「東日本大震災・原発災害と学校」研究委員会報告書（本編・資料編）』（全160頁・全162頁）、2016年

大森直樹・大橋保明監修『「３・11」後の群馬の学校（予備調査報告書）』（東京学芸大学教育実践研究支援センター「教育実践と教育条件の質の向上についての研究プロジェクト」）、2017年

大森直樹・大橋保明『研究資料集　３・11 後の教育実践（内部資料）第１巻　３・11被災校の拡がりと教育実践記録　解説編』（全127頁）、2020年

大森直樹・大橋保明『研究資料集　３・11 後の教育実践（内部資料）第３巻　原発被災校と３・11受入校の教育実践記録』（全699頁）、2020年

○論文等

大橋保明・大森直樹「『３・11』後の茨城の学校」『名古屋外国語大学論集』（第３号）、2018年

大橋保明・大森直樹「『３・11』後の千葉の学校」『名古屋外国語大学論集』（第４号）、2019年

大橋保明・大森直樹「『３・11』後の栃木の学校」『名古屋外国語大学論集』（第５号）、2019年

大橋保明・大森直樹「『３・11』後の埼玉の学校」『名古屋外国語大学論集』（第６号）、2020年

○学会発表等

大森直樹・一木玲子・白石草・大橋保明「チェルノブイリ原発事故と阪神・淡路大震災をふまえた東日本大震災・原発災害下の学校の課題－３つの調査報告から」『日本教育学会第74回大会発表要旨集録』（お茶の水大学）、日本教育学会ラウンドテーブル、2015年

大森直樹・山口幸夫・大橋保明「花綵列島日本における教育・文化・社会の根本問題－３・11被災校の東北３県全数調査をふまえて」『日本教育学会第75回大会発表要旨集録』（北海道大学）、日本教育学会ラウンドテーブル、2016年

大橋保明「首都圏の学校における原発事故の影響と課題－茨城県における『原発被災校A』の特定」公教育計画学会発表、2018年

大森直樹・大橋保明「首都圏の学校における原発事故の影響と課題」『日本教育学会第77回大会発表要旨集録』（宮城教育大学）、日本教育学会発表、2018年

大森直樹・大橋保明「３・11後の教育実践－日教組教育研究全国集会リポートの分析から」『日本教育学会第78回大会発表要旨集録』（学習院大学）、日本教育学会発表、2019年

大森直樹・諏訪清二・中森慶「原発事故と東北地方太平洋沖地震により避難した子どもたち－文部科学省と兵庫教育文化研究所の調査をふまえて」公教育計画学会発表、2019年

大森直樹・大橋保明「３・11後の教育実践（２）－原発被災校の教育実践記録を中心に」『日本教育学会第79回大会発表要旨集録』（神戸大学）、日本教育学会発表、2020年

○科学研究費補助金等

2014～15年度　国民教育文化総合研究所「東日本大震災・原発災害と学校」研究委員会（プロジェクトチーム：大森直樹、大橋保明、平山瑠子、一木玲子、神田英幸、山口幸夫）

2017～19年度　科学研究費補助金基盤研究（C)「首都圏の学校における原発事故の影響と課題についての調査研究」（課題番号：17K04610、代表者：大森直樹、分担者：大橋保明）

2020～22年度　科学研究費補助金基盤研究（C)「３・11被災校における教育実践記録の収集と分析」（課題番号：20K02509、代表者：大森直樹、分担者：大橋保明）

岩手県

所在自治体	学校名 （☆は地震・津波被災校）	汚染状況重点調査地域	児童生徒数（2010）	教員数（2010）	備考
1）小学校					
⑳奥州市	水沢☆	●	810	43	
	水沢南	●	747	40	
	常盤	●	746	41	
	佐倉河	●	352	19	
	真城	●	333	18	
	姉体☆	●	252	16	
	黒石	●	44	8	
	羽田	●	170	13	
	南都田	●	281	16	
	胆沢第一	●	419	25	
	若柳	●	138	12	
	胆沢愛宕	●	63	9	
	前沢	●	344	22	
	白鳥	●	50	8	2014.03閉校→前沢
	上野原	●	50	8	2014.03閉校→前沢
	白山	●	68	9	2014.03閉校→前沢
	古城	●	121	10	2014.03閉校→前沢
	母体	●	47	9	2014.03閉校→前沢
	赤生津	●	59	8	2014.03閉校→前沢
	衣川	●	132	13	
	衣里	●	98	12	
	岩谷堂	●	650	34	
	江刺愛宕	●	312	19	
	田原	●	75	10	
	大田代	●	28	6	

⑳奥州市	藤里☆	●	71	11	
	伊手	●	82	9	
	玉里	●	67	10	
	人首	●	64	9	
	木細工	●	8	4	
	梁川	●	45	8	
	広瀬☆	●	57	9	
	稲瀬	●	109	10	
㉑平泉町	平泉☆	●	308	20	
	長島☆	●	106	11	
㉒一関市	一関☆	●	651	33	
	山目☆	●	607	36	
	赤荻	●	357	19	
	中里	●	197	14	
	滝沢	●	151	12	
	南	●	560	32	
	弥栄	●	45	7	
	萩荘	●	426	30	
	達古袋	●	35	8	2013.03閉校
	厳美	●	142	11	
	本寺	●	41	10	2019.03閉校→厳美
	舞川	●	106	13	
	永井	●	136	12	
	涌津	●	136	12	
	油島	●	54	10	
	花泉	●	176	12	
	老松	●	63	8	
	日形	●	40	8	2015.03閉校→老松
	金沢	●	142	12	
	千厩	●	391	22	
	小梨	●	70	10	2018.03閉校→千厩
	清田	●	44	10	2018.03閉校→千厩
	奥玉	●	115	11	2018.03閉校→千厩
	磐清水	●	43	7	2018.03閉校→千厩
	大原	●	193	14	
	摺沢	●	153	13	2013.03閉校→大東
	渋民	●	38	7	2013.03閉校→大東
	興田	●	156	11	
	猿沢☆	●	82	9	
	曽慶	●	59	9	2013.03閉校→大東
	長坂	●	218	16	2014.03閉校→東山
	田河津	●	55	9	2014.03閉校→東山
	松川	●	119	11	2014.03閉校→東山
	室根東	●	135	12	
	室根西	●	117	13	
	薄衣	●	149	12	2013.03閉校→川崎
	門崎	●	82	10	2013.03閉校→川崎

2）中学校

⑳奥州市	水沢	●	577	38	
	東水沢	●	437	28	
	水沢南	●	752	43	
	南都田	●	140	14	2017.03閉校→胆沢
	小山	●	188	16	2017.03閉校→胆沢
	若柳	●	107	12	2017.03閉校→胆沢
	前沢	●	332	23	
	衣川	●	123	14	
	江刺第一☆	●	600	38	
	田原	●	9	8	2019.03閉校→江刺第一
	江刺南	●	78	14	
	江刺東	●	162	17	
㉑平泉町	平泉	●	205	16	

㉒一関市	一関	●	332	23	
	山目	●	465	33	2015.03閉校→磐井
	中里	●	83	13	2015.03閉校→磐井
	一関東	●	124	15	
	桜町	●	316	22	
	萩荘	●	182	15	
	厳美	●	76	11	
	本寺	●	29	11	2018.03閉校→厳美
	舞川	●	67	12	
	花泉☆	●	372	27	図表2参照
	千厩	●	323	22	
	大原	●	108	15	
	大東	●	154	17	
	興田	●	96	15	
	猿沢	●	50	11	2014.03閉校→大東
	東山	●	205	17	
	室根☆	●	160	14	
	川崎	●	124	14	
	県立一関第一高等学校附属☆		158	11	

3）高等学校

⑳奥州市	杜稜高等学校奥州校定時制	●	85	15	
	杜稜高等学校奥州校通信制	●	307	10	
	水沢	●	845	54	
	水沢商業	●	351	32	
	水沢商業高等学校定時制	●	12	7	2012.03閉校
	水沢工業	●	419	49	
	水沢農業	●	308	47	
	前沢☆	●	334	28	
	岩谷堂	●	687	77	
㉒一関市	一関第一☆	●	714	53	
	一関第一高等学校定時制	●	32	10	
	一関第二☆	●	711	65	
	一関工業	●	428	47	
	花泉	●	191	24	
	千厩☆	●	691	57	
	大東	●	467	42	

4）特別支援学校

⑳奥州市	前沢明峰支援学校	●	187	106	
㉒一関市	一関清明支援学校	●	38	32	
	一関清明支援学校あすなろ分教室	●	21	12	
	一関清明支援学校千厩分教室（小学部）	●	14	9	
	一関清明支援学校山目校舎	●	38	32	
	一関清明支援学校千厩分教室（中学部）	●	3	2	

岩手県　計

126校		27,607	2,443	

宮城県

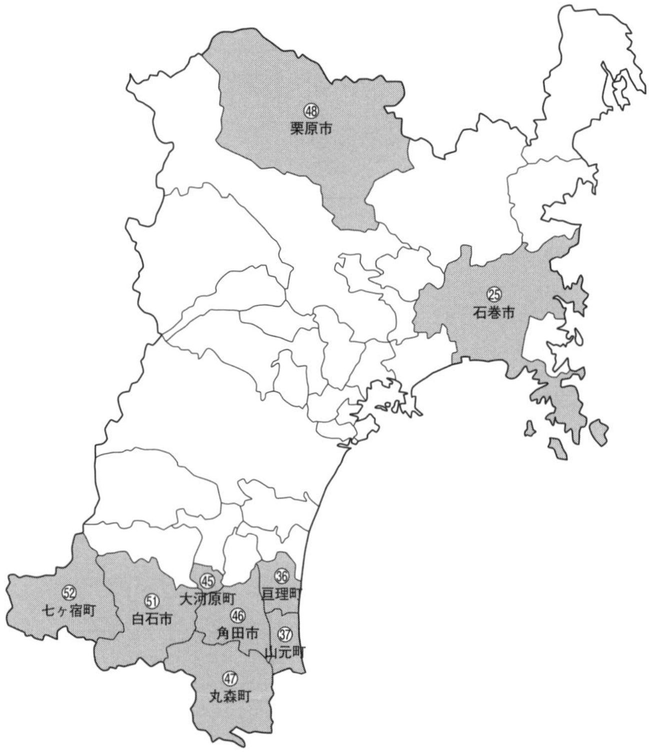

所在自治体	学校名（☆は地震・津波被災校）	汚染状況重点調査地域	児童生徒数（2010）	教員数（2010）	備考
1）小学校					
㉕ 石巻市	石巻☆	●	284	19	
	住吉☆	●	205	18	
	門脇☆	●	301	20	2015.03閉校→石巻
	湊☆	●	204	16	
	湊第二☆	●	236	15	2014.03閉校→湊
	釜☆	●	661	33	
	山下☆	●	233	18	
	蛇田☆	●	671	35	
	荻浜☆	●	21	6	2014.04休校、2018.03閉校→石浦
	東浜☆	●	34	9	
	渡波☆	●	453	24	
	稲井☆	●	295	20	
	向陽☆	●	461	26	
	貞山☆	●	275	18	
	開北☆	●	415	22	
	万石浦☆	●	397	19	
	大街道☆	●	416	21	
	中里☆	●	332	19	
	鹿妻☆	●	433	20	
	飯野川第一☆	●	152	14	2015.03閉校→飯野川
	飯野川第二	●	66	11	2015.03閉校→飯野川
	大谷地☆	●	163	13	
	大川☆	●	110	11	2018.03閉校→二俣
	二俣	●	105	13	
	中津山第一☆	●	120	14	

㉕ 石巻市	中津山第二☆	●	139	12	
	桃生☆	●	143	12	
	相川☆	●	72	11	2013.03閉校→北上
	橋浦☆	●	94	14	2013.03閉校→北上
	吉浜☆	●	48	11	2013.03閉校→北上
	広渕☆	●	169	16	
	須江☆	●	248	17	
	北村	●	79	13	
	前谷地☆	●	103	13	
	和渕	●	96	16	
	鹿又	●	212	18	
	雄勝☆	●	108	14	実践16（１巻）
	船越☆	●	22	6	2013.03閉校→雄勝
	大須☆	●	13	6	2017.03閉校→雄勝
	鮎川☆	●	50	12	
	大原☆	●	41	9	
	寄磯☆	●	19	6	
	谷川☆	●	14	6	2012.03閉校→大原
㊱ 亘理町	亘理☆	●	735	38	
	高屋☆	●	77	13	
	逢隈☆	●	597	29	
	荒浜☆	●	226	17	
	吉田☆	●	141	10	
	長瀞☆	●	270	22	
㊲ 山元町	山下☆	●	232	18	
	山下第一☆	●	113	11	実践４（１巻） 実践９（１巻）
	山下第二☆	●	205	14	
	坂元☆	●	143	14	
	中浜☆	●	59	11	2013.03閉校→坂元
㊺ 大河原町	大河原	●	912	49	
	大河原南☆	●	272	21	
	金ヶ瀬	●	186	13	
㊻ 角田市	角田☆	●	661	35	
	枝野☆	●	90	11	
	藤尾	●	136	10	
	桜☆	●	175	12	
	東根	●	61	12	
	北郷	●	175	11	
	西根	●	92	15	
	横倉☆	●	202	15	
㊼ 丸森町	丸森	●	230	17	
	丸森小学校羽出庭分校	●	12	3	2015.03閉校
	舘矢間	●	186	13	
	小斎	●	45	9	
	金山	●	66	9	
	大内	●	121	15	
	筆甫	●	16	6	
	耕野	●	16	6	
	大張	●	46	11	
㊽ 栗原市	築館	●	454	30	
	玉沢	●	86	11	2017.03閉校→築館
	宮野	●	129	12	
	宮野小学校栗原・中央病院分校	●	1	1	2018.03閉校
	富野	●	37	8	2015.03閉校→築館
	志波姫☆	●	382	24	
	高清水	●	218	18	
	瀬峰	●	276	19	
	若柳	●	407	22	
	大目	●	34	9	2013.03閉校→若柳
	有賀	●	66	10	2013.03閉校→若柳
	大岡	●	39	9	2013.03閉校→若柳
	畑岡	●	104	11	2013.03閉校→若柳
	沢辺	●	134	14	2014.03閉校→金成

㊽ 栗原市	金成	●	67	12	
	萩野	●	53	10	2014.03閉校→金成
	萩野第二	●	37	8	2014.03閉校→金成
	津久毛	●	38	8	2014.03閉校→金成
	岩ヶ崎	●	179	14	2013.03閉校→栗駒
	尾松	●	138	18	2012.03閉校→栗駒南
	栗駒	●	54	9	
	文字	●	43	9	2012.03閉校→鶯沢
	鳥矢崎	●	61	10	2013.03閉校→栗駒
	宝来	●	40	8	2012.03閉校→栗駒南
	鶯沢	●	136	14	
	一迫	●	229	18	
	長崎	●	34	8	2013.03閉校→一迫
	金田	●	62	12	2013.03閉校→一迫
	姫松	●	40	10	2013.03閉校→一迫
	花山	●	43	9	
㊿ 白石市	白石第一☆	●	466	28	
	白石第二☆	●	618	34	
	越河	●	73	12	
	斎川	●	44	11	2018.03閉校→白石第二
	大平☆	●	85	13	
	大鷹沢	●	116	10	
	白川	●	71	11	
	福岡	●	268	19	
	福岡小学校八宮分校	●	8	3	2013.03閉校
	福岡小学校刈田病院分校	●	0	1	
	深谷	●	58	12	
	小原	●	25	7	
㊾ 七ヶ宿町	関	●	49	9	2014.03閉校→七ヶ宿
	湯原	●	23	6	2014.03閉校→七ヶ宿

2）中学校

㉕ 石巻市	石巻☆	●	286	25	
	住吉☆	●	339	23	
	門脇☆	●	342	23	
	湊☆	●	246	23	
	蛇田☆	●	516	34	
	荻浜☆	●	27	14	
	渡波☆	●	505	29	
	稲井☆	●	178	21	
	山下☆	●	321	24	
	青葉☆	●	331	25	
	万石浦☆	●	242	19	
	飯野川☆	●	136	16	
	大川☆	●	58	15	2013.03閉校→河北
	河北☆	●	140	17	
	桃生	●	180	19	
	北上☆	●	107	15	
	河南東☆	●	234	19	
	河南西☆	●	215	18	
	雄勝☆	●	80	14	
	大須	●	20	15	2017.03閉校→雄勝
	牡鹿☆	●	102	14	
㊱ 亘理町	亘理☆	●	466	30	
	逢隈☆	●	303	20	
	荒浜☆	●	145	16	
	吉田☆	●	114	14	
㊲ 山元町	山下☆	●	287	23	
	坂元☆	●	110	15	
㊺ 大河原町	大河原☆	●	606	41	
	金ヶ瀬	●	103	14	
㊻ 角田市	角田☆	●	424	28	
	金津☆	●	113	15	

㊻ 角田市	北角田	●	263	23	
㊼ 丸森町	丸舘☆	●	220	21	2012.03閉校→丸森
	丸森東☆	●	50	12	2012.03閉校→丸森
	大内	●	56	14	2012.03閉校→丸森
	丸森西	●	35	10	2012.03閉校→丸森
㊽ 栗原市	築館	●	313	25	
	築館中学校栗原・中央病院分校	●	0	1	2018.03閉校
	志波姫☆	●	166	20	
	高清水	●	108	16	2019.03閉校→栗原南
	瀬峰	●	126	21	2019.03閉校→栗原南
	若柳	●	338	33	
	金成	●	197	21	
	栗駒	●	355	26	
	鶯沢	●	87	15	2013.03閉校→栗駒
	一迫	●	192	21	2012.03閉校→栗原西
	花山	●	27	14	2012.03閉校→栗原西
㊿ 白石市	白石☆	●	326	28	
	南	●	64	13	2019.03閉校→白石
	東	●	380	27	
	白川	●	42	14	2019.03閉校→東
	福岡☆	●	169	18	
	福岡中学校刈田病院分校	●	1	3	
	小原	●	21	13	
52 七ヶ宿町	七ヶ宿☆	●	40	11	

3）高等学校

㉕ 石巻市	石巻☆	●	711	51	
	石巻好文館☆	●	598	49	
	石巻商業☆	●	594	53	
	石巻工業☆	●	709	70	
	水産☆	●	393	58	
	市立女子☆	●	581	45	2015.03閉校→市立桜坂
	市立女子商業☆	●	354	42	2015.03閉校→市立桜坂
	石巻北☆	●	641	56	
	石巻北高等学校飯野川校	●	75	15	
㊱ 亘理町	亘理☆	●	532	51	
㊺ 大河原町	大河原商業	●	555	54	
	大河原商業高等学校定時制	●	122	18	
	柴田農林☆	●	420	58	
㊻ 角田市	角田	●	553	46	
㊼ 丸森町	伊具☆	●	359	51	
㊽ 栗原市	築館	●	533	51	
	迫桜	●	560	69	
	岩ケ崎	●	297	30	
	岩ケ崎高等学校創造工学科鶯沢校舎	●	47	13	2018.03閉校
	一迫商業	●	258	36	
51 白石市	白石	●	1,062	93	
	白石工業☆	●	693	76	
52 七ヶ宿町	白石高等学校七ヶ宿校	●	39	17	

4）特別支援学校

㉕ 石巻市	石巻支援学校☆	●	158	86	
㊲ 山元町	山元支援学校	●	54	52	
㊻ 角田市	角田支援学校☆	●	110	67	
	角田支援学校白石校	●	15	19	
㊽ 栗原市	金成支援学校	●	56	45	

宮城県　計

201校			42,667	4,136	

福島県

原所在自治体	学校名（☆は地震・津波被災校）	避難指示区域	自主的避難等対象区域	汚染状況重点調査地域	児童生徒数（2010）	教員数（2010）	備考
1）小学校							
㉝ 新地町	福田		●	●	111	12	
	新地☆		●	●	230	19	
	駒ケ嶺		●	●	134	10	
㉞ 相馬市	大野		●	●	184	12	
	山上		●	●	69	10	
	玉野		●	●	23	7	2017.03閉校→山上
	八幡		●	●	129	13	
	中村第一		●	●	389	21	図表２参照
	中村第二		●	●	477	28	
	桜丘		●	●	513	26	実践６
	飯豊		●	●	220	17	
	磯部☆		●	●	117	12	
	日立木		●	●	100	11	
㉟ 南相馬市	原町第一	●		●	598	35	実践20
	原町第二	●		●	327	17	
	原町第三	●		●	538	25	実践２
	高平☆	●		●	193	15	
	大甕☆	●		●	204	15	
	太田	●		●	135	11	
	石神第一	●		●	187	14	
	石神第二	●		●	487	28	
	鹿島☆		●	●	317	20	図表２参照
	真野☆		●	●	75	9	2014.03閉校→鹿島
	八沢☆		●	●	120	11	
	上真野☆		●	●	141	13	

㊺南相馬市	小高	●		●	392	21	
	福浦	●		●	105	11	実践３
	金房	●		●	143	11	
	鳩原	●		●	65	9	
㊻浪江町	浪江	●			558	28	2020.04休校
	幾世橋	●			122	10	2011.04休校
	請戸	●			93	10	2011.04休校
	大堀	●			157	11	2011.04休校
	苅野	●			174	10	2011.04休校
	津島	●			58	12	
㊼双葉町	双葉南	●			192	15	
	双葉北	●			152	12	
㊽大熊町	熊町☆	●			333	17	
	大野	●			423	24	
㊾富岡町	富岡第一	●			415	24	
	富岡第二	●			521	25	
㊿楢葉町	楢葉南	●			158	12	
	楢葉北	●			274	17	
61広野町	広野	●		●	311	18	
62いわき市	平第一		●	●	454	24	
	平第二		●	●	535	31	
	平第三		●	●	621	29	
	平第四		●	●	412	22	
	平第五		●	●	714	35	
	平第六		●	●	306	17	
	郷ヶ丘☆		●	●	502	25	
	中央台北☆		●	●	448	25	
	中央台南☆		●	●	370	20	
	中央台東		●	●	426	21	実践29
	豊間☆		●	●	202	14	
	高久☆		●	●	163	12	
	夏井		●	●	112	11	
	草野		●	●	505	23	
	草野小学校絹谷分校		●	●	25	3	
	赤井		●	●	369	18	
	四倉☆		●	●	399	20	
	大浦		●	●	271	16	
	大野第一		●	●	71	11	2020.03閉校→大浦
	大野第二		●	●	47	8	
	久之浜第一	●	●	●	239	17	
	久之浜第二	●	●	●	42	9	
	小川		●	●	202	14	
	小玉		●	●	174	14	
	川前		●	●	4	5	
	桶売		●	●	29	7	
	小白井		●	●	6	6	
	白水		●	●	8	6	2020.03閉校→湯本第二
	内町		●	●	244	16	
	綴		●	●	69	10	
	御厩		●	●	354	18	
	高坂		●	●	432	21	
	宮		●	●	86	12	
	高野		●	●	98	11	
	好間第一		●	●	391	22	
	好間第二		●	●	231	17	
	好間第三		●	●	38	8	2020.03閉校→好間第一
	好間第四		●	●	49	9	
	沢渡		●	●	34	8	2015.03閉校→三和
	三阪		●	●	58	10	
	差塩		●	●	7	7	2015.03閉校→三和
	永戸		●	●	24	7	2015.03閉校→三和
	永井		●	●	35	8	2015.03閉校→三和
	小名浜第一		●	●	345	20	

	小名浜第二			●	●	494	26	
	小名浜第三			●	●	497	25	
	小名浜東			●	●	507	26	
	小名浜西			●	●	497	24	
	鹿島☆			●	●	322	18	
	江名☆			●	●	170	12	
	永崎☆			●	●	289	18	
	泉			●	●	670	33	
	泉北			●	●	844	37	
	渡辺			●	●	91	11	
	湯本第一			●	●	444	23	
	湯本第二			●	●	162	13	
	湯本第三			●	●	238	18	
	長倉			●	●	264	18	
	磐崎			●	●	616	30	
	藤原			●	●	162	14	
㊷ いわき市	植田			●	●	680	38	
	汐見が丘			●	●	343	16	
	錦			●	●	417	23	
	錦東			●	●	158	12	
	菊田			●	●	603	28	
	勿来第一			●	●	484	28	
	勿来第二			●	●	267	16	
	勿来第三			●	●	93	11	
	川部			●	●	110	11	
	上遠野			●	●	191	12	
	入遠野			●	●	84	12	
	田人第一			●	●	40	8	2014.03閉校→田人
	田人第一小学校荷路夫分校			●	●	1	1	2011.03閉校
	田人第二			●	●	10	6	2014.03閉校→田人
	田人第二小学校南大平分校			●	●	3	2	2011.03閉校
	石住			●	●	3	3	2014.03閉校
	貝泊			●	●	6	6	2014.03閉校
	草野		●			153	13	2020.03閉校→いいたて希望の里学園
㊸ 飯舘村	飯樋		●			132	11	2020.03閉校→いいたて希望の里学園
	臼石		●			62	10	2020.03閉校→いいたて希望の里学園
㊹ 葛尾村	葛尾		●			68	11	
㊺ 川内村	川内		●		●	112	12	
	伊達			●	●	543	29	
	伊達東			●	●	199	15	
	五十沢			●	●	52	9	2017.03閉校→梁川
	富野			●	●	35	8	2017.03閉校→梁川
	山舟生			●	●	18	6	2017.03閉校→梁川
	白根			●	●	26	8	2017.03閉校→梁川
	梁川☆			●	●	520	27	
	堰本			●	●	193	17	
	粟野			●	●	119	10	
	大田			●	●	193	13	
㊻ 伊達市	保原☆			●	●	768	37	
	上保原			●	●	333	22	
	柱沢			●	●	105	12	
	富成			●	●	61	10	2019.03閉校→上保原
	掛田			●	●	254	17	
	小国			●	●	63	9	
	大石			●	●	47	10	
	泉原			●	●	14	5	2011.03閉校→掛田
	石田			●	●	34	7	
	月舘			●	●	155	13	2020.03閉校→月舘学園
	小手			●	●	24	6	2020.03閉校→月舘学園
㊼ 川俣町	福田			●	●	82	12	

㊼川俣町	川俣		●	●	272	17	
	富田		●	●	118	10	
	川俣南☆		●	●	188	15	
	飯坂		●	●	82	11	
	山木屋	●	●	●	70	11	図表２参照
㊽田村市	滝根		●	●	147	12	
	菅谷☆		●	●	78	10	2016.03閉校→滝根
	広瀬		●	●	53	9	2016.03閉校→滝根
	上大越		●	●	206	15	2012.03閉校→大越
	下大越		●	●	62	11	2012.03閉校→大越
	牧野		●	●	29	7	2011.03閉校
	古道	●	●	●	99	12	2017.03閉校→都路
	岩井沢	●	●	●	52	11	2017.03閉校→都路
	関本		●	●	76	11	2019.03閉校→常葉
	常葉		●	●	163	13	
	西向		●	●	79	9	2019.03閉校→常葉
	芦沢		●	●	75	10	
	船引南		●	●	127	11	
	船引		●	●	704	37	
	美山		●	●	87	11	
	緑		●	●	98	11	
	瀬川		●	●	85	10	
	要田		●	●	79	9	
㊾小野町	飯豊		●	●	93	11	2020.03閉校→小野
	浮金☆		●	●	34	7	2020.03閉校→小野
	小野新町		●	●	394	25	2020.03閉校→小野
	夏井第一		●	●	73	11	2020.03閉校→小野
㊿平田村	蓬田		●	●	179	12	
	永田		●	●	44	9	2013.03閉校
	小平		●	●	147	11	
	西山		●	●	29	7	2013.03閉校
71古殿町	田口		●	●	114	12	2011.03閉校→古殿
	宮本		●	●	76	9	2011.03閉校→古殿
	大原		●	●	37	9	2011.03閉校→古殿
	山上		●	●	31	9	2011.03閉校→古殿
	大久田		●	●	26	9	2011.03閉校→古殿
	論田		●	●	25	9	2011.03閉校→古殿
72国見町	小坂		●	●	42	8	2012.03閉校→国見
	藤田		●	●	331	17	2012.03閉校→国見
	森江野		●	●	81	10	2012.03閉校→国見
	大木戸		●	●	50	10	2012.03閉校→国見
	大枝組合立大枝		●	●	57	9	2012.03閉校→国見
73桑折町	醸芳		●	●	353	20	
	睦合		●	●	80	11	実践５
	半田醸芳		●	●	129	10	
	伊達崎		●	●	104	10	
74二本松市	二本松南		●	●	316	19	
	二本松北		●	●	514	31	
	塩沢		●	●	119	12	
	岳下		●	●	257	20	
	安達太良		●	●	43	11	
	原瀬		●	●	85	10	
	杉田		●	●	276	18	
	石井		●	●	178	14	
	大平		●	●	155	12	
	油井		●	●	365	19	
	渋川		●	●	146	12	
	川崎		●	●	157	12	
	小浜		●	●	193	16	
	新殿		●	●	101	12	
	旭		●	●	70	9	
	東和		●	●	336	19	
75本宮市	本宮		●	●	392	21	

㊺本宮市	本宮まゆみ		●	●	398	24	
	五百川		●	●	324	18	
	岩根		●	●	253	17	
	糠沢		●	●	232	19	
	和田		●	●	90	10	
	白岩		●	●	225	16	
㊻三春町	三春		●	●	367	26	
	岩江		●	●	250	19	
	御木沢		●	●	101	11	
	中妻		●	●	73	11	
	中郷		●	●	64	10	
	沢石		●	●	83	12	
㊼郡山市	日和田		●	●	587	26	
	高倉		●	●	89	10	
	行健		●	●	801	34	
	行健第二		●	●	465	24	
	明健		●	●	385	20	
	小泉		●	●	83	10	
	行徳		●	●	344	18	
	安積第一		●	●	737	36	
	安積第二		●	●	148	10	
	安積第三		●	●	534	26	
	永盛		●	●	278	16	
	柴宮		●	●	776	34	実践13
	穂積		●	●	94	10	
	三和		●	●	97	11	
	多田野		●	●	147	12	
	多田野小学校堀口分校		●	●	5	3	
	河内		●	●	21	8	
	片平		●	●	187	13	
	喜久田		●	●	326	20	
	熱海		●	●	144	12	
	熱海小学校石筵分校		●	●	22	4	
	安子島		●	●	50	9	
	上伊豆島		●	●	38	9	
	湖南		●	●	145	10	
	守山		●	●	344	19	
	御代田		●	●	108	10	
	高瀬		●	●	273	15	
	谷田川		●	●	56	9	
	田母神		●	●	37	10	2012.03閉校→谷田川
	栃山神		●	●	46	9	2012.03閉校→谷田川
	金透		●	●	242	17	
	芳山		●	●	364	19	
	橘		●	●	394	22	
	小原田		●	●	561	28	
	開成		●	●	683	32	
	芳賀		●	●	687	32	
	桃見台		●	●	395	21	
	赤木		●	●	360	18	
	薫		●	●	646	31	実践13
	富田		●	●	560	27	
	富田東		●	●	807	36	
	富田西		●	●	622	29	
	大槻		●	●	601	28	図表２参照
	白岩		●	●	66	10	
	東芳		●	●	109	12	
	桜		●	●	636	30	
	桑野		●	●	594	31	
	大島		●	●	823	36	
	緑ヶ丘第一		●	●	867	40	
	小山田		●	●	631	31	実践７
	大成		●	●	830	38	

⑰郡山市	朝日が丘		●	●	836	39	
	高野		●	●	57	9	2018.03閉校→西田学園
	鬼生田		●	●	40	10	2018.03閉校→西田学園
	三町目		●	●	62	9	2018.03閉校→西田学園
	大田		●	●	29	6	2018.03閉校→西田学園
	根木屋		●	●	41	8	2018.03閉校→西田学園
	宮城		●	●	60	9	
	海老根		●	●	32	8	
	御舘		●	●	135	12	
	御舘小学校下枝分校		●	●	10	3	2020.03閉校
⑱須賀川市	第一		●	●	562	28	
	第二		●	●	408	19	
	第三		●	●	643	31	
	西袋第一		●	●	559	26	
	西袋第二		●	●	78	9	
	稲田		●	●	245	16	2018.03閉校→稲田学園
	小塩江		●	●	103	12	
	阿武隈		●	●	456	24	
	仁井田		●	●	418	23	
	柏城		●	●	487	27	
	大東		●	●	245	16	
	大東小学校上小山田分校		●	●	4	2	2017.04休校
	大森		●	●	87	12	
	長沼		●	●	155	11	
	長沼東		●	●	212	14	
	白方		●	●	140	11	
	白江		●	●	161	13	実践15　実践21
⑲玉川村	玉川第一		●	●	211	16	
	川辺		●	●	69	10	2015.03閉校→玉川第一
	須釜		●	●	134	11	
⑳石川町	石川		●	●	444	28	実践27
	沢田		●	●	127	11	
	野木沢		●	●	135	12	
	母畑		●	●	47	9	2015.03閉校→石川
	中谷第一		●	●	61	10	2015.03閉校→石川
	中谷第二		●	●	30	7	2015.03閉校→石川
	山形		●	●	23	6	2015.03閉校→石川
	南山形		●	●	36	6	2015.03閉校→石川
㉑鮫川村	青生野			●	19	6	2018.03閉校→鮫川
	鮫川			●	190	14	
㉒塙町	塙			●	244	17	
	常豊			●	107	13	2018.03閉校→塙
	笹原			●	76	10	
	片貝			●	13	6	2012.03閉校→笹原
	片貝小学校矢塚分校			●	6	3	2012.03閉校→笹原
	高城			●	62	9	2013.03閉校→塙
㉓矢祭町	東舘			●	142	11	2016.03閉校→矢祭
	下関河内			●	30	9	2016.03閉校→矢祭
	関岡			●	32	8	2016.03閉校→矢祭
	内川			●	26	8	2016.03閉校→矢祭
	石井			●	84	14	2016.03閉校→矢祭
㉔福島市	福島第一		●	●	190	19	
	福島第二		●	●	389	24	
	福島第三		●	●	587	28	
	福島第四		●	●	183	20	
	清明		●	●	208	16	
	三河台		●	●	519	24	
	森合		●	●	768	34	
	渡利		●	●	665	29	図表２参照
	南向台		●	●	208	14	
	杉妻		●	●	719	32	
	蓬莱		●	●	420	25	
	蓬莱東		●	●	369	20	

㉔福島市	清水		●	●	502	31	
	北沢又☆		●	●	626	28	
	御山		●	●	563	27	
	岡山		●	●	483	25	
	鎌田		●	●	671	32	
	月輪		●	●	139	10	
	瀬上		●	●	651	33	
	余目		●	●	192	14	
	矢野目		●	●	413	20	
	大笹生		●	●	122	9	
	笹谷		●	●	690	34	
	吉井田		●	●	505	24	
	土湯		●	●	16	6	2019.04休校
	荒井		●	●	281	17	
	大波		●	●	41	7	2014.04休校、2017.03閉校→岡山
	立子山		●	●	47	9	
	佐倉		●	●	151	11	
	佐原		●	●	34	7	
	飯坂		●	●	285	17	
	中野		●	●	33	8	
	平野		●	●	483	25	
	湯野		●	●	210	16	
	東湯野		●	●	33	7	
	茂庭		●	●	14	7	2018.03閉校→飯野
	松川		●	●	523	27	図表２参照
	水原		●	●	31	8	
	金谷川		●	●	108	10	
	下川崎☆		●	●	96	11	
	鳥川		●	●	393	20	
	大森		●	●	826	38	
	平田		●	●	98	10	
	平石		●	●	17	6	
	野田		●	●	853	39	
	庭坂		●	●	267	16	
	庭塚		●	●	126	12	
	水保		●	●	111	11	
	飯野		●	●	162	10	
	大久保		●	●	79	11	実践27
	青木		●	●	75	9	
㉕大玉村	大山		●	●	220	20	
	玉井		●	●	267	20	
㉖鏡石町	第一		●	●	661	31	
	第二		●	●	176	14	
㉗矢吹町	中畑			●	167	12	
	三神			●	120	12	
	矢吹			●	279	17	実践９、25　図表２参照
	善郷			●	473	25	
㉘中島村	滑津			●	183	13	
	吉子川			●	175	12	
㉙浅川町	浅川		●	●	379	21	実践23
	里白石		●	●	43	9	
	山白石		●	●	35	8	
㉚棚倉町	棚倉			●	537	27	
	社川			●	147	10	
	高野			●	79	9	実践19
	近津			●	154	15	
	山岡			●	17	6	
㉛天栄村	広戸		●	●	120	12	
	大里		●	●	70	13	実践26
	牧本		●	●	114	10	
	湯本		●	●	20	6	
㉜白河市	白河第一			●	462	28	

(92) 白河市	白河第二			●	705	39	
	白河第三			●	621	33	
	白河第四			●	221	15	
	白河第五			●	180	13	
	小田川			●	98	10	
	五箇			●	105	10	
	関辺			●	151	13	
	みさか			●	475	26	
	表郷			●	388	20	
	小野田			●	142	11	
	釜子			●	250	15	
	信夫第一			●	151	11	
	信夫第二			●	55	10	
	大屋			●	82	10	
(93) 泉崎村	泉崎第一			●	237	16	
	泉崎第二			●	190	15	
(94) 西郷村	熊倉			●	412	21	
	小田倉			●	505	25	
	米			●	180	12	
	羽太			●	97	10	
	川谷			●	45	9	
(97) 湯川村	笈川			●	93	10	
(97) 湯川町	勝常			●	116	11	
(98) 会津坂下町	坂下			●	650	32	2013.03閉校→坂下南、坂下東
	若宮			●	111	10	2013.03閉校→坂下南
	金上			●	120	10	2013.03閉校→坂下東
	広瀬			●	111	11	2013.03閉校→坂下東
(99) 会津美里町	高田			●	386	20	
	宮川			●	229	16	
	本郷第一			●	303	17	2013.03閉校→本郷
	本郷第二			●	40	9	2013.03閉校→本郷
	新鶴			●	179	14	
(100) 柳津町	柳津			●	145	12	
	西山			●	32	7	
(101) 昭和村	昭和			●	45	9	
(102) 三島町	三島			●	72	10	図表２参照

2）中学校

(53) 新地町	尚英		●	●	249	18	
(54) 相馬市	玉野		●	●	12	9	2017.03閉校→向陽
	中村第一		●	●	402	30	
	中村第二☆		●	●	246	23	
	向陽		●	●	362	26	実践17
	磯部☆		●	●	70	16	
(55) 南相馬市	原町第一	●		●	506	33	
	原町第二☆	●		●	319	24	
	原町第三☆	●		●	163	16	
	石神	●		●	319	24	
	鹿島☆		●	●	297	22	
	小高☆	●		●	386	25	
(56) 浪江町	浪江	●			398	27	実践４、22、30 2018.04休校→なみえ創成（実践30）
	浪江東☆	●			179	15	2018.04休校→なみえ創成（実践30）
	津島	●			34	13	2018.04休校→なみえ創成（実践30）
(57) 双葉町	双葉	●			208	17	
(58) 大熊町	大熊	●			371	27	
(59) 富岡町	富岡第一	●			259	21	実践28
(59) 岡町	富岡第二	●			291	23	
(60) 楢葉町	楢葉	●			255	19	実践18

㉑広野町	広野	●		●	230	19	実践８　実践16
㉒いわき市	平第一		●	●	609	37	
	平第二		●	●	405	26	
	平第三		●	●	549	38	
	中央台北☆		●	●	474	29	
	中央台南		●	●	578	33	
	豊間☆		●	●	128	14	
	藤間☆		●	●	170	14	
	草野		●	●	242	18	
	赤井		●	●	177	14	
	四倉☆		●	●	377	23	
	大野		●	●	64	11	
	久之浜	●	●	●	184	14	
	小川		●	●	223	18	
	川前		●	●	9	10	
	桶売		●	●	14	10	
	小白井		●	●	8	9	
	内郷第一		●	●	491	32	
	内郷第二		●	●	131	14	
	内郷第三		●	●	58	11	
	好間		●	●	306	21	
	三和		●	●	32	10	
	三阪		●	●	38	12	
	差塩		●	●	3	8	
	永井		●	●	18	11	2015.03閉校→三和
	小名浜第一		●	●	666	40	
	小名浜第二		●	●	434	31	
	玉川		●	●	276	19	
	江名		●	●	266	21	
	泉		●	●	759	43	
	湯本第一		●	●	378	24	
	湯本第二☆		●	●	90	12	
	湯本第三		●	●	101	15	
	磐崎		●	●	385	27	
	植田		●	●	507	32	
	植田東		●	●	333	20	
	錦		●	●	342	23	
	勿来第一		●	●	279	23	
	勿来第二		●	●	134	14	
	川部		●	●	79	11	
	上遠野		●	●	113	13	
	入遠野		●	●	52	12	
	田人☆		●	●	33	13	
	石住		●	●	4	9	2014.03閉校
	貝泊		●	●	5	9	2014.03閉校
㉓飯舘村	飯舘	●			184	15	2020.03閉校→いいたて希望の里学園
㉔葛尾村	葛尾	●			44	12	
㉕川内村	川内	●		●	54	12	
㉖伊達市	伊達		●	●	328	26	実践14
	梁川☆		●	●	594	37	
	松陽☆		●	●	238	21	
	桃陵☆		●	●	474	31	
	霊山		●	●	239	20	
	月舘		●	●	122	14	2020.03閉校→月舘学園
㉗川俣町	川俣☆		●	●	392	26	
	山木屋	●	●	●	29	13	図表２参照
㉘田村市	滝根		●	●	182	16	
	大越		●	●	158	15	
	都路	●	●	●	77	13	
	常葉		●	●	163	15	
	船引南		●	●	136	15	
	船引		●	●	453	27	

⑱田村市	移		●	●	67	13	2018.03閉校→船引
⑲小野町	浮金☆		●	●	31	10	2014.03閉校→小野
	小野		●	●	326	24	
⑳平田村	蓬田		●	●	110	15	2016.03閉校→ひらた清風
	小平		●	●	85	11	2016.03閉校→ひらた清風
㉑古殿町	古殿		●	●	191	17	
㉒国見町	県北		●	●	281	20	
㉓桑折町	醸芳		●	●	357	26	
㉔二本松市	二本松第一		●	●	465	29	
	二本松第二		●	●	186	15	
	二本松第三		●	●	366	23	
	安達		●	●	321	24	
	小浜		●	●	116	16	
	岩代		●	●	99	13	
	東和		●	●	204	20	
㉕本宮市	本宮第一		●	●	448	29	
	本宮第二		●	●	264	18	
	白沢		●	●	305	23	
㉖三春町	三春		●	●	286	20	
	岩江		●	●	152	14	
	桜		●	●	75	10	2013.03閉校
	沢石		●	●	40	11	2013.03閉校
	要田		●	●	58	11	2013.03閉校
㉗郡山市	日和田		●	●	249	18	
	行健		●	●	660	38	
	明健		●	●	465	29	
	安積		●	●	512	34	
	安積第二		●	●	250	18	
	三穂田		●	●	142	14	
	逢瀬☆		●	●	121	14	
	片平		●	●	71	11	
	喜久田		●	●	207	15	
	熱海		●	●	152	13	
	湖南		●	●	72	13	
	守山		●	●	258	17	
	高瀬		●	●	165	13	
	二瀬		●	●	47	10	2020.03閉校→守山
	郡山第一		●	●	940	56	
	郡山第二		●	●	654	40	
	郡山第三		●	●	621	39	
	郡山第四		●	●	379	25	
	郡山第五		●	●	623	36	
	郡山第六		●	●	797	46	実践23
	郡山第七		●	●	719	40	
	緑ヶ丘		●	●	391	24	
	富田		●	●	558	34	
	大槻		●	●	490	32	
	小原田		●	●	315	23	
	西田		●	●	129	16	2018.03閉校→西田学園
	宮城		●	●	48	13	図表２参照
	御舘		●	●	63	11	
㉘須賀川市	第一		●	●	286	20	
	第二		●	●	583	35	
	第三		●	●	382	25	
	西袋		●	●	295	19	
	稲田		●	●	138	14	2018.03閉校→稲田学園
	小塩江		●	●	52	10	
	仁井田		●	●	244	20	
	大東		●	●	167	14	
	長沼☆		●	●	179	14	
	岩瀬		●	●	172	14	
㉙玉川村	泉		●	●	147	14	2020.03閉校→玉川
	須釜		●	●	81	14	2020.03閉校→玉川

⑧⓪ 石川町	石川		●	●	418	29	
	沢田		●	●	58	11	2015.03閉校→石川
⑧① 鮫川村	鮫川			●	110	13	
⑧② 塙町	塙			●	325	29	
⑧③ 矢祭町	矢祭			●	201	20	
⑧④ 福島市	福島第一		●	●	586	37	
	福島第二		●	●	316	23	
	福島第三		●	●	580	38	
	福島第四		●	●	522	33	
	岳陽		●	●	456	31	
	渡利		●	●	493	31	
	蓬莱		●	●	455	31	実践10、23
	清水		●	●	456	27	
	信陵		●	●	808	49	実践23
	北信		●	●	821	54	
	西信		●	●	253	19	
	立子山		●	●	28	10	
	大鳥		●	●	182	17	
	平野		●	●	210	21	実践 1
	西根		●	●	112	13	
	茂庭		●	●	12	8	2014.04休校
	松陵		●	●	406	25	
	信夫		●	●	647	38	
	野田		●	●	394	25	
	吾妻		●	●	238	21	
	飯野		●	●	180	16	
⑧⑤ 大玉村	大玉		●	●	260	20	
⑧⑥ 鏡石町	鏡石		●	●	415	26	
⑧⑦ 矢吹町	矢吹			●	521	30	
⑧⑧ 中島村	中島			●	187	18	
⑧⑨ 浅川町	浅川		●	●	228	19	
⑨⓪ 棚倉町	棚倉			●	530	35	
⑨① 天栄村	天栄		●	●	161	14	
	湯本		●	●	8	9	
⑨② 白河市	白河中央			●	512	37	
	白河第二			●	592	39	
	東北			●	166	16	
	白河南			●	242	18	
	五箇			●	55	11	
	表郷			●	192	19	
	東			●	188	16	
	大信			●	118	14	
⑨③ 泉崎村	泉崎			●	202	16	
⑨④ 西郷村	西郷第一			●	321	25	
	西郷第二			●	268	22	
	川谷			●	23	11	
⑨⑦ 湯川村	湯川			●	106	13	
⑨⑧ 会津坂下町	第一			●	324	24	2012.03閉校→坂下
	第二			●	259	21	2012.03閉校→坂下
⑨⑨ 会津美里町	高田			●	359	23	
	本郷			●	208	17	
	新鶴			●	99	13	
⑩⓪ 柳津町	柳津			●	88	12	2018.03閉校→会津柳津学園
	西山			●	17	9	2018.03閉校→会津柳津学園
⑩① 昭和村	昭和			●	22	11	
⑩② 三島町	三島			●	28	12	

3）高等学校

⑤③ 新地町	新地☆		●	●	202	22	
⑤④ 相馬市	相馬☆		●	●	705	54	
	相馬東☆		●	●	712	64	
⑤⑤ 南相馬市	原町☆	●		●	708	47	
	相馬農業☆	●		●	332	47	

㊿⑤南相馬市	小高商業	●			217	28	2017.03閉校→小高産業技術
	小高工業☆	●			588	59	2017.03閉校→小高産業技術
㊺⑥浪江町	浪江☆	●			315	33	2017.04休校
	浪江高等学校津島校	●			53	12	2017.04休校
⑰双葉町	双葉☆	●			469	36	2017.04休校
⑱大熊町	双葉翔陽	●			341	41	2017.04休校
⑲富岡町	富岡	●			327	41	2017.04休校
㊷いわき市	磐城☆		●	●	959	69	
	磐城桜が丘☆		●	●	954	68	
	平工業☆		●	●	814	80	
	平商業☆		●	●	825	64	
	いわき総合		●	●	711	66	
	いわき光洋		●	●	718	56	
	湯本☆		●	●	951	65	
	小名浜		●	●	420	41	
	いわき海星☆		●	●	407	54	
	磐城農業☆		●	●	457	54	
	勿来		●	●	217	32	
	勿来工業		●	●	680	67	
	好間☆		●	●	347	30	
	遠野		●	●	194	25	
	四倉		●	●	415	37	
	いわき翠の杜		●	●	315	37	
㊸飯舘村	相馬農業高等学校飯舘校	●			88	17	2020.04休校
㊻川内村	富岡高等学校川内校		●	●	10	11	2011.03閉校
㊼伊達市	梁川☆		●	●	253	30	
	保原		●	●	830	53	
	保原高等学校定時制		●	●	89	13	
㊽川俣町	川俣☆		●	●	321	46	
㊾田村市	船引		●	●	508	43	
㊾小野町	小野☆		●	●	464	51	
⑰平田村	小野高等学校平田校		●	●	65	13	2019.03閉校
⑭二本松市	安達☆		●	●	712	50	
	二本松工業☆		●	●	585	64	
	安達東☆		●	●	267	32	
⑮本宮市	本宮		●	●	581	50	
⑯三春町	田村		●	●	833	60	
⑰郡山市	安積		●	●	960	64	
	安積高等学校御舘校		●	●	98	14	
	安積黎明		●	●	960	66	
	郡山東		●	●	955	62	
	郡山商業		●	●	951	68	
	郡山北工業☆		●	●	833	80	
	郡山		●	●	958	60	
	あさか開成☆		●	●	640	58	
	湖南		●	●	192	24	
	郡山萌世高等学校定時制課程		●	●	523	19	
	郡山萌世高等学校通信制課程		●	●	2,600	6	
⑱須賀川市	須賀川		●	●	821	59	
	須賀川桐陽		●	●	715	53	
	青陵情報		●	●	827	72	
	長沼		●	●	294		
⑳石川町	石川		●	●	368	36	
㉑鮫川村	修明高等学校鮫川校			●	91	11	
㉒塙町	塙工業		●	●	236	42	
㉔福島市	福島		●	●	958	64	
	橘		●	●	958	62	
	福島商業☆		●	●	715	53	
	福島明成		●	●	704	80	
	福島工業		●	●	830	46	
	福島工業高等学校定時制		●	●	98	16	
	福島西☆		●	●	830	63	
	福島北☆		●	●	716	64	

㉞福島市	福島東		●	●	959	62	
	福島南☆		●	●	715	58	
	福島中央		●	●	132	14	
㊱鏡石町	岩瀬農業		●	●	683	86	
㊲矢吹町	光南☆			●	719	77	
㊵棚倉町	修明			●	611	49	
㊷白河市	白河			●	834	63	
	白河旭			●	716	52	
	白河実業			●	742	71	
	白河第二			●	109	14	
㊽会津坂下町	坂下☆			●	269	21	
	会津農林			●	461	51	
㊾会津美里町	大沼			●	353	29	
4）特別支援学校							
㊹相馬市	相馬養護学校☆		●	●	68	48	2017.04相馬支援学校
㊺富岡町	富岡養護学校	●			105	73	2017.04富岡支援学校
㊷いわき市	平養護学校☆		●	●	106	114	2017.04平支援学校
	いわき養護学校☆		●	●	234	142	実践11、2017.04いわき支援学校
㊼郡山市	郡山養護学校☆		●	●	162	152	2017.04郡山支援学校
	あぶくま養護学校☆		●	●	350	181	2017.04あぶくま支援学校
	あぶくま養護学校安積分校☆		●	●	30	24	2017.03閉校
㊸須賀川市	須賀川養護学校		●	●	77	57	2017.04須賀川支援学校
	須賀川養護学校郡山分校		●	●	11	16	2017.04須賀川支援学校郡山校
	須賀川養護学校医大分校		●	●	18	18	2017.04須賀川支援学校医大校
㊵石川町	石川養護学校☆		●	●	112	86	2017.04石川支援学校
㊹福島市	盲学校		●	●	48	66	2017.04視覚支援学校
	聾学校		●	●	71	78	2017.04聴覚支援学校
	聾学校福島分校☆		●	●	15	14	2017.04聴覚支援学校福島校
	聾学校平分校		●	●	16	15	2017.04聴覚支援学校平校
	大笹生養護学校☆		●	●	171	117	実践11、2017.04大笹生支援学校
	市立福島養護学校		●	●	183	77	
㊾西郷村	西郷養護学校			●	94	68	2017.04西郷支援学校
福島県　計							
735校					204,648	16,112	

茨城県

所在自治体	学校名	汚染状況重点調査地域	児童生徒数（2010）	教職員数（2010）	備考
1）小学校					
103 北茨城市	中郷第一	●	511	24	
	中郷第二	●	214	12	
	石岡	●	70	10	
	精華	●	527	29	
	明徳	●	217	13	
	中妻	●	164	14	
	華川	●	61	10	
	関南	●	187	14	
	大津	●	218	15	
	平潟	●	206	12	
	関本第一	●	115	10	2016.03閉校→関本
	富士ケ丘	●	46	10	2016.03閉校→関本
104 高萩市	高萩	●	441	24	
	秋山	●	451	23	
	松岡	●	423	20	
	東	●	344	20	
	君田	●	12	7	2017.03閉校→松岡
105 日立市	助川	●	459	25	
	会瀬	●	280	17	
	宮田	●	467	27	
	仲町	●	214	13	
	中小路	●	172	12	
	大久保	●	616	33	
	河原子	●	327	21	
	油縄子	●	277	20	

⑯ 日立市	成沢	●	494	22	
	水木	●	465	21	
	大沼	●	697	35	
	日高	●	617	30	
	久慈	●	402	21	
	坂本	●	757	34	
	東小沢	●	57	10	
	中里	●	36	8	
	豊浦	●	612	29	
	諏訪	●	429	21	
	金沢	●	488	24	
	滑川	●	693	29	
	大みか	●	377	18	
	田尻	●	829	38	
	塙山	●	430	22	
	櫛形	●	935	41	
	山部	●	44	8	
⑯ 東海村	白方	●	672	32	
	照沼	●	127	10	
	中丸	●	548	29	
	石神	●	373	20	
	舟石川	●	611	29	
	村松	●	272	16	
⑯ ひたちなか市	那珂湊第一	●	395	23	
	那珂湊第二	●	215	14	
	那珂湊第三	●	433	21	
	平磯	●	255	16	
	磯崎	●	117	11	
	阿字ケ浦	●	114	10	
	中根	●	404	18	
	勝倉	●	365	21	
	三反田	●	254	17	
	枝川	●	55	9	
	東石川	●	452	24	
	市毛	●	691	34	
	前渡	●	908	42	
	佐野	●	1,146	47	
	堀口	●	299	17	
	高野	●	875	37	
	田彦	●	1,015	45	
	津田	●	659	31	
	長堀	●	687	30	
	外野	●	802	35	
⑯ 鉾田市	旭東	●	229	17	
	旭南	●	137	13	
	旭西	●	142	14	
	旭北	●	149	12	
	巴第一	●	58	13	2016.03閉校→鉾田北
	大和田	●	92	12	2016.03閉校→鉾田北
	当間	●	71	10	2019.03閉校→鉾田南
	徳宿	●	147	12	2016.03閉校→鉾田北
	舟木	●	123	11	2016.03閉校→鉾田北
	鉾田	●	394	25	2019.03閉校→鉾田南
	諏訪	●	115	15	2019.03閉校→鉾田南
	新宮	●	85	11	2019.03閉校→鉾田南
	大竹	●	71	11	2019.03閉校→鉾田南
	青柳	●	82	11	2016.03閉校→鉾田北
	野友	●	64	10	2019.03閉校→鉾田南
	串挽	●	137	13	2019.03閉校→鉾田南
	上島東	●	166	13	
	上島西	●	55	10	
	白鳥東	●	186	14	
	白鳥西	●	114	13	

⑲ 鹿嶋市	大同東	●	340	24	
	大同西	●	209	14	
	中野東	●	308	19	
	中野西	●	121	12	
	波野	●	256	19	
	豊郷	●	130	11	
	豊津	●	70	11	
	鹿島	●	607	30	
	高松	●	268	18	
	平井	●	437	23	
	三笠	●	781	40	
	鉢形	●	330	21	
⑪ 常陸太田市	太田	●	518	25	
	機初	●	390	20	
	西小沢	●	106	11	
	幸久	●	81	12	
	佐竹	●	249	15	
	誉田	●	134	12	
	瑞竜	●	58	11	2012.03閉校→誉田
	佐都	●	69	11	2012.03閉校→機初
	世矢	●	225	16	
	河内	●	34	8	2012.03閉校→機初
	金砂郷	●	119	14	
	郡戸	●	85	13	
	久米	●	393	20	
	水府	●	112	13	
	山田	●	85	12	2018.03閉校→水府
	小里	●	113	11	2014.03閉校→里美
	賀美	●	46	9	2014.03閉校→里美
⑪ 美浦村	安中	●	113	12	
	木原	●	334	22	
	大谷	●	528	26	
⑫ 稲敷市	江戸崎	●	343	22	
	君賀	●	64	12	2016.03閉校→江戸崎
	沼里	●	320	21	
	鳩崎	●	85	11	2016.03閉校→江戸崎
	高田	●	179	14	
	根本	●	99	11	2014.03閉校→新利根
	柴崎	●	248	18	2014.03閉校→新利根
	太田	●	84	12	2014.03閉校→新利根
	阿波	●	101	12	
	浮島	●	87	12	
	古渡	●	91	11	
	あずま東	●	166	14	
	新東	●	31	7	2014.03閉校→新利根
	あずま西	●	154	13	
	あずま南	●	68	10	2017.03閉校→あずま東
	あずま北	●	131	11	
⑬ 土浦市	土浦	●	756	37	
	下高津	●	789	39	
	東	●	389	20	
	宍塚	●	49	8	2014.03閉校→土浦
	大岩田	●	622	27	
	真鍋	●	876	37	
	都和	●	552	26	
	荒川沖	●	362	20	
	中村	●	412	21	
	土浦第二	●	647	30	
	上大津東	●	236	13	
	上大津西	●	75	10	2020.03閉校→菅谷
	神立	●	570	27	
	右籾	●	383	18	
	都和南	●	311	20	

⑬ 土浦市	乙戸	●	329	20	
	菅谷	●	172	12	
	藤沢	●	262	17	2018.03閉校→新治学園義務教育学校
	斗利出	●	81	12	2018.03閉校→新治学園義務教育学校
	山ノ荘	●	122	12	2018.03閉校→新治学園義務教育学校
⑭ 阿見町	阿見	●	558	28	
	実穀	●	130	11	2018.03閉校→本郷
	吉原	●	99	12	2018.03閉校→阿見
	本郷	●	585	29	
	君原	●	93	12	
	舟島	●	360	18	
	阿見第一	●	576	28	
	阿見第二	●	228	13	
⑮ 牛久市	牛久	●	503	27	
	奥野	●	219	13	2020.03閉校→おくの学園義務教育学校
	岡田	●	689	32	
	牛久第二	●	434	22	
	中根	●	767	37	
	向台	●	649	31	
	神谷	●	602	29	
	ひたち野うしく	●	461	22	
⑯ 龍ケ崎市	龍ケ崎	●	442	23	
	馴柴	●	662	29	
	馴馬台	●	312	18	
	八原	●	912	41	
	長戸	●	77	11	2015.03閉校→城ノ内
	大宮	●	150	12	
	川原代	●	158	11	
	北文間	●	124	12	2017.03閉校→龍ケ崎西
	龍ケ崎西	●	260	18	
	松葉	●	305	20	
	長山	●	295	19	
	久保台	●	547	25	
	城ノ内	●	475	26	
⑰ 利根町	文	●	211	12	
	文間	●	178	11	
	布川	●	369	21	
⑱ つくば市	栄	●	317	17	
	九重	●	210	14	
	桜南	●	560	28	
	栗原	●	206	12	
	竹園東	●	689	33	
	並木	●	448	23	
	吾妻	●	893	42	
	竹園西	●	647	33	
	谷田部	●	888	40	
	真瀬	●	246	15	
	島名	●	245	13	
	葛城	●	406	20	
	柳橋	●	130	10	
	小野川	●	344	17	
	松代	●	466	26	
	手代木南	●	620	29	
	谷田部南	●	109	13	
	二の宮	●	696	31	
	東	●	556	30	
	上郷	●	317	18	
	沼崎	●	594	27	
	今鹿島	●	140	12	

⑱ つくば市	作岡	●	164	12	2018.03閉校→秀峰筑波義務教育学校
	菅間	●	94	11	2018.03閉校→秀峰筑波義務教育学校
	筑波	●	109	11	2018.03閉校→秀峰筑波義務教育学校
	田井	●	90	11	2018.03閉校→秀峰筑波義務教育学校
	北条	●	185	12	2018.03閉校→秀峰筑波義務教育学校
	小田	●	125	13	2018.03閉校→秀峰筑波義務教育学校
	山口	●	18	8	2013.03閉校
	田水山	●	116	16	2018.03閉校→秀峰筑波義務教育学校
	大曽根	●	661	30	
	前野	●	169	13	
	要	●	120	12	
	吉沼	●	280	17	
	茎崎第一	●	627	32	
	茎崎第二	●	216	17	
	茎崎第三	●	231	13	
⑲ つくばみらい市	小張	●	291	15	
	三島	●	95	12	2020.03閉校→伊奈
	谷井田	●	309	18	2020.03閉校→伊奈
	豊	●	121	11	
	東	●	53	9	2020.03閉校→伊奈東
	板橋	●	491	23	2020.03閉校→伊奈東
	谷原	●	160	13	
	十和	●	94	12	
	福岡	●	78	11	
	小絹	●	644	33	
⑳ 取手市	取手	●	530	28	
	白山	●	326	20	
	永山	●	445	23	
	寺原	●	419	18	
	小文間	●	91	13	2015.03閉校→取手東
	井野	●	271	18	2015.03閉校→取手東
	白山西	●	138	12	2016.03閉校→取手西
	戸頭西	●	270	16	2016.03閉校→戸頭
	吉田	●	295	17	2016.03閉校→取手西
	戸頭東	●	371	22	2016.03閉校→戸頭
	高井	●	186	12	
	稲	●	259	19	2016.03閉校→取手西
	藤代	●	337	21	
	山王	●	84	12	
	六郷	●	178	11	
	久賀	●	234	15	
	宮和田	●	362	19	
	桜が丘	●	370	19	
㉑ 常総市	水海道	●	494	28	
㉒ 守谷市	大生	●	157	12	
	五箇	●	71	12	
	三妻	●	272	19	
	大花羽	●	75	11	
	菅原	●	110	13	
	豊岡	●	324	24	
	絹西	●	350	22	
	菅生	●	189	13	
	岡田	●	481	30	
	玉	●	156	11	
	石下	●	449	23	
	豊田	●	143	11	

⑫ 守谷市	飯沼	●	332	20	
	守谷	●	624	31	
	大井沢	●	556	28	
	大野	●	159	13	
	高野	●	498	24	
	黒内	●	348	18	
	御所ケ丘	●	345	19	
	郷州	●	401	23	
	松前台	●	406	21	
	松ケ丘	●	624	28	

2）中学校

⑩③ 北茨城市	中郷	●	433	30	
	磯原	●	431	28	
	華川	●	124	15	
	常北	●	335	23	
	関本	●	103	12	
⑩④ 高萩市	高萩	●	423	27	
	秋山	●	239	25	
	松岡	●	181	16	
	君田	●	7	12	2017.03閉校→松岡
⑩⑤ 日立市	助川	●	287	22	
	平沢	●	151	14	
	駒王	●	305	25	
	多賀	●	483	31	
	大久保	●	574	33	
	泉丘	●	692	40	
	日高	●	540	33	
	坂本	●	316	22	
	久慈	●	344	25	
	中里	●	24	12	
	豊浦	●	320	23	
	河原子	●	183	18	
	台原	●	315	24	
	滑川	●	572	34	
	十王	●	403	23	
⑩⑥ 東海村	東海	●	593	35	
	東海南	●	479	30	
⑩⑦ ひたちなか市	那珂湊	●	518	31	
	平磯	●	200	16	
	阿字ヶ浦	●	56	13	
	勝田第一	●	837	48	
	勝田第二	●	717	41	
	勝田第三	●	483	29	
	佐野	●	892	47	
	大島	●	485	28	
	田彦	●	463	28	
⑩⑧ 鉾田市	旭	●	317	25	
	鉾田北	●	242	23	
	鉾田南	●	512	38	
	大洋	●	269	22	
⑩⑨ 鹿嶋市	大野	●	506	33	
	鹿島	●	489	28	
	高松	●	177	18	
	鹿野	●	260	23	
	平井	●	351	27	
⑪⓪ 常陸太田市	太田	●	269	25	
	峰山	●	334	22	
	世矢	●	108	14	
	瑞竜	●	438	29	
	南	●	253	22	2015.03閉校→金砂郷
	北	●	95	14	2015.03閉校→金砂郷
	水府	●	137	16	

⑩ 常陸太田市	里美	●	108	15	
⑪ 美浦村	美浦	●	457	32	
⑫ 稲敷市	江戸崎	●	524	33	
	新利根	●	270	22	
	桜川	●	156	15	
	東	●	289	21	
⑬ 土浦市	土浦第一	●	483	33	
	土浦第二	●	429	32	
	土浦第三	●	656	36	
	土浦第四	●	670	40	
	土浦第五	●	499	31	
	土浦第六	●	439	31	
	都和	●	430	27	
	新治	●	236	20	2018.03閉校→新治学園義務教育学校
⑭ 阿見町	阿見	●	438	27	
	朝日	●	319	23	
	竹来	●	441	31	
⑮ 牛久市	牛久第一	●	595	35	
	牛久第二	●	124	17	2020.03閉校→おくの義務教育学校
	牛久第三	●	421	28	
	下根	●	491	31	
	牛久南	●	350	24	
⑯ 龍ケ崎市	愛宕	●	318	24	
	城南	●	249	25	
	長山	●	309	22	
	城西	●	417	25	
	中根台	●	459	28	
	城ノ内	●	670	40	
⑰ 利根町	利根	●	366	30	
⑱ つくば市	桜	●	315	25	
	竹園東	●	522	34	
	並木	●	422	26	
	吾妻	●	382	30	
	谷田部	●	485	30	
	高山	●	221	19	
	手代木	●	571	33	
	谷田部東	●	608	33	
	豊里	●	451	29	
	筑波東	●	335	26	2018.03閉校→秀峰筑波義務教育学校
	筑波西	●	193	18	2018.03閉校→秀峰筑波義務教育学校
	大穂	●	454	30	
	茎崎	●	209	21	
	高崎	●	292	24	
⑲ つくばみらい市	伊奈	●	338	24	
	伊奈東	●	283	24	
	谷和原	●	186	18	
	小絹	●	328	23	
⑳ 取手市	取手第一	●	381	26	
	取手第二	●	529	33	
	永山	●	290	23	
	戸頭	●	338	25	
	取手東	●	234	20	2012.03閉校→取手第一
	野々井	●	50	12	2011.03閉校→永山
	藤代	●	336	24	
	藤代南	●	454	27	
㉑ 常総市	水海道	●	425	28	
	鬼怒	●	247	21	
	水海道西	●	471	34	
	石下	●	385	27	

⑫¹ 常総市	石下西	●	393	30	
⑫² 守谷市	守谷	●	340	26	
	愛宕	●	275	22	
	御所ケ丘	●	566	31	
	けやき台	●	450	31	

3）中等教育学校

⑪⁸ つくば市	並木	●	397	23	

4）高等学校

⑩³ 北茨城市	磯原郷英	●	527	44	
⑩⁴ 高萩市	高萩	●	418	33	
	高萩清松	●	497	51	
⑩⁵ 日立市	日立第一	●	956	71	
	日立第一（定時制）	●	75	8	2015.03閉校
	日立第二	●	684	47	
	日立工業	●	541	49	
	日立工業（定時制）	●	45	12	
	多賀	●	837	50	
	日立商業	●	703	49	
	日立北	●	713	48	
⑩⁶ 東海村	東海	●	458	30	
⑩⁷ ひたちなか市	勝田	●	591	37	
	勝田工業	●	695	57	
	佐和	●	696	43	
	那珂湊第一	●	167	13	2011.03閉校
	那珂湊第二	●	72	12	2011.03閉校
	那珂湊	●	394	32	
	海洋	●	282	41	
	海洋（専攻科）	●	17	0	2016.03閉校
⑩⁸ 鉾田市	鉾田第一	●	836	62	
	鉾田第二	●	834	66	
	鉾田農業	●	194	32	2020.03閉校→鉾田第二
⑩⁹ 鹿嶋市	鹿島	●	830	49	
	鹿島灘（定時制）	●	263	36	
⑪⁰ 常陸太田市	太田第一	●	838	66	
	太田第一（定時制）	●	38	8	
	太田第二	●	349	31	
	太田第二里美	●	35	13	2013.03閉校
	佐竹	●	588	39	
⑪² 稲敷市	江戸崎総合	●	545	51	
⑪³ 土浦市	土浦第一	●	972	58	
	土浦第一（定時制）	●	112	9	
	土浦第二	●	960	58	
	土浦第三	●	707	50	
	土浦工業	●	700	60	
	土浦湖北	●	833	51	
⑪⁵ 牛久市	牛久	●	714	45	
	牛久栄進	●	953	67	
⑪⁶ 龍ケ崎市	竜ヶ崎第一	●	839	52	
	竜ヶ崎第一（定時制）	●	115	8	
	竜ヶ崎第二	●	449	35	
	竜ヶ崎南	●	310	27	
⑪⁸ つくば市	筑波	●	385	31	
	竹園	●	964	58	
	並木	●	560	39	2013.03閉校
	上郷	●	51	14	2011.03閉校
	つくば工科	●	543	46	
	茎崎	●	283	25	2014.03閉校
⑪⁹ つくばみらい市	伊奈	●	710	43	
⑫⁰ 取手市	取手第一	●	714	58	
	取手第二	●	455	36	

⑫⓪ 取手市	取手松陽	●	750	53	
	藤代	●	712	45	
	藤代紫水	●	761	50	
⑫① 常総市	石下	●	90	8	2011.03閉校
	石下紫峰	●	287	26	
	水海道第一	●	842	62	
	水海道第一（定時制）	●	64	10	2015.03閉校
	水海道第二	●	714	47	
⑫② 守谷市	守谷	●	631	45	

5）特別支援学校

⑩③ 北茨城市	北茨城養護学校	●	164	102	2012.04北茨城特別支援学校
⑩⑤ 日立市	市立日立養護学校	●	103	59	2012.04市立日立特別支援学校
⑩⑦ ひたちなか市	勝田養護学校	●	328	153	2012.04勝田特別支援学校
⑩⑨ 鹿嶋市	鹿島養護学校	●	279	122	2012.04鹿島特別支援学校
⑪① 美浦村	美浦養護学校	●	214	117	2012.04美浦特別支援学校
⑪③ 土浦市	土浦養護学校	●	168	89	2012.04土浦特別支援学校
⑪④ 阿見町	霞ヶ浦聾学校	●	38	31	
⑪⑧ つくば市	つくば養護学校	●	326	187	2012.04つくば特別支援学校
⑪⑨ つくばみらい市	伊奈養護学校	●	260	123	2012.04伊奈特別支援学校

茨城県　計

462校		165,877	11,645	

千葉県

所在自治体	学校名	汚染状況 重点 調査地域	児童生徒数 (2010)	教職員数 (2010)	備考
1) 小学校					
(123) 印西市	木下	●	389	32	
	小林	●	164	14	
	大森	●	223	19	
	船穂	●	61	14	
	永治	●	65	14	2017.03閉校→木刈
	木刈	●	293	23	
	内野	●	374	25	
	原山	●	240	20	
	高花	●	310	26	
	小林北	●	199	16	
	小倉台	●	463	28	
	西の原	●	310	24	
	原	●	423	25	
	六合	●	101	15	
	宗像	●	88	14	2019.03閉校→いには野
	平賀	●	139	14	
	いには野	●	557	29	
	本埜第一	●	62	14	2019.03閉校→本埜
	本埜第二	●	80	16	2019.03閉校→本埜
	滝野	●	560	39	
(124) 佐倉市	佐倉	●	624	37	
	内郷	●	144	14	
	臼井	●	393	27	
	印南	●	225	17	
	千代田	●	256	22	
	上志津	●	588	35	
	志津	●	364	23	

⑫④ 佐倉市	下志津	●	343	24	
	染井野	●	377	24	
	南志津	●	315	23	
	根郷	●	616	35	
	和田	●	103	13	
	弥富	●	71	16	
	井野	●	837	46	
	佐倉東	●	329	24	
	西志津	●	1,074	53	
	小竹	●	295	18	
	間野台	●	488	29	
	王子台	●	442	24	
	青菅	●	258	18	
	寺崎	●	402	22	
	山王	●	177	17	
	白銀	●	252	19	
⑫⑤ 我孫子市	我孫子第一	●	599	39	
	我孫子第二	●	485	35	
	我孫子第三	●	827	47	
	我孫子第四	●	762	50	
	湖北	●	419	30	
	布佐	●	336	32	
	湖北台西	●	449	38	
	高野山	●	833	63	
	根戸	●	1,200	69	
	湖北台東	●	292	32	
	新木	●	602	39	
	並木	●	385	44	
	布佐南	●	227	26	
⑫⑥ 柏市	柏第一	●	998	50	
	柏第二	●	914	44	
	柏第三	●	897	51	
	柏第四	●	635	34	
	柏第五	●	894	47	
	柏第六	●	106	26	
	土	●	404	31	
	富勢	●	820	42	
	田中	●	628	35	
	田中北	●	104	15	
	土南部	●	825	57	
	柏第七	●	618	48	
	柏第八	●	739	39	
	酒井根	●	575	33	
	西原	●	763	40	
	旭	●	552	33	
	藤心	●	420	33	
	中原	●	825	60	
	酒井根西	●	330	33	
	高田	●	532	40	
	名戸ヶ谷	●	305	34	
	増尾西	●	635	48	
	逆井	●	368	33	
	富勢東	●	130	21	
	豊	●	650	50	
	酒井根東	●	489	31	
	旭東	●	325	27	
	松葉第一	●	655	37	
	花野井	●	269	22	
	松葉第二	●	759	42	
	富勢西	●	297	28	
	十余二	●	520	33	
	風早南部	●	289	24	
	風早北部	●	611	32	
	手賀西	●	103	22	
	手賀東	●	57	15	
	高柳	●	678	37	

⑯ 柏市	大津ケ丘第一	●	402	29	
	大津ケ丘第二	●	410	26	
	高柳西	●	519	37	
⑰ 白井市	白井第一	●	235	18	
	白井第二	●	125	14	
	白井第三	●	568	31	
	大山口	●	820	38	
	清水口	●	503	31	
	南山	●	436	27	
	七次台	●	237	20	
	池の上	●	282	22	
	桜台	●	547	34	
⑱ 鎌ヶ谷市	鎌ケ谷	●	1,035	55	
	東部	●	716	49	
	南部	●	322	24	
	北部	●	369	32	
	西部	●	613	38	
	中部	●	933	54	
	初富	●	634	36	
	道野辺	●	770	40	
	五本松	●	496	33	
⑲ 野田市	中央	●	776	51	
	宮崎	●	534	34	
	東部	●	335	30	
	南部	●	873	44	
	北部	●	414	27	
	福田第一	●	131	18	
	福田第二	●	80	16	
	川間	●	278	25	
	清水台	●	451	26	
	柳沢	●	286	22	
	山崎	●	377	27	
	岩木	●	659	40	
	尾崎	●	431	27	
	七光台	●	516	28	
	二ツ塚	●	252	22	
	みずき	●	541	29	
	木間ケ瀬	●	354	24	
	二川	●	527	41	
	関宿	●	126	16	
	関宿中央	●	422	27	
⑳ 流山市	八木南	●	167	23	
	八木北	●	695	46	
	東	●	798	53	
	流山	●	712	44	
	新川	●	348	38	
	江戸川台	●	626	36	
	東深井	●	775	44	
	鰭ケ崎	●	569	34	
	向小金	●	560	32	
	西初石	●	593	32	
	小山	●	464	30	
	長崎	●	439	28	
	流山北	●	866	47	
	西深井	●	243	22	
	南流山	●	684	45	
	光ヶ丘	●	810	43	
㉛ 松戸市	中部	●	516	38	
	東部	●	715	45	
	北部	●	678	33	
	相模台	●	735	45	
	南部	●	428	31	
	矢切	●	396	23	
	高木	●	269	25	
	高木第二	●	841	51	
	馬橋	●	631	39	

⑬1 松戸市	小金	●	779	42	
	常盤平第一	●	312	35	
	常盤平第二	●	590	39	
	稔台	●	750	43	
	常盤平第三	●	719	42	
	小金北	●	589	40	
	上本郷	●	833	42	
	根木内	●	855	43	
	栗ヶ沢	●	440	33	
	松飛台	●	711	46	
	松ヶ丘	●	614	33	
	柿ノ木台	●	935	50	
	古ヶ崎	●	740	46	
	六実	●	544	34	
	八ヶ崎	●	711	48	
	梨香台	●	671	32	
	寒風台	●	676	40	
	和名ヶ谷	●	573	32	
	河原塚	●	570	38	
	旭町	●	689	37	
	牧野原	●	781	39	
	貝の花	●	363	24	
	金ヶ作	●	267	22	
	馬橋北	●	676	38	
	殿平賀	●	607	30	
	横須賀	●	536	28	
	八ヶ崎第二	●	569	30	
	六実第二	●	242	20	
	新松戸南	●	341	26	
	松飛台第二	●	482	27	
	上本郷第二	●	385	32	
	大橋	●	351	24	
	六実第三	●	548	37	
	幸谷	●	592	35	
	新松戸西	●	380	34	

2）中学校

⑫3 印西市	印西	●	315	28	
	船穂	●	216	25	
	木刈	●	385	33	
	小林	●	185	22	
	原山	●	289	26	
	西の原	●	387	35	
	印旛	●	388	35	
	本埜	●	71	20	
	滝野	●	319	24	
⑫4 佐倉市	佐倉	●	453	35	
	志津	●	706	45	
	上志津	●	287	27	
	南部	●	279	25	
	臼井	●	336	32	
	井野	●	337	30	
	佐倉東	●	346	29	
	臼井西	●	357	31	
	西志津	●	506	33	
	臼井南	●	367	30	
	根郷	●	276	26	
⑫5 我孫子市	我孫子	●	981	64	
	湖北	●	488	36	
	布佐	●	257	31	
	湖北台	●	312	37	
	久寺家	●	436	34	
	白山	●	681	47	
⑫6 柏市	柏	●	612	47	
	柏第二	●	749	51	
	土	●	288	31	

⑫⑥ 柏市	富勢	●	592	38	
	田中	●	432	31	
	光ヶ丘	●	677	46	
	柏第三	●	275	31	
	柏第四	●	392	32	
	南部	●	437	35	
	柏第五	●	422	32	
	酒井根	●	661	46	
	西原	●	514	39	
	逆井	●	469	38	
	松葉	●	638	49	
	中原	●	466	34	
	豊四季	●	623	44	
	風早	●	282	33	
	手賀	●	90	19	
	大津ケ丘	●	417	34	
	高柳	●	532	38	
⑫⑦ 白井市	白井	●	205	22	
	大山口	●	459	31	
	南山	●	343	27	
	七次台	●	340	30	
	桜台	●	291	27	
⑫⑧ 鎌ヶ谷市	鎌ケ谷	●	684	51	
	第二	●	700	51	
	第三	●	412	33	
	第四	●	381	32	
	第五	●	472	38	
⑫⑨ 野田市	第一	●	669	47	
	第二	●	350	31	
	東部	●	182	22	
	南部	●	862	55	
	北部	●	358	31	
	福田	●	256	26	
	川間	●	323	29	
	岩名	●	310	27	
	木間ケ瀬	●	414	30	
	二川	●	284	35	
	関宿	●	75	19	
⑬⓪ 流山市	南部	●	715	51	
	常盤松	●	443	35	
	北部	●	562	42	
	東部	●	554	38	
	東深井	●	374	32	
	八木	●	252	32	
	南流山	●	563	41	
	西初石	●	271	34	
⑬① 松戸市	第一	●	919	60	
	第二	●	572	37	
	第三	●	654	40	
	第四	●	829	61	
	第五	●	439	32	
	第六	●	850	48	
	小金	●	698	50	
	常盤平	●	773	42	
	栗ヶ沢	●	409	41	
	六実	●	717	41	
	小金南	●	614	36	
	古ヶ崎	●	349	31	
	牧野原	●	472	32	
	河原塚	●	468	34	
	根木内	●	360	32	
	新松戸南	●	665	39	
	金ヶ作	●	375	39	
	和名ヶ谷	●	498	32	
	旭町	●	288	26	
	小金北	●	392	29	

3）高等学校

⑫③ 印西市	印旛明誠	●	282	48	
⑫④ 佐倉市	佐倉	●	973	74	
	佐倉東	●	707	68	
	佐倉東（定時制）	●	116	13	
	佐倉西	●	738	49	
	佐倉南	●	696	56	
⑫⑤ 我孫子市	我孫子	●	959	63	
	湖北	●	312	44	2011.03閉校→我孫子東
	布佐	●	365	48	2011.03閉校→我孫子東
⑫⑥ 柏市	東葛飾	●	1,013	67	
	東葛飾（定時制）	●	239	28	
	柏	●	977	68	
	柏南	●	1,012	65	
	柏陵	●	960	64	
	柏の葉	●	856	70	
	柏中央	●	1,020	65	
	沼南	●	495	48	
	沼南高柳	●	446	42	
	市立柏	●	996	87	
⑫⑦ 白井市	白井	●	762	57	
⑫⑧ 鎌ヶ谷市	鎌ケ谷	●	977	61	
	鎌ケ谷西	●	611	54	
⑫⑨ 野田市	野田中央	●	705	61	
	清水	●	440	63	
	関宿	●	320	37	
⑬⓪ 流山市	流山	●	503	68	
	流山おおたかの森	●	－	81	実践12
	流山南	●	623	51	
	流山北	●	452	53	
⑬① 松戸市	松戸	●	638	54	
	小金	●	893	58	
	松戸国際	●	900	80	
	松戸南	●	220	27	2014.03閉校
	松戸南（定時制）	●	602	72	
	松戸六実	●	1,009	64	
	松戸矢切	●	352	44	2011.03閉校→松戸向陽
	松戸馬橋	●	619	47	
	松戸秋山	●	435	42	2011.03閉校→松戸向陽
	市立松戸	●	1,084	81	

4）特別支援学校

⑫③ 印西市	印旛特別支援学校	●	195	102	
⑫⑤ 我孫子市	我孫子特別支援学校	●	190	110	
⑫⑥ 柏市	柏特別支援学校	●	236	113	
⑫⑨ 野田市	野田特別支援学校	●	143	91	
⑬⓪ 流山市	柏特別支援学校流山分教室	●	24	8	
	特別支援学校流山高等学園	●	214	63	
	特別支援学校流山高等学園（第二キャンパス）	●	－	－	
⑬① 松戸市	松戸特別支援学校	●	149	139	
	つくし特別支援学校	●	295	169	

千葉県　計

337校		165,249	12,688	

栃木県

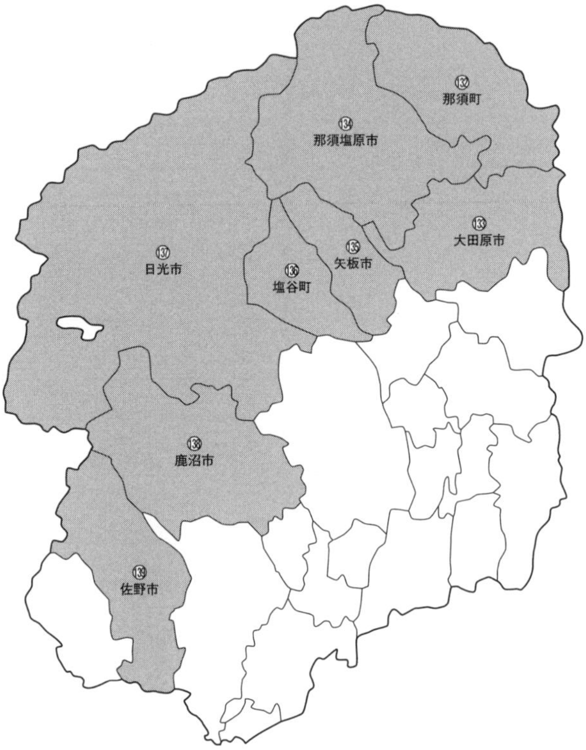

所在自治体	学校名	汚染状況重点調査地域	児童生徒数（2010）	教職員数（2010）	備考
1）小学校					
⑬2 那須町	高久	●	123		
	大島	●	80		2016.03閉校→学びの森
	芦野	●	69		2016.03閉校→東陽
	伊王野	●	140		2016.03閉校→東陽
	室野井	●	40		2014.03閉校→田代友愛
	田代	●	135		2014.03閉校→田代友愛
	池田	●	71		2014.03閉校→那須高原
	大沢	●	28		2014.03閉校→那須高原
	田中	●	74		2014.03閉校→那須高原
	朝日	●	100		2016.03閉校→学びの森
	美野沢	●	39		2016.03閉校→東陽
	那須	●	86		2019.03閉校→那須高原
	黒田原	●	369		
⑬3 大田原市	大田原	●	561		
	西原	●	1013		
	紫塚	●	371		
	親園	●	138		
	宇田川	●	72		
	市野沢	●	390		
	奥沢	●	107		
	金丸	●	111		
	金丸小学校北金丸分校	●	9		
	羽田	●	80		
	薄葉	●	247		
	石上	●	117		

⑬③ 大田原市	佐久山	●	79		
	福原	●	43		2020.03閉校→佐久山
	佐良土	●	60		
	湯津上	●	73		
	蛭田	●	73		
	川西	●	166		
	片田	●	55		2013.03閉校→黒羽
	黒羽	●	180		
	寒井	●	60		2013.03閉校→川西
	蜂巣	●	53		2013.03閉校→川西
	須賀川	●	60		
	両郷中央	●	110		
⑬④ 那須塩原市	黒磯	●	326		
	稲村	●	573		
	東原	●	335		
	埼玉	●	463		
	豊浦	●	370		
	共英	●	366		
	寺子	●	54		2015.03閉校→鍋掛
	戸田	●	46		2014.03閉校→高林
	鍋掛	●	253		
	大原間	●	560		
	波立	●	92		
	高林	●	125		
	青木	●	105		
	穴沢	●	42		2014.03閉校→高林
	三島	●	851		
	槻沢	●	271		
	東	●	481		
	南	●	414		
	西	●	385		
	大山	●	635		
	塩原	●	100		2017.03閉校→塩原小中学校
	金沢	●	39		2016.03閉校→関谷
	関谷	●	163		
	大貫	●	61		
	横林	●	57		
⑬⑤ 矢板市	矢板	●	448		
	東	●	506		
	川崎	●	134		
	西	●	92		
	豊田	●	41		
	泉	●	180		
	片岡	●	353		
	乙畑	●	63		
	安沢	●	152		
⑬⑥ 塩谷町	船生	●	62		
	船生西	●	43		2011.03閉校→船生
	船生東	●	68		2011.03閉校→船生
	玉生	●	280		
	大宮	●	184		
⑬⑦ 日光市	今市	●	290		
	今市第二	●	349		
	今市第三	●	589		
	南原	●	427		
	落合東	●	234		
	落合西	●	113		
	大桑	●	173		
	轟	●	66		
	小百	●	21		
	大沢	●	279		
	大室	●	420		
	猪倉	●	158		

⑬⑦ 日光市	小林	●	129		
	日光	●	293		
	清滝	●	74		
	野口	●	67		2020.03閉校→日光
	中宮祠	●	20		
	所野	●	94		2020.03閉校→日光
	小来川	●	28		
	安良沢	●	67		
	鬼怒川	●	145		
	下原	●	224		
	三依	●	9		
	栗山	●	18		
	湯西川	●	27		
	足尾	●	70		
⑬⑧ 鹿沼市	中央	●	378		
	東	●	785		
	西	●	187		
	北	●	513		
	菊沢東	●	422		
	菊沢西	●	88		
	石川	●	170		
	津田	●	297		
	池ノ森	●	15		
	さつきが丘	●	596		
	みどりが丘	●	569		
	北押原	●	443		
	加園	●	70		
	久我	●	29		2019.03閉校→加園
	板荷	●	80		
	西大芦	●	22		2018.03閉校→西
	南摩	●	132		
	上南摩	●	34		
	南押原	●	85		
	楡木	●	95		
	みなみ	●	243		
	上粕尾	●	12		2017.03閉校→粕尾
	粟野第一	●	166		2015.03閉校→粟野
	粟野第二	●	8		2011.03閉校→粟野第一
	粟野	●	166		
	清洲第一	●	106		
	清洲第二	●	62		
	永野	●	49		
	粕尾	●	48		
⑬⑨ 佐野市	佐野	●	349		
	天明	●	387		
	植野	●	760		
	界	●	317		
	犬伏	●	475		
	犬伏東	●	441		
	城北	●	850		
	船津川	●	16		2017.03閉校→植野
	旗川	●	222		
	吾妻	●	116		
	赤見	●	229		
	石塚	●	300		
	出流原	●	75		
	田沼	●	457		
	吉水	●	301		
	栃本	●	115		
	多田	●	83		
	戸奈良	●	49		2020.03閉校→あその学園義務教育学校

⑲ 佐野市	三好	●	120		2020.03閉校→あその学園義務教育学校
	山形	●	98		2020.03閉校→あその学園義務教育学校
	閑馬	●	65		2020.03閉校→あその学園義務教育学校
	下彦間	●	40		2020.03閉校→あその学園義務教育学校
	野上	●	27		2013.03閉校
	飛駒	●	54		2020.03閉校→あその学園義務教育学校
	葛生	●	198		
	葛生南	●	103		
	常盤	●	121		
	氷室	●	35		

2）中学校

⑫ 那須町	東陽	●	144		2017.03閉校→那須中央
	高久	●	67		2015.03閉校→那須
	黒田原	●	330		2017.03閉校→那須中央
	那須	●	187		
⑬ 大田原市	大田原	●	631		
	若草	●	299		
	親園	●	104		
	金田北	●	212		
	金田南	●	118		
	金田南中学校北金丸分校	●	1		
	野崎	●	177		
	佐久山	●	70		2018.03閉校→親園
	湯津上	●	134		
	黒羽	●	384		
⑭ 那須塩原市	黒磯	●	290		
	黒磯北	●	409		
	厚崎	●	387		
	日新	●	357		
	東那須野	●	288		
	高林	●	140		
	三島	●	730		
	西那須野	●	773		
	塩原	●	47		2017.03閉校→塩原小中学校
	箒根	●	136		
⑮ 矢板市	矢板	●	679		
	矢板中学校沢分校	●	15		
	泉	●	107		
	片岡	●	239		
⑯ 塩谷町	塩谷	●	335		
⑰ 日光市	今市	●	730		
	東原	●	184		
	落合	●	227		
	豊岡	●	193		
	大沢	●	461		
	小林	●	65		
	日光	●	109		
	中宮祠	●	11		
	東	●	222		
	小来川	●	28		
	藤原	●	220		
	三依	●	16		
	栗山	●	19		
	湯西川	●	16		
	足尾	●	24		
⑱ 鹿沼市	東	●	898		
	西	●	461		

⑬⑧ 鹿沼市	北	●	428		
	北犬飼	●	308		
	北押原	●	291		
	加蘇	●	34		
	板荷	●	55		
	南摩	●	76		
	南押原	●	139		
	粟野	●	267		
⑬⑨ 佐野市	城東	●	334		
	西	●	344		
	南	●	483		
	北	●	716		
	赤見	●	294		
	吾妻	●	62		2016.03閉校→西
	田沼東	●	360		
	田沼西	●	328		2020.03閉校→あその学園義務教育学校
	葛生	●	181		
	常盤	●	79		
	県立佐野高等学校付属	●	314		

3）高等学校

⑬② 那須町	那須	●	380		
⑬③ 大田原市	大田原東	●	117		
	大田原女子	●	719		
	大田原	●	717		
	黒羽	●	460		
⑬④ 那須塩原市	黒磯南	●	481		
	黒磯	●	601		
	那須清峰	●	824		
	那須拓陽	●	718		
⑬⑤ 矢板市	矢板	●	585		
	矢板東	●	600		
	矢板東・定時制	●	86		
⑬⑥ 塩谷町	塩谷	●	287		
⑬⑦ 日光市	日光明峰	●	383		
	今市	●	727		
	今市工業	●	455		
⑬⑧ 鹿沼市	鹿沼	●	836		
	鹿沼商工	●	582		
	鹿沼商工・定時制	●	71		
	鹿沼東	●	714		
	鹿沼農業	●	131		2011.03閉校→鹿沼南
	鹿沼南	●	394		
	粟野	●	40		2011.03閉校→鹿沼南
⑬⑨ 佐野市	佐野	●	479		
	佐野女子	●	596		佐野東
	佐野松陽	●	585		2013.03閉校→佐野松桜
	田沼	●	442		2013.03閉校→佐野松桜

4）特別支援学校

⑬④ 那須塩原市	那須特別支援学校	●	269		
⑬⑦ 日光市	今市特別支援学校	●	127		
⑬⑧ 鹿沼市	富屋特別支援学校鹿沼分校	●	−		

栃木県　計

254校		62,185		

埼玉県

所在自治体	学校名	汚染状況重点調査地域	児童生徒数(2010)	教職員数(2010)	備考
1) 小学校					
140 吉川市	吉川	●	601	27	
	旭	●	282	18	
	三輪野江	●	264	16	
	関	●	768	36	
	北谷	●	561	31	
	栄	●	1,185	48	
	中曽根	●	723	33	
141 三郷市	早稲田	●	579	27	
	八木郷	●	174	11	
	戸ヶ崎	●	544	24	
	彦成	●	544	26	
	高州	●	293	18	
	吹上	●	240	17	
	桜	●	231	21	
	鷹野	●	397	20	
	新和	●	698	30	
	幸房	●	212	14	
	立花	●	241	15	
	彦糸	●	141	11	
	前谷	●	297	19	
	北郷	●	128	12	2012.03閉校→彦糸
	高州東	●	368	20	
	彦郷	●	557	27	
	丹後	●	560	23	
	前間	●	195	13	

⑭ 三郷市	瑞木	●	234	13	
	後谷	●	187	12	

2）中学校

⑭ 吉川市	東	●	460	29	
	南	●	798	41	
	中央	●	706	36	
⑭ 三郷市	南	●	607	31	
	北	●	350	21	
	栄	●	375	22	
	彦成	●	205	20	
	彦糸	●	284	20	
	前川	●	357	25	
	早稲田	●	741	39	
	瑞穂	●	394	22	

3）高等学校

⑭ 吉川市	吉川	●	514	43	2013.03閉校→吉川美南
	吉川（定時制）	●	96	9	2013.03閉校→吉川美南（定時制）
⑭ 三郷市	三郷	●	486	37	
	三郷北	●	772	46	
	三郷工業技術	●	637	55	

4）特別支援学校

⑭ 三郷市	三郷特別支援学校	●	95	99	

埼玉県　計

44校		19,081	1,177	

群馬県

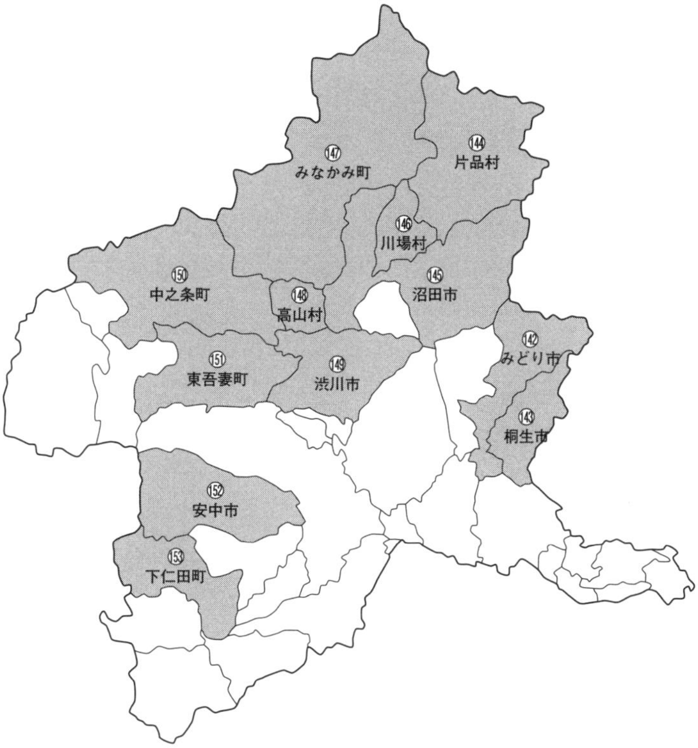

所在自治体	学校名	汚染状況重点調査地域	児童生徒数(2010)	教職員数(2010)	備考
1）小学校					
⑭ みどり市	笠懸	●	1,076	72	
	笠懸東	●	576	43	
	笠懸北	●	315	38	
	大間々北	●	299	24	
	大間々南	●	219	23	
	大間々東	●	489	35	
	神梅	●	26	13	2011.03閉校→大間々北
	福岡中央	●	86	15	2020.03閉校→大間々北
	福岡西	●	49	13	2012.03閉校→大間々北
	あずま	●	85	20	
⑭ 桐生市	東	●	329	30	
	西	●	315	31	
	南	●	212	23	
	北	●	292	33	
	昭和	●	160	23	2013.03閉校→南
	境野	●	525	38	
	広沢	●	647	39	
	梅田南	●	192	20	
	相生	●	539	37	
	川内	●	509	38	
	桜木	●	297	26	
	菱	●	288	29	
	天沼	●	607	38	
	神明	●	296	27	
	新里中央	●	383	26	

⑭③ 桐生市	新里東	●	545	35	
	新里北	●	129	18	
	黒保根	●	74	16	
⑭④ 片品村	片品	●	174	20	
	片品北	●	47	12	2014.03閉校→片品
	片品南	●	42	13	2016.03閉校→片品
	武尊根	●	19	12	2016.03閉校
⑭⑤ 沼田市	沼田	●	400	30	
	沼田東	●	353	27	
	沼田北	●	376	25	
	升形	●	225	23	
	利南東	●	351	24	
	池田	●	141	17	
	薄根	●	423	27	
	川田	●	219	21	
	白沢	●	222	21	
	利根東	●	57	14	2016.03閉校→利根
	平川	●	62	14	2016.03閉校→利根
	利根西	●	66	14	2016.03閉校→利根
	多那	●	60	15	
⑭⑥ 川場村	川場	●	216	17	
⑭⑦ みなかみ町	古馬牧	●	262	21	
	桃野	●	207	21	
	月夜野北	●	48	14	
	水上	●	159	14	
	幸知	●	40	15	2011.03閉校→水上
	藤原	●	16	15	
	新治	●	326	22	
⑭⑧ 高山村	高山	●	233	24	
⑭⑨ 渋川市	渋川北	●	513	41	
	渋川南	●	166	21	
	金島	●	335	25	
	古巻	●	715	41	
	豊秋	●	492	34	
	渋川西	●	288	26	
	伊香保	●	141	28	
	小野上	●	82	17	
	上白井	●	45	14	2014.03閉校→中郷
	中郷	●	263	22	
	長尾	●	347	27	
	三原田	●	169	18	
	刀川	●	95	18	2017.03閉校→三原田
	津久田	●	178	19	
	南雲	●	58	14	2017.03閉校→津久田
	橘	●	289	29	
	橘北	●	241	30	
⑮⓪ 中之条町	中之条	●	455	47	
	沢田	●	181	16	2015.03閉校→中之条
	伊参	●	44	13	2013.03閉校→中之条
	名久田	●	102	15	2015.03閉校→中之条
	六合	●	76	15	
⑮① 東吾妻町	東	●	105	16	
	太田	●	140	16	
	原町	●	243	26	
	岩島	●	117	15	
	坂上	●	103	18	
⑮② 安中市	安中	●	677	60	
	原市	●	842	61	
	磯部	●	252	29	
	東横野	●	172	23	
	碓東	●	386	33	
	秋間	●	153	20	
	後閑	●	67	17	

⑮² 安中市	上後閑	●	7	12	2011.03閉校→後閑
	松井田	●	130	19	
	臼井	●	39	15	
	坂本	●	14	14	2013.03閉校→臼井
	西横野	●	339	26	
	九十九	●	65	17	
	細野	●	92	15	
⑮³ 下仁田町	下仁田	●	121	15	
	馬山	●	102	16	2012.03閉校→下仁田
	小坂	●	49	13	2012.03閉校→下仁田
	西牧	●	38	12	2012.03閉校→下仁田

2）中学校

⑭² みどり市	笠懸	●	463	39	
	笠懸南	●	426	41	
	大間々	●	284	30	
	大間々東	●	292	38	
	東	●	46	21	
⑭³ 桐生市	中央	●	379	40	
	清流	●	508	45	
	境野	●	288	31	
	広沢	●	276	28	
	梅田	●	104	20	
	相生	●	555	48	
	川内	●	252	27	
	桜木	●	307	32	
	新里	●	513	43	
	黒保根	●	56	21	
⑭⁴ 片品村	片品	●	161	24	
⑭⁵ 沼田市	沼田	●	443	39	
	沼田南	●	258	27	
	沼田西	●	246	24	
	沼田東	●	158	22	
	池田	●	75	19	
	薄根	●	226	23	
	白沢	●	115	19	
	利根	●	90	20	
	多那	●	15	11	
⑭⁶ 川場村	川場	●	106	18	
⑭⁷ みなかみ町	月夜野	●	309	30	
	水上	●	117	21	
	藤原	●	5	12	
	新治	●	198	19	
⑭⁸ 高山村	高山	●	126	17	
⑭⁹ 渋川市	渋川	●	339	36	
	渋川北	●	400	42	
	金島	●	194	28	
	古巻	●	344	35	
	伊香保	●	79	23	
	小野上	●	50	22	2016.03閉校→子持
	子持	●	342	35	
	赤城南	●	177	30	
	赤城北	●	142	30	
	北橘	●	306	35	
⑮⁰ 中之条町	中之条	●	347	35	
	西	●	108	20	2014.03閉校→中之条
	六合	●	47	18	
⑮¹ 東吾妻町	東	●	60	18	2015.03閉校→東吾妻
	太田	●	87	18	2015.03閉校→東吾妻
	原町	●	141	23	2015.03閉校→東吾妻
	岩島	●	74	22	2015.03閉校→東吾妻
	坂上	●	89	17	2015.03閉校→東吾妻
⑮² 安中市	第一	●	688	68	

(152) 安中市	第二	●	645	63	
	松井田東	●	126	22	
	松井田西	●	27	19	2012.03閉校→松井田東
	松井田南	●	172	26	
	松井田北	●	41	17	
(153) 下仁田町	下仁田	●	213	27	

3）高等学校

(142) みどり市	大間々	●	388	44	
(143) 桐生市	桐生	●	842	65	
	桐生南	●	514	48	
	桐生西	●	499	43	
	桐生女子	●	600	48	
	桐生女子（通信制）	●	335	12	
	桐生工業	●	590	72	
	桐生工業（定時制）	●	88	10	
	商業	●	716	72	
	商業（定時制）	●	54	12	
(145) 沼田市	沼田	●	601	46	
	沼田（定時制）	●	46	10	
	尾瀬	●	198	38	
	沼田女子	●	571	52	
	利根実業	●	462	67	
(147) みなかみ町	利根沼田学校組合立利根商業	●	599	61	
(149) 渋川市	渋川	●	597	45	
	渋川女子	●	600	50	
	渋川青翠	●	594	74	
	渋川工業	●	451	57	
	渋川工業（定時制）	●	57	10	
(150) 中之条町	中之条	●	464	54	2018.03閉校→吾妻中央
(151) 東吾妻町	吾妻	●	358	52	2018.03閉校→吾妻中央
(152) 安中市	松井田	●	226	29	
	安中総合学園	●	655	73	
	安中総合学園（定時制）	●	52	7	
(153) 下仁田町	下仁田	●	217	29	

4）特別支援学校

(142) みどり市	渡良瀬特別支援学校	●	168	113	
(143) 桐生市	あさひ特別支援学校	●	128	121	
	桐生市立養護学校	●	25	38	2017.04群馬県立桐生特別支援学校
(145) 沼田市	榛名養護学校沼田分校	●	26	21	2015.04沼田特別支援学校
(149) 渋川市	榛名養護学校	●	159	126	2015.04渋川特別支援学校

群馬県　計

187校		48,346	5,530	

東日本８県　計

2,346校		735,660	53,731	

1　自分のことばで震災体験を綴る
―「60キロ圏外まで逃げないと！」

〔福島県福島市 中学校〕

藤田　美智子

3月11日に起きた東日本大震災。そして引き起こされた福島第一原子力発電所の事故。福島県は、かつてない災害と事故に見舞われた。私の勤務校のある福島市は、家屋の全壊こそなかったが、震度6強の揺れによって、屋根瓦が落ち、壁にひびが入ったり、塀が倒れたりするなどの被害があった。断水、停電が何日も続き、ほとんどの店が閉まり、食料品や日用品の確保もままならない状態が続いた。交通機関も混乱したうえに、ガソリンが配給されず、交通手段にも困った（実はこのとき、原子力発電所の水素爆発で大量の放射性物質が拡散し、福島市の放射線量は24マイクロシーベルトを記録していた。だが、屋内待機の指示もないまま、一部開業のスーパーの長い列に長時間並んだり、交通手段がないので、自転車で走り回ったりしていた）。3月14日から休校のまま春休みを迎え、修了式や小学校の卒業式、離任式も行われないまま、春休みに入った。放射線量の数値はなかなか下がらず、部活動などの諸活動は一切中止となった。人事異動は凍結され、浜通りから避難してきた子どもたちの転入など、未だかつて経験したことのない混乱のなかで、新学期を迎えた。現場は、なんとか「日常」の教育活動を取り戻すことで精一杯だった。

私は、前年度に引き続き、難聴学級（中学1年まで通常学級に在籍していた男子1名）を担任していた。3学年に所属し、難聴学級の国・社・数の3教科と自立活動、3学年2クラスのうち、1クラスの国語の授業を受け持っていた。新学期の初めの学年会で、「まず、震災の体験を綴らせることから始めよう。文集にしてきちんと記録に残そう」と提案した。福島市は、福島県浜通りや、宮城・岩手の沿岸部のような大きな災害があったわけではない。しかし、自分の経験した大震災は、どのようなものだったのか、自分の目で見たこと、聞いたこと、地震を通して感じたことや考えたことを、自分のことばで綴らせたい。経験したこともない揺れや、その後の生活のなかで、自分や家族、まわりの人たちはどのような行動をとったのか、そこから何を感じ取り、何を見つめることができたのか。「地震で家族の大切さがわかった」「絆が深まった」「命の大切さがわかった」などという概括的な感想だけで終わらせず、その感想のもとになった具体的な事実をきちんと書かせたい。新学期の授業はそこからスタートした。

1　作文の授業　その1

題材名「東北関東大震災を記録しておこう。－見たこと・聞いたこと・感じたことをよく思い出して書こう！」

1）意欲喚起

1984年に福島市が大きな水害に見舞われたときの子どもの作文（「８月５日集中豪雨を体験して」、日本作文の会編『子どもの作文で綴る戦後50年（８）』、大月書店、1995年11月所収）を参考作品として用いた。

2）取材と構想の指導

取材表を用いて、地震が起きたときのことやその後の生活について記録させた。そのなかで、最も自分が書きたい題材を選ばせ、構想表を作成させた。

3）記述と個人推考の指導

構想表ができた順に記述にとりくませ、書き出しや書き方などについて、早く進んでいる子どもの記述を取り上げ、書けない（どう書いていいかわからない）子が出ないように努めた（「国語教室通信」などにも取り上げげた）。

〔どんな書き出しで書いているか〕

３月11日、卒業式があり、式場作成や片づけなどの肉体労働があり、私は疲れたので、自分の部屋で寝ていた。その時、部屋の本棚が「ガタガタ」と揺れる音が聞こえたが、（震度３か４くらいの地震なら大丈夫）と思い、私は気にしないでもう一度目を閉じた。一分もたたないうちに、祖母が、「地震だ！」と言いながら、二階に上がってきた。それと同時に大きな揺れが始まった。

〔見たこと・聞いたこと・自分や家族の行動をよく思い出して書いたもの〕

庭に出た。周りでガーという音がしていて怖かった。家の中からは、ガラスが割れる音や物が倒れ落ちる音がした。犬は、普通の鳴き方じゃなかった。ふだんはワンワンなのに、その時は、ワンワンとキャンキャンが混ざったような鳴き方で、大丈夫だよと言っても、家の中の方向に向かって鳴き続けていた。私はその時、もし避難することになったら、犬はどうするんだろう…と不安になった。

（どうせいつもの震度２か３くらいの小さい地震だろう）と思っていた。だけど、少しずつ揺れが大きくなってきて、（あれっ、結構でかくね？）と思い、階段を三つとばしくらいで駆け下りて真っ先に外に出た。

まわりを見ると、南校舎のガラスが布のように揺れ、体育館が横に揺れ、ナイター設備が風に吹かれたように大きく揺れていた。ナイター設備を見ているとき、後ろから「ジャボン」と大きな音が聞こえた。すぐに音のする方向を見ると、プールの水が大きく跳ね上がるのが見えた。

外に出て、家の方を見ると、家のガラスのところがガコガコという音を立てて、激しく揺れているのが見えた。私は足が震えてきた。（早く治まらないかな）と思いながら母の方を見ると、手を合わせて神頼みしていた。

4）推考の指導

よく思い出して書いている作文を取り上げ、どこがよく書けていると思うかなどの話し合いのあとで、自分の作文の推考をさせた。書き足りないところはないか。説明は十分か。読み手によく伝わるように書けているか。作文のなかでよく思い出しててていねいに書いているところを認め、書き足りないところを指摘するなど、一人ひとりへの個別指導を行った。

5）文集づくり・鑑賞の指導

全員が清書をし、文集編集実行委員が中心となり、編集作業を行い、印刷・製本をした（福島市立平野中学校第３学年『私たちの３・11－東日本大震災』）。時間の関係で、鑑賞の授業では、２作品しか読み合うことができなかった。読み合えなかった作文の一部を学年通信で紹介した。以下は、鑑賞の授業で取り上げた作品の一部である（☆は子どもの発言から）。

（前略）ガタガタと食器棚が音を立てて、パソコンの画面は消えて真っ暗になった。少し揺れが落ち着いたころ、姉がこたつから私たちのいる机の下に移動してきた。「一人は怖い」という姉の背中に毛布を掛けてやると、背中からドキドキと振動が手に伝わってきて、（あー、怖いんだなあ）と思った。するとまた大きく揺れた。（中略）すぐにウォークマンでラジオを聴いた。「頭を守りましょう。」とか、「机などの下に入ってください。」とか、「大切な物があるかもしれませんが、今は身を守ってください。」などと言っていたので、そのとおりにした。（アナウンサーはこんな時でも仕事をしてるんだから大変だな）とみんなで言い合った。（後略）

☆「背中からドキドキと振動が手に伝わってきて」と、姉の背中に手を当てたときの感触をよく思い出して書いている。

☆ラジオのアナウンサーが言ったことをよく思い出している。大変なときでも仕事をしているアナウンサーのことも思いやっているところがいい。

（前略）だんだん揺れは強くなるし、おさまらないし、電話はつながらないし、こわくなった。「こわいよお！なっちん！」と私が言った。すると姉が、「大丈夫だよ！なっちんがいるよ！周りも見てみな！みんな同じ状況だし、同じ気持ちだよ！」と言ってくれた。いつもは何を考えているかわかんないし、ボケボケしてるのに、いざという時はすごく頼りになった。自分もこわいはずなのに、私のことをいっぱい落ち着かせようとしてくれた。その時私は、「なっちんがいてくれてよかった」と心の底から思った。信号が赤から青に変わった。前も後ろも車でいっぱいだった。姉が運転を始めた。車が走っているときでも揺れを感じた。（家、大丈夫かな）とか（お父さんがいたらな）とか思った。いろんな人の顔が思い浮かんだ「やっぱり、ふだんあんまり話さないお母さんでも、めちゃくちゃ大事だよね」と姉が言った。私は無言でうなずいた。（後略）

☆それまではあまり気がつかなかった姉について、「いてくれてよかった」と思っているところがいい。家族の存在の大切さに気づいている。

浜通りから避難してきた子どもの作文（「私たちの３・11」学年文集より）。

東日本大震災

３月11日、東日本大震災から１ヶ月経った今でも、あの日のことは鮮明に覚えている。その日はちょうど卒業式だった。私は吹奏楽部員だったため、いつもより早く友達と学校へ行った。吹奏楽部では、毎年入退場の時に曲を演奏する役割があった。２時間以上もかかる卒業式を終え、卒業した先輩たちとしばらく話してから、いつものように友達のKと話しながら帰った。その日はとてもきれいな青空が広がっていた。家に帰ってからは茶の間でテレビを見たり、ゲームをしたりしていた。母屋には私しかいなかったが隠居の方には祖母がいた。とてものどかな時間だった。

そして、午後２時46分、地震発生。はじめは（震度３くらいかな）と軽い気持ちですぐおさまると思っていた。しかし、そうはいかなかった。次第に揺れは大きくなっていき、私は（これはまずいな）と思い、コタツの中に入った。食器や棚などが倒れてくる音があちこちから聞こえてきた。あまりにも強い揺れだった。私はコタツの足につかまって体を固定していた。心臓がバクバクと高鳴っていた。

何分経っただろうか。次第に揺れは小さくなっていき安堵してコタツの中から顔を出した時、部屋の中はひどいありさまだった。障子の戸ははずれタンスや食器棚は倒れ、書類や小物があちこちに散乱していた。こんなのを見たのは人生で初めてだった。しばらくその光景を見ていたが、またすぐに余震が来ると思った私は、鍵の壊れていない窓を全部開けた。玄関は靴箱が倒れていてとても通れる状態ではなかった。靴も靴箱の下敷になってとれなかったので、仕方なく裸足のまま外に出た。外は家の前の道路が陥没し、道路をはさんで向かい側の家の屋根瓦や石垣が崩れていた。その光景を呆然とみていると、隠居の方から祖母が出てきた。慌てた様子だったが私の姿を見たら安心したようだった。祖母は、「いやあ、びっくりした。もう立ってらんなくて冷蔵庫さつかまってたんだ」と少し興奮した様子で話していた。そしてどこから片付ければいいのかわからないほど散らかってしまった家の中を二人で見ていた時、余震が来た。震度４かそれ以上はある大きな揺れだった。家の中にいた私と祖母は急いで外に出た。外に出ると家の前の電線が大縄をまわしている時のように何回もぐるぐるとまわっていた。たかが余震だが、あなどれないなと思った。余震がおさまってしばらくすると母が自転車に乗って帰ってきた。よっぽど急いでいたのだろう。仕事場で着る服のままだった。自転車は店主から借りてきたらしかった。母は家の中を見て「いやいやいや。何だこれは。ずいぶんすごいありさまだな」と言った。それもそうだろう。ついさっきまできちんと整理整とんのされた部屋が一気にごみ屋敷のようになってしまったのだから。（中略）

次の日、目が覚めると時計は６時半を指しており、祖父と祖母はふれあいセンターから帰ってきていた。私は起きてしばらくぼーっとしていた。そしてすぐに自分の部屋を片付けに行った。部屋は足の踏み場が全然なかった。小物や漫画本、教科書類が床一面を覆っていた。とりあえず手前の方から少しずつ片付けていった。そして朝７時頃、防災無線のチャイムが鳴った。私は何だろうとベランダに出て無線に耳を傾けた。その内容は、浪江町の津島の地区に避難しろという内容だった。私には何故そこまで逃げなければならないのかわからなかった。すると父が私の名前を呼ぶ声が聞こえた。返事をすると「今、原発があぶないから、津島の方まで逃げるように避難指示出されたから早く逃げる準備しろ」と言われた。私は「は？」としか返す言葉がなかった。一瞬耳を疑ったがすぐ納得した。この地震で原発があぶなくないわけがない。そう思った。とりあえず、暇つぶしのゲームと漫画本を数冊、それとサイフをショルダーにつっこんで玄関に向かった。なんだか心の中がモヤモヤしていた。それがあせっているせいなのか、緊張しているせいなのか、もしかしたら悪いことが起きるのではないかと感じたせいなのかはわからなかった。（中略）

私達は飯舘に親戚がいたので津島の避難所には行かず、親戚の家に行った。尋ねると「大変だったなあ」と言って迎えてくれた。飯舘でも電気と水はまだ通っていなかった。しかし、親戚の家ではわき水があったため、水は十分にあった。親戚の家に着いたのは9時過ぎだったが、朝ご飯を食べていなかったため、お腹がすいていた。だから、お湯を沸かして、カップメンをもらって食べた。親戚の家に来てからはラジオを聞いたり漫画本を読んだりしていた。お昼頃から父が祖父、祖母が津島の避難所に行きたいと言ったので連れていった。親戚の家に迷惑をかけたくなかったのだろう。そして父が避難所から帰ってきた時、隣の家の人を連れてきていた。外で何かを話している様子だったが、その時茶の間にいた私には話している内容まではわからなかった。そして、午後3時30分、福島第一原子力発電所の1号機が爆発、その時私はそんなことが起きているのを知るわけもなく、2階の部屋でゲームをしていた。そして4時頃、暗くなる前に夕食をとった。夕食はおにぎりとみそ汁だった。質素な食事だったがおいしかった。そして、その時に原発が爆発したことを知った。それに加えて、また遠くまで逃げなければならないかもしれない、とも言われた。どうやら隣の家の人が60キロ圏外まで逃げたほうがいいという情報をつかんできたようだった。そこで避難所にいたそれぞれの祖父、祖母達にも同行を頼んだが、ここにいたいと断られて、結局、私達四人と隣の若夫婦とまだ4歳の子どもだけで先に避難するということになったらしい。この話を聞いた私は、本当に帰れなくなってしまったんだなと思った。でもまだそんなこと絶対認めない、という気持ちのほうが強かった。

夕食を食べ終わってからはずっと2階の布団の上でゴロゴロしていた。何だかとても懐かしい気分だった。すると母が急いだ様子で2階に上がってきた。私が何かと聞こうとすると、「今から福島に行くよ」と言われた。私は間髪いれず「何で？」と聞いた。

「原発の1号機が爆発したから、60キロ圏外まで逃げないといけないの」と母は言い、布団をたたみ始めた。「それはさっき聞いたよ」と言おうとしたが母のあまりにも急いだ様子に私も内心少しパニックになったせいか、言い出せなかった。その変わりに「何でもっと早く言わなかったの」と布団をたたみながら聞くと、「だって今決まったんだもの！」と母は少し声を荒げて言った。すると、父が2階に上がってきた。そして「じいちゃんとばあちゃんはやっぱり行かないって」と言った。移動直前まで同行を頼んでいたのだが、やっぱり行かないと言われたそうだ。そして、父も布団を片付けるのを手伝った。私はこの時、今までに感じたことのない焦りと恐怖を感じた。それは、目には見えなくて、しかもそれが、数十年後の私達を死に至らせるくらいのもの、それに追われる恐怖と早く安全な所へ逃げなければ、という焦りだった。

親戚の家は商店を開いていたのでお菓子をいくつか買った。外はもう日が沈んで薄暗かった。車には隣の若夫婦と子ども、そして、父、母、兄、私が乗った。スタッドレスをはいていない父の車は、凍った道路を走るには少々大変だった。私はまるで映画の世界だ、と思った。そして、それと同時に、今までの平凡な日常が一気に崩れていくような絶望感を感じた。明かりのない山道を走って約1時間、やっと福島についた。避難先は祖父の家だった。連絡ができず、いきなりの訪問だったため、父が話をして家に入れてもらえることができた。本家の人たちは皆私達を「よく来てくれたね。大変だったろ」と言って歓迎してくれた。もう何度も聞いた言葉なのに思わず涙がこぼれそうになった。本家の方では、私達が来る少し前に電気が通ったようだった。電気が通らなくなってたったの1日しか経っていないのに、部屋の明かりを見た時、まぶしくてとても懐かしい気分だった。そして、その時地震が起きた後初めてテレビを見た。そこには、言葉も出なくなるほど大きい津波が建物を飲み込んでいく映像があった。私はその映像を興味ぶかく、今でも鮮明に覚えているほど目に焼きつけていた。そしてこの映像を見て、津波の被害がなく、ちゃんと帰る家のある私は幸せなんだと思った。ただそう思ったのはその時だけだったが。
（後略）

2　原発事故以後の生活に目を向けさせる

作文の終わりで「原発事故による風評被害」に触れている子どもも少なくなかった。震災の体験を綴らせたことで区切りにするわけにはいかなかったが、継続して書かせる機会をとらえることができず、震災の作文を文集にまとめる作業のみを進めていた。

学校周辺の放射線量は高く、屋外での活動（部活動や体育の授業など）をさせることができないままの日が続いた。「教室の窓を開けるな」「長袖を着用し、マスクをしなさい」。さわやかな季節とは思えない指示を出すほかはなかった。5月になってようやく校庭の表土除去作業が始まった。だが、校内体育祭は、体育館での実施となった。校庭での活動が制限付きでできるようになったのは、5月の連休が明けてからだった。修学旅行が延期されただけでなく（これは地震によるものだが）、3年生にとって最後となる支部中体連大会がなくなり、3支部合同の地区大会が実施されることとなった。

そうした状況のなかで、どうも変だぞという気がしてきていた。4月の人事異動は凍結、兼務辞令の発令、浜通りからの子どもの転入。市内からは転校していく子どもたちも出てきていた。校地の放射線量を測る毎日は、決してあたりまえの「日常」ではない。だが、気がつくと、何ごとも起きてはいないのではと錯覚するような教育活動が展開されている。地域性もあるのだろうが、子どもたちも静かなのである。これまでのように担任として、日記を書かせたり、学級通信を出したりすることができる立場でもない。3年生1学級の国語の授業を担当しているものの、どうしても子どもとの会話の時間は限られるし、本音を聞く機会も決して多くはない。そうしたなかで、「体育祭が体育館だなんてありえない」「えっー！中体連の支部大会がないなんて！」「なんで自分たちがこんな目に遭うんだ！」などという声が聞かれない。新聞に「福島」が取り上げられない日はないというのに。このままでいいのか。いいはずがない。そうは思うのだが、どう書かせればよいのだろう。たとえば「東電、頭に来る！」「国は何をやっているんだ！」などと、感情の吐露があってもよさそうなのに、子どもたちは静かだ。また、それを書かせるだけでは、単なるガス抜きにしかならない。それなら、生活の中で、何がどう変わっているのか。どのような問題が自分たちの生活の中で起きているのか。原発事故後の生活の中の事実を見つめさせること、そして本音を出させることがまずは大事なのではないか。

1学期のうちにと思ったものの、自分の中での「何を、どのように書かせるか」についての迷いと、授業の進度の関係もあり、作文の授業に取りかかることができたのは、夏休みの直前だった。授業に入る前に、子どもたちに、いったい原発のことをどう考えているのかを聞いてみた。まずは「仕方ないよ」という答えが返ってきた。そのうち「本当は不安だけど、不安だなんていうと、友だちからバカにされそうで言えない」「福島の野菜食べていいのかなって思うときがあるけど、それを家族で話したことはない。台所で母と祖母が話しているのを聞いたことはあるけど」との話が。子どもたちは、原発のことを、だれとも本音で話してはいないのではないか。原発事故や放射能への不安や心配をだれとも共有することなく、何ごともないようにふるまってきているのではないか。そこから「しかたない」という気分も生まれているのではないか。

自分たちが今どんな状況に置かれているのか。今までの生活と何がどう変わったのか。不安になったり心配になったりすることはないのか。いらだったり、腹が立つことはないのか。 たとえ、ささやかな事実であれ、自分たちの生活をきちんと見つめさせなければと強く思い、授業を計画した。

3　作文の授業　その2

題材名　福島原子力発電所の事故－それ以後の自分の生活を見つめ直してみよう。

1）原発事故以後の生活に目を向けさせる。

今、自分はどんな不安を抱き、どんなことにとまどい、どんなことに腹立ちを感じているだろう？原発事故の前と以後で、自分たちの生活がどう変わったのかを挙げさせた。

学校生活	家庭生活
・校内体育祭が体育館で行われた。 ・外の部活動ができない時期があった。 ・昼休み、校庭で遊ぶことができなかった。 ・プールの授業がなくなった。 ・部活動のあと、水道場でズックの裏を洗わなければならない。 ・表土除去の前、少しの時間しか教室の窓を開けることができなかった。	・洗濯物を部屋干しにし、布団は干さない。 ・福島産の野菜を食べないようにしている。 ・祖母が、家庭菜園で野菜を作るのをやめた。 ・水道水を飲まないようにしている（ペットボトルの水を買っている）。 ・小学生の妹は、毎日長袖を着て、マスクをして通学している。 ・うちに来る客が減っている（観光果樹園）。

2）授業後の感想

作文の授業をする前の自分	授業を通して考えたり、気づいたりしたこと
・そこまで放射能について考えていなかった。	○他の人は自分より深く放射能のことを気にしていて、少し不安になった。
・放射能がどうのこうのって言ってるけど、全然心配していなかった。	○改めて放射能のことについてじっくり考えると、生活の中で変わったことがたくさんあった。そういうことを思うと、福島市に住んでいる私も被災者の一員なんだと実感した。
・恐ろしいけど、打つ手がない。	○もし玄海原発が爆発したら、佐賀県のものは安全だといわれても食いたくない。福島はこのように思われているのかと思った。
・あまり気にしてはいなかった。	○自分も含めて、みんなそれぞれのかたちで被害を受けていることがわかった。

3）書きたいと思うことを長い題名にしてみよう。

・ニュースなどで避難の話題を見ても、正直どこか他人事のように思えていたが、家で避難の話が出たとき、改めて自分も被災者の一人だということを実感したこと。

・表土除去をして、外で部活ができるようになったが、表土除去をする前は、外で部活をしていて放射能は大丈夫かなあと思っていたときのこと、など。

4）構想の指導

「ある日ある時のことを、展開的過去形表現」で書かせる作文の授業は、昨年度２回行った。しかし、原発問題に関しては、何日かにわたることを書くことにもなるので、構想指導の時間をとった。一つに絞って書くことができず、子どもたちにとっては、難しい作業だった。

5）記述

構想の指導をし終えたところで、夏休みに入ってしまった。何人かの子どもたちは、夏休みも作文を書きに学校へ来たので、相談に乗ったりもしたが、一人ひとりにていねいな指導を行うことはできなかった。そればかりか、夏休み明けには修学旅行が実施され、できあがった作文を読み合う時間を取ることもできなかった。以下は子どもの作文より一部抜粋する。１つめは、風評被害により、地元の観光果樹園に、大型観光バスが来ないことに心を痛めている。

「わたしの願い」

私は毎年たくさんの観光バスがきていて、朝からうるさいなと思うときもあった。しかし、今年はあまりにも静かだ。だからすごくさみしい思いをしている。私は思い出した。原発が爆発してから風評被害という言葉を初めて聞くようになった頃、父が「風評被害というものほど怖いものはないぞ」と言っていたことを。私はその父の言っていたことの意味がよく分からなかった。しかしながら今はそのことについてすごく実感している。風評被害ってこういうことなんだなと思った。

ある日、家族で夕ご飯を食べているときのことだ。テレビのニュースで近所の果樹園の特集をしていた。テレビにはよく見慣れたおじさんが取材に応じていた。アナウンサーの人がどういう質問をしたのかよく覚えていないが、おじさんはこんなことを言っていた。「福島のさくらんぼについては、ちゃんと検査をして安心だ」と力強く言っていた。私は「もっと言っちゃえ！」と思った。しかし、その特集はすぐ終わってしまった。もっと伝えたいことがあったんじゃないのかなと思った。取材に応じたおじさんだけではなく、果樹園で働いているお兄さんたちが、暑い中頑張って果物を育てているところを私はずっと見ていた。私が暑くて外に出たくないとか思っているときにもおじさんたちが木の枝の手入れをしているのを見てきた。しかも放射線量が決して低くはない中で放射能をあびながらだ。そうやっておじさんたちがいっぱい頑張って育てていた果物を食べてもらえないのはすごく悲しいことだ。果樹園で働いている人はもっと悲しく、つらい思いをしているんだと思っている。

そして夏本番。桃がおいしい季節になった。だが、桃がおいしい季節になっても、果樹園がたくさんの観光客でにぎわうことはほとんどない。

先日、今年初めて福島の桃を食べた。すごく甘くておいしかった。でもみんな不安なんだろうなと思った。「安心」だってことはわかっているけどどこかに不安な気持ちがあるんだろうなと思った。だれもが「本当に福島の果物を食べて大丈夫なんだろうか」と思っていると思う。だが、こういったみんなの不安はどうすればなくなるのか、私も含め誰も分からないのだ。（後略）

風評被害や差別などが起きているなかで、「がんばろう」という言葉が納得できない。

「頑張ろう福島」

最近、お店に貼ってある「頑張ろう福島」というポスターや、タレントさんたちがコマーシャルでそう言っていたりするのを見たり聞いたりしていると、何をどう頑張れというのかと思う。放射能をどうにかできるわけでもない。福島で起きてしまったこの事故の騒ぎがなくなるまで頑張れということなのかわからない。

放射能のことがあってから、福島産の食材が売れなくなるという問題が起きた。だんだんと食べられるようになっているとも聞くが、やはり、まだ不安で手をつけられない人もいるはずだ。学校の授業で、放射能のせいで身の回りで変わったことについて話し合ったとき、両親が果樹園を営んでいる友だちが、「さくらんぼがあまり売れなくなった」と言った。福島の果物はおいしいことで有名なのに、放射能が怖くて食べられないということなのだろう。果物を作っている人は悲しいだろうと思った。しかし、これは他県の人だけでなく、クラスの人でも、できるだけ他県の食材を食べるようにしているという人もいた。わたしはそれを聞いて、（福島県民が食べないのに他県民が食べるはずないじゃないか。）と思った。でも、放射能の影響についてよくわからない状況では仕方のないことなのだろう。

自分の家では、福島県産の物を食べているが、大丈夫なのか。でも、食べなくてよいのか。

「福島県民としての誇りを」

国語の授業で、友だちの話を聞く機会があった。そのとき、「福島県産の果物や野菜は避けている。」とか、「水道水はなるべく飲まない。」などと聞いて、びっくりした。県内で出荷した肉牛から基準値よりも高い放射性物質が検出されたというニュースがあったが、わが家では、店頭の福島県産の物は買っていると聞いていたからだ。僕自身、事故から数日経ったある日、父親が勤めている明成高校のトマトなどを、「ハウス栽培だから大丈夫だろう」などと言って買ってきたときは、正直なところ（大丈夫かな）などと思った。しかし、今よくよく考えてみると、福島県の野菜が福島県民に信じて買ってもらえないほど悲しいことはないし、そんなことはあってはいけないとさえ思える。福島県の原発事故の風評被害からの本当の復興とは、県民が、県産品を十分に信用したうえでの話なのではないだろうか。

夏休み、祖父の桃畑の手伝いをしながら、祖父が心配していることを聞いた。

「祖父の桃」

しかし、祖父には心配していることがあった。それは土壌の放射能汚染による根からの影響だ。五月、叔父は、福島大学から放射線測定器を借りて測定をしたそうだ。しかし、祖父は、「規制値を下回っていても、何年後かに放射能が土壌から根に侵食して駄目になる可能性があるんだぞい」と言った。祖父の畑は何カ所かあるのだが、そのために一つの畑の土を土壌除染をしたそうだ。放射能は目に見えないから改めて怖いなと思った。

放射能汚染を心配して、自家菜園をつぶしてしまった祖父。納得のいく対応を。

「風評被害」

僕の祖父は、長年、家の前の畑で、きゅうりやナスなど、いろいろな野菜を作ってきました。家族で食べるには十分足りていました。しかし、放射能汚染を心配し、表面の土を取り除き、砂利を敷いて、畑を潰してしまいました。今はそこに家族の車を駐車しています。祖父の唯一の趣味も、原発事故による放射能によって奪われてしまいました。（中略）

次々と農作物などの出荷停止が報道されると、本当は汚染されていないものまでが、確かな根拠がないため、人々は購入を控えています。このようなことが何年か続くのではないかと不安な気持ちになります。風評被害を止めるためには、政府や県が放射線量の検査を徹底させ、安全であることを何度も説明することが大切だと思います。メディアから発信された情報が個人への伝達により広まるので、正確な情報を流すことが大事だと思います。

救援物資や義援金やボランティアなどの支援が全国で広がっています。しかし、風評被害が続く限り、生産者や福島県民は苦しめられていきます。それを一日でも早く取り除くには、土壌汚染の地図を作成し、果物がどこで採れたかを明確にすれば安心して買うことができるのではないかと思います。それには、莫大な労力と費用がかかると思います。しかし、重大な原発の事故を想定し、放射能汚染の規制基準を設けていなかった政府にも責任はあると思います。県民が納得できるまで対応してほしいと思います。

4　これからのとりくみについて

原発事故の収束については、まだまだ見通しが立たない現状がある。福島市の放射線量は1マイクロシーベルトを大きく下回ることがない。先日、第1回のガラスバッジの測定値が子どもに渡された。子どもによって違うが、0.1〜0.4ミリシーベルトという数値からすると、1年で1ミリシーベルトに抑えることはできない計算になる。しかし、子どもたちのほとんどは、これからも福島で生きていく。事故後の作文に「福島の野菜や果物を食べなければ、福島の農業がダメになってしまうという思いと、食べて本当に大丈夫なのだろうかとの思いに揺れている」と書いた子どもがいた。こうした不安やとまどいを十分に受け止めたいと願ってのとりくみではあった。しかし、ここで終わってしまっていいわけはない。なぜ、自分たちが、このような不安を抱きながら生活しなければならないのか。その根底にあるものに目を向けさせていくとりくみが、この先になくてはならない。生活を見つめ、今、身の回りで起きている問題をしっかり認識させること、また生活を見つめることによって、自分たちの生きていく社会のあり方についてしっかり考えさせることが大事なのだと思う。生活のなかの具体的な事実をもとに、自分の考えを持ち、主張をしていくことができる子どもたちを育てていかなければと考えている。

2　壊れてしまった学校
―震災と原発事故が緊急時避難準備区域の学校にもたらしたもの

〔福島県南相馬市 小学校〕

菅野　哲朗

1　震災当日

巨大地震の中で

3月11日（金）午後2時46分。週末を迎えるにあたって、帰りの会の中で子どもたちに休日の生活・安全指導をしていたそのときであった。突如轟音とともにものすごい振動を始めた教室。東日本大震災が南相馬市を襲った。初めて体験する烈震。強烈な振動と横揺れの中、これは尋常ではない、大変なことになる、と背中に冷たいものが走った。担任していた6年生の教室は1階にあったため、校舎の他の階に比べれば揺れは比較的小さかったはずなのだが、子どもがもぐった机は子どもの体ごと床をスライドしていた。みるみる教卓の向きが変わり、金魚の水槽から水があふれ出す。天井の正方形のパネルが互いにこすれ、すきまからほこりが降ってきていた。校舎全体が揺れ続け窓ガラス全体が波打ち始める。外への避難通路を確保するために、揺れの中、よろよろと窓際にたどり着き犬走りへつながるガラス扉を開けた。地震の合間を見て校庭に避難をさせようと指示を出すが、すぐさま次の大きな揺れが始まり、再度机にもぐる指示を出す。あまりの恐ろしさに泣き出す子どもも。避難開始に備え、犬走りに出て2階のガラスが割れていないことを確認する。その間にも揺れは断続的に続く。校舎全体が大きく揺れているため、足下の地面と校舎とのあいだにみるみる隙間が空いていく。地面にも細かな割れが無数に走り始めていた。車で迎えに来ていた保護者も不安げな顔で校舎を眺めている。避難放送を伝える校内放送設備も停電のため機能を失った。「今しかない、行くぞ！」揺れが小さくなった隙に校庭の避難所へ避難を開始する。校庭の一角に集合した子どもたち。幸い落下物等で大きなけがをした子どもはいないようであった。火災の発生もなかった。寒風が吹く中、無事避難できたことに安堵の表情を浮かべる子、恐怖のあまり泣き続ける子。心配した保護者の車が校庭に集まり始めた。ブロック塀・電柱等の倒壊が予想され下校路の安全が確認できないため、保護者が直接迎えに来るのを待ち、一人ひとり確認しながら保護者に引き渡すことになった。駆けつける保護者の車の列が長く伸びた。突然、「机の中に忘れ物をした」と泣き出す子ども。今は危険だから来週取りに来ればいい、となだめても泣きやまない。地震のショックと混同しているのか、泣き続けている。ようやく学校にたどり着き、無事な子どもの顔を見て涙ぐむ保護者。保護者と連絡がつかない子どもは職員が集団引率し、家庭まで送った。どうしても保護者が迎えに来ることができない子ども数名を体育館に誘導した午後4時。本校は海岸から直線距離で6kmほど離れていたため、津波が太平洋側全域を襲い、未曾有の大災害を引き起こしていることを知らずにいた。もちろん南相馬市の海岸地区での被害も、老人介護施設をはじめとする施設や家屋が流され、600人を超える死者・行方不明者数を出していることも知ることができなかった。地域のお年寄りも体育館へ避難を始めた午後5

時過ぎ。おさまらない余震の中、津波の襲来を繰り返し告げ続ける職員室のテレビの前で、私たちはそのあまりに恐ろしい光景に息を飲んだ。

「ぼくの家、もうないです、たぶん」

子どもにけがもなく、保護者自身も無事に子どもを迎えにきたことから、正直ほっとしていたところであったが、海岸地区の自宅から通勤していた職員がいたことにあらためて気づいた。

「ぼくの家、もうないです」。テレビ画面の、相馬市の松川浦周辺が大津波に飲まれ、家が押し流されていく光景を見つめながら、若い男性講師が静かに言った。家族と連絡もとれていないという。「家がどうなっているのかわからない、海から近いし多分だめだろうね」と浪江町在住の給食調理員、市内小高区に住んでいる親と連絡が取れなくなっている女性教諭。皆、携帯電話を握りしめ、家族の安否を確かめようと必死だった。体育館に続々と避難者が集まり始めており、校長と家を失った職員はその日は学校に泊まることになった（その後、この日に家を津波で失い、津波で家族を亡くした職員が複数いたことが判明する)。

地震が午後2～3時であったことも悲劇を生んでいた。各学校ともに上学年は下校前であり、集団で避難対応ができた面もあったが、隣の相馬市の海浜地区の高台にある小学校では、その時刻はすでに低学年が下校した後であり、学校のある高台から降りて自宅にいたため津波により多くの犠牲者が出た。

大津波の激流の中、電信柱にしがみついていた子ども。ほんの数メートル先にいるはずなのに手を差し伸べることもできない。「後で必ず助けに来るから、ちゃんとつかまっているんだぞ！ 絶対に手ぇ離すなよ！」。自らの足下にもせまる濁流のため、そう声をかけることしかできなかった。そして、それがその子を見た最後だった。その地区のある消防団員の話である。

2 原発事故と避難生活

翌日の出勤

翌3月12日。土曜日であったが、出勤命令が出て学校に集合する。福島第一原発の危機を伝える報道（冷却機能喪失・放射線量通常時の1,000倍・第一原発周囲10km避難・第二原発でも緊急事態通報）は朝のニュースで知っていたが、出勤後すぐに職員打ち合わせや校舎内の復旧作業などの勤務に入り、それ以後の情報は入手できなかった。学校の中は壁や柱に細かなひびが入っていた。校舎同士がずれてしまい、床に亀裂が走っている所さえあった。特に校舎3階は揺れが大きかったため、教室は、子どもの机やロッカーや棚から落ちたものが散乱し、床が見えないほど。職員で片づける。

避難所となった体育館には大勢の避難者が集まってきていた。周囲には、避難者の車が並んでいた。見ると、真っ黒な泥をかぶっている車、傷だらけの車が多数見受けられる。津波に襲われた地区からの避難者であった。第二波の大津波が迫る中、第一波で泥をかぶった道路を必死で逃げてきたのだという。津波に追いかけられながら走る車中からは、バックミラーごしに次々と津波に飲まれていく車や人が見えた、と避難者は語った。

校舎内の点検や片づけが終わり、月曜日に登校して来るであろう子どもに向けたメッセージを黒板に書き、昼食をとろうと職員室に集まった正午。ニュースは、「原発で核燃料が損傷の可能性あり」と、すでに予断を許さない状況になっていることを告げていた。今後の事態に備え、各自帰宅し、避難準備をしながら自宅待機することになった。

ついにその時が

自宅に帰り、家族とともに避難のための荷造りを始めた。避難予定の、妻の実家のある福島市は、地震によって停電中とのことだったが、雨露が凌げれば十分、と万が一の時には避難させてくれるよう頼んだ。懐中電灯や電池、カセットガスコンロ、飲料水、毛布と寝袋等を車に積んだ後、臨時ニュースを食い入るように見つめていた。やがて日も落ちた午後６時前、原発での爆発音の発生を受け、官房長官の会見。事実関係がはっきりせず煮え切らない会見であったが、事態が最悪の方向に動いていることは理解できた。その後、午後７時過ぎ、避難指示が原発から半径20kmまで拡大された。放射性物質はすでに外に漏れ出していることを確信した瞬間であった。自宅は23km地点であったが、この時点で避難を決意。隣組の家庭にも避難を促し、家族とともに福島市へ出発する。停電で街頭の明かりさえない暗闇の中、飯舘村の道路は福島市を目指して西へと向かう車のテールランプが列をなしていた。

続く数日間で次々と発電所で爆発が発生。15日には自衛隊員が南相馬市役所に突如訪れ、職員に直接「とにかく逃げろ」と指示して回ったとのこと。津波から命からがら逃げ延びた人々を迎えたはずの本校体育館の避難所も閉鎖となった。希望者にはバスで群馬県などへの集団避難が行われていた。学校には管理職が残った。

24マイクロシーベルトの中で

原発事故のその後は報道の通りである。私や同僚、複数の子どもらが避難した福島市でも、高い空間放射線量が観測され、３月15日には毎時24マイクロシーベルト（以下μ□/h）を記録した（震災前平常時0.06μ□/h）。とにかく情報がなかった。20km地点の南相馬市でも最高値は３月18日の７μ□/hである。第一原発から60km以上離れており、安全だろうと避難先に選んだ福島市は、20km地点よりもはるかに危険な放射線量が観測されていた。さらに、追い討ちをかけるように福島市のライフラインや物資の流通は滞り、水の配給やスーパーマーケットの店頭に連日並ばざるを得なかった。放射性ヨウ素の放つ24μ□/hの空気を吸いながら、である。

空き巣が横行していると聞き

避難生活も10日を過ぎ、携帯電話もやっと通じるようになり、家族や親戚の安否も判明してきた頃、避難区域で空き巣が発生しているという噂が流れ始めた。「デマでは」と疑いながらも、警察も自衛隊も撤退しているという情報に不安を感じた。この目で見なくては情報を確かめようもなく、確認のために単身家に一時帰宅することにした。３時間ほど並んでわずか20リットルのガソリンを確保し、南相馬市へ出発。道路は地震によりいたる所がひび割れ崩れかけていた。南相馬市内は自衛隊と警察車両、のら犬がうろついている。人影は本当にまばらであった。もちろん屋内待避の指示が出ていたこともあるが、その静けさが、まるで無人の街のようで、その異様さに驚くばかり。倒れた石塀、傾いた電信柱、倒壊しかかった家、垂れ下がった電線。どの店舗も開いていない。ガソリンスタンドにも入荷日不明の張り紙とともにロープが張られており、ここで燃料を失えば街から出られなくなるという恐怖を感じた。自宅には幸い空き巣の形跡はなかった。家の冷蔵庫や周囲を片づけ、支援物資もろくに届かない中で地元に残っていた友人に食材を引き渡し帰路につく。帰りに川俣町で念のためスクリーニング検査を受ける。白い防護服に包まれた係員が、放射線の測定機を私の全身にまんべんなく当てる。異常はなかったが、靴下からやや高めの反応が出る。そういえば先ほどサンダルで自宅の周りを少々歩き回ったことを思い出す。自宅の敷地が汚染されていることを知り愕然とした。測定後、「スクリーニング証明書」なるものを渡される。なんでも、この証明書がないと避難所に入れてさえもらえないとの話。屈辱的だった。われわれ避難者は同じ県内でさえ「汚染源」扱いだった。

3 学校再開に向けた動き

子どもたちの安否は

震災直後、3月14日(月)からの臨時休校が決まり、担任もそれぞれの避難先から子どもたちの避難先の確認と安否確認作業に追われた。携帯電話網が機能していなかったり、固定電話もエリア丸ごと不通だったりと、全員の安否を確認するのにかなりの時間を要した。散り散りとなった職員とも連絡を取り合い、情報交換を行いながら2週間が経過する。雪の降る山形で、かじかむ手で公衆電話から連絡をとっていた同学年の仲間。原発から4km地点の自宅を失い、自らも避難所暮らしの中、教え子の安否確認に追われていた仲間。子どもも多くは避難し、日本全国に散り散りとなっていった。後の集計では、国内47都道府県の中で、本校の子どもが避難していなかったのはわずか数県。子どもも私たちも被災者であった。やがて届いた、学校閉鎖と卒業式・終業式中止決定の連絡。テレビのテロップとして流れて行く無情な通知。子どもたちの落胆ぶりが目に浮かんだ。

屋内待避エリアへの出勤指示

間もなく学校への職員の招集が近いと聞き、3月24日久しぶりの出勤。あわてて避難所を閉鎖したためか、避難所となった体育館には物資が残され、ごみも散乱していた。放射性の塵が入るのを防ぐためドアや窓の隙間にガムテープで目張りをした校舎。職員室には管理職が残っていた。市教育委員会と校長会の合同会議により、学校再開に向けた作業を開始するとの方針が決定。本校も3月28日に可能な限り出勤するよう連絡網が回る。屋内待避指示の出ている地域に、避難先から呼び戻される職員たち。まだまだガソリンが容易に手に入らず、苦労して集合する。理不尽な出勤指示に憤りながらも久しぶりの再会を喜び合う同僚たち。避難生活の苦労話に花が咲く。しかし行方不明の家族がまだ見つからない、という仲間も。

放射線量が高く立ち入ることができない小高区の小学校は、本校2階に臨時職員室を開設。学校再開に向けて動き出した。小高区の学校はいわゆる決死隊を編成して、20km圏内の校舎に置いてきた指導要録・名簿やデータなどの物資を持ち出すために出かけていった。同日、小高区に勤務する同期の職員が、親と子どもを津波で失ったことを知る。ここにいる誰もが、悲しみや家族と離れ離れの寂しさ、やり場のない憤りを抱えての勤務であった。

学校再開決まる

屋内待避が解除される見通しとなったものの、多くの家庭は地元に戻らず避難先での就学を決めていた。本来なら入学式が行われるはずであった４月６日。卒業式をすることなく巣立っていった教え子たちの多くも、避難先の全国各地の中学校で入学式を迎えることになっていた。今できることはと言えば、入学祝いのＦＡＸを送ることぐらい。たった一枚のＦＡＸ。しかし、「励まされました」との電話や「親子で泣きました」とのメールをいただく。教え子も保護者も私たちも、心細かったのは一緒だったのだと気づかされる。

やがて市教委より届いた４月22日学校再開指示。しかし、本校のある原町区は、「緊急時避難準備区域」（原発から20～30km）に指定されることになった。ここは自力で避難できる人だけが居住できる、とのこと。車等の自主避難の手段を持たない人、老人・病人・子どもは入らないでほしい、との政府からの指示。同じ市内の小高区は、「警戒区域」で立ち入り禁止に。原町区・小高区の学校は休校だという。しかし、ここに残されている子どもが多数いた。企業が活動を続けているため親が避難できなかったり、介護が必要な家族がいたり等の理由からである。本校で地元に残って学校再開を待つ、または学校が再開次第、避難場所から地元に戻るという決断をした子どもは、全体の約３分の１にも上った。しかし、震災前に500人を超えていた子どもの数は、百数十人となった。地元に残された子どもたちの就学場所の確保を求める声が日に日に高まった。そこで市は、30km圏外に残された市内鹿島区の４つの学校に間借りして、学校を再開することを決めた。つまり休校となった原町・小高区17校もの小中学校の生徒が、スクールバスを使い、残された鹿島区の学校に通うということである。そのような状態で学校生活が成立するのだろうかと不安を感じながらも、春休みの間、展望が見えずに燻っていた私たちに久しぶりに見えた光明でもあった。

４　被災地の学校生活

本当にここでいいのか

本校には、30km圏外に残された学校のひとつ、鹿島小学校校舎一階が割り当てられ、子どもの机、職員室開設のための機材運搬作業を開始することとなった。私は学年の仲間とともに、教室の荷物を運ぶついでに、移転先教室の下見に行くことにした。地震による亀裂や段差の残る国道を走ると、漁船の残骸が脇道を塞いでいた。それも１隻や２隻ではない。それは、未だ黒い泥の残るアスファルト道路同様、津波が海岸から数キロ離れた国道６号線まで押し寄せたことを意味していた。息を飲むような光景の後、さらに鹿島小学校校舎に到着し、あ然とした。学校の敷地の隣の田に押し寄せられた瓦礫だった。それは、津波が学校の敷地の目と鼻の先まで到達したということである。発生した地震の巨大さから予想される余震の大きさに怯える中、「本当にここで学校を再開していいのか、子どもたちをここに連れてきてよいのか」と、誰もが同じ思いを抱いた。遠くには水平線。本来、松林や堤防で遮られ見えるはずがない水平線であった。時折白波が上がっているのが見える。海岸は堤防が破壊され、消波ブロックでさえボールのように数百メートル転がり散乱していた。余震によって津波が発生しても防いでくれるものはもはや何もなかったのである。

毎日が「がまん」

４月22日、いよいよ授業が始まった。朝７時40分、保護者の車で本校に集合し、バスに乗り込む。担任もバスに乗り引率。黙々と遺体捜索をする自衛隊員。がれきを片づける重機。倒された墓石。流されてきた家畜の死体。ゆがんだ家屋、倒れた信号機。バスの車窓から見えるものはとても登校風景とは思えない。

学校に着けばすでに午前８時半過ぎ。スクールバスの台数も十分でなく、複数校の児童をピストン輸送するため、帰りのバスは午後４時発。本校に到着して解散するころには退勤時刻をとうに過ぎている。実質毎日が６時限。昼休みも十分にとれない。

マスク着用。長袖着用。校庭は除染しておらず使用できない。休み時間に外で遊ぶこともできない。体育館には中学校が間借りしていた。パーテーションで区切って仮設教室を作り学習するという。体育館がふさがってしまっているので、近くにある社会体育用の体育館で体育学習を行う。しかし複数校が間借りしているため、週にわずか２回の割り当て。それでも子どもたちは何よりも楽しみにしていた。

音楽室・図工室・家庭科室・楽器倉庫など、ありとあらゆる部屋が、各校職員室・教室として利用されていた。地震によるダメージで下水施設が損壊。水道も不通となっていた。仮設トイレがずらりと校庭に並び、毎日持参する水筒の水が頼り。各校の給食室の封鎖と食材調達が十分にできないことから、給食は供給不可能。支援物資による炊き出しを実施していた。小さな塩おにぎり２個（低学年は１個！）と鉛筆ほどのソーセージ１本、牛乳。それが初日の給食であった。数週間はそのような状態で、６校時目には空腹で目が回る毎日。その後、各地より支援物資が届き、調理態勢も整い始め、汁物がついたり果物が出たり。ささやかな変化だったが、そのたびに子どもたちから歓声が上がる。通常のメニューに近づくのに二月近くを要した。しかし、中にはこういった状態を商売の場として利用する業者もおり、スープを寄付する代わりに、社名の入った容器の使用を義務づけ、子どもに自社製品のパンフレットを配付するような例も見られた。問題のある支援物資は他にも見られ、「水彩用具を寄付するから、作品を描いて送り返せ」などといったものもあった。

本校のように普通教室を割り当てられた学校はまだいい方である。同じ鹿島区の隣の小学校も、鹿島小と同じように複数校が共同で学校生活をおくっているが、教室も、それに代わる部屋も足りず、廊下に机を並べて、移動黒板で授業を行っていた。さらにその廊下の片隅に、折りたたみ長机がひとつ。電話とパソコンが乗っている。それがその学校の職員室であった。

高台がない！

学校を再開してまずはじめにやらなくてはならなかったのは、避難訓練である。余震と津波に備えるためである。しかし、鹿島小学校は周囲に高台がなく、最寄りの高台まで片道２kmである。そこに避難する訓練も行ったが、１年生を連れて、歩いてゆうに30分は必要であった。津波到達まで時間がある場合でなければ、間に合わないおそれがある。そこで、大津波発生の場合は、校舎三階に避難して救助を待つ、という想定である。訓練中、避難した３階から窓の外を眺めていた子どもが、「先生、ここまで波がきたらどうするの？三陸では４階まで波が来たって言ってたよ」と問いかけてきた。答えが返せなかった。隣の敷地では幼稚園も再開した。仮設住宅も同じ敷地に並んでいる。この辺りで唯一背の高い建物である鹿島小校舎３階は、非常時、避難者でおそらくパンク状態になる。

出て行く子、戻る子

学校再開から一月を過ぎると、転校する子、逆に避難先から戻る子が出始めた。仮設住宅が決まった家庭。親の仕事の関係で転校する家庭。放射線の被害に怯える生活に見切りをつけ、伸び伸びと子育てをするために新天地へ移る家庭。先日も「こんなときだからこそ家族いっしょに生活しようと決めたんです」と、単身赴任となってしまった父親の元に家族で移ることを決めた母親から、転校の申し出があったばかりである。戻ってくる子どもも事情は様々である。避難先での学校生活につまずいて戻ってくる子どもも少なくない。原発事故や放射線をネタにからかわれて傷ついた、などという話も聞こえてきた。出て行く子、戻ってくる子、学級のメンバーの入れ替わりも激しい。避難先の学校での受け入れ態勢も一貫せず、体験入学生扱いで在籍がなかったり、転校なのか区域外就学なのかで扱いが違っていたりで、相手校へ送る書類作成の煩雑さに頭を抱える。学校全体で数百通に及ぶ書類作成と送付である。そのために1週間に1、2日は学年1名が午後、授業をせず本校校舎に戻って送付書類作成に追われる。

無情な人事異動・兼務辞令

福島県では、今回の震災・原発事故により一万人以上の子どもが、県外に転出した。そのため、定数法上多くの過員が生じることとなった。県教組では、子どもの心のケアなどで、教員の加配が必要であることを要求したが、県教委がとった措置は、実に非情なものであった。それが、「兼務辞令」である。兼務とは、所属校に籍を置きながら、実際には別の学校で職務につくことを命じられるものである。

再開当初1クラスに担任3人体制であった本校であるが、決してマンパワーが余っていたわけではなかった。スクールバスで来る子、親に車で送られてくる子、別方向からのスクールバスで来る子、同じクラスでありながら来る時間も帰る方向もバラバラな子どもたち。バスの引率、授業、書類の作成と、3人でも人手が足りないほどであった。しかし5月に前述の「兼務辞令」が発令された。「避難している子どもたちの心のケア」を名目に職員が県内外に派遣されることになった。それは、派遣先の学校名が各校に割り当てられ、派遣する教員を各校で決めろという乱暴なものであった。家族が避難している職員にとっては別居解消に役立った面もあるが、まず異動の枠ありきであり、希望しない人事を引き受けざるを得ず、かえって一家バラバラに生活する状況に追い込まれてしまう仲間も出た。前述の、自宅を失った相馬市出身の若い講師は「家もなくなって身軽だから」と兼務を引き受け、郡山市へ転勤していった。一家の再建のために頑張らねばならぬはずが、である。そんな中、来年の教員採用は行わないことを決定し、さらに「講師の採用はないものと思え」という趣旨の通知が県教育委員会から入った。あまりに無情な仕打ちである。さらにかわいそうなのは子どもたちである。3月末に凍結されていた人事異動が解除され、8月に異動が強行されたため、ついに、学校再開当初の学級担任がだれも残っていない学年も出た。聞けば、派遣された職員の中には、学校に避難している自校の子どもがいなくなってもその学校でなお勤務が継続している方や、ケアとは名ばかりで単なる補充人員としての役目を押しつけられている方もあるという。近隣校に区域外就学している子どもを巡回して励ましたいと願い出ても許可されない例もあった。この強引な人事の根拠とされる「子どもたちの心のケア」とは何を意味しているのだろうか。さらに、避難できず被災地に残っている子どもたちの心のケアをどのように考えているのか非常に疑問である。県はこの子ども、保護者、教員の願いを無視した冷たい人事の目的を、「心のケア」などという美辞麗句でごまかさずに「余剰人員の再配置」とはっきり言うべきであろう。

暑くてもなかなか窓が開けられない。運動会も陸上大会も音楽祭もプールもない。こうして子どもたちにとって味気なく寂しい１学期が過ぎていった。

念願の卒業式

７月23日、２日遅れで夏休みが始まった。卒業生の保護者と連絡をとりつつ進めていたのは、卒業式の実施であった。全国に散った子どもたちに、新しい生活に前向きにとりくんでほしい、そのための節目を、そして再会の場を提供したいと考えたからである。本校のある原町区はまだ 緊急時避難準備区域であったため、鹿島区の体育館で卒業式を行う。７月31日、９割近くの卒業生がこの日のために集合し、卒業式を迎えることができた。半年後にようやく手にした卒業証書であった。再会を喜び合う子どもたちの笑顔と、終了後も話に花が咲き、なかなか帰ろうとしない保護者の姿に、原発事故が引き裂いてしまったものの大きさを見る思いであった。

５　避難区域解除と学校再開

本校での再開準備

本校での授業再開に向けた準備が夏期休業中に開始され、校地内の表土の除去が行われた。50mプールよりも大きな穴を掘り、除去した土を埋設したのち、新しい土を入れるという手法である。職員や保護者も高圧洗浄機を使って校舎の洗浄作業に従事した。校地内での空間放射線量は0.1～0.2μ□/h まで低下したが、局所的な高線量地点は残っている。先日は体育館の屋根の雨樋部分から非常に高い線量が計測され、堆積物の除去作業が行われたばかりである。校庭に流れこむ側溝からはβ線も検知されている。

鹿島小学校でも仮設校舎の建設が進み、校庭の半分が用地となっている。小高区については依然警戒区域のため一般人の立ち入りが禁止されたままである。

緊急時避難準備区域解除

ついに緊急時避難準備区域が９月30日に解除となった。何が変わったのかと言えば、区域内で学校が再開できるということ、子どもたちにとってはただそれだけの違いである。町並みも変わらず、市民の声も不安を訴えるものが目立つ。新聞投書、テレビの街頭インタビューなどを見ていると、「市内の企業が、市長に学校再開を促して子どもをダシに使って従業員を呼び戻そうとしているのだ」「除染より経済復興優先でよいのか」といった怒りの声が見受けられた。

解除を受けて、10月17日より本校を含む小中学校５校の再開が決定された。地震による被害が比較的少なく、地域の放射線量が低めである５校が先行して再開になったのである。再開にあたって、担任から避難している全家庭に電話連絡をとることになった。しかし再開した本校に戻る決断をした子どもは学校全体でも数名。学期途中での転校ということもあったのだろうが、放射線への心配、保護者の雇用の問題、子どもに被災地の不自由な学校生活を味わわせたくない等の声が、保護者から多く聞かれた。

こうして市内の学校は、同一市内にありながら、それぞればらばらの状況となってしまった。学校再開時期が３学期や来年度で、今後もバスでの通学を強いられる学校、警戒区域のため再開の見通しがまったく立たない学校など、地区ごと学校ごとに事情が異なる。地域と子どもたちの苦しみは続く。ストロンチウムやプルトニウムの拡散、第一原発２号機再臨界等の報道も流れる中、この地区で本当に学校再開をすることが子どもたちのためなのか、将来取り返しのつかない禍根を残すことにならないか、私たちもここで教員を続けていくことが可能なのか、見通しの立たない不安と迷いの中で勤務を続けている。

おわりに

今年ほどヒマワリをたくさん見た年はない。この夏、南相馬市はヒマワリでいっぱいだった。福島市の家族の元へ通う車窓から見える景色もまた同様であった。田んぼも畑もいたるところにヒマワリの黄色い花が揺れていた。全住民避難となった隣の飯舘村でもヒマワリを利用した除染実験が行われた。それは私たちの切ない願いであった。ささやかな希望であった。藁にもすがる思いで我が家の庭にも植えてみた。この夏は天気が良く、希望のヒマワリはすくすく育っていった。そのヒマワリが大輪の花を咲かせ、種の重さに首がうなだれたころ、便りは届いた。「ヒマワリに除染効果なし」と。もはやどうやってもかつての清浄な故郷を取り戻すことは不可能なのだ、と暗鬱とした気持ちになった。こうして、人間が自力で事故復旧ができない原子力発電という技術によって、多くの人々は故郷を失い、流浪の民となった。

南相馬市からは11月現在で約１万８千人が避難しているという。ここは、多くの親にとって、子どもを安心して育てられない地となってしまった。やむを得ず地元に残る家庭も、地元にしがみつき子どものことを大事にしない愚かな親だ、との非難を受ける。原爆や放射線事故でかつて多くの方が味わったであろう辛苦。福島県浜通り出身、南相馬市出身というレッテルが、新たな差別を生み出し、これから結婚を迎える若い世代を苦しめるようなことがあってはならない。

3　原発事故後の学校や子どもの現状と課題
ー南相馬市の現状

〔福島県南相馬市 小学校〕

大和田　修

1　福島の今

福島県のどの放送局でも夕方の天気予報の前後に南相馬市0.42μSv/h 福島市1.18μSv/h　郡山市1.07μSv/h　白河市0.48μSv/h　会津若松市0.15μSv/h　南会津0.07μSv/h　いわき市0.10μSv/hなどと各地の放射線量が放送される。異様な感じがする。ところが、半年以上が過ぎ、今は自然に、天気予報と同じように見ている。目には見えない、においもしない、人間の五感ではまったくとらえられない物である。数字でしかわからない。不安は去らない。

５月１日現在、福島県から県外へ子ども約１万人が避難したといわれている。放射線の被害は、第一原発周辺だけにとどまることはなかった。水素爆発などによるヨウ素、セシウムなどの放射性物質は福島県全土に広がった。そのため、子どもたちの放射線被害を心配する保護者は、原発から60㎞以上離れた福島市、郡山市からも増えてきている。郡山市のある小学校では3.8μSv/hを超えて保護者の批判が頂点に達し、４月22日に教育委員会が除染を行う。100名を超える子どもたちが転校して行く。

放射線量の高い学校は、市町村ごとに高圧洗浄機による校舎の除染作業を行う。校庭の表土を取り除き、表面に新しい土を入れ、校庭の放射線量を下げようとしている。校庭だけでなく校舎の裏から花壇の土まで校地のすべての土を入れ替える。子どもたちの通学路も地域の人が中心となり除染作業が進められている。子どもたちが安心して通学、学校生活が行えるように、子どもたちがもどってくることができるようにという地域の願いからである。しかし、それ以外の場所の除染はなかなか進んでいない。

2　東日本大震災当日

地震発生

３月11日（金）午後２時46分。２週間後卒業式をひかえ、６年生と卒業式の練習を体育館で行っていた。校長から一人ひとり卒業証書をもらう練習の途中であった。強烈な揺れが学校を襲った。子どもたちは、今まで経験したことのない揺れに恐ろしさからかがみ込んでしまう。体育館はがたがたとゆれ、上からほこりのようなものが降ってくる。校舎内の確認に向かうが途中の渡り廊下で、ゆれのあまりの激しさに立っていられなくなる。校舎後ろの職員の駐車場の車が前後弾むように揺れ、今にも校舎にぶつかりそうに見えた。揺れはなかなか収まらない。校舎全体も大きく揺れる。校舎内の子どもたちが心配だが動けない。揺れがおさまった隙に、子ども全員を校庭に避難させる。校庭の真ん中に全員を集める。幸いけがをした子どもはいなかった。校庭に地割れがみられた。今までにない地震の強さを痛感する。保護者に直接確認しながら引き渡すことになった。余震を心配しながら寒さと不安に耐えながら待つことになった。

校舎の中を見ると、3階は特に激しくゆれたようで、教室の棚におかれたものなど乱雑におちていた。理科室の水槽の水は、半分以上なく、机の周りは水浸しだった。

その後、本校は地域の避難所になる。地域の人たちが避難して集まってくる。教職員は、全員避難所の手伝いをすることになる。体育館は危険なため校舎内の教室を開放する。はじめ畳が敷いてあるため2階の図書室を使おうとするが、余震の恐怖からか2階にはあがろうとせず、1階の教室を使う。避難してきた人から津波に襲われたことを聞く。学区である地区は海岸に面した地区が多く、村上、福岡、角部内、女場地区では、海岸に近い住宅密集地がほぼ壊滅の状況であった。女場の国道6号まで津波が到達した。津波到達時には村上の舘山、水谷建設敷地、福浦小学校体育館に避難した。井田川、浦尻、上蛯沢、下蛯沢、下浦地区では、浦尻町地区、井田川がほぼ壊滅、上蛯沢の一部の住宅が被害を受け、井田川の開口門が津波によって本来の機能を失い、宮田川を中心とした田園が湖となり昔の井田川浦にもどってしまったようであった。学校の直ぐ下のライスセンターまで津波が押し寄せてくる。夜をむかえる。炊き出しと、毛布が役場から運ばれてくる。しかし、地震後、水道も、電気も使えない状態になる。理科室にあったろうそく、懐中電灯を明かりとし、トイレはプールからくんできた水を使う。ブルーヒーターなどの暖房設備は電気がなく使えない。電気を使わないストーブで、毛布にくるまりながらかろうじて暖をとる。校庭では、収穫祭で使った残りの納屋にあった薪を燃やして暖をとり一夜をすごす。夜半になり、発電機が持ち込まれやっとブルーヒーターが使えるようになる。寒さが身にしみる一夜であった。

翌日、前日がうそであったような晴天であった。原町区の家に帰る。毎日通勤で通っていた6号線は津波で通れない。道路は地震のため、いたるところに段差ができやっと通れる状態である。小高の市街地を通る。崩れた家を多く見る。あらためて地震の恐ろしさを感じる。

家に帰り、はじめて原発事故のことをテレビで見る。

原発事故による避難

3月12日（土)、原子力災害特別措置法によって福島第一原子力発電所から半径10kmに「避難指示」が発令される。同日午後3時36分、1号機で水素爆発、避難指示範囲が半径 20kmに拡大される。小高区全域、原町区の一部が20km圏内のため、原町区の小中学校体育館などに一時避難する。

本校は、原発から10km少しのところにある。地域の人たちは、その日、津波の被害だけでなく、原発事故のため、それぞれが、地域から離れ避難することになる。そして、その後、避難したまま自分の地域にはもどることができなくなってしまう。

3月13日（日）3号機も炉心溶融。14日（月）午前11時、3号機で水素爆発、15日（火）4号機でも爆発、火災が発生し外部の広範囲へ高濃度の放射性物質が漏れたとみられるため20km圏内の避難に加え20km～30km住民への屋内待避指示がだされる。16日（水）3号機、4号機火災。17日（木）自衛隊機、3号機に空から注水など、危険な状況が続く。南相馬市原町区は20km～30kmの屋内待避指示の所に存在する。そのため、多くの市民が避難する。ガソリンが手に入らない中、南相馬市は、各学校に市民を集めバスで新潟県や群馬県に集団避難をする。テレビでは、「放射線は健康に直ちに影響する量ではない」「年間100mSvまでは大丈夫」などと放送される。

3　学校再開まで

3月24日（木）

教頭より携帯電話に連絡が入る。「３月28日（月）より勤務を開始する。勤務地は原町第一小学校の言葉の教室。宿泊場所がない場合は、原町第一小学校が避難所になっているため、そこで宿泊するように勤務先校長に連絡するように」とのことであった。24日現在勤務する小学校は原発から10㎞ほどのところにあるため立ち入ることはできず、屋内待避区域であった原町区の学校に勤務することになる。

南相馬市小高区は、20㎞圏内の避難指示区域にある。区内には福浦小学校、小高小学校、金房小学校、鳩原小学校、小高中学校と４つの小学校と１つの中学校がある。すべての学校は立ち入ることができないため、小高小学校、金房小学校、鳩原小学校は原町第三小学校、小高中学校は原町第一中学校から原町区の学校の一室を臨時職員室として勤務することになる。しかし、その時多くの教職員は、福島県外、又は20㎞圏外である福島、会津、いわきなどへ家族と一緒に避難していた。また、市の働きかけで新潟県や群馬県に集団で避難していたためすぐには戻れない教職員もいた。

3月28日（月）

本校の教職員11名の自宅は、避難区域である富岡町が３人、双葉町が１人、浪江町が４人、屋内待避区域である原町区が３人である。相馬地区の一番南のため、避難区域である双葉地区から通勤してくる職員が多い。また、南相馬市も、屋内待避地区の避難を進めたため、殆どの教職員は市外に避難していた。そのため、避難先の福島や会津から70～100㎞通ってきたり、避難先から、自分だけ自宅に帰り通ってきたり、教職員も避難者であったにもかかわらず、屋内待避地区の学校に招集されたことになる。当時の、南相馬市原町区は、多くの市民が市外に避難していた。屋内待避地区のため、タンクローリーが南相馬市には入って来ないので、ガソリンスタンドはほとんど開いていない、ガソリンはなかなか入れられない。また市外からの物資がほとんど入らない。店も開いていない。そのため生活物資も手に入らない状況であった。

勤務してもほとんど仕事ができない。原町区の学校にもどった教職員は、震災後の学校の片付けや、年度末の事務整理をおこなうことができた。しかし自分の学校に立ち入れない小高区の教職員は、仕事の道具、帳簿などすべて立ち入れない学校にあるため、ほとんど仕事ができず、避難した子どもの所在の確認をすることが中心であった。子どもの所在を確認するうえでもさまざまな問題があった。個人情報の持ち出しを強く禁止されているため児童名簿を持ち出していない。児童名簿があったとしても、名簿に記されている多くの保護者の電話番号は自宅の電話番号である。そこに電話しても、避難区域のため全員が避難して連絡はつかない状況であった。たまたま名簿に記されていた携帯番号、個人的に知っていた携帯番号、保護者同士が知っている携帯番号などをつないで確認をすすめていった。

５月に最終的に子どもたちの転出先（区域外就学）の学校は次のようになっていた。本校に入学したのは13名であった。

県内での転出

相馬市６名（３校）飯舘村１名（１校）伊達市１名（１校）いわき市２名（２校）

二本松市６名（４校）福島市17名（７校）会津若松市５名（３校）

猪苗代町２名（１校）小野町１名（１校）

県外に転出

・東北地方　宮城県６名（３校）　山形県７名（４校）

・関東地方　茨城県11名（６校）　栃木県２名（１校）　群馬県２名（３校）

埼玉県12名（８校）　千葉県３名（２校）　東京都１名（１校）

神奈川県５名（４校）

・北陸地方　新潟県８名（５校）　富山県１名（１校）　石川県１名（１校）

福井県１名（１校）

・中部地方　長野県３名（２校）

・近畿地方　京都市２名（１校）　大阪府３名（１校）

・四国地方　愛媛県１名（１校）

・九州地方　熊本県１名（１校）

本校に戻ってきたのが10%、県内に残ったのは33%、県外が57%となった。親戚知人などをたより全国にばらばらに避難していったことになる。

４月12日（火）

「平成23年度南相馬市公立小中学校の始業にあたって」という文書が教育委員会から出される。内容は４月22日から学校を始める。開設する場所は、小高区は避難区域、原町区は屋内待避地域になっているため、学校を開設することはできず、30㎞圏外である鹿島区の学校に同居して開くことになる。避難している子どもが多く全体的に子どもの数が少なくなっているとはいえ、下表のように、それぞれの学校が独立して学校の機能を残しながら、１つの学校で多いところは６校が集まって学校を開設することになる。また、体育などで１つの学校が授業をおこなっていくことになる。

鹿島区の学校	同居する学校
鹿島小学校	原町第一小学校、原町第三小学校、小高小学校　（３校）
八沢小学校	原町第二小学校、高平小学校、大甕小学校、太田小学校、福浦小学校（５校）
上真野小学校	石神第二小学校、金房小学校、鳩原小学校（３校）
前川原体育館 ※鹿島区角川原	石神第一小学校
農村環境改善センター ※万葉ふれあいセンター内	真野小学校
鹿島中学校	原町第二中学校、原町第三中学校、石神中学校、小高中学校（４校）
鹿島小学校体育館	原町第一中学校

４月22日（金）

南相馬市の学校で「第１学期の始業式」を行う。６校が集まって学校はスタートしたが、始業式は学校ごとに行う。本校は八沢小学校の広い体育館で子ども６名と教職員10名でのスタートであった。避難所で生活してきた子どもたちであった。放射線量の高い、原発がまだ不安なこの地で学校を再開していいのか、子どもたちの健康は大丈夫なのか、いろいろ不安はありながらも、学校が始まった。子どもたちの顔・声が学校に戻ってきた。やはり、教師としてうれしさを感じる。

４月25日（月）

震災や津波で多くの子どもたちや家族が犠牲になっていたため、派手な入学式は行わず、「新入生をむかえる会」として行う。本校の本来入学予定者は28名であったが、入学したのは１名だけであった。

４　子ども、学校の現状 - 八沢小学校に集まった学校では

子どもたちの登下校

鹿島区に集まった学校へは南相馬市でバスを貸し切って送迎を行った。小高区、原町区の子どもたちの住居は、原町区の自宅・アパート・避難所などに住む子どもたちと鹿島区の住宅、仮説住宅に住む子どもたち、そして相馬市に避難している子どもたちと分かれる。原町区に住む子どもたちは、それぞれの自分の学校を出発するバスに乗って登校し、相馬市に住む子どもたちは相馬の法務局を出発するバスに乗って、鹿島区に住む子どもは、保護者の送迎で学校に通って来る。

南相馬市全体で、17校の子どもたちを原町と相馬から鹿島へ送りとどけなければならない。そのため、同じバスが２往復して登下校の送迎を行う。

朝７時10分発、８時10分発と時間帯が分かれピストン輸送される。バスには教職員も当番を決めて乗り子どもたちの指導も行う。放射性物質による被曝を防ぐために、子どもたちの服装は帽子をかぶりマスクをし、できるだけ皮膚を露出しないように長袖、長ズボンを着ていた。雨の日は、できるだけ直接雨に当たらないようにした。また、できるだけ、子どもたちが外にいる時間を短くするために、集合場所へは保護者の車による送迎とし、学校の教室で待つようにした。

学級編成・学級は

100人規模の６学級の小学校に６校300人ちかくの子どもたちが集まり授業を行うことになる。まず、教室が足りない。６校を３校ずつ２つのグループに分け、八沢小、高平小、福浦小で１組とし、原町二小、太田小、大甕小で２組とし、１年から５年生は学年２クラス構成、６年生だけ子どもの数が多いことから３クラス、全校で13学級にする。１つの教室には違う学校の運動着を着た子どもたちが一緒に勉強をする姿がみられた。教室は６クラス分しかないため図書室、音楽室、会食室、さらには廊下とオープンスペースをパーテーションで区切りすべてを教室として使う。黒板のないところは、移動黒板を利用して行う。一緒に授業を進めながらも学校経営はそれぞれの学校が独立して進めることになっている。そのため、小さいそれぞれの学校の職員室もあり、学校の中はスペースがなく、子どもたち、教職員であふれる状態である。放射線が心配なため野外活動、校庭での活動は行え

ないため、体育館は使えるようになっているが、校舎内に余分なスペースはなく、教室での授業のみが行える状態であった。

１学期後半には避難先からもどって来る子どもたちも増えてくる。子どもの数が増えてきて、各教室も一杯一杯の状態になる。２学期からは校庭にユニット教室（仮設教室）が12教室設置され、２校がそこで授業を行い過密状態が多少解消される。

南相馬市の開設した学校ごとの子どもの数

開設校	同居学校		４月６日入学予定者	５月１日		５月31日		８月25日		10月28日	
鹿島中	鹿島中	30km圏外	324	240	74%	258	80%	282	87%	284	88%
	原町二中	緊急時避難区域	307	119	39%	131	43%	156	51%	164	53%
	原町三中	緊急時避難区域	170	60	35%	64	38%	94	55%	96	56%
	石神中	緊急時避難区域	315	162	51%	168	53%	182	58%	187	59%
	小高中	警戒区域	344	41	12%	64	19%	90	26%	86	25%
	合計		1460	622	43%	685	47%	804	55%	817	56%
鹿島小体育館	原町一中	緊急時避難区域	503	197	39%	221	44%	256	51%	258	51%
鹿島小	鹿島小	30km圏外	306	195	64%	210	69%	241	79%	244	80%
	原町一小	緊急時避難区域	616	158	26%	175	28%	198	32%	203	33%
	原町三小	緊急時避難区域	544	167	31%	173	32%	181	33%	186	34%
	小高小	警戒区域	387	25	6%	33	9%	78	20%	72	19%
	合計		1853	545	29%	591	32%	698	38%	705	38%
上真野小	上真野小	30km圏外	144	98	68%	103	72%	116	81%	115	80%
	石神二小	緊急時避難区域	493	184	37%	195	40%	184	37%	181	37%
	金房小	警戒区域	147	11	7%	17	12%	26	18%	26	18%
	鳩原小	警戒区域	65	10	15%	12	18%	14	22%	18	28%
	合計		849	303	36%	327	39%	340	40%	340	40%

八沢小	八沢小	30km圏外	113	72	64%	79	70%	84	74%	84	74%
	原町二小	緊急時避難区域	342	81	24%	96	28%	118	35%	120	35%
	高平小	緊急時避難区域	185	54	29%	56	30%	81	44%	84	45%
	大甕小	緊急時避難区域	204	52	25%	57	28%	71	35%	75	37%
	太田小	緊急時避難区域	136	24	18%	25	18%	42	31%	39	29%
	福浦小	警戒区域	118	15	13%	16	14%	31	26%	34	29%
	合計		1098	298	27%	329	30%	427	39%	436	40%
農村改善センター	真野小	30km圏外	62	35	56%	36	58%	41	66%	43	69%
前川原体育館	石神一小	緊急時避難区域	196	70	36%	73	37%	76	39%	74	38%

※％は震災・原発事故がなかった場合の４月６日入学予定の子どもの数に対する割合

学級担任

３校が集まり１クラスを構成するため、当初は各学校の担任３名が１クラスの担任となる。学習指導に当たっては、教科ごとに教科の指導責任者を決め、他の教員が必要に応じてＴＴ等で支援しながら授業を進めていく。

放射線対策

子どもたちを放射線から守るため、屋外での活動は行わず、できるだけ屋外に出ないようにする。どうしても行う場合は、事前に放射線量を測定してから行う。屋外に出るときは、マスク･帽子･肌をできるだけ露出せず、帰ればうがい手洗いを行う。また、窓はできるだけ開けないようにした。

５月下旬、文科省から窓を閉鎖した状態と開放した状態での空間線量率の結果が出される。窓の開閉に伴う空間線量率の変化はあまりみられなかったという結果が出される。教室では、支援物資としていただいた扇風機を使っての暑さ対策を行い、教室の暑さに応じて窓を開けるようにする。

２学期以降は、校庭の表土除去も行われ、放射線量も下がったため、校庭での活動は、１日２時間を限度に行って良いこととする。

子どもたちの被曝量を測定するために、市から希望者にガラスバッジが配布される。

給食

原町区の学校に給食室はあったが、緊急時避難準備区域のため調理は行えない。鹿島区には各校に給食室はなく、５校の給食は１カ所の給食センターで調理をしていた。学校が始まった当初は、子どもが多すぎて給食センターだけでは南相馬市全校の給食を調理することはできないこと、南相馬市には物資が十分入ってこないため食材の調達ができないことから給食は実施できなかった。避難所にいる子どもたちもいることから各家庭から弁当を持って来るようにすることもできなかった。そのため、支援物資による炊き出しを実施した。初日は、塩おにぎりとソーセージ、牛乳であった。子どもたちの栄養状態も心配されたが、その後、各地から支援物資が届き、デザートがついたりするようにもなり、調理態勢が整う。温かいものも出されるようになり、炊き出しといいながらも普通の給食に近づいていった。２学期からは給食が実施される。

日課表

日課表はどうしても、朝と帰りのバスの時間に合わせたものにしなければならない。また、１学期の開始が遅れたことで、授業時数の確保のため、４、５月は、午前中は短縮40分授業、午前中に５校時を行うことになる。下学年は５校時、中高学年は６校時、昼休みなどは十分とれない、あわただしい状況の毎日が進んでいった。

教育課程

もちろん、前年度に各学校で作成した教育計画は実施できるはずもない。地域·学校の実情が一変してしまったのである。放射線の影響で、野外・校庭での活動は行えないため、運動会、遠足などの行事は行えなかった。理科や生活科の栽培活動も、土を直接さわることができないため、市販の土を購入して行う。土を使った実験、地域に出て行っての調べ活動なども行うことができなかった。もちろん、プール清掃、プールの学習も今年度は行わなかった。

委員会活動・総合的な活動は当初は行うことができなかった。委員会活動は、活動の場所・時間的な余裕を確保することができなかったためである。また総合的な活動も、図書館は教室として使われ、パソコン室は職員室になり、校外、野外に出て調べ活動を行うこともできなかったためである。しかし、１学期後半から、工夫しながら委員会活動や集会活動を行った。総合的な活動も学年の教師が相談し、学年に応じ現状にあった内容を工夫しながら実施する。

学校運営

６校の校長、教頭、教務主任が週１回集まり運営委員会を開催し、学校全体の運営を話し合いながら進める。運営委員会では、問題点、改善点、行事計画などを協議、確認しながら進めた。また、６校の教務主任が各学年の学年主任として学年での協議を進めていく形をとったため、それぞれが異なる学校の教員ではあったが協力しながら学年経営、学級経営をすすめることができた。

５　教職員の現状

学校で

本校の職員室は、家庭科室のテーブル２つ、階段下のスペースにならべた長机２つ、そのまわりに置かれたカラーボックスに入れられた書類、教科書であった。もちろん、教職員一人ずつの机などはない。１つの学校に６校の職員室を独立して設置したのでしかたがないのである。しかし、せまい、自分の机も引き出しもない、筆記用具は筆入れにいれて持ち運び、書類は段ボール箱や、狭いカラーボックス、仕事をするのも長机とパイプ椅子。もちろん教職員の更衣室などあるわけもなく、教職員はジャージ通勤。校内の至る所で、スペースがなく廊下の小さい机で子どもたちのノートをみる教職員の姿も見られ、放課後になると「疲れるな、早く自分の学校にもどりたいな」と言う教職員の声が聞かれた。かといって、原発の現在の状況ではどうすることもできない。自分の仕事をする場所や空間がない所での毎日の仕事が続くのは精神的な疲労が大きい。

震災後、多くの子どもたちが区域外就学で転出していった。多いところでは100人を超える。これらの転出書類の作成なども行った。

教職員も、様々な状況におかれる。福島・会津・郡山などに家族と避難している人。原町・相馬に家をかり住んでいる人。屋内待避地区に住んでいる人。自宅に住んでいる人。またそのなかには、双葉地区の方で避難している方もいる。通勤も、毎日、遠くの避難先から通勤する人、家族と離れて生活し、週末だけ遠くに避難している家族のもとに戻り一緒に生活する人などさまざまである。これまでにない我慢がしいられている。

兼務発令

４月15日付けで福島県教育庁より原子力発電所事故に伴う半径20㎞及び20㎞～30㎞圏内の避難指示・屋内待避地区にある学校の教職員について兼務発令を実施するという通知が入る。４月11日現在で避難している子どもたちの数の割合から兼務する教職員数、学校名が出され、各校で兼務する教職員を決めろということであった。各校によって数は異なるが、南相馬市では多い学校では12名の教職員が兼務として、子どもたちが避難した先の学校の勤務となる。「避難して他の学校に転学又は区域外就学をした子どもに対する支援、心身のケア」を目的にしたものであった。

本校の教職員は10名であった。５月23日から４名が兼務発令で、県内の他の学校での勤務となる。二本松、福島、相馬の学校勤務となる。校長・教頭の管理職も「東日本大震災に伴う勤務公署の変更」として県内の他の教育委員会で勤務することになる。事務職員１名、教員３名だけが残されることになる。１名で複数の学年の担任を行う。これまで以上に担任１名の負担が大きくなる。

兼務発令で、避難先からの遠距離通勤が解消されたり、家族との別居が解消されたりした教職員もいる。しかし、一方、兼務校が、中通りの学校になり、50㎞～100㎞の遠距離通勤や別居をしなければならなくなった教職員もいる。校内で兼務を受ける人がいないため、しかたなく引き受け、遠距離・別居になった教職員もいる。学校自体が大変な勤務環境であるにもかかわらず、更に遠距離通勤をしいることは大変な問題である。たしかに、子どもの数、学級数に比べ教職員の数は多いかもしれない。困難な状況の中で仕事をしているにもかかわらず。教職員も津波の被害から、原発の被害から避難させられた被災者であるにもかかわらず。大変な環境で学校をスタートし、がんばろうとしている教職員にさらに追い打ちをかけるようなことをしている県教育委員会が理解できない。

おわりに

子どもたちの健康

放射線量は低くなってきたといっても、通常より高い状態が今後も続く。これらの環境の中で子どもたちの健康をどう守って行くかが大きな課題となる。行政でも、ガラスバッジを配布したり、内部被曝量を測定したりしている。さらに、子どもたちの健康状態を常に把握できるようにし、何か症状があらわれたら直ぐに対応できる環境をつくっていかなければならない。

学校の再開は

表は南相馬市の各地域ごとの子どもの数の変化である。10月現在、原発から30km圏外は81%、20km～30kmの緊急時避難準備区域は42%、20km以内の警戒区域は22%の子どもたちがもどってきていることが分かる。緊急時避難準備区域は９月30日に解除され、原町区の４校は原町区の学校に戻って学校を開くことができた。しかし、まだ戻ってくる子どもの数は少ない。警戒区域の学校は、許可を得なければ、いまだに立ち入ることすらできない。学校にいつもどれるのか、はたして元の学校で再開できるのか、まったく見通しの立たない状況にある。

地域の再生のためには子どもが戻ってくることが重要になる。子どもたちが学校に戻ってくることは教職員としてうれしいことではある。子どものいないところに地域の将来はないのである。しかし、事故の収束の見通しの持てないこの地域、放射性物質に汚染された地域で子どもたちが生活するのは、学校を再開することは、教師をつづけていくことは子どもたちのためになるのか、将来取り返しのつかないことにならないかという不安はぬぐえない。

南相馬市の所在地別の子どもの数の変化

学校の所在地	校種	４月６日入学予定者	５月１日		５月31日		８月25日		10月28日	
30km圏外	小学校	625	400	64%	428	68%	482	77%	486	78%
	中学校	324	240	74%	258	80%	282	87%	284	88%
	合計	949	640	67%	686	72%	764	81%	770	81%
緊急時避難区域20km～30km	小学校	2716	790	29%	850	31%	951	35%	962	35%
	中学校	1295	538	42%	584	45%	688	53%	705	54%
	合計	4011	1328	33%	1434	36%	1639	41%	1667	42%
警戒区域20km以内	小学校	717	61	9％	78	11%	149	21%	150	21%
	中学校	344	41	12%	64	19%	90	26%	86	25%
	合計	1061	102	10%	142	13%	239	23%	236	22%
合計	小学校	4058	1251	31%	1356	33%	1582	39%	1598	39%
	中学校	1963	819	42%	906	46%	1060	54%	1075	55%
	合計	6021	2070	34%	2262	38%	2642	44%	2673	44%

4　福島県の教育現場は今

〔福島県浪江町 中学校〕

渡邊　康尊

福島県は、浜通り、中通り、会津の大きく３つの地域に分けられ、地域によって自然環境や気候が異なり、文化や産業も多様である。東日本大震災では、地震と津波によって1,883名の命が奪われ266名が行方不明になっている（11月10日現在）。さらに、原発事故によって健康被害や、風評被害に苦しんでいる。今でも人口流出が止まらず、10月20日現在、県内外に約15万人（県外58,005人）が避難生活を送っている。福島県の人口は、震災前よりも35,406人減少した。仮説住宅に、12,341戸・29,260人、借り上げ住宅に23,854戸・62,532人が生活している。

浪江町は、浜通りのほぼ中央に位置し、北西方向に伸びる町であり、山、川、海に恵まれ、春には桜が咲き乱れ、秋にはサケが遡上する。請戸港は県内でも屈指の水揚げを誇る。大堀相馬焼は、浪江町が誇る伝統工芸である。豊かな自然と食文化があり、伝統が息づく魅力溢れる町である。平成19年には浪江町地域新エネルギービジョンを策定し、持続可能な社会の形成を目指し対策を行っていた。

1　浪江中学校の現状

浪江町の現状

11日の震災から一夜明けた12日早朝、国から福島第一原発の10km圏内の地域に避難指示が出され、浪江町は津島地区（町の西側に位置する）への避難を指示した。さらに、避難指示が20kmに拡大されると、二本松市への移動を指示した。国から原発の状況説明や避難場所の指示は一切なかった。放射能汚染の拡散予測が出されず、幼児を含めた多くの町民が、高濃度汚染地域を長時間にわたって移動、滞在し、無用な被曝を強いられたことは絶対に許されないことであり、福島県、浪江町で厳しく国の責任を追及している。現在、浪江町民の健康調査が先行的に行われている。

浪江中学校の現状

町教委は、学校再開を断念し、１、２年生が二本松市立東和中学校、３年生が二本松市立安達中学校を町指定の転校先とした。しかし、受け入れ人数に限界があり、すべての子どもを受け入れることができず、バラバラに転校せざるを得ない状況になった。震災後一日も学校を再開できずに１、２年生約250名はバラバラに転校し、在籍数は０人になった。その後、町教委は、７月４日に旧二本松市立針道小学校を借りて浪江中を再開することを決定し、８月１日より開校した。２学期より、子ども33名（11月１日現在で47名）、教職員13名で新学期をスタートさせたが、本来の浪江中の姿ではない。

教職員の動向

浪江中の教職員は、11日の地震の直後から夕方まで家庭訪問して子どもの安否確認を行い、同日夕方から12日の朝まで避難所（浪江中）の運営を行った。避難指示後は各自避難し、避難先より自らの携帯電話を使って子どもの安否確認、福島市、二本松市を中心に避難所訪問を行った。教職員の多くは警戒区域、計画的避難区域に住んでおり、着の身着のまま避難し、津波で家族を亡くした者、自宅を流された者もいる。４月１日に二本松市に町内全教職員が集められ、その後は、避難所訪問、転校先と子どもの情報交換、朝の登校指導（バス乗車指導）、新高１生を対象に学習ボランティアなどを行い、子どもの心身のケア、学習支援、その他のボランティア活動にあたった。その後、県教委は、警戒区域、計画的避難区域で再開できない学校、子ども数が激減した学校の教職員を対象に、５月１日より兼務辞令を発令し、県内全域に教職員を配置した。さらに、一時凍結されていた３月の定期人事異動を８月１日に行い、異動、再兼務を経て現在に至る。講師、新採用者の配置は例年通り４月１日に行われている。

２　福島県の教職員

兼務辞令について

兼務の目的は、子どもの心身のケアを図ることであったが、実態は子どものケアが図られないばかりか、教職員を心身ともに疲弊させ、経済的負担を強いるものになっている場合が多い。子どもと面識がなかったり、地域内しか訪問できなかったりと、子どものニーズに応えられずに教育的効果が薄い。家族と離れての別居生活、道路の復旧が進まない中の50km～100kmの遠距離通勤、２度、３度の転居など、被災者である教職員の家庭状況に配慮されていない。その上、兼務の役割が理解されずに通常の配置と同じように授業や校務分掌が割り当てられている教職員もいる。県教委から兼務職員の扱いの通知は出ているが、現場任せになっている。Ｉ市では出張扱いで定期的に子どもの訪問をしているのに対し、Ｋ市、Ｆ市ではほとんど実施されていない。地震、津波、原発事故にさらに追い打ちをかけ、家族をバラバラにし、子どものケアもできないような兼務辞令を出した県教委は絶対に許せない。教職員が家族との穏やかな生活を取り戻し、安心して子どもに向き合えるような人事異動をするよう県教委に訴えていく必要がある。不登校傾向がみられなかった子どもが、教室に入れない、登校できないという報告が上がっている。

講師、再任用の採用

県内の１割の子どもが県外へ転校したことを理由に、県教委は今年度の公立小中学校教員採用試験は実施しないことを決めた。また、来年度の講師、再任用の採用についても、採用が厳しい旨の通知が出されている。原発事故による転校を通常時と同じように扱い、標準定数法を当てはめようとする行政処理は、原発事故により学校を再開できない学校、移転再開している学校に対して全く配慮がない。福島県教組は、非常時に通常と同じようにしか行政処理できない県教委、県に対して強く抗議し、教員採用試験の実施と文科省へ追加加配を要請するよう要求書を提出して粘り強く交渉を続けている。

教職員の研修機会の充実

学校の第一の責任は子ども達の命を守ることである。救命救急講習、カウンセリング研修、野外活動研修など、非常時に避難所の運営や子どもの安全確保が確実にできるよう日頃よりスキルアップを図らなければならない。また、そのような研修の機会が保障されるよう教育行政に働きかけていく必要がある。兼務職員を対象とした研修は１度も行われていない。

除染作業、警戒区域内立ち入りによる健康不安

基準値を超えれば行政の責任のもと除染が行われるが、基準値以下の場合、除染作業が安全上の配慮がないまま、少しでも被曝量を減らしたいと切に願う教職員と保護者の手で行われている。行政から高圧洗浄機の貸し出しは行われるが、それ以外の必要物品は学校やＰＴＡが用意している。未婚の教職員の中には、将来へ健康上の不安を感じながら参加している者もいる。

警戒区域内の学校からの関係書類、物品等の持ち出しが、教職員の手によって行われている。県教委は、地教委が独自に命令しているだけで、立ち入るべきでないという見解を示している。現実には、県から何の支援もないため、何度も立ち入りをせざるを得ない。公開されている浪江中の空間線量は10μSv/hであるが、敷地内には100μSv/hを超える場所が点在する。

福島県教組は、除染作業、警戒区域内立ち入りは、勤務時間内に行うこと、危険手当を給付すること、必要物品はすべて行政側で準備すること、専門家立ち会いのもと安全や健康に配慮して行うことなどを、県に対して強く要求している。

３　福島県の子ども

子どもが激減

震災、原発事故の影響で、子どもの流出が続き、４月23日までに3,700人、５月23日までに9,000人に上る児童生徒が県外に転校した。県内の転校は4,900人。９月１日時点で県外に転校した子どもは11,918人、県内6,450人に上る（文部科学省調査）。福島県の人口は、「2011/3/1・2,024,401人」から「2011/8/1・1,994,406人」と、震災の前後で29,995人減少した（自然動態△5,529人、社会動態△24,466人）。割合で見ると福島県全体で△1.48％に対し、相馬双葉地区では△4.78％であり、原発事故の影響の大きさがわかる（福島県市町村別人口動態調査）。

奪われた子どもの権利

部活の部長や学級委員を務め、学習にも力を入れる。優しい笑顔で、友人から信頼のある子どもだった。原発事故による二度の転校により、笑顔は消え、熱心にとりくんでいた部活動もやめてしまった。涙を浮かべた表情が頭から離れない。

原発事故により、生まれ育った故郷を奪われ、人との繋がりを失った。今まで慣れ親しんだ自然、街並みがそこにあるのに、足を踏み入れることができない。人を失った町で自然だけが虚しく移り変わっていく。その土地の空気を吸い、食べ物を食べ、水を飲み、外で遊ぶ。家族と一緒に生活し、学校で友達と共に学び、泣いたり笑ったりする。そんな当たり前の日常が奪われた。家族が原発事故の収束にあたっている子どももいる。両親の仕事の都合で家族がバラバラに生活している子どももいる。目標としていた高校がサテライト校となり、目標を見失っている子どももいる。服装の制限（皮膚の露出を抑えるなど）、楽しみにしていた学校行事の中止、屋外での活動の制限など、学校が再開

しても子ども達は厳しい現実の中、生活している。

学ぶ権利、遊ぶ権利、家族と一緒に暮らす権利、進路先を自由に選ぶ権利など多くの権利が奪われている。

教育活動の制限

浜通り地区では、津波の被害を受けた学校は、近隣校を間借りして再開している。一部再開した学校もあるが、地震や津波の被害が生々しく残る環境の中で不自由な生活を送っている。

津波や地震の被害を大きく受けていない地域にもかかわらず、原発事故の影響で教育活動が大きく制限されている。保健体育の校庭授業やプール授業、屋外での部活動練習、休み時間の遊びなど、屋外での活動内容、時間、服装が制限されている。運動会や宿泊活動などの学校行事を中止した学校もある。

子どもの願い

何年かかっても生まれ育った町に帰りたい、地元の復興に携わりたい、原発事故を収束させたい、植物学者になって除染に有効な植物を開発したい、人の役に立つ仕事をしたい、世界の平和のために青年海外協力隊で活動したい、周りの人を笑顔にさせる仕事をしたい…。浪江中学校47名の思いである。厳しい現実を突きつけられながらも子どもは前を向いている。

4　学校の責任、役割

学校の安全管理

電話が使えなかったため、家庭訪問して直接確認するしかなく、すべての子どもの安否確認を行うことができなかった。小学校低学年の子どもが下校途中に震災に遭遇し、家庭と連絡が取れずに中学校で保護した。沿岸部の学校では、情報が錯綜する中、間一髪子どもを避難させた学校もある。携帯電話代、(流された) 車両、ガソリン代はすべて個人負担である。

地震、火災、津波、原子力災害に備え、子どもたちをどのように避難させ、子どものケアにどのようにあたるのかを協議し、非常時に備えたマニュアルを緊急に作成すべきである。また、学校管理下で災害が起こった場合の対応を保護者と共有する必要がある。避難訓練の内容を、学校だより等を通して伝えることも大切である。原子力災害に備えた避難訓練も実施し、子どもの健康を守るとともに、子ども自らが放射線から身を守れるよう指導することも必要である。また、管理下外での災害の場合の連絡体制について確認する必要がある。学校敷地内に掲示板を設置し、直接確認できるようにすることも大切である。

エネルギー教育、放射線教育

原発は絶対安全で環境に優しいエネルギーとされてきた。学校では、ポスターコンクールや作文コンクールに出品し、遠足や総合学習で施設見学などを実施してきた。そういった意味での教育の責任は免れない。学習指導要領の改訂により、今年度から中３理科で放射線が取り上げられる。放射線の医学的、科学的有用性を伝えるだけでは不十分である。原発を含むエネルギー問題、放射線が人体に与える影響、放射線による健康被害を防ぐ方法、地域、産業への影響など、教育全体でどのように扱うのかを真剣に議論する必要がある。今回の震災、原発事故を過去への教訓として後世に伝える役割を子ども達は担う。道徳教育を通して、震災の被害にあった人々、支援にあたった人々の「思い」について触れることも大切である。子ども達が放射能に向き合い、自ら判断、行動できるようにしなければならない。

震災（原発事故）が生かされない

地震、津波、原発事故の被害を受け、一部の学校では電子メールを活用して保護者との連絡体制を整えた。しかし、震災対応マニュアルの作成（見直し）や、避難訓練が行われていない学校がほとんどである。子どもの受け入れについて、職員会議や生徒指導会議で共通理解が図られず、学年や学級担任任せになっている学校も多い。教職員の勤務についても大きな混乱があったが、非常時の我々の勤務について不明確なままである。震災や原発事故をどのように伝えていくかの協議もない。担任が独自に道徳や特別活動で触れているだけである。今回の震災で学んだことを協議し、地域に果たす学校の役割、教職員の勤務、子どもの安全確保など、自然災害や原発事故への備えをする必要がある。

原発事故は半年経っても収束していないことを忘れてはいけない。

5　教育行政の責任、役割

非常時の連絡体制

震災後、現場は地教委、県教委２系統からの指示、命令により混乱状態となった。学校が避難所になった場合の教職員の役割が明確でなく、避難所の運営をしながら子どものケアを図るという激務になった。地教委は住民の避難対応にあたりながら、保護者からの相談やクレームに追われた。その際、地教委に詰めていた教職員が大きな力になった。感情的になっている保護者も信頼関係ができている教職員とは落ち着いて話すことができた。原発事故の影響を受けた地域では、地教委（自治体）の判断で学校を移転し、教職員も地教委からの命令により転居などして勤務できる体制をとった。その後の県教委の兼務辞令がそれらを打ち壊し大きな混乱を招いた。放射線対策をとっても、県教委は国から示される基準を発表するだけで、市町村ごとに対応が異なり、保護者の不安を高めている。非常時には、公務員の中で最も数が多い教職員を最大限に活用し、教職員と地教委、自治体が連携して、避難所の運営や子どものケアに最大限力を注げるような体制づくりを協議していく必要がある。県教委、教育事務所、地教委がどのような連絡体制で対応していたのかを確認、追及し、迅速な情報伝達ができるよう要求する必要がある。

教育行政の対応

原発事故の影響を受けた地域では、地教委（自治体）の判断で学校を移転し、教職員も地教委からの指示により転居などして勤務できる体制をとった。その後、県教委が兼務辞令を出し、迅速に動いた地教委（自治体）の足を引っ張る結果となった。放射線対策をとっても、県教委は国から示される基準を発表するだけで、学校の管理者である地教委が具体的対応策（プールの使用制限、屋外活動）を打ち出している状況にある。そのため市町村ごとに対応が異なり、それが保護者の不安を高めている。

学校への支援

警戒区域内の学校が他市町村の施設を間借りし、学校を再開させているが、教材教具、備品の多くが足りない。本来、市町村が負担すべきものであるが、限界がある。県からの支援がないため、警戒区域を何度も往復して物品の運び出しを行い、子どもに使用させている。県教委は、警戒区域や津波の被害を受けた学校、地域に出かけ、現場の人々の話に耳を傾け、現場のニーズに合った支援体制をとらず、平常時と同じ行政処理しかやらない。県教委は現場に行かず、現場を全く知らない。

6　大人、社会の責任

子どもたちは夢や目標を見つけようと前向きに生きようとしている。だからこそ、放射線から子どもを守ることは大人の最大の責任である。５年後、10年後、20年後、健康な体で働き、家族をもち、子どもを育てられるように、国、東電に迅速で確実な除染をさせなければならない。私達と子ども達の一番の願いは、「安心して空気が吸えること」、「安心して食べ物が食べられること」、「安心して水が飲めること」、「安心して外で遊べること」である。原発事故による被曝は、「自分が望まないもの」「利益にならないもの」「命の危険があるもの」であり、全く無用のものである。将来を担う子ども達に、ツケだけを背負わせていいのだろうか。将来に希望をもって学び、震災や原発事故に向き合い力強く生きられるよう、一人ひとりが行動し、互いに手を取り合って、社会を動かす時である。

7　兼務についての中間報告

Ｉ市の対応

５月２日の兼務職員説明会で、Ｉ教育事務所より、中２、３年生を対象に訪問をして、子どもの心身のケアにあたるよう指示を受けた（中１生は、小学校教師が訪問)。また、授業時数や校務分掌は校内で配慮することになった。その後の通知はない。10月15日現在、Ｉ市内の11校に21名の子ども（中２、３）が転校しており、不登校傾向の子ども、配慮の必要な子どもは月に１回、その他の子どもは学期に１、２回を目安に面談を行っている。しかし、同じＩ市内でも２学期以降訪問を中止した学校がほとんどである。

Ｉ市内の受け入れ校の対応

学級や学校に溶け込めるよう、転校生としてではなく自校の子どもとして接している。イジメの訴えは１件もなく、周りの子ども達も温かく迎え入れている。スクールカウンセラーを活用し、全転入生を対象に（ピュア）カウンセリングを行った学校がある一方、スクールカウンセラーが全く活用されていない学校もある。

兼務職員の訪問を連携して行っている学校がある一方で、学校に馴染んでいる状況で面談が必要なのかという指摘がある。頻繁に転出入がある、大勢の被災した子ども（100名以上の学校もある）を受け入れているなどが理由である

兼務職員の苦悩

部活動を諦めた、線量の高かった津島地区に長期間滞在した、馴染めずに学校が休みがちになって

いるなど、様々な子どもの話を聞くと、辛く悲しい気持ちになる。時には明るい表情が逆に気持ちを沈ませることもある。話を聞くだけの我々の行動に意味があるのか、新しい環境に溶け込もうとする子どもの気持ちを引っ張っていないかと悩むこともあった。今は、我々の行動が、現実を受け入れ今を生きる子どもに、浪江町（浪江中）とのつながりを与えていると確信している。

今後求められる兼務職員の役割

市町村や学校単位で兼務職員の扱いが異なり、全県で見れば通常の配置と同じように扱われ、子どもの心身のケアを図るという当初の目的は十分に果たされていない。改めて兼務職員の役割を明確にし、関係する学校や関係機関と連携を図り、組織的に活用されるべきである。また、生徒の心のケアを担当する専門教職員として継続して活用されるべきである。

様々な子どもの「おもい」

・前向きに生きる子ども

「先生、自分達はもう浪江に帰れないですよ。だから、Ｉ市でがんばるしかないんです。高校もサテライトでなくてＩ市内の高校に進学します。でも、自分が浪江町民だということは忘れたくないです。それは絶対に失いたくないです」。

３・11以降、子どもは、生まれ育った浪江町に入ることができていない。子どもは、長期間に渡って浪江町に帰れない可能性が高いことを認識している。だからこそ、今の避難先の環境で前向きに生活しようと、勉強に部活にがんばっている。一方で、浪江との繋がりは失いたくないとも強く感じている。故郷を離れて生きていくことを決意しても、浪江中生、浪江町民としての誇りは失いたくないのである。

我々は、「後ろ髪を引っ張っていないか、余計なことをしているのではないか」と悩むこともあった。そんな不安を払拭させたのが、子どもの明るい笑顔と訪問先の先生方の「浪江中の先生が来るのを楽しみにしている、浪江中の先生と話す時は違った表情をみせる」という言葉だった。今は、我々の行動が、現実を受け入れ今を生きる子どもに、浪江町（浪江中）とのつながりを与えていると確信している。

・もがく子ども

学校に行かなければ、勉強しなければ…、学級に溶け込みたい、学校生活を楽しみたい…、自分がやるべきことややりたいことはわかっているが、体が思うように反応しない。新しい環境で素の自分を出せずに、孤独を感じている。２度、３度の転校で学習に遅れが出ている。他の学校で生活している友達の話が焦りを生む。高校進学で、サテライト校か避難先の高校かを悩む。寝付きが悪く、眠りも浅く、小さな物音や地震で目が覚めてしまう。学校を休みがちになり、登校しても体調不良を訴え早退してしまう。

自分を変えたいと思いながらも、自分ではどうしようもない子どもがいる。

被災した子どもへの指導・支援のあり方

あらゆるものを飲み込む津波、津波が引いた後の瓦礫の山。軽装の住民とは対照的に防護服に身を包んだ警察官や自衛隊員。スクリーニング、健康調査。食糧や衣類、生活必需品の不足。故郷に帰れない。避難生活は非日常の連続であり、子どもが受けた精神的ストレスは計り知れない。多くの子どもが新しい学校に順応している一方で、一部の子どもは、眠れない（眠りが浅い）、急に気持ちが沈む、なぜか学校に馴染めないなどを訴える。また、生活リズムや服装が乱れてしまった子どももいる。学習面では、避難所で学習ボランティアを活用できた子どもや支援物資のテキストなどを活用して自ら進んで学習に取り組めた子どもがいる一方、思うように学習に取り組めなかった子どももいる。２度、３度の転校で、十分に授業を受けられていない子どももいる。

被災した子どもへの指導・支援のあり方について共通理解を図るべきである。

・兼務職員の訪問依頼は積極的に受け入れ、断ることが無いようにする。

・家庭訪問や教育相談を行い、生活や学習上配慮してほしいことなどを確認する。

・ＰＴＳＤは一定期間経過すれば安心できるものではない。個人差があり、１ヶ月で現れることがあれば１年後に現れることもある。家庭環境が今なお不安定な子どももいる。スクールカウンセラーなどを活用しながら、心の状態を把握する。

・転校先の生活のルールを把握していない子どもがいる。生活ノートや生徒手帳などを使って担任や学年が指導する。

・避難所では、落ち着いて眠ることができず起床就寝時間が不規則になりがちである。保護者の仕事が変わるなどして家庭内の生活リズムが大きく変わっていることもある。生活ノートで自分の生活を振り返らせ、保護者にも協力を依頼する。

・避難所や避難先の住居は、狭くて自分の生活スペースがなく、モノを管理しにくい状況にある場合もある。期日に提出物を出せない、身の周りの整理整頓ができない場合は、改善していくための方法を具体的にアドバイスする。

・避難先の学校にどうしても馴染めないこともある。原籍校への所属感を尊重しつつも、生徒会活動や学級内での係活動で役割を与えるなどして、避難先の学校での所属感や自己存在感を感じられるよう指導支援を継続する。

・学習調査を実施し、子どもが不安に思っている教科や分野を把握する。履修漏れの内容がある場合は補習を行う。

・２年生でも進路に対して不安を抱いている子どもがいる。入試情報などは、学年を問わずに説明する。進路指導を意図的・計画的に行う。

・サテライト校か地元校か悩む場合は、サテライト校は学習活動や教育活動が制限されることを説明した上で選択させる。

5　子どもの体力と学校体育
―大震災・原発事故から何を学ぶのか

〔福島県桑折町 小学校〕

内村　勝男

はじめに

福島県民は３・11東日本大震災と東京電力福島第１原子力発電所事故によって、大きな被害を受けた。特に原発事故の影響は甚大で、原子炉内の状況さえ正確に把握できない状態が続き、余震のたびに大きな不安にかられる日々が続く。それでも季節は巡る。新たな季節が訪れるたび「サクランボの出荷は」「桃は」「ブドウは」「梨は」「米は」「柿は」「リンゴは」と、農家の方々は深い悲しみと憤り、やり場のない怒りを感じている。

大震災直後の全国からの支援は大変ありがたかった。大震災による直接的な被害はあまり大きくはなかった桑折町にも、全国からの支援物資が届き、支援活動が展開され、励まされた。しかし、時間の経過とともに、原発事故による放射線の問題が大きな影を落とし、私の周囲には「孤立感」を口にする者が増えたのも事実である。

「風評被害」とひとくくりにされる今の現象も、「安全神話」で思考停止に陥っていた状態も根っこは同じではないのだろうか。正しい知識を持たなかった、強く求めなかった私たちは、深く悔いている。未来を担う子ども達の前に立つ者として、この大震災、原発事故から学んだことは大きく、その代償はあまりにも大きかった。無念。

大震災の直後、私が強く意識したのは「学校は、地域住民にとって、水道や電気と同様、重要なインフラなのだ」という当たり前のことであった。と同時に、学校は「行政の末端組織」であり、ある種の「強制力」を持つ組織だということに気づかされた。

「４月６日から、例年通り学校を再開する」と登校を促せば、放射線の中、子ども達は登校してくるのである。他国、他地区の方々からみれば「なぜこの時期に、その場所で」と非難されるかもしれないこの判断は、乏しい情報の中で、教職員も保護者も、納得の上ではない、不条理な決断を迫られた結果である。「学校には強制力がある」のだ。

福島では、放射線から子ども達を守るとりくみが行われている。今、目の前にいる子ども達の、10年先、20年先、30年先、そのずっと先までの健康を守るとりくみが始まっている。まだまだ手探り、試行錯誤の状態ではあるが、座して待つわけにはいかないのである。それぞれの立場、役割の中で子ども達の健康を守るとりくみが行われており、学校教育、学校体育も例外ではない。

私は、1982年４月、教職に就くと同時にスポーツ少年団活動に関わり、2010年７月設立の桑折町総合型地域スポーツクラブ「マルベリーこおり」にも設立以前から関わってきた。そのような関係で、学校体育と社会体育のよりよい関係を求めて、考え、活動を続けてきた。学校においては担任を外れ、教務主任なので、体育の授業には関わっていないが、体育主任として、体育的行事の提案や対外的な体育行事に関する調整を行っている。

福島県教組では、今回の大震災・原発事故以降、福島県の子ども達と学校が置かれた状況において様々なとりくみ、学習会を展開し、10月15〜16日には、教育研究福島県集会を会津若松市立城北小学校において延べ360人の参加で開催した。本リポートは、体育分科会に提出した私のリポートをもとに、子ども達の体力と健康にかかわる問題について、県内各地からの参加者により話し合われたことをもとに、大幅な加筆、修正を行ったものである。

1　子どもの体力問題と、原発事故が突きつけた課題

1)「子どもの体力」の定義と認識

毎年「体育の日」前後になると各メディアが「子どもの体力」のデータを報道する。今年私が目にした論調は「低水準のまま」と「底を打って回復傾向」、そして「運動する子としない子の二極化の拡大」という内容であった。社会全体として、子どもの「体力問題」について一定の危機感、問題意識が共有されていると考えられる。しかし、報道の量や行政的な予算面、保護者の関心の高さからいって、子どもの「学力問題」の比ではない。

学校現場においても、学力向上対策が優先され、体力への危機意識は低い。そして、学校体育における「体力の向上」と「競技力の向上」とは、しばしば混同されている。

・毎年行われる学校対抗の水泳競技大会は、スイミングクラブの子の活躍の場であり、実質的にはスイミングクラブ対抗戦でもある。勝った子ども達は、担任より先にクラブのコーチのもとに報告に行く。

・陸上競技大会に向けて集中的に練習するため、肩や股関節を痛めたり、疲労で体調不良を訴えたりする子どもが続出する。

・球技系の大会のための小体連なる組織があり、小学校版「部活動」が常態化し、教材研究や生活指導に問題が出てくる。

多くの保護者の意識も、体力よりも「競技力の向上」に向けられ、スポーツ少年団活動や部活動は過熱化する一方である。

・平日の夜間練習だけでは強くなれないので、土日は練習試合への遠征が常態化しているスポーツ少年団。子ども達は月曜日に、学校で休息をとっているか、欠席である。

・部活動やスポーツ少年団活動では、保護者のサポート体制が必須になり、それに協力できない事情を持つ家庭の子ども達は、活動そのものに参加しにくくなる状況がつくられている。

・授業で突き指した子の保護者が「今週うちの子は大切なゴルフ大会に出場するのに、どうしてくれるんだ」とクレームをつけてきた。以後、授業ではボール運動をさせないように「配慮」した。

このような学校・保護者の意識が、体力の低下傾向の放置と、運動する子としない子の二極化の拡大傾向を招いていると思われる。

「子どもの体力」を問題にするとき、「体力とは何か」が定義されなければならないと思う。しかしそれは、大学の講義で聴いたような堅苦しい定義ではなく、例えば「体を動かして、汗をかいて、『あー、気持ちいいな』と感じること」くらいの、多くの人の胸にストンと受け入れられるものであればよいと思う。

そのような多くの人が合意できる定義がないまま「体力＝競技力」と誤って認識されると、健康を損ねたり、運動嫌いの子をつくったりする不幸に陥ることになる。

2）原発事故が及ぼした影響

原発事故が及ぼした影響については、大きすぎてとても伝えきれるものではない。これから学校現場が受けた影響について述べるが、私には十分には伝えきれない。私の住む桑折町は、隣接する伊達市や福島市のようにホットスポットがあるわけではないが、それでも農産物の出荷停止、生産自粛の措置はとられたし、北海道や秋田、山形などへの自主避難者がいる。転校した子もいるし、来年度の入学予定者数は減ってしまった。個人的には、社会人と大学生の３人の子ども達は関東圏に住んでおり、平均年齢64歳の４人家族に、放射線に対して切羽詰まった危機意識は薄いのが現実である。

それでも、それだからこそ４月当初、職員間で話し合い合意したことは、教育課程を実施していく上では、子どもや保護者の不安に寄り添う対応をとろうということである。科学的知見に基づく判断を押しつけるのではなく、不安に思う気持ち、恐れる感情を大切にして、できる限り応えていこう、ということであった。

健康や体育的な行事に関連しそうなことのみ、具体的事例を順不同で挙げる。

・４月の春の遠足は中止。大震災の影響で物理的な安全確保が難しい状況に加え、放射線量がその時点では不明であった。代わりの措置として、５月末、バスで米沢に全校ハイキング。米沢の線量は圧倒的に低い。その後も、県や各自治体の補助事業で、線量の低い会津地方への遠足が促されている。

・校庭での活動制限。屋外活動の自粛。国や県の方針は当てにならない。町教育委員会の指示は必ずしも明確ではなかった。屋外での体育の授業はもちろん、生活科や社会科、理科で屋外に出ることもできなかった。日常的な町中の風景から、子ども達の姿が消えた。

・プール掃除の中止、屋外プールでの水泳の授業は一切なし。水泳競技大会も中止。本校では大震災の影響で漏水対策工事が必要になったため、例外的に職員対応で排水、掃除を決行した。汚泥は10μSv/h用計測器の針がメーターを振り切った。夏休みのプール開放事業もなくなり、桑折町の公的機関でのプール提供は皆無であった。町内のプールは、11月４日現在、排水もされていない。

・換気の制限。５月頃まではもちろん、空中の放射性物質が無視できるほど少なくなり、換気による室内線量への影響はないとの知見が示された後でも、窓を開けることは憚られた。結果、町内の普通教室、保健室すべてにエアコンがついた。

・運動会の延期。秋に縮小して実施。５月下旬に予定された４小学校の運動会はすべて延期。秋に、午前中２～３時間だけの運動会。本校は体育館と校庭を行き来しての実施となった。来賓もなし、保護者席・児童席もなし、万国旗も国旗掲揚もなしの、非常にシンプルな運動会であった。地域のお年寄りからは、「それでも、運動会をやってもらっただけでありがたい」との声が寄せられた。学校行事の役割の大きさを感じた。

・給食への影響。地産地消を進めてきたが、地元生産者に事情を説明したうえで、今年度は他県産へシフトした。県内産の牛乳を飲まないと申し出た家庭もある。

・夏休みのラジオ体操。実施する方部（地区）はないだろう、ということで後述する「カラダすっきり12の体操」を夏休み前に全校生に教えて、実施を促した。

・中学校部活動の制限。5月まで屋外活動の自粛。支部大会をなくし、地区（県北）大会から。
・校庭の表土除去。5㎝程度、校庭の表土や土手を削り、敷地内に埋設後、50㎝程度覆土する。これで校庭の線量は毎時 0.2μSv/h程度になった。これで、2～3時間程度の屋外活動が「可能」になった。町内の屋外で放射線量が一番低いのは学校の校庭ということになった。それでも予定がはっきりしている屋外活動については、事前に保護者に知らせ、参加させたくないとの場合は、個別に対応することにしている。
・町陸上競技大会の縮小実施。屋内での代替案を準備していたが、一部管理職の「暴走」で、実施することになってしまい、条件闘争となった。幅跳びと5年生のリレーは中止、子どもの待機場所は屋内、開閉開式は短縮など。
・持久走大会の中止。校外に出て、1,000m程度を走るのだが、コースになっている通学路の除染が行われていないため、子ども達を出すわけにはいかない。トラックを何周も走らせれば、周回遅れが出て運営に無理が生じる等の理由で断念した学校がある。

3）原発事故から見えてきた課題

子ども達の健康と安全を考えているのは誰か。

それは国や県ではなかった。やはり、子ども達の近くにいる保護者であった。教職員である私たちの多くも、子ども達の健康と安全を考えてはいたが、その方向性は必ずしも一致してはいなかった。私たちは、年間スケジュールを粛々と遂行し、早く「以前の状態に戻すこと」を最優先にすべきなのか、それとも、子どもの健康・安全を守るために必要なことは何かを考え行動すべきなのか。その現場に近ければ近いほど、難しい問題である。

幼稚園、小学校のほとんどが屋外活動を制限している時期に、中学校、高校では部活動を再開していた。校種の違う兄弟を持つ保護者は戸惑ったが「年齢が違うから」と納得するしかなかったのではないかと思われる。「こんな時だからこそ」「一生に一度のことだから」「今までの努力を無駄にしたくはないから」等の感情も分かるし、「もう十分に安全だから」「心配するレベルではない」「配慮していたら何もできない」等の論理も分からないではない。でも、部活動の背後に、県大会や全国大会に通じるシステム・組織の有形無形の圧力、強制力を感じないわけにはいかない。スポーツの大会が持たねばならない平等性は、年齢制限という形で「今年しか参加の権利はない」と突きつけてきたのだ。ならばそれに応えようと、安全性が過小評価されはしなかっただろうか。

子どもの体力を問題にするとき、一方で現代のスポーツが持つ問題性を無視するわけにはいかないのではないか。すなわち、過度になりすぎた競争意識故に、肉体を破壊してまで行うスポーツの先に健康があるはずはない。スポーツが生来的に内包する競争性を否定はしないが、過度はよくないと言いたい。まして、肉体が完成していない小中学生の時期に、行うべきスポーツの姿ではないと思う。

自分でも感情的になっていることは分かるのだが、どうしても言わずにはいられない。食の問題である。食材の放射線量の問題もあるが、あまりに問題が複雑すぎて、今の私には正しい科学的知見が分からない。「分からない」という無責任さを持っていることを自覚しつつ、それでも「感情的になって」言いたいのは食教育のことである。

今の状況をどう捉えれば、「朝食は摂ってきましたか」「栄養のバランスを考えてメニューを考えましょう」などと言えるのだろう。未だに給食が不完全な地区が身近にはあるというのに。ついこの間、非常食で飢えをしのいだ経験をしたばかりなのに・・・。もはや感情論であるのは間違いない。でも言いたい、「なんて薄っぺらな食教育なのだ」と。

4）体育的行事の持つ教育的価値の軽さ・脆さ

運動会は本当に実施すべきだったのだろうか。体育的行事、とりわけ運動会のもつ意味合いは、学校教育の中にとどまらず、地域の文化であり、人生の一コマとして欠かせないほどの存在意義を持っていると思う。だからこそ地域のお年寄りから感謝されたのだが、「子どもの健康にどれほど役立ったのか」と問われれば、精神面、心の面でのプラスは挙げられるが、肉体面ではむしろマイナスか。いやいや、そうならないよう時間的、空間的配慮を十分にしてとりくんだのだが、迷いは残る。校庭の状況に大きな変化を期待できない来年度以降の運動会はどうすべきか、悩んでいる。

運動会ですら、その存在意義が揺らいでいる。他の体育的行事は、特に陸上競技会や水泳競技会は、この状況下において、学校が、子ども達の健康、体力の向上を目的としてとりくむべき教育的価値を有しているのだろうか？

確かに、この種の競技会が子ども達の「体力向上」に寄与した一面を持つことは否定しない。水泳競技会への出場が義務づけられているから、必死で毎日放課後練習して、何とか50mを泳げるようになった子はたくさんいる。水泳競技会がなくなったら、50mを泳げないまま中学生になってしまう子が続出するだろう。でもそれは、水泳競技会のメリットとしてとらえるべきではなく、夏の10数時間しか水泳の授業が行えない教育課程や、小学校のすべての教員が水泳指導に長けているわけではないという現実を問題にすべきではないかと思う。

体力の問題一つにしても、学校教育に何もかも背負い込ませすぎているのではないか、ということである。

平時には気づかなかったことに、無理矢理、目を向けさせられたわけで「転んでもただでは起きないぞ」と、今後のとりくみに生かしていきたい。

2　ささやかなとりくみ

原発事故直後から、放射線による健康へのリスクについては、それぞれの立場、考えから、そして様々な図表や学説を駆使して、大量の情報が流された。結果として、相当多くの人が避難・移住を余儀なくされ、あるいは自主的な避難・移住をした。残りたくて残った者も、仕方なく残った者も、それ以上にたくさんいる。夏を過ぎた頃からか、肉体的な放射線被害よりも、精神的なストレスが及ぼす悪影響を強調する情報が増えたように思う。原発事故は、肉体面だけでなく精神面への悪影響が大きく、それが人の健康レベルを低下させる大きな要因になるという。心身の健康問題が、二元論から一元論に、やっと変わってきたと感じる。

本校では、4月当初から科学的知見を押しつけるのではなく、子どもや保護者の不安に寄り添う対応を心がけた。本校は制服だが、衣替え以降も私服の長袖を認めていた。同時に、放射線量に関する情報は確実に保護者に知らせ、その上で校庭を15分程度開放していた。もちろん、校庭に出ない子もいた。職員間では一定の科学的知見に基づいた判断をし、その情報を保護者に知らせ、不安のない程度に窓の開放を行い、熱中症対策を心がけた。何より、当初から心身一元論の発想でとりくんでいたように思う。

その下地があったからこそ、ヨーガへのとりくみが素直に受け入れられたと思う。夏休みを前に、子ども達の体力、特に筋力の低下を防ぎ、同時に精神面での安定を促す目的で、ヨーガの「太陽礼拝」を小学生向けにアレンジした「カラダすっきり12の体操」に、朝の15分のモジュールタイムを利用して全校生でとりくんだ。

ヨーガの「太陽礼拝」は呼吸に合わせて複数の運動（ポーズ）を連続的に行っていくもので、それをアレンジした「カラダすっきり12の体操」は、１回目は右足から、２回目は左足から動き出して１セットと数え、さらにゆったりした呼吸の１セット目と、リズミカルな２セット目からなり、12の体操を４回行うことになる。筋肉への負荷が十分にあり、しかも自分の体調に合わせコントロールし、自分の体に問いかけながら行うことができるよさがある。

夏休みに多くの子ども達がとりくんだようだ（チェック表などになじむものではないので、挙手のみで判断）。２学期の運動会の整理運動として全校生が保護者の目の前で行い、その後、保護者の希望者にも一緒に体験していただくことができた。

このとりくみが可能となったのは、一般社団法人の日本ヨーガ療法学会（理事長：木村慧心）の会員で、学会認定ヨーガ療法士の資格を有する女性教員が本校にいたことによる。昨年から、現職教育の一部として教職員にヨーガを体験指導してもらったことや、町の総合型地域スポーツクラブ「マルベリーこおり」のヨーガ教室の講師を設立当初から務めてきたこと、さらには避難所を訪れ、被災者向けにヨーガセラピーにとりくんできた実績などから、職員にもスムーズに受け入れられた。

初心者である私が実際にとりくんでみると、今までのスポーツ系運動とも、学校体育系の運動とも異なった雰囲気、空間の中で、自分の体と向き合うことができる。体の歪みや左右の筋肉のアンバランスさ、さらに呼吸に現れる心の状態に気づかされる。小学１年生でも、運動後の自分の体や心の変化に気づき、そのことを言葉にすることができるそうだ。学校教育におけるヨーガの持つ可能性は、想像よりも大きいかもしれないと感じている。

同じく「マルベリーこおり」で、私は「みんなでスポーツ」と称して体育館開放事業にとりくんでいる。特定のサークルに属さなくても、親子・家族で、ご近所と一緒に「遊べる」空間を提供しようというとりくみで、卓球やバドミントン、長縄跳びにドッチビー、ソフトバレーボールにマット運動など、様々なメニューを用意している。

当初は来館者なしという日もあったが、今では20人前後が訪れ、汗をかいていく。外で十分に遊べないなら、せめて体育館で、という思いがあるのだろう。幼稚園にも入っていない子を連れて遊びに来る若いご夫婦もいて、幼児向けのプログラムの開発が課題になっている。

おわりに

今回の原発事故を受けて、子ども達の体力、健康について深く考える機会を与えられた。その結果、見えてきたことがいくつかある。

一つ目は、学校教育には限界があるということである。

「体力向上」を「競技力向上」と置き換えたようなとりくみを続けても、福島の子ども達の10年先、20年先の健康を守れるわけではない。学校教育には「強制力」があることを自覚しないと、「体力向上」に名を借りた健康破壊を進めかねない恐れを感じる。

何も教職員のとりくみを悪く言っているわけではない。子どもの健康問題を最優先させるには、余計な仕事があまりに多すぎる今の学校現場の実態を問題にしているのだ。多忙化がこれほどまでに進行した今の学校において、遠い将来を見据え、子ども達の体力問題、健康問題にじっくりとりくむには、今の職場環境、教育条件が悪すぎるというのだ。

二つ目は、「安全神話」にだまされ、思考停止していた苦い経験を、他の分野の点検に生かそうということである。

フッ素洗口の問題も、各種の健康診断、予防接種の問題も然り。また「スポーツは体によい」「勝つためにがんばることはいいことだ」等の言説も問い直してみる必要があるだろう。大切なのは自分の頭で考え、自分の感覚で感じることだと思う。私たちは、そういうことのできる子ども達を育てなければならない。

三つ目は、子どもの体力、健康問題を将来にわたって考えるとき、学校体育と社会体育が融合することが必要だということである。

ヨーガやノルディックウォーキングを体験すると、学校体育と異次元の快感を味わうことができる。これらに熱心にとりくむ中高年の方々の中には、学校体育では味わえなかった運動する喜び、楽しさを初めて見いだした人がいるのだ。競う楽しさもあり、競わない楽しさもある。空間と時間を共有し、心地よさを共有できる関係は、とてもすばらしい。福島の子ども達には、一生涯にわたってそういう経験を重ねてほしい。

学校体育と社会体育が融合するには多くの問題、困難があると思うが、その先には、より上質な体育環境が生まれるに違いない。

福島の子ども達の戦いはこれからです。目に見えない相手との、息の長い戦いになります。私たち教職員は、子ども達をずっとサポートし続けていく覚悟です。そして必ず勝利します。

6　福島原発事故による理科教育への影響

〔福島県相馬市 小学校〕

槇　和恵

はじめに

3月11日の大震災と引き続く東京電力福島原発事故によって、福島県民の生活は大きな打撃を被った。約2万人の県民が故郷を追われ、放射線被曝を恐れ県外に転校した子どもは約1万5千人に達する。県内にとどまった子どもたちにとっても決して安心した生活があるわけではなく、個人用積算線量計（通称ガラスバッジ・9月以降文科省から貸与）を首から下げ、放射線被曝を心配しながら、ストレスや将来への不安を抱えながら生活しているのが実態である。

特に、東京電力原発から程近い、相双・いわき地区の浜通りの教育活動は平常に行えず大きな犠牲と困難を強いられている。東京電力原発から20キロメートル以内の警戒地域や計画的避難地域にあった学校は、全て立ち入り禁止となり、中通りや周辺地区の学校、体育館、公共施設に移転した。1校に4校が同居しての授業、廊下での始業式、パンと牛乳だけの給食。体育館を6つに区切り、声が筒抜けといった学習環境の中で学校生活を送っている子どもたちもいる。それでも子どもたちは文句一つ言わず、暑い日は、38℃にもなる体育館で汗を垂らしながらも、懸命に勉強していたという。高校もサテライト方式で校地をはなれ仮設・間借り校舎で学んでいる。(10月から30キロメートル圏内で一部の小中学校、高校が開校した所もある)。こういった様々な困難な状況が今なお報告されている。放射線にさらされ、普通に学習が成り立たない状況にある福島の子どもたちの将来は、どうなっていくのだろう、と大きな不安がつきまとう。

本校は、東京電力福島原発から、約40キロメートルに位置し、避難地域にはなっておらずほぼ平常に生活が送られてきた。しかし、地震により、体育館が壊れ、中庭は液状化現象により地盤が沈下し、校舎やプールにもあちこちに亀裂が入り、大きな被害を受けた。原発事故以降は、放射線の影響を考慮し、集団登校を取りやめて、保護者の送迎に切り替えたり、校舎外に出ることも制限して、子どもができるだけ被曝しないような手だてがとられてきた。夏休み中に校庭の表土を除去してもらい線量が低下してきたことから、2学期からは、2時間程度の校庭での遊びや運動や戸外での活動が許されるようになった。少しは、教育活動の窮屈さが軽減されたようにも思われるが、以前のように自由に活動したり、自然に親しむ事ができない状況にあることは変わりがない。こういった活動の制限は、相馬市では、学校ごとの判断で行っており、同じ相馬市内の学校でも、5月頃より普通に校庭で運動している小学校や中学校もあり、本校は周辺の学校と比較すると、制限が厳しい方であると言える。

子どもたちにできるだけ被曝させたくないということでの戸外に出ることの制限は、当然学習面での活動の制限にもつながってきた。これまで、年間指導計画に従って行ってきた教科は、2週間遅れで1学期が始まった事もあり、例年通り行えないことも多くあった。中でも体育、そして、理科や生活科は、影響を受け、活動を断念して、教科書や資料に頼った学習になったり、工夫や変更を迫られることもあった。今回、理科教育のリポートを書くにあたり、原発事故により本校では、理科教育がどのように行われ、どのような影響があったのかを、各学年の協力を得てまとめることにした。教育活動の中の理科教育という視点から原発事故がもたらした子どもの学習への影響や弊害を明らかにし、記録に残したいと思う。

1　本校の放射線量の推移

放射線測定器が入った５月10日より、本校職員が放射線量を測定し記録してきた。実際に測ってみると測定器によって値にばらつきがあった。学校では、２つの測定器を使い高い値を記録した。Ⅰに、本校職員が記録した結果を、参考のためⅡに、東京大学大学院工学系研究科原子力国際研究室が測定した結果を載せる。夏休み中に５センチメートルの校庭の表土を除去したことにより明らかに線量が下がり、中庭は、高圧洗浄機による除染をくり返してもコンクリートにしみ込んでいるためか変化なくあまり有効でないのが分かる。

Ⅰ．本校記録（μSv／h）

場所／月日	校庭中心		中庭中心		校舎内
	地表	100cm	地表	100cm	職員室窓際
5／10	0.64	0.49	0.82	0.49	0.17
5／20	0.75	0.61	0.67	0.60	0.08
5／30	0.62	0.50	0.60	0.45	0.06
6／ 9	0.56	0.54	0.81	0.60	0.07
6／20	0.62	0.50	0.67	0.54	0.06
6／30	0.71	0.55	0.57	0.52	0.07
7／12	0.64	0.45	0.46	0.41	0.08
7／22	0.65	0.51	0.49	0.47	
	表土除去・高圧洗浄機による除染				
8／24	0.32	0.20	0.43	0.40	0.09
9／ 9	0.17	0.13	0.47	0.41	実測定
9／21	0.20	0.17	0.50	0.68	〃
9／30	0.18	0.13	0.48	0.40	〃
10／ 3	0.21	0.13	0.44	0.42	〃
10／11	0.17	0.14	0.46	0.40	〃
10／21	0.17	0.14	0.40	0.35	〃

Ⅱ．原子力国際研究室記録（ μSv／h）

場所／月日	校庭中心		砂　場		１階校庭側
	地表	100cm	地表	地中５cm	雨樋
6／18	0.84	0.84	0.96	0.72	1.45
6／26	0.84	0.84	0.84	0.72	1.20
7／ 3	0.90	0.90	0.84	0.72	1.33
7／ 9	0.78	0.84	0.90	0.72	1.20
7／17	0.84	0.78	0.90	0.72	1.14

7／24	0.90	0.84	0.90	0.87	0.84
9／10	0.60	0.48	0.36	0.30	1.02
9／30	0.42	0.42	0.30	0.30	6.02
10／10	0.24	0.30	0.30	0.30	実測定

2 本校における生活科・理科の授業の実際

6学年

（単元名）内容	実際の授業
（植物のからだのはたらき） ・植物を観察し、植物の体内の水などの行方や葉で養分をつくる働きを調べ、植物の体のつくりと働きについての考えを持つことができるようにする。 ア．植物の葉に日光が当たるとでんぷんができること。 イ．根、茎及び葉には、水の通り道があり、根から吸い上げられた水は主に葉から蒸散していること。	○葉に日光が当たるとでんぷんができるか調べる実験では、じゃがいもの葉（他の葉でもヨウ素でんぷん反応はできるが、葉にできたでんぷんが根に運ばれ、いもができることを理解させやすい）を使っていたが、学校の畑や花壇にじゃがいもを植えることができない。 ↓ ○プランターに購入した土を入れ、1つのプランターに種芋を入れベランダで栽培。 ↓ ○葉は茂ったが、畑のように大きくならず、茎も細い。ベランダ栽培の葉を使ってエタノールで脱色してヨウ素液につける方法と、ろ紙にたたき染めをしてからヨウ素液につけ、でんぷんの検出を行ったが、両方とも、薄くまだらにしかヨウ素でんぷん反応が見られなかった。日光が弱かったものと思われる。 ↓ ○学校の畑に自生したじゃがいもを見つけ、葉を洗って再実験をする。はっきりと反応を見ることができた。
（大地のはたらき） ・土地やその中に含まれる物を観察し、土地のつくりや土地のでき方を調べ、土地のつくりと変化についての考えを持つことができるようにする。 ア．土地は、礫、砂、泥、火山灰および岩石からできており、層をつくって広がっているものがあること。	○空き瓶に砂や泥を混ぜてよく振り静かに置いておくと堆積して地層ができることを調べる実験、校庭の砂や土は触れない。 ↓ ○使用する土の購入が間に合わず、担任が校庭の砂、土（表土を避け、15センチくらい掘り下げた物）を混ぜ合わせたものを使って実験。子どもにはゴム手袋をさせて土に触らせた。 ○砂や泥を水槽に流し込み積み重なって地層ができる事を調べる実験で、学校の砂や泥が使えない。 ↓ ○土を購入。混ぜ合わせて実験を行った。結果は、良好にできた。 ○地層の現地観察は、10月に戸外に出て行った。学校から5分くらいの場所で往復45分ほどだった。

5学年

（単元名）内容	授業の実際
（天気の変化） ・1日の雲の様子を観測した	○外で、空や風、雲の様子を観察できなかった。 ↓

り映像などの情報を活用したりして、雲の動きなどを調べ、天気の変化の仕方について考えをもつことができるようにする。	○屋上で20分という時間を決めて観察した。十分な時間をかけて観察することができなかった。また、雨の時は観察できないので、ＶＴＲなどで見せた。
（植物の発芽と成長） （花から実へ） ・植物を育て、植物の発芽、成長及び結実の様子を調べ、植物の発芽、成長及びその条件についての考えを持つことができるようにする。	○インゲン豆を畑に移植することができなかった。 外に、発芽したものを出すことができなかった。教室の窓側で植木鉢に移植し栽培した。 ↓ ○日光が当たらないので茎が伸びて、通常の成長の様子と違っていた。なるべく太陽に当てようとしたが無理だった。 ↓ ○日光があるなしの実験結果がはっきりしなかった。 ○野外観察が十分にできない。植物に直接触らせられない。 ↓ ○植物に直接触れず、時間の制限もあり、十分に時間をとって観察できなかった。 ○花の観察や花粉の観察は、教師が採ってきて水洗いしてから使うようにした。
（流れる水のはたらき） ・地面を流れる水や川の様子を観察し、流れる水の速さや量による働きの違いを調べ、流れる水の働きと土地の変化の関係について考えを持つことができるようにする。	○外の土を使って水を流し、その働きを調べることが出来ない。 ↓ ○土や砂、小石を購入し実験室で水を少しずつ流して実験した。ＶＴＲを活用した。 ↓ ○ダイナミックな活動が行えず、実感を伴った見方、考え方にもっていくことがなかなかできなかった。

４学年

（単元名）内容	授業の実際
（あたたかくなると） ・身近な動物や植物をさがしたり、季節ごとの動物の活動や植物の成長を調べ、それらの活動や成長と環境とのかかわりについて考えを持つことができるようにする。 ア．動物の活動は、暖かい季節、寒い季節などによって違いがあること。 イ．植物の成長は、暖かい季節、寒い季節などによって違いがあること。	○戸外に出て、木や動物のようすを観察する授業だが、戸外に出られない。 ↓ ○教科書や話し合いで学習を進めた。 ↓ ○季節と動物の活動や植物の成長を実感させられない。 ○ヘチマの種を蒔き、どのように成長していくか観察していく内容だが、毎年植えている棚のある中庭は線量が高く、出ることができない。 ↓ ○教室内で種まき、芽だし。生育が悪く、中庭のヘチマだなに移植するまでに時間がかかった。その後の生育にも影響し、例年のようには実がならなかった。世話は、教師が行い、子どもは、さわっていない。ほとんど、植えっぱなし状態。

（あつくなると）	○「あつくなると」の単元も同様

3学年

（単元名）内容	授業の実際
（春のしぜんにとびだそう） （こんちゅうを調べよう） ・身の回りの生物の様子を調べ、生物とその周辺の環境との関係について考えをもつことができるようにする。	○校庭や野原に出て、どんな生き物が見られるか自然探索に出かける授業だが、戸外に出たり、動植物にさわれない。 ↓ ○教科書や図鑑、撮ってきた写真を使っての話し合いで学習を進めた。 ↓ ○理科の導入時期から活動が制限されてしまったので、子ども達に生活科との違いや理科の楽しさを感じさせることができたか不安が残った。
（たねをまこう） ・身近な昆虫や植物をさがしたり、育てたりして、成長の過程や体のつくりを調べ、それらの成長のきまりや体のつくりについての考えが持てるようにする。	○戸外での栽培活動ができないため、プランターでホウセンカ、ひまわりを教室内で購入した土を使用して栽培。 ↓ ○一人一鉢で栽培活動を体験させ、生き物を愛護する気持ちを育てたかったが場所の関係で、プランター栽培になった。 ↓ ○教室内の窓際において栽培。日照不足のため、生育が不十分のためか、結実が見られず、実の観察までできなかった。 ○随時、教科書の写真やその他図鑑や写真資料を見せながら対応した。
（チョウをそだてよう） ・身近な昆虫や植物をさがしたり、育てたりして、成長の過程や体のつくりを調べ、それらの成長のきまりや体のつくりについての考えが持てるようにする。	○戸外での観察ができなかった。授業以外でも、身の回りにいる虫を捕まえたり、見つけたりする活動を積極的に呼びかけることができなかった。 ↓ ○空き教室にキャベツを土ごと移動し、そこで、幼虫から成虫までの観察を行った。 ○学校外の方から他県で採ったカブトムシやクワガタが提供されたので観察に活用した。

生活科1・2学年

（単元名）内容	授業の実際
（みんなででかけよう） （やさいをそだてよう） （生きものをかおう） （どきどきわくわくまちたんけん） ・身近な自然を観察したり、季節や地域の行事にかかる活動を行ったりなどして、四季の変化や季節によって生活の様子が変わることに	○生活科は具体的な活動や体験を通して、という前提があるが、戸外での活動の制限や動植物にさわれないということで大変困難な状態になった。特に、2年生は、校内でできる活動が少なく、季節性もあることから単元の入れ替えもできず苦労した。 ○「やさいをそだてよう」の単元では、土、苗を購入して、プランターで栽培した。教室内の窓際において育てた。 ↓ ○日照の条件のよい教室では、オクラやピーマン、ミニトマト、なすもよく育ち、大きな実をならすことができた。普通最後には、収穫をして食べるところだが、食することは禁止されていることもあり、観察だけの学習となった。

気付き、自分たちの生活を工夫したり楽しくしたりできるようにする。 ・動物を飼ったり、植物を育てたりして、それらの育つ場所、変化や成長の様子に関心を持ち、また、それらは、生命を持っていることや成長していることに気付き、生き物への親しみを持ち、大切にすることができる。	○「生きものをかおう」の単元は、身近な野原や池、小川などに行って生き物を採集するところだが、戸外それも、草むらや水辺は特に線量も高く近づけない。 ↓ ○新たに採集することができないため以前から子どもが家庭で飼っていたザリガニや教師が採ってきたチョウの幼虫を飼育した。
	○「町をたんけんしよう」の単元では、学校周辺の探検をするため事前に放射線量を測りチェックを行った。自然の草花や土には触れさせず、観るのみだった。また、服装は暑かったが、長袖長ズボン、マスクを身につけて活動した。
	○「あきをみつけたよ」の単元では、北海道の心ある方から、木の実や自然の産物を送っていただき、実際に触れながらの観察をすることができた。

おわりに

福島県の新聞には、毎日原発関連の記事が載っている。震災の被害を受けた他県は、復興に向かって歩み出したが、原発事故のあった福島県には、本当の復興はまだない。かえって放射能の影響や放射線量の分布が分かってくるにしたがって、不安や心配が増してくるように思う。「はじめは、体に影響がない。と言われていたのに、どんどん情報が変わっていく。何を信じていいのか分からなくなった」と子どもの感想にあった。誰もがわからないのかもしれない。いつまでこういった状態下で勉強を続けなければならないのかも予想がつかない。

本校での理科や生活科における放射線の影響を挙げてきたが、その問題点として、本校職員からは、B区分「生命 地球」の内容がほとんど戸外でできなかったため、観察や実験が十分行えず、分かりづらく、結果もはっきり出ないことがあった。また、具体的な体験活動が十分行えず、実感を伴った理解や見方、考え方に持っていくことができなかったという点も挙げられた。一方、それ以上に、ダイナミックに自然に触れ、五感を働かせての体験活動ができない状態では、理科や生活科の本当の楽しさを味わわせ、興味を育むことができないのではないかということが心配される。

しかし、この状況下でも、子どもの健康を第一に考え、工夫して指導していかなければならないのだと思う。他県からカブトムシやクワガタを頂いたり、北海道から木の実などを送っていただいたのは本当にありがたかった。感謝申し上げたい。

2年生の先生が戸外での活動もできない、作った野菜も食べられないような1学期の生活科を「悲しい生活科」だったと言っていたのが印象的だった。困難さがあるが、少しでも楽しい理科や生活科になるよう努力していきたい。

資料　日教組第61次教育研究福島県集会理科部会で話し合われたこと

時：10月16日　場所：会津若松市城北小学校　参加者：14名

それぞれの地域や学校の様子

○外で0.3μSv/h。県南の医師会の医師は講演で「チェルノブイリの線量から考えても、直ちに影響ない」と言っていた。しかし、納得できない保護者からは、「一筆書いてくれ」という声が上がった。手探りの状態でやっている。ミニトマトも室内で育てたがなかなか結実しなかった。(県南・小学校)

○校庭５μSv/h→表土除去後１μSv/h。これまで植物を子どもに採ってこさせたが、今年は教師が採集した。カエルは子どもに採ってこさせた。部活は保護者によって温度差がある。(県北・中学校)

○洗えば大丈夫ということでジャガイモの葉などを触っていた。牛乳を飲む、飲まないで苦慮した。調理実習の食材は福島産を避けた。(いわき・小学校)

○大丈夫かなと思うことがある。プールを除染して、半数程度の子どもが入った。プールは0.4μSv/h。家が１μSv/hなので相対的に低いと考えたため。子どもが花壇の手入れをしている学校もあった。自治体によっては3.5μSv/h以下なら安全だという国の基準に沿ってやっているところもある。保護者や学校から批判があった。(県北・小学校)

○栽培は買った土しか使わない。実のなる物は食べられないので実のならない物を植える。子どもも慣れてきて、土に触らない。(南相馬・小学校)

○線量は低いが屋外活動は１学期中はしなかった。２学期からは、慣れてきて砂場の砂を入れ替え、幅跳びの練習に使った。作物は、植えなかった。(石川・小学校)

○表土をはいだ所は線量が下がっている。プールの底にある泥は180μSv/hあった。最近は下がってきたが、１学期中は外での活動はさせず、観察は全くできなかった。これまで、原発見学をすることを条件にバスを出してもらい、お土産をもらったりしていた。そういったことについて、批判をしなくてよかったのか。原発を否定するだけでなく、教え方を振り返るべきだ。(郡山・小学校)

○外で川の流れの実験をやったが、校長に「マスクをしろ」と言われた。ずっと外ではマスクをし、長袖、長ズボンを着用している。保護者と除染することもよくあるが、放射線に対する保護者の意見も様々。なぜ、わたしたちが被曝覚悟で除染しなければならないのかと思うことがある。避難して地区を離れている人も多いが、残っている住民は除染をして線量が下がったから戻ってくるという人はどういう感覚なのだろうと話す人もいる。でも、残っている人は、放射線に敏感ではない。(南相馬市・小学校)

○夏休みに校庭の表土除去をした。ホットスポットがある。(田村・中学校)

○市教委から何をしてもかまわないということなので陸上大会等もやった。プール清掃だけは先生方で行った。奉仕作業もやったが線量の低い場所だけ、ミニトマト栽培も行い食べた。(会津若松・小学校)

○教員採用試験がないのが大きい。近隣県で優秀な学生が次々合格している。その学生たちも悩んだ上での選択だった。理科の授業についてこんな苦労をしていることを県外の人は知らない。もっと、発信していかなくてはならない。科学教育施設（ムシテック・スペースパーク等）も予約がたくさん入り、断らなくてはならない状況。今、放射線を教えようという動きがあるが、原子力だけでいいのか。他の技術についても危険がないか考えて教えるべきだ。（福島大学）

放射線問題、エネルギー問題をどう扱っていくか

○ベネッセの調査で役に立ちそうな教科で理科は最下位。子どもたちはゴール点が見えてない。どこからが危ないのか、何が本当なのか分からない状態。エネルギー産業から提供される知識とヒステリックな原発反対運動の２本しか考え方がない。理科教育は中立であるべきで、どこにスタート地点を持っていけばよいのか。

○放射線を取り除く技術がない中で、原子力を使っていた事実は教えるべき。また、地域の願いとしてどう考えるのか。

○文科省の原子力学習本。年20mSvを超えなければ大丈夫という内容も。

○偏向教育と言われても事実として、放射能の処理はできない。廃炉に向けての教育をしていかなければ。

○電力会社はエネルギー教材やポスターを作って洗脳している。子どもたちに正しい知識を与えて、自らエネルギーの生産方法を選択できるようにさせなくてはならない。

7　福島県内の放射線管理区域レベルにおける小学校社会科について
ー原子力発電所事故と向き合う子どもたちの学びをどう培うか

〔福島県郡山市 小学校〕

田母神　真一

1　3・11　地震発生以後、小学校をとりまく環境について

・地震発生　噴煙煙る職員室　ロッカーパソコン等散乱。職員作業中余震が続く。子どもの帰宅については、校庭で待機させ、保護者の来校を待つか、同じ地域の子どもによる集団下校（マニュアル通りにならず）。

・郡山市の対応 当日緊急校長会 週明けまで自宅待機その後３学期末まで休校と卒業式延期 その後発表者勤務校の職員間の情報 組合からの情報により、校舎半壊一部損壊また体育館の損壊により卒業式実施不能の学校多数判明。

・原発事故１号機の水素爆発は自宅で、３号機と４号機の水素爆発は職場で映像確認。管理職と教務担当は緊急時対応のため常駐。宿直復活。体育館に原発警戒区域からの受け入れ３/13から３/21隣接県立高校へ集約。

・双葉地区の小中学校教員も避難し知人の学校との連絡不通により数日所在不明状態が続いていることが伝わる。

・３号機原発はプルサーマル原子炉　４号機燃料プールは満杯状態であること、予断を許さないことを管理職や同僚組合員と確認。避難の場合の方向経路を決めておくよう情報共有を図る（ガソリン供給ストップのため）。

・卒業式を３/31に実施。廊下や集会室　多目的ホールなど実情に合わせた。人事異動は８月１日に延期。そのまま移行し、入学式と始業式は各地教委の判断。郡山市は４月11日に決定。

・高い放射線のもとで危険箇所多数を前提に、屋外活動の停止。登下校の服装マスク等、事前に徹底。緊張状態での生活開始。

・組合ＦＡＸ通信により、郡山市全域の放射線概況が知らされる。また、文科省の情報から、線量計「はかるくん」の活用が提案され、管理職に伝えた結果、４月末まで10台を確保。校舎近辺について４月９日で地上１ｍ校庭毎時1.4μ～1.7μ、校庭表面は2.2μ～2.6μ、雨水ますは振り切れて測定不能。

・支部独自の測定と「はかるくん」を借り出して自主的に測定した学校の多数から情報が市教委に寄せられ、市街地中心部のＫ小学校等高線量が存在することが判明。その後の市の対応は、全国ニュースになった通り。ただし、とりくみは二本松市よりも遅く開始された。発表者勤務校も後日除染実施。原発反対を担ってきた郡山支部からのＦＡＸ通信による情報が大きく影響。

・通常の１学期授業が開始されたが、屋外での活動は無く、運動会や全市的に実施される球技・陸上・水泳の競技会交流会も中止。給食については、仕入れ先に産地を確認して発注し、地産地消

にこだわらない。地元産の牛乳を希望しない子どもには、ストップ。さらに、警戒区域や地震津波に伴う太平洋岸からの子どもから学校での集金をストップするなど、様々な対応と判断をせまられ、事務処理に忙殺される。

・6月より除染土埋設に併せて、通学路や校舎周辺の除染をする学校多数。勤務校では、低学年教室前、保健室前等職員作業およびＰＴＡの一部有志の協力で実施。2.4μから0.2μへ。ほぼ1/10へ低下することができた。ただし学校周りの通学路については、夏休み明けに着手し、200m程度しかできていない。郡山市でも町内会へ、除染について説明会を開き、有志や役員で実施してもらう方向だったが、説明会で批判多数。紛糾して決まらず。勤務校でも、育成会、町内会に対して除染を提案したが未定。背景は、汚染土の処理が決まらない。

・官制研修も通常より遅い時期に開催。非組合員から、社会科で見学等できないなど問題提起があった。原発事故をどうとらえ、子どもたちに考えさせるか問いかけるのではなく、教科書の単元をなぞるための工夫についてだった。現実がわかっていないことについて論争。問題提起として教育課程に今回の原発事故をどう位置づけるか試案を作るきっかけとなった。

・市内各校で屋外活動の指針提示。教科と特設体育の活動で3時間以内を可とすることが地教委から提示。ただし、学校ごと保護者への説明や屋外活動への参加の有無について意向を確認するなど、配慮や手続きを要したが、保護者の不安や不信の解消にできるだけ丁寧に対応すること。学校と地域により、温度差。寝た子を起こすな的管理職の対応もある。

・子どもたちは、団体行動での指示に従うことが多く、生徒指導上の問題が起きてこなかったが、室内で過ごすことが多い中で奇跡的。いじめについて外出先で何事もないよう保護者への働きかけは頻繁に実施。学校によりメール網も拡大されて、緊急時の連絡だけでなく、学校行事の連絡や行事での子どもの活躍を速報し、学校のとりくみを広報するなど保護者の協力を得るために様々な工夫がなされている。

・夏休みのプール開放はなく、水泳の授業は民間の室内プールを時間借用し、各小学校とも学年ごとに2時間～3時間の設定。スイミングの習い事をしていない子どもには、貴重な時間だった。

・保護者や教師の除染活動を遠くから見たり、作業の内容を質問したりする子どもが多数。高圧洗浄の意味を理解し、線量計にしめされた数値を見て、変化を理解できた子どもたちから進んで奉仕しようとする態度が見られた。

・運動会や高学年が取り組む対外的行事がなく、教育課程の進度が早まったが、理解が遅れがちの子どもたちへの個別対応ができるなど、プラスの面もあった。

2　福島県内放射線管理区域レベルにおける小学校社会科モデルについて（試案）

地域の現状からの影響を考慮し、屋外活動について制約があることを前提に組み立てる。3年生社会科から6年生社会科について系統性のあるものと、地域の現状に合わせて内容を変えたものを段階を追って位置づけた。

1）3年生

わたしたちの町みんなの町

原発・放射線関連の取り扱いは、安心して通れる通学路、遊べる公園・注意する場所について理解させる（２時間扱い）。

１時間目
2011年８月現在の道路線量地図 市ホームページよりの提示
道路の色分けについて、気づいたことを発表。
小山田小の位置　方部ごとの通学路について色の確認。
通学路の除染　町内会・ＰＴＡ・育成会のとりくみでどんなことをしたか、どんな成果があったか知っていることを話し合う。
自分たちの健康と放射線について時間と積算線量のおおまかな数値を知る。
登校班の集合時刻と学校到着時刻。道路の線量から個々の影響をもとめる。

２時間目
安全な場所　　安全な遊び場
５月６月にあった学校の除染活動の写真をもとに、郡山市がどんな工事をしたか。
ＰＴＡで中庭をどのように除染したか話し合う。
学校だよりをもとに、空間線量が低くなっていることを確認する。
体育の時間や休み時間にどんなルールで遊んでいるか確認し、自分たちの線量を足し算で求める。
身近にある公園の線量について、除染していない場所を例に、近づかない方がよい場所について、測定の様子とメーターの数値の映像をもとに線量例（西部公園）から理解する。 落ち葉たまり 水たまり 窪地など。

補足
　線量の数値については、自分の健康を維持するために必要な情報であることを明示した上で、外遊びが健康な生活に必要であることを知らせるが、一定の制約があることを理解させるとともに、自らを守る最低限の知識をもたせることをねらいとする。子どもたちの安全な生活のために社会全体で様々なとりくみがなされていることを理解させたい。

はたらく人とわたしたちの町
地域にある食品工場の工夫や努力について調べ、給食との関連を理解させる（３時間扱い）。

１時間目
新聞記事をもとに福島県の畜産業と牛乳工場の関係を調べる。郡山市と周辺にある牛乳工場を調べる。
出荷停止が解除されるまでの工場の苦労について、震災で壊れた設備をどのように復旧したのか、資料を読み取り、原料をどのように集荷したのか調べる。他の県や県内の他地域との協力について、白地図に記入する作業を通して、畜産の盛んな他地域とのつながりがわかる。

2時間目

牛乳工場の製造過程を通して、安全な牛乳を生産するための工夫について調べる。

給食で飲む牛乳の量をもとに、学級で必要とされる量、学校全体で必要とされる量について、積算し、牛乳工場で1日に生産される量を類推するとともに、他の乳製品や飲料品など、工場での1日の生産量を求め、安全なものを大量に作る設備と保守管理について関心を持つ。

放射線の影響を調べるための検査の工夫について調べる。

3時間目

スーパーマーケットの牛乳売り場について、どんな牛乳が売られていたか知っていたことを発表する。

給食の牛乳が検査された原乳を使っていることを調べ、県産牛乳も売られていることをもとに、買いにきた人たちが何県産を買っているか、知っていることを発表する。また、自分の家で、何県産を買っているのか発表する。

福島県の牛乳が飲まれていないとなった場合、その理由として、どんなことが考えられるか、話し合う。

安全であっても売れないこと「風評被害」の言葉の意味がわかり、それらを乗り越えるために、どんな工夫やとりくみが必要か、アイディアを話し合う。

補足

某参議院議員が、給食の牛乳を飲まない子どもへ、「非県民」のような叱責をしたという発言があり、給食指導で強制しているような誤解をもたれたが、県内の農業への理解を得るために、農産品の加工について取り扱うことは重要である。

2）4年生

郷土につたわる願い

安積開拓と疎水開削について中心に進めるが、浜通りの人々の暮らしについて、二宮仕法と相馬野馬追いをもとに理解させる（2時間扱い）。

1時間目

・昔の村だった頃から学校に建てられた石像について、写真を通して考える。二宮尊徳像　市内の小学校にあるもの何枚かを提示。

・まきを背負いながら本を読んだ理由について考え、貧しさと人々のくらしについて想起させる。

・二宮尊徳さんの子どもや弟子が移り住んだ相馬について、江戸時代の飢饉について、おおまかな歴史を知る。人口の変動や集落の人口の変化を小高町史から提示。

・先人の努力で地域がどのように変わったか感想を話し合う。

・原発の事故により、避難して住めなくなったことを理解し、これから住んでいた人々がどうすればよいか、意見を発表する。

2時間目

・野馬追いの写真または、ニュースなどで紹介された映像を提示。祭りの様子を見て、感想を話し合う。

・知っている「祭り」とどんな点が異なるのか、特徴を発表する。
馬に乗っている　昔の戦いのようだ　他。

・特に馬に乗って戦いを再現するような技術と実際に馬を飼ったり、調教したりしていることに着目させたい。

・何年くらい続いているのか予想し、資料をもとに確認する。

・原発事故によって、2011年の祭りはどうだったのか新聞記事をもとに確認。これから祭りがどのように続くか予想する。

補足

「わたしたちの県」の内容と重複して、原発により地域の生活が根底から崩れてきたことを少しずつ理解させるために、祭りや身近な石像をもとに理解させたい。

わたしたちの県

原発事故で避難して住めなくなった浜通りの双葉地方について小単元「1県の様子　2特色ある地域と人々のくらし　3土地の特色をいかした伝統工業　4県と私たちの町の発展」の中で、1～2時間程度取り扱う。

① 県のようす（2時間）

警戒区域　緊急時避難準備区域　計画的避難区域 また第一原発3km圏内20km圏内など新聞記事のスクラップまたはネットのデータ画面を用いて、そこに住んでいた人々の生活ぶりがどうだったか調べ、共感の気持ちを持つとともに避難民である人たちと協力する下地となるように、県内に避難している人々との共通性を理解することができる。

1時間目

・隣接した小学校区に富岡町の町役場ができたことに着目し、富岡町が原発からどの位置にあるのか調べる。

・事故が発生する前の原発全景の航空写真をもとに、平らな地形が広がっていることや海岸線が南北方向にまっすぐ伸びていることなど、地図でわからなかった点について、具体的に観察できる。

・原発の周りにどんな名前の町村があったか調べ、それらの町村がどこへ避難したか、白地図へ記入し、県外へ避難した人たちだけではなく、県内にとどまって、早く帰郷を望む人たちが多いことに気づく。

・双葉地方に行った経験がある。あるいは、親類、実家があってどんな所か知っている子どもに発表させ、自分たちの身近な地域であることを確認させる。

2時間目

・原発事故の関係で、浜通りの復旧作業がどうなったか調べるとともに、国道6号常磐道常磐線がどうなっているか調べ、交通インフラの状況と地震による被害からの復旧工事が不可分であることをもとに、原発事故による影響が、地域をもとに戻せなくしていることに気づく。
・ウクライナのチェルノブイリ原発事故のその後について。
・環境省による除染をめぐる工程表を提示し、地域復興の可能性について考えさせる。
・事前に学習している相馬地方との関係に着目し、伝統を守ろうとする人々との連帯・協力が双葉地方の復興にどう影響するか考えさせる。

② 特色ある地域と人々のくらし（2時間扱い）

原発事故以前の双葉地方の人々について、原発建設以前の農業やその後の産業、原発によってもたらされた公共施設と暮らしの変化について調べ、原発の功罪について理解するとともに、避難した人々の思いが複雑であることの背景を理解する。

1時間目

・「やませ」という言葉をもとに米作りにマイナスな気象条件のもとでいわき地方で働くか、出稼ぎで収入を得ていたことなど、働く場所や機会が必要だったことを理解する。
・税収の変化など電源三法交付金により、道路がよくなったり、基盤整備された水田や沿岸漁業にプラスとなるような港の整備、孵化や養魚設備で漁獲高を増加させるなど地域が豊かになる条件整備と原発の関係に着目させる。
・子どもが関心の高いＪヴィレッジの航空写真とワールドカップ代表の合宿や「道の駅楢葉」のホームページで宣伝されたマミーすいとんなど、全国的に有名なサッカー練習施設も原発との関連で建設されたことも着目させる（時間が限られている時は、Ｊヴィレッジを取り上げる）。

2時間目

・双葉地方にあった高校の子どもたちが、原発事故後就職先に変化があることを、新聞記事の切り抜きや東京の工場で研修している様子のネット映像をもとに理解させる。
・避難した人々の就業先と現在の働き方について、避難してきた子どもたちの保護者の中に原発の様々な作業に従事する人たちがいることなどにふれる。
・原発があることで収入を得た人たちが多くいたことと、税収によって暮らしが豊かになった部分もあるので、原発事故の被害を批判できないという考えをもつことも理解させたい。

③ 土地の特色をいかした伝統工業

会津の本郷焼きに対応させて、大堀相馬焼きの起源や焼き物の種類など、相馬野馬追いと関連づけて、焼き物の側面に描かれた模様から、地域に根づき、愛用され続ける道具の意義を理解する。

1時間

・大堀相馬焼きの湯飲みまたはティーカップの現物を提示し、持った感想、外観からわかったこと、感想などを発表し、どこで作られた焼き物か予想を話し合う。
・浪江町の大堀相馬焼きの位置を確認し、ネットの中から地域の画像や販売のようすなどを調べる。
・原発の事故によってそれらの焼き物作りがどうなったか予想し、ネットで現在別の土地で作り続けられていることを確認し、今後これらの焼き物はどうなっていくのか、予想を発表しあう。

3　今後に予想される福島県の教育と社会科および組合の役割

県外に転出した子どもたち1万2千人。福島県へもどらないことが予想される。地域を支える年齢層が喪失され、学校へ入学する数も減少していく。限界集落と定義される地域が、双葉地域だけでなく、県全体に現れ、学校を統廃合して維持しなければならないとする圧力も予想される。少人数を尊重せず、地域社会の核となる学校を維持せず、補助金の有無に左右される行政になり下がってくると思われる。

小中学校教員採用試験中止。来年度も未定。臨時採用教員、講師等継続雇用の停止。

今までも原発についての学習会の開催や地域の市民運動と連携してきたが、それらが十分に力をもてなかった背景に、「市民の側の教育」「人権への意識を高める教育」の不十分さと、組合的なとりくみを広めるための保護者や地域住民へのはたらきかけの弱さがあったと思われる。組合として何に立脚すべきか、同僚や保護者と現状認識を共有するとともに、自主編成と社会科教材として、どう地域を変えていくのか、問いかけるとりくみが必要と考える。

8　私たちは何ができ 何ができなかったか これから何をすべきか

〔福島県広野町 中学校〕

柴口　正武

1　私たちができたこと

1）避難所での支援

地震当日の避難所

地震当日、主に津波による避難者に対する避難所が、各校の体育館にも設置され、そこで、特に、若い教職員が管理職と一 緒に活動にあたっていた。第一原発から5km圏内の住民については、地震当日の夜に、5km 圏外の公共施設への避難指示があり、一緒に行動した。

町村	第1次避難先	主な仮設住宅地	役場機能移転地
浪江町	津島地区（20〜30km）	二本松市	二本松市
葛尾村		二本松市	二本松市
双葉町	川俣町・福島市	埼玉県加須市、猪苗代	加須市
大熊町	郡山市	会津若松市	会津若松市
富岡町	川内村（20〜30km）	郡山市	郡山市
川内村		郡山市	郡山市
楢葉町		いわき市、会津若松市	会津高田町
広野町	小野・石川・平田・いわき・他	いわき市	いわき市

その後の避難所

避難所の移動にともなって、避難所での活動をしていた職員も一緒に移動した。町村の避難の仕方もあり、バスのみでの移動の場合は、単独行動は無理。自家用車が可の町村の場合は、避難所の移動に合わせて、避難所を離れた職員が多かった。

避難所の中で

避難所では、物資の運搬、配給、その他、避難所の世話の活動をしていた。場合によっては、学習支援も行うことがあった。

避難所・転校先への訪問

県内外に避難していた教職員がぞれぞれの県内に当面の住居を構え始め、学校の職員室の機能が動き出すと、避難所や転校先の訪問を計画的に行った。主な目的は、激励と、今後の生活の見通しについての確認であった。学校によって対応の規模、内容はまちまちであるが、県内の避難所、転校先のすべてを対象にした学校もあったし、教職員の避難先の最寄りの避難所を対象にしたところもあった。

子どもたちと久しぶりに会うことは、子どもたちにとっても、職員にとっても、大きな安心感を得ることができた。

2）子どもたちの安否確認

携帯電話を多用しての安否確認は、個人情報保護のための名簿等の取り扱いの制約のため、困難を強いられたものの、3月中には、それぞれの担任、学年担当、部活動顧問などの情報を、それぞれやはり携帯電話等で連絡を取り合って、9割近くまで確認はできた。その後、職員が、「仮」設置の職員室に集まることで、さらに、作業は進み、4月1週目には、ほぼ全員の安否、所在（連絡先）の確認を行うことができた。

3）子どもたちへの「心のケア」

いわき市では、各校ごとに子ども支援のための計画を作成して、組織的に行ってきた。その他のところでは、個別のケースに応じて、勤務時間など弾力的に運用してケアにあたっていた事例もある。

紛れもなく、私たち「兼務職員」にとって、子どもたちの「心のケア」は、一番の使命だった。しかしそれは、結果的には、各学校、各自の判断や思惑で行うしかなかった。

その中でも、数少ない「組織的な動き」は、いわき市にあった。広野中の場合は、教務主任には兼務辞令が発令されず、連絡調整を教務主任が行い、月の「面談」の計画を作成し、支援にあたった。

兼務職員がいない学校においては、近くの教職員が、担任や保護者からの要請で、学校や自宅に出

H中の生徒の転学先と人数

No.	都道府県	市郡	転（入）学先校	1年	2年	3年	合計	備考
1	福島県	いわき市	泉	1			1	
2	福島県	いわき市	植田			1	1	
3	福島県	いわき市	植田東	1	1	1	3	
4	福島県	いわき市	内郷一	1	1		2	
5	福島県	いわき市	内郷二	1	1		2	
6	福島県	いわき市	大野	1			1	
7	福島県	いわき市	小川		1		1	
8	福島県	いわき市	小名浜一		1	1	2	
9	福島県	いわき市	小名浜二	1	1		2	集団避難先
10	福島県	いわき市	小野		1		1	
11	福島県	いわき市	上遠野			1	1	
12	福島県	いわき市	草野	2			2	
13	福島県	いわき市	四倉		1		1	
14	福島県	いわき市	玉川	1	4		5	
15	福島県	いわき市	中央台北		1		1	
16	福島県	いわき市	藤間			2	2	
17	福島県	いわき市	磐崎	3		3	6	
18	福島県	いわき市	平一	7	3	1	11	
19	福島県	いわき市	平二			9	9	
20	福島県	いわき市	平三	10	8	16	34	
21	福島県	いわき市	湯本一			1	1	
22	福島県	いわき市	湯本三	1	7	5	13	集団避難先
23	福島県	いわき市	好間			1	1	いわき
24	福島県	郡山市	富田			1	1	
25	福島県	郡山市	行健	1			1	
26	福島県	田村市	滝根		1		1	
27	福島県	本宮市	本宮一		2	1	3	
28	福島県	会津高田	高田	1			1	
29	福島県	石川郡	石川	6	1	2	9	集団避難先
30	秋田県	鹿角市	鹿角市立花輪一		1		1	
31	秋田県	大仙市	大仙市立大曲		1		1	
32	茨城県	桜川市	茨城桜川市立岩瀬東			1	1	
33	茨城県	ひたちなか市	ひたちなか市立大島	1			1	
34	茨城県	ひたちなか市	ひたちなか市立勝田三		1		1	
35	茨城県	ひたちなか市	ひたちなか市立田彦		1		1	
36	岩手県	世田米	世田米	1	1		2	
37	岩手県	矢沢	矢沢		1	1	2	
38	神奈川県	厚木市	厚木市立睦合東	1			1	
39	神奈川県	秦野市	秦野市立本町	1			1	
40	神奈川県	川崎市	川崎市立日吉			1	1	
41	神奈川県	川崎市	川崎市立南生田			1	1	
42	神奈川県	横須賀市	横須賀市立久里浜		1		1	
43	神奈川県	横浜市	横浜市立岩崎		1		1	
44	神奈川県	横浜市	横浜市立浦島丘	1	1		2	
45	神奈川県	横浜市	横浜市立日吉台	1			1	
46	岐阜県	土岐市	土岐市立駄知	1			1	
47	高知県	高知市	高知市立西部			1	1	
48	埼玉県	春日部市	春日部市立谷原	1			1	
49	埼玉県	越谷市	越谷市立中央	1			1	
50	埼玉県	草加市	草加市立栄		1		1	
51	埼玉県	草加市	草加市立両新田	1			1	
52	埼玉県	三郷市	三郷市立彦成	1			1	
53	埼玉県	三郷市	三郷市立瑞穂	5	8	5	18	集団避難先
54	静岡県	沼津市	沼津市立第二			1	1	
55	千葉県	坂戸市	坂戸市立若宮			1	1	
56	千葉県	袖ヶ浦市	袖ヶ浦市立蔵波		1		1	
57	千葉県	鋸南町	鋸南町立鋸南	1			1	
58	千葉県	椿森	千葉椿森		1		1	
59	千葉県	中台	千葉中台	1		1	2	
60	千葉県	花園	千葉花園			1	1	
61	千葉県	成田市	成田市立大栄		1		1	
62	千葉県	松戸市	松戸一	1	1		2	
63	栃木県	大田原市	大田原市立野崎			1	1	
64	富山県	敦賀市	敦賀市立粟野	1			1	
65	福岡県	北九州市	北九州市立湯川			1	1	
66	福岡県	吉富	福岡県吉富		1		1	
67	北海道	札幌市	札幌市立真駒内	1			1	
68	北海道	北斗市	北斗市立上磯			1	1	
69	山梨県	笛吹市	笛吹市立浅川	1	1		2	
	*	未 定	未 定		1	1	2	
	静岡県	御殿場市	JFAアカデミー	15	14	15	44	静岡県
				75	74	79	228	

*今後、埼玉の三郷の避難所からいわき市湯本に移動（5月中）
*それにともない、現時点で10名の生徒が再転校予定。
*その他、個別にいわきへの移動を決めた家庭も出始める。

向いて面談等を行ったり、通知、連絡などを行ったりした。また、不登校傾向になった子ども達で、特に１年生については、小学校や幼稚園の先生方に来ていただくなど、柔軟な対応ができた事例も多くあった。

（様式１）心身のケアのための訪問予定について（　５　月）　　No.　1

所属校名		広野町立広野中学校												
兼務校名		[redacted]中	[redacted]中	[redacted]中	[redacted]中	[redacted]中	[redacted]中	[redacted]中	[redacted]中	[redacted]中	[redacted]中	[redacted]中	[redacted]中	[redacted]中
職名		教諭	教諭	教諭	教諭	講師	教諭	教諭	教諭	教諭	講師	講師	講師	講師
氏名		[redacted]	[redacted]	[redacted]	[redacted]	[redacted]	[redacted]	[redacted]	[redacted]	[redacted]	[redacted]	[redacted]	[redacted]	[redacted]
日	曜	動向予定												
14	土													
15	日													
16	月													
17	火													
18	水													
19	木													
20	金													
21	土													
22	日													
23	月		[redacted]中 15:00～			[redacted]中 15:00～	[redacted]中 15:30～			[redacted]中 15:00～				
24	火													
25	水		[redacted]中 16:10～				[redacted]中 15:30～	[redacted]中 16:10～						
26	木						[redacted]中 16:15～	[redacted]中 16:00～						
27	金	[redacted]中 15:15～		[redacted]中 16:15～	[redacted]中 16:15～	[redacted]中 16:15～			[redacted]中 16:15～	[redacted]中 16:15～				
28	土													
29	日													

※　広野中学校の支援訪問方針

○　本校を継続勤務の教員は、予定表以外の日に、兼務校に在籍している本校の生徒のケアに努めることとする。
　（時間は、昼休みや放課後、兼務校の学校運営に支障のない時間帯を活用する）
○　講師の先生は、異動して間もないので、兼務校に在籍している本校の生徒のみのケア等に努める。
　（時間は、昼休みや放課後、兼務校の学校運営に支障のない時間帯を活用する）
○　５月は、２・３年生を中心に支援を行い、１年生は後日行うことにする。
○　兼務校の学校の行事等の関係上、訪問する教員はできる限り同一日に設定する。

連絡調整一覧　　（6/7<火>実施）

訪問校		訪問月日（曜日）	訪問時間	確認	訪問者	電話番号	1年	2年	3年	備考
[redacted]中	1	6月13日（月）	15:10	ＯＫ	[redacted]	[redacted]−[redacted]（[redacted]）			1	[redacted]
[redacted]中	11		16:20	ＯＫ	[redacted]	[redacted]−[redacted]（[redacted]）	1	7	6	[redacted]
[redacted]中	1	6月14日（火）	16:00	ＯＫ	[redacted]	[redacted]−[redacted]（[redacted]）	1	1		[redacted]
[redacted]中	1	6月15日（水）	15:30	ＯＫ	[redacted]	[redacted]−[redacted]（[redacted]）		1		[redacted]
[redacted]中	8	6月16日（木）	16:00	ＯＫ	[redacted]	[redacted]−[redacted]（[redacted]）	8	2	6	[redacted]
[redacted]中	2	6月20日（月）	16:10	ＯＫ	[redacted]	[redacted]−[redacted]（[redacted]）			2	[redacted]大浦（[redacted]へバド放課後居る？） [redacted]
[redacted]中	1		14:30	ＯＫ	[redacted]	[redacted]−[redacted]（[redacted]）			1	[redacted]
[redacted]中	2	6月21日（火）	15:00	ＯＫ	[redacted]	[redacted]−[redacted]（[redacted]）	1	1	1	[redacted]
[redacted]中	1	6月24日（金）	15:30	ＯＫ	[redacted]	[redacted]−[redacted]（[redacted]）		2		[redacted]（[redacted]も含める）
[redacted]中	1		15:30	ＯＫ	[redacted]	[redacted]−[redacted]（[redacted]）	1	1		[redacted]（広中では放課後登校だったが[redacted]では通常登校している）
[redacted]中	1		15:30	ＯＫ	[redacted]	[redacted]−[redacted]（[redacted]）	1	1		[redacted]
[redacted]中	1	6月13日（月）	16:20	ＯＫ	[redacted]	[redacted]−[redacted]（[redacted]）		1		[redacted]、[redacted]（[redacted]）
							3	6	4	

4）兼務校での学習支援

保健室での時間割

	月	火	水	木	金
1	社会 （[redacted]）			数学 （[redacted]）	
2		数学（基） （[redacted]、[redacted]）	数学（基） （[redacted]）	数学（基） （[redacted]）	
3			社会 （[redacted]）		数学 （[redacted]）
4	数学 （[redacted]）			社会 （[redacted]）	
5					
6					

＊学年は関係なし
＊上記の時間帯に保健室にいて、希望する生徒には個別指導をします。
＊１時間つきっきりにならない場合もあります。
＊表の教科に限定するわけではありません。でも、できれば合わせてほしい。

当然、「T・T」などの形での学習支援をしていたが、正規の時間割上に割り当てられた授業以外に、教室に入れない子どもが出た場合には、その支援も組織的・計画的に行うために、「保健室における時間割」を作成して、支援にあたったが、結果的には、兼務校の保健室登校をする子どもの学習支援もすることもできた。

特にTTについては、こちらから支援の方針を示すことで、スムーズな連携をはかるように努めた。

ＴＴにおける「Ｔ２」(特に柴口)の役割(案)

＊Ｔ１の先生は普通に授業を進める（やりにくいかもしれない）

□豆テスト（小テスト）がある場合は、チェック、記録、一言アドバイス、コメント入れ等を行う。
□Ｔ１の指示が生徒へ行き渡っているかの確認を行う。場合によっては再指示を行う。
□資料の提示などの必要がある場合には、その準備を行う。また、逆に、Ｔ１が準備にあたる場合には、Ｔ２が、本時の学習内 容について話したり、豆テスト後だったら注意すべき点などを 説明したりする。
□練習問題などを行う場合は、主に「下位生徒」の支援にあた る。Ｔ１の解答、解説が始まったら、途中でも話を聞くようにさせるが、Ｔ１と連絡を取り合い、Ｔ１の話が始まっても、そのまま問題解決にあたらせることも考えられる。
□グループ学習やペア学習の場合も、4と同様に主に「下位生 徒」が入ったグループやペアを中心に支援を行う。
□単元のまとめ等で、１単位時間のほとんどを練習などの時間にとる時、場合によっては、別課題を準備して、２～３人の生徒 に対する個別指導をおこなうことも考えられる。
□Ｔ１と相談しながら、諸資料、問題プリントなどの準備、またはＴ１が準備した原稿の印刷なども行う。
□プリントの配布なども支障がなければＴ２が行い、その間、Ｔ１ はプリントの内容についての説明などを行う。
□事前の話し合いなどの時間がとれるような場合には、授業の構成を工夫し、上記の内容によらず、役割分担を計画的に行う ことも考えられるが、無理のない範囲で行いたい。
□上記以外にも、Ｔ２が行っても差し支えのない作業は、積極的に分担し合う。
□放課後の「補習的な学習」など、授業外の個別指導にも積極的にＴ２の活用を図る。

5）兼務校の把握

組合として、組合員がどこに配置されたかを整理することが当面のとりくみだった。そのことは、遠距離通勤や別居などの実態を明らかにするとともに、組合運動を支部として継続するためには不可欠なものである。ほぼ100％集約でき、６月の双葉支部集会につなげることができた。

組合員約250名は、全部で125校に分散された。兼務辞令は公表されていないため、その時点では、組合員のみの把握であった。今回の兼務辞令は、管理職にまで及んだため、講師も含めれば、規模はこの倍であり、ほとんど、在籍校からは１人だけの配置となったことが明らかになり、個々の組合員への配慮が必要であることがあらためて

双葉支部兼務辞令配置校別一覧

NO	配置校名	支部名	所属名	人数	合計	備考
1	東和中	安達	浪江中学校	2	2	
2	安達太良小		富岡第二小学校	2	4	
			楢葉北小学校	1		
3	安達中		津島中学校	1	1	
4	大玉中		富岡第一中学校	2	2	
5	木幡二小		請戸小学校	2	12	職員室業務
			大堀小学校	2		職員室業務
			幾世橋小学校	2		職員室業務
			津島小学校	1		職員室業務
			浪江小学校	2		職員室業務
			浪江中学校	2		職員室業務
			浪江東中学校	1		職員室業務
6	玉井小		富岡第二小学校	1	1	
7	二本松一中		浪江中学校	2	4	
			楢葉中学校	1		
			双葉中学校	1		
8	二本松北小		双葉南小学校	1	1	
120	坂下二中		葛尾中学校	1	2	
			双葉中学校	1		
121	坂下広瀬小		葛尾小学校	2	2	
122	高田小		楢葉北小学校	4	4	
123	高田中		楢葉中学校	3	3	
124	新鶴小		楢葉南小学校	3	3	
125	本郷 小		浪江小学校	1	1	
126	＊	＊	苅野小学校	1	1	
127	＊	＊	幾世橋小学校	1	1	
128	＊	＊	富岡高校	1	1	県立
129	＊	＊	富岡養護学校	1	1	県立
130	＊	＊	富岡養護学校	1	1	県立
131	＊	＊	富岡養護学校	1	1	県立
132	＊	＊	富岡養護学校	1	1	県立
133	＊	＊	富岡養護学校	1	1	県立
134	＊	＊	富岡養護学校	1	1	県立
＊	休職	＊	浪江東中学校	1		
＊	退職	＊	広野小学校	1		
＊	退職	＊	富岡第二小学校	1		
＊	退職	＊	双葉中学校	1		
＊	病休	＊	楢葉北小学校	1		

認識させられた。

6）県教委との交渉

これは、できなかったことにもある項目である。できたことといえば、早い段階から県教組本部と連絡を取り合い、「兼務辞令」（当時は言葉すら分からなかった）の出し方について、あくまでも「避難先」から通勤できるところ、という一点で交渉することを要求してきた。結果的には満足のいくものにはならなかったが、少なくとも、早い段階で予想される問題点を指摘できたことは、何らかの歯止めになったものと思う。

また、延期されていた８月の定期人事異動では、いろいろなパターンの異動が想定されていたため、正規の人事異動に合わせて、兼務辞令によって生じた「遠距離」「別居」の問題を一気に解消すべく、相双教育事務所に通常の人事闘争と同様の申し入れを行った。事務所、県、他管内事務所の三つ巴の様相を呈していたが、その中にあっても、これまで通り、本人の希望と状況を十分に配慮することを確認した。このときは、兼務先から３時間かけて事務所へ支部長として単身乗り込んだ。十分にこっちの強い姿勢を示すことはできた。

7）支部集会の開催

６月25日（土）に磐梯海の「浅香荘」で、双葉支部集会「私たちは忘れない」集会を開催した。そこでは、寄せ書き、近況報告、そして、「赤い屋根の家」を歌い、参加者にとっては、励みとなる集会となった。10月16日（日）には、県の教育研究集会に合わせて、集会を持った。

8）各地、各集会の報告

私自身だけでも、４月当初の宮城ネットワークでの資料提供（報告を要請されたがいける状況になかったため、資料のみの送付となった）、５月の郡山メーデーでの現地からの報告、７月の奈良、福井、富山での平和フォーラム（平和センター）主催に報告集会、９月の山形県教組専従者対象の報告と街頭宣伝、10月の福島・伊達・安達３支部合同の教研集会、さらには仙台市職労等の学習会。さまざまなところで、避難の状況、これからのことなどについて、訴えることができた。

２　私たちができなかったこと

１）情報がつかめなかった

①事故の情報

私たち双葉地方の住民は、自分たちに直接及んだ原発事故の実際を情報としてつかむことができなかった。私個人としても、津島中学校に避難していたとき、１号炉の水素爆発の第一報は友人の夫である、消防士からの携帯電話からの連絡で、その時点で、避難所の係には何の情報も入っていなかった。水素爆発の事実を知らされないまま、津島中に避難したままだった。

飯舘は、線量をはかっても、住民がその値を知ることはなかった。また、知り得たとしても、その値が意味するものは隠されたままで、長崎大学の山下俊一教授は、「避難の必要はない」と県内で説明し、結果的には、飯舘村民は、高い線量の中、何の防護もせずに生活をしていたのである。

②県教委の方針等の情報

「兼務辞令」についての情報は、当初、まったくつかめなかった。どういう内容なのか、方針は、規模はどうなっているのか。具体的には、全員に「兼務辞令」が発令されるのか。配置は、おそらく子ども達の転校先だろうが、果たして通える範囲の学校を指定されるのだろうか。その辞令は、当面いつまでのことなのか。兼務辞令が発令されなかった職員はどういうはたらき方をするのか。何よりも、「兼務」とは、どんな仕事をするのか。

すべてが、うやむやのまま、3回に分けて、管理職まで含めて、まったく機械的な配置をされてしまった。一般の教職員のみならず、管理職、各市町村の教育長までもが、県教委のやり方には怒り心頭だった。さらには、出先機関の相双教育事務所ですら、「蚊帳の外」であり、完全に本庁の一部の担当者による作業だったようだ。

2）県教委交渉

「兼務辞令」の問題点の指摘、その他のはたらき方の提案、組合員の要望等は、県教組本部を通して、県教委との交渉を試みたが、実際の交渉は進まなかった。

県教委本庁そのものが交渉に応じるだけの体制ができていなかった。さらに、双葉支部をかかえる相双教育事務所にいたっては、交渉の相手にすらならず、ただの通過点に過ぎなかった。事務所は完全な出先機関となり、主体性はまったくなかった。

また、8月に延期された定期の人事異動についても、今度は交渉相手に値するかと思ったが、今度は、本庁と他管内事務所との関係で、さらに窮屈な人事になってしまった。

3）兼務辞令

「在籍校の子どもが転校した先へ配置する」という大前提をくつがえすことができなかった。これにより、私たち教職員の家庭が壊されることになった。この兼務辞令の問題点は、8月に行われた定期人事異動でもすべてを改善するにはいたらなかった。

以下は、どうしても解決できなかった事例である。

No.	氏名	兼務校		本人避難先	勤務状況	距離	家族避難先
		市町村	学校名				
1	[redacted]	郡山市	T小	会津若松市	遠距離	50km	*
2	[redacted]	郡山市	A小	会津若松市	遠距離	50km	*
3	[redacted]	会津若松市	M小	会津若松市	別居	*	相馬市
4	[redacted]	会津美里町	N小	会津美里町	別居	*	南相馬市
5	[redacted]	二本松市	N小	いわき市	遠距離	95km	*
6	[redacted]	石川町	I小	平田村	別居	*	会津若松市
7	[redacted]	二本松市	A小	南相馬市	遠距離	100km	*
8	[redacted]	川俣町	K中	相馬市	遠距離	80km	*

4）子どもたちの「心のケア」

私たち「兼務者」の勤務の管理は、兼務校の校長であった。兼務先の校長の判断で、周辺に散らばった子ども達、兼務者が配置されなかった学校に転校した子ども達は、取り残されたような形になり、ケアの対象にならない場合が多かった。

私の勤務する広野中は、双葉地方内にあっても、極めて恵まれている方で、かなりの子ども達が、最終的には隣りのいわき市に避難し、市内の学校に転校したため、人数も多く、当初は兼務者も配置されていた。それでも、県外のアカデミー生を除いた33名とは、まだ会ってさえもいない。彼らのケアはまったく行えていない。

さらに、10月の授業再開を受けて、９名の職員の兼務が解除になった。大勢の子ども達が、やはり取り残された形となった。また、これまで「面談」等の支援を計画的に行ってきたが、現在は、スクールカウンセラーだけの面談となっている。中途半端な形での学校再開は、子ども達の心のケアをさらに困難にさせることにつながった。

区域	学校	生徒数	兼務者数	
			～９月	10月～
いわき市内	Ta	5	1	*
	Og	2		
	O１	2	1	*
	O２	1		
	Ka	1		
	Ue	1	1	
	UH	3		
	Iz	2		
	Ku	5		
	CM	7	1	
	CK	2		
	Y１	2	1	*
	Y３	7	1	1
	Fu	4		
	U１	2	1	*
	Iw	12		
	T１	16	1	*
	T２	8	1	*
	T３	34	2	2
県内・いわき市外	郡山（1）	1		
	郡山（2）	1		
	石川	4	3	*
	会津高田	1		
	本宮	3	1	*
県外	27校	77		
		うちアカデミー生徒44名		

5）第一原発を「30年」で止めること

なによりも、私たち双葉地方の反原発・脱原発の運動に取り組んできた者ができなかった、一番の大きなことが、老朽化した第一原発を、建設当時言われていた寿命の「30年」で止められなかったことである。

このことは、私たち自身強く反省するとともに、その反省を今後の原発をかかえる地域で生かしていかなくてはいけない。

３　私たちがやるべきこと

1）子どもたちの「心のケア」の継続と体制づくり

兼務者が配置されていない子ども達も含め、これから予想される不登校などの適応障害に、どう組織的にとりくんでいくかが求められる。

これは、教職員個人で解決できるものではない。また、校長の判断にゆだねられるところも大きく、温度差が生じている今、しっかりした制度上での実践が可能なようにしなければいけない。

2）次年度人事異動に向けての県教委交渉（方針、日程等）

家にも学校にも戻れないでいる教職員の一番の不安は、当面、次の定期人事異動で、「兼務」が残るのか、残るとすればどのような形か、さらに、残らないのであれば、どこに転勤させられるのか、何よりもどういう方針なのか。

そういった方針、作業日程などを早急に出させることである。「兼務辞令」のように、ばたばたと話し合いもへったくれもないような状況で、内示、発令されるというのは絶対に避けなければいけない。そのためにも、早めの交渉、早めに人事闘争委員会などの組織の確立を行わなければいけない。

3）早急な勤務条件の改善

まだまだ、兼務者を中心として、勤務条件が改善されていないのが現実である。場合によっては、定期人事異動までも待たずに、何らかの形で、少しでも改善できるようはたらきかけていきたい。

通勤時間、別居のみではなく、避難者でもあるにもかかわらず、無配慮な校務分掌や学習支援の形態についても、県全体として実態の把握をしていく必要がある。

4）脱原発の運動の継続

現在、止まっている原子炉を再稼働させないことが、脱原発を実現させるための、もっとも現実的な方法である。今後、現在稼働している原子炉が「定期検査」に入る。そして、これまで定期検査に入っていた原子炉については、ストレステストの結果ばかりでなく、住民の心情、廃炉や事故発生時のことも考慮しての本当の意味でのコスト算出などを指摘し、二酸化炭素削減、温暖化などの言葉におどらされての安易な再稼働をさせてはいけない。

さいごに

10月22日、２度目の「一時帰宅」の様子である（写真）。娘２人が、どうしても一緒に行きたいという。もしかすると、娘達が最後に見る自分の家かもしれない、という思いが募った。防護服、帽子、マスク、靴の上からもカバーを着用し、検問を通過しないと入れない自分の家。雑草が生い茂り、聞こえる音は、自分達の作業の音と、カラスの鳴き声。これが、事故発生から７ヶ月以上もたった町の様子である。娘達は、これから、どう生きていくのだろうか。反原発、脱原発の運動に参加しながら、これほどまでに危険な土地に、自分の子ども達を住まわせてきた自分の「罪」を強く感じる。

私たちは、これまで、周りが「オール原発推進派」という中で、原発建設時から反原発・脱原発の運動を展開してきた。その運動については、反省すべき点は多い。しかし、今、私たちがやらなくてはいけないことは、今回の原発事故がもたらしたものをしっかり検証し、その結果、原発が身近にあることがどれほどの危険性をはらんでいるものなのかを明らかにしなくてはいけない。そんな思いで、本リポートを作成したが、これが、教育研究集会のリポートとしてふさわしいかどうかは疑問が残る。

しかし、原発事故については、どこかでしっかりと伝えていかなくてはいけない。その責務を担うのは、ずっと反原発・脱原発運動を進め、その運動に挫折し、そして自身が避難者となり、全国から、世界中から「ヒバクシャ」として認識され始めている私たちであると思う。その責務を果たすことが、一番の被害者である子ども達への、私たちが死んでからもまだ「被害者」であり「ヒバクシャ」であり続けなければいけない子ども達への、贖罪となるものであろう。

9　郷土福島復興の願いを込めて
―「ヒーロー仮面を作ろう」の実践

〔福島県矢吹町 小学校〕

深谷　拓男

1 「ヒーロー仮面」にたくす「おさなごころ　土のこころ　里ごころ」

1）33年前の私　今の私と図工の授業

２学期も残すところ10日あまりとなった学期末。「先生！今週の図工は何をやるんですか」といつもの元気いっぱいの声が教室中に響く。震災、原発事故から９カ月。子どもたちは何事もないように明るく快活であり、やる気満々。教育課程では、「仮面をつくろう」であったが、準備が遅れていた。というより、「今の福島で、教科書通りの指導で良いのだろうか」「子どもたちが本当に表現したいと思っていることを引き出せる授業ができるのだろうか」と正直迷い続けていた。

子どもたちが自ら、「本当はこんなことを表現したかったんだよ」と作品を通して気付き合い、心寄せ合い、互いの作品に感じ合える喜び、楽しさあふれる図工の授業をしたいと考えていた。しかし、それを生み出すことのできない自分の非力さから逃げていたのである。そして理由もなく、自分をいつの間にか責め、逃げ出したいような自分がいるのである。教職員となって33年目にして今までになかった初めての不安な想いであった。

この想いの奥底にあるのは、溶けては凍る氷のくさびのような言葉、「わたしたちも加害者である」という言葉だ。

３・11以降。今日も、二度目のあの日を迎えようとしている今も、そして明日も、あの大地震の揺れよりも強い心の奥底から響く、重苦しい言葉は変わらず揺れ続くだろう。

33 年前。私は教職員となった。その私が初めて子どもたちに教えた図工の授業の時、受けた衝撃を今も忘れない。子どもたちの描くデッサン。その伸びやかさ。その自由な線の美しさ。何にもとらわれない、その地で育った風のこころ、土のこころ、自然の輝きがそこにあった。

私に教えることの喜びと、尊さを教えてくれたのだ。自分自身も絵を描くことが大好きで、ずっと幼いころから教職員になるまで描いていた。しかし、教え子たちの線は、色は、形は私が遠く忘れ去っていた、幼く無心になって描いていた心そのものであった。いつの間にか私は絵を描かなくなっていた。子どもたちの表現する喜びとともにあふれる笑顔と作品の美しさが十二分に私の絵心を満たしてくれていたからである。

それが忘れもしない初任地。浜通り地方の浪江町大堀小学校だった。相馬大堀焼きの窯元が軒を連ねる、美しい山里である。学校行事を通して年２回、子どもたちは、１年生から本格的な焼き物を地元の父や祖父やＰＴＡの役員の陶芸家から直接教わるのである。いやまさに伝承され、肌で感じ、まるで故郷の風、土を身にまとうように育つのである。そこには、生活そのものがあり、歴史があり、陶芸の里の誇りと伝統が息づいていた。

「わたしらは、生活品を作っているんだ。芸術作品ではないけど同じものを同じく、生活に使いやすいものを、この手でたくさん作り上げているんだ」。家庭訪問の時、窯元のある父親と母親が話してくれた言葉である。日常生活品として幼いころから身に付けた技を誇りとし、高価ではなく、庶民がいつでも手に入れられ使われることに誇りを持った職人さんの言葉だった。そこに職人気質を強く感じこころ揺さぶられることも数多かった。もっと驚かされたのは、町主催の秋の芸術祭である。その保護者の方々が、町の芸術展に出品する作品は色も風合いも釉薬も焼きあがりも全く違う。生活の中の風土を練りこみ里のこころを吹き込んだ作品が並ぶのである。教職員として教えることの前に、ふる里の美しさ、生活の中にある人間性を表現する喜びを、子どもたちに伝えることができるかが私の課題となった。

その人々が生活し、子どもたちが育った美しい里大堀は、今はないのである。原子力発電所事故で何もかも奪われてしまった。教職員の喜びを教えてくれた子どもたちのふる里は今は奪われてしまったのである。33年前のあの時、私はどれだけ原子力発電に反対しただろうか。震災発生の前年、プルサーマル稼働反対集会にどれだけ本気になって参加していただろうか。

33年前の県教研の時、浪江中の美術の先輩教師が、原子力発電所の反対ポスターを主題としたリポートの報告を受けた時、「先生、保護者の反対や批判はないのですか」と問うと、そのベテラン教師は、「もちろんあります。でも今子どもたちに伝えるべきこと、考えさせ、見つめるべきものを、きちんと教えなければなりませんよ」と毅然と答えてくれた。その言葉に対して、「私は、教え子の親せき、兄弟が東電に正社員に採用され、その採用を喜び、できればわが子もその道に進んでほしいと考える親御さんが少なからずいることを考えると、とても真似ができません」と半ば自嘲気味に話した。そして、今の私に「わたしは子どもたちの未来を奪った加害者でもある」というこの言葉が繰り返し、私の中に氷のくさびとなって突き刺さる。冷たく重く、抜こうとしても、胸の中で溶けてはまたすぐ凍るのである。

2） 3・11を胸に 笑顔と共にすすもう

春が来ても、夏が過ぎ、雪降る季節になっても自問自答は続いてきた。しかし、不思議なことに、このくさびが溶けることがあり、自然と私の心に温かな澄んだ清水となって流れ込むような時があった。それは子どもたちが夢中になって作品づくりに取り組む姿を見る時であり、すべての懸念を洗い流してくれるような作品であった。そして何よりも、作品を仕上げ、喜びに満ち、互いの作品を観賞しながら底抜けに明るい笑顔を見せる子どもたちの中にいる時であった。

教職員が迷ってはいけない。迷わず震災と汚染に苦しむ故郷矢吹、福島をテーマにしてみよう。そう考え、実践に取り組んだのが、「ヒーロー仮面」であった。この作品づくりに、東北福島の願いが込められたり、引き出されたり、表現されて、子どもたちの「おさなごころ」「土（風土）のこころ」「さとごころ」が何らかの形で沁みわたるように育ってくれればと考え授業に取り組んだ。

子どもたちの完成した作品に付けられた「使用説明書」に私は未来を感じる。

なにも終わっていない福島県。3・11は終わらない。

氷のくさびは今も胸にある。だが、迷ってはいられない。

子どもたちの笑顔と共にすすもう。

２「われらがヒーロー 正義と平和を守る仮面を作ろう」

この実践は、震災の年の２学期末になってようやく震災以来の自分を受け止めることができるようになってきた。教職員として何か具体的な実践をしなければと半ば強迫観念の中で、自分を責める自分が納得いかないまま、子どもたちの笑顔と作品に励まされて、放射性物質に汚染された郷土をテーマに実践した。

制作時間　６時間

主　　題　正義と平和のために

生まれ育った町を誇りに思い！　放射能汚染に立ち向かい！

郷土福島復興の願いを込めて仮面を作ろう

1）作品にメッセージを込め　表現する喜びを育てるために

①「ヒーロー仮面」と「東北」に生きること

学校は楽しくなければ学校でないと考えている。だからこそ、図工の時間も楽しくなければならない。ただ楽しいのではなく、適当に楽することと、楽しいとは大きな違いがある。子どもたちが作品づくりを通して、いつの間にか真剣に自分たちの汚染されている福島の現実と向かい合い、心の奥に潜んでいる自分の思いが引き出され、思いもしない作品が出来上がる過程を楽しめなければならない。

そのために、「ヒーロー」「仮面」にした。４年生でもすぐに受け入れられる主題にした理由である。二つの言葉は日常生活の中に身近にあるもので遊びやゲームの中にあふれている。しかし、それだけではなく、東北に生きることは、伝統的に「お面（仮面）」をかぶり祈りを込めて踊り意思を伝え合い、堅く結び合っていくことに繋がっていることを教職員は自覚していなければならない。東北の祭りや伝統芸能には深く人々の願いが刻み込められている。それは今まさに、福島が放射能で汚染され、分断され、何の罪もない人々が苦しめられ、ふる里を追われている現実と結び付く。遠い昔から、自然の脅威にさらされ、数多くの飢餓や圧政に苦しみながら生きてきた東北の民の思いが伝統文化に息づいている。厳しい過酷な自然の中で自然とともに生きてきたからこそ、そこに万物すべてに命があり、命あるものは美しく尊さがあると考え、伝承されてきた。圧政があり、犠牲を強いられてきたからこそ、犠牲になった人々の魂を鎮めるのではなく、その無念の想いを奮い立たせ、受け継ぎ、怒りを踊りや歌そして、お面にたくしてきた歴史がある。

子どもたちにがまんすることではなく、考え、今の現状を怒り、それを力として未来を展望し、困難や圧力に立ち向かう術を育てなければならない。しかし、その根本には、ユーモアと美しさがなければ楽しくない。この楽しさは、子どもたちが自分で見つけ、大変で苦しいかもしれないが、自分から作品づくりの中で遊びながら見つけられるようにしてあげなければならない。

② 指導の要点

ア　時には怒りを持ち正しくそれを伝えること、震災と今の福島のことを考え正義と福島の平和を求め、それを作品に込めて表現を工夫する。

イ　怒りはあるが、もとの美しい福島を取り戻し、安心して平和な心で福島で成長し、暮らせるアイテムを考える。

ウ　それ故に攻撃の武器も守るための武器も持たない。自分と人々に勇気と元気を与え、怒れるヒーロー仮面を作る。

エ　こんなヒーローがいたらいいなという思いを仮面にこめ、特別なアイテムを考え、放射性物質ゼロと除染のために活躍し勇気と希望を与えるヒーロー仮面を作る。

オ　校歌にある「たどれ　誠の　ひとすじを」の一節を強調できるようにする。

カ　学級スローガンの「笑顔あふれ　楽しく協力し　みんなでこころを一つにして　正しい道をすすもう」をアイテムに組み込む。

③　取扱説明書を作る

ア　仮面をつくりながらどんなアイテムを持っているか取扱説明書を同時に作る。

イ　取扱説明書は「製造元」などを書き添え、復興のための会社やＮＰＯ法人を考える。

ウ　「福島原発ゼロ」のための代替の自然エネルギー等のアイデアを取り入れる。

エ　社会で学習した「郷土に伝わる人々の願い」に関連したアイテムがあれば取り入れる。

オ　この仮面ヒーローの宣伝や他の製品も説明書に書き加える。

カ　自分の感想と願いを書き入れる。

キ　取扱説明書に正義と平和を守るヒーロー仮面にふさわしい題名を入れる。

2）作品の中に見る子どもたちの表現と思い

「福祉マン」を作ったＡさんは、感想で「このお面は、震災で起きた放射能事故で、多くの人がひどい目に遭い、苦しむ人を励まそうと心をこめて作りました」と述べ、震災で感じ、考えていたことをお面に込め、制作していたことがうかがえる。制作会社名は「未来を笑顔に笑顔ニコニコ」と遊び心にあふれている。また、自分の町の矢吹グッズとして、「ミニ五本松」「大池コップ」を入れている。これらは、矢吹の名勝地であり、社会科見学の知識を生かして作品づくりを楽しんでいた。額の「福」の字から頭上に伸びる雷アイテムは、家に電気を送り字が光っているときは怒りを表している。葉の形をした耳は「悲しみの声や苦しみの声が聞こえ、その人を助けてくれる」とあり、やさしさに満ちている。

「福島自然仮面」のＢさんの感想は、「この仮面を作って40年後には、放射能がない福島になってもらいたい」と汚染された悲しい現実を受け止めながらも、仮面に付けた名前の通り、アイテムにはたくさんの再生可能な自然エネルギーのアイディアが盛り込まれている。「○頭の２本の木と五本松は放射能を吸い込み、炎で燃やし、空気を口で出す。 ○ご飯を食べると米は薬なので体中の放射能を消せる。 ○桃の果樹で悪い心が消せる。 ○鼻の下のミニ風車は鼻息で電気を作る。 ○ソーラーパネルで電気を作る。 ○鼻から流れる羽鳥湖用水で右の水車が回って電気を作り大池に流れてもどる」。大池は矢吹の公園となっており、羽鳥湖は、矢吹町近隣を潤す用水を蓄えているダム湖の名前である。鼻息の風力発電など大人では発想できない面白さがある。

Cさんの作品の説明書には「私は、お面を作るのが大変でした。どこが大変なのか、理由は心をこめて作ったからです。私は明るい矢吹・優しいゆずりあいの福島県を作りたいからです。自分では出来ないけどみんなで力を合わせるのが一番」と作ることの技術よりも、心を込めることや、自分の思いを表現し、伝えることの大切さを感じているのが良く分かる。

Dさんは吹奏楽部に所属し、アイテムも「口から出てくる音楽や耳から出ているフルートのメロディーを聴くと悪い人がいっきに優しい人に変わる」など音楽のイメージを表現しながら、「心を一つにするクラブ 放射能をきれいになくしたい」と制作クラブ名に一番の思いを記している。この作品のアイテムやアイディアは多くの子どもの共感を呼び、他の友だちの参考ともなった作品である。「目や福島の字が上手にできました。細かいパーツを付けたり貼ったりするのは、難しかったけど上手にできました。鼻を肌色で埋めていくのは大変でした。もしもこのヒーローが福島にいたら、福島は今頃きれいで美しい県になったなぁと思いました。いつか福島が住みやすくなればいいな」。最後のつぶやきが切なく響く作品である。アイテムは、数多く、「 ○福島がんばろうビーム：この字を見ると、今まであきらめたりしてた人たちがやる気を出して、復興をがんばろうとする。○ ＨＮＯ１錠：この小さい薬を飲むと体内の放射線が全て消える。○矢吹の矢光線：この字を、放射能を出すマイクロ星人に見せると、マイクロ星人が復興星人となり、福島をもとにもどす」など思いがぎっしりと詰まっている。説明書にはないが、友だちとの作品紹介では、頭の喜多方ラーメン・矢吹雛団子にお供え餅・未来眼と愛コンタクト目・クラリネットの癒しのアイテム。極めつけはまつ毛のソーラー発電、瞬き一回瞬間発電と聞いているとこちらまで、こころウキウキとなってしまった。

Ｅさんはとてもやんちゃで暴れん坊。いつも、友だちから注意され、帰りの会では、学級スローガンの『心ひとつに』をどうするんですか。と反省を求められる日々。でもみんなから、愛される人気者。発想も豊かでエネルギッシュ。「一番工夫したのは頭の矢の下のバネです。一番頑張ったのは松です。最初は、松の形すら表現するのが難しかったです。矢吹町は、残念なことに放射能で汚されてしまいましたが、今町のみんなで復興目指して頑張っています」とどのアイテムも丁寧に仕上げ、普段の粗野な姿で隠れている、繊細な心が見えている。そのアイテムも「○頭の矢吹町のマークは落ち込んでいる人に付けると、とたんに元気になる。○よく見ると顔や頭の近くに五本の松の木がある。その松の木は体内にある放射能物質を吸い込んで、新しいきれいな空気にしてくれる。○口は大池になっており、壊れた家やガレキを入れると一瞬にもどせる不思議な口。○舌でなめられると何かすごく気持ち良くなる。 ○左の耳は怒りを表す。・ピンク：楽しさ。・オレンジ：うきうき。・黒：がっかり。・赤：すごく怒っている」と満載である。取扱説明書もあっという間に仕上げ、ユーモアあふれ、遊び心満載の作品となっていて、おもわず飛び跳ねたくなってしまうほどの出来栄えである。

とても優しく、傷つきやすく感受性の高い子どものＭさん。震災当日棚から落ちてくる学用品や近くの水の入ったばけつがひっくり返り、必死に恐怖に耐えていた子である。「みんなのを見て元気が出た。福島をきれいにして、放射能をなくしていきたい。ＣＭ：福島きれいな所ぜったい来てね。がれきかたづけマシーン（ミニもあるよ）１個５００円　ミニ ３００円」アイテムは「○福島のみんなの花：ピンク　みんなの元気を取り戻す。緑 福島の緑を取り戻す。青　みんなの悲しみをなくす。水色 ガレキをなくす。オレンジ　みんなの勇気を取り戻す。 ○復興を取り戻すちょうちょ：大きい羽に付いてる丸い卵から小さいチョウが出てくる。その卵はみんなの元気や復興から出来る。○遠くが見えるカラーコンタクト：遠くが見えて、悲しんでいる人の所に行って勇気や元気出す。○電気を起こす風車：この風車を回すと市町村の家の電気が起こせる」と何から何まで優しさにあふれている。花のアイディアは友だちみんなに広がり、仮面ヒーローに華やかさが増していった。

仮面名「福笑絆米大切くん」のＦさん。正義心の強い子どもで、これまた元気いっぱい、やる気10倍、本気度無限大。羽目をはずして、校庭の階段ギャラリーを踏み外し大けが寸前でも黙って耐えて、自分の責任と母の声ににこやかに答えていた。震災の当日は友だちを励まし声をかけ続けていた頼りになるＦさん。作品に込められた思いは「放射能のない、自分のふる里（矢吹）にしたい。元気で、明るい福島に戻したいという願いをこめて作りました」アイテムには「みんなの『福』『笑』『絆』『米』を大切にしてくれます。○怒りの目：放射能を怒りの目で見ると放射能が消せます。○特製　矢吹きじーくん：やぶきじーくんを呼び、ひとりで、放射能を毎日消してくれます。○特製ズームイン：めがねをかけると放射能が見えて、放射能が多いところが分かる」などを装備させ強く、たくましい色使いが印象深い。

このように、子どもたちのどの作品を見ても、楽しさにあふれながらも、ユーモアの中に現実の厳しさ、福島のいまだ収束しない原発事件（事故）、放射能汚染への不安が表現されている。しかし同時に、明日を見つめる希望が込められた作品となったのではないかと考えている。

この子どもたちの屈託のない笑顔に接するたびに、教職員として、福島県人として、矢吹町の住人として抑えがたい怒りが湧き上がる毎日であることも確かである。

3　初めての木版画の指導で子どもの思いを引き出す

４年生で子どもは、初めて本格的な木版画に出会う。初めての木版画であるので、基本を大切にし、木版画の基本技能を身に付けさせ表現の幅を広げる喜びを、一人ひとりの子どもに体感させることが大切である。

1）デッサン力をつけ、自分が表現したいと思う作品にできるよう技能を身につけさせる

①デッサンの時間を短時間にとり、できるだけ多くの練習を重ねさせる。

・朝のドリルタイムや図工の導入の位置づけ。

②マジックインキやネームペンで一気に描くことで、修正なしの物の見方をとらえさせる。

2）版画の基本である、陰影と彫りについて参考作品からイメージを持たせ、自分の描こうとする作品のイメージを高めさせる。

①同学年の参考作品にふれさせる。

②版画の手順を良く理解させる。

③参考作品から自分の描こうとする作品のイメージを持たせ、デッサン練習を重ねる。

④彫刻等の基本的取り扱い方と特性を理解させる。

⑤陰影の出し方を理解させ、チョーク等で彫るところ、残すところを明確にさせていく。

⑥彫った線や彫り残す部分のイメージは、太いマジックやチョークで理解させていく。

⑦刷りでのインクの量やローラー、バレンの使い方を十分指導する。

3）授業後の実践作品

参考作品として提示する際は、

①バックが陰となるのか陽となるのか明確にわかる作品を選ぶ。

②構図が分かりやすくどの子どもも生活の中で身近に感じ、共感できる作品を選ぶ。

版画作品は、試し刷りの物を教師が保管でき、印刷して一人ひとりの子どもの手元に手軽に残すことができる。

Ｂ４の紙に４作品印刷して配布し、試し刷りの作品は同時に黒板に掲示して、イメージと制作意欲を引き出した。

４　あとがき　　あの日　３・11と原発爆発・放射能汚染

３・11の震災。引き続いて起こった原子力発電所事故（事件）。教職員としての責任。子どもたちへの教育とは。そして何より自分自身の教職員としての葛藤。何かをしなければという思いの中で、何も出来なかった自分に対しての呵責。今、一つの実践を振り返る上でどうしても「３・11」当日を振り返らなければならない。自分の気持ちの整理をしなければならない。そう思いつつ出来ない自分が今までいた。２学期終了直前ようやく、子どもたちを思い、今の福島を考え、何が今必要か。何をすべきなのか迷い悩み、この授業にたどり着いた。そんな教職員として現実逃避していた自分の困惑した思いを整理し、長い後書きを付けることにした。

３・11震災の日

帰りの会が終わろうとしていたその時、大地震は23名（風邪で１名欠席。この子も家庭で大きな揺れの中、教室にいた子どもたちと違う恐怖を体験したのは当然である）の子どもたちがいる４年２組の教室を襲った。初めの揺れに、子どもたちは戸惑いながらもすぐに机の下に避難した。すぐに私は教卓から離れ、閉めていた教室の前後の戸を開けた。その間揺れは続き足下を揺らす。揺れは次第に大きくなり、窓ガラスがうなり始めた。子どもたちの間から、言いようのない不安の声が教室から漏れ始めた。

出口の横開きの戸を押さえながら、柱を支えにして、ようやく立っている状態から見える子どもたちは、上に下に横に揺さぶられている。

必死に机の脚にしがみついている子。机ごと横揺れに揺さぶられ、体が床に押しつけられている子。頭を守るために、手で頭を押さえ、自分の髪の毛の中に指を食い込ませている子。算数学習用の秤が傾くはずのない窓際の棚から滑り落ち、ものすごい勢いで割れる。その横で机ごと斜めに体を運ばれている教え子が、目を見開き、助けを求める視線を私に走らせる。

「がんばれ。だいじょうぶだ」。そばに行けない。何も出来ない。なんだこの揺れはと今までにはない揺れの激しさに、体がこわばる。何とかしなければと思いながら、叫ぶことしかできない。

「がんばれ。だいじょうぶだ」。何度も叫び、一人ひとりに呼びかける。その声さえ、堅牢な歪むはずのないコンクリート壁をきしませ、校舎の震えの大音響にかき消される。揺れが収まりかけた刹那に伝わる、わずかな教職員の声だけが、子どもたちの泣き、叫び、飛び出したい衝動を抑えている。無言の教室。大音響の中の恐怖の沈黙と静けさ。「あの、元気いっぱいの４年生が」と頭をよぎる。何も考えることが出来ないままに、続け様に起こる大きな底揺れが襲う。天井からつり下げられているスクリーンが外れ、教卓を直撃する。教卓は傾き、大音響の中に直撃した不気味な音が、教室に響いた。窓枠が外れ、私の目の前の床で、ガラスが砕け散った。と、同時に突き上げる激震が襲ってくる。すぐそばの子どもの安全を確かめることも出来ないまま揺さぶられる。

その間にも、子どもたちはますます揺さぶり続けられ、右へ左へとランドセルが飛び、体育袋といわず、給食着といわずありとあらゆる物が飛び跳ねていた。その大揺れの中で校内放送が続く。スピーカーから机の下に避難し、そのまま安全を確保しながら待機するよう何度も呼びかけの音が響く。

どれくらいの時間揺れていたか。どんなに激しい揺れだったか、その時のことは思い出そうとしても空白のようにポッカリと穴が開いたようになっているのが本当のところである。

ようやく揺れが収まり、避難の放送と同時に、子どもたちを整列させた。中央階段が一番近い自分の学級でもあったので１組の避難を待たず、とっさの判断で一階の中央昇降口に誘導した。子どもたちが全員校庭に避難するのを見届け、３階の検索にきびすを返した。

これだけの大揺れで、子どもたちも教職員の自分も命の危険を感じていた。実際、逃げるのが精一杯で頭の中では、「戻りたくない」「子どもたちから離れたくない」という思いがよぎっていた。しかし、「もし取り残された子どもがいたならばどうする」。自分の担任する子どもを優先するか、校務分掌の検索に戻るべきか、遠ざかる子どもたちの後ろ姿を見ながら躊躇した自分がそこにはいた。

校舎の検索を終えた後、幸いにも子どもたち全員の無事を校庭で確認することが出来た。あれほどしっかりした足取りで、私の指示に従い避難した子どもたちが、地震の恐怖と余震の揺れで、動揺し、泣き出していた。 2011年３月11日14時43分頃。これが、矢吹小学校４年２組23名のいる教室を突如として襲った地震の様子である。

その後３月12日の福島第一原子力発電所の事件（事故)、３月13日の爆発と、続けざまに異常事態が続き今もってそれは続いている。

震災と追い打ちをかける原子力発電所爆発

「大地震」「津波」「原子力発電所事件（事故)」「風評被害」「風化」の五重災害。そして今、さらに「退廃」がいつの間にか押し寄せている。大きな怒りを感じつつ、心のどこかで、この災害を仕方がないと受け身で受け止め我慢しよう、半ばあきらめようとする自分がいる。それではいけないと激励し、後押ししてくれるのは汚染され、除染した校庭で無邪気に遊ぶ子どもたちの姿である。

ある人は言う。「私たちも加害者なのだ」と。子どもたちの未来を奪い、健康被害の不安を広めてしまった。低線量被曝の恐ろしさ。ふるさと福島県を、矢吹町を完全に「だいじょうぶだよ」と言えない申し訳なさ。そんな町に、県にしてしまった意味では、確かに「加害者」であるのかもしれない。

だが、それを認める上で決して忘れてならないことは、国、東京電力が行ってきた原子力発電の安全神話の宣伝と事件を起こした犯人である国、東電の責任と福島県民に対する犯人としての罪の重さを自覚してもらいそれを全国民に明確化することであろう。これまでの国、東電の対応をみていれば意図的に福島の人々の思いを踏みにじり、「風評被害」として事実を隠し、福島の一部の人だけが騒いでいて線量の低い地域の人々は声を出してないような、意図的「風化」を進めていると考えているとしか思えない。

そんな怒りが湧き上がる中で非日常生活の中で教職員として教育をする自分がいる。国の作った放射能に関するパンフレットが出る。県はそれにそっての教育課程の位置づけと、具体的指導例を出す。だが、内容をみれば、あらたな「原子力発電」の安全神話づくりである。福島県の教職員として、受け入れることは出来ない。

同じく被災している同じ福島県人でも、会津地方、中通り、浜通りでは格段の違いがある。このままでは、浜通りの人たちが福島県の中でスケープゴートにされる。福島県は日本全体のスケープゴートにされてしまう。そんな怒りがこみ上げる。

福島は今も被曝中であり、この苦しみを全国の教職員のみなさん、理解してください。二度とフクシマが起きないよう、「即原発廃止」運動をし、フクシマの思いを全国に伝え続けてください。

10　理科の授業における放射線教育の試み

〔福島県福島市 中学校〕

大槻　知恵子

1　福島県の放射線教育の現状

福島県の放射線教育は、今年度の２学期からほとんどの地域でとりくんでいる。詳細な時期や内容については、市町村に任せられている。

Ａ校では、市教委から指導案が出され、11月より学級活動で授業を開始する予定である。まず、専門機関から講師を招き、放射線に関する基礎知識などについて教師の研修を行った。授業の資料や機器は理科部で準備するなど組織的にとりくんでいる。

計画的避難区域であるＢ校の３年生は、10時間をこえて授業（理科）を行っており、放射線に対する意識が高い。１、２年生は２～３回授業を実施している。今後は、保護者も参加する授業のとりくみを計画している。

Ｃ校においては、専門機関のみで放射線教育を行っている。

Ｄ校では、保体や理科などの教科間で共通理解を図り授業を行っている。

Ｅ校では、学校間で情報交換をしながら組織的に授業を行っている。

放射線教育には、特に避難している子どもたちの「心のケア」もある。教育内容は道徳・学活・保体・理科・家庭・社会など種々の教科にわたって行われつつある。

理科教育においては、まだまだ時間的・空間的に制限されている。野外観察を割愛するとか、動物植物に触れることのできない授業を余儀なくされるなど多々ある。除染は思うように進んでいない。しかし、３・11から１年半が過ぎた今、行政ばかりでなく一般の人々も３・11以前に戻そうという流れが強い。非日常が日常にならないようにしなければならない。

2　中学校理科の授業における放射線教育について

福島第一原子力発電所の事故以後、飛散した放射性物質により、いまだに避難生活・被ばく・生態系の変化の虞れ・風評による農業・漁業・関連経済界の衰退など、生きる力をむしばむほどの計り知れない悪影響がもたらされている。目の前の子どもたちが、自然放射線に加えて事故による人工放射線にさらされ、制限された生活を送っている。そして、原発に通う家族がいる。この地域に住む全員が放射線と向き合って生きている現状である。

学習指導要領では、中学校３年生の理科の授業で、原子力発電の仕組みや放射線の性質と利用の学習を、単元「科学技術と人間」-「エネルギー」の項目において実施とある。しかし現在の生活を考えると、目の前の子どもたちに必要なことは、放射線に関する知識の学習だけでなく、原発の事故に触れ、今後の原子力発電の在り方や放射線の人体への影響・除染などの現状を踏まえた、「生きた学習」をすることである。子どもたちは、放射線と向き合って生きるために必要な知識と方法を知り、正しい判断で行動できる力を身に付けなければならないと考える。放射線に関して、線量の数値のとらえ方や外部被ばく・内部被ばくの考え方などに大人も子どもも認識の差が大きいと感じるが、未来を担う子どもたちのために、「安全に生きるための術を身につけさせる学習」を講じたい。

3　放射線に関する子どもたちの考え

今年度の４月上旬、単元化学変化と原子・分子の導入で、本校２年生全員に、東日本大震災の影響に関してのアンケート調査をした。新聞やテレビなど多くの情報があふれている。本校の校庭の一角には放射線量の変化を随時示しているモニタリングポストの情報もある。知りたいこと興味のあることについて自由に書かせた。放射線に関しての結果は、右のグラフのように、人体への影響が最も多く、次いで　放射線、原子力発電の順に知りたい・興味があることが分かった。

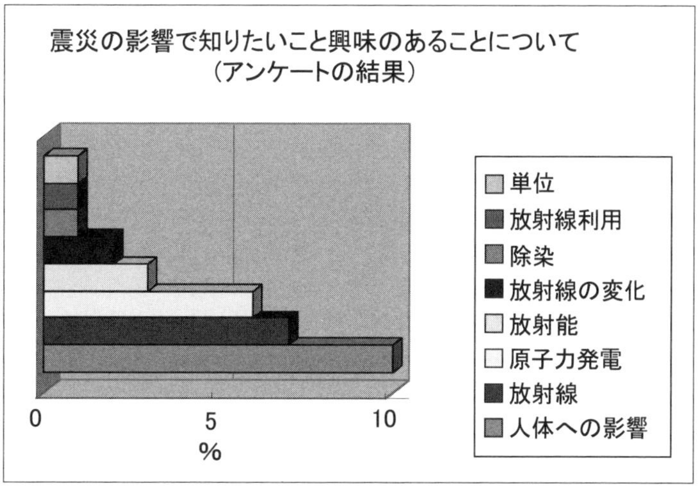

4　学習の目標と各学年の学習内容案（発達段階に応じて学習内容が多少違う）

放射線の性質と利用、放射線の測定・防護法を知り、操作し行動することができる。		
１学年	２学年	３学年
○　野外に出かけよう（２時） ・放射線の基礎知識 ・霧箱による放射線の観察 ・放射線の測定と防護 ・放射線による人体への影響 ○　地震（１時） ・放射線の測定と変化 ・被ばく ・科学史（原子力発電を含む）	○　化学変化と原子・分子（２時） ・放射線の基礎知識 ・霧箱による放射線の観察 ・放射線の測定と防護 ・放射線による人体への影響 ○　電気の性質（１時） ・放射線の測定と変化 ・被ばく ・科学史（原子力発電を含む）	○　化学変化とイオン（２時） ・放射線の基礎知識 ・霧箱による放射線の観察 ・放射線の測定と防護 ・放射線による人体への影響 ○　科学技術と人間（４時） ・原子力発電の仕組みとその特徴 ・放射線の性質とその利用と測定 ・放射線の観察と測定・遮蔽 ・放射線とのつきあい方・被ばく

資料１　放射線教育模擬授業（中学校２年生－理科）教職員対象

福島支部教研集会　福島市立御山小学校において　2012年10月６日（土）

場所　理科室　　授業者　　大槻知恵子

1　題材名「放射線の人体への影響」

2　ねらい

○　放射線は人体に与える影響があることを知り、被ばくの種類と量の計算を行い、生活の中で活用することができる。

＊　福島市教委指導資料では、学校での被ばく量の計算である。子どもたちにとって除染されていない家庭での防護法が肝心である。明確な外部被ばく量で防護の考察をさせた。

3　活動の流れ

段階	学習活動・内容	時間	留　意　点
1時限	「放射線の基礎知識」 1　放射線の観察 2　自然放射線と人工放射線 3　単位と測定器 4　校地内の放射線測定 5　放射線の性質	50	○　1時限は、放射線の基礎知識と校地内の放射線の測定について学習する。 ○　被ばくを考慮し、線源を使わないで放射線を観察させる。 ○　校地内の放射線量の高い場所、低い場所について考察させ次時につなげる。
2時限 導入	1　放射線の人体の影響について、説明を聞く。 ・DNA と放射線 ・外部被ばくと内部被ばく 2　本時の課題を把握する。 1年の外部被ばく量を計算し、生活の中で活用しよう。	10 一斉	○　前時の復習と本時の人体への影響（被ばく）について、パワーポイントで投影して説明する。 ○　外部被ばくと内部被ばくについて例を挙げて説明する。 ○　ワークシートを使用して進める。
	3　1年の外部被ばく量を計算する。 ・学校の屋内空間線量率の測定 ・1日の過ごし方について ・1年の外部被ばく量の計算	15 個・一斉	○　計算には、側定値の平均した値を使用させる。その他の空間線量率は事前に調べて提示し、学校/家庭/1日/1年/単位変換と段階的に計算させる。机間支援。 ○　時間短縮のために計算機を使用させる。

$$\frac{(A\times T1+B\times T2+C\times T3+D\times T4)\times 365}{1000}$$

A：校庭の空間線量率(μSv/時)、　T1：1日当たりの校庭での活動時間(時/日)
B：学校の屋内空間線量率(μSv/時)　T2：1日当たりの学校の屋内の活動時間(時/日)
C：家庭の屋外空間線量率(μSv/時)　T3：1日当たりの家庭の屋外の活動時間(時/日)
D：家庭の屋内空間線量率(μSv/時)　T4：1日当たりの家庭の屋内の活動時間(時/日)

展 開	4　日常生活で放射線量を減らすにはどうすればよいか話し合い発表する。 外部被ばくを減らすには？ ・放射線量の高い場所に近づかない ・放射線を受ける時間の短縮 ・遮蔽性の高い建物の中で過ごす ・帰宅したらうがい手洗い など 内部被ばくを減らすには？ ・マスク着用 ・傷は丁寧に水で洗い流し手当 ・食品の確認 など 5　福島市の健康に関する取り組み ・ガラスバッジ ・甲状腺検査 ・ホールボディカウンター	17 班 ・ 一 斉 3 一 斉	○外部被ばく量の数値を低くする方法を、起床/登校/授業/部活動/下校/帰宅/（塾等/帰宅）就寝の生活パターンで考えさせる。 ○班毎にフラッシュカードで発表させる。 ○新陳代謝や免疫力を高める方法として ・規則正しい生活　・早寝早起きよい睡眠 ・適度な運動　・バランスのよい食事 などの意見が出される可能性があるので、まとめ方を工夫する。 ○個人線量計（ガラスバッジ）の測定を想起させ、これは、年間の外部被ばく量を推計するために行ったこと、将来のために測定結果を手帳などに記録しておくことを話す。 ○１年間の放射線被ばく量について、国が定めた基準は１mSvであるけれども、できるだけ不要な放射線は浴びないようにこれからも気を付けていかなければならないことを話す。
まとめ	6　本時のまとめをする。 ・ワークシートで学習の振り返り	5 個	○計算した外部被ばく量からこれからの日常生活について考えをまとめる。

4　授業の考察

○被ばくに関する授業の外観をつかむことができた。

○放射線量を測定した値を被ばく量の計算に使うことにより、求めた数値に実感をもつことができた。

◇年間の外部被ばく量が計算値で２mSvを超す人が半分弱いた。外での活動の多い人である。この値から、福島県の自然放射線量1.05mSvを引いても１mSvを超える人にどのような言葉で表現すればよいか迷った。→　事実は事実として伝えた方がよい。正しい数値を子どもたちや保護者に返すことで、判断して行動できる子どもたちに成長していくだろう。

5　課題

●これからの放射線教育のありかた（理科として）のカリキュラムを検討する。

●地域により放射線に対する考え方の差が大きい。現状をふまえ全国に発信していく。

●保護者の理解を得ながら、福島のホストパスをどうすればよいか。

ワークシート

学習課題　1年間の外部被ばく量を計算し、生活の中で活用しよう。

1　外部被ばく・内部被ばく

2　外部被ばく量の計算のしかたの流れ

☆　被ばく量は空間線量率から次のようにして求められるよ。

①　被ばく量1［μSv］＝　空間線量率［μSv/時］×　時間［時間］

↓

☆　1日当たりの被ばく量を求めてみよう。どこで何時間くらい過ごしているかな？

②　1日当たりの被ばく量［μSv］

＝（1日あたりの学校屋外被ばく量＋1日当たりの学校屋内被ばく量）＋

（1日あたりの家庭屋外被ばく量＋1日当たりの家庭屋内被ばく量）

↓

☆　1年間ではではどのくらいの被ばく量になるか計算しよう。

③1年間当たりの被ばく量［μSv］＝1日当たりの被ばく量［μSv］×365［日］

↓

☆　μSvをmSvに直すと

④1年間当たりの被ばく量［mSv］＝1年間当たりの被ばく量［μSv］/1000

0.15　これは校庭の空間線量率、学校屋内の空間線量率は　　　［μSv］

学校屋外時間（　　　時間）　　　学校屋内時間（　　　時間）

　　これは家庭の空間線量率、家庭屋内の空間線量率は　　　［μSv］

家庭屋外時間（　　　時間）　　　家庭屋内時間（　　　時間）

3　日常生活で放射線量を減らすにはどうすればよいか話し合い発表しよう。

4　計算した外部被ばく量から、これからの日常生活について自分の考えをまとめよう。

年　　組　　番

資料２　放射線教育対策委員会編〈職場討議資料〉「生きるための学び」序文

2012 年９月 大槻 研司

「うつくしま」が「フクシマ」に変わった今

わたしは今年の夏休みに二つの風景を見てきました。一つは青々と稲が生長している西日本の豊かな田園風景、もう一つは田植えのできなかった伊達市内の殺風景な田んぼです。

神戸駅からＪＲ山陽本線新快速播州赤穂行で出発し、１時間ほどで相生駅に着きます。そこから普通列車に乗り換えて岡山駅までまた１時間です。近畿地方から中国地方に移り変わる車窓の風景は、ビル群から住宅街、そして山あいに拓かれた田園地帯へと変わっていきます。真夏の日差しに照らされ、瀬戸内海から吹いてくる風に揺れる青々と育つ稲を眺めている心の中に、その４日前にオルグ活動で回った伊達市内のある地区の田植えのできなかった田んぼがありました。

福島県民の日常生活は破壊されてしまいました。毎日の食卓にのぼるご飯やおかずなど、一つひとつ検査をしなければなりません。新鮮な野菜から摂取できていたビタミン類も不足しがちになり、わたしは今までになく風邪をひきやすくなりました。2011年３月11日に発生した大震災による福島原発事故は、県民からあらゆるものを奪い、破壊してしまいました。人命を奪い、子どもたちの健やかな成長の場となる日常生活を破壊しました。

文科省は「放射線による人体への影響などについて不安を抱えている人が多いと考え」て、小中学生・高校生向けに「放射線副読本」を教育現場に送りつけてきました。読まれた方はすぐに気づくことでしょう、フクシマの現状を無視していることに。

わたしたち福島県教組は、2011年11月に放射線教育対策委員会を立ち上げ、今年４月に「福島第一原発事故に起因する放射能被害に苦しむ福島県の放射線教育のあり方について（提言）」を教育新聞に発表しました。その中で４つのとりくみを提案しています。

①放射能・放射線の性質を理解し、その危険性と環境破壊を知るためのとりくみ
②被ばくを少なくし、健康と生命を守るためのとりくみ
③制約された人権を回復し、差別を克服するためのとりくみ
④「原子力＝核」利用の現状を知り、「原子力＝核」利用に依存する社会構造を見つめ直すとりくみ

今年の７月には、関西地方を中心とする市民組織「科学技術問題研究会」の協力のもとに、ブックレット『子どもたちのいのちと未来のために学ぼう 放射能の危険と人権』を発行し、各分会に１冊ずつ届けることができました。上の４つのとりくみについての詳細な記述がこのブックレット第１章にあります。

このたび、この４つのとりくみの具体案として職場討議資料「よりよく生きる」を作成し、組合員みなさんにお届けします。

北陸・関西地方には大飯原発、中国地方には島根原発、四国地方には伊方原発があります。ひとたび原発事故が発生し放射性物質が飛散してしまえば、青々とした田園風景も田植えのできない田んぼに変わってしまいます。国や福島県、市町村は復興の名のもとに被害の現状を覆い隠し、県民の記憶を消し去ろうとしています。わたしたち教育現場で働く者たちは、「うつくしま」が「フクシマ」に

変わったこの現状をしっかりと受け止めたうえで、放射線教育にとりくまなければなりません。

資料3　福島県教職員組合　放射線教育対策委員会について

1 「放射線教育」に関する県教組見解　　2011年12月

福島県教職員組合　中央執行委員長　竹中　柳一

2012年度中学校学習指導要領の完全実施と福島第1原発事故を受け、文部科学省は2011 年10月、小学校から高等学校の児童・生徒を対象とした放射線副読本を公表しました。また福島県教育委員会も文科省副読本に「準拠」した「平成23年度放射線等に関する指導資料」を11月に公表しました。

これら「副読本」および「資料」は、原発事故によって苦しむ「フクシマ」の人々の現状や思いについて全くと言っていいほど触れておらず、学習指導要領に記されている学習のねらいである「エネルギー資源の利用や科学技術の発展と人間生活とのかかわりについて認識を深め」るための教材としては、あまりに一面的すぎると言わざるを得ません。3.11福島第1原発事故以降、「フクシマ」の苦しみの元凶「放射能」を生成する「原子力エネルギー」は、「エネルギー資源」として最低・最悪なものであることが明らかになりました。

さらにＩＣＲＰ（国際放射線防護委員会）とわが国の主な原子力関係者の基本理念である「リスクベネフィット論」は、ぼう大な「フクシマ」への賠償・復興経費からも破綻しています。破綻した「エネルギー資源」の総括なしに、細分化された「放射線」「放射線利用」にのみ視点をあて、教材化することは、「フクシマ」の苦しみを無視しながら、従来からの原子力施策を正当化し擁護し、推進するための教育を継続することに他なりません。さらに文科省副読本の作製が電力会社の経営陣らが役員を務める財団法人「日本原子力文化振興財団」であることを見れば（「毎日新聞」2011.12. 9福島版）、この副読本に準拠した「放射線教育」は、3･11以前と同様の理念に基づく原子力施設擁護・推進にあることは疑う余地がありません。

最近、福島県内で教育行政が教職員に対し行う研修会の中で「原発に触れない」「原発に関しては中立的立場をとる」等の教育行政関係者からの「指導」がありました。これは、「中立」を装いながら、従来どおりの核利用施策の黙認を教職員に強いるものです。原発事故に今なお苦しみ、脱原発を願う県民からすれば、許し難い「政治的」立場です。原発事故で拡散した放射能が、子どもたちに全く心身への影響を及ぼさないという、科学的な「安全の証明」があるのでしょうか。

福島県教職員組合は、原子力発電を含む核利用を、現社会の差別と抑圧のもとに成立する象徴的事象であるととらえ、3･11 以前から一切の核利用廃絶を主張してきました。

私たちは「フクシマ」県民の苦しみに直面し、まさに「フクシマ」の未来そのものである子どもたちに対し、その苦しみの元凶である従来同様の「核利用教育」を推進することはできません。

今後、11月に発足した福島県教組放射線教育対策委員会での分析・検討にもとづき、文科省読本準拠の放射線教育に対する問題を明らかにしながら、望ましい「フクシマ」の子どもたちの「学び」を追求・検討し、発信していきます。

2　活動経過報告

2011年

月．日（曜）	会　合　名	場　　所	活　　動　　内　　容
11．22（火）	第１回委員会	福島県教育会館	・発会（目的、方針、活動内容等の協議）
12．25（日）		教育新聞紙上	・「『放射線教育』に関する県教組見解」の公表

2012年

月．日（曜）	会　合　名	場　　所	活　　動　　内　　容
1．19（木）	第２回委員会	福島県教育会館	・関西地区脱原発団体との連携等についての協議 ・文科省「副読本」に対する委員同士の意見交換
2．2（木）	第３回委員会	郡山教組会館	・第61次全国教研集会報告 ・今後の委員会活動の方針について協議
2．25（土） 26（日）	教育現場から放射能の危険性を考える福島連帯集会	大阪	・集会についての事前打合せ ・ブックレット出版についての協議 ・連帯集会参加
3．1（木）	第４回委員会	福島県教育会館	・ブックレット出版についての協議 ・第62次県教研第１次集会での本委員会報告についての協議
3．27（火）	臨時委員会	福島県教育会館	・本委員会アドバイザーとの協議
4．23（月） 26（木）	事務局会 〃	福島県教育会館郡山教組会館	・第62次県教研第１次集会での中間報告に係る打合せ
4．29（日）	第62次県教研第１次集会	郡山市薫小	・本委員会中間報告
5．31（木）	第５回委員会	福島県教育会館	・ブックレット原稿の検討 ・モデル指導案と職場討議資料の検討
6．4（月）	事務局会	福島県教育会館	・ブックレット出版についての打合せ
6．15（金）	第６回委員会	郡山教組会館	・ブックレット出版について ・モデル指導案の検討 ・県教組サマーセミナーでの講座内容協議
7．14（土） 15（日）	第７回委員会（強化合宿）	郡山太田屋	・県教組サマーセミナー講座について協議 ・職場討議資料作成についての協議
7．18（水）	・科学技術問題研究会との共著　ブックレット『子どもたちのいのちと未来のために学ぼう－放射能の危険と人権－』を出版		
7．22（日）	県教組サマーセミナー	リゾートインぼなり	・講座「放射線教育」でブックレットをテキストに説明
7．28（土）	懇談会	福島県教育会館	・ブックレット共著団体「科学技術問題研究会との懇談」（※原水禁世界大会当日）
8．17（金）	第８回委員会	福島県教育会館	・職場討議資料の内容と執筆原稿の検討

8. 18（土） 19（日）	東北Ｂカリキュラム 編成講座	山形県天童市	・小学校部会、中学校部会で報告
9. 8（土）	第９回委員会	郡山教組会館	・職場討議資料最終原稿の確認 ・今後の活動について協議
9. 17（月）	事務局会	福島県教育会館	・職場討議資料最終原稿の推敲作業
10. 12（金）			・放射線教育〈職場討議資料〉「生きるための学び」発行
10. 20（土） 21（日）	第62次福島県教育研究集会	福島県石川町	・放射線教育についてのリポート報告 ・市民集会開催

3　文科省「副読本」についての検討

2012年７月22日（日）、県教祖サマーセミナーにおいて、福島県教職員組合放射線教育対策委員会科学技術問題研究会編著『子どもたちのいのちと未来のために学ぼう－放射能の危険と人権』（明石書店）をテキストに、以下について説明し、人工放射線の危険性と放射性物質を放出した原発事故の深刻・重大性を強調した。

「小・中・高生放射線副読本」の問題点

1　放射線　　2　自然放射線と人工放射線　　3　半減期

4　透過力（性）　　5　放射能・放射線量の単位　　6　放射線の利用

11　震災・原子力災害から考えるインクルーシブ教育

〔福島県（福島市）特別支援学校〕※

菊池　ゆかり

はじめに

昨年３月11日の東日本大震災と東京電力福島第一原子力発電所の事故は、今も福島県民をはじめ多くの人々に多大な影響を及ぼしている。事故から１年８か月以上経っても原子炉内の状態はどのようになっているのかもわからず、その原子炉を今後もずっと冷却し続ける必要があり、まったく収束とは程遠い状況である。現在も放射性物質は原子炉の外に漏れ続けており、原子炉近くは高線量のため人が近づけない。原発事故によってばらまかれた放射性物質は広範囲の大地を汚染し、福島県の半分以上が「放射線管理区域」状態になっている。放射能に対する危険性や不安はまだまだたくさんある。その一方で、わたしたちの生活は普段どおりに戻りつつあり、徐々に「安全」の風潮も作り出されている。

福島県は、東側から浜通り、中通り、会津と大きく３つの地域に分けられ、気候風土にも違いがある。大震災と津波、原発事故による被害の状況や放射線量は地域によりかなり違っているが、線量が低い地域でも原発事故の影響を受けていることに変わりはない。現在も約16万人（子どもは約18,000人）が県内外に避難し、帰還の見通しが立たず長期の避難生活を余儀なくされている。最近では、経済的な理由や家族が離れて暮らすことの弊害、避難先での生活の見通しが立たないなどの事情で少しずつ帰還する傾向が見られている。また、昨年10月から事故当時18歳以下だった子どもの甲状腺検査が始まり、ホールボディーカウンターによる内部被ばく検査も行われている。しかし、生涯にわたる健康調査や医療体制が十分であるとはいえない。

本リポートは、福島県立いわき養護学校に勤務する荒香織さんの体験報告をもとに、震災と東京電力福島第一原子力発電所の事故による原子力災害に直面した現状から、障がい児の置かれた環境や人権から考えるインクルーシブ教育についてまとめたものである。

1　荒香織さんの体験から

1）避難時の混乱

私は、震災発生時、福島市内にある福島県立大笹生養護学校に勤務していた。福島市は、第一原発から約70ｋｍのところに位置しており、津波や原発事故により避難してきた方を受け入れる側として、避難所支援などの対応にあたっていた。

震災後、断水やガソリンがないという非常事態が続き、多くの人が、給水車に列を成して並んだり食料の調達に苦労をしていた。車での通勤が不可能なため徒歩や自転車で通勤したりしていた。震災後学校は臨時休業になったが、職員はできるかぎり出勤し、電話や家庭に出向いて、子どもたちの安否確認を行った。当初は多くの家庭が避難をしたのではないかと思っていたが、安否確認を進めていくと実際に避難をする家庭は少なかったのである。なぜ避難をしなかったか聞くと、障がいのある子どもを連れて避難するのは過酷であるという家庭が多く愕然とした。また、福島第一原発に近い地域から福島市に避難をしてきている人がいるということで、福島市は安心なのだと思い避難をしなくても大丈夫と思ったからという家庭も多かった。後で分かったことだが、その当時の福島市内の放射線量は3月15日に24μSv/時（福島医科大学調べ）とピークになり、その後も高い放射線量が続いていた。このころ、政府の会見や放射線リスクアドバイザーという社会的に影響力を持つ人たちから「ただちに健康に影響が出る値ではありません」という言葉を何度も聞かされていた。また、放射線から身を守るための情報として「放射線は花粉と同じ対応をすればよい」ということも伝えられ、マスクとゴーグル、外から室内に入るときは衣類の埃を払うという対応をすれば大丈夫といった、軽い対策での防御策が広められていた。このような情報により、わたしたちは無防備な状態で高線量の中で生活していた。その当時は自分たちがいる場所が、そんなに線量が高いところだとは思っていなかった。今から思えば、すぐに避難は必要であった。

福島市内の避難所では、障がい者が非常に肩身の狭い思いをしながら生活せざるを得ないという問題があった。スロープがないため車椅子の方が行動を自制してしまったり、慣れない環境に大声を出してしまう子どもとその家族が冷たい視線を浴びせられたり、咀嚼が困難な子どもの親が、配給されたおにぎりでは硬くて食べられないから軟らかい食べ物はないかと問い合わせたら「ぜいたくだ」と突き放されたりするなどの事例があったと聞いている。

福島第一原発から10kmの警戒区域の中に、福島県立富岡養護学校がある。そこに通学していた一部の子どもたちが福島市に避難していた。その保護者が避難先である大笹生養護学校に相談をしに来ることがあった。避難先での就学や医療機関、服薬、避難所での不適応の悩みなど、内容は多岐にわたった。一つひとつの相談に丁寧に対応しながらも、障がいのある人ががまんを強いられることに対して憤りを感じていた。障がい者福祉の充実がどこでもいわれているのに、災害時、非常事態の時に、障がい者が安全に安心して避難できる社会でなかったことを痛感した。

学校における対応も迅速ではなかった。当時、県教委は、富岡養護学校の対応についてなかなか明確にしなかったため、学校独自の判断として、避難してきた子どもたちを、富岡養護学校籍のまま特例で受け入れることにした。そのため、急きょ、同じ学年に複数の児童生徒がいる場合には富岡養護学級をつくり、大笹生養護学校の子どもたちと共に活動を行うこととした。子どもたちの受け入れはできたが、大きな課題があった。それは、避難をしてきた子どもたち一人ひとりの個別の情報がなかったということだ。富岡養護学校から情報を引き継げる状況ではなく、一人ひとりの障がいの状況や必要なケア・支援について、手探りで一つひとつ確認しながらの支援が始まった。後に、県教組の障がい児教育部の学習会で他の学校の状況を聞くと、どこも同じような状況にあったことがわかった。

後に、福島市近郊に避難している富岡養護学校の教員が、富岡養護学校大笹生分教室担当の教員として「兼務辞令」で配属になり、大笹生養護学校の教員とともに業務を行うことになった。

2）放射線から子どもたちを守ることの難しさ

大笹生養護学校は、まだ余震が続き放射線の不安が募る中、4月6日から新年度が始まった。教職員は、震災から1ヶ月も経っていない中での学校再開はまだ早いのではないかという考えがあった。

しかし、実際に子どもたちが登校してきたときに、保護者から「学校が始まってよかった。震災後、子どもたちは放射線の影響により家の中で過ごすことが多く、ストレスがたまっていた」と言われ、学校の役割について改めて考えさせられた。

登校してきた子どもたちの中には、震災後のトラウマからか、小さな余震があったり、緊急地震速報に似た音が鳴ったりしただけで、パニックになってしまう子どもが多かった。また、緊急地震速報のマネをする子もおり、その声を聞いた他の子どもが不安になるということもあった。

さらに難しかったのは放射線から子どもたちを守るための対策だった。学校では放射線被ばくをさけるため、屋外活動に時間制限が決められていた。しかし、子どもたちがその理由を理解するのは難しかった。隠れて外に出て行ってしまったり、外に出ることができないストレスのためか、いらだったりしている子どもも多く見られた。私は、毎日「外に出たい」と玄関から飛び出して行きそうになる子どもたちに「外はバツ。お部屋で遊びます」と伝えることが精一杯だった。障がいのある子どもたちに、放射線の危険性を伝えることの難しさを感じた。目に見えない放射線とその危険性、さらに放射線から身を守るための教育はいったいどうすればいいのか。ずっと悩みながらの教育が続いた。

福島県では、2011年３月末の人事異動が凍結され、８月に人事異動が行われた。私は、８月の異動でいわき養護学校に異動となった。いわき養護学校にきて驚いたのは、放射能に対する受け止め方の問題である。いわき市は原発に近い場所にもかかわらず、放射線量が低いといわれている地域である。そのため、屋外活動も、多少制限はあるものの、福島市ほどは制限がなかった。いわき養護学校の近くの田んぼのあぜ道では、毎朝小中学生がマラソンの練習をしていた。学校行事としてのマラソン記録会が行われたようだ。私は、放射線量が低いという言葉にマヒしてしまっているのではないかと感じた。放射線量が低いといっても、原発事故前の放射線量が0.04～0.05μSv/時であるのに対して、0.1～0.5μSv／時以上ある。このことは普通ではないことに気付いてほしい。同僚が、玄関の近くにある放射線測定器の数字を見て「今日は0.12だから低いね」と言っているのを聞いて、思わず「低くないですよ」と言ってしまい、奇異な目で見られてしまったこともある。

放射線の影響は、子どもや免疫力の低い人が影響を受けやすいという。このように、地域全体が「放射線量が低いから大丈夫」という感覚になりつつある中で、子どもたちを放射線から守っていく教育はますます困難であると感じた。

３）振り回される避難生活

2011年度が始まってからも、避難先での生活環境に適応せず、転々と避難先を変える家庭が多かったことから、県内の小中学校、特別支援学校での児童・生徒の転入・転出も多く、落ち着かない状況が続いた。

ある時「伊達市の避難所に相馬養護学校の高等部に入学予定だった生徒がいるが、一日中避難所にいる」という情報が入り、管理職が避難所を訪ねたことがあった。避難所には、その生徒の家族がおり「学校へ行かせたいが、福島市内の養護学校まで通学手段がない」と言っていた。そこで、特例措置として、本来なら小中学部の子どもしか乗車をすることができないスクールバスを避難所の前まで運行するということを伝えると、保護者は安心し、２学期に相馬市の仮設住宅へ移動をするまで、毎日登校をすることができた。また、福島市内の小学校から「避難のため、区域外就学で来た児童が、

『特別支援学校就学が適』となっていたことが分からず、何の配慮もないまま通常学校に入り、不適応をおこして始業式の次の日から登校をしていない」という事例もあった。その児童は、学校へは通わず、一日中避難場所である土湯温泉の旅館の中で過ごしていた。そこで、大笹生養護学校から保護者へ連絡を取り、養護学校へ転校することができた。しかし、土湯温泉街から養護学校までは片道20ｋｍ以上あり、通学の手段がないということも分かったため、学校からその子どもが住んでいた町の教育委員会に連絡を取ったところ、小中学生が登校するために出していた町のスクールバスが特別に養護学校まで運行され、そのバスに乗って通うことができるようになった。

県教組障がい児教育部の学習会で、他の地域でも同様なことが多く報告された。震災前は、兄弟で同じ学校に通い、特別支援学級で学んでいた子どもが、避難先の学校にニーズに合った特別支援学級がないために別の学校に行かなければならなかった事例。避難先の近くの学校にニーズにあった特別支援学級がなく、遠くの学校まで毎日親が送り迎えをしなければならなかった事例。富岡養護学校の小学部に入学するはずだった子どもが、どこの特別支援学校にも入れず、避難先の学校に入ったものの、十分な支援体制がとれず、２学期の終わり頃に特別支援学校に入れた事例など、様々な困難なことが起こっていたことがわかった。支援が必要な子どもたちが、震災後の混乱の中で見落とされていたことがわかった。

東日本大震災と原発事故による混乱とその対応の困難さから、福島県では異例の年度途中の８月の人事異動が発令された。11年度末の異動が凍結となっていた辞令がようやく発令されたのである。しかし、この異例の人事は、教職員や子どもたちに大きな精神的負担をかけた。私も８月からいわき市にあるいわき養護学校での勤務となった。異動の内示が出ながら、受け持つことになった学級の子どもや保護者に、異動については分からないとうそをつかなければならなかった日々は本当につらかった。

異動先のいわき養護学校にも富岡養護学校いわき分教室があった。私は、小学部５年生の担任になり、同じ教室にも富岡養護学校の子どもがいた。いわき養護学校でも大笹生養護学校同様、いわき・富岡の垣根を越えて、子どもたちが一緒に活動を行っていた。富岡養護学校の教職員も、いわき養護学校の教職員とともに子どもたちを支えていた。

しかし、年度末近くになり問題が起きた。自宅からの通学が困難な富岡養護学校の子どもたちが寄宿舎代わりとして東洋学園という施設を利用していた。東洋学園は震災直後千葉県に拠点を移していたが、いわき市に戻り、市内の施設を借りて子どもたちの支援・ケアを行っていた。しかし、借りていた施設は年度末を待たずに明け渡さなければならず、その子どもたちをどこの特別支援学校で受け入れるかという問題が起きた。いわき養護学校では、教室不足で受け入れることができないため、近くにある肢体不自由特別支援学校の空き教室を使うことになった。それに伴い、いわき分教室にいた教員が急に兼務先異動となってしまったのだ。私と同じ教室にいた富岡養護学校の教員もその対象となり、校長からの内示の後１週間で異動してしまった。学校施設の移動、子どもたちの移動等々で、教員は一方的に配置換えされるといった異常な状況の中に置かれていた。

また、新年度から富岡養護学校がいわき市内に仮設校舎を立ち上げるということも決まった。そこで、富岡養護学校の児童生徒は、避難先の学校に転入（転籍）をするか、いわき市内の仮設校舎の富岡養護学校に戻るかという選択をしなければならなくなった。いわき市は、避難者と原発作業員を受け入れ、住宅不足が続いているため、いわき市以外の地域に避難している子どもたちの多くは、住宅確保ができず、避難先の特別支援学校に転入することになった。しかし、地元いわき養護分教室にいた子どもたちは、苦渋の選択をすることになった。富岡養護学校の管理職が、説明のために保護者と個別に面接をしていた。後で聞いた話であるが、仮の富岡養護学校に戻ることを進めていたようである。保護者の中には、「避難のために何度も転校を繰り返し、最後にたどりついたいわき分教室でできた子どもたちの交友関係を崩したくない」「仮設校舎では教育設備が不十分である」などという理由から、いわき養護学校に残したいという考えを持っている保護者もいた。また、私たちいわき養護学校の教職員も、できれば残ってほしいという考えを持っていた。しかし、保護者同士の関係で「自分だけいわき養護学校に残れない」という考えが多くあり、ほとんどの子どもたちが仮の富岡養護学校に戻ってしまった。

行政の都合で次々と学校の教育環境が変えられていく。そのたびに新しい環境に慣れるために大変な苦労をしている。ちなみに、富岡養護学校の仮設校舎のリース期間は３年間ということである。その後、富岡養護学校がどうなるかはまだわからない。

２　震災・原子力災害を通して見えてきた課題

前述の荒香織さんの体験から見えてきたことは、障がい者は緊急時の避難や避難生活の中で、本来優先されなければならないのに、後回しに考えられることが多いことである。これは、今までの阪神・淡路大震災等の過去の経験からも指摘されてきたはずだが、やはり、緊急時となるとその対応の仕方は十分に生かされていたとはいえない。本来、行政が緊急時の避難計画やマニュアルを作り、万全な体制をとるべきであるが、その機能が末端まで行き届くのは難しいことであるということも実感している。

今回、荒さんのように学校の教職員が保護者の相談にのったり、個人レベルで避難所に出かけたりして障がい者を支えてきた事例が数多くある。また、各種ボランティア団体や NPO などの支援も多く、徐々に障がい者の避難状況も明らかになり、改善されてきたことも事実である。

しかし、障がい者が今回のような避難生活を送る場合、地域住民の理解が一番重要であると思う。車椅子の方が行動を自制してしまったり、自閉症の子どもとその家族が避難所で肩身の狭い思いをしたりすることは残念なことである。弱い立場の方に我慢を強いる避難所であってはならない。

これは、今までの社会や学校教育において、「障がいのある人には親切にしてあげる」というような考えが根底にあるのではないかと考えられる。「親切心」は持っているが、大部分の人は、どう対応していいか分からずに距離を置いてしまっているのではないかと考える。障がい者の理解は進んでいるように見えるが、まだ「親切にしてあげる」という意識にとどまっている。また、発達障がいについても、まだまだ理解が十分でないことが多いことも明らかになった。「共に生きる」という意識を育てていくことがインクルーシブ教育であり、障がいのある子どもに対する教育ではなく、すべての子どもたちの生き方に通じる教育だと感じている。

避難所についても、「我慢してください」といったところが多く、赤ちゃんの夜泣きでさえ迷惑がられるような避難所もあったり、プライバシーが守れない避難所もあったり、女性にとって不安で不自由な避難所もあった。現在の避難計画は、このような緊急時の避難の場合誰を基準にして立てられたものなのか改めて考え直していかなければならない。多様なニーズを想定した避難計画、防災計画であるべきだ。ここにもインクルージョンの考え方を取り入れる必要がある。多様なニーズにすべて応じるのは難しいことではあるが、せめて多様なニーズに応じようとする努力と、地域住民の理解が必要である。

おわりに

福島県では、今も避難生活を余儀なくされている子どもが多く、放射能におびえなから生活している子どもも数多くいる。障がい者・障がい児のみならず、福島県に住んでいる、福島県出身というだけで、様々な差別にさらされてきている。

学校現場では昨年度１年間は、校庭の使用制限、プールの使用中止・自粛、生産活動や花壇整備、地域学習など様々な学習活動の制限が行われてきた。小学校の生活科では、どんぐりなどの木の実を全国から送ってもらって使うなどの取り組みも行われた。今年も同様に全国の組織にお願いしている。自分の暮らす地域には、近くにたくさんある木の実があるにもかかわらず、それを使えない、自然とのふれあい学習ができないことに悲しさを感じる。さらに、外でのびのび遊べない中で、子どもたちのストレスはたまり体力が低下しているともいわれている。「けがが増えている」という報告も聞かれる。子どもたちのストレス発散・ストレス解消をどう進めていくのか、体力低下をどう克服していくのか、具体的な対策も必要だ。

昨年度、県内のほとんどの学校では、様々な教育活動に制限が加えられてきたが、12年度から、ほとんどの制限が解除されてきた。この規制解除は、放射線に対する「安全」「安心」をも大きく緩和させた。ここで、子どもたちの生活に不安を持つ人と、気にしない人の「分断」が出てきた。原発事故により、県外から多くの支援がある一方で、差別が作られる。県内で様々な不安を抱えた生活をする中で「分断」が出てくる。このことは、障がい者・障がい児にとって大変厳しい現実となっていく。

教職員の多くが、通常学級の中で、障がいのある子どもだけでなく学級に適応できない子が増えていると感じている。不登校、保健室登校、暴力傾向が見られる子、集中力が著しく続かない子、震災による加配教員が配置されてはいるが、十分に対応しきれていない。このような子どもたちを、特別支援学級担任が対応するという傾向が見られる。福島県では、特別な支援が必要な子どもが、そのニーズに応じて個別支援を受けたり、人的配慮を受けたりできるシステムが整備されていない。通級指導教室は、10人程度の対象の子どもがいないと設置できないという問題等で設置できない学校もある。通常学級の中で、多様なニーズに応えられる支援体制の整備が必要である。

今子どもたちは、「学力向上」に駆り立てられ、点数で「その人」を見られてしまう。学級の中に様々な課題を抱えている子どもが増えているのは、そういった教育のゆがみが引き起こしている現象ともいえるのではないか。「何か問題傾向を持つ子は隔離される」傾向は増えているように感じる。

今福島県教組では、「生きるための学び」をキーワードに、人権教育、放射線教育に取り組んでいる。この取り組みは、まさに、インクルーシブ教育の必要性を打ち出したものだと思う。

震災・原子力災害で避難を強いられた子どもたちは、教育を受ける権利が著しく阻害された。特に障がいのある子どもたちの就学に関して大きな問題と課題が明らかになった。中には、教育の機会を奪われた子どもも出たことは、大きなショックだった。障がいのある子どもが、どこに住もうが、そのニーズに応じた教育を受けられるような社会環境の整備を含めた教育環境の整備を進める必要がある。特別支援学校がないから、特別支援学級がないからといった理由で、教育を受ける権利を奪われてはならない。通常学級で共に学ぶ環境が整っていないことが問題であり、共に学ぶ環境を作ることが課題であろう。「共に学ぶ」「ニーズに応じた教育」「合理的配慮」など様々なキーワードがあるが、私たち教職員が意識したインクルーシブ教育を進めることが重要だ。このことを教職員自身が理解し、推し進めていかなければならない。

12 「コンセンサス会議」の手法を用いた「千葉県柏市の放射能問題」の授業

〔千葉県（流山市）高校〕

山本　晴久

1　千葉県柏市における放射能問題

千葉県柏市は県北西部の中心に位置し、人口約40万人を擁する地域の中核都市である。道路・鉄道交通が都心と直結していることもあり、高度成長期以降、都心のベッドタウンとして順調な人口増が続いた。「こかぶ」の生産で知られる典型的な近郊農業地域であると同時に、1980年代からは柏駅周辺の商業地開発が大規模に進められ、地域の商圏の中心として発展してきた。このように、あえて書かなければ特徴に乏しく、「千葉都民」といわれる新住民の地元への関心も薄い柏市の存在が、突如クローズアップされることになった。「放射能汚染問題」によって、である。

柏市の周辺地域が放射能に汚染された原因は、爆発事故を起こした福島第一原発から放出された放射性物質が北寄りの風に流され、3月21日の降雨によって地表面に沈着したことであると考えられている。文部科学省が発表している最新のモニタリング調査結果によれば、柏市付近の放射線量率（地上1メートル）は毎時0.1～0.2 マイクロシーベルト程度、平常値の4～5倍の数値である。事故から2年が経過したことから、主たる汚染源の一つであるセシウム134の半減期（2年）を迎え、除染や降雨等の効果によっても放射線量の減衰がみられる。柏市では、2012年1月に施行された「放射性物質汚染対処特別措置法」にもとづく「汚染状況重点調査地域」として指定を受け、小中学校や公園などの公的施設を中心に公費による除染活動が行われている。

問題が表面化したきっかけは、事故前からＨＰ上で公開されていた東京大学柏キャンパスにおける環境放射線量の数値が原発事故後に急上昇したことにあったといわれている。これに加えて、各地の市民による計測値がインターネット上に公開され、また週刊誌等でも周辺地域が「ホットスポット」として取り上げられるようになったことなどから、問題の存在が多くの市民に知られるようになったのである。

このような状況に対して最も早い時期から活動を開始したのが、幼児の母親を中心としたグループ「柏の子どもたちを放射能汚染から守る会」（以下「守る会」と表記）であった。2011年4月中旬にmixi上で立ち上げられた放射能問題に関するコミュニティーを中心に発足した同会は、5月中旬には子どもが関わる施設での計測と除染を求める署名活動を始め、その数はわずか2週間余りで1万人を超えた。6月末には放射線対策の具体案を示した「要望書」を市へ提出するなど、精力的な活動を展開する様子が多くのマスコミ報道にも取り上げられ、全国的に知られることとなった。一方、震災当初からインフラ被害、避難者、計画停電、給水などへの様々な対応に追われていた行政にとって、放射能問題とは数ある課題の中の一つでしかなく、実施された対策とは「科学的に安全」であることを証明し、市民を説得するために行われた放射線量測定等の限られた範囲のものであった。そのため、予防原則に立って早急な対策を求める市民グループとの間の対立は一時深刻化した。

そのような行政の姿勢に変化がみられるようになったのが、震災から半年近くが経過した夏のことである。6月に市内2か所のクリーンセンター（ごみ焼却施設）の焼却灰から高濃度の放射性物質が検出され運転を一時停止せざるを得なくなるなど、放射能問題は一向に収まる気配がなく、市民の不安も増大する一方であった。柏市は、市民との対話を通して不安の解消と問題解決に取り組むという方向へその方針を転換し、8月末に設置した「放射線対策室」に放射能問題への対応を一元化し、それ以降、幼保育園・学校等の放射線量低減対策、放射線量計貸出、市民対話集会の実施等、独自の施策を次々に打ち出していった。翌 2012年3月にはパブリックコメントの内容も考慮した「柏市除染実施計画」が策定され、市内各所で本格的な除染が実施されていくことになった。その特徴は、①柏市における追加被ばく線量（内部・外部被ばくを合わせたもの）を年間1ミリシーベルト未満の環境にする、②市独自基準として小学校、保育園等の子どもの生活環境となる場所については地表5センチにおける空間放射線量についても0.23マイクロシーベルト未満を目標とする（国の基準は地表1メートル）、③民有地の除染については市民、ボランティア、町会等の協力を求め、そのための支援を強化する、④国の支援対象外となる場合においても市独自の予算措置をする、の4点である。

とくに民有地の除染に関して、柏市が消耗品やノウハウの提供、「除染アドバイザー」の派遣などを通じて協力し、実際の作業は各地域の町会・自治会などが担う、行政と市民の協働という形をとっていることはきわめて特徴的である。このことに決定的な役割を果たしたのが、「守る会」が活動を休止した2011年10月以降にそれを受け継ぐ形で発足した「つながろう柏！明るい未来プロジェクト」（以下「つな柏」と表記）である。近所の幼稚園の除染ボランティアに参加したことをきっかけとする数名の市民から始まり、児童館や近隣センター等、市直轄の除染対象とはなっていないが子どもたちが多く立ち寄る施設の除染にあたる「ワンワン隊」、市内600を超える公園、その他施設のきめ細かい計測を行いその結果を市へ提供する「柏計測隊」、これらの活動に加え講演会等の広報活動を行う「わんわん情報局」に約70名が参加している。月数回の活動の内容、結果はＨＰ上で公開されており、多くのノウハウの蓄積が他地域への協力・アドバイス、柏市の「除染アドバイザー」養成などに活かされている（なお、「つな柏」は所期の目的を達成したとして2012年末をもって活動を終了している。詳しくはURL参照。http://www.tsunagaro-kashiwa.com/）。

事故後の約半年間、「予防原則」に基づいて「安心」のための対策を求める市民と「科学的知見」に依拠して「安全」を訴える行政の対立が先鋭化する中で、「つな柏」が目指してきたものは行政と市民の協働、「オール柏による除染・放射線対策」であった。この経緯について、「ワンワン隊」隊長であるＡ氏は次のように振り返っている。

> 「私たちの会が目指した『オール柏による除染・放射線対策』を実現するためには、より多くの市民を巻き込む必要がありました。ただ、限られた人数、予算（会の活動にはあまりお金はかけていません）の中で、柏市民に対して幅広い広報活動を行うことは難しいと判断しました。それよりは目的達成のために、行政と協業し、その広報力を活用すること、また行政そのものを私たちが望む放射線対策へと動かしていくことを目指しました。それによって最終的には市民を巻

き込んでいけるのです。除染については、ワンワン隊が市民による除染のモデルケースを示し、それを行政が取り入れて、町会を動かして町会による除染が広まり、結果的に多くの市民が除染に参加するという動きにつながっています」。

（授業において、文書を介して行われた生徒との質疑応答内容による）。

2 何が問題なのか

放射能汚染問題をめぐるこの間の市民の不安、行政の苦悩、両者の対立の根本的な原因はどこにあったのだろうか。それは、柏周辺地域の空間放射線量でいえば平均 0.3 マイクロシーベルト前後、年間にして数ミリシーベルトと推定される「低線量被ばく」に長期間晒された場合の健康影響が科学的には明らかにされておらず、専門家の間でも見解が異なるということに尽きる。放射線被ばくによる人体の健康影響に関する唯一の疫学的データは、広島・長崎の原爆被爆者調査についてのものである。これによれば、一度に 100 ミリシーベルト以上の被ばくをした場合に発がんリスクが直線的に増加する（確定的影響）が、これに満たない「低線量」といわれる領域においてはデータのばらつきが大きく、相関が確認できない（確率的影響）とされる。この「確認できない」範囲をどう解釈するのかが、専門家によって異なるのである。

一つは、広島・長崎のデータですら喫煙などのリスクに埋もれるほど小さいのだから、同等の線量を長期間にわたって被ばく（低線量率）する場合には、人間の細胞の修復機能も考慮に入れればリスクは限りなく小さく、安全と考えてよしとするものであり、もう一つは、分子生物学などの見地から細胞や DNA レベルにおける放射線の生物影響を考慮すれば、低線量であっても決してリスクは小さくならない、たとえ一本の放射線であっても遺伝子に大きな損傷を与え発がんの原因になり得る、とするものである。

各国政府が関係法令制定の際に依拠する「原子放射線の影響に関する国連科学委員会」（UNSCEAR）や「国際放射線防護委員会」（ICRP）は、これら双方に一定の科学的根拠があると認め、その結果、放射線被ばくによる健康影響はその線量に比例して増加し閾値はないとする、いわゆる「閾値なし直線（LNT）仮説」（以下「LNT 仮説」と表記）を基本的な前提として各種報告・勧告を作成している。どれだけの低線量であっても閾値は存在しないというLNT仮説を採用するとなると、柏市周辺のように実際に低線量被ばくのリスクを抱えてしまった地域においては、その放射線防護策をどのように考えればよいのだろうか。放射線防護に関する基本的な考え方として「ALARA（As Low As Reasonable Achievable）原則」がある。社会的に可能な限り合理的な範囲で被ばくを低減するための対策を講じること、とされている。この場合、「可能な限り合理的な範囲」とは、もはや「科学」ではなく「社会」で決めるべきものとなるのである。さきに述べた柏市の事例は、放射能汚染という未経験の災害に地域社会としてどのように取り組んでいくのか、具体的には放射線対策に有限な金銭的・人的資源をどの程度投入すべきなのかを「社会で決める」過程であったといえよう。

3 授業づくりの視点とその内容

「科学技術社会論（STS：Science,Technology and Society）」という学問分野がある。「科学技術と社会の関わりについて、（中略：筆者）人文・社会科学の観点から学際的に研究する」（平川秀幸

『科学は誰のものか 社会の側から問い直す』NHK出版、2010年９月、生活人新書、p.17-p.18）ものであり、そこでは「不確定要素をふくみ、科学者にも答えられない問題」には、「公共空間」における「社会的合意形成」が必要であるとされる（藤垣裕子『専門知と公共性 科学技術社会論の構築へ向けて』、東京大学出版会、2003年５月、p. ７）。まさに今回の柏市の状況そのものであるが、問題は低線量被ばくのみでなく、原発の再稼働、放射性廃棄物処理など原子力政策をめぐるものだけでも山積しており、日本に住む者すべてがその当事者となる可能性がある。さらに地球環境、遺伝子操作など科学技術をめぐる問題だけでなく、経済、社会にかかわるものまで含めれば「社会的合意形成」を必要としている問題は数限りなく存在するといっていい。従来、このような問題の政策決定過程は官僚や専門家など一部の利害関係者によって独占されてきたが、社会的な合意なしに問題を解決することがもはや不可能であることは自明であり、その過程をひろく市民に開くことは国際的な流れでもあろう。

このような時代に必要とされる社会科の学力、「市民的資質」とは何だろうか。筆者はこれを「社会的合意形成能力」と定義し、その育成を目的として柏市における放射線問題をテーマとする授業を実践した。具体的には、科学技術社会論における公共空間創出のための方法論、市民参加型テクノロジーアセスメントの一つである「コンセンサス会議」の手法を用い、その流れに沿って構成した。「コンセンサス会議」とは、社会的論争状態にある科学技術に関するテーマについて、素人である市民が専門家との対話を通して獲得した知識をもとに合意文書を作成するというもので、1980 年代後半以降デンマークなど北欧を中心に各国で試みられている。授業の概要を下表に示し、以下それぞれの場面におけるねらいについて述べる。

回	月日	テーマ	内容
1	4/12	オリエンテーション	アンケート実施、生徒の社会認識抽出
2	4/19	あらためて大震災・原発事故を知る①	授業者による講義
3	4/26	あらためて大震災・原発事故を知る②	生徒によるグループ発表
4	5/10	低線量被ばくのリスク①	専門家による講義と質疑応答
5	5/17	低線量被ばくのリスク②	同上
6	5/31	低線量被ばくのリスクを考える	各自の立場を決め、討論をする
7	6/ 7	地域住民の思いと取り組み	地域住民による講義と質疑応答
8	6/12	地域住民と行政の協働	市民団体関係者、行政担当者による講義と質疑応答
9	6/21	地元農業生産者支援の取り組み模擬コンセンサス会議準備	柏「円卓会議」関係者による講義と質疑応答
10	6/28	模擬コンセンサス会議	社会的合意形成を模擬的に試みる
課外	5/12	講演会（講師：京都大学今中哲二氏）	放射線に関する基礎知識
	7/17	全校集会（高エネルギー加速器研究機構伴秀一氏）	放射線に関する基礎知識

第一は、生徒の切実な問題関心に配慮しながら、放射線に関する科学的知識を丁寧に理解させることである（第１回～第５回）。そもそも原子力発電をめぐる問題理解に必要とされる知識は、物理、

化学等の自然科学から、経済、社会、倫理、歴史等の社会・人文科学に至る幅広い学問分野にまたがっている。低線量被ばく問題という限定された範囲であっても、放射線とは何かということから、単位の意味、人体への影響等、生徒にとってその内容はかなり難解である。しかし、生徒たちが問題について何らかの判断をし、他者との話し合いを組織していく上で、そのベースとなる科学的知識は必要不可欠である。授業では、「市民にとって必要最低限の科学（的知識）」とはどの程度のものであるのかということも念頭に置き、生徒の理解度を確認しながらの展開となったが、実際の「コンセンサス会議」を実施する場合にも、市民と専門家との対話やその手続きの保障は運営上重要な位置を占めている。

さらに、話をしていただいたお二人の専門家は、低線量被ばくの健康影響について異なる見解を持っており、それぞれを比較して聞くことで科学にも未解明のことが存在するという事実を知る機会とした。

第二は、後半に設定した地域住民や行政担当者との対話を通して、「科学の問題」を「社会の問題」に接続する、すなわちこの問題は「社会で決める」、さらには「自分たちで決める」ことであるという認識を獲得させることであった（第７回～第９回前半）。巨大な「非知」のリスクがひろく社会に影響を与えることが予想されるならば、その源となる科学技術や諸制度の適用については、社会の構成員の合意が必要である。今回の柏市の例をとってみても、市民の理解と合意なしに、科学的根拠をもとに一方的な説得を図り、一部の関係者のみで決定を下すといったような従来のやり方では、放射線対策を進めることはできなかったであろう。また一方では、市民の側に存在した安易な人任せ、行政任せという悪弊への反省を迫り、市民と行政の関係性を捉え直すきっかけになったことも事実である。このような地域の現実を学ぶことにより、自らを社会形成の主体として認識させることが可能になると考えた。

第三は、生徒同士が議論をする機会を保障し、立場や意見の異なる者同士が相互に批判と調整を重ねて合意を形成していくうえでの手続き、配慮すべきこと、あるいはその困難さそのものを体験させることである（第６回、第９回後半、第10回）。デンマーク等において実際の「コンセンサス会議」に参加する市民は、選挙人名簿からの無作為抽出によって選出される。試行にとどまっている日本では、公募に応じた「目覚めた市民」によって成立していることを考えると、「小さな社会」でもある教室は多様な考えを持つ個人が参加しているという点において、「社会的合意形成」を体験するには最適の場所といえる。

４　生徒の認識変容の全体的傾向

本稿における具体的な分析にあたっては、授業記録や生徒の感想・インタビュー等の逐語記録から、研究上の関心にもとづいて一定の範囲のテクストを切り出し（切片化）、概念名をつけたうえで、複数の概念間の関係性を構造化し、理論的考察を行った。この分析手法は、エスノグラフィー研究において広く用いられている。文中の「　　　」は切片化されたデータ、〈　　　〉は生成した概念、【　　　】は授業のテーマである地域の放射線問題に対する生徒の認識を示す。また、（男１）等は在籍31名の生徒に対して男女別（男子16名、女子15名）に割り当てた識別番号を示す。

①授業前の認識

授業を通した認識の変容をとらえるにあたっては、それ以前に生徒たちが地域の放射能汚染問題をどの程度認識していたのかをその基点とする必要があるだろう。このことについては、ほとんどの生徒が「私には関係ないかなって思っていました。柏って聞いても実感がなかったというか、目に見えないじゃないですか」（女15）という程度の認識である。そこにみられるのは、放射能のリスクに対して全く〈無自覚〉で〈根拠のない楽観視〉に陥り、汚染地域に居住しながらも【当事者意識の欠如】した姿である。色も匂いもない放射能の存在やそのリスクを認知するための負荷は非常に高く、生徒たちでなくとも問題をきちんと理解し判断できるだけの科学的基礎知識が市民の側に存在しなかったことを考えれば無理からぬとはいえ、このような認識をもとに授業はスタートしたのであった。

②専門家との対話

震災や原発問題の基礎的な知識の確認を行った上で、テーマを地域の低線量被ばく問題にしぼり、そのリスクについて見解の異なる複数の専門家との対話を行った。このことから、〈科学的知識の獲得〉が、ある程度の理性的な判断を可能とし、授業前の〈無自覚〉で〈根拠なき楽観視〉の修正につながったということが明らかとなった。このことは専門家の立場とは関係なく、安全を語ったから不安が軽減される、あるいは危険を語ったから不安が増幅されるというわけでもない。リスクを軽く見てはならないと主張する専門家の話を聞いても、「ただ漠然と不安だったものが対処法を知って安心できるようになった」（女５）と語る生徒たちが存在するからである。

さらにこのことが、放射能汚染を地域にとっての切実な問題として再確認することを通して、自らを当事者として認識することにもつながっていった。続いて第６回の授業では、これまでの学習をもとにして生徒一人ひとりに低線量被ばくのリスクを評価させ、討論を組織した。生徒たちはどのように〈非知を判断〉したのだろうか。下図は評価の分布を示している。図中の凡例にあるように、５段階の評価の中で自分がどこに位置するかを判断させたが、「判断できない」と答えた者を挟んで、「安全」・「危険」両派がほぼ拮抗していることがわかる。

評価の際にはその理由を明らかにするようにも求めたところ、専門家から得られた科学的知見にもとづくものを根拠とするよりも、かなり情緒的、直感的に判断をしていると思われる者の方が多かった。「気にしすぎて体調を崩したら元も子もない」（男11）から安全、「目に見えないものを安全というのは怖い」（女11）から危険という例である。

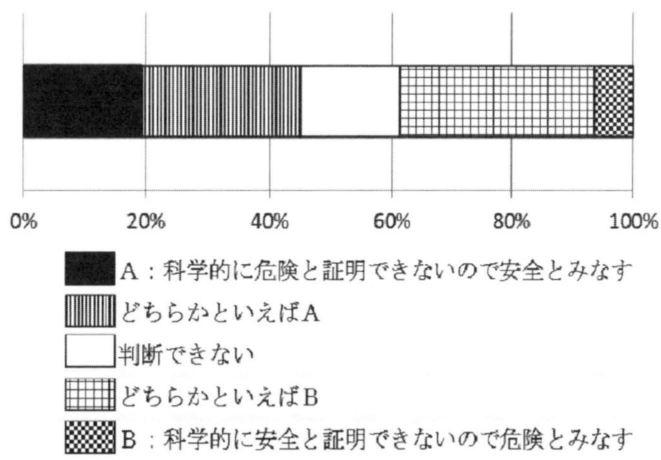

図　生徒によるリスク評価（筆者作成）

後にこの判断について聞き取り調査の際に確認をすると、「けっこう心配性」（女７）など、〈性格で決めた〉と語る者が多い。生徒たちは「性格」と簡単に口にするが、ここでいう「性格」とは「これまでの成育歴、すなわち家族や友人、地域社会などとの関係性によって形成されてきた、物事に対する見方や価値観」という意味であると筆者は解釈する。それまでの授業で獲得した科学にもとづくリスク評価は、専門家・研究者ではない生徒たちにとっては抽象的な、ある意味では机上の論理であったことを考えると、ここでの判断は一般的な市民の姿であると理解できる。実際に最後まで評価を変えなかった者も少なくはない。

③市民の取り組みに学ぶ

「性格」によってすでに決定づけられているようにも見えた生徒たちの認識は、この後の授業でどのように変容していったのだろうか。授業の後半では、地域においてそれぞれのスタンスで放射線問題にかかわる方々、柏市において市民と行政の協働による放射線計測・除染等の活動を実現した関係者の皆さん、そして農業経営者支援のための「円卓会議」を通して信頼回復のための枠組みを立ち上げた方など、立場は違っても同じ柏市民である地域の大人たちの取組みについてお話を伺った。

ここで読みとれることの第一は、市民の〈物語への共感〉である。「地域のことを詳しく知っている方々の話を聞く方が僕はよかったと思う。（中略）実際の経験をふまえた話はとても勉強になりました」（男５）と生徒たちはいう。それは、同じ科学用語であっても市民の話に登場するセシウムやシーベルトは、普段使っている見慣れた通学路における値であるかもしれず、市民たちが自らの時間や身体を使って調べたもの、として受け止めたからであろう。そして、このような市民への信頼感は、「今回の授業でお話をしてくれた方たちは、『分からない』で終わらせるのではなく、自分たちから情報を求めていたり除染をしたりしていました。政治とかに不満を言うだけで何も行動しない人もたくさんいる中でとてもいい」（女14）という、彼らの行動への驚きと敬意にもとづいている。

「事故前には普通のサラリーマンとして休日は子どもと遊んでいました」と語る「普通の市民」が、放射能汚染という未曽有の災害に対し、自分で情報を集め判断し、計測や除染等の行動につなげたという話はストーリー（物語）性に満ちている。生徒たちは同じ地域に暮らす市民の話を通して放射能汚染を実感し、その解決のために立ち上がった姿に共感することによって、それまでは抽象的にしか捉えることができなかった放射能問題を、身近で切実な地域社会の問題として認識をすることが可能となった。すなわち、市民の〈物語への共感〉が生徒たちの【当事者意識の獲得】に大きく寄与したのである。

また、〈物語への共感〉はもう一つの認識形成にも影響をもたらしている。女15は、低線量被ばくのリスクについて「ほとんど気にしていない」という従来の立場を強調しつつも、小さな子ども＝「守るもの」がある人ほどその危険性を考慮しているということに気付いたと述べている。それは「その人の気持ちになって考える」、「心配する気持ちもわかるように」なった、「たぶん当事者性をもてた」瞬間であったのだろうと語っている。女15は「守るもの」をまだもたないという点では当事者ではないのかもしれないが、「いっぱい心配している人、心配していない人の話を聞く」ことにより、切実な問題に真摯に取り組む当事者の〈物語への共感〉を通して他者を理解することができるようになり、【当事者性の獲得】という認識を得る機会ともなったのである。

しかしながら、科学的な社会認識の獲得を大きな目標の一つとする社会科授業において、「物語」を用いることにはきわめて抑制的でなければならず、恣意的、一面的に利用することがあってはならない。実際に「市民の人の話はあんまり響かなかったです。なんか、風評被害とかを助長しているのはああいう人たちなんじゃないかなって思いました」（女９）というように話の内容の信ぴょう性を疑う者もいた。ここで問題となるのは、「お話の中で『インターネットを使って調べた』という言葉が何回か出てきていたけど、（中略）その根拠が気になる」（女５）との素朴な疑問である。このことは、第８回の授業における議論の中心となった。３名のゲストの方々全てが、市民と行政の協働による放射線対策を構築していく際に、社会に氾濫する情報の中から依拠すべきものをどのように取捨選択し公表していくのかが問題となったことを強調された。皆さんがそれぞれの経験をもとに訴えたことは、市民一人ひとりが自らの責任において情報を収集し、判断することによって、はじめて当事者としての行動を起こすことが可能になるということであった。

以上のような学習を通して生徒たちは、社会問題の解決にあたっては「最低限の情報と話し合う場が必要」（男13）であり、「すべてを鵜呑みにするのではなく批判的に意見を聞いたり調べたりしてみようと思いました。そのうえで判断するのが大切」（女７）というように多面的・批判的・継続的な〈情報取得の大切さ〉をあらためて確認し、このことなしには【当事者意識の獲得】など不可能であるとの認識を獲得するにいたったのである。

④模擬「コンセンサス会議」

さて、授業もまとめの段階である。生徒たちは柏市の事例を学ぶ中から、社会問題の解決にあたっては、切実な当事者意識を持つ人々が十分な情報をもとに判断していくとともに、立場や見解の異なる人々との合意を粘り強く紡ぎ出していくことが重要であると学んできた。残された課題は、それをどのような場において何を根拠に決定すべきなのかということである。授業最終回では、低線量被ばくのリスク評価について異なる見解を持つ生徒同士が、公開の場におけるランキング形式という枠組みのもとで、放射線対策を含む政策の優先順位についての「社会的合意形成」を試みた。第６回の討論と合わせて、生徒たちが他者との話し合いを通して獲得した認識について考察してみたい。

生徒たちだけでなく大人にとっても、社会の問題について真面目に話し合うという機会は、近年ほとんど失われているといっていい。それだけにこの学習からは、彼らが様々なかたちで得た〈話し合うことの価値〉への気付きを読みとることができる。その一つは「班の話し合いを通じてその立場が自分の意見であるとより明確に」（男13）なったことなど、同一の価値を共有することで得られた安心感や連帯感である。しかし一方では、「他の人がどのように放射能について考えているのかがわかってとても驚きました」（男14）という、自分とは異なる意見を持つ他者の姿をあらためて確認できた、あるいは考えが揺らいだという者も多い。だからこそ、「何が正解で何が不正解かなんてものはなくて、だからこそ人任せじゃなく自分の意見を言ってそれが少しでも反映すれば」（女５）のように、まず自分の意見をきちんと伝えることに意味があると考え、さらに、（男11）の述べる「どの意見が一番というのはなくて、みんなで合意できる部分をさがしていく」にみられるように、相互批判と相互調整に努力することが重要であることなど、〈合意形成のためのプロセスへの合意〉を導き出すことができたのである。

以上のように、授業の中に〈討論という社会的過程〉を設けることによって、身近な友人たちの他者としての姿を知り、模擬的なものであったとしても合意形成に努力したという経験が、生徒たちに幅広い【当事者性の獲得】を促したといえるだろう。

5　ある女子生徒が獲得した認識とその変容過程

女12は、授業を通した学習活動を学校外における放射線計測等への参加、すなわち社会参画という段階につなげることができた唯一の生徒である。ここでは、彼女が獲得した認識の変容を解明することを中心に、社会的合意形成能力がどのように育成されたのか、その実態を分析する。

事故当初、女12には自分の心配をする余裕はなかったという。福島県いわき市に住んでいた従姉妹たちが避難生活に至る一部始終を聞いていたからである。柏市のホットスポット報道が盛んになってからも「100キロも離れたこの地に（放射能が）飛んでくるっていう意識があんまりなかった」ため、もし当時にリスク評価をしていたとすれば「一番安全ライン」であったと述懐する。〈根拠なき楽観視〉ともいうべき状況にあったことは間違いない。しかし、授業が始まり、専門家による話を聞く中で、彼女は迷いを深めていった。「専門家によってやっぱり捉え方が違」っていて、「どっちの話をもとに自分の意見を決めていいのかがわからない」状態に陥ったからである。それには、女12の進路希望が放射線を扱う医療現場で働くこと（看護学校への進学）であったことが影響していたと思われる。ある専門家が「人の立場や状況によって被ばくの基準値は異なる」という話をされたことに対し、女12は「医療従事者であるからって、同じ人なのに浴びていい量に差があるのはおかしい」と疑問を呈した。彼女は後日の聞き取りの中で、「理屈はわかるんですよ。（中略）なんかそれを認めること、納得することができないんです」という割り切れなさの背景に、「ちゃんとした安全の基準内で働きたいという気持ちが強い」という自分自身の将来への不安があったことを語っている。このような感情と専門家によって異なる見解のはざまで女12は葛藤していた。当然、この時期のリスク評価は「判断できない」であった。

しかし、その後の第6回「低線量被ばくのリスク評価についての話し合い」において、女12は「どちらかといえばA」の立場で議論をリードした。彼女は、その葛藤をどのように整理したのだろうか。女12は、その授業直前の休日に実施された、柏市のボランティア団体「つな柏」主催による放射能計測会に受講生として唯一参加をし、その「予習」のためにインターネット上の除染や計測に関する様々なサイトを閲覧している。このことを通して、若い母親など安心を求める人々の存在と医療従事者の事例を重ね合わせ、「小っちゃい子とかいる人にとっては不安な値」であっても、今の自分にしてみれば「そこまでの不安感を持つ値ではない」という自分なりの結論を導き出したのだという。

参加した計測会においては、線量計を手に計測することで、実際に汚染の状況や局所的な高線量箇所の存在を実感することになり、その場所が弟たちの遊ぶ公園の近くであったことも不安材料として残り続けるのだが、彼女自身にとってはこの経験も、「そこまで不安がる必要もない」との判断につながるものとなった。

ところが、ようやく自分なりの判断を下すことができた女12にとって、柏市民による話は衝撃的であったという。様々な情報があふれる中で「正しい知識とかを見分けて判断材料にして」、「いつでも危機感を持っている」という市民たちは、「私とはまったく違う」、「今までになかったタイプ」の人々だったからである。「誰がどのくらい（不安感を）抱えているのか」がまだよくわかっていなかったという女12は、この経験を通して、子どもを抱えている母親が最も強い不安感を持っていることにあらためて思い至る。〈当事者性を獲得〉した瞬間であったという。ただ、彼女は「どちらかといえばA」との立場を変えることはなかった。理解はできても、ゲストの市民たちとは立場が違うからである。

一方で、興味深いエピソードがある。女12を含む何人かの女子生徒で「もし今自分にお金があって、ひとり身だったらどうするか」という話をしたことがあったそうだが、全員が「柏から出る」、「絶対ここにいないよね」と答えたという。このことは、彼女たち自身が自由に住む場所を選択することができない高校生として、この先も柏での生活を考えていかざるを得ない、切実な「当事者」そのものであることを示している。女12だけではなく、「どちらかといえばA」の生徒たちには「柏で暮らす以上、安全と思わないとやっていけない」と考える者が多い。このような事例にも、多面的、多義的な「当事者」としての姿を見ることができよう。

自分の家の近くで、それなりの高線量スポットが確認され、その近くで小学生の弟たちが遊んでいるということは、その後の彼女にとって日々意識せざるを得ない事実となった。母親にその旨を伝え、自治会を動かしてくれるよう懇願しても、「危なかったら市がやってくれるはず」などと全く動く様子がないことに落胆した女12は、6月の半ばに近隣センターから借りた線量計を用いて、一人で近所の公園の放射線量の計測を行っている。調べた範囲においては、心配していたような高線量を検出することはなかったそうだが、母親とのやり取りや公園で出会った若い母親との会話などから、女12は「今住んでいるところの状況を知らない人が多すぎる」と感じ、あらためて知識がなければ情報も意味を持たないこと、「知らないことの恐怖」を痛感したと語っている。このような認識は、彼女が自ら線量計を借り計測をしてみるという経験なしには獲得し得なかった、とりわけ貴重なものである。女12 は、今後も授業で得た知識をもとに「みんなに安心を与えるため」に何らかの社会的な活動をしてみたい、とも語っている。

おわりに

東日本大震災、福島第一原発事故を契機として、我々は「高リスク社会」に生きているという事実をあらためて認識せざるを得なくなった。大地震・放射能による被害は、地域社会における経済・産業の衰退、高齢化などの問題を顕在化させ、リスクは連鎖的に拡大している。リスクの増大が懸念される一方で、社会的紐帯や制度としてのセーフティーネットは弱体化しており、個々の市民が直接的な脅威に晒されるようになった。また、すでに顕在化している、あるいは予想されるリスクについては、政府・自治体と市民、または市民の間にその対応における役割分担や配分をめぐって合意を形成すべき問題が山積しており、中には放射能をめぐる問題のように、現時点の科学でもその影響について明らかにできないものも多い。しかし、誰もが等しくリスクを被る可能性がある以上は、一人ひとりの市民がその当事者であるなしにかかわらず問題に対処する力を持つことが必要となろう。

筆者は、このような力を自律した市民が立場や意見の異なる者とも粘り強い対話を通して社会的な合意を積み重ねていくことのできる能力、すなわち「社会的合意形成能力」とさきに定義した。高リスク社会における論争的社会問題には、明確な解決策が存在するわけではない。生徒たちは、学習を通して獲得した社会認識にもとづいて自ら意思決定し、主体的な社会参画という態度変革、さらには社会的合意を形成する段階にまでたどり着かなければならないのである。これらの過程においては、まず問題についての切実な当事者意識を持つことができるかどうかが一つの前提となろう。日常の生活を維持しながら、複雑な社会問題について自ら知識を求め、何らかの判断を下すという認知負荷の高い行為には、強力な動機づけが必要となるからである。しかし、社会問題にかかわる立場や利害は人によって大きく異なる場合も多いため、合意形成の場はともすれば不毛な二項対立に陥りがちである。そこで次に、間主観的対話を可能にする幅広い他者理解、すなわち当事者性を獲得することが、社会的合意を形成するにあたって必要不可欠となる。

以上の認識にもとづいて、筆者は市民参加型テクノロジーアセスメントの一つであるコンセンサス会議の手法を用いた授業を構想・実践した。その結果、①専門家との対話を通して〈科学的知識を獲得〉し、②問題解決に取り組む地域の市民の〈物語に共感〉し、〈情報取得の大切さ〉を学び、③生徒同士の話し合い、すなわち〈討論という社会的過程〉を経験する、という学習過程を経て、生徒たちに切実な【当事者意識】と幅広い【当事者性】、すなわち「社会的合意形成能力」の中核となる認識が育まれたことが、一連の分析を通して明らかになった。「社会的合意形成能力」を育成する授業、あるいはひろく社会科授業を構想する際の視点としても、【当事者意識】・【当事者性】をどのように涵養していくのか、その方向性や方法論についての議論をさらに深めていくことが求められよう。

13 「ほうしゃせんから　みをまもろう」
―放射線教育の実践

〔福島県郡山市 小学校〕※

飯塚　裕一

2011年３月11日の大震災、引き続く３月12日・14日の東京電力福島第一原子力発電所の水素爆発による大量の放射性物質の拡散から２年７か月が過ぎた現在でも、福島県は困難な状況が続いている。原発のある浜通りはもとより、除染が進んでいない中通りも、まだまだ放射線量の高いところが多く存在している。

原発災害により避難生活を余儀なくされている県民は2013年８月時点で、県外約５万２千人、県内を含め約14万５千人となっている。

また、福島第一原発からの汚染水漏れは、４月に地下貯水槽からの漏れが発覚して以降、地上タンクからの漏れ、台風による堰からの流失、さらには海への流失等々、日を追うごとに地下水の流入により汚染水は増え続け、状況は悪化し、「アンダー コントロール」・収束にはほど遠い状況となっている。

さらに、県内の教育現場は、現在小中学校で10校が臨時休校になっており、29校は再開しながらも仮設校舎や他校の間借り状態で、特別教室や体育館がなかったり、校庭が狭かったり、教育条件が整っていない状況にある。また、仮設住宅から通学する子どもは、狭い部屋で家族や近所に気を遣い、プライバシーも保てない状況でストレスが増えるばかりか、スクールバスでの長距離の通学など、より厳しい学習環境におかれている。

このような状況下、学校施設は、表土の除去や入れ替え、校舎や屋上の洗浄、学校敷地内の除染など、繰り返しての除染作業により放射線量が低減してきたが、子どもたちが日常生活している地域の面的除染はまだ始まったばかりであり、まだまだ生活環境の中に線量が高いところが多く存在している状況にある（除染作業の遅れ…中間貯蔵施設・仮置き場が未定・天候等）。

県教育委員会は24年度から全学年で年間２時間以上の放射線教育を行うよう通達を出した。この実践は、福島支部の三浦先生の実践を参考にして、「学級活動」の時間で小学校２年生（薫小学校）と１年生（柴宮小学校）で行ったものである。放射線の知識を教え込むのではなく、自分たちの身近な線量やホットスポットなどの事実や実態をもとに、児童自らが判断・思考し、行動することができるようになることを考えて取り組んだ。

1　子どもたちを取り巻く状況

写真１～７までは、現在勤務している柴宮小学校の線量等の状況である（７月）。

写真１～３は、現在担任している教室の前のベランダの様子である。中庭は一度除染が実施されたが、今回の授業を行うに当たり測定を行ったところ、側溝の表面で、約14μSv/ｈ、約51万Bq/㎡の

（写真１）教室前ベランダ側溝

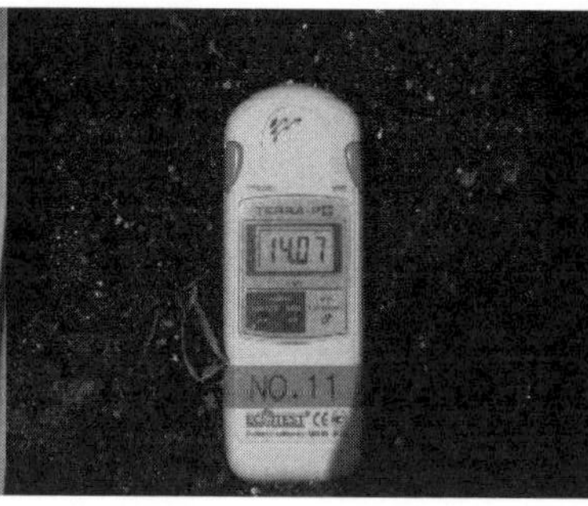

（写真２）約14μSv/h

（写真３）約51万Bq/㎡

線量が出た。すぐ子どもたちによる水やり、ベランダに出ることを禁止し、すべてのアサガオの世話を教師が行うこととした。

（写真４）学校農園

（写真５）0.74μSv/ｈ

写真４・５は、放射能漏れ事故以前は、サツマイモや大豆などを栽培していた学校農園である。毎年秋になると焼き芋などをして収穫祭を行っていたが、事故以降全く使用していない。線量は、0.74μSv/ｈで、事故後２年半になろうとしていたが、放射線管理区域以上の線量があった。

（写真６）校庭（埋めて保管）

（写真７） 地上保管

写真６・７は、除染を行って出た土や葉などの保管の様子である。写真６は、校庭に穴を掘り、コンクリートの容器を埋めその中に廃棄物を入れ、土で覆っているところである。また、写真７は、分厚いコンクリート容器に入れ、地上で保管しているところである。

いずれも放射性廃棄物の仮置き場や中間貯蔵施設ができれば取り出し、運ぶ予定になっている。だが、現在のところ郡山市では、仮置き場は決まっていない。さらに、中間貯蔵施設となると、いつ決まるのか全く目処が立っていないのが現状である。はじめにも述べたが、除染作業自体が様々な要因で計画通り進んでいないのが現状である。

このような状況の中、福島県民及び子どもたちは日々の生活をおくっているのである。線量の高い場所を登校し、除染が行われていない地域では、線量が高い土地で暮らしている。本当にこのような状況をもたらし、安全神話の虚構を作り上げてきた、東電や政府、学者、そして官僚等々に強い怒りを覚える。

しかし、現状を怒り、憂えているだけでは、子どもたちや私たちの健康や生活を守ることができない。現在私たちができうることを、一つひとつ進めていくことが重要であると考え、今回の授業を行うこととした。

2 授業案

第2学年2組　学級活動　学習指導案

2012年1月10日（木）3校時　場所　2－2教室　授業者　飯塚裕一

授業テーマ
放射線量の高い場所や生活上の注意点を、資料を調べたり話し合ったりする活動を通して明らかにし、児童一人ひとりが放射線から自分を守る手立てを身につける授業

1　題材名　ほうしゃせんから　みをまもろう

2　題材のねらい

学校や身の回りには、放射線量の高いところがあることを知るとともに、放射線から自分の身を守る手立てを知り、安全に生活できるようにする。

3　題材について

福島県は、2011年3月11日の東日本大震災が原因となり起きた福島第一原子力発電所のメルトダウン及び水素爆発により、現在も放射能汚染にさらされている。

本校の校庭を始めとする敷地内は、11年4月27日の校庭の土壌を除去する除染をかわきりに、保護者の方々による校舎・校地・登校路の除染、12年10月の業者による校舎・校地・校庭周辺の除染と繰り返し、放射線量を下げるための作業が行われてきた。

結果、現在常設のモニターによる校庭の空間線量は、0.23μSv/h前後となっている。また、校舎内は事故後、極力窓を開けず汚染の回避に努めてきたため、0.10～0.13μSv/hと平常値の2倍程度の数値となっている。しかし、子どもたちが日常生活している地域内は、未だ面的な除染が行われておらず、屋根や雨樋、道路や側溝、生け垣など、まだまだ放射線量が高く、近づかない方がよい場所が多く存在している。

児童は、現在まで学校や家庭で様々な被ばくに対する注意を受け、危険性について一定の認識をしている。しかし、敷地や校舎等の除染が行われ、今まで放射線量の高い区域に張っていたロープが撤去されたり、校庭の使用を再開したりするなど、放射能漏れ事故以前の生活に近づくにつれ、少しずつ危険性への意識が薄らいできている。

一方、内部被曝を心配し、給食の牛乳やご飯を取らず、弁当を持参している児童、校庭での授業を見学している児童がいるのも事実である。

このような実態から、本題材（授業）では、放射線に対する基本的な知識を知らせていくとともに、身の回りの放射性物質が集まりやすい場所や除染後で比較的安心な校地内であっても放射線量が高い場所があることに気づかせ、今後どのようなことに注意していかなければならないかについて考えさせるとともに、可能な限り放射線をあびる量を少なくして生活できるよう、身を守る手立てを身に付けさせていくことが重要な課題となる。

そこで、学習にあたっては、県災害対策本部発行のパンフレット等を資料として用いて調べさせ

るだけでなく、身近な校地等の写真なども利用して、理解の助けとしていきたい。また、本時においては、どれだけの放射線量なのかを知るために、マス目を塗った数をもとにして、量が視覚化できるように工夫していきたい。

さらに、放射線量が「高い」という言葉より「強い」の方が2年生には分かりやすいと思われるので、授業では放射線量が「強い」・「弱い」と表現することとする。

なお、児童に必要以上に不安や心配をさせないため、人により多少話すことは違っていても、先生や家の人が話すことを守っていれば、ほぼ心配ないことをおさえておきたい。

4　本時の主張

本時を進めるにあたって、「『生きる力』を育てる授業づくり～人間関係力に着目して～」及びめざす子どもの姿「自他を認め合いながら、よりよい考えを創り上げる子ども」との関わりを考え、以下のように実践することとした。

(1) 主体的な取り組み

日常の生活体験や資料より、放射線量の高い場所や放射線から身を守っていく方法を考えさせていく。また、一人ひとり主体的に取り組ませていくため、調べたり考えたりしたことをワークシートに書き込む作業を取り入れる。〈手立て①〉

※一人ひとりが資料や体験の中から考え、書き出せるよう、十分な時間を確保する。

(2) 交流（考えを広げ、補強し、共有する）

考えたことを広げたり、補強をしたりしていくため、グループ→全体と段階を踏んで話し合いを行わせていく。また、話し合いの中から、放射線から身を守っていく方法をまとめていく。〈手立て②〉

① 流れ〈段階を踏んで〉

個人（一人ひとり）	⇒	グループ	⇒	全体
ワークシート		ワークシート		発表
（主体的な取り組み）		（広げ・補強）		（共有）

② 交流をすることにより、一人ひとりの考えを全体的なものとして共有できるようにする。

《みんなで考える…知恵を合わせ、共有する》

(3) 資料の活用

2年生ということもあり、子どもたちの日常の知識や体験はまだまだ不十分である。そこで、考えていく手助けとするため、県災害対策本部発行のパンフレットや写真などを用いる。〈手立て③〉

5　指導計画（総時数2時間）

時	主な学習内容	達成基準
1	放射線についての基本的な事柄について知る。	放射線とは、どのようなものなのか理解できる。
2 本時	校地内等の放射線量の高い場所を知り、放射線の被ばくを少なくするための方法を知る。	放射線量の高い場所を知り、被ばくを少なくする方法を理解して安全に生活できる。

関心・意欲・態度	思考・判断・実践	知識・理解
放射線の高い場所について、意欲的に調べようとしている。	放射線の被ばく量を少なくするために、今後注意することを考え実践している。	放射線の性質や危険性を知り、被ばく量を少なくする方法を理解している。

6　第1時の目標

放射線とはどのようなものか、資料などを使って調べ、知ることができる。

7　指導過程（第1時）

学習活動	時間	○教師の支援　指導上の留意点　◇評価
1　課題把握 ・なぜ、放射線の学習をしなければならないのか課題を確認する。 ・地しんでげんぱつがこわれた ・身の回りにほうしゃせんがつよいところがある ・びょう気をおこすことがある	10	○　酒蓋公園で学習する事故以前の1年生の写真を見せ、なぜ自分たちは酒蓋公園で学習をすることができなかったのか考える。 モニタリングポストの写真も提示し、未だ放射線量が高いことも知る。 ○　現在の時点で子どもたちが知っている「放射線」のことについて発表させ、意欲づけをする。
㋱　ほうしゃせんて　なあに。		
2　放射線について調べる。 ○資料調べ・記入 ○発表	30	○　文科省の「放射線について考えてみよう」の資料を用いて放射線の特徴を調べ、ワークシートに記入し、発表する。 〈手立て①・③〉
（1）放射線とは？ ・光のようなもの ・光より「もの」をとおりぬける力がつよい。	（5）	○　文科省資料6ページを読み、記入する。 ○　疑問に思ったことなどがあれば、その都度質問させ、答えていく。
（2）放射線のとくちょうは？ ・目に見えない・色もない ・さわれない　・においもない ・つよさをはかれる（線量計）	（10）	○　資料4ページ、13ページを読み、記入する。 ○　内容が高度で子どもたちにとって、捉えにくい内容であるため、分かったことだけ記入させていく。
（3）何から出るの？ ・　出すもの（放射性物質） セシウム・ウラン・石	（5）	○　資料9ページの図を参考に、放射性物質と放射線のことについて知る。 （電球…放射性物質、光…放射線）
（4）何に使われているの？ ・レントゲン（病院） ・しょうどく	（5）	○　資料7ページを読んで、何に利用されているかを知る。
（5）うけるとどうなるの？ ※たくさんうけると	（5）	○　資料12ページ下段「身近に受ける放射線の量と健康」の部分を読み、記入する。

やけど びょう気になる 3　学習のまとめ （1）放射線の特徴を確認をする。 （2）次時の学習内容を知る。	 5	◇　放射線がどのようなものか、知ることができたか。 ○　板書及びワークシートで放射線の特徴を確認する。 ○　次時は、放射線から身を守っていく方法について学習することを伝える。

8　本時の目標（第2時）

学校や身の回りの放射線量の高い場所を知り、可能な限り被ばくしないために、どのようなことに気をつけて生活していくかを考えることができる。

9　指導過程（第2時）

学習活動	時間	○教師の支援　指導上の留意点　◇評価
1　課題把握 ・放射線の特徴を確認する。 目に見えない、においがしない はかることができる びょう気をおこすことがある	5	○　モニタリングポストの写真や簡易線量計を提示し，問題意識をもたせる。 ○　前時を振り返り「放射線」の特徴を確認する。特にたくさん浴びると病気になりやすいことをおさえる。
㋱　ほうしゃせん、どんなことに気をつければいいの。		
2　放射線からの防護 （1）放射線量の高い場所を、日常の体験や資料等で調べる。（個人） ・ワークシートに記入 そっこう　雨どいの下 草むら　水たまり・池 木の根元　など	35 (5)	 ○　室内より外が高いことを伝える。 ○　日頃の体験や県災害対策本部パンフレット（小学生用）等を用いて放射線量が高い場所を調べさせる。〈手立て①〉 ○　学校内は除染してあるのである程度安心であることを伝えた上で、考えさせる。
（2）放射線量の高い場所についてグループで話し合い、まとめたことを発表する。 ・　グループ ・　ワークシートに記入（追加）	(10)	○　一人一人が考えたことをグループで話し合い、線量の高いところをまとめさせる。〈手立て②〉 ○　水がたまる場所や未除染の土や草木が放射線量の高い場所であることに気づかせる。 ○　パンフレットの絵のコピーと、校地内等の線量が高い場所の写真を並べて貼り、線量の高いところを意識化させる。〈手立て③〉
（3）実際の放射線量を知る。 ・　教室内との線量比較。	(5)	○　マス目の数で、教室を1とした場合，事故直後 100 と除染後5の汚染度を把握

		させる。最も線量の高かった体育館雨水升の線量を用いる。
（4）防護法について考える。 ・ワークシートに記入 ・発表 近よらない　長くいない うがい　手あらい ほこりをはらう など	（10）	○　放射線から身を守るためどのようにしていったらよいか一人一人考え、全体で話し合いまとめていく。 （参考…県パンフ）　〈手立て②〉 ◇　放射線量の高い場所が分かり、どのようなことに気をつけていくかを考えることができたか。
3　学習のまとめ ・　気をつけることを発表する。 ・　まとめの話を聞く。	5	※　**ワークシートを参考に、一人一人が日常の生活の中で気をつけていくことを発表させる。** ○　パンフレットを家に持ち帰り、学習したことを家の人といっしょに話していくこと。また、家庭でも気をつけて生活していくことが大切であることを伝える。

3　授業の実際（第2時）

学習内容	授業の実際
1　課題を把握する。 ○前時を振り返り「放射線」の特徴とたくさんあびると病気になりやすいことを確認 ○ほうしゃせんは 目に見えない、においがしない はかることができる びょう気をおこすことがある	○モニタリングポストの写真や簡易線量計を提示し、問題意識を持たせていった。
㋲ ほうしゃせん、どんなことに気をつければいいの。	
2　放射線から身を守る手立てを考える。 （1）放射線量の高い場所を、日常の体験や資料等で調べる。（個人） ・ワークシートに記入 そっこう　雨どいの下 草むら　水たまり・池 木の根元　など	○日頃の体験や県災害対策本部パンフレット（小学生用）等を用いて放射線量が高い場所を調べた。〈手立て①〉

（２）放射線量の高い場所についてグループで話し合いまとめ発表する。 ・グループ ・ワークシートに記入（追加） ・発表	○一人ひとりが考えたことをグループで発表し合い、線量の高いところをまとめていった。〈手立て②〉 ○パンフレットの絵のコピーと、校地内等の線量が高い場所の写真を並べて貼り、線量の高いところを意識化させていった。〈手立て③〉
（３）実際の放射線量を知る。 ・教室内との線量比較 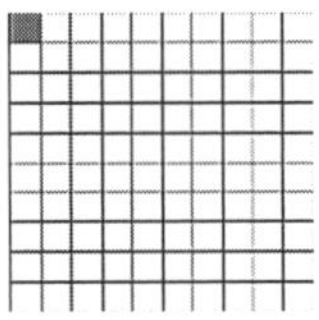 教室（現在）	○マス目の数で、教室を１とすると、事故直後が100、除染後が５であることを提示した。比較には、最も線量の高かった体育館の雨水升の線量を用いた。
（４）防護法について考える。 ・ワークシートに記入 ・発　表 近よらない　長くいない うがい　手あらい 土をおとす　など	○放射線から身を守るため、どのようにしていったらよいか一人ひとり考え、全体で話し合いまとめていった。（参考…県パンフ）〈手立て②〉 ◇放射線量の高い場所がわかり、どのようなことに気をつけていくのかを考えることができたか。
３　学習のまとめをする。 ・気をつけることを確認する。 ・まとめの話を聞く。	※一人ひとりが日常の生活の中で気をつけていくことをワークシートに記入し、全体の前で発表した。 ○パンフレットとワークシートを家に持ち帰り、学習したことを家の人といっしょに話していくこと。また、家庭でも気をつけて生活していくことが大切であることを伝え、本学習のまとめとした。

板書（第１時）

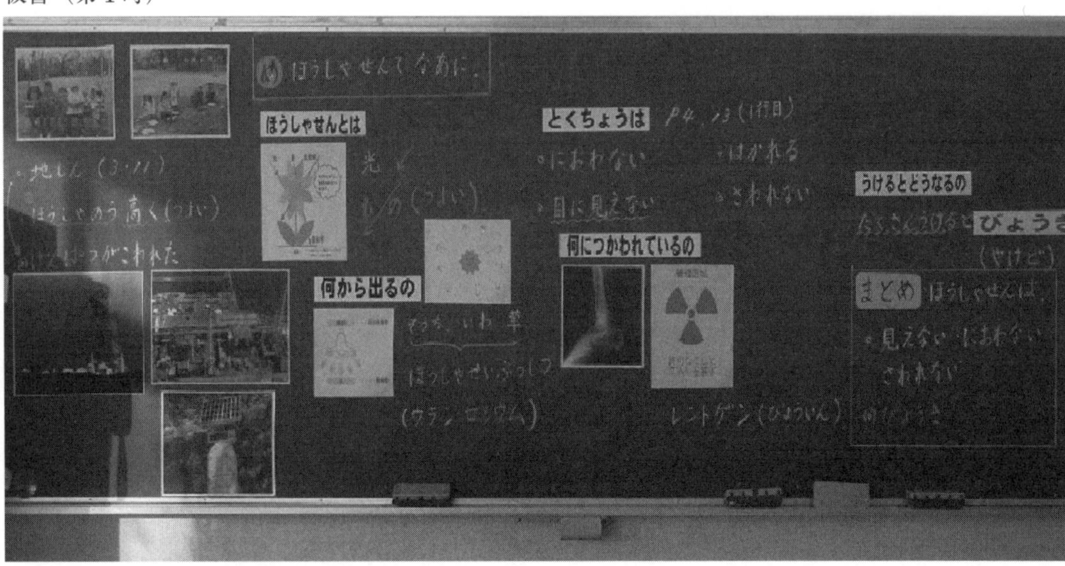

板書（第2時）

4　授業の成果と課題（○成果●課題）

(1) 主体的取り組みについて（ワークシートの活用等）

○ワークシートを用い、一人ひとり取り組ませていったことにより、放射線量の高い場所や放射線から身を守っていく手立てを一人ひとりが考えていくことができた。また、十分時間を確保していったため、体験の中からも書き出していくことができた。

(2) 交流の場の設定について（考えを広げ、補強し、共有する）

○個人・グループ・全体と段階を踏んで話し合っていったことにより、一人ひとりが自分の考えを確かめていくと共に、互いの考えや手立てを全体のものとして共有することができた。

●交流のとき、グループで自分の考え方を発表することはできたが、互いに質問をするところまでは至らなかった。今後、より活発な交流ができるよう、具体的なマニュアルなどを作成し習熟を図っていく必要がある。

(3) 資料の活用について

○考えの助けとするため、県災害対策本部発行のパンフレットを用いたのは、効果的であった。特に、県発行のパンフレットは、内容が簡潔でイラストなども分かりやすく、子どもたちの理解に役立った。 また、イラストだけでなく、学校や身近な場所で放射線量の高い場所の写真を並べて表示したことにより、一人ひとりの理解がより進んだ。

○放射線量の比較のため、マス目を使った資料を用いたのは、一目で量が視覚化でき効果的な方法であった。

●文科省の「放射線について考えてみよう」の資料は、2学年においては、読めない漢字や内容的にも難しいものがあり、子どもたちだけで学習を進めていく資料としては厳しいものがあった。今後、低学年に合わせたパンフレットの作成を進めていかなければならない。

まとめ

震災・放射能漏れ事故から２年７か月が過ぎ、郡山市民や子どもたちは、事故前と同じような生活に戻りつつある。柴宮小学校では、７月に放射線教育の授業を行った。11月にアンケートをし、授業内容がどのくらい定着し実践されているか調べたところ、「放射線の強いところ」については多くの子どもたちが回答できたが、「どんなことに気をつけ生活していくか」については、学級の半数程度しか有効な回答が得られなかった。この結果を見ると、一度の授業では十分な定着が図られないということが分かった。今後、日常の生活や発達段階に応じた授業（カリキュラムの作成）、家庭や地域での学習等々、安全・安心・健康のため、繰り返し学習を行っていかなければならない。

去る９月、郡山地方平和フォーラムの新潟県立「環境と人間のふれあい館」－新潟水俣病資料館－の視察に参加した。ここは新潟県（行政当局）が深刻な被害と犠牲を出した新潟水俣病について総括をし、二度とこのような犠牲と被害者を出さないことを誓い、後世に公害の真実を伝えていこうとする施設である。私たちの福島県においても、今回の原発事故を総括し、「なぜ、このような事態に至ったのか」、政治・行政（国・県・地方自治体）、企業、学者、マスコミ、市民等、あらゆる要因を分析し、後世に伝えていく必要がある。私たちは、新潟県に学ばなくてはならない。

現政権は、汚染水問題、廃炉問題、放射性廃棄物処理問題、原発事故の総括等について、何ら真摯な議論・反省をすることなしに、原発再稼働・海外輸出をなし崩しに進めようとしている。「フクシマ」で起こったことは、「フクシマ」だけのことではない。

原発は全国に54基が存在し、いつどこで同様な事故が起こっても不思議はない。

「フクシマ」を忘れてはならない。今こそ立ち止まって考えるときである。

14 原発事故後の放射線教育

〔福島県伊達市 中学校〕

佐藤 雄一

1 授業するにあたって

福島第一原発の事故が起きてから２年以上経つが、この間未だに復興のスタートラインにも立てていない地域がある福島県で、放射線教育はどう進めるべきか、どのような立場で生徒の前に立てば良いのか、悶々としながら何もできないままでいた。しかし、原発事故のあった年に１年生だった生徒たちが、昨年度中学３年生となり、担当教員として放射線教育をやらなければならないとの使命感があった。ただし、福島でやればやるほど、生徒たちの不安をあおるのではないか、県外に発信すればするほど、福島の風評被害が広がるのではないかとの思いがあった。

現に、福島県から他県に避難した子どもたちが、避難先で「放射能がうつる」といじめられたり、福島県内の小学生が東京に修学旅行に行き、福島県から来たと話したとたん、「かわいそうね。もう子どもを産めないね」と言われたりしたという事実がある。小学生や中学生がそのような謂われのない言葉をかけられて、どのような気持ちでいるかと思うといたたまれなかった。また、放射線管理区域と同程度の放射線量の中で生活をしなければならない生徒たちに対して、放射線教育の授業カリキュラムはこれで良いのか、自分の立場を明らかにして授業を行って良いのか、などの疑問を持ちながらの授業提案となった。

放射線教育に関する福島県教委や市町村の立場

昨年度、福島県内で教育行政が教職員に対して行う研修会の中で、「原発には触れない」「原発に関しては中立の立場を取る」等の教育行政関係者からの指導があった。これは「中立」の立場を装いながら、従来通りの核利用施策の黙認を教職員に強いるものである。原発事故に今なお苦しみ、脱原発を願う福島県民からすれば、許しがたい「政治的」立場である。因みに、福島県知事も福島県議会も福島原発の再稼働断固反対の立場を表明している。

また、福島県や市町村で放射線教育を行うにあたり、副読本を作製しているところがあるが、文科省の作成した副読本と何ら変わるところがなく、住民が安全に暮らせるように自治体として除染や線量調査、健康調査にどれだけお金をかけているかを宣伝しているに過ぎない。

学習指導要領を味方にして原発の長所と短所の説明を

『中学校学習指導要領解説理科編』には次のような記述がある。

指導に当たっては、設定したテーマに関する科学技術の利用の長所や短所を整理させ、同時には成立しにくい事柄について科学的な根拠に基づいて意思決定を行わせるような場面を意識的につくることが大切である。ただ、利便性や快適性を求めるだけではなく、次世代に負の遺産を残さず、持続可能な社会をつくっていくことの重要性についての認識が深まっていることを示している。こうしたことの重要性に気付かせる意味でも、理科の学習の果たす役割は大きい。

指導要領の趣旨を踏まえる名目で、原子力発電に関して、長所も短所もあることをしっかり教えることができる。また、原発が持続可能な社会を作るのにふさわしいものかどうか、生徒が正しい選択ができるように授業を展開しなければならないと思う。

授業者の立場は明らかにした上で中立の授業を

授業者が、原発反対の立場で授業を行えば、原発ムラが原発推進の立場で『安全神話』を繰り返し宣伝して、原発は安全で必要なものであると教え込まされたことと同じになってしまう。そのため、中立の立場で授業を行うべきであろう。

とは言え、自分の立場（原発反対）は生徒に明らかにした上で、授業を行わなければならないと思う。ただし、原発推進側の資金力や政治力に負け続けたという事実も含めて。

本校の学区及び本校の生徒について

本校は福島第一原発から約60kmの距離にある。学校を中心として半径約２kmの円内にほぼ収まる小さな学区である。

福島第一原発の事故後、放射性物質が南東の風に乗り、相当量の放射性セシウム、ヨウ素、ストロンチウム等が舞い降り、最初の一週間は20μSv/h を超えていたと思われる。その後、半減期の短いヨウ素はすぐになくなったものの、セシウムの影響で２～３μSv/hの放射線を浴び続けることになる。一昨年度の夏に除染をした学校の敷地内は、現在0.09～0.12μ Sv/h 程度である。

一昨年度から昨年度にかけて、本校から３家族５人の生徒が福島県外に避難し転出していった。その一方で、原発に近い太平洋岸の町から借り上げ住宅や親戚宅などに避難している十数名の生徒が転入してきている。一昨年度は、週末の度に県外に旅行に出かける家庭や給食を食べずに弁当を持参する生徒が数名いたが、昨年度はやや減少し、今年度はいない。保護者の中には、放射線の影響に過剰な反応をする方もいれば、全く不安を持たない方もいる。

２　授業カリキュラムー５時間計画

次のようにカリキュラムを立てて授業を実施した。また、事前にアンケート（後述）を実施し、授業後にも同じアンケートを実施して、生徒の意識の変容を見た。

1　科学的な基礎知識
　（1）原子の構造
　（2）放射線・放射能とは
2　医学的な基礎知識
　（1）放射線を浴びると体にどのような影響があるか
　（2）放射性物質から体を守るには
3　原発についての基礎知識原子力発電の仕組み
4　電力の基礎知識

日本の電力事情

5　今後のエネルギー

自然エネルギーの活用

3　授業内容ー教員用レジュメより

1－(1) 原子の構造

・物質は全て原子でできている

・原子は原子核（陽子と中性子）と電子でできている

・原子には放射能を持たない安定核種と放射線を出して崩壊する放射性核種（ウラン、プルトニウム、ラドンなど）がある

1－(2) 放射線・放射能とは

A放射線とは

①α線

・陽子２個、中性子２個（＝ヘリウム原子核　He ２＋）　・紙１枚で止まる

②β線

・電子　・アルミニウムなどの薄い金属板で止まる

③γ線、X線

・電磁波　・鉛や厚い金属板で止まる

④中性子線

・中性子（核分裂を起こしたときのみ原子から出る）　・水やコンクリートで止まる

B放射能とは　→（線香花火と比較）

・原子が自分から放射線を出す性質

C放射性物質とは

・放射能をもつ物質

D半減期とは

・放射性物質が半分に減るまでに要する時間

・ヨウ素131（８日）、セシウム137（30年）、プルトニウム239（24,000年）、ウラン（45億年）

・生物学的半減期とは

（体内に取り込まれた放射性物質が半分に減って体外に排出されるまでの期間）

E自然放射線

・宇宙線（宇宙から）、地球放射線（地面から）、内部放射線（体内から）

・日本では平均 1.5mSv/year → 0.17μSv/hour（世界では 2.4mSv/year）

2－(1)　放射線を浴びると体にどのような影響があるか

A外部被曝と内部被曝

①外部被曝

・空気中や地面にある放射性物質から放射線を体に受けること

・花崗岩からのα、β、γ線
・空気中のラドンからのα、β線

②内部被曝
・放射性物質に汚染された食物や飲み物を体内に取り込んで放射線を浴びてしまうこと

Ｂ放射線の体への影響
・放射線によってＤＮＡが切断される
→新しい細胞が十分に作られなくなる
貧血、出血、免疫低下、口内炎、吐き気、下痢、脱毛、不妊などが生じる可能性がある
・ガンの発症
・白血病の発症

Ｃガンの危険度（相対リスク）
ガンの発症がどの程度高まるかを、放射線量と他の因子で比較をしたもの
・ガンの発症 10倍以上
Ｃ型肝炎感染者＝肝臓ガン 36倍　ピロリ菌感染者＝胃ガン 10倍
・ガンの発症４倍程度
大量飲酒＝食道ガン 4.6倍　喫煙者＝肺ガン 4.5倍　1Sv＝甲状腺ガン 3.2倍
・ガンの発症 1.5倍程度
150mSv＝甲状腺ガン2.1倍　運動不足＝結腸ガン1.7倍　喫煙者、大量飲酒＝1.6倍
1Sv＝固形ガン 1.5倍　肥満＝大腸ガン 1.5倍　500mSv＝固形ガン1.4倍
大量飲酒＝ 1.4倍　50mSv＝甲状腺ガン 1.4倍　受動喫煙＝肺ガン 1.3倍
やせ＝1.29倍　肥満＝1.22倍　高塩分食品摂取＝1.15倍
・ガンの発症 1.05倍程度
100mSv＝固形ガン 1.08倍　野菜不足＝1.06倍　受動喫煙＝1.03倍
・検出不可能
100mSv未満＝ダイオキシンの血中濃度数百倍

２－(2)　放射性物質から体を守るには

Ａ外部被曝から
①地域の汚染の実態を知る（汚染マップ）
・遮蔽する（コンクリートなどの建物の中に入る）
→放射線をストップさせることが大事
・放射性物質から距離を取る→焚き火から遠ざかると炎から受ける熱が下がるのと同じ
・放射線を受ける時間を少なくする
→長時間日光に当たるほど日焼けが強くなるのと同じ

Ｂ内部被曝から
・食品の汚染の実態を知る

C免疫力を高めるには
・適度の運動を継続する
・栄養のバランスの良い食事をする
・十分な休養を取る
D学習すること
・正確な情報を収集する力をつける
・自ら思考し判断する力をつける

3　原子力発電の仕組み
(1) 原子炉
・火力発電との比較
(2) 原発の構造
①軽水炉（加圧水型、沸騰水型）
②高速増殖炉（もんじゅ）
・ナトリウムを用いて冷却をしている危険な原子炉である
③トリウム溶融塩原子炉
・プルトニウムができない原子炉＝原爆を作れない
(3) ウラン燃料の発熱（崩壊熱）
・福島第一原発２～４号炉（78万kW）の崩壊熱は 500Wコタツ何個分か？
停止後１日：24,420 個分　１年後：3,846 個分　50年経っても：1,036 個分
・冷やし続けなければ原子炉は爆発する
(4) 再処理問題
・使用済み核燃料を集めればもっと危険である
・原子炉から取り出した核燃料からプルトニウム（原爆の材料）を取り出す化学工場
(5) 最終処分場（高レベル放射性廃棄物地層処分）の問題
・ガラス固化体（使用済み核燃料）の崩壊熱は2,300W、50年放置し300Wになってから地下に４万本埋めると、300W×４万＝12,000kWもの熱が残る
(6) 原子炉と原子爆弾の違い
①原子炉
・核分裂を起こすウラン235の濃度は３～５％
・中性子を吸収する制御棒で連鎖反応を抑える
②原爆
・ウラン235の濃度は90％以上
・核分裂の連鎖反応の暴走が起こり、一瞬で莫大なエネルギーを放出する
(7) 東京電力の言い分
①原子炉の五重の障壁
・ペレット、被覆管、原子炉圧力容器、原子炉格納容器、原子炉建屋

②クリーンなエネルギー（二酸化炭素排出０？）

(8) 世界の原発関連事故

①第五福竜丸被爆事故（1954 ビキニ環礁）

②スリーマイル島原子力発電所炉心溶融事故（1979 USA）

③チェルノブイリ原子力発電所事故（1986 旧ソ連）

④高速増殖炉もんじゅナトリウム漏洩事故（1995 福井県）

⑤東海村 JCO ウラン加工工場臨界事故（1999 茨城県）

4　日本の電力事情（詳細略）

(1) 日本の発電設備の量と実績

(2) 各発電の稼働率

5　自然エネルギーの活用（詳細略）

以上のような内容で、計５時間をかけて授業を行った。以下は生徒にとったアンケートと授業後の生徒の感想である。

4　放射能・原発に関するアンケート（数字は授業前後の生徒数の比較　生徒数104名）

	前 → 後
1 放射線を気にして生活をしていますか。	
A　気にしていない	49 → 47
B　自分は気にしていないが家族は気にしている	31 → 30
C　原発事故後から気にして生活している	22 → 26
D　原発事故前から気にして生活している	2 → 1
2 放射線について気を付けている点はありますか。（複数回答）	
A　自分の家や周辺の線量	33 → 43
B　食べ物	31 → 40
C　何に気を付けていいかよく分からない	26 → 9
D　気を付けていることはない	37 → 37
3 放射線をどう思いますか（どのような印象を持っていますか）。	
A　怖い	37 → 76
B　役に立っている	6 → 8
C　わからない	61 → 20

4 放射線の危険性について。

A	事故で初めて知った	72 → 75
B	事故前から知っていた	29 → 27
C	知らない	3 → 2

5 放射線による健康への影響についてどう思いますか。

A	すごく不安	9 → 24
B	やや不安	45 → 43
C	気にしていない	42 → 37

6 将来の健康への影響について。

A	すごく不安	13 → 27
B	やや不安	49 → 40
C	気にしていない	42 → 37

7 原発は危険だと思いますか。

A	危険だと思う	69 → 94
B	危険だと思わない	11 → 2
C	わからない	24 → 8

8 原子力発電所は必要だと思いますか。

A	世の中に必要	42 → 25
B	福島県には必要ないが県外では必要	8 → 8
C	世の中に必要ない	14 → 41
D	わからない	40 → 30

5　授業後の生徒の感想・意見

○「原発は必要」とする生徒

・現在のような電気の使い方を続けるのなら、原発は必要だと思う。原発をなくすためには、まず電気の使い方を改めなければならないのではないか。

・反原発の人もいるけれど、私は今の世の中には（原発は）必要だと感じた。

・原発は危険だけれど、電力はクリーンに作れるから必要だと思った。

・原発は怖いけれど世の中には必要だから複雑な気持ちになった。

○「原発は不要」とする生徒

・原発の危険性についてあまり知らなかったが、授業を受けて原発はとても危険な物だったことを知った。

・原発は必要ないと思うけれど、火力発電は地球の温暖化を促進させてしまうし、水力発電は動物のすみかを奪ってしまうので、どうすればいいのかわからない。
・原発の燃料を使い切ると、原子爆弾のもとになる物が作れてしまうので、大変危険だと思った。原発を廃止して、その他の発電に力を入れてほしいと思った。
・原発がなくても日本の電力は賄えるということを初めて知った。だから日本に原発はいらないのではないかと思った。
・東京電力にかなりだまされているということを知った。
・もう2年も経ったのだから大丈夫だろうと思っていたが、そうではないとわかった。
・危険な原発は世の中に必要ないと思った。
・原発は火力発電などと違って環境に優しいけれど、事故が起きたらそんなことはどうでも良くなってしまいいらないと思った。

○放射線被曝について
・これからは、放射線について食べ物などいろいろ気を付けようと思った。
・放射能について、今まであまり気にせずに生活していたが、学習をして放射能の怖さなどを知れた。
・外部被曝ばかりを気にしていたが、内部被曝の方がやっかいだと知った。普段のニュース等で放送される原発の情報は偏った目で見ないようにしたいと思う。
・今回の事故で100mSvを受けるほど強くはないからあまり気にしなくてもいいことを知った。しかし、体に悪いことだから警戒したい。
・放射線に関して過剰に気にする必要がないと思った。
・放射線を気にするより、野菜不足や肥満を気にすることにした。

［参考文献・資料］
・岩間滋著「世界がはまった大きな落とし穴…原発・再処理」（『理科教室』2011年12月号、日本標準）
・矢沢サイエンスオフィス編『正しく知る放射能』（学研プラス、2011年8月）
・白木次男著『それでも私たちは教師だ－子どもたちと共に希望を紡ぐ ドキュメント 津波と原発災害の地、福島で』（本の泉社、2012年7月）
・福島県教職員組合放射線教育対策委員会 科学技術問題研究会 編著
『子どもたちのいのちと未来のために学ぼう　放射能の危険と人権』（明石書店、2012年7月）
・福島大学 放射線副読本研究会監修
『放射線と被ばくの問題を考えるための副読本～“減思力”を防ぎ、判断力・批判力を育むために～』（福島大学　環境計画研究室、2012年6月）
・「特集：自然科学教育としての原子力・放射線の授業」（『理科教室』2012年12月号、日本標準）

15　福島からの震災・原発の授業
－「地域の人に学ぶ福島の復興」と「授業書づくり」を通して

〔福島県須賀川市 小学校〕

伊藤　弥

はじめに

福島県の現状

いまだに15万人の避難者がいる。2011年３月11日に発生した東日本大震災は、大地震・津波が大きな被害をもたらした。加えて福島県では原発事故にみまわれ、多くの混乱の中でさまざまな困難と忍耐を強いられている。原発事故と放射能汚染は、地域や職場を破壊し、仲間や家族をばらばらにし、私たちの普通の生活と福島の子ども達の未来を奪おうとしている。特に、原発周辺から避難を余儀なくされた方々や、放射線被害を不安に「母子避難」といった形で自主避難している方々も含めると、県民の１割近くが避難している状態が続いている。震災以来、３年がたとうとしているが、「原発が地域にあるとはこういうものだったのか」という悔恨と落胆と閉塞感の中におかれたままである。

収束の危機が続く東京電力福島第１原発について。一番の不安は、メルトダウンしている原発の今の状態がよく知らされてはおらず、再度爆発してしまうのではないか、というものである。ぎりぎりのところで復興に努力をし続けてきているので、「そうなったらもう立ち直ることはできない」というのが本音である。加えて、2013年度には汚染水の問題が浮上し、タンク漏れや海への放出が続いている。東京オリンピックのために、「汚染水はコントロールされている」と説明されても、不信感がつのるばかりである。

風評から風化へ。このことをどう考えるべきかについて。一時、福島から避難している子どもが、「放射線がうつる」と避けられたり、福島の農作物の値段が暴落したりする風評被害が話題となった。今の福島の懸念は、福島のことは一部の地域で起こっていることと見なされ、忘れ去られてしまうのではないかというおそれ（風化）である。しかし、福島に住み続ける者にとって、「震災・原発事故があったからこそ」、見えてきたものがあり、復興・再生のために大切にしなければならないことが何かを意識できた面もある。現状の中での活動を少しでも知っていただけるように報告したい。

福島の教育・学校の課題

放射線への対応について。福島県では中通りの県北・県中地区で放射線量が比較的高く、どのような教育活動を行っていくか、苦慮している。各学校では、毎日校庭の放射線量を測定しているが、ある程度から低くなる気配はない。ほとんどの地区で、校庭の土の入れ替えや校舎などの除染を実施し、屋外での活動の時間規制はなくなってはいるが、従来、行われていた栽培活動や田畑での体験活動は見合わされている。プール学習なども、誰が清掃をし、どのくらいの回数プールに入るか、放射線量を見比べてその都度の判断で各学校が判断している。

震災以前への圧力について。福島県教委や各地教委の姿勢は、体力向上と学力向上に力を注ぐばかりである。震災で屋外の活動が減ったので、特に低学年の体力向上は課題ではあるが、学力向上についても全国との比較やランキングに右往左往し、現場を煽っている。「もう震災の対応は落ち着いたのだから、震災以前のレベルまで戻そう」と何事もなかったようにしたいという態度で、被災３県のうち、岩手・宮城との復興への動きに違いをもたらしているような気がする。

実践をすすめるために

研究テーマを「福島からの震災・原発の授業－『地域の人に学ぶ福島の復興』と『授業書づくり』を通して」とした。本実践では、震災・原発事故の被害を受けた福島ならではの内容を追究したいと考えた。また、放射線とは何か、といった科学的・理科的な視点とは違った社会科の視点からの震災・原発の授業をつくりたいとも考えた。そのための柱として、①仮設や避難している人の大変さを共感的に自分のこととして考えられる態度や姿勢、②どうしてこのような事故が起きたのか、批判的思考でとらえられる知識と判断力、③復興支援される側から復興を担う主体となれるような意欲と関心、の３つの力を、授業を通して育てていくことをねらいとしておさえた。

実践の主な内容

地域の人に学ぶ福島の復興について。社会科や総合学習の学習を兼ねて、「福島の復興に力を注いでいる大人に学ぶ」を共通テーマにして見学学習を実施した。風評被害に苦しむ野菜農家、津波被災地のかまぼこ工場の社長さん、ＪＡの低温倉庫で米の全袋検査を実施している職員、給食センターで毎給食の放射線検査をしている栄養士さんなど、それらの人々の苦労や努力を学ぶ中で、今の福島の現状を知り、何ができるのかを考え合うことにした。

震災・原発の授業書づくりとその実践について。本校のあるＳ市では、「放射線の授業」を各学年で年間２時間（学級活動、保健等）実施することになっている。内容については各学校にゆだねられているが、市教委などで実施しているモデル授業では、「放射線、知って上手につきあう」と、低放射線汚染が続いている環境に、不安を持たず、できるだけ被曝を少なくしてどう過ごすかといった内容が多い。原発事故の「人災」の面には触れないようにしている傾向がある。

本実践では、まず、震災や原発事故についての多様な様相を取りあげ、考え合うことをねらいとした。また、授業の進め方については、「授業書」を作り、質問をはっきりさせて授業を進めることにした。授業書を使うことで、授業内容について後で実践の検討がやりやすくなるのではないかという意図もあった。

学校文化祭での地域への発信について。10月末の学校文化祭で、各学年の発表を行う機会があり、５学年（学年１クラス25名）では、上記の見学学習や震災・原発の授業から６つのテーマを取り出し、発表を実施した。発表については、見学学習で学んだ人たちとの「対話劇」の形式にし、シナリオ作りにとりくんでまとめたものを発表した。

1　地域の人に学ぶ福島の復興－実践１

1）実践にあたって

２つのことを大切にした。１つは、震災以降、身近な地域で復興や生活の面で努力している人たちを訪ね、その苦労や工夫を聞き取ること。２つは、そのような人たちをモデルとして、自分たちができることや大切にしていくべきことを考え合うようにすることである。

２）見学学習の実際

①地域のハウス農家Ａさんに学ぶ－福島の野菜に風評被害は続いているのか

６月末、クラスの子どもの父親で、ハウスと露地野菜できゅうりとトマトを栽培しているＡさんの畑の見学学習を実施して、農家の人は「福島の野菜」という風評被害にどう対応しているのかを調べることにした。

ハウスの見学では、まず、温度調節や雑草を生やさないようにしている工夫、トマトやキュウリの病気予防のために、繊細に野菜をもいでいる様子について説明や実演をしていただいた。

子ども達は栽培技術のすばらしさや、年間を通して野菜や米の植え付けや収穫を計画的に進めている「段取り力」についてとても感心していたようであった。

風評被害について質問したが、「きゅうりやトマトなどは、水を吸い取るので放射線の影響はさほどではない、しかし、値段は震災以前の７～８割の状態である」ことをうかがった。Ａさんの家は、震災で壊れ、まだ作業小屋を改造した仮住まいで生活している。しかし、消防団長として地域のために活躍している。そんな生活のことも知ることができた。

②津波被災地で現地の人の話を聞く－かまぼこ工場のＢさんに学ぶ

９月上旬、いわき市の豊間地区を、地域でかまぼこ工場を営むＢさんに案内していただき、津波被害の様子と復興の現状について実際にお話をしていただいた。

現地に行ってみると、津波被害にあったところはさら地のままで、瓦礫の処理がまだ行われていた。

震災以前の生活に見た目は戻りつつある福島の中通りの子ども達は、「２年８ヵ月たっても、福島にまだこんなところがあったんだ」と驚いた様子であった。

「津波は南側の茨城方面からやってきて、この地区を襲い、ここに見える豊間中の１階を壊してあの山まで行って止まりました。この豊間地区だけで120人の人たちが亡くなり、いわき市では200人あまりが亡くなりました」というＢさんの説明にはびっくりしていた。

他に、津波予防の堤防計画や高台移転、避難道路の計画や進捗状況についてもお話をしていただいた。

「一番の課題は何ですか？」という児童の質問には、「漁業の再開だね。汚染水の問題があって漁業が再開されないのがいわきでは厳しい」ということで、かまぼこ工場の原料の魚も他の県からの仕入れが続いているということであった。

③ＪＡ低温倉庫で米の全袋検査の様子を見学－放射線測定で風評被害を乗り越える工夫

10月中旬、米の出荷の最盛期に、地域にあるＪＡの低温倉庫を訪ね、支店長のＣさんに米の全袋検査の様子を見せていただいた。福島県では、米に基準値を超える放射線量が計測されたことをうけて、昨年から福島の米の全袋検査を実施している。

検査機が「12ベクレル」という基準値を示し、数人の作業員の方が、次々と検査する様子を見学することができた。この検査所では、基準値を超えたことがないことを聞いて、ほっとしたようであった。

他にCさんの説明では、昨年度の米があまり、お米の値段が「今年はひと袋3千円ほど安くなっている」ということに、子ども達は、特にびっくりしたようであった。

④給食センターでの給食の放射線検査を栄養士のDさんに学ぶ

10月中旬、給食センターの栄養士のDさんに学校に来ていただき、給食の放射線検査の様子を教えていただいた。

給食センターでは、毎回、1食分の給食の放射線検査を実施し、2回基準値を超えると他のセンターで測り直し、さらに異常がある場合はその日の給食を取り止め、非常用のレトルトのカレーに切り替える対応を実施しているということであった。

検査の手間があるので、以前より調理の時間を急いだり、食材の調達について「地産地消」ができにくくなっている現状を知ることができた。児童は、いつも食べている給食にさまざまな配慮と対応がなされていることを知って、感心していた。

2 震災・原発の授業書づくりとその実践－実践2

1）ねらい

2つのことをねらいにした。1つは、被災地福島として、震災や原発の事故を、放射線にどう対応するのか、といった視点に限定することなく、どのような教育内容をつくれるか検討し、プランづくりを進めること。2つは、震災や原発事故から福島が再生していくためにどうしたらよいのか、今、福島で進められていることを紹介しながら、教師と子どもが一緒に考える授業づくりを進めることである。

2）授業の進め方

「事実を知る→さまざまな考え方を紹介する→最後は児童・生徒の判断にゆだねる」という学びのサイクルを重視する。

3）授業プラン

時間	テーマ	内容	□映像・写真 ◇資料
1	【その日、わたしたちは何を経験したのか ～2011年3・11 東日本大震災と福島原発事故～】	1. その日の模様のDVDを見る。(10分) 2. グループでその日の様子や学校再開までの様子を話し合う。(10分) 3. グループで、疑問や不安、もっと知りたいことなどを話し合う。(15分) 4. グループでその日の様子や学校再開までの様子を話し合う。(10分)	□大震災 □原発事故のテレビ映像 □写真（学校、地域の被害） ◇資料

2	【なぜ、原発事故が起きたのか、どうして福島に原発があったのか ～福島と沖縄、犠牲の構造～】	1. 原子力発電の仕組みを知る。（10分） 2. 原発事故はなぜ起きたのか。（10分） 3. グループで話し合う。（疑問、質問）（15分） 4. ふりかえり（10分）	□福島第一原発事故の写真 □写真（学校、地域の被害） ◇資料原発の仕組み
3	【放射線はわたしたちにどのような影響をおよぼしているのか 福島と広島 ～人体の影響・内部被ばくと外部被ばく～】	1. 被ばくのメカニズム（10分） 2. 外部被ばくと内部被ばく（15分） 3. グループでの話し合い（10分） 4. ふりかえり（10分）	◇資料
4	【これからのエネルギーを福島から提案する ～原発はなくすべきか、続けてもよいのか～】	1. 核廃棄物のゆくえ（10分） 2. グループで、「原発はなくすべきか、続けてもよいのか」を話し合う。（15分） 3. 全体での話し合い（10分） 4. ふりかえり（10分）	◇資料
5	【チャレンジ、福島の再生 ～避難した人たちのこれから、風評被害～】	1. 風評被害を知る（10分） 2. 米の全俵検査などの福島県の農業関係者の努力（10分） 3. 浜通りからの避難者の現状を知る（10分） 4. 何が課題なのかをまとめる（15分）	□ 見学学習での聞き取り ◇資料
6	【今、福島から何が発信できるのか ～地域づくり、家、エネルギー～】	1．除染活動の様子を調べて発表する。（10分） 2．福島からの再生プランを知る。（10分） 3．グループで今後の福島の課題を話し合う。（25分）	□写真 ◇資料

4）授業書での授業

◇授業書１ページ目【１時間目】
テーマ：「３・11、その日、わたしたちは何を経験したのか」
Ｑ１　あの日、あなたはどこにいて何をしていましたか。
　　とっさの判断や行動はできましたか。
　　どこで（　　　　　）何をしていた（　　　　　）
　　Ａ　混乱した　　Ｂ　冷静だった　　Ｃ　覚えていない
Ｑ２　東日本大震災や原発事故のことで、あなたがテレビや新聞、あるいは家の人と話したりすることで、一番心に残っていることは？
　　Ａ　地震や津波被害のすごさ　　Ｂ　原発事故のこわさ
　　Ｃ　救助や支援、復興支援のすばらしさ
Ｑ３　震災や原発事故から２年８か月あまり、今、あなたが心配していること、もっと知りたいと思っていることはどんなことですか。
　　Ａ　福島原発の事故処理がどうすすむのか
　　Ｂ　放射線への対応をどうしていけばよいのか
　　Ｃ　農産物や食品などへの放射線検査や風評被害
◇　今日の学習をふりかえってみましょう。

第１時：震災のその日

第１時でのねらいは、地震が起きた当日や学校が休みになった１ヵ月、どんな経験が子ども達に残っているのか確認することにあった。

地震当日、子ども達は一斉下校で全校生が玄関に集まっているところであった。話し合いの中では、Ｑ１では「Ｃ 覚えていない」が半数にのぼった。また、Ｑ２では、「Ａ 地震や津波被害のすごさ」、Ｑ３では、「Ｂ 放射線への対応」をあげた子が一番多かった。

地震から自宅待機となった１ヵ月間、停電や断水、ガソリン不足などの経験を話し合うことができた。

＊以下「■」の文は児童の感想から

■あの時は、よく覚えていないけれど、家はめちゃくちゃで塀も壊れていて、おばあちゃんは亡くなってしまったけれど、次はちゃんと冷静に対応したいです。

◇授業書２ページ目 【２時間目】
テーマ：「なぜ、原発事故が起きたのか、どうして福島に原発があったのか」
Ｑ１　蒸気でタービンを回すという原子力発電と似ている方法はどれですか。
　Ａ　水力発電　Ｂ　風力発電
　Ｃ　太陽光発電　Ｄ　火力発電
Ｑ２　東京電力福島原発には６つの原発があります。そのうち大事故になっているのはいくつですか。
　Ａ　２つ　Ｂ　４つ　Ｃ６つ
Ｑ３　福島原発ではどのような事故がおきたのですか。
　Ａ　津波で原発が流された
　Ｂ　停電で原発を冷やせなくなり燃料が焼け落ちた
　Ｃ　爆発で放射性物質が空中に飛ばされた
Ｑ４　政府は、事故はどのレベルと発表しましたか。
　Ａ　レベル３　Ｂ　レベル５　Ｃ　レベル７
Ｑ５　事故処理は、何年かかるとみこまれていますか。
　Ａ　約５年　Ｂ　約10年　Ｃ　約30年
Ｑ６　なぜ、原発が福島につくられたのですか。
　Ａ　海沿いだったから　Ｂ　過疎地だったから
　Ｃ　地元が要望したから　Ｄ　その他

第２時：原発事故の原因、立地

第２時でのねらいは、原発事故がどうして起こり、今、どのような状態になっているのかを知識として整理することにあった。Ｑ１からＱ５までは、子ども達の知識には差があったが、比較的スムーズに流れた。

意外な結果だったのがＱ６で、「福島県は地震が少ないから」というのが、「家の人が言っていた」とほとんどの子が指摘していた。

■私は原発が爆発した原因は、津波だけではなく、水で冷やせなくなった事もあったということを知りました。福島に原発ができたのは、海沿いであったことや地元の要望もあったことがわかりました。

◇授業書３ページ目　【３時間目】
テーマ：「放射線とは何か、わたしたちの体への影響は」
Ｑ１　放射線の特ちょうとは何ですか。
　　Ａ　目に見えない　　Ｂ　においがない　　Ｃ（　　）
Ｑ２　放射線は、うつることがありますか。
　　Ａ　うつる　　Ｂ　うつらない
　　Ｃ　うつるときとうつらないときがある
Ｑ３　放射線が体内に入ることを「被ばく」といいますが、被ばくには下の２種類があります。
　　Ａ（　　　　　　　　部）被ばく　　Ｂ（　　　　　　　　部）被ばく
Ｑ４　同じ放射線をあびた場合、ガンで死ぬと予想される赤ちゃんの人数は20～30歳代の大人と比べると何倍になると思いますか。
　　Ａ　２倍　　Ｂ　３倍　　Ｃ　４倍
Ｑ５　放射線量の多い場所にはどんなところがありますか。
　　（気をつける場所）
Ｑ６　なるべく被ばくしないためには、どんなことに気をつけたらよいですか。

第３時：放射線とは何か、対応

第３時では、放射線とは何か、その対応を考えることをねらいとした。Ｑ２の問いの時、Ａ子が、「うちの会社のトラックが東京に行った時、コンビニに止めないでくださいと言われた」という発言をし、「うつる」ということについて話し合った。

また、低放射線被曝については、保護者や地域の多くが、「気にしていても仕方がないと言っている」という子どもの発言があった。手洗いやマスクなどの対応も、以前ほどの意識はなくなってきている。

■放射線の３つの特ちょうについてよく分かった。私は放射線がうつらないと分かってよかった。
放射線が高いところには、なるべく行かないようにしたいです。

◇授業書４ページ目　【４時間目】
テーマ：「原発はなくすべきか、続けてもよいのか」
Ｑ１　世界の国々で原発が多いのはどこの国ですか、予想してみよう。
　　１位（　　　）２位（　　　）３位（　　　）
Ｑ２　すべての原発を廃止する決定をした国はどことどこでしょう。
　　（　　　　）と（　　　　）
Ｑ３　今まで日本では、原発からのエネルギーはどのくらいの割合だったのでしょうか。
　　Ａ　約10％　　Ｂ　約20％　　Ｃ　約30％
Ｑ４　原発は「安い」、「安全」、「環境に良い（CO_2をださない）とされて推進されてきましたが、それは今も生きていますか。
　　Ａ　安全は事故で否定された　　Ｂ　「安い」「環境に良い」は生きている
　　Ｃ　３つとも否定された
Ｑ５　原発のゴミはどうなっているのでしょう。
　　Ａ　外国に輸出し、処理してもらっている。
　　Ｂ　取りあえずの場所、中間処理施設にある。
　　Ｃ　海中や地中深くに、安全に処理されている。
Ｑ６　原発は今後、廃止すべきと思いますか。
　　Ａ　廃止すべき　　Ｂ　廃止の方向で減らすべき　　Ｃ　当面、たよらざるをえない

第４時：原発の是非、今後

第４時では、原発についての諸外国の方針や安全神話について知ることにより、原発をどう判断するかをねらいに授業を進めた。

原発の上位３国をパソコン室のインターネットで調べていたところ、「中国の原発計画がこんなにある」と児童が見つけ、話し合った。最後のＱ６では、「Ｂ 廃止の方向」が一番多かった。汚染水の問題で、「廃止といってもすぐには無理」という発言があった。

■コンピューターで調べてやりました。私は原発は減らすべきだと思います。そして、続けてはいけないと思います。あと、廃止した国が２つもあったことがおどろきでした。

◇授業書５ページ目 【５時間目】
テーマ：「福島の再生、避難した人たちのこれから、風評」
Ｑ１ もし、あなたが自分の家と地域を捨てて、避難しなければならないとしたら一番つらいことは何ですか。
Ａ 今までの思い出のある家や地域から離れること
Ｂ 家族やペットと離ればなれになってしまうこと
Ｃ 自由な生活ができなくなってしまうこと
Ｑ２ 福島県からも今も「母子避難」をしている人たちがいます。あなたの家族がその選択をしなければならないとしたら、どれを選びますか。
Ａ 避難しないで、その地域に残る
Ｂ 家族みんなで避難する
Ｃ 母子避難の道を選ぶ
Ｑ３ 最近、見聞きした風評被害にはどんなものがありますか。その時、どんな感じがしましたか。
Ｑ４ 福島が再生していくための課題は何ですか。
Ａ 子どもを減らさない　Ｂ 除染を進める
Ｃ 福島のものを売れるようにする
Ｑ５ 福島の風化を防ぐために何を訴えたいですか。
Ａ 福島の農産物を食べてほしい
Ｂ 福島に観光に来てほしい
Ｃ もっと復興支援をしてほしい

第５時：避難について考える

第５時では、避難している人の大変さや母子避難を選択している人の考えをどう思うか、考え合うことをねらいに授業を進めた。

Ｑ２では、「Ｂ　家族みんなで」が多く、「Ｃ　母子避難」を選んだ子が多かった。農村地帯にある学校で、そのような不安に思いを寄せるのはなかなか難しいと感じた。

Ｑ４では、福島の課題として、「Ｂ　除染」をあげた子が多かった。また、Ｑ５では、「Ａ　福島の農産物を食べてほしい」という子が圧倒的に多かった。身近な話題が多いからだろう。

■母子避難やふつうの避難も不安やストレスがあることが分かった。風評被害は少しずつ起こっている気がするから、これからも除染を進め、誤解もなくなるようにがんばっていきたい。

◇授業書６ページ目 【６時間目】
テーマ：「福島の再生、福島から何が発信できるか」
Ｑ１　これからの福島はどんなエネルギーを増やしていくべきだと思いますか。
Ｑ２　資料から広島の人たちが福島の人たちにしたいと思っていることはどんなことですか。
Ｑ３　他の県の人たちなどから、今まで受けた支援で心に残っていることはどんなことですか。
Ｑ４　震災や原発事故から、生活で変えたことや家族で話し合ったこと、あなたが心がけていることはありますか。
Ｑ５　最近、見聞きした震災からの復興の歩みで、印象に残った人はいますか。
Ｑ６　震災や原発事故を経験して、自分がこれからやっていきたいと思っていることはありますか。
◇　今日の学習や全体をふりかえってみましょう。

第６時：福島の再生について考える

第６時では、広島からの復興支援を取りあげ、多くの支援を受けた自分たちが、これから何ができるかを考え合うことをねらいとして授業を進めた。子ども達は夏休みなどに、さまざまな復興イベントに参加し、そこでよい印象を抱いている子が多かった。また、印象に残った人では、「自分の父親が消防団で、地震当時は家になかなか帰ってこられないほど活動していた」と語る子がいた。

■他の県の人たちが支援やボランティアに来てくれて、私は次に震災などが 起きたら、恩返しをしていきたいと思いました。震災で生活が変わったところもあるけど、これからもがんばりたいと思いました。

６時間の授業をふりかえって

■震災のことを６時間学んで、私はあの時、ああいうふうにしていれば、大切な物もこわれていなかったなあとたくさん後悔したことがありました。でも、そのおかげで心がけていることもたくさんあります。思い出したくないこともたくさんあるけど、震災は、あの時、小さい私に分からせてくれた授業でもありました。

■福島のことを発信していきたい。福島のために、たくさんの人がボランティアなどをしてくれていたことが、とてもいいことでありがたいなあと思った。これから福島は、震災、原発事故があっても元気なんだよ、安全になってきているんだよ、ということを発信していきたい。風評被害もあって大変だけど、協力してくれる人がいるだけ、いいと思いました。

３　学校文化祭で学んだことの発表ー実践３

保護者、地域の皆さんに、10月末の学校文化祭で、見学学習や授業書で学んだことを発表した。テーマは６つで６グループに分かれて発表した。

６つのテーマは、
「岩瀬地区の農業をＡさんに学ぶ」
「津波被災地の様子をＢさんに学ぶ」
「特別老人ホームで介護士のＥさんに避難の様子を学ぶ」
「米の全袋検査の様子をＪＡのＣさんに学ぶ」
「給食の放射線検査の様子を栄養士のＤさんに学ぶ」

「避難する人たちについて学級で話し合ってみた」というものであった。

グループごとに、見学学習や学級での話し合いの記録などを持ち寄って整理し、学んだ人との対話劇を織り込んだ発表原稿を作成した。

発表した内容については、保護者や地域の方が、「学んだことをしっかり発表できてよかった」というような感想が寄せられた。

保護者の皆さんの感想等

□1年生から6年生まで、どの学年も一生懸命発表してくれたと思います。私はやっぱり5年生の発表は、地域そして福島の本当の姿が子ども達の目を通して伝えられたと思いました。シナリオや曲、最後の合唱は先生が教えてくれたとの事でしたが、歳の為かジーンときて涙が出そうになりました。

□しっかりとした内容の発表でよかったです。農家の発表では、少し照れましたが感動しました。

□発表会の部では、各学年の個性が出ていてとてもよかったです。5年生も今年の学習の成果が出ていたように思えます。一人一人が復興について考え、また、地域の方々に伺ったお話をわかりやすくまとめ、発表できていたと思います。「花は咲く」、すてきな歌ですね。一日も早い復興を願って歌い継がれてほしいと感じました。

おわりに

1）社会科の視点からの震災・原発の授業について

・放射線教育になってしまっている「震災・原発」の授業をどうつくりなおしていくか。

・原発事故の「人災」の側面をどう伝えていくか。そのような内容を手控えるようにという圧力もある。

・共感から入り、批判的思考をみちびいていくという流れでよいのか。

・放射線そのものや原発の仕組みなどの内容は複雑なので、学年での系統や積み重ねを考えていくべきである。

2）授業書づくりでは

・資料や映像を多様に集めて提示していく必要性がある。映像は規制が強まり、集めにくくなっている。

・クイズ形式の良さとやりにくさをふまえて授業をつくっていく必要がある。クイズには意外性やおもしろさがあるが、内容によっては学習をふくらませにくい面もある。

・「最後の判断は児童自身にゆだねる」ための授業スタイルは、他にどのようなものが可能か、追究していく必要がある。

3）震災・原発の授業で子どもが主体となる学びとするためには

・調べること、考えること、表現すること。

・活動がないと主体になれないのではないか、しかし、福島の現状ではやれる活動に限界があるのが課題である。

・どのような「判断のある態度」がとれるのか、おとなの生き方こそが問われている面がある。

4）今後の課題としたいもの（この実践から授業者が学んだこと）

①福島では原発事故等さまざまなものが収束せずに続いている。ゆえに傍観者ではありえない。では、当事者性をどう育てていけるのか。今後も学びと生活の一体化を意識して図り、どう福島での生きる力につなげていくか、実践的にさらに追究していきたい。

この実践で授業者が児童に伝えたかった思いは、「福島の人たちが分断されてはいけない」というものであった。ただし、それはお仕着せではなく、学びの内容の工夫によって児童自身が自然に感じ取っていくものにしなければならないと考える。さらに教材化の工夫を重ねていきたい。

②今回も生かせたネットワークの重視、地域のヒト・コト・モノ出会いと対話が学びを本物にする。地域のヒト・コト・モノをいつも教材化していく視点をもっていきたい。

③学ぶことをつくりながらも、いつも「先生は何を優先するのですか、何をやっているのですか。努力しているのは何ですか」という子どもたちからの問いかけに応答していくことにせまられた。教師も福島の生活のなかの当事者であり、手探りながらも「判断のある姿勢 attitude」を子どもたちに見せていったり、語れるようにしたりしなければと感じた。そこに厳しい面もあるが、やりがいを見いだしていきたい。

16 「原発事故」に向き合う！
―「原発事故」教材化のとりくみ

〔福島県広野町 中学校〕

柴口　正武

はじめに

2014年４月に行われた福島県教育研究集会（県教研）の分科会推進委員会では、「原発事故＝最大の環境破壊」の観点から、次の２つを確認した。ひとつは、原発事故があった「フクシマ」を語ること。ふたつは、その「フクシマ」を学習することが環境・公害教育そのものであること。さらに、10月の県教研に向けて、次の３点を柱に実践をしていくことを決定した。

①原発事故を「公害」の視点から教材化する（放射線教育）。

②被害者の立場から教材化する。

③発達段階を考慮した教材化、教材づくりをする。

県教研の分科会では、14年５月21日の「大飯原発３、４号機運転差止請求裁判」での福井地裁の判決文で述べられている「福島原発事故」は、「最大の公害」「環境汚染」ということを、あらためて確認し、全国教研での本分科会の継続を求める態度を明確にした上で、討議が行われた。

意図的に社会にはたらきかけ、社会を変革しようとする動きをつくっていく必要性や、子どもたちも含め、「フクシマ」に住む者としての当事者性をしっかり持つことの大切さなどの意見が出された。その中では、放射線教育を含めた、放射能・放射線への対応の格差も指摘された。また、放射線量が決して低くない郡山市開成山公園での「Ｂ１グランプリ」の開催、双葉地方を縦断する国道６号線の開通など、復旧・復興のかげに隠される「被ばく」の事実など、私たち福島県民自身が持つ問題も話し合われた。そうした風化、「慣れ」が進む一方、依然として風評被害や「フクシマ差別」は続く。福島県の子どもたち、とりわけ「双葉地方」の子どもたちに対して、私たちができること、しなくてはいけないことは何かという点では、やはり、この福島の思いを表した教材を使っての実践であるという共通の認識を持った。その上で、「この実践に学ぶ」という意味で、第63次の神奈川高教組（根岸富男さん）「シミュレーション・ワークショップ教材『海辺村の未来は？』実践報告 市民社会に求められるスキルとは？」のリポートの読み合わせも行った。日本環境教育学会が制作した教材だが、こうした「形」としての具体的な教材が、「原発事故」の風化をふせぐことにつながるということを強く感じた。

福島県教組が共著で発行した『子どもたちのいのちと未来のために学ぼう 放射能の危険と人権』、職場討議資料として作成した「生きるための学び」は、若干の授業で使う資料も含まれているが、基本は放射線教育を進める上での理念が中心である。今後、教材につながる実践事例集、資料等を作成する必要性も指摘された。あわせて、「原発事故」を「公害」に位置付けた教材化も、積極的に進めていく必要性も確認された。「フクシマ」を伝えるための授業の実践、教材化を考えたとき、「放射線教育」と「原発事故」は切り離すことができない。しかし、内容的には別物でもある。今回リポート作成にあたり、タイトルのとおり原発事故を「公害」と位置付けた教材づくりをメインとしながらも、放射線教育も並列した形でまとめることとした。

1 「放射線等に関する副読本」改訂版の分析

改訂版発行までの背景

2014年２月、文部科学省は、「放射線等に関する副読本」改訂版を発表した。11年11月に発表した前副読本については、全国の心ある市民、教職員、そして何より福島県民から数多くの批判が寄せられ、日教組も文科省に「改訂」を申し入れてきた（撤回ではない）。福島県教組では特別委員会「放射線教育対策委員会」を11年に組織し、今年度４月からは、新副読本の内容検討を中心に取り組んできた。仮に新副読本を使用して放射線教育を行うのであれば、どこに気をつけ、何を付け加える必要があるのか、そして、放射線教育が確実に現場で実践できるようにするにはどうしたらよいかを話し合ってきた。

前回の副読本は、東日本大震災の発生及び東京電力福島第一原子力発電所（以下「第一原発」）の爆発によって作成されたものではない。学習指導要領の改訂により、中学校理科で放射線の学習が必須になったため、作成準備していたものを第一原発の事故が起きたために急きょ改定せざるを得なくなっただけである。原子力推進が前提であることは疑いない。その前作『わくわく原子力ランド』『チャレンジ！原子力ワールド』は、まさに原発推進副読本そのものである。ページ数も倍あり、「五重の防御」「オフサイトセンター」等全く役に立たなかった安全策が書かれていたため、ＨＰから削除された。

前回の発行予算は原発推進宣伝・広報を旨とする電気事業連合会（電力会社の出資による会）によりまかなわれた。大きな批判を浴び、適切でなかったと認め、今回は文科省予算である。担当部局は、前回は文科省研究開発局開発企画部課、今回は文科省初等中等教育局教育課程課に変更された。前者は旧科学技術庁系であり、原発推進のおひざ元である（省庁再編で文科省に吸収された）。つまり、原発政策の妨げになるような内容を絶対に書くはずのない部局であった。

分析結果の概要

①福島の現状をかなり多く説明し、前作よりはるかにましな内容であることは評価する。福島県当局・福島県教委・現場教員・被災市町村の意見を聞いた（と仄聞している）だけのことはある。ただし11年版でも記載できたはずのもの。安倍自民党、公明党内閣の原発推進姿勢に追随しなければならないといった政治的判断から、十分な公平性を持った内容になりきれていない。

②原子力利用について推進する余地を残しておきたいがゆえに、情報を制限している。

③風評被害の払拭や住民の帰還を促進したい「福島県当局」の思惑から、実情の表記を制限しているふしがある。

④政府や電力会社の責任には一切触れない。

⑤被害を未然に防ぐ、軽減できたはずだったこと（安全神話によるさまざまな不作為）への反省もな

い。政府・国会・民間事故調査委員会等の報告は無視。

⑥事故炉の廃炉の難しさや、放射性物質の長期間にわたる管理について一切触れず。この点を考慮せず、「考えよう」はあり得ない。公平な資料とはなっていない。公平性から、一時的に過疎地域が振興したこと、事故後の全原発停止による化石燃料の輸入の増加、国際収支の悪化、電気料金等の値上げ等について触れてもよい。

⑦核利用は、必ず被ばく労働者や周辺住民の被ばくが前提としてあり、避けられないこと。一部の犠牲は仕方ないと見て見ぬふりをすることにはたして正義はあるのかという視点がない。

⑧原発立地は都会に許されず、地方が引き受け、地元でその電力は使わず延々電線を引き、都会に送電していることをどう考えるのか、子どもたちにも問うべきである。

⑨原発再開には、もはや住民の意思を無視できないことに触れるべきである。だからこそ「考える」必要が子どもたちにもあるのだと。そうでなければ発行の意味がない。やりましたというただのアリバイ作りである。

⑩教師用解説版は今回（まだ？）出ていない。わくわく原子力ランドの際は40ページにもわたるワークシート（教師用解説付き）まであったことから比較すると、「教えてほしくない」のではないかと疑いたくなる。

2　教材「ふたば」作成委員会について

2013年４月に、双葉支部執行委員会で、教材「ふたば」作成委員会の立ち上げについて決定し、以下の内容を確認した（以下「双葉」は、双葉町ではなく、双葉郡もしくは双葉地方を表す）。

目的

本来であれば双葉に住み、双葉の学校に通学していた子どもたちに、原発が双葉に存在していたこと、その「事故」によって本来住むべきところに住めなくなったことを、事実として受け止めさせ、ふるさとになるはずだった双葉への思いを自分の中で確かめさせることは必要である。

さらに、「原発事故」を「公害」としてとらえさせ、エネルギーや環境、地域の産業を考えさせることは、双葉に住んでいたはずであろう子どもばかりではなく、原発立地地域に現在も住む全国各地の子どもたちにとっても大事なことである。また、そうした子どもたちにこそ、そうした学習の場を設定することが必要である。

そして、「原発事故」後の、県内外におけるできごとを知ることを通して、自分やまわりの人の人権を尊重する心が培われていかなくてはいけない。

以上のことから、次の内容を柱に教材を作成し、子どもたちと地域に提供していきたい。

①「原発事故」前の「双葉」の情報。

②「原発事故」の現状と、これまでの経緯。

③「原発事故」の影響。

組織

支部執行委員と、希望する組合員により、支部特別委員会・教材「ふたば」作成委員会（以下「作成委員会」）を組織する。退職した方に、「協力者」としての協力を要請し、作成委員会に協力者が参加しての「拡大作成委員会」を組織する。

作成の実際

作成委員会において、学年、教科ごとに分担をし、案を作成する。必要資料については、「協力者」や県教組本部を通して、各市町村や各地教委に提供を要請する。教材案を使用しての実践は、作成者のみならず、分会内で協力をしてもらい、検証をはかる（場合によっては、他の分会にも実践と検証を依頼する）。実践、検証の結果を交流し合う実践交流会を、学期１回程度をめどに開催し、改善を加える。定期的に「作成委員会だより」を発行する。年次ごとに教材「ふたば」を作成し、再開した学校、原発立地町村の教組地元支部を中心に配布する。

教材の内容

①原発と共存する双葉

＊ここで言う「共存」とは、「共存しようとしていた」「共存せざるをえなかった」という意味であり、決して肯定的にとらえているものではない。

（立地町村）・・・・双葉町、大熊町、富岡町、楢葉町

（非立地町村）・・・浪江町、葛尾村、川内村、広野町（広野町は火発あり）

１）町村行政　２）町村財政　３）地域経済　４）人口　５）住民の出身地　６）ＰＴＡ活動

７）地域との連携　８）その他特徴的なこと

②学校と原発

総合学習、作品コンクール、放射線移動教室、その他

③原発の実態

１）「事故」前･･･石丸さんの資料等（原発労働者の被ばく問題など）

２）「事故」中･･･３･11～３･15、その他重大事象のこと

３）「事故」後･･･放射線の影響、人権の問題（「フクシマ差別」や「フタバ差別」含む）

４）その他

考えられる教科、学年

以下の教科等を中心としながら、実践を通しながら増やしていく。

社会科	施設（小３）、産業（小４、５）、生活と文化（小３）、 公害（小５）、エネルギー（小６）
理科	放射線教育（各学年）
技術・家庭科	食品の安全基準（小・中）、エネルギーと産業（中）
図工・美術	思いを伝える（ポスター等）（小高学年、中学校）
総合学習	（小・中）＊地域　＊エネルギー　＊環境　＊職業
道徳	（小・中）＊考えられるテーマ　地域愛、家族愛、信念、など

その他　　算数、数学であれば、「資料の活用」の教材として、原発を取り扱うことが可能。また、その他の教科についても、意図的に原発問題を取り扱うことが求められる。

3　作成委員会をスタートさせるにあたってのたたき台として最初の教材

５年生の社会科、「公害」の教材を最初の教材とした。まず一つ目の教材を作成し、それをたたき台として作成委員会をスタートさせようと考えた。2013年９月に、以下のとおり、おおよその「学習計画」を立てた。

第５学年社会科学習支援案

（1）単元名「わたしたちの国土と環境」

小単元名「双葉地方の復興のために」－教材ふたば vol. 1 －

（2）単元のねらい

2011年３月11日以後に発生した東京電力福島第一原発の「事故」について調べ、事故の経緯や、県内外に及ぼしたさまざまな方面での影響などを理解し、特に双葉地方の復興、新しいエネルギーの開発や脱原発への方向性について、さまざまな話し合いが行われ、それが実行されようとしている様子をつかみ、こわされた自然環境や社会をもとに戻すことの困難さを理解するとともに、それを乗り越えていくためには、一人ひとりの協力や努力に加え、国の責任と役割が不可欠であることを理解できる。

（3）学習計画

学習活動	主な内容
1．汚染水処理の新聞をもとに、学習課題と学習計画を立てる。（1時間）	（1）新聞や、町の広報を見たり読んだりして、気づいたことについて話し合う。 （2）自分の疑問や考えについて発表し合う。 （3）「原発事故」について調べてみたいことを発表し合い、学習問題をつくる。
2．福島第一原発の歴史や、地域（大熊町）と福島第一原発の関係について調べる。（1時間）	（1）福島第一原発の歴史について調べ、年表にまとめる。 （2）年表に、自分や家族の歴史、町の出来事などを付け加え、原発と地域の人々との関係について調べる。 （3）調べたことを発表し合う。 （4）原発と町との関わり、原発と人々の生活のつながりについて、感想をまとめる。
3．原発の事故の経過と現状について調べる。（1.5時間）	（1）「原発事故」の概要について知る。 （2）自分の家族への聞き取り調査の結果を発表し合う。 （3）自宅と学校がどの避難区域に設定され、除染の計画がどうなっているのかを調べる。 （4）原発事故の影響という観点で学習のまとめをする。
4．四大公害病について調べる。（0.5時間）	（1）四大公害病について調べて表にまとめる。 （2）四大公害病について、全体で確認する。

5．これからの町づくり、住民の生活再建、脱原発やエネルギー問題など、自分たちにもできるとりくみを考える。（1時間）	（1）これからの町づくりや生活、社会づくりに向けてのさまざまなとりくみについて調べる。 （2）調べたことを発表し合う。 （3）自分がこれからやってみたいことやできそうなことについて、テーマを決めて、自分の考えをまとめる。

4　頓挫ー再スタート

この教材を実際に「使う」ことを考えているうちに、以下の壁にぶちあたった。

○本教材で「明るい未来」を見出せるのか。

○本教材を子どもたちに提供することは意味があるのか（逆にマイナスではないか）。

○本教材は、そもそも学校現場で「使う」ことができるのか。

この壁を乗り越えること、または、自分自身の中でうまい具合に解釈することに6か月かかった。以下に、どう自分の中で咀嚼してきたかを述べたい。

本教材で「明るい未来」を見出せるのか。

自治体が懸命の努力をしている。それは、自治体、または首長を含めた、自治体職員の存在意義の確立のたたかいである。「限界集落」とか「消滅自治体」という問題ではなく、「人がいなくなる」という以前に、いる場所が消えた自治体の苦悩である。本教材作成にあたり、私の居住地だった浪江町、長年勤めた大熊町などのさまざまなとりくみを知り、町や村の将来、未来を、なんとかつくり上げていこうとする自治体の姿がくっきり見えてきた。容易ではないのは当然ではあるが、決して「明るい未来」がなくなったわけではないと実感した。

本教材を子どもたちに提供することは意味があるのか。

教材「ふたば」作成委員会設立の決定を受け、第一弾としての本教材の概略を決めてから、ほぼ1年を費やした理由がここにある。「戻る」「戻れない」「戻らない」などの議論がある中で、子どもたちに、「ふるさと」になるはずだった双葉のことを教材として取り上げることが、子どもたちにとっていいことなのか、むしろ、触れない方がいいのではないか、という思いがあった。そして、何よりも、本教材の学習を終えて、「希望のない未来」を子どもたちが持ってしまうのであれば、こんな教材はない方がいい。

ここでつまずいた。今でも解決はしていない。しかし、いつまでもこのままにしておくことはできない。他の公害地域のように、その場所での復興はほぼ無理である。しかし、この「原発事故」を経験した人間だからこそできること、考えること、考えなくてはいけないことはたくさんある。苦肉の策として、立場を以下の3つに想定し、自分の立場なり、考えなりで、学習をまとめる手法をとった。

①自分や家族の中でできること、していきたいこと

②自分の町や村の中でできること、していきたいこと

③日本や、地球の規模で、自分ができること、していきたいこと

つまり、子どもたちの考えにゆだねたわけである。しかし、「丸投げ」ではない。子どもたちの考

えや思いを大事にしたいのだ。

本教材は、そもそも学校現場で「使う」ことができるのか。

9月2日に大熊町教育長に会った。教材についての助言をもらう目的とともに、教育長会との連携につなげたいという思いもあった。また、可能であれば、本教材の最初の実践は大熊町でという希望もあった。

大熊町教育長との懇談は、自治体の情報を得るという点でも有意義であった、残念ながら、今後の実践につながる具体的な方向性は持てなかった。「お墨付き」をもらったわけでもないが、明確に否定されたわけでもない。本教材を実際に使うことへの私なりのハードルは下がった。

役場仮庁舎内で、かつての保護者と久しぶりに会って、そこでも若干の情報交換を行った。「ふるさとを子どもたちに意識づけるための、ある意味、『刷り込み』も必要だ」「これからの町づくりにあたっては、今すぐ帰って欲しいという思いよりも、いつか町を訪れるようなことがあった時に、戻ってみたいと思えるような町づくりをしたい。その時には自分は役場の職員ではないけれど」。私は、本教材の実現に対する思いを強くした。

5 教材作成へ

教科書から消えつつある「水俣」

順序は逆になるが、教材作成にあたって、その教材は「教科書」形式にしようと考えた。某大学図書館で、教材作成の学習会を仲間内で行ったが、4社の教科書を参考にさせてもらった。

出版社	A社	B社	C社	D社
大単元名	5 環境を守る人々	5 わたしたちのくらしと環境	5 人と自然がともに生きる国土	5 国土の環境を守る
小単元名	1 生活環境を守る	3 環境は、どのように守られているの	1 環境都市をめざして～水俣病に学ぶ～	1 国土の開発と自然
小単元の構成	□ ごみゼロを目指して □ 環境首都を目指して □ そんなことがあったの！	□ 水俣病の発生と経過 □ 公害を防ぐための努力と対策 □ 公害のまちから「環境モデル都市」へ	□ 水俣病って、どんな病気なのかな □ 水俣病の患者さんたちは、どんな思いだったのだろう □ わたしたちの身の回りの環境は、どうなのかな	1 琵琶湖の自然は大丈夫なのか 2 自然を取りもどすのに、どんなとりくみがおこなわれてきたか 3 公害からくらしを守るために、何をすることが必要か

かつては、5年生の社会科の中で、必ず「水俣病」の学習が行われていた。しかし、今は、それが必修扱いになっていない。別教材や発展教材扱いになって、取り扱いは指導者の判断に委ねられる。もちろん教科書とは別に自作教材で授業をすることは認められているし、むしろ奨励されるぐらいである。しかし、教科書を指導内容の「スタンダード」ととらえる傾向は強い。その教科書が、「水俣」を副教材的に扱っていることには驚きを感じる。

本教材に込めた「思い」

原発と向き合った時、震災前には原発との共存（私たちが言う「核との共存」）をしてきた、または、しようとしてきた原発立地自治体の姿がある。原発を教材化するにあたり、それもまた事実として、ある面では肯定的ととらえられるような表現もある。しかしそれでも、原発事故を教材化し、少なくとも再開した双葉郡の小学校で使ってもらえるようなものにしないと、完全に忘れ去られてしまうという思いがあり、数々の批判を覚悟して、とりあえず「教科書」形式で作成しようとした。以下は、作成にあたっての構成である。

（1）原発と双葉地方（原発誘致・自治体の財政・交流）
（2）原発事故（事故の概要・事故の影響［避難、放射能汚染、風評、いじめや差別］・大飯原発訴訟）
（3）その他の公害（四大公害病）
（4）自治体の努力（復興計画・コミュニティや帰属感の維持・国や東電との交渉）
（5）住民の努力（避難先でのコミュニティづくり・家族との協力・事業の再開・新しい居住地）
（6）クリーンエネルギー（太陽光・風力・水力発電・脱原発の運動）

本教材について

「現状」と向き合う

新聞報道による「汚染水問題」を本教材の導入とした。全国紙では扱われることはないが、地方紙ではほぼ「毎日」一面に掲載される。しかも、その内容の多くは、「事故」処理がなかなか進んでいないというものである。また、学校現場の情報も取り入れ、避難している自分、避難している自分の学校をはっきりと認識させておきたい。

「原発」と向き合う

双葉の町村は、さまざまな批判はあるものの、原発誘致計画から震災まで、確実に「原発」と共存していた。結果的にはそれは「原発事故」によりかなわなかった。しかし、自治体の財政ばかりではなく、各家庭の就業、地域コミュニティ、学校教育など、双葉は原発のない浪江町も含め、原発との「共存」がはかられようとしていた。

今思えば、「国や東電の指示」だったとしても、東電社員、関連会社職員、その他、それぞれの人々は、それぞれの町村で、地元の人間と触れ合い、地域づくりに積極的に貢献してきたことは確かである。そのことは、正しく子どもたちに伝えていかなくてはいけない。

「原発事故」と向き合う

今回の「原発事故」を公害として位置付けることは重要である。大飯原発訴訟の福井地裁判決にもあるように、明らかに「公害」であり、重大な環境破壊だ。そのことも踏まえながら、この「原発事故」がどのようなものであったのかを、時系列も含め、子どもたちには伝えていかなくてはいけない。

いや、子どもたち自身が学んでいく場を確保してあげなくてはいけない。そのことは、今の自分のおかれた「境遇」などを理解するとともに、「原発事故」の重大さを子どもたち本人がとらえるとともに、それを次世代にも伝えることの意義を理解させたい。

「未来」と向き合う

繰り返すが、これが一番大きなハードルだった。本教材を通して、子どもたちにどのような「未来」を示すことができるのか…。そもそも、「示す」ということ自体が、私たちはできるのか…。もっと言うと、双葉で生きてきた私たちが「言えるのか」。

しかし私は、いや、私たちは、自分と同じく避難している身でありながら、未来の町づくり、村づくりに取り組もうとしている人々を知っている。自治体職員はもちろん、その他の住民である。多くは、自分が生きているうちには自宅には戻れないものと覚悟している。しかし、前述した大熊町職員のように、将来、未来、子どもたちが、孫たちが、自分のふるさとだったはずだったところを、見に行ってみたいなと思えるような、そんな町や村をつくっていきたいのである。それは、町民、村民、同じ思いである。

教材では、①自分や家族の中、②町や村の中、③日本・地球規模、などの、自分なりのエリアを考えて、今できること、していきたいことを考えさせていきたい。これは、正直言うと、子どもたちに判断をゆだねた「逃げ」の手法である。「明るい展望」というものを提供できない状況であることは明らかなことであり、子どもたちとともに、ずっと抱えていかなくてはいけない。

本実践を双葉から福島へ、福島から全国へ

組織的な行動の前の実践である。しかも、11月時点では授業実践も経ていない。

しかし、必ず実践していくつもりである。福島県教職員組合双葉支部は、支部の役員の会議である支部執行委員会は、地区ごとの開催となっている。現状を踏まえての活動はできないし、そもそも地区ごとに状況はバラバラである。それでも、本教材の内容は、原発がなかった浪江町、葛尾村、川内村も含めて、子どもたちとともに私たち自身がもう一度双葉の地を見つめ直す上では意義があると思う。そして、放射能を気にしながら福島の地で生きていく福島の子どもたちとともに、「原発事故」を一緒に考えていきたい。そして、「水俣」に学びながら、全国に、とりわけ原発立地地域の子どもたちに届けたい（『教材ふたば　vol. 1　第５学年社会科　小単元名「わたしたちの生活と環境」－双葉地方の未来のために（大単元名「わたしたちの国土と環境」）』、本書巻末の付録３参照）。

おわりに

10月14日、南相馬市の高校生が右折をする工事車両に轢かれて亡くなるといういたましい事故があった。２日後に、修学旅行の出発を迎えるはずだった。私たち福島県民が一番に望む復旧・復興、何よりも未来を生きる子どもたちのための復旧・復興のかげに、その子どもたちの安全が損なわれている現実があることを痛感させられた。

除染作業、その作業員の移動、資材の運搬、土砂等の運搬等、道路の混雑は日に日に増していく。そして、双葉町・大熊町に中間貯蔵施設が建設される。さらに、施設ができたら果てしない量の放射性廃棄物が、県内外から運び込まれてくる。その状態が長期にわたって続く。

放射能という「見えない」恐怖に加え、「見える」恐怖が、現実的に子どもたちの目の前に存在する。その恐怖は、誰もが待ち望む復旧・復興と裏表である。これが、「原発事故」なのである。

17 あの日から今まで

〔福島県相馬市 小学校〕

大槻 真孝

はじめに

定年まであと何年と指折り数えている時に「3・11」が発生した。そのような中で30年以上組合員として生きてきた私がこの分科会に参加することは初めてであり、逆に考えれば私自身の「人権意識の低さ」の中でリポートをまとめること自体に恥ずかしさもある。

しかし、あえてこのような機会を与えていただいたこと、それは「今のフクシマ」を「あの時のフクシマ」を伝える義務があると思い、つたないリポートを報告したい。私自身、あの日から今日までの自分たちの姿を報告する中で、敢えて「自分の弱さ」「人間の醜さ」も正直に提起してみたい。

原点としての憲法第25条 生存権－国の社会的使命

①すべて国民は、健康で文化的な最低限度の生活を営む権利を有する。

②国は、すべての生活部面において社会福祉、社会保障及び公衆衛生の向上及び増進に努めなければならない。

1 2011年3月11日（金）14 時 46 分 東日本大震災 発生

当日の職場状況

卒業式当日 午後

教職員全員で会場の整理及び学区内で校外指導を実施していた。大型商業施設担当であった私は店舗前の駐車場で震災に遭遇した。商品の散乱、店内の非常警報の音、店舗内の悲鳴、商品棚の崩壊（死者発生）、駐車場の亀裂、周囲の家屋の倒壊等まさに地獄絵図、はたまた日本沈没か。

店員とともに救助、誘導に関わるが揺れ続ける余震、いつ店舗が崩れてもおかしくない状況のため、周囲にいた子どもたちやお年寄りを樹木の根元に集めパンや水等の物資を配る。この時、一切の電源が断たれたため施設内が暗闇となると同時に雪が舞い始め気温が下がってきて寒さをこらえられない状況となっていた。

自身の学校の生徒も含め、他校の生徒も一か所に集め、保護者が迎えに来るのを待つ。夕方、何とかすべての生徒たちを保護者に引き継ぎ職場に戻る。通常であれば10分程度の距離であるが、道路の分断や津波等で道路を使用できず、途中車を乗り捨て、山を歩いて職場に戻る。この時点で職員室からかけられた言葉は「生きていた！」と驚かれてしまった。すでに、私は行方不明・死亡とみなされていたようである（今となれば笑い話）。

この時、職場（海岸から5km・ただし入り江からだと100m）は周辺地区の避難所となっていたが、度重なる大きな余震や大津波警報のため近くの小学校に避難所が移された。しかし、その小学校も津波の危険があるということで市内の別の小学校が新たな避難所となっていくのである。結局、その避難所には各地区から避難住民が集まり、1,000人規模の大型避難所となるのである。

私の職場は沿岸部にあったのだが、津波の恐れや沿岸部の学区がすべて流されてしまっているので住民とともに生徒の保護にあたれという業務命令が首長よりだされ、避難所運営に関わるようになっていくのである。

私の家族

当時、私は90歳の一人暮らしの母親の介護の日々であり、この日も頭に浮かんだのは人工透析から帰宅する母親の安否であった。しかし、命からがら戻った職場では明日からの校務の確認等が進められており、そのような中で母の安否を確認する術はどこにもなく母の家にまわれたのは20時過ぎであったと思う。それと同時に、別の市町村に私たちは家庭を構えていたので妻の安否さえ確認できなかった。悶々とした夜を迎え、誰一人の家族の安否を確認できないもどかしさから、近くの暗闇に包まれた避難所の小学校を、電気を照らしながら母を捜し歩いた。近所の方に聞いても誰一人として母の行方を知る人はいなかった。この時、母の死を覚悟した。再度、母の自宅に夜中に回り家の中を確認するも、足の踏み場もないほどに家財道具が散乱していた。後になって、分かったのであるが、母は偶然にもあの時間に老人会の寄合で高台のホテルにいたのである。

この夜はまんじりともせず、余震に一人おびえながらラジオを聞いてあまりの揺れに恐怖さえ覚えて車で一晩を過ごす。

翌日、出勤して職員室に行くと職員は半分だけで他の職員は昨日の時点で逃げてしまっていた。この時は、学年主任と管理職と数名の職員だけで全体の半分以下の職員数であったと思う。そんな中で以下の内容で今後の対応が話し合われた。

○生徒の安否確認（本人の顔や声までを確認）
○避難所での業務
○年度末の事務整理

学年主任として生徒の安否確認はもちろんであるが、家族の安否が確認できないもどかしさの中で悶々とした思いが忘れられない。

2　ジレンマの中の私

母の安否、妻の安否確認という家庭人としての苦しみ。学年主任として学年の生徒140名の安否未確認の苦しみ。このどちらの解決も図られないままの避難所業務の開始という三重苦。震災直後、通信手段の遮断、ガソリンの問題、原発事故等もあり避難してしまった職員とは連絡が取れず、残った（逃げそびれた）職員だけでの公務負担増。当時、「年休」をとり休む職員、避難してしまった職員と、動静はばらばらだった。

当時の私のある一日

4：00頃　起床　10分おきくらいに余震に起こされ寝ているという状態ではなかった。
朝食　電気・水道は遮断されたままであったが、ガスは使用できた。生きるために風呂の残り湯でお湯を沸かし、カップラーメンを食べる。

5：00　母を人工透析のため病院に連れていく。この人工透析は病院側から自己責任でという条件で予定の半分の時間であった。

透析終了後、母をベッドに寝かしガソリン購入のためガソリンスタンドへ並ぶ。この時、母と交わした会話「地震で家が崩れたら、それも運命。学校に行ってくるから」＝（なんて冷たい息子なんだろう）。

7：30頃　子どもの安否確認のため学区内の見回り。

車で回りたいが、ガソリンがないと同時に道路が寸断されていたので徒歩または相乗りで実施する。

12：00頃　避難所運営従事のために避難所へ。避難所でお昼を食べようとすると私たち公務員は配給された食料を食べることは禁じられた。理由として、避難した地域住民が最優先であり、公務員はあくまでも地域の人のため。私たちは何を食べればよいのか。近くに住む仲間が食べ物を差し入れてくれた。隠れて食べた。午後、電話で生徒の安否確認業務をしながら（携帯はほとんど通じないが）避難所で自治体職員とともに支援物資の受け取りや支給、行方不明者の受付業務にあたる。

学年主任として避難して出勤できない担任の代わりにそのクラスの生徒の安否確認（この月の携帯の請求～５万ほど自己負担）。

18：00頃　避難所の夕食業務従事。しかし、私たちは食べられず。避難所が消灯になるまで巡回指導等が割り当てられる。

生活面で動向が心配な生徒、障がいを持つ生徒については、特に職員で確認し合った。

21：00頃　帰宅。母の様子を見る。生きていた？死なずに済んだのが不思議であった。私の場合、母の存在があったために数少ない職場スタッフが配慮してくれて帰宅できたが、他の仲間は24時間勤務であった。当時の教頭は義父母が津波で流されているにもかかわらず、帰宅できなかった。

※当時は「３交代制」で、避難所業務、学区内巡回、避難所の中の生活指導にあたった。

３　当時のマスコミ・地域の様子

テレビの映像－政府のごまかしや事実隠蔽と道徳観の押しつけ。

「一人じゃない」というＣＭ、「ただちに人体に影響を及ぼすものではない」という原発の映像と不気味な原子炉建屋の爆発した屋根から立ちのぼる白い煙。

この時、私たちは「放射能は怖くない」とうそを叩き込まれた。そして、「危なくないんだ」というマインドコントロール？

当時の職員室では理科室のおもちゃのような線量測定器で毎時２～３マイクロシーベルトだったような記憶が。

電力会社の社員住宅が震災２日目にして廃墟状態（空状態）。

医療機関（特に、小児科医）医師がいなくなる。

デマや風評の横行。

・「□□人」が被災した自動車からガソリンを抜いている。

・各家庭の灯油タンクから盗んでいる。

・空き店舗が襲撃された。

・空き家に空き巣が入っている。

・牛や馬が放された。

4　あの日から今日まで

「フクシマ」は何も変わらない。変わらないばかりか、忘れ去られており、黙らされているのではないか。私の周囲は除染で出た汚染土の土嚢の山、山、山。青のビニールシート、黒のビニールシートが数えきれないほど、そこかしこに。そして、それらの山は増え続けることはあってもなくなる保証は皆無である。

自宅から車で10分程度原発よりに向かうと、放射線量が高くつぶれたままの手つかずの家屋。これでも「復興」したといえるのか。原発が安全だといえるのか。経済最優先で日本各地の原発を再稼働してよいのか。この「フクシマ」に、「フクシマ」で生き続けなければならない私たちを忘れていいのか。

福島には太平洋側を国道が走っていた。しかし、最近まで線量が高いために通行止めをかけていた。10月に道路のみの除染が済んだからと言って国は通行を可能にした。国道の数か所は10マイクロシーベルト以上にもかかわらず、「復興」の名のもとに「安全」を無視して通行させている。子どもたちに責任を持つべき教育行政は、出張や生徒引率は現場の校長に判断を任せるという無責任極まりない現実を国は理解しているのだろうか。

「福島の復興なくして日本の復興なし」のフレーズが空しく響く。岩手や宮城は津波ででた瓦礫の処理が100％済んでいるという。しかし、わがフクシマはどうだろう。50％以下だ。私の住む地区はそれ以下である。そして、「瓦礫」というゴミ扱い。

誰のために、何のために私たちフクシマは苦しんでいるのだろうか。

私たちの住居周辺も約1年以上遅れて「除染作業」の案内が自治体から来るようになった。その除染作業の説明会に出向いても、その場にはこの悲劇をつくった国はおらず、人災の責任者である東京電力はもちろんいない。地区住民が該当自治体職員に詰め寄ると「法律により、それぞれの自治体が除染等を行う」との回答を繰り返すばかり。

国の責任を追及する時、3年前の避難所の様々なことが思い出される。自治体職員にも家庭があり、家族があり、地域で生きてきた。なのに、国の無責任な押しつけでまた苦しめられるのかと。

そして、この国に、この「フクシマ」に憲法第25条（生存権）はあるのかと。

5　避難所での業務　そして「今」

忘れない、忘れられない、私が受けた罵声。「お前に何がわかる？お前はいいだろう！金があるだろう」。この場面は当時、避難所の公衆電話の順番を守らない方がいた時に時間厳守と順番厳守を利用者に説明した時に浴びせられた言葉である。

憲法第25条（生存権）から考えていくと
①私たちは人間の尊厳にふさわしい生活を送れてきたか。
②社会的弱者に国が必要な救援を与える施策がなされたか。
③国家が社会保険や公的援助により国民の生存権を保障する政策を営んだか。
④国民の健康保持増進のため、病気の予防を行ってきたか。
これらの観点から、現実は、実態は？

初めての経験とはいえ

避難所の運営の一端を担わせられている者としての受けた屈辱は計り知れない。何故配給されたおにぎりやパン、飲み物を私たち公務員は食べてはいけないのか。フルーツ支援やコーヒー支援などもちろん受ける権利などない。→二日間くらい廊下において残っていたものなら食べても良いとのこと。

現に津波等で被害を被った学校職員だけで避難所業務従事をさせられた不公平感。同一校でさえ、逃げた職員と残ってしまった職員の業務内容の不公平感。

人災である原発事故

「ただちに影響を与えるものではない」との刷り込み報道により、原発事故はたいしたことはないと、思い込まされた。冷静に考えれば「時間が経てば影響を与える」という表現に何故、気が付かなかったのか。

責任転嫁、たらいまわしの国、そして東電

何も望まない、これまでの住環境や食環境を奪っておきながら「以前の生活を要求」すると「法律で決まれば対処します」の決まり文句。国が責任をもって対処する気など毛頭なく、場合によっては東電という一企業の責任という安倍政権の言い分。

放射能の中で

「県民の健康優先」というけれど、実態は「如何に放射線は人間に影響をどこまで与えるか」を知りたいだけと思ってしまう、健康追跡調査。読み切れない質問用紙（冊子）を各家庭に送付するだけの追跡調査。高齢者ほど読み切れない。

そして「どうせ、別な病気で死ぬんだし。原発との因果関係なんて」とあきらめている現実。児童や乳幼児等子どもたちにはホールボディカウンター検査やガラスバッジ配布をして追跡調査をしているが、時が経つにつれてすべて任意扱いとしている現実がフクシマでおきている。私たちは実験材料かと思えるような各種アンケートや追跡調査の実態がある。まして、子どもたちの様々なアンケートの配布や調査結果の集計を学校現場にやらせている実態がある。支援という美しい言葉に騙されフクシマの子どもたちは実験台に乗せられていると思わざるを得ない実態がある。定期的に来る様々なアンケート、一体結果をどうしたいのか。

6 「子どもたちのあの日そして（今）」

震災当日の生徒の実態

卒業式当日であったため、ほとんどの生徒は帰宅しており保護者と安否確認はできやすい環境にあった。しかし、他の被災地と違うことは、本県は「原発の爆発」であった。このために「余震」「津波」というよりもこの恐ろしい出来事をいち早く察知した保護者はこの福島から少しでも遠くへと、家族又は子どもたちを避難させてしまったのである。避難先は、北は北海道から南は九州、沖縄、八丈島等、全国に散らばってしまったのである（この避難先がわかったのは後日である）。

この「避難」という人間として生きていく権利を行使するにしても、保護者の経済力の差（貧富の差）が影響している。つまり、当時の正しい情報をいち早くつかめれば、「今」何をすれば良いのか、どこに逃げれば良いのかを判断できたのである。経済的に余裕のある家庭は移動手段も確保し、正しい情報を把握することもできたのである。後日、問題になり３年半も過ぎた現在も全村避難している山間部の町村は単なる距離だけで避難先となり、村民も避難者も被ばくしている事実がある。

学校再開まで

卒業式を終えていたので３年生はそのまま春休みに入り、高校入試の結果待ちとなり、１、２年生は修了式をせずに春休みという判断が教育委員会よりなされた。卒業生の進路については高校側の対応も決定されておらず、合格発表の手段も情報が混乱する中で「全員希望先の高校入学」という決定が後日なされたのである。しかし、この「全員希望先入学」という決定は、以後様々な影響を及ぼすことになった。在校生の方は、春休みという措置が取られたために家族とともに自宅の整理や避難というように子どもたちが分断されていくのである。

当時の私の職場は沿岸部にあり、学区内はほとんど津波にのまれており、いつまた大津波が襲ってくるかもしれないという恐怖の中で、残っていた職員で新学期の準備を進めていた。そして、2011年度末の定期人事異動は８月まで停止された。当時、私は新３年生の学年主任ということもあり、４月に実施予定であった修学旅行の実施の有無、旅行業者との折衝等、避難所運営、生徒の安否確認という作業と同時に進めていった。この12年度の修学旅行は、度重なる余震、原発の状態、津波の恐怖も含めて「中止」という苦渋の選択をせざるを得ない状況だった。保護者にアンケートを取った結果、８割以上の保護者が「中止・内容の変更・時期の変更」という要望のため、秋に日帰りで県内で実施となった。この時の生徒たちのがっかりした顔は今でも忘れられない。その生徒たちも今年は高校卒業の年である。時折、それぞれの高校の会報を読む機会があるが、その中に「修学旅行を中止された私たち」という標題を見るたびに「子どもたちにすまない」というただそれだけの感想と同時に、一日のうちに何十回という大きな余震の中で出した苦渋の選択であったと思っている。だが、やはり、一生の中で一番の思い出を奪ったもどかしさは今も消えない。

新学期のスタート－「子どもの声が『復興』の第一歩」は本当だろうか

全国から様々な形の支援や励ましがあり、何とか新年度のスタートが切れた。今振り返ると、子どもたちも様々な形で「復興」という名のもとに踊らされていたと思う。当時の学校現場は「子どもたちの存在」「子どもたちの声」「子どもたちの笑顔」「子どもたちの学力」が復興の第一歩という美辞麗句にすべて誤魔化されていたに過ぎない。

当時、放射能に対して正しい情報はなく、政府から流される「ただちに影響はない＝安全である＝心配はない」というマインドコントロールにより、私たちの周囲は放射能を怖がらないで良いものと刷り込まれていったのである。

その象徴的な例が、当時の私の職場の管理職の年度当初の学校運営に如実に表れている。つまり、震災前に全て戻す。これまで通りの学校運営を行うという年度当初の説明であった。

①部活動の通常実施

②保健体育の外での授業実施

③通常の授業時間の確保（7校時という発想もあり）

以上のような内容である。

私たちの職場では、組合員が中心となって未組合員と共にこの方針に反対していった。その理由は以下の2点である。

①ほとんどの子どもたちが仮設住宅からスクールバス利用で通学中であること
（通学時間往復2時間程度）

②外での活動は原発事故による放射能汚染が進む中で少しでも子どもたちを被ばくさせないようにすること

このことは体育教員にもあてはまる（教員は一日中外にいるようになる）。子どもたちの健康はもちろん私たちの健康をどう考えるのかといった視点で校長交渉を実施し、全て撤回させた。このような取り組みは息の長い取り組みが必要で、現在はほとんど震災前に戻ってきているし、われわれも無関心になっているのが残念である。

子どもたちの今－私の職場

もう少しで4年目の3・11を迎えようとしている。入学式も卒業式も修学旅行も奪われた子どもたちも、それぞれの新しい旅立ちをする時期になってきた。子どもたちは「今」どのような状況で生きているのだろうか。本県では、肥満度、虫歯罹患率ワースト1という報道がなされている。外遊びもままならない状況の中で、身体を動かせず、仮設の狭い部屋の中でゲームやパソコン、お菓子を食べながらの携帯等の操作、そんな生活をせざるを得ない毎日である。

子どもたちを取り巻いている「おとな」の世界に目を移せば、震災、原発事故により、様々な形での分断、差別が進んでいる。土地、建物等の補償や賠償金による差別。親が仕事をなくしたり、転職したりすることによる経済格差の発生、または拡大。親の仕事による一家離散や生活空間の分散による経済的負担の増大。働くことの大切さや意義の消失。あの日以来、何も変わっていないばかりか、目に見えない何かが子どもたちを苦しめているのである。

よく、「子どもたちの笑顔が、学力が、笑い声が『復興』の第一歩」と宣伝される。確かに、子どもたちの笑い声や姿は私たちを元気にしてくれる。ただ、現実はどうだろうか。子どもたちが笑える環境にあるだろうか。子どもたちがのびのびと学べる環境だろうか。そのような環境をつくるのが、われわれおとなの責務であると思うし、何よりも時の政権の責務ではないのだろうか。

私は、震災後、市内の大規模校に転勤した。ここも、震災時は1,000人規模の避難所だった。大津波により家や土地を失った子ども、原発事故のため住居を追われた子ども等々何かしらの被災をした子どもたち400人ほどの学校である。現在は何事もなかったように学校生活を営んでいるが、時折の地震におびえているのも事実だ。校舎から外を眺めていると、ひっきりなしに、土ぼこりをたてて夕ンプカーが国道を走っている。このような現実の中で私が感じる課題として次のようなことがあげられる。

①キャリア教育の必要性

②正しい判断力の育成（特に放射線に対して）

③交通事故等への安全教育の必要性（現に、高校生が登校途中事故に遭い、尊い命が奪われている）

このような状況のもと、組合として当該教育委員会に対し、子どもたちの緊急安全確保の要請を行った。このことは本校校長も理解を示し、管理職としても教育委員会に申し入れを行ったと聞いている。子どもたちを取り巻く学校生活は、以前にも増して、行事やイベント、コンクール等が「復興」の名のもとに目白押しというのも事実である。本校で取り組んでいる（取り組まされた）行事やコンクールの一部を調べてみると、「子ども復興会議」「子ども復興駅伝」「放射線教育講演会」「予備校講師による進路ガイダンス」「大学生による学習支援」等々「復興」のオンパレードだ。

子どもの笑顔は何物にも代えがたいのは事実である。でも、それは安全が確保されて初めて生きてくるのであって、お仕着せの笑顔は偽りに過ぎないのではないだろうか。

子どもたちは、つくられた、お仕着せの遊び場や環境はいらないのである。砂場で遊び、泥んこになり、秋はどんぐりや落ち葉のプールで遊ぶのが最高なはずである。高価なものより、家族と一緒に放射能を気にしない空間が欲しいのである。

まとめ

何百年に一度、いや何千年に一度起きるか起きないかというあの大震災を私たちは経験した。日々の生活が戻っているかのようなニュースや、原発を経済最優先で推し進めようとしている安倍政権の実態。本当に震災以前の生活に戻っているのだろうか。「瓦礫」（この表現は否定するが）の処理は、福島県は50%も進んでいない。特に私の住んでいるこの町はほとんど処理されていない。除染さえも始まったばかりの実態が理解されているだろうか。除染作業が進めば進むほど汚染されている土や枯葉などは土嚢に入れられ私たちの町を覆い尽くし始めた。普段の生活の中に青や黒色に包まれ数えきれない土嚢の山はどこか別の星に住んでいるのかと思うときさえある。

廃炉まで40年以上もかかる私たちの「故郷・フクシマ」で生きる権利、生きていく権利は保障されているのだろうか。

同じ人間として日々の生活空間の中で線量計の数値に一喜一憂し、天気予報を見るがごとく地方のローカルニュースに本日の放射線量の数値が放送されている異常な状態に何も感じなくなってしまっている私たちの異常さ。「食の安全」さえも保障されておらず、スーパーでは産地を見て購入している私たちの矛盾している食生活の実態。同じ、労働者としてこれまで一緒に活動してきた農家の仲間の空しさを感じながらも、地元の食材に手が伸びない私たちのジレンマ。

「フクシマ」というだけで何か汚れたものを見る差別を受けた仲間は身近に存在する実態。現に私の友人は高速道路のサービスエリアで休んでいる時に車のボディに「放射能」と落書きをされた経験を持つ。

どうして私たちだけなのか。常に自問自答する日々である。「フクシマ」でもたらされた原発行政の失敗、人災があったからこそ「今」全国の原発廃炉に向けて運動が起きたのではないか。にもかかわらず「フクシマ」だけ苦しむのか。

憲法で保障されているはずの「最低限に生きる」という点を今回のことに限って考えてみると、避難所運営で経験した様々な人間としての「弱さ」「醜さ」を否定できない。

「公務員だから」「住民のために」という美辞麗句で「腐れる寸前の食べ物」を食べなくてはならないのか。家族を捨て住民のために犠牲にならなくてはならないのか。愛する家族を捨てなくてはならないのか。私は弱い人間である。家族がいるから私がいる。いつまでたっても答えが見つからない。私はこのままでいいのだろうか。このままこの仕事、公務員として、またあのような災害が起きたとき同じような行動を、任務を果たさなくてはいけないのだろうか。できないのであればやめろということなのだろうか。わからない。

2014年10月、全国から注目？（多分）されていた福島知事選挙が終わった。投票率は予想通り低かったのだが、私の町にはほとんど候補者の街宣車は来ることもなかった。６人の候補者の中には、一度も来なかった候補者もいたのではないだろうか。選挙ポスターも全員のポスターが貼られている所は数えるほどしかなかったのが現実である。違う見方をすれば「『フクシマ』の中でさえ忘れ去られた地域」に私は住んでいるのかもしれない。美辞麗句を並べる候補者に、美辞麗句を並べる政党にも「この地域はどうしたいのか」と率直に聞いてみたかった。「脱原発・反原発」が選挙の争点にさえならない今の日本の姿を、どれだけの人が理解しているだろうか。

外を眺めると線量計の本日の値は0.1μの値を示している。こんな線量計の存在が校地内はもちろん、市内、県内のあらゆるところに設置されている。そんな環境で暮らしている私たちを、県外の方はどんな感想を持たれだろうか。そして、汚染された土の貯蔵の問題をどう考えてくれるのだろうか。自分たちの生活空間に中間貯蔵施設がくるとなれば一時であれ、やはり「反対」するのだろうか。

資料　福島県教職員組合の人権教育にかかわる取り組み

１．放射線教育の推進

福島県教職員組合は、子どもたちを放射線から守る取り組みの一環として、「放射線教育対策委員会」を発足させ、放射線「副読本」の批判・検討を進めるとともに、2012年10月には『生きるための学び』を発行し、放射線教育のあり方について提案してきた。「安全な放射線は存在しない。放射線から身を守る方法を身につける」というスタンスで、放射線教育の推進をはかっている。

２．学習権・生活権の保障を目指した具体的な取り組み

（１）「被災児童生徒就学支援等臨時特例交付金」事業継続を求める取り組み

この交付金は、学用品や給食費、高校等については授業料等の他、スクールバスの経費も含む通学費も含まれる。スクールバスによる通学に頼らざるを得ない状況では、子どもたちの学習権の保障の

ためにも、交付金の継続は必要である。福島を含めた被災３県は、知事と市町村長に対して、文科省、復興庁、財務省へ継続を要望するよう要請した。それ以外の都道府県では、知事に対する同様の要請を行った。中央では日教組が当該省庁との交渉を繰り返し、概算要求で91億円を計上させることができた。

（２）「原発事故子ども・被災者支援法」の実効化に向けた取り組み

2013年10月に提示された「原発事故子ども・被災者支援法」の「方針案」では、中通りと浜通りを「支援対象地域」とし、会津地方を「準支援対象地域」とするものだった。県民一律の支援が必要であり、そうしたところから地域の分断が始まる。パブコメや請願等で基本方針の撤回と、新しい方針の早急な制定を求めている。

（３）19歳以上の甲状腺疾患の医療費無料化に向けた取り組み

福島復興再生特別措置法により、検査や手術、薬について費用の支援が行われているが、19歳以上の場合は自己負担が発生する。「国の責任による福島県の19歳以上の甲状腺に係わる医療費無料化」を行い、3,315筆を集めることができた。

（４）どんぐりプロジェクトの取り組み

福島県内では、震災前に「当たり前」にやっていた落ち葉拾いやどんぐり拾い、草花採集、またはそれらを使った造形遊びなどができなくなった。自分で拾うという体験的な活動はできないまでも、それを使った学習だけは保障してあげたい、という考えから、一昨年度から「どんぐりプロジェクト」の取り組みを行っている。

３．人権教育推進のための取り組み

（１）教育改革キャンペーン

放射線教育、人権教育の重要性を、地域、保護者に広めることを目的の一つに、教育改革キャンペーン「福島の子ども達の人権について考えよう」を実施している。10月11日には、キャンペーンの一環として、県教研の中で「市民と語る会」を開催し、会の最後には、参加した子どもたちによるアピール文を採択した。

（２）教職員が人権を学ぶ

「原発災害」は、隣県の「新潟水俣病」と「足尾鉱毒事件」と重なる点が多数ある。そうした理由から、昨年度初めてフィールドワークを実施した。昨年度は、両方とも学習のコースに入れたが、今年からは「新潟水俣病」と「足尾鉱毒事件」を交互に行うようにした。今回は11月22～23日にかけて、足尾鉱毒事件にテーマを絞ってのフィールドワーク等を行い、私たち自身が学習をした。

18 「教材ふたば」の実践から人権を考える

〔福島県楢葉町 中学校〕

柴口　正武

私たちは、原発事故によって住むべきところに住めなくなった。それにより避難を強いられ、その避難の過程で人権を侵害され、また現在もなお、人権を侵害されている。その人権侵害は、いわゆる「弱者」といわれる、子ども、障がい者、女性、高齢者などに顕著にあらわれている。

双葉支部長の山田実さんの自宅がある地域（浪江町樋渡地区）は、「居住制限区域」に指定されている。山田さんの娘さんは、未だに一時立ち入りすらしていない。「私は、あの時（2011年３月11日）のまま時が止まってしまって進めないでいる。小学校には荷物が置いたままになっているし、家に置いてある物もあの時のまま。それに友達や近所の人とも、あの日に別れたままになっている。私の心は浪江に残したまま」。これは、１年半前、小学校の授業参観で山田さんの娘さんが、母親宛ての手紙に書かれていたものである。山田さんは次のように話す。「今、私の子どもたちは、避難先の学校で問題なく学校生活を送っている。しかし、普通に生活しているようであっても、心の中には、戻れないでいる故郷浪江への思いは、重く渦巻いている。学校の子どもたちについても同様である。学校では普通にしているが、実は心の中では、さまざまなことが押し寄せているに違いない。私は、そのような子どもたちと同じ境遇にあることこそが、彼らへの教育の出発点だと感じている。同じ被災者である私たちでなくてはできないことがあるはずである」。そういう思いは、双葉地方に住んでいた教職員の多くが共通して抱えている思いである。

1 「教材ふたば」について（概要）

2013年４月に、双葉支部執行委員会の中で、教材ふたば作成委員会の立ち上げについて決定し、以下の内容で確認をした（以下、平仮名で「ふたば」は、「双葉町」ではなく、「双葉郡」もしくは「双葉地方」を表す）。

目的

本来であればふたばに住み、ふたばの学校に通学していた子どもたちが、原発がふたばに存在していたこと、その「事故」によって本来住むべきところに住めなくなったことを、事実として受け止め、ふるさとになるはずだったふたばへの思いを自分の中で確かめることが必要である。

さらに、「原発事故」を「公害」としてとらえ、エネルギーや環境、地域の産業を考えることは、ふたばに住んでいたはずであろう子どもばかりではなく、原発立地地域に現在も住む全国各地の子どもたちにとっても大事なことである。また、そうした子どもたちにだからこそ、そうした学習の場を設定してあげることが必要である。

そして、「原発事故」後の、県内外におけるできごとを知ることを通して、自分やまわりの人の人権を尊重する心が培われていかなくてはいけない。

以上のことから、次の内容を柱に教材を作成し、子どもたちと地域に提供していきたい。

①「原発事故」前のふたばの情報　②「原発事故」の現状と、これまでの経緯　③「原発事故」の影響。

教材ふたば作成委員会

双葉支部組合員、準組合員対象に公募し、応募があった組合員により組織した。

委 員：教材作成、並びにその活用に携わる。

協力者：授業での活用と、懸賞・改善についての意見を上げる。また、協力する退職者については、委員会の運営等についての助言を行う。

教材の内容

・原発と「共存」するふたば

①町村行政　②町村財政　③地域経済　④人口　⑤住民の出身地　⑥PTA活動

⑦地域との連携　⑧その他特徴的なこと

・学校と原発　①総合学習　②作品コンクール　③放射線移動教室　④その他

・原発の実態　①「事故」前　②「事故」中　③「事故」後　④ その他

考えられる教科、学年

社会科（施設、産業、生活と文化、公害、エネルギー）、理科（放射線教育）、技術・家庭科（食品の安全基準、エネルギーと産業）、図画工作・美術（思いを伝える）、総合学習（地域、エネルギー、環境、職業）、道徳（地域愛、家族愛、信念）、その他。

2　Vol.1　双葉の復興－大単元名「わたしたちの国土と環境」の概要

単元のねらい

2011年３月11日以後に発生した東京電力第一原発の「事故」について調べ、事故の経緯や、県内外に及ぼしたさまざまな方面での影響などを理解できる。また、双葉地方の復興、新しいエネルギーの開発や脱原発への方向性について、さまざまな話し合いが行われ、それが実行されようとしている様子をつかみ、こわされた自然環境や社会をもとに戻すことの困難さを理解するとともに、それを乗り越えていくためには、一人ひとりの協力や努力に加え、国の責任と役割が不可欠であることを理解できる（本書巻末の付録３参照）。

学習計画

・「原発事故」の報道から、学習問題を立てる。（１時間）

・原発の歴史、事故の経過と現状や、除染や生活する上での環境づくりについて調べる。（２時間）

・四大公害について調べる。（１時間）
・脱原発やエネルギー問題など、自分たちにもできる環境への取り組みを考える。（１時間）

教材の構成
・「現状」と向き合う
新聞報道による「汚染水問題」が本教材の導入。全国紙では扱われることはないが、地方紙ではほぼ「毎日」一面に掲載される。しかも、その内容の多くは、「事故」処理がなかなか進んでいないというものである。また、学校現場の情報も取り入れた。避難している自分、避難している自分の学校をはっきりと認識することは大事である。
・「原発」と向き合う
ふたばの町村は、さまざまな批判はあるものの、原発誘致計画から震災まで「原発」と共存しようとしていた。また、東電社員、関連会社職員、その他、それぞれの人々と、地元住民との関係についても正しく子どもたちに伝えていかなくてはいけない。
・「原発事故」と向き合う
時系列も含めた「原発事故」の実態は、子どもたち自身が学んでいくことが大事である。そのことは、今の自分のおかれた「境遇」などを理解し、「原発事故」の重大さを子どもたち本人がとらえ、それを次世代にも伝えていくことにつながる。
・「未来」と向き合う
避難している身でありながら、未来の町づくり、村づくりに取り組もうとしている人々がたくさんいる。そうした思いに触れ、自分や家族、町や村、日本・地球規模など、自分なりのエリアを考えて、今できること、していきたいことを考えていけるようにした。

3　Vol. 2　二つのふるさと－主題名「郷土の中の私」【内容項目 ４－（８）郷土愛】

１）主題設定の理由

ねらいとする価値について
郷土やふるさとというものは、そこに家族や友達が住み、通う学校、小さいころからの遊び場、よく行く商店などがあるところである。家族や近所のかた、親せき、学校の先生など、たくさんの方との人間関係を築きながら成長してきた場所こそが、子どもたちにとっての郷土である。その郷土を、その中に住むだけでなく、活動・行動する一員として自覚することは、視野も行動範囲も広がっていく中学生にとっては大切なことである。そのためにも、自分と郷土の関係性を考える場としたい（本書巻末の付録４参照）。

子どもたちを取り巻く環境について
17人の子どもすべてがいまだに避難している状態にあり、仮設住宅（見なし仮設も含め）やいわき市等に新築した家からスクールバスで通学している。今年度になってから２つの大きな変化があった。１つは「ふたば未来学園高校」の開校（広野町）。もう一つは９月の「避難指示解除」である。進学先の選択、帰還か移住かの選択、これは、子どもだけで判断できるものではないが、子ども抜きで判断するものでは絶対にない。今後、子どもも含めた家族の、新たな判断、決断が迫られようとしている。

生徒の実態について

子どもたちは、境遇が同じということもあり、安心感を持って学校生活を送っている。子どもたちは、小学校４年に進級するときから自宅を離れ、その後、自分のふるさとである楢葉町には入ることもできていない。ほとんどの子どもは現在の生活にも次第に慣れてはきているものの、進学先のアンケートを取るときには、自分のおかれた立場、これからの生活の拠点について悩む言葉を言う子どももいる。小学生まで過ごした楢葉町を思い起こすためには、今住んでいる場所に対する自分の思いを自分の中で整理していくことが求められる。実際に悩む場面を想定し、郷土のよさ、そこに住んでいた人々への感謝の気持ちなどにも触れながら、自分と郷土の関わりについて考える時期に子どもたちはある。

資料の活用について

本資料は、避難している子どもが、自分の進路を考えるにあたり、避難先の最寄りの高校か、開校した「双葉郡」の子どもを中心に受け入れる高校（ふたば未来学園高校）かの選択をするとき、じぶんの「ふるさと」はどこなんだろうと悩むことになったことを書いたものである（本書巻末の付録４参照）。主人公の恵子は、避難先の中学校や、避難先での生活に慣れてきた。ふるさとである浪江町についても、友達との思い出も含め、「ふるさと」としての思いを捨て去ることには当然抵抗がある。しかし、家族は郡山に住む。特に不自由もない中で、郡山の学校を選ぶことを自分の中で納得させようとする。母親の言葉から、それぞれの土地のよさ、そこで触れ合った人々、その土地に対する愛着などを、しっかりと考えることができる資料であると考える。

２）本時の授業

指導の重点

漠然ととらえていた「郷土」「ふるさと」について、導入部で意識化をはかりたい。

資料による学習では、ふるさとに戻れない中で、進学先について考える恵子の不安や迷いを共有できるようにしたい。そのために、自分のおかれた状況をしっかりと自覚できる話し合いの場を設定する。ここで留意しなければならない点は、意見をぶつけ合う中にも、それぞれの判断を尊重することを基本にすえることである。町の帰還が取りざたされる中、子どもたちの心も揺れ動いている。本資料は、その心の葛藤を増幅するものではなく、いろいろな意見に触れながら、「郷土」のこれからを、自分の将来や未来と重ね合わせ、これからの生き方を前向きにとらえられるようにするものである。

終末においては、大熊町復興課職員の次の話を紹介する。「たとえ大熊町に戻らなくても、その人が復興した大熊町を見て『いい町だな』と思ってくれる町づくりをしたい」。どこで生活するにしても、そこに住む者（または住むはずだった者）としての地域社会への思いを持つことの大切さに気づかせたい。

ねらい

「郷土」「ふるさと」に対する自分の気持ちを整理し、震災前の町、避難先の町のよさ、そこでかかわった人々に対する思いや、これから自分が生きていく地域の中での、社会の一員としてのかかわり方について考える。

展開

学習活動・主な発問	時間	○支援上の留意点
1．これまでを振り返り、「郷土」「ふるさと」について意見を交換し合う。 「郷土」「ふるさと」という言葉から、どういうことを連想しますか。	8	○なかなか意見が出ないときは、「郷土」の意味を辞書から紹介する。 ○「郷土」には、人、自然、産業、文化、さまざまなものが含まれていることを話す。
2．「二つのふるさと」を読んで話し合う。 (1) 恵子の悩みの原因について考える。 恵子は、なぜ進学先を悩むようになってしまったのでしょう。	27 (7)	○家を建てるということから迷いが深まったことを確かめ、自分のおかれた環境が変化していく状況をつかませた上で考えをまとめ、発表できるよう支援する。
(2) 本来住むはずだった町を離れてしまった恵子のふるさとに対する複雑な思いについて考える。 恵子にとってのふるさとは、浪江と郡山のどちらだと思いますか。	(10)	○自分のおかれた状況と対比するよう話す。 ○（1）同様に、自分との対比から考える。 ○「ふるさと」「郷土」の持つ意味を思い返しながら、恵子や自分にとっての郷土について考えてみるよう話す。
(3) 恵子が出す結論について話し合う。 恵子はどんな結論を出すのか予想してみてください。	(10)	○「お母さん」の言葉も参考にし、自分と関わった人や環境等が今の自分にとってどんな意味があるかなどの補助質問をする。 ○選択肢を、郡山の学校と新しい双葉の学校とし、お互いに考えを交換し合うようにする。
3．郷土、ふるさととは、自分にとってどういうものなのかについて話し合う。 みなさんにとって、郷土、ふるさととはどういうものですか、と聞かれたら、どう答えますか。自由に発表してください。	10	○理由を、まわりの人々、家族、これまでの経験など、いろいろな視点を提供する。 ○震災前の思い出も含めて、いろいろな観点から意見を出してもらったうえで、自分の考えや思いを文章にまとめるようにする。
4．教師の話を聞く。 双葉郡内の町の役場の方のお話をします。	5	○町への帰還に向けての作業に携わる役場職員の気持ちを紹介する。町に戻らないという判断も尊重した上での、新しい町づくりにかける思いを紹介したい。

3）教材の意図するもの

自分を認識すること

個人によって程度の差はあるものの、原発事故による避難からこれまでの生活を振り返ることは、子どもばかりではなく、おとなもまた、抵抗や精神的な負担を感じるものである。しかし、自分の置かれている状況をしっかり認識することはこれからの自分の生き方を考える上では重要であるとともに、原発災害の過酷さを4年が過ぎた今あらためて認識することになる。「風化」「風評」ということばが流れるその傍らで、風化もしなければ風評も実感できないでいる避難者の立場を、まわりの流れに惑わされることなく、避難者だからこそ「自分のこと」として受け止めることが大事である。

人権侵害を自覚すること

子どもたちの人権という点では、学習する権利、居住する権利、健康保持の権利等、さまざまな人権が損なわれてきた。また、直接的な人権侵害とは判断できないまでも、本来であれば不要な迷いや精神的ストレスなどないままに生活できていたのに、本教材のように進路選択の段階で自分が身を置くべき土地を中学生が考えなくてはいけない状況が現に発生している。自分のこれまでのこと、今の生活、これからのことを考える上で、子どもたちの人権の侵害を、子どもたち自身が自覚できることが必要である。

未来を考えること

自分の未来を考えたとき、中学生にとっては卒業後の進路である。進学を選んだ時には、「進学先」こそが子どもたちにとってのもっとも間近にひかえる未来である。避難する子どもたちにとって、この進学先は極めて大きな意味を持つ。進学先が、生きる土地につながっていくのである。避難先の学校、双葉郡の再開した学校、さらには、進学のための移転が必要なのか、それは家族そろってなのか、子どもだけなのか…。通常であれば、考える必要のない問題が湧き上がってくる。避難している子どもたちは、進路の選択の段階で、一般の子どもたちが考える以上に、この進路選択で自分の未来、将来への影響を考えなくてはいけない。どの選択もありうるし、結果的には、どの選択も尊重されなくてはいけない。おとなの「家に戻る・戻らない」と、ほとんど同レベル、場合によっては、それ以上の迷いの中で、子どもたちは自分の未来、将来を考えていくことになる。本教材では触れてはいないが、子どもたちが考えなくてはいけない未来には、「差別」という未来があることも現実である。さまざまな未来、将来を、成長過程の段階で考えていかなくてはいけない。

教材に付託された脱原発の思い

避難している子どもばかりではなく、本教材に触れることにより、原発事故が及ぼした人々の生活を、その一部だけでも知る、または記憶にとどめておくこともねらいとしている。注釈の扱いで、上部にある「説明」がそうである。原発事故の影響は、避難者にとっては「生活」の基盤を根こそぎ変えるものであるということは、避難している子どもばかりでなく、それ以外の子どもたちもしっかりと知っておく必要がある。そして、自分の次の世代に伝えていこうという決意につながることを期待する。

原発事故の影響、子どもの人権侵害という点では、福島県全体で発生している。今後、避難者以外の視点での教材を作成することも重要である。

4）授業の実際

実施日　2015年9月3日5校時／楢葉中学校2年1組（男4人・女13人）／指導者・鈴木和哉

（1）導入・・・「郷土」「ふるさと」への意識化をはかる。

（ウォーミングアップ）

9月5日は何の日？

→伊達政宗、キムヨナの誕生日、避難解除の日

家庭で話題にしたか？

→した（6人）、しない（8人）

［ワークシート］

「郷土」「ふるさと」という言葉から、どういうことを連想しますか。

自分のイメージマップをもとに、複数の子どもに板書してもらい全体で意識化をはかった。

・自然（山、川、海、森）
・家、家族、親戚
・田舎
・鮭、ゆず、天神岬
・田畑
・お米がおいしい
・幼なじみ
・優しい人がたくさん

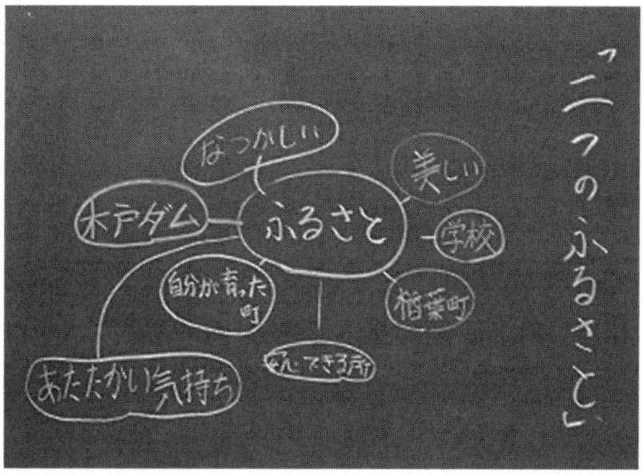

（2）展開・・・主人公の葛藤を共有できるようにする。

資料を範読した。

（「二つのふるさと」を読んで）

補助発問により、自分のおかれた状況と対比して考えるようにした。

主人公と同じように友人と離れた経験のある人は？

→ほとんどの子どもが手をあげる。

主人公は郡山に避難、自分は？

→どんどん地名があがる（会津、山形、新潟、埼玉 など）。

［ワークシート］

恵子は、なぜ進学先を悩むようになってしまったのでしょうか。

（子どもたちはワークシートになかなか書けない）。

○○の家も同じだよね（家を建てること）

→子どもたち「あぁ～！」と気づく。

資料の上に写真があるよね（新築に向けての工事）

→郡山に家を建てることになったけど、自分の生まれ育つところは浪江だから。

→自分のふるさとが2つできてしまったから。

［ワークシート］

恵子にとってふるさとは、「浪江」と「郡山」どちらだと思いますか。

→浪江（14人）／生まれたところだから

→郡山（３人）／これから住んでいくところだから

みなさんだったら「楢葉」と「いわき」どっち？

→（多くの声が）「楢葉」、（なかに）「どっちも・・・」

みなさんは「楢葉」に何年いたの？「いわき」には何年いるの？

→「楢葉には小３までの９年！」「いわきは４年目・・・！」

では、みなさんが高校３年のときは？

→「いわきは７～８年目か・・・」

［ワークシート］

恵子はどんな結論を出すのか予想してみよう。

（子どもたちは自分に置き換えて考え、隣どうしでさかんに意見を交換していた。）

→郡山の高校へ進学する（17人）＊全員が挙手

・郡山の友達や街になじんだから。

・お母さんの話を聞いたから。

（3）終末・・・地域社会への思いを持つことの大切さに気づかせる。

［ワークシート］

「みなさんにとって、郷土、ふるさとはどういうものですか？」と聞かれたら、どう答えますか。

・落ち着ける所。

・安心する所。

・なつかしい所。

・あたたかい気持ちになる所。

・生まれ育った、思い出がある所。

・長く住んでいた場所。

・思い出深く、あたたかい所。

・お世話になったまち。

・大好きな場所、私のふるさとは楢葉町。

・ふるさとは、いくつあっても良いと思う。

［ワークシート］

今日の道徳の時間を通して、今の気持ちやこれからのことについてなど、自由に書いてみよう。

・ふるさとがどういうところか考える機会ができてよかった。久しぶりに楢葉に遊びに行きたいと思った。

・今までふるさとのことをあまり考えていなかったので、これからはちゃんと考えていきたいです。
・思い出したくない気持ちも少しあるけど、いつかは向き合わなければならないことだと思う。
・楢葉町はいつでもふるさとだし、いわきは、これから住んでいくところだから楢葉町もいわきも大切にしていきたい。

4　楢葉町の動向

「楢葉の避難指示解除 全町避難自治体初 双葉郡復興さきがけに」(「福島民報」2015年９月５日)
「楢葉町 全域避難を解除 帰還１割未満 再生険しく」(「毎日新聞」2015年９月５日)

１．町の帰還計画
　2015年（平成27年９月５日）に避難指示解除

２．学校の帰還（町内の校舎での授業再開）
　2017年（平成29年）３月 仮設校舎（いわき市内）閉校
　４月 楢葉北小、楢葉南小、楢葉中学校が楢葉中学校新校舎で再開
　あおぞらこども園は町内の施設で再開

３．小・中学生がいる世帯への意向調査の結果（2015年８月実施）

再開時期	通学希望者	町外への転校希望者
2016 年（平成28 年）４月の場合	４%	40%
2017 年（平成29 年）４月の場合	７%	37%

（現在の状況）

学校	移転・開校地	再開	児童生徒数（特別支援学級含）							2014	震災前	2010との比較(%)
		時期	１年	２年	３年	４年	５年	６年	合計		2010	
楢葉南小	いわき明星大内仮設校舎	'12.4	7	3	3	5	9	9	36	32	156	23.1
楢葉北小		'12.4	3	11	9	8	4	8	43	47	272	15.8
楢葉中		'12.4	17	20	27	*	*	*	64	72	255	25.1

おわりに

世論において半数の国民の反対がある中、８月１日に九州電力川内原発１号機、10月15日には２号機が再稼働した。私たち双葉地方に住み、その中で「反原発・脱原発」の運動をしてきた者にとって、立地地域住民の複雑な思いは痛いほど分かる。地域住民の、どちらとも判断できない「半々」の思いの中で、鹿児島県知事、県議会の再稼働受け入れ決定は、その時点で再稼働が決定されたと言える。４年前、まさか原発が再稼働するなど予想だにしなかったが、いわゆる「原子力ムラ」の強力な構造のもとでは、圧倒的な反対の世論でさえも止めることができなかった。

私たち福島県民、双葉地方の住民にとって、原因究明も責任追及もなされず、放射能汚染、避難と

いう状況の改善もないままの再稼働は、「風化」が着実に進められていることを感じざるを得ない。それは、私たちの４年間の苦悩、今後も続く被害を無視された思いであり、憤りを通り越し、悔しく、悲しいものがある。失われた人権の回復が困難であるならば、少なくとも、これからの子どもたちが、これ以上のいわれのない差別や人権侵害にあうことのないよう、私たちおとながその環境をつくっていかなくてはならない。原発事故が私たちに及ぼしたことを伝え、「なかったこと」にするわけにはいない。そのためにも、再稼働は許すことはできないのである。

2011年３月11日以降、当時担当していた広野中学校の１年生（現在は高校２年）70人のうち、これまで実際に会えた子どもは再開した広野中に戻ってきた子どもも含めて20人にも満たない。今回の教材ふたば Vol. 2「二つのふるさと」は、再開したふたばの学校ばかりではなく、避難している子どもたちみんなに読んでほしい教材である。自分の進路を考えるタイミングで、ふるさとへの自分の思いを確かめてほしいという願いがある。広野中学校の子どもたちは、全国各地70校に、ほとんどが自分一人か兄弟姉妹のみという形で転校していった。震災前までの広野町の思い出はしっかりと残っているはずである。進学する高校を決めるときに、悩みや悲しみという感情も含めて、子どもたちはそれぞれ思うところがあるに違いない。全国に散り散りになった子どもたちに、「みんな同じだよ。同じ悩みを抱えているよ。離れてはいるけど、一緒に頑張っているよ」というメッセージを届けたい。そのためには、全国の学校で、この教材を使ってもらうことを心から願っている。

今回授業をおこなってくださった鈴木和哉さん、リポート作成にあたって相談にのってくださった山田実さん、そして、楢葉中の子どもたちに感謝し、リポートを終わりにしたい。

「道徳の時間」 ワークシート

____年____組____番　氏名________________________

「郷土」「ふるさと」という言葉から、どういうことを連想しますか。

※「二つのふるさと」を読んで

恵子は、なぜ進学先を悩むようになってしまったのでしょう。

恵子にとってのふるさとは、浪江と郡山のどちらだと思いますか。

恵子はどんな結論を出すのか予想してみてください。

みなさんにとって、郷土、ふるさととはどういうものですか、と聞かれたら、どう答えますか。

今日の道徳の時間の学習や、役場の人の話について、今の気持ちや感想、これからのことについて思うことなど、自由に書いてみましょう。

19　震災・原発事故を見つめなおす社会科教育

〔福島県棚倉町　小学校〕

佐藤　誠

今回の３・11東日本大震災は歴史上未曾有の大災害であり、宮城・岩手・福島の住民にとって生活の基盤が破壊され、その復旧・復興は急務であるが、今まで見えなかった様々な社会の矛盾も一気に吹き出し、出口が見えないこともまた事実である。

とりわけ福島は、重大事故を起こした東京電力福島第１原子力発電所を抱え、宮城や岩手とは違った様相を呈している。福島の被害の本質は原発事故に伴う放射能被害である。事故からもうすぐ５年であるが故郷を追われ10万人以上もの県民が未だに避難生活を送っていること、ついには「震災関連死者」数が「震災直接死者」数を上回ってしまったことは余りにもむごいものである。もちろん今回の原発事故は放射性物質を東日本を中心に広く拡散させ、各地に多大な問題を引き起こしているが福島の被害は突出したものである。

事故のあった東京電力福島第１原子力発電所に隣接し、高い線量の被害にあった浜通り地方相双地区は当然最も被害が集中している。人の命を命と思わない「避難指示解除」という棄民政策にも等しい住民無視の国策にその矛盾は集中している。国は田村市・川内村・楢葉町など次々「低線量だから」「除染はしたから」放射能は我慢しろ、「低線量汚染は科学的に問題ないから」国や専門家に任せろ、「おまえ達はお上に従っていればいいのだ」と言わんばかりに、避難解除政策を押し通してきた。しかし、「避難解除」されたにも拘らず多くの自治体ではいまだに住民の多くが避難したまま（楢葉町など帰還率は全人口の１割）、とりわけこれから社会を背負う若い世代の帰還率が少ない現状は危機的である。

一方、中通り地方南部や会津地方など低線量地域は安全と安心の狭間で揺れ動いている。うち続く風評被害への悩みと、逆に原発事故からの忘却への恐れとにせめぎ合っている。こうした地域格差は、補償格差や「自主避難」の打ち切りなどに見られる経済格差とあいまって、県民を分断へと導いている。

とりわけ心配なのは人権と命の問題である。県民健康管理調査でも実に子どもの甲状腺がんが100人以上発見され、「今回の原発事故と甲状腺がんに因果関係はみられない」と強弁していた当局者ですら「原発事故と関係がないとは言い切れない」と、認めざるをえない状況になっている。

こうした状況ではあるが、日教組・福島県教組に結集する教職員は未来に生きる子どもたちの人権と生命を守るために、日々奮闘している。これから、その実践の一端を紹介しよう。

1　地域の住民運動から原発災害を学ぶ

ー塙町木質バイオマス発電所反対運動に主体的に取り組む住民から

県南部の低線量地域に位置する東白川郡塙町で起こった木質バイオマス発電所建設は、現在宮城や栃木や千葉など全国的に進行している、放射性物質を含む指定廃棄物処分場建設と関連する動きでもあった。

低線量地域に大量の除染廃棄物が持ち込まれようとした大きなリスクに対して、中山間地の住民が自然や命の面から事の本質を捉え、市民ネットワークを築きたたかった事実を学ぶことは、これから地域に生きる子どもたちにとって大きな勇気を与えるであろう。また、地方自治体は単なる国の下部組織ではなく、自分たちが生きる場所であり主体的に活動することで変わりうることを示すものともなろう。

これからのリスク社会に生きる子どもたちにとって、地域に根差す生きた教材と考える。

ねらい

3・11原発事故は私たちがリスク社会に直面している事を教えてくれた。原発事故による放射性物質の拡散という大きなリスク問題に対して、福島の人々の精神的・肉体的苦悩は5年たって一段と深刻化している。

塙町の木質バイオマス発電所反対運動は、中山間地の抱える過疎や高齢化、雇用創出などの諸問題の解決を、原発事故の尻ぬぐいによって解決させる方向に求めた行政当局の動きに対して、住民の人権と命から反対運動を組織化しそれまでに見られなかった新しいネットワークづくりで食い止めた事例の一つである。リスク社会に生きる子どもたちが、自ら主体的に学びつつたたかった市民の存在を学ぶ意義は大きい。

今回の問題を受けて広がったネットワークは、「塙の明日を考える会」という形で発展解消している。反対運動だけで終わるのではなく、今後の自治体に関わる運動として発展解消したことの意味も子どもたちに学ばせたい。

指導計画（計5時間）

①一枚の新聞記事が地域に与えた衝撃の大きさから、原子力災害・放射能の影響の大きさについて改めて考えさせる。
②高齢化・人口減少・社会の衰退等の中山間地における問題を捉え、現在の課題を解決する手段としての、行政当局が意図する補助金・売電事業の創出のねらいと住民の願いを対比させる。
③町の課題を解決するために良いことずくめのはずなのに、なぜ住民から反対の声が上がったのか。より深刻なリスクはどこにあるのか、原発事故について調べる。
④人々の戸惑いと葛藤。このまま建設を進めてよいのか学び始めた住民。運動の爆発的な広がりと、ネットワーク化・手をつなぐ人々の姿。リスクを解消するための新しいネットワークの形成。
⑤住民自治と、日本国憲法。

授業の展開

次	時数	ねらい	主な活動
1	1	森林除染のため、東白川郡塙町に木質バイオマス発電所が作られることを知った住民がどう行動したか、学習課題を掴む。 わたしたちが住む棚倉町の隣町に、木質バイオマス発電所を作る計画ができました。塙町の人たちはどうしたのか調べよう。	○報道資料や行政資料から、木質バイオマス発電の概要について調べる。 ○気がついたことや考えたことを話し合い、課題を設定する。
2	2	中山間地の高齢化・過疎を解決するために、町はどうしようとしたか。それに対して住民はどう考えたか比べる。	○地域活性化としての、クリーンエネルギーという主張（塙町の提言より）を理解する。 ○自分たち棚倉町民も含め、東白川郡全体が共通で抱える、中山間地の問題点を調べる。
	3	過疎·高齢化という以上に深刻な、放射能問題で事態を解決しようとする新たなリスクに直面し、悩む町民の姿に共感させ、町の説明にもかかわらず建設阻止運動に取り組む住民の姿を調べる。	○60億円という、莫大な事業への期待。雇用の創出や売電による利益。 ○木質バイオマス発電は本当に安全か、地域の将来に禍根を残すのではないかという不安を感じる人々の姿を捉えさせる。 ○放射能問題への不安。 ○原発事故のすさまじさ。 ○民主的な手続きを無視した町行政への怒り。
	4	一地区民から始まった運動が、幅広く広がっていったのはなぜか考える。	○たった、有志十数名から始まった運動。保守的な地盤で、運動を始めた当人すらが「勝ち目はない」と考えた闘いに人々はなぜ立ち上がったのか考えさせる。 ○署名活動、そのための学習会の組織、手弁当の活動。地域の広報に手折りされる学習ちらし。手作りの看板・・・広がっていく運動の姿。学びつつ闘う住民の新しいネットワークを調べ、住民との対話を拒否する行政の姿とを対比させる。
3	5	この運動は原発災害はもとより、人権と地方自治の問題であることをつかませる。	○改めて、原発事故と放射能について現状を認識するとともに、今回の問題は地方自治の問題であること。地方自治体は、国の末端機関ではなく、豊かに生きる権利を持つものであること。 ○そして、それを守っていくのは住民自身であること。

授業の実際

第１時

○「塙で木質バイオマス発電」（2013年２月７日付「福島民報」）一面トップニュースを提示し、自分たちが住む棚倉町のすぐ隣にある塙町で大きな事件があったことを捉えさせた。

「この新聞記事を読んで、何か感じたこと不思議に思ったことをノートにまとめなさい」

「木質バイオマスって、なんのことですか」

「森林除染って、原発と関係あるのかな」

「『放射線管理』って書いてあるから、放射能のことかもしれないね」

木質バイオマスという言葉や内容はよく分からないが、自分の住む棚倉町に隣接する町のことが新聞の一面に載ったことに、多くの子どもは興味を引かれた様子。

木質バイオマス発電の基本的な仕組みについては後日町や住民グループから配布された図を元に説明し、除染・売電の側面を持つことを記事が伝えていることを理解させた。

総事業費60億円という巨額な予算が執行される事業であること、地域の新しい雇用が創出される反面、放射性物質の安全管理が最初から危惧されたこともおさえた。

○学習課題の設定

わたしたちが住む棚倉町の隣町に、木質バイオマス発電所を作る計画ができました。塙町の人たちはどうしたのか調べよう。

この問題は、自分たちから遠い無関係の問題ではなく自分自身が住む東白川の問題であること、その地域の課題に人々はどう取り組んでいったか考えるという方向性を確認した。

第２・３時

○木質バイオマス問題の前提として東白川郡に共通する中山間地が持つ課題について考えさせた。

「今までの社会科や総合の学習、生活の中で東白川郡にはどんな問題があっただろうね」

「若い人が少なくて、年寄りが多いこと。じいばあが多いよ」

「買いたいものがあっても、売っているお店がない。デパートがほしい」

「働く場所が少ないから、お兄ちゃんが東京へ行ってるよ」

中山間地特有の少子高齢化や雇用の課題を、幼いが子どもたちなりに表現している。

塙町当局の資料「花と緑の町作り」からは、塙町としては60億の予算が付くこの事業は町発展の起爆剤になると期待していること、発電した電力を売電することや工場の運転による数百人規模の雇用創出などを期待していることをおさえた。

これらの問題は、過疎・高齢化に悩む東白川郡に共通する課題であり、自分たちの住む棚倉町にも共通する課題でもある。

全国各地の中山間地は高齢化の進行や人口減少、雇用機会の創出など同様な問題に悩んでいる。『地方消滅』というショッキングな言葉が、人々の耳目を賑わせたことは記憶に新しい。中山間地の抱える課題を町当局は木質バイオマス発電所の建設により打破しようとしたわけである。

「様々な利益がある事業であるにもかかわらず、地域住民が反対の声を上げたのはどうしてだろう」

「新聞にも書いてあったけれど、放射能のことかな」

「町役場の人たちの言いたいことはよく分かるよ。私たちの周りもお年寄りが多くて若い人が少ない」

「私たちが大人になったとき、棚倉に住んでいるかな」

ここで、連絡会ニュースNo.４（平成25年６月７日）から「バイオマス反対のママの声」を紹介した。

◆一児の母さん（※原文のまま）

子供達、そして未来の子供達に、お金では買えない「大切な命」を紡いでいきたい。

この緑豊かな土地をこれ以上汚さず、子供達を守る使命が塙町にはあります。安全だと保証できないものを持ち込まないで下さい。

◆30代二児の母

想像してみて下さい。つらい治療に耐えきれず痛いよ…助けて…と涙する小さな子供の姿。なぜこんな事になったのか後悔する大人たちの姿を…。こんな恐ろしい未来は訪れてほしくありません。（中略）かけがえのない子供達の健康や未来を守りたいと強く願います。

◆塙の母より

町民があれほど本気で反対しているのに、それでもバイオマス発電やるんですか？みんな勉強してますよ。町民を甘く見ないほうがいいですよ。目先の利益だけ考えていませんか。私たちは断固反対します。未来の子孫たちのために。

地域自治体にとっての多大な課題（過疎・少子高齢化・雇用問題等）を、より大きなリスク（放射性物質の減容化処理施設の建造）で乗り切ろうとすることに対して、子どもを守ろうとする母の声を対比した。それだけ放射能の問題は子どもたちの命を預かる母親にとって、深刻である。

県の最南端に位置し、県内の他地域に比べ原発や放射能について意識が薄い東白川郡に生きる子どもたちにとって、放射能から自分たちの命を守ろうと真剣に考える人々の存在はむしろ驚きでもあった。農村地帯であり低線量地であるが故に、逆に原発事故は発生当初からこうした問題を扱うことに地域では消極的な雰囲気があったからである。

また、学校現場でも本来、学級活動や社会科、総合的な学習の時間等を通して教員が指導すべきことが、抜け落ちていたことも事実である。県内多くに共通するが原発事故を扱うこと自体高い壁になっている実態もある。文科省資料すら使用していない教員もいる。文科省資料に課題が多いから別の資料を使うのではなく、よく分からないからやらずに済ましてしまう。福島に生きる子どもにとって自分たちの置かれた社会的状況を正しく掴んでいないことは大きな課題である。

そもそも、木質バイオマス発電所の建設がこれほど大きく賛否が分かれるのはなぜか。原発事故と放射能についてもう一度学習した。

※福島県教組の柴口正武さんによる『教材ふたば』は、原発銀座と呼ばれる双葉地方で精力的に活躍されてきた教員の手による、指導資料である。原発事故以降、官民合わせて多数の指導資料が出されてきたがそうした資料とは一味違ったものであり、別に稿を改めて紹介する。

第４時

○運動の中心となった方たちの取材をもとに、子どもたちと考える。

木質バイオマス発電所の建設予定地区民であり今回の運動の中心となったＡさんからの取材によると、「そもそも、木質バイオマス発電で使用する『材料』に関して、町や県の最初の説明と食い違いがあった。当初は活用が進んでいない郡内の山林の間伐材から材料であるチップを作るという触れ込みであったが、実際には地元の山林からは３割、製材所から出される廃材から３割、そしてリサイクルが４割。このリサイクル材の中には被災地の除染作業で出される廃材も入る」。

実際に私が参加した塙町議員主催公聴会でも福島県南農林事務所長からは、除染活動で出る廃材が入ることそのことは明言された（H25. 5.26木質バイオマス発電事業調査特別委員会より）。

即ち、危惧されていたようにこの施設は除染作業で出される廃材を焼却し、減容化することを目的とする施設であることが計画の第１段階から明確であったのである。

低線量地域である塙町に放射性物質の付着したものを持ち込むことそのものが問題であると、住民の不安は高まった。しかも、同様の県内施設の発電規模と比較しても明らかに塙の施設は巨大なものでかなりの除染材が押しつけられる危険性があった。燃やした後に出る灰を毎日町外に搬出するというが、搬出先は全く決まっていない。町や県、国が安全性を叫べば叫ぶほど不安になる。これが運動の原点であったとＡさんは話す。

運動の初期から参加したＢさんは次のように話す。「新聞を読みはっとしました。こんな大きな問題なのに町民に何も知らされないうちに進められているのです。山を間伐しきれいにすると言うが…働く場所もできるし、多額のお金も下りてくる。いいことずくめだけど本当かなって。今までも、似たような前評判倒れの事業はたくさん見てきたよ。しかも、今回は生まれ育った故郷が放射能で汚されてしまう。私はここに生まれ育って、この町が好きなんだ。ここの自然が好きなんだ。この自然を孫の代まで残すのが私たちの責任だ。ただそれだけだ…すぐに知人に声を掛けあった。町は『絶対安全だ』というが、本能的に違うと思ったんだ。老人力を出したいんだ」。私の母の同級生で古くからの知人のこの方は、自ら経営する商店に来店されたお客様に木質バイオマス発電建設反対署名を訴えていた。保守的な町で、さぞ勇気の必要なことであったろう。

前時において母親たちの声を紹介したが、今回は木質バイオマス発電反対運動を立ち上げ運動を広げていったＡさんたちの声を紹介した。

一方の町当局は、「山・水・花の町づくりのため」（町民向けの広報）に木質バイオマス発電事業を進めるとした。このキャッチフレーズは2011年に作成された塙町の第５次長期総合計画である。

山（資源を生かし人と自然が調和するやすらぎある）
水（人と人のつながりで、たすけあい、ささえあうやさしさのある）まちづくり
花（郷土を愛し夢を実現できる）

これを実現するのに木質バイオマスはうってつけだという。行政資料は町民にこう訴える。

①県から30億の補助を受け、総額60億の大事業である。
（一般会計予算が60億のこの町にとって、町始まって以来のビッグイベントである）。
②多くの雇用が創出され地域貢献大である。
（900名の雇用創出が見込まれるというが、実際には除染廃棄物を含む現業に回される公算が高く、若者の被曝を招きかねない）。
③再生可能エネルギーの「固定価格買取制度」が始まった今こそ、チャンスである。
（太陽光を見れば明らかなように、再生可能エネルギーの前途は多難である）。
④バグフィルターがついていて施設は万全で、放射能の心配はいりません。焼却後の残灰も毎日郡外へ搬出します。（心配いらないって本当？一体どこへ運ぶの？）

～町振興課～

町当局の資料を対比したことで、子どもたちも住民の切実感に共感できてきた。

「荒れた山をきれいにして、電気ができると思っていたけど本当に大丈夫なのかな」

「せっかくお金をもらっても、空気や水が汚れるのは嫌だよ」

「燃やした灰を毎日東白川郡内に運び出すというけど、だれでも自分のところに持ってこられて困らないかな」

前時に原発事故のすさまじさを学習したことで子どもたちも、単純にお金が入るし働く場所も確保されるいい事業ではないことが分かってきた。

第５時

○住民にも葛藤はあった。賛成する人も最初は多くいたが、急速に反対運動が広がるのに対比して、しぼむ推進派。どうしてこのような変化が起きたのか。これに対して、国・県・町の行政機関はどう反応したか。時系列で追ってみた。

○課題解決のためのネットワーク作り。署名や学習会を通して住民は繋がっていった。

「学びながら闘う」住民の姿がそこにあった。

・住民集会、学習会の開催　・署名数の増加　・昔ながらのチラシ　・ブログの開設等々

日付	事実経過・町当局・県・国の動き	住民の反応
2013 2/7	「福島民報」のみ特報 「塙で木質バイオマス発電」森林除染の態勢整う。	総事業費60億の企業誘致という規模の大きさに、まずは驚きの声が上がる。しかも、それが除染目的の施設だという。一体何のことかよく分からない町民がほとんど。
2/15	報道各社宛記者会見 町長・県林業部・まち振興課長 「今回、塙町が県の協力で行う『木質バイオマス発電事業』は除染ではなく、再生可能エネルギー開発と森林整備に伴う林業開発」が目的との説明。「誤った報道で遺憾である」。	地元区民には動揺が広がる。地元広報に早速東河内区民有志が反対の意見を表明。また、小さい子を持つ母親からは放射能への不安も聞かれる。反対意見が少しずつ拡大。 特に農業者は、「風評被害」の拡大防止や地域の保全のため放射能への嫌悪感が強い。事実、ここ３年間で町の基盤産業であった林業、特に椎茸や茸類を中心に、「やま」の仕事をあきらめ、廃業、転職者が増えた。
2/21	塙町公民館で説明会実施。 町長より、「安全であるかないかという議論は、スタートしてみなければ分からない」。	会場参加者からは、どよめきがあった。 それまでは、「安全」な地元や会津の木材を使うとしていたものが、「県中」(田村、郡山）を含むと、方向転換。事業主体も明かせない。「安全かどうか分からない」暴言と言っていい発言に参加者はあきれる。
3/4	「木質バイオマス発電事業に関するご意見」(パブリックコメント）募集開始。(～15日） 同時配付資料『山・水・花の町づくりのため』に 「木質バイオマス発電事業」	①総額60億、その半分は県負担の巨大プロジェクトで、町の負担は県補助金の範囲内。 ②間伐の促進により山が回復し、年間900名の雇用創出や税収増など地域貢献度大。 ③電気の「固定価格買い取り制度」が導入された今、新しいビジネスチャンスである。 ④施設は万全である（放射能の心配はいらない)。何より国や県がバックについている。

3/8	復興庁「第５回復興交付金交付可能通知」 (30億3,600万円塙ウッドパワー発電所)	財政面での裏付けがなされた。
4/2	広報はなわ４月号 「塙町再生可能エネルギー構想」	「木質バイオマス発電事業に関するご意見」で町民に提示した元資料を詳しく展開。反対意見の多さは想定外。
5/2		「塙町木質バイオマス発電問題連絡会結成総会」
5/11		「連絡会ニュース」第１号発行。 町の説明会での論点や、木質バイオマス発電の課題など、わかりやすく解説。
5/15		「木質バイオマス発電事業の誘致撤回要求書」 署名簿の提出　　町内3,766名 町外1,510名　　合計5,276名
6/26	町全員協議会。町長より 「町民の意見を聞くつもりはない。やるかやらないかだけだ。後は自分が決める」。	
7/11	「木質バイオマス発電事業の誘致撤回申し入れに対する回答」 ①安全性を理解できるよう努めている。撤回の考えはない。 ②特定の団体との話し合いの場を設ける考えはない。	※賛成反対以前の、この「対話拒否」の姿勢に態度を決めかねていた町民からも疑義があがる。 原発や木質バイオマス発電事業の問題点はよく分からないけれども、この非民主的姿勢と政治態度が町民の批判を生んだ。
8/29	鮫川村焼却炉で事故発生 (隣接する鮫川村の実験焼却炉の事故)	PM2：30　事故発生⇒（１時間かけて順次停止）村民には通知せず。
9/13	「除染目的バイオマス発電施設断固反対」	150人収容の施設に、180人以上が参会。最終手段に訴える。町長のリコール運動提起。
9/20	「木質バイオマス発電事業」白紙撤回	

２　被災地の教員の思いを学ぶ－「教材ふたば」から

原発被災地の相双地区の教員が作成した「教材ふたば」は、生々しい原発事故の様子を伝えるだけでなく、双葉の子に生きる力を与えようというこの地の教員の熱い思いが伝わってくるものである。同じ県内に住む子どもたちにとってこの教材に触れたことは原発を学ぶだけでなく教員の地域への思いを学ぶことにもつながった。

教材は以下のように構成されている。今回は、震災の実態を調べるための補助資料として６学年で実践したが本来は第５学年「わたしたちの国土と環境」による。

小単元名「わたしたちの生活と環境」－双葉地方の復興のために

わたしたちの生活と環境：双葉町村の放射線被害と、避難の様相

原発と双葉地方の人々：原発と歴史

原発事故とその影響：汚染水など環境破壊の様子

これからの双葉地方：復興へ向けた足取り

特に「原発と双葉地方の人々」の章は、双葉郡に原発が誘致された理由を明らかにしている。単純に「原発悪玉論」に立つのではなく、双葉地方に原発が置かれた歴史的な経緯が書かれていて、冬場

の出稼ぎに頼らざるを得ないような苦しい生活を余儀なくされている地方が、原発設置によって変わってきていることを紹介している。いわば取り残されてきた地域に原発が作られた事実は、原発の再稼働問題とも関連して考えさせられた。

もちろん原発再稼働は許すことができないが、歴史的・社会的構造を変えることなしにこの問題を根本的に変えることはできない。原発の問題は、双葉の問題ではなく日本全体の問題である。

※「教材ふたば」は福島県教職員組合　教文部長　柴口正武先生の手による製作である。

おわりに

２年前に報告したリポートのまとめをあえて掲載して本報告のまとめとする。

かつて文学者の大江健三郎が『ヒロシマ・ノート』で示唆したような「地球上の人類のみな誰もかれもが、広島と、そこで行われた人間の最悪の悲惨を、すっかり忘れてしまおうとしている」（岩波書店、1965年６月、p.102）ことが、ここ福島の地でも行われようとしている。フクシマの原発事故はいつしか忘れ去られ、また同じことを繰り返すというのか。フクシマの問題は二重の意味で日本全体に関わるものである。確かに破壊されたのはフクシマにある原子力発電所であった。しかし、この事故による放射性物質の拡散は県内に止まらず東日本に広がった。日本はまたもや被ばく国になったのであり、外国から見ると日本は放射性物質の汚染国と見なされてもしかたないのである。人類が火星探索に乗り出そうかというこの時代に、福島県のごく一部に最新科学を持ってしても人が入れない場所が存在する。汚染水のだだ漏れ、先の見えない除染、原発労働者の度重なるミスなど、原発事故は現在進行形であり、今後も目が離せない。更に、フクシマの現実は、今後全国どこででも起こりえることである。今回の東日本大震災を振り返っても、宮城県の女川原発や福島第二原発も大事故と紙一重であった。地震列島の上に原子力関連施設が多数存在する日本において、原発事故はいつ起こるか分からない自分の問題なのである。

時間は経ったが、基本状況は変わっていない。自らの認識を深め、子どもたちに生きる力を育む実践を積み重ねていきたい。

20　放射線教育

〔福島県南相馬市 小学校〕

鶴島　孝子

本校は、原発事故によって避難もしくは20km～30kmと避難命令が出ず屋内退避という中途半端な指示が勧告された。それでも避難した家庭、家の中で過ごした家庭とまちまちである。原発事故の一年目は、４月に原発から40km離れた学校の体育館や間借りをして学校が再開された。体育館の中に仕切りで作られた教室はとても勉強の出来る環境とは言えない。学校まではスクールバスが準備され通学をした。外遊びは勿論、室内での生活が続いた。その年の10月に本校で再開された。子どもたちは何とか明るさを取り戻した様な気がする。それでも外での活動は制限され、通学は保護者の送り迎えである。

また、少しずつ本校に戻ってくる子どもたちが増加。避難を何回も繰り返して戻って来たりと寂しさを抱えていたりしていた子どもたちにも、年月が経つにつれて明るさも戻ってきている。そして、校庭の制限も外れ校庭で遊ぶ活動が増えている。

しかし、放射線を体内に取り込ませない、自分で出来る予防対策をかんがえてほしいと思い、健康教育担当者として、専門を生かした教員として一助になりたい。

1　放射線教育の実践

第１学年１組　学級活動学習指導案

平成　年　月　日（　）第　校時
場所　１の１教室
指導者　Ｔ１　学級担任
Ｔ２　鶴島　孝子

授業テーマ

内部被ばくを避けるための方法を考えたり、友だちの意見を聞いたりする活動を通して、実践意欲を高めることができる授業

題材名

ほうしゃせんを体に入れないためには

題材設定の理由

子どもたちの多くは「放射線」という言葉を知っており、漠然と体に悪いものという認識もしている。前回の放射線教育では、屋外に放射線が多いということを学び、外部被ばくを防ぐために気をつ

けることを学習した。その後、雨樋や側溝に近寄らないようにする姿が見られるようになった。しかし、アンケートの結果を見ると「外からもどってから手を洗うのを時々忘れる」と答えた子どもたち、「手を洗わないことが多い」と答えた子どもたちもいた。学級の３分の１近くの子どもたちが、外から帰ったら手を洗うという習慣が身についていないことになる。屋外に放射線が多いということはわかっていても放射性物質が体に付いてしまうかもしれないということまでは考えていない。また、子どもたちのほとんどが、家庭において「放射線」のことで気をつけることは何も言われていない、と答えていたことから、子どもの内部被ばくについて神経質になっている家庭が少ないこともうかがえた。

本題材では、身近にある放射線を、体に取り込まないための方法について考え、理解し、実践できるようにしていく。放射性物質を体内に入れないようにすることで、大好きな外遊びも安心して楽しめることを意識させる。このように、常に放射線を意識し、自分の体を自分で守って生きていこうという意識を高めることは、南相馬市に住んでいる子どもたちにとって必要不可欠なものであるといえる。養護教員から、内部被ばくが体に及ぼす影響やそれを防ぐための正しい方法を具体的にわかりやすく聞くことにより、１年生にも放射線を身近なものとして実感させ、内部被ばくを防ぐための主体的な実践・習慣化につなげることができると考え、本題材を設定した。

導入では、前時に学習した、外部被ばくを防ぐために気をつけることを想起させ、本時の内部被ばくにつなげていく。体の外で放射線による攻撃を受けるのと、内部に侵入した放射線の攻撃を受けるのとでは、どちらが体のダメージが強いのかを考えさせることにより、内部被ばくを避けようとする意識を高めていく。次に、内部被ばくを避けるための方法を自分なりに考えたり、友だちの意見を聞いたりする活動を行うことにより、放射線から身を守ろうとする意欲を持たせる。そして本気で取り組み、実践しようとする気持ちが大きく膨らんだところで、「がんばりカード」を提示する。内部被ばくを防ぐための今後のめあてを具体的に考えさせることにより、継続的に取り組み実践できるようにしていきたい。

題材の評価規準

関心・意欲・態度	思考・判断	知識・理解
放射線について関心を持ち、体に入れないための方法を学ぼうとしている。	放射性物質を体に入れないための方法について話し合い、考え、実践している。	放射線を体に入れないための方法について理解することができる。

本時のねらい

放射線による内部被ばくを避けるためにどうすればいいのかを考え、話し合うことにより、日常において、手洗い、うがいなどの必要性を感じ取り、実践意欲を高めることができる。

授業の構想

（１）放射性物質が体内に入るとどうなるのかを、図を用いて視覚的にとらえやすくし、内部被ばくを避けることの大切さを実感させる。

（２）養護教員と連携し、放射性物質から身を守ることの大切さや、日常の生活で気をつけなければならないことを専門的な分野から説明して理解を深めさせる。

準備物

教員：体の図　放射性物質がついた指示棒　がんばりカード

事前の指導

・放射性物質についてのアンケートを実施し、自分の生活をふり返らせる。

・子どもたちが、放射線や放射性物質をどの程度知っているか、家庭では子どもにどの程度意識し、気をつけさせているか、実態を把握する。

板書計画

めあて

からだの中に入ったほうしゃせん

きをつけること

- うがい
- 手あらい
- すなをおとす
- おふろできれいにあらう
- マスクをする
- けんさしたたべもの

ただしい手あらい

手洗いの仕方の手順の絵

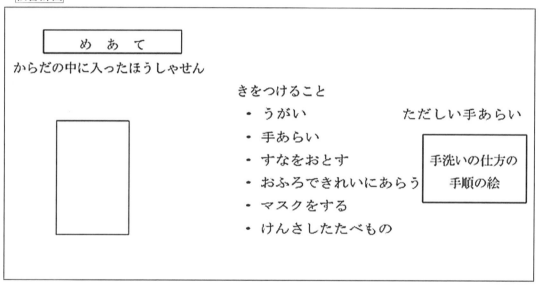

学習過程

段階	学習活動・内容	時間	○教師の支援　評価基準 ■Bに達しない児童への手立て T1	T2
導入	1 前時に学習した放射線について覚えていること、それから気をつけていることを発表し、本時のめあてをつかむ。 ほうしゃせんをからだに入れないためにどうするの	5	○外部被ばくを避けるために気をつけることを確認し、それでも、手や体に付着することもあることを知らせ本時のめあてにつなげる。	

展開	2 どんな時、体に放射線が入ってしまうのかを考える。 (1) 口から入るとき ・放射性物質がついたものを食べる ・放射性物質がついた指を口に入れる ・風が吹いている時に口をあける (2) 鼻から入るとき ・ほこりをすう	5	○放射性物質が体の中に入っていってたまっていく様子を絵で表し、視覚的にとらえさせる。 ○アンケート結果を提示し、「手を洗わないことが多い」とどうなるのかを考えさせて、たいへんだ、という意識を持たせる。	
	3 内部被ばくをすると体の中でどうなるのかを聞く。	10		○内部被ばくによって体の内側が傷つけられることを分かりやすく絵で示す。
	4 放射性物質を体に入れないために気をつけることを考えて発表する。 ・手洗い ・うがい ・衣服の砂ぼこりおとし ・お風呂で体をきれいに洗う ・風が強い日はマスクをする ・検査済みの野菜などを口にする（給食の材料も検査済みである）	10	○ふだん病気にならないために気をつけていることと似ているが、手についた土や埃を落とすには水で洗い流すことなので、すぐに実践できると知り意欲を高めることができるようにする。	○放射線はウイルスやばい菌のように人から人へうつるものではないことも説明する。
	5 うがい手洗いの仕方をおぼえ、練習する。	5	○洗うための指の動かし方を一緒にやりながら、身につけることができるように支援していく。	○確実に放射能を落とすための正しいうがいや手洗いの仕方を説明し、これからの実践につなげることができるように支援する。
終末	6 本時のまとめをする ・これから気をつけていきたいことを考える。	10	○「がんばりカード」にがんばりたいことを書かせる。	
			放射線から身を守るために、これからがんばっていきたいことをかんがえ、実践していこうとする意欲を持つことができたか。 （カード、発表） ■板書の「気をつけること」の中から考えさせる。	

事後の指導

・「うがい・てあらい　がんばりカード」を使って、放射性物質を体に入れないために実践させる。

・校庭から戻った後のうがい・手洗いの声かけをし、意識を高める。

・学級便り等で家庭との連携を図り、習慣化できるように支援していく。

2　授業の様子と子どもたちの変化

担任と違って専門家からの話はとても興味を示して、真剣に聞いていた。

放射線で体の内側が傷つくこと、放射線は人から人へうつるものでない。この２か所を強調して指導した。

風邪も流行し始める時期にあわせ、うがい人形を使って３回以上のうがいの大切さについて実際に視覚で捉えさせた。また、手の洗い方も順序に従って養護教員と一緒に洗うように練習をしたところ、子どもたちは喜んで真似をしていた。

放射線から子どもたち自身が身を守るために、これからがんばっていきたいことを「気をつけること」から考えさせ「がんばりカード」に書かせた。子どもたちは、うがい、手洗いの大切さが分かり、水道の前で頑張っている姿が見られ、継続出来るようこれからも支援していきたい。

おわりに

南相馬市の給食は全て県外産、隣の市は米を県内産、その他は県外産、50㎞離れた所では地元産を普通に食べている。食品検査が行われすべて不検出である。授業の中で検査された食品は安全である。と言っている自分が本当に大丈夫なのかと思いながら話していて、悩みながら授業を進めている自分が情けない。

また、福島県内でも差があるが、原発事故後養護教員の仕事が増加した。

①給食業務の増・・・米飯を食べない子どもの返金事務

②内部被ばく検診調査の配付と回収・名簿作成（地区によって１回と２回あり）

③甲状腺検査・・・２年に一回（承諾書未提出者への回収・場所提供の設置）

④ストレスチェックシートの配付と回収（子どもたちと教職員）

⑤放射線教育の義務づけによる資料提供並びに指導への協力

以上がその主なものである。①と②については、殆どの保護者が継続を希望しており、このままの現状が続くと考えられる。

行政は少しでも原発事故前に戻そうとしており、除染作業員で町があふれ、コンビニもたくさんでき、朝、晩は行列で溢れている。あらゆる地域には、除染された黒い袋が山積みになっている。中間貯蔵施設に双葉地方が候補として交渉されているが、住んでいた家、ふるさと等全てを失う避難の方を思うと心が痛む。しかし、賠償補償がたくさん支払われているという一般人からのバッシングは許せない。失うものはおおきすぎる。風化をさせてはいけないと訴えたい。

仮設校舎で開設している学校を、2016年８月再開を目指して進めている。養護教員として一番の心配は病院である。大きい怪我の場合とても不安である。

また、商店街も次から次へと開店している。その中で地元産の野菜が普通に販売されている。まだ原発事故が収束しておらず避難者が帰れずにいる中で、原発再稼働にとても危険を感じる。

少しでも被ばくを避けさせてあげたい。

原町第一小学校の子どもたちの数の変化

	年度	2010	2011	2012	2013	2014	2015
学級数	普通	23	6	12	13	17	15
	特別支援	3	2	2	2	3	4
児童数	1年	95	27	48	62	57	50
	2年	103	28	46	53	66	60
	3年	102	36	40	63	59	71
	4年	103	32	48	52	70	68
	5年	103	36	55	56	57	74
	6年	77	35	56	63	64	60
	特別支援	15	6	11	9	16	16
	合計	598	200	304	358	389	399
2010年度との比較（%）		*	33	51	60	65	67
教職員数		49	44 内兼務12	39	38	40	45

＊数字は、2011年のみ10月、その他は４月。
＊原町一小は、2011年４月には原発から30km圏外の学校で再開。10月から本来の校舎で授業再開。

資料　事前のアンケート

アンケート　　ねん　　くみ　　なまえ

１　ほうしゃせんについてしっていることはどんなことですか。

２　おうちのひとに、きをつけるようにいわれていることは、どんなことですか。

3　ほうしゃせんがたくさんあるところはどこだとおもいますか。

4　ほうしゃせんは、いいもの？　わるいもの？
なぜ？

5　あそんだあとやといれのあとに・・・・・

1　かならずてをあらう

2　ときどきてをあらうことをわすれる

3　てをあらわないことがおおい

21　福島のことを福島の子どもたちに問うことから
ー福島からの震災・原発の授業パート２

〔福島県須賀川市 小学校〕

伊藤　弥

１　震災から４年半ー福島の現状と課題

東日本大震災から４年半あまりが経過した。しかし、福島における復興の歩みはいまだ道半ばである。津波被害、原発災害から自分のふるさとに戻れないまま避難する人たちは10万人を超え、特に県外避難者も８万人を超えたままである。県内の新聞やテレビのニュースでも、帰還に向けての「明るい話題」を意図的に取り上げようとはしているが、現状は依然として厳しいままである。

福島県は地理的に東京電力福島第一発電所がある浜通り、県庁所在地の福島市や中核都市の郡山市があり、比較的放射線量が高めの中通り、放射線量は低い雪国の会津地方の３地方に分かれているが、３地方の震災復興への温度差は大きいものがある。また、浜通りの原発周辺の地域は大きく３つ、帰還困難地域、居住制限地域、避難指示解除準備区域に分けられており、道一つ違って賠償がもらえる家ともらえない家、我が家が見えるのに家に入れない人など、ここでも相当な差があり、いわゆる「分断」の根っことなっている。

被災地の市町村は、存続をかけて除染を全面的に行い、帰還できる環境整備をアピールしている。しかし、４年半が経過し、「帰りたい」とアンケートに答える人は年々減っている傾向にある。行政と地域住民にはかなりの意識の差が認められる。また、帰りたいと訴える人には高齢者が多く、子どもを抱える世帯での帰還希望はもっと少ないのが現状である。

３つに色分けされた被災地のうち、帰還困難区域の復旧・復興は絶望的な現状である。2015年に全線開通した常磐高速道路の浪江インターを降りて浪江町（申請が必要）に向かうと、被災した建物は震災当時の崩壊したままであり、時間が止まったままの町がそこにある。また、一度も除染されていない田畑は、セイタカアワダチソウなどの雑草が人の背よりも高く生い茂り、もはや隣の田畑との区切りもわからない有り様である。正直、その場にいると、「ここの復旧・復興はありえない」という気分になってくる。棄てられた大地があり、避難する人は棄民化されている。

福島のマスコミでは、汚染水対策や除染の進み具合などは毎日のように報道されているが、原発そのものがどのような現状になっているかはほとんど取り上げられることはない。廃炉の作業が困難で予定通り進んでおらず、また、もう一度爆発するかもしれないという懸念はぬぐいきれていない。

浜通りの学校の将来像が描けないことも大きな問題だ。浜通りの被災地の教育委員会は、避難地に学校を移転させて、開校してきた。しかし、学校の環境も間に合わせのものであり、通学時間などの困難もあり、子どもたちの数は減り続けている。今後の学校をどうしたらよいのか、その将来像が描けないのが現状である。このような中で2017年には、政府と東電のほとんどの補償が打ち切られる予定である。「補償はできるだけしてきた、無条件で続けられることはない」という報道がされてきている。福島の教育施策の現状について、「秋田になぜなれないんだ」、学力向上と体力向上が声高に叫ばれ、「イラ立ち」が降りてきている。

２ 「福島からの震災・原発の授業」パート１のふり返りから

2013年度、現在の勤務校で５年生を担任し、福島の子と「震災・原発」のことを考え合う実践にまとめた。主に以下の３つの内容となったが、最初から構想したものではなかった。

①地域の復興に関わっている人からの聞き取り

②授業書（６時間版）での学び合い

テーマ１：３・11、あの日私たちは何を経験したのか

テーマ２：なぜ原発事故が起きたのか、どうして福島に原発があったのか

テーマ３：放射線とは何か、私たちの身体への影響は？

テーマ４：原発はなくすべきか、続けてもよいのか

テーマ５：福島の再生、避難した人のこれから、風評被害

テーマ６：福島の再生、福島から何が発信できるか

③学校文化祭で学んだことを地域の人、保護者に発信する

この実践については、2014 年１月の滋賀県での全国教研では、下記のような論議をしていただいた。

・ＪＡや県、給食センターなどの放射線検査について。「安全」「安心」という情報を一方的な情報でなく、カウンター情報や外国の対応など多様な視点からの情報を提供し、データを鵜呑みにしない姿勢を育てていく必要がある。また、発表にある「まとめ」がすっきりしすぎているきらいがある。いろいろと気配りしすぎている面があるのでは、その時々の体制の顔色を窺うことになり、よくないのではないか。

・風評被害の取り上げ方について。安全の基準はいろいろ掲げられている。カウンター情報も示して、多様に検討できるようにしたい。また、福島は有機農業の強いところであり、具体的な様子を子どもたちに見せていきたい。

・学校文化祭の子どものまとめについて。まとめられないことをまとめてはいないか。まとめられないことはまとめない。

・当事者性を問うということ。「あなたならどうする」というのは、本当に悪くしたものを問わない構図になりがちなところがある。

・世界は、福島をどんな評価をしているのか、そのことを見せよう。福島の復興や廃炉作業の進展は世界も注目している。同じ時代を生きる世界の人たちの心を見せていきたいものである。

・福島のことを福島の子どもに聞いてみることはどうだろう。

なかでも、「福島のことを、福島の子どもに聞いてみることが大切ではないか、そのことを聞かずに、いろいろと押しつけることもよくないのでは」という内容の共同研究者の方のコメントが心に残り、持ち上がりの６年生では、機会があったら授業として取りあげたいと考えていた。

３ 2014年度の実践の実際

パート１では、震災・原発事故の被害を受けた福島ならではの内容を追究したいと考え、放射線と

は何かといった科学的・理科的な視点とは違った、社会科の視点からの震災・原発の授業をつくりたいとも考えた。そのための柱として、

・仮設や避難している人の大変さを共感的に自分のこととして考えられる態度や姿勢
・どうしてこのような事故が起きたのか、批判的思考でとらえられる知識と判断力
・復興支援される側から復興を担う主体となれるような意欲と関心

の３つの力を、授業を通して育てていくことをねらいとしておさえた。上記の実践の「３つの柱」と「育てたい力」は継続して、持ち上がりの６年生での実践を積み重ねることにした。ここでは、2014年度の６年生で実践した授業の５つを報告する。以下は時間系列で実施したものである。

１）『美味しんぼ』問題をとりあげて

運動会の準備・練習が佳境に入っていた５月、担任をしていた６年生クラスのＡが、「おれ、頭にきた、おれ、これから美味しんぼのマンガ読まね！ 第一、おれらあ、鼻血なんて出てねえし」と朝の会で話題にした。福島県内ではテレビや新聞でも取りあげられていたので、家族といろいろ会話をしたらしかった。そのような中でＢが次のような発言をした。「先生、この人（作者）は本当に福島に来て、こんなことを書いたんですかね」という疑問であった。つまり、福島の現状をきちんと把握した上で、マスコミは騒いでいるのか、確かめてみたいと思ったのだろう。「県外の人たちは、福島の本当のところは案外しらないのかもしれないね、今度学び合ってみよう」。そこで、運動会明けにぜひ、授業をしたいと考え、次の指導案のような授業プランを構想した。

第６学年 社会科・総合学習指導案

2014年 ５月20日（火）第４校時 教室　授業者 伊藤 弥

◇授業テーマ：「福島の子どもとして、震災で避難している人たちの様子を知ることから、これからどんなことを発信していくべきかを考え合う授業」

主題名　福島に住んでいくことから何が発信できるのだろうか

主題設定の理由

東日本大震災から３年が経った今、福島に住んでいることはどんなことなのかを話し合いながら、避難している人たちの苦しみや願いについて知り、これからのことを考える契機としたい。

本時のねらい

福島にこれからも住んでいくことはどんなことなのか、大事なものを失う疑似体験を通しながら不安や困難をふまえて自分たち福島の子どもが何を発信していくべきか、考え合うことができる。

指導過程

	学習活動（・主な発問）	○指導上の留意点 △資料
導入	１．課題をとらえ、「福島に暮らすこと」について現時点での自分の考えや気持ちを発表する。 福島に住んでいくことから何が発信できるのだろうか	△ 新聞記事 「福島の食べ物を食べない」 「女子高生の不安」

	⑴ 付箋に、今、福島に住んでいることに対しての肯定的なイメージ、否定的なイメージを書いて交流する。 ⑵ 黒板のイメージラインに、自分のネーム番号を貼り、お互いのイメージを知り合う。	○ 肯定・否定の両面を確認していきながら、不安や大変さも見つめなければいけないことを確認する。
展開	2．アクテビティーを通して、福島の現状やこれからを話し合う。 ⑴「自分の大事なものを5つ」破く、アクテビティーを行う。 ・大事なものを破いていってください。 ・最後まで破れなかったものを紹介してください。 ⑵ ＤＶＤ「ペットの世話に飯舘村に通うおばあさん」を観て感想を交流する。 ・どうしてこの人はこんなにまでして飯舘村に通うの。 ・何とか解決する手立てはないの。 ⑶ 福島に住む人たちはこれからどんなことを発信していくべきか、話し合う。 ・Ａ避難への援助 Ｂ風評を乗りこえる Ｃ「福島に来て欲しい」という訴えなどについて、理由を考えながら発表しましょう。	○ 破るという行為をすることにより、大切なものはそれぞれ違い、喪失体験に共感できるようにしていきたい。 △ ＤＶＤ「ＮＨＫニュースウォッチナイン」で放映されたもの ○ 表面的な解決法だけに流れてしまわないように、「自分が当事者だったら…」という問いかけでリアルに考えていけるようにする。
終末・発展	3．本時をふり返り、感想を発表し合ってまとめる。 ⑴ 本時で学べたことを発表し合う。 ・6年生になって初めて、また改めて震災・原発を取りあげて授業をしました。学べたことを発表してください。 ⑵ 本時の自分の感想をまとめる。	○ 再度、「福島に住むこと」はどんなことなのか」をふり返るようにする。

授業の実際

授業では、まず2つの新聞記事をとりあげた。一つは女子高生の投稿、「私は子どもを産めるのでしょうか」の記事と、農業で風評被害が問題になっているが、福島の人が福島の農産物に拒否反応が高く、「福島の人たちが福島の農産物を他県の人たちより食べていない」という事実を指摘した記事の読み合わせから始めて、その心理の根底に前者には「不安」、後者には「不信」が読み取れるのではないかとおさえた。

Ｔ．このようなことから今日は、福島から何が発信できるかを話し合っていきましょう。まずは今の福島の肯定面、否定面を付箋に書いてグループで画用紙パネルに貼ってください。その上で発表してもらうよ。

Ｃ．ぼくのグループでは、「自然がいっぱい」、「農産物が豊富」などが出て、否定面では「放射線が心配」などが出ました。肯定的なところが多く出ました。

Ｃ．私のグループでは、「住みやすい」、「自分の家がある」とかが出てた。あと、「将来が不安」とかも出ました。やっぱり福島はなんて言われるかもしれないし。

Ｔ．そうか、みんなにも不安はあるんだね。それでは黒板に100％から０％の線を引くから、パーセントにすると今の気持ちはどのあたりになるのか、出席番号のカードを貼ってください。

T．あんまり極端な人はいないね、それじゃあ肯定的なイメージな人とそうじゃない人に発表してもらいましょう。

C．ぼくはだいたい65％のあたりに貼ったんだけど、もう普通の生活をしているし、不安がないわけではないけど、まあまあ満足なのでこのあたりにしました。

C．わたしは50％に行かなくて45％ぐらいにしました。やっぱり今の原発の具合は心配だし、復興も努力はしているけど、あんまり進んでいるようには見えないんです。

T．そうか、ではこのあとに飯舘村の自宅に通うおばあちゃんのビデオを見てもらいます。その後で、自分の失いたくないものを考えてもらいます（厳寒期、飯舘に残してきたペットの犬に餌をやりに通うおばあちゃんのビデオを見る。餌が凍ったり、野ネズミに横取りされたりして、痩せ細っていくペットの様子を嘆くおばあちゃんの姿が映し出される）。

T．このビデオのように、避難していても大切なものはいろいろなんだね。それじゃあ、あらかじめみんなに書いておいてもらった「失いたくもの」短冊５枚を破っていってください。１枚は残してね。

C．えー、破けない。

急に、教室がざわざわとして、相当に躊躇したり、迷ったりしながら破る活動をする。中には、友だちと相談しながら決めかねている子もいる。かなりの時間がたって、全員が活動を終了した。震災の時、飼っていた犬が数日、帰ってこず、帰って来たら号泣したという作文を書いていた子に発言をうながした。

C．わたしは家族とペットを残しました。最後は、選べませんでした。

T．無理やり破かせてしまったけど、選べないというものもあるんだね。

その後、福島から何が発信できるか、A避難への援助、B風評を乗りこえる努力、C福島に来て欲しい、の３つのうち、自分だったらどれを県外の人に訴えたいかを選んでグループで話し合い、全体で討論を行った。『美味しんぼ』問題の影響もあるのか、Cを選んだ子が多かった。

震災から一息ついた今、何が必要なのかを考え合うことができたように思う。子どもの感想では「あえて考えたくはない」というのもあり、扱いの難しさを感じた。

授業の感想から

・あらためて考えると、知らないことも不安なことも多いことがわかった。他の県の人の誤解がとけたらいいなあと思った。

・避難生活をおくっている人でも、まだ、生活に不自由なところがあるということが分かりました。例えば、家に帰れずにペットのために、何回も通うといったぐあいに。一緒に暮らせないのがかわいそうでした。

・福島には、とても悲しんでいる人がいるとあらためて分かった。

・福島には、否定する部分はいっぱいあると思うけど、いいところもいっぱいあるんだよ、を知らせていけばいいんじゃないかとこの授業で思った。

・ぼくは震災のことはあんまり考えてもいません、というか考えたくもありません。今日の授業では、ちゃんと話し合いができたのでよかったです。

・また、原発が爆発するかもしれないから、安心できないところもある事がわかりました。
・「避難してください」と言われて、一番失いたくないのは家族、ペットと親友だし、絶対失いたくないと思うのは、この３つです。

２）原発被害地の現状を知る－写真家Ｈさんに原発被害地の写真を見せてもらう

新聞記事で、私のクラスの授業を読んだ写真家の方が連絡をくれて、原発被災地の様子の写真を子どもたちに見せてくれることになった。子どもたちが原発被災地に近づくことは、放射線制限からほとんど困難なので、よい機会と考えた。

第６学年１組 出前授業実施案（略案）

期日・場所 平成27（2015）年 ２月16日㈪ 第３校時 ６年教室
授業者　写真家・Ｈさん（三春町出身 在住）担任 伊藤 弥
授業テーマ 「福島のすがた　３・11で止まった町」
浪江町、双葉町、大熊町、富岡町の東日本大震災での被害状況と現状を写真で見せていただき、これからの福島を考え合う。
授業内容　社会科「防災教育」（教科書下P20 災害から人々を守る）
ねらい　地震の被害を受けた人々のくらしの変化に気づき、被害者の願いを受けたこれからのとりくみについて考えられるようにする。
授業の流れ
⑴ 写真家・Ｈさんの撮った被災３町の写真をみせてもらい、地震・津波、原発被害を受けた人々のくらしの変化について話し合う。
⑵ 被災者のくらしや気持ちについて考えさせ、話し合う。
⑶ 被災者の願いを受けた国、県、町の対策やとりくみを知る。
⑷ 未だ避難が続いているこれらの町の人々のこれからのくらしについて話し合う。

写真を見ながらのレクチャーでは、①時間が止まった町があり、３・11から手つかずの町があること、②生態系の変化について、イノブタなどが増えて明らかに変化があること、③家はもとのままの家ではないこと、小動物が入って糞尿などで荒らされ、戻っても建て直しが必要、などを知ることができた。同じ福島県でもまだこのようなところがあることに、子どもたちは驚いていた。

３）「福島に何を残すか、震災遺産は残すべきなのだろうか」

新聞記事で取りあげられた「津波で黒こげになったパトカー」と「過去の原発推進看板」を残すべきか、考え合った。最初に課題を２つのグループで考え合い、その後に全体で討論する形で授業を進めた。

今日のメニュー （※授業のあらましを最初に「今日のメニュー」という形で子どもに示した）。「震災から丸４年が経って、震災の被害を示すものがなくなってきています。今日は、どのようなものを福島に残すべきなのかを考えます」。

課題１　「残してほしくない」という声もある震災遺産は残すべきなのか

賛成	理　由
残す	・小さな子どもたちに真実を伝えておきたいから（震災のあとに生まれた子や幼かった子に2011年の震災のことを伝える）。 ・震災遺産がないと、月日がたつにつれ、震災のことが忘れられてしまうかもしれないから。それを見て悲しむ人はいると思うけれど後世につなぐため、残しておいた方がいいと思います。

反対	理　由
残すべきではない	・思い出したくない人や、そのことは忘れて、また新しくやり直そうと思う人にとってつらい。 ・家族を失った人に震災のことを思い出させたくない。

課題２　「原子力 明るい未来のエネルギー」（双葉町）、この原発ＰＲ看板を「残せ」と言うＯさんの訴えに賛成できるか

賛成	理　由
残す	・震災のおそろしさを子孫に伝えることができるから政府のあやまちを何もなかったことにはさせたくないから。

反対	理　由
残すべきではない	・帰還困難区域のままなので、この看板を見る人は少ない、などの理由から賛成できない。 ・双葉町はほぼ全域がまだ帰ることはできない、そして、次に帰った時に看板があると前の生活を思い出してしまうから。

課題１での討論では、「残すべき」という意見が多かった。「どれだけ津波が大変なものなのか、そのつぶれたパトカーを見るとわかるから」と言った理由があげられた。

課題２での討論は、看板の内容よりも、その看板の撤去作業に410万円もの費用がかかることに引っかかる子どもが多く、「その分を復興にかけたらいい」と複雑な討論になった。

４）基準値とは何なのか－「郡山の母親たちの行動」をとりあげて

授業の進め方（資料：「座り込みをする母親たちの新聞記事」）

震災直後の子どもたちの放射線基準値をどうするかで大きな混乱があった。当初、「ただちに危険をもたらすものではない」と年間20ミリシーベルトの基準が示されたが、郡山市の中心市街地の小学校では学年の３分の１が県外に避難するという動きもあった。郡山に留まることを決めた母親たちは運動を展開し、国や県の決定を超えて市を動かし、校庭の表土除染を始めさせたり、基準値を１ミリシーベルトに下げたりすることを実現することができた。

本校の子どもが住む地域は、わずか西に十数kmのところにあり、このような新しい市民の活動モデ

ルとでも言うべき郡山の母親たちの行動をぜひ、学んでもらいたいと考えた。

今日のメニュー「原発事故の後、福島の放射線量は『子どもにとって安全か』が論争となり、福島からは多くの子ども・家族が避難しました。今日はその基準を下げさせた母親たちの行動を学びます」。

課題1　「年間20ミリシーベルト」という国の言うことに、その当時、あなただったら従ったのだろうか、それともおかしいと思っただろうか

賛成	理由
従わない	・20ミリシーベルトは、そのままにすると人に害をあたえてしまうから。 ・国の考えに従わない（おかしいと思う）。100％安全ではないのに、そのままにするのはおかしいから。 ・もとの状態に戻すには、全員賛成じゃないことをしてはいけないと思う。

反対	理由
従う	・（2班）確かに20ミリシーベルトは高いけれど、特に人に害のある数値でないし、下げたところでそれを上回ってしまう地域もあると思うから、国に従う。

課題2　文科省の前に座り込んで抗議し、国の基準を変えさせた母親たちの行動は当然の権利か、騒ぎ過ぎなのか

賛成	理由
当然の権利	・子どもには（影響があるかどうかは）分からないというのはあまりも無責任でひどいと思うから、母親が言うのは当たり前だと思う。 ・当然。国民には言論や集会の自由、生存権があるので、子どものために下げたいと思うのは当然のことだから。

反対	理由
騒ぎ過ぎ	・（1班は）騒ぎすぎだと思う。国民主権ならば、座り込みやデモなど、通行人のじゃまになるなど大きいことをしないで、署名などを集めて県内の代表に提出すればよいと思う。

課題1での討論では、「従わない」という子が多かった。「データは鵜呑みにできない、いろいろな情報で検討すべき」、「安全と言えば言うほど、何だかあやしいところがあの頃はあった」などの意見があった。

課題2での討論では、母親たちの行動ぶりが議論になった。「何も座り込みまでしなくても、署名なんかでいいんじゃないかな」という意見は、課題の「騒ぎすぎ」という問いかけがあまり良くなかったかもしれない。「騒ぐ」というのが「まっとうな抗議」のイメージから離れてしまったようだ。しかし、「必死こいた」母親たちの行動こそが国を動かした、と発言する女子もいた。

5）リスクコミュニケーションを考えよう

卒業を前にした3学期は、ＩＳ（その当時はイスラム国）の事件が相次いで報道され、クラスでも話題となった。処刑の映像をネットで見たという子もいた。「残酷だった」、「すごかった」と素直に

印象を話す子もいたが、「何となくこわい」「嫌な感じがする」という感想を語る子も多かった。また、同じ頃、アフリカでエボラ出血熱も報道されていた。「アフリカに行く人の気が知れねー」。しかし、待てよ。イスラム勢力がテロなどの暴力に走ることはよくないが、その歴史やいきさつもある。

すぐには手に負えない「リスク」を抱えて生きていかなければならない子どもたちに対し、頭ごなしに「嫌な感じ、こわい」という感情を持つだけの姿勢は、「福島の牛肉など、食べることは絶対にありえない」と明言する人たちと同じ態度ではなかろうか。そこで、小学校最後の授業で、この3つの話題を取りあげながら、今後、つき合っていかなければならない「リスク」について考え合うことにした。

今日のメニュー 日本は、世界の国々と協力し、関係しなくてはいけない時代なのに、世界中のリスクは高まってきています。これらのリスクにどう対応していけばよいのかを考えてみよう。

課題1　あなたは3つの課題について肯定派か、否定派か。

賛成	理由
肯定派	・福島の農産物には90％ポジティブ。除染をしたり、線量を測ったりして危険じゃないことを証明しているから。 ・もう100％安全だと思う。

反対	理由
否定派	・イスラム国入国やエボラ出血熱には60％ぐらい。助けたり、救ってあげたりしたいけれど、そのために何をしていいかわからないから。 ・イスラム国、助けたいか行くのが悪いかでいうと否定25％。 ・エボラ出血熱の現地には、助けたいか行かないかでは25％。 ・何をすればよいかわからないし、危険だから。

課題2　「福島の牛肉を絶対に食べない」（100％否定派）という人に、あなたならどんなメッセージを送りますか。

メッセージ	・もう食べているし、食べないと言っても意味がないと思います。 ・放射線量を測って、基準より低いことは出ているし、その基準も安全な数値です。だから、心配なことはありません。危険ではないので、牛肉を食べてみてください。

課題1での討論では、「何で福島の肉が、絶対イヤだといわれるのかと思う、絶対というのはひどいと思う」「イスラム国の話では、家の人は、なんであんなところに行くんだ、行くのも悪い、と言っていた。それはそうだなあと思った」「イスラムのところやアフリカに行くことは考えられない、やっぱり危険だと思うし」などの意見が出た。

課題2での討論では、「もっと安全だよという宣伝が必要だと思う」「食べないという人は食べないかもしれない」などの意見が出た。

T.「わかってくれないという苛立ちはあるよね。みんなは今後、好むと好まないとにかかわらず、世界中に出かけたり、世界の人たちと関係したりしなければならないよね。その時に、リスクに対して極端な姿勢やかたくなな態度で接してはいけない、ということを今、身体で学んでいるよね」とまとめて授業を締めくくった。

おわりに

①何を教材としてとりあげていくかということ

○教室を世界にひろげていく

今回の授業プランは、日々、身近なところ、日本や世界で起こること、教室で話題にしていたことを取りあげている。それには子どもとの対話が第一である。また、「昼のニュース」といった活動で、ふだんから気になったニュース、新聞記事を取りあげ、感想・意見を交流することを行っていたことと授業をつなぐことができたことが大きい。

●調べ活動、探求的活動が必要

授業が一回きりのものとなってしまっている。学びを継続させ、調べ学習や探求的な活動に発展させていかないと、さらなる子どもたちの意欲が立ち上がってこないと感じた。また、多様な情報（カウンター情報も含む）も子ども自ら見つけていく経験も必要であると感じた。

②福島のことを福島の子どもに聞く意味とは

○当事者性を育てる

目の前の小学生は、当面、福島で生活していく子どもたちである。リスクを背負いながら、それに目をそらさずに生きていく姿勢を育てていきたい。そのためにも、福島のことを福島の子どもに聞くことで、自分で福島で生きていくことの意味、当事者性を問うことは大切であると感じた。

●態度主義に陥らないように

社会の問題を個人の責任に単純化したり、解決策を個人の「気の持ちよう」といったことに矮小化しないようにしていく必要がある。問題点や事実を直視していく態度こそが大切である。

③大人の態度・ふるまいこそが問われている

○体制順応主義、無批判体質を乗りこえて

福島では、「もう気にしない」「震災以前に」という呼びかけが大きくなっている。

●負い目を具体化しないと。「福島に原発があったことの負い目」を大人は抱えていくべき

④「手づくりの授業をつくる」手法の共有と実践の交流を

○裁量権はまだまだある。社会科の実践のおもしろさ・難しさ・やりがいをひろげていきたい。

22　ふるさとについて知ろう
―避難校での総合学習の実践

〔福島県浪江町 中学校〕

柴口　正武

双葉郡の小中学校は、浪江町の請戸、幾世橋、大堀、苅野の４つの小学校と、同じく浪江町の浪江東、津島の２つの中学校以外は、すべて、震災当時の「学校名」を掲げて再開している。2011年時点から着実に学校が再開しているものの、避難校では、子どもたちの数は減少傾向が続く。そうした中で、避難校の多くが少人数を生かした学習支援や諸活動、少人数に対応する工夫した活動が行われている。各種行事は震災前のような、または避難していない他の学校のような通常の運営は困難である。しかし、全校生徒、教職員が力を合わせて、学校生活をつくりあげようとしている。

本校も同様である。全校みんなそろっての給食、縦割り編成によるスポーツ大会、応援する側より応援される側が多い体育大会の壮行会、近くのプールまでスクールバスで移動しての全学年合同の水泳学習、避難先の事業所に花を届ける活動、一人何役も担っての文化祭などなど。その状況は当然異常であり、ある面、滑稽でもある。しかしそこには、本来の校舎でなくても、少人数であっても、震災前の学校の伝統を引き継ぐという思いがある。そして教職員にとっては、そういう環境の学校に通う子ども、この学校を選んでくれた子ども、そして保護者に、この学校で学ぶことの喜び、誇りを持ってほしいという願いが込められている。浪江中学校をはじめとする避難校には、避難し、少人数という状況で、教職員が一人ひとりの子どもに寄り添う姿がある。

1　スタート

学校	児童生徒数（特別支援学級含）						
	1年	2年	3年	4年	5年	6年	合計
浪江小	0	0	2	2	2	3	9
津島小	0	1	0	1	0	0	2
浪江中	3	4	10	*	*	*	17

今年の浪江中の入学生は、男子３人だけである。その３人で、「ふるさと浪江」の学習をスタートさせたのは５月だった。浪江中では総合学習の大きなテーマに「ふるさと」を掲げている。１年生では「ふるさとについて知ろう」。２年生では「ふるさとから学ぼう」。３年生では「ふるさとに生かそう」である。この活動は、双葉郡内８町村での、小・中・高校が連携して行っている「ふるさと創造学」につながっている。その学習は、ふるさとをどうとらえるか、ふるさとをどう学んでいくか、ふるさとにどう向き合うかなど、双葉郡にとっては非常に難しい問題に取り組む。本校の総合学習、または「ふるさと創造学」の取り組みはとても大切なものであると、私個人的には感じている。

2　テーマを見つける

ウェビングマップづくり

子どもたちは、今は住んでいないふるさとについてさまざまなアプローチをする。1年生のテーマのキーワードである「ふるさと」と「知る」をテーマにウェビングマップづくりをした。

まずは1人で取り組み、その後に、他の人のマップに「赤ペン」で書き加えるようにした。一人で取り組んだ段階でも、私が予想した以上に子どもたちは発想した。そこに書き込みが加わり、マップは膨れ上がった。子どもたちにとっては小学1年生までしか住んでいなかった浪江町だが、いろいろと発想することに驚かされた。

総合的な学習の時間　1年間の計画　　浪江中第1学年

月	時数	活動内容（教育運営計画より）			実際の活動計画	
4	5	1. オリエンテーション《2》			1 2	学習旅行の準備やまとめの活動、iPad講習会で、これらの時間を活用しました。
		2．浪江町について知る。《40》	(1)基本的技能の学習⑤	・インターネットや図書の利用について ・見学や体験学習の方法について ・プレゼンテーションの方法について	3 4 5	
					ウェビング	ウェビングをして、「ふるさと」「知る」から、自分の発想を広げることができる。
					テーマ候補さがし	ウェビングマップを見て、自分なりのかんたんなテーマの候補を見つけることができる。
5	8		(2)研究テーマの設定⑤	・テーマ設定までの手順 ・課題意識をもち、テーマを決める ・研究計画書を作成する	「下調べ」学習	テーマ候補をもとに、いくつかの候補について「下調べ」を行い、テーマを絞ることができる。
					テーマ設定	「ふるさとを知る」を大テーマに、自分の関心を持った「もの」をもとに小テーマを設定することができる。
					活動計画素案	テーマに沿ってだいたいの計画を立てることができる。
					活動計画作成	活動計画書を作成することができる。
					情報収集活動1	インターネットや書籍などを使って、テーマの解決につながる素材となるものをまとめることができる。
			※陶芸教室《2》		大堀相馬焼体験1	講師の方の指導により、大堀相馬焼きの形作りを行うことができる。
					大堀相馬焼体験2	講師の方の指導により、大堀相馬焼きの形作りを行うことができる。
6	6		(3)課題追求・解決⑪	・活動に向けての準備をする。 ・文献調査、インターネットなどを用い、課題解決につながる情報を収集する。 ・浪江町役場・議会見学 ・役場における体験活動	情報収集活動2	インターネットや書籍などを使って、テーマの解決につながる素材となるものをまとめることができる。
					体験学習計画	計画に沿って、体験学習の計画を立てることができる。
					体験学習準備1	訪問先や協力者を決定し、訪問や活動の準備をする（訪問先・協力者への連絡、お願いの手紙など）。
					体験学習準備2	訪問先や協力者との時間調整なども含め、体験学習のより細かい計画を立てることができる。
					体験学習1	自分の計画にしたがって、協力者の方の指導を受けながら体験学習を行うことができる。
7	6				体験学習2	自分の計画にしたがって、協力者の方の指導を受けながら体験学習を行うことができる。
					体験学習3	自分の計画にしたがって、協力者の方の指導を受けながら体験学習を行うことができる。
					体験学習4	自分の計画にしたがって、協力者の方の指導を受けながら体験学習を行うことができる。
					体験学習のまとめ1	お世話になった方々への御礼の手紙を書いて送付することができる。
					体験学習のまとめ2	写真、メモ、映像等の各種データの整理をすることができる。
					体験学習のまとめ3	写真、メモ、映像等の各種データの整理をすることができる。
8	2				活動の中間まとめ1	これまでの活動の成果、感想をまとめることができる。
					活動の中間まとめ2	これまでの活動についての中間発表会の準備をすることができる。　＊発表原稿、掲示物作成など
9					中間発表会	活動発表会をし、相互評価をすることができる。
9	4		(4)まとめ⑪	・発表の仕方、原稿作成	文化祭発表の話し合い	発表、研究のまとめのしかたについて話し合い、発表・まとめの見通しを持つことができる。
					文化祭発表の下準備	話し合いで決まった発表やまとめのための素材の整理、まとめ方の準備をすることができる。
					文化祭発表補助資料1	発表をするための補助資料を、これまで整理した素材を工夫して配置し作成することができる。
10	17				文化祭発表補助資料2	発表をするための補助資料を、これまで整理した素材を工夫して配置し作成することができる。
					文化祭発表補助資料3	発表をするための補助資料を、これまで整理した素材を工夫して配置し作成することができる。
					文化祭発表補助資料4	発表をするための補助資料を、これまで整理した素材を工夫して配置し作成することができる。
					文化祭発表補助資料5	発表をするための補助資料を、これまで整理した素材を工夫して配置し作成することができる。
					文化祭発表補助資料6	発表をするための補助資料を、これまで整理した素材を工夫して配置し作成することができる。
					文化祭発表原稿1	補助資料を示しながら発表するための原稿を作成することができる。
					文化祭発表原稿2	補助資料を示しながら発表するための原稿を作成することができる。
					文化祭発表原稿3	補助資料を示しながら発表するための原稿を作成することができる。
					文化祭発表原稿4	補助資料を示しながら発表するための原稿を作成することができる。
					文化祭発表リハーサル1	ミニ発表会をし、文化祭での発表のリハーサルをすることができる。
					文化祭発表リハーサル2	ミニ発表会をし、文化祭での発表のリハーサルをすることができる。
			(5)文化祭発表①		発表	お互いに協力し合って、これまでの研究の成果を発表することができる。
			(6)反省、感想①		反省・感想	研究の過程、成果、発表、これからの課題について文章にまとめることができる。
		3. 放射線についての学習《2》			放射線教育1	「生活の中での放射線」をテーマに、空間放射線量も含め、文献やインターネットなどで調べることができる。
					放射線教育2	「放射線」について、副読本などをもとに「放射線の基礎知識」として工夫してまとめることができる。
		4. ふるさと創造学サミット発表《4》			サミット発表1	自分たちの研究の成果等を分かりやすく発表したり、他の学校の発表を自分たちの発表と比べたり、ふるさとを思い出したりしながら聞いたりすることができる。
					サミット発表2	自分たちの研究の成果等を分かりやすく発表したり、他の学校の発表を自分たちの発表と比べたり、ふるさとを思い出したりしながら聞いたりすることができる。
					サミット発表3	自分たちの研究の成果等を分かりやすく発表したり、他の学校の発表を自分たちの発表と比べたり、ふるさとを思い出したりしながら聞いたりすることができる。
12	4				サミット発表4	自分たちの研究の成果等を分かりやすく発表したり、他の学校の発表を自分たちの発表と比べたり、ふるさとを思い出したりしながら聞いたりすることができる。
		5. 次年度学習の情報収集《4》			次年度に向けて1	2年生の職業体験について発表、報告を受け、次年度の活動の見通しを持つことができる。
					次年度に向けて2	いろいろな職業について図書やインターネットで調べることができる。
3	2				次年度に向けて3	いろいろな職業について図書やインターネットで調べることができる。
					次年度に向けて4	次年度の「職場体験」で体験したい「職業」について友達と話し合い、希望をまとめることができる。

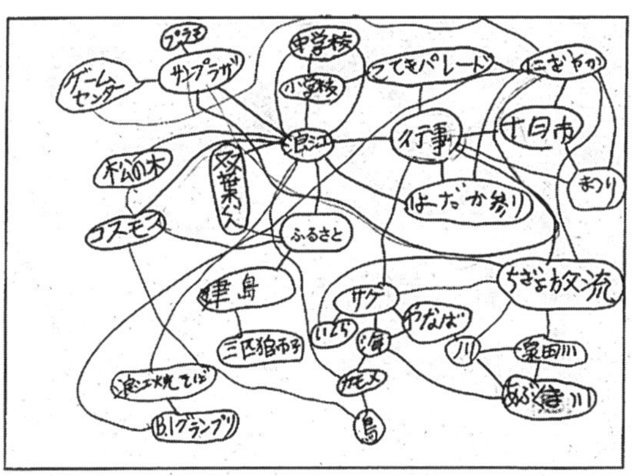

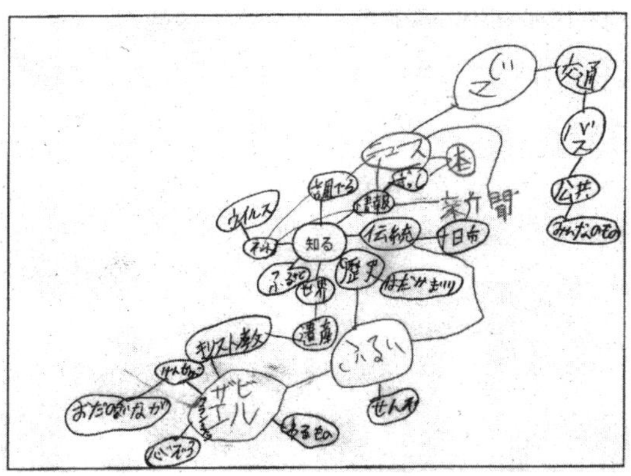

テーマ候補

ウェビングマップをもとに、自分のテーマの「候補」をあげる活動を行った。マップのキーワードを使って、「それなり」の表現でテーマ候補をつくる。ここでの疑問、テーマは、そのまま、次の「下調べ」の活動に引き継がれる。

下調べ

自分の「テーマ候補」について、それが1年間（実際には半年だが）研究に値するものかどうかを「下調べ」で確かめる。「値する」というのは、興味関心が持続するのか、研究する（調べる）ことが可能なのかどうか、または疑問は簡単に解決してしまうのかなどを検証することである。

この活動を私は大事にしている。この活動によって、子どもたちの興味関心の低いもの、追究が極めて困難なもの、逆に時間をかけて追究する必要もないものなどがふるい落とされる。このふるい落としの活動によって、子どもたちは自分のテーマに近づくことを実感するとともに、今後の何時間かをかけて行う学習（活動）の重みを知ることにつながる。

個人テーマ設定

「テーマ候補」にしても「下調べ」にしても、「サンプラザ」「裸参り」「津島五山」「十日市」「なみえ焼きそば」など、子どもたちが取り上げたものは、どれも浪江町民であれば、「浪江を語る」には欠かせないものである。その中で3人は、最終的には「なみえ焼きそば」「十日市」「津島」をあげた。

3　活動計画を立てる

困難な活動に向けて

右は、3人が、それぞれが選んだテーマにそって、どのような活動ができそうで、誰に協力を要請できそうか、どんな形でまとめ、発表（発信）できそうかを学年の教員で話し合い研究の構想、研究計画作成の際の支援の方向性を明らかにしたものである。3人しかいないからできることなのだろうが、3人しかいないからこそ私たちはやらなくてはいけないことであった。

私たちは、遠く離れてしまった「ふるさと浪江」について子どもたちが主体的に学び、調べることが困難であることを感じている。

個別の活動の支援にあたって～課題の整理

名前	1	
テーマ	なみえ焼そばの歴史と魅力はどのようなものなのだろうか。また、今はどこでやっていて、これからどうしていくのだろうか。	
支援や助言	研究の進め方	歴史やこれまでの歩み→王国HP、その他ウェブサイト、文献、聞き取り
		魅力→ブログなど、アンケート調査（子、家庭、役場への協力）
		現在のこと→再開した店舗、移動店舗での聞き取り、スーパー
		これからのこと→王国HP、店舗等での聞き取り
		※体験→調理体験、レシピづくり
	協力依頼	王国大王、再開店舗、役場、商工会
	まとめ方	年表、地図、表、ビデオ（聞き取り）
	発表	試食、CM・広告

名前	3	
テーマ	津島は、昔どうなっていたのだろうか。また、震災当時は、どのような地区だったのだろうか。そして、今はどうなっているのだろう	
支援や助言	研究の進め方	津島地区の歴史→浪江町HP、その他ウェブサイト、文献、聞き取り
		震災当時の津島→1年間のできごとや行事（学校、地区、他）、産業、自然、気候、芸能、他
		今の津島→子どもは入れない･･･除染等の進行状況、写真等の収集、家族の協力、教員の支援
		これからの津島→復興計画、住民の意向
		※体験→田植え踊り(?)
		※その他の祭りや催しへの広がり
	協力依頼	行政区長、役場、田植え踊り継承する方、地域住民、議員
	まとめ方	年表、地図、表、ビデオ（聞き取り、現在の状況）
	発表	写真集、ポスター

名前	2	
テーマ	浪江町の十日市の運営はどのようにやっているのだろうか。また、どのような人が出店をし、やっているのだろうか。	
支援や助言	研究の進め方	歴史やこれまでの歩み→浪江町HP、その他ウェブサイト、文献、聞き取り
		運営→震災前と震災後、実行委員会の組織、出店（でみせ）、広報
		出店（でみせ）→どこから、どんな人たち、出店を出す人の生活など
		※体験→準備作業の手伝い、その他
		※その他の祭りや催しへの広がり
	協力依頼	役場、商工会、実行委員会(?)、運営経験者
	まとめ方	年表、地図、表、ビデオ（聞き取り）
	発表	ポスター、パンフレット

だからと言ってそれを避けることはできない。それは、ある保護者の次の言葉に強く後押しされた。

「私たち家族は浪江には戻らないと決めた。だからこそ、学校で浪江町について学習する機会を設けてくれるのはとてもうれしい」。2017年３月に帰還困難区域を除く避難区域が解除されても、町に戻る住民、子どもは少ない。ふるさとである浪江、住むはずだった浪江に間接的にでも触れ、考える場は、学校でのこうした活動によって保障されなければならない。

研究の構想

研究計画書づくりを想定しての「構想」づくりである。

○このテーマにしたのはなぜですか？

→テーマを選んだ理由

○テーマについての自分の「今」の答えは？

→仮説

○どんな活動が考えられますか？

→研究の計画

事前の話し合いの結果をもとに、それぞれの支援にあたった。特にどんな活動ができるかについては、研究（調べる）手法に制限があるために、子どもたちだけの考えではどうしてもインターネットや書籍や文献による「調べ学習」にとどまることが予想された。子どもの主体性という点では疑問も残るが、私たち教員から提案する形にならざるを得なかった。

子どもたち自身が現地に立ち入りができないという状況で、総合学習で重視されている体験活動は非常に困難である。地域がバラバラ、人々がバラバラという状況の中、校外活動には聞き取り取材活動を中心にすえた。

計画書づくり

「形式的」と言われれば否定はできない。しかし、この計画書を作成することは、その後の実際の活動（研究）の段階では、子どもたちが自主的、主体的に活動することにつながるとともに、まとめの段階では、自分の当初の疑問や考えを振り返り、それに沿ってまとめることにつながると考えた。

４　研究活動

調べ学習

現地に行くことができない、現地で体験ができない、営業や活動を再開している事業所等が離れているなど、直接的に調べることは当然困難である。インターネット、文献などを中心に調べていく活動が初期の活動であった。

しかし、そうした活動は、問題解決の一部分であり、体験、聞き取り、その他、いろいろな活動（行動）を取り入れることが必要である。地域がバラバラ、人々がバラバラ、さらには、子どもたち自身が現地に立ち入りができないという状況では、通常行われている校外活動、体験活動は非常に困難である。

聞き取り取材活動

そこで校外活動として、聞き取り取材という活動を位置付けた。

聞き取り取材活動の前に、質問項目を整理して協力者の方に事前に送付した。協力してくださった方は、「焼麺太国」事務局長、浪江町商工会長、町議会議員（津島在住）である。質問項目については、３人で話し合い追加することで、疑問やテーマを共有するようにした。

<協力者の方に事前にお知らせした質問>
・十日市で営業している（店を出している）人はどこからくるのか。
・震災前と震災後では、出店の数は少なくなってしまっているのか（どれぐらい）。
・十日市を立ち上げるまでの苦労。
・一番盛り上がっていたことは何か。
・なぜ二本松で十日市を開催したか。

<その後子ども自身で考えたり、友達と相談したりして追加したもの>
・どんな種類の店があるのか。
・応募の締め切りがあるのか。
・十日市は２日しかないのか。
・震災前は何人ぐらいいたのか。
・何で、駅の近くなんですか（震災前いつから）。
・十日市の責任者は誰ですか。
・なんでショーをやっているのか（どんなショーをやってきたのか）。
・お金はどうしているのか。
・十日市で浪江中生にやってほしいもの。
・十日市にもなんで浪江焼きそばの人がいるのか。
・浪江のストリートミュージックは今やらないんですか（十日市との関係はあるんですか）。

十日市のことについて商工会長さんから聞き取り取材する際には、十日市のイベント検討のための話し合いの日と重なり、その話し合いの場にも参加させてもらった。そこで聞いた、実行委員の方々の十日市についての思い出話も、子どもたちにとっては新鮮なものだったに違いない。

質問事項を考える際と同様に、聞き取り取材の際も、テーマは異なるものの３人がそろって話をお聞きした。話の内容をその場で記録するのは子どもたちにとっては大変な作業であった。教員の方でも記録し、後でそれぞれに提供した。

体験活動

また、浪江町の名物でもあったかぼちゃ饅頭づくりを、３年生の「郷土料理」の学習に参加させてもらい、設定しにくい「体験活動」も３人で行うことができたことはとてもよかった。同様に浪江焼きそばづくりも３人そろって行いたかったが、時間的な関係から、文化祭前日に浪江焼きそばをテーマに選んだ子どもだけでの体験活動となった。

お礼の手紙を書く活動の中で

「津島」のことについての聞き取りの際に地元出身の町議会議員さんに協力いただいた。協力していただいた方には、教員の助言も入れながら、お礼のお手紙を送った。

子ども本人は、「僕が住んでいた津島のことはいろいろと覚えていますが、津島のことを調べようとすると、近くに知り合いの人も少なく、お話を聞くことも難しいです。また中学生の僕は、津島に行くことができないので、実際に見に行くこともできません」等、率直な思いを語っていた。

知り合いが近くにいない、実際に見に行くこともかなわない。ここにもまた、本来保障されるべき居住権、学習権などが損なわれていることが如実にあらわれる。ふるさとを離れた状況の中で、ふるさとを考える学習は非常に困難である。しかし、そうした中で、あえて、「帰還困難区域」であるふるさとの津島を子どもがテーマに選んだことに、私は「希望」を見出す。これから文化祭に向けて活動を深めていくことになるが、それぞれのテーマを設定し、まとめていくこと自体が、子どもたちの「復興」であるものと思う、そして、それは、この浪江中学校で学ぶことを選んだ子どもだけではなく、浪江中で学ぶはずであったのに学ぶことができなかった「多く」の子どもたちへのエールになるはずである。

スライド、発表原稿づくり

発表のしかたについては、３人とも、プレゼンテーションソフトを使って、集めた画像を提示しながら、調べたことや分かったこと、感想を発表する形をとることにした。

子どもたちや私たち教員が実際に撮影したり、インターネットから取り出したりした画像を整理することから発表の準備を始めた。子どもによっては膨大な量になるため、複数枚ずつをプリントアウトすることで必要な画像、順番等、整理しやすくした。

ある程度画像の順番等を決めた上で、プレゼンテーションソフトを使ってスライドづくりを行った。画像の中には、テーマに直接関係なかったり、説明しようのないものなどもあり、自分のテーマや仮説などにそって、データ作成を行った。

作成したデータをプリントアウトしたものをもとに発表原稿づくりをした。３人のうち１人はパソコンの操作にかなり慣れており、プレゼンテーションソフト上でコメントを入力し、そのまま原稿になるとともに掲示用の資料とすることもできた。原稿づくりでは、聞き取り取材が生かされ、子どもたちにとって当初単なる画像でしかなかったものは、その意味、または価値などをとらえることができ、画像に表されている人々の気持ちなども含め、画像に対する説明等を中心に発表原稿を作成できた。

「なみえ検定」づくり

この活動は私からの提案で行った。子どもたちの活動は「ふるさとを知る」であるが、その活動を発信することは大事である。もちろん文化祭での発表は発信の一つであるが、「形」として残り、広く発信できるものとして提案した。子どもたちは「50問」を目標に取り組んだが、なかなか難しく、最終的には３人で「100問」を目指した。文化祭での発表時点では「82問」まで達成できたが、子どもたちは意欲的に取り組んでいた。

５　発表（文化祭）

十日市屋台風セット

テーマの一つである「十日市」を発表の「舞台」としたかった。震災前、十日市には300店ほどの屋台が繰り出した。そのイメージを出すために、プレゼンテーションソフトを使って、屋台の映像をプロジェクションマッピングの手法を使って、10種類ほど作って投影した。

「なみえ検定」、浪江焼きそば試食、十日市ポスター

子どもたちが作った、「なみえ検定」の問題から、「十日市」「浪江焼きそば」「津島」の３つのテーマからそれぞれ２問ずつ披露するとともに、冊子を会場に置いて自由に持って行ってもらえるようにした。

前日に作った浪江焼きそばの試食を、校長先生、教頭先生、先輩２人にしてもらい、それぞれから感想をいただいた。

十日市の自作ポスターを発表した。後日、商工会に持っていったところ、掲示してくださることになった。

まとめの言葉より

全校生徒17人による文化祭の運営は、一人何役も担いながらのものであった。子どもたちは忙しく動いており、自分自身の発表の準備で精一杯であった。仕方なく、総合学習の発表のまとめのセリフは私が作成した。短いセリフではあるが、今回の活動についての子どもたち自身の思いであると確信している。

Ｓ１／「ふるさとを知ろう」をテーマに活動してきた総合学習では、たくさんの方のご協力をいただきながら、いろいろなことを知ることができました。

Ｓ２／僕の住んでいた津島もそうですが、浪江町はまだ避難が続いています。だからふるさとの学習も進めるのは大変でした。

Ｓ３／でも、僕たちのふるさとは浪江町です。このことはいつまでも忘れません。来年は、「ふるさとから学ぼう」をテーマに活動します。今年、浪江町について新しく知ったことを生かして、さらに学習を深めたいと思います。

これで、僕たち１年生の発表を終わります。ありがとうございました。

Ｓ３のセリフの「僕たちのふるさとは浪江町です。このことはいつまでも忘れません」には、会場から思わず拍手が起こった。

他学年の総合学習の発表

２年生は、避難先にある事業所で職場体験をした。それは、通常行われているキャリア教育の一環としての職場体験である。２年生４人が選んだ職場は、自動車修理・販売店、農場、スポーツ店であ

る。本校では、そこから、「自分が浪江町で同じ事業を起こすとしたら」をテーマに話し合いを行った。その後、浪江町の復興計画について、１、２学年合同で町の担当の方からお話を聞き、さらに考えを深めた。

３年生は、双葉地区教育復興ビジョンの事務局で働いていた方、福島大学の留学生や先生、本校の前ＡＬＴが現在勤務している仙台放送で東北を発信する取り組みをしている方など、福島や東北の復興に何らかの形で携わっている各方面の方々のお話を聞いたり、交流したりする活動を行った。また、紙芝居により、福島県や双葉地方について、昔話、そして、震災直後や震災後について、全国に発信している活動にも触れた。その中でも、文化祭で発表した自作の紙芝居は圧巻だった。タイトルは「浪江中学校成長物語」。震災後の５年半を、子どもたちなりに整理し、未来に向けて歩んでいこうという思いが込められた紙芝居であった。以下は、そのあらすじである。

> 校長のセリフの「卒業証書 佐藤みさき」から始まる。続けて、主人公のみさきの言葉。「ここまでいろいろあったなあ。そういえば、あの日も卒業式だったなあ」。みさきは震災当時２年生という設定である。余震の中、不安な夜を過ごす。翌日、父親の「おい、起きろ、逃げるぞ」の言葉で、津島小学校へ避難した。原子炉建屋爆発でさらに避難を繰り返す。避難先で心細さを感じていた時、知らない同世代の子に声をかけられた。近くの中学校に転校。かばんが支給された。そのかばんには、いっぱいの文房具などとともに、黄色い紙のメッセージがあった。「がんばってください。私たちはみんなあなたを応援しています」。地元の教職員からの支援だった。温泉施設への移動に伴い再び転校。バレー部に入った。浪江中学校の再開が決まった。浪江中学校に行きたい主人公と反対する両親。浪江中開校式の中での生徒代表の言葉「あの日のまま止まっていた心の時計が、やっと動き出したのを実感しています」。文化祭「秋桜祭」をやりたいと訴えた。校長先生が「みんなのがんばりで、全国に散らばった浪江町の人達を勇気づけられるんじゃないかな。期待しているよ」と応援してくれた。そして、40人でつくりあげ、大成功をおさめた文化祭。

現在の３年生は、自分たちも経験した困難な状況の中で、自分たちの先輩たちが０からつくりあげた文化祭、その経験から成長していく姿を、自分たちと重ね合わせたものだった。それは、あくまでも前を向いて生きていくという決意の表れであった。

おわりに

浪江焼きそばには魅力がある、十日市は大事な催しだ、自分の住んでいた津島をもっと知りたい。自分が住んでいた、住むはずだった、ふるさとについて断片的にでも学習することは、たとえ自宅に戻ることがないまでも、ふるさとに対する誇り、そこに住んでいた喜びを感じることにつながるし、避難先を新たな「ふるさと」として大事にしていこう、貢献していこうという思いを育てることにもつながっていくと思う。こうした取り組みには、「里心を抱かせる」などという声も聞く。

しかしそれは、発達段階によるし、時期的なものにもよる。震災から５年半が過ぎ、今年の中学校１年生は震災前までは７年、その後６年を生きてきた。震災の年は小学校１年生だった。私は、この子どもたちには、「里心」を持ってほしいと思う。実際に浪江の自宅に戻れるかどうかは別として、たとえ自宅に戻れなくても、震災さえなかったら住み続けていたであろう浪江町の自宅、当時の近所の人たち、小学校の友達や先生たち、そういう思い出をすべてひっくるめて、浪江が子どもたちにとってのふるさとであり続けてほしいという思いはある。もしかすると、おとなの勝手な思いなのかもしれないが、少なくとも、触れたり、目にしたりすることができなくなった浪江町について、間接的にでも触れる、目にする、耳にする活動を、意図的に経験させることは大事であると思っている。

そしてそのことはこの子どもたちから、その次の世代に引き継がれていくだろうと期待している。浪江に戻る、戻らないにかかわらず、自分や家族の人生をほんろうした大震災、原発事故を、そしてその苦しみを、悔いを、悲しさを、引き継ぐことになる。そして何よりも、そうした苦悩の中で、3年生の紙芝居のように、前に向かって進む姿があったことをしっかりと伝えていきたい。あの紙芝居の子どもの姿は、そのまま、今の浪江中学校にいる子どもたちの姿である。私は、そんな子どもたちとともにいることに幸せを感じるとともに、その子どもたちに心から感謝している。この子どもたちこそ、私にとっての未来である。

23 原発事故を伝え、健康と生命を守る放射線教育
―放射線教育対策委員会の取り組み

〔福島県郡山市 中学校〕※

押部 逸哉

1 放射線教育対策委員会の活動

原発事故から約８か月後の11年11月、文部科学省は放射線等に関する副読本を発行した。しかし、これは学習指導要領の改定により中学校理科で放射線の学習が必須になったため、作成準備していたものを急きょ改訂したものであり、子どもたちを原発事故の被害から守るにはあまりにも不十分な内容であった。また、福島県教委は原発事故後、小１から放射線教育を行うことを学校現場に求めた。これらの事態に対応するため、福島県教組が立ち上げたのが放射線教育対策委員会である。対策委員会では、次の４つを柱として、放射線教育のあり方を検討・提案している。

①放射能・放射線の性質を理解し、その危険性と環境破壊を知るための取り組み

②被ばくを少なくし、健康と生命を守るための取り組み

③制約された人権を回復し、差別を克服するための取り組み

④「原子力＝核」利用の現状を知り、「原子力＝核」利用に依存する社会構造を見つめ直す取り組み

これまでの放射線教育対策委員会の取り組み

放射線教育 対策委員会の とりくみ	○委員会の実施（年４回程度） ・放射線教育の実践例　・具体例の検討 ・文科省副読本の批判的検討 ・講師、アドバイザーを招いての学習 ・放射線教育の実態調査 ・放射線教育啓発ポスターの検討 ・研究内容の発信（職場討議資料、教育新聞等）
関連する とりくみ	○県教組人権ツアー（新潟、足尾） ○県教組フィールドワーク

2 放射線教育の授業実践

セシウム137の半減期の長さや、第一原発の廃炉作業に要する時間を考えると、これから長く放射線教育を行い、福島が置かれている状況を知ることや、放射線から身を守る方法、原子力についての考えを身に付けることは重要だといえる。しかし、対策委員会が実施した「放射線教育の実態調査」によると、ほとんどの小・中学校で学活の時間に年間２時間の放射線教育が位置づけられているものの、実施しているのは小学校で約６割、中学校ではさらに低い実施率だった。福島県であっても、放射線についての授業を担任が行うのは中々敷居が高いのが現状である。放射線教育の実態調査を行ったところ、以下の自由記述を得た。

・「放射線教育」といっても、何をどのように指導していいいか、わからない。
・学活の時間に担任が授業を行うのは難しい。しかし、押しつけの放射線教育には反対である。
・実際の授業の中で「この時間は放射線教育」と決めつけるのではなく、様々な単元や教材の中で関連して話ができる部分については、折にふれ実施している。

そこで、各学校で放射線教育が行われるように、放射線教育対策委員会では前述の４つの柱を基にした授業実践を持ち寄り、蓄積し、その一部を教育新聞などで発信している。その一部を紹介する。

実践１

動物の体のつくりと働き－金属板や水、土壌による遮へい実験及び放射線による人体への影響と防御－（中学２年　理科）

郡山支部　村田　則之

授業の構想

本校の２年生を対象に放射線に関する学習で最も学びたい内容を事前調査したところ、放射線による人体への影響やがんになるおそれ、生まれてくる赤ちゃんへの影響など、健康や生殖に関する項目が多かった。今回の実践では、動物の体のつくりと働きの発展学習として「金属板や水、土壌による遮へい実験及び放射線による人体への影響と防御」を取り上げる。実験を選択させて探究意欲を高めたい。そして、金属板や水、土壌による放射線の遮へい実験から、放射線の防護策について考えさせたい。また、放射線による内部被ばくをいかに防ぐかを養護教諭とTeam Teaching授業を展開することによって、バランスのよい食事や規則正しい生活習慣による健康管理について考えさせ、日常生活での実践に結びつけたい。

本時の目標

・放射線の遮へい実験によって、鉛・鉄・アルミニウム・水の順にγ線が透過し難くなることを確かめることができる。
・土壌による遮へい実験によって、土壌の深さによって空間線量率が減少することを指摘できる。
・放射線による細胞の損傷と修復について初歩的な知識を理解し、バランスのとれた食事や規則正しい生活習慣によって自分の体を守る知識を身に付けることができる。

学習過程

第１時

段階	学習活動・内容	時間 （学習形態）	○指導上の留意点　☆評価
課題把握	１　学習課題を設定する。 (1)　３年前の地震及び放射線事故の説明を聞く。 (2)　福島第一原発汚染水をテーマにした環境レポートの発表を聞く。 (3)　校庭の表土の埋め立て写真などを見	（20分） （一斉）	○３年前の原発事故を想起させ、本時のテーマにせまる。 ○生徒が夏休みに調べた環境レポートの中から、福島第一原子力発電所汚染水流出をテーマに挙げたレポートを発表させるこ

	て、学習課題を設定する。 金属板や水、土による放射線の遮へい効果を確かめ、放射線から自分の体を守る方法を考えよう。		とにより放射能汚染についての関心を高める。 ○汚染された校庭の表土が埋めてあることを知らせることによって、土壌による放射線の遮へいに関心を持たせ、課題設定させる。
実践	2　実験の説明を聞く。 (1) 実験方法と実験器具の取り扱いについて (2) 結果の予想と記入について (3) 実験の選択 (4) 実験の準備 3　放射線の遮へい実験を行う。 (1) 金属板（鉛・鉄・アルミニウム板）によるγ線の透過線量を測定する。 (2) 水の厚さによるγ線の透過線量を測定する。 (3) 線量のやや高い土壌の深さによるγ線の透過線量を測定する。	5分 （一斉） 25分 （実験班） （実験班） （実験班）	○放射線カウンターの取り扱いカードを準備することによって、能率的に遮へい実験ができるようにする。 ○金属板や水、土壌による放射線の遮へい実験を選択させて探究意欲を高める。 ○実験を３回行い、誤差を小さくさせる。

第２時

段階	学習活動・内容	時間 （学習形態）	○指導上の留意点　☆評価
考察	(4) 実験結果をまとめる。 ①遮へい効果の高い物質の順序 ②水の厚さと透過線量の関係 ③土壌の深さと透過線量の関係 (5) 全員で実験データを確認し合い遮へい効果をまとめる。	15分 （個別） （ペア） （実験班） 10分 （一斉）	○Oneself→Pair→Group→Allと自分の考えを練り上げることで、科学的な根拠に基づいた考察を行わせる。 ☆ γ線が鉛・鉄・アルミニウム・水の順に透過し難くなることや、放射線量の高い土壌が表土より深くなるにつれて放射線量が小さくなることを確かめることができたか。 （発表・実験報告書）
予想・考察	4　南相馬のホールボディカウンターの値（ＷＢＣ）変化を読み取る。 (1) 南相馬市民の内部被ばく検診「ホールボディカウンター（ＷＢＣ）」のデータを読み取る。 (2) 内部被ばく量が０に近いことから、	５分 （一斉）	○南相馬市における2013年９月からの内部被ばく量の棒グラフを見て、すべての子どもの内部被ばく量が減少していることや、福島第一原発事故後、現在は子どもの体内にほとんど放射能が

	現在生活する中で何に気をつけなければならないかを考える。		残っていないことに気づかせる。 ○放射線から自分の体を守る方法として、現在、外部被ばくよりも内部被ばくに注意しなければならないことに気づかせる。
課題解決	5　生活の中で内部被ばくから体を守る方法について考える。 (1) 放射線による細胞の中のＤＮＡの損傷について説明を聞く。 (2) 健康な細胞による傷ついた細胞の修復作用について視聴する。 (3) 傷ついた細胞から発がん性細胞がまれにできることを聞く。 (4) 体には、放射線の影響や病気から守る力があることに気づく。 (5) 免疫力を高めるための食事の方法や生活習慣について考える。	15分 (一斉)	○デジタルコンテンツやテキストを活用することによって、生徒の発表内容を補足説明し、ＤＮＡ修復や損傷などについて、初歩的な学習内容の理解を補足させる。 ○養護教諭から体の免疫力とバランスのとれた食事及び規則正しい生活習慣の大切さについて話を聞くことにより、効果的に日常生活で放射線から身を守る方法を理解させる。 ☆ バランスのとれた食事や生活習慣によって内部被ばくから自分の体を守る方法を考えることができたか。 （発表・ワークシート）
感想	6　次の学習内容をリクエストする。今日の授業をふり返り、感想および今後学習したい放射線についての要望を記入する。	5分 (一斉)	○本時の授業に対する感想と放射線についてさらに詳しく学習したい内容を集計することで、次の放射線授業の内容選定に生かしていきたい。

板書計画

【黒　板】

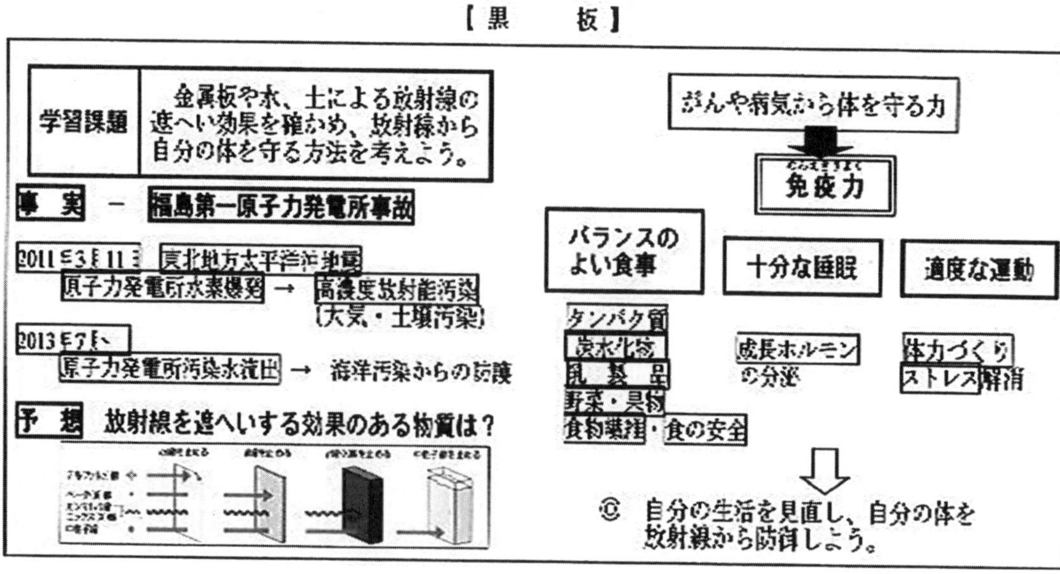

【projector スクリーン】

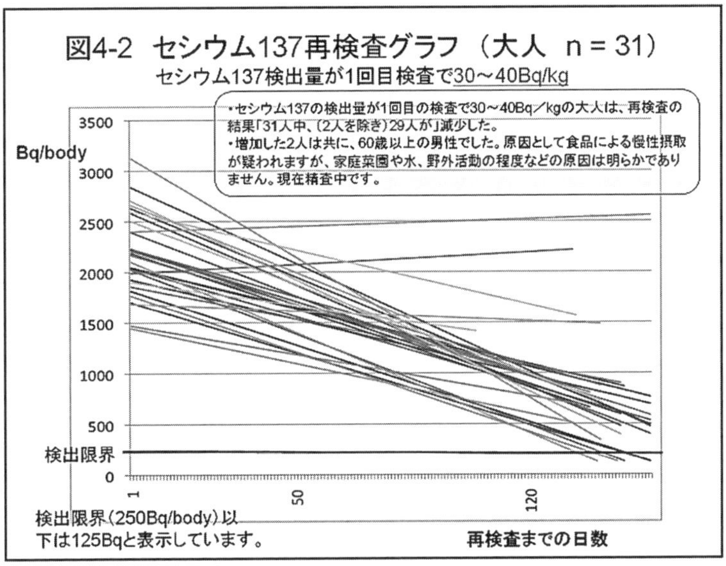

南相馬市ＨＰ「市民の内部被ばく検診（平成23年９月26日～平成24年３月31日）結果」「市民の内部被ばく検診『ホールボディカウンター（ＷＢＣ）による』の結果（２）」より抜粋https://www.city.minamisoma.lg.jp/portal/health/hoshasen_hibaku/3/4/2/4028.html

授業の反省

実験結果を考察する際、一人学びからペア学習へ、グループ学習へ、全体学習（Oneself→Pair→Group→All）へと練り上げ、実験班内での積極的な話し合い活動で一人ひとりを生かすことについて。考察する時間を充分に取ることと普段からこのスタイルでやっていれば可能であろう。突然、生徒にやらせようと思ったが、時間もなく、諦め、普段のような個人で考えた後、グループで話し合わせて実施した。

本時の目標「放射線の遮へい実験によって、鉛・鉄・アルミニウム・水の順にγ線が透過し難くなることを確かめることができる」だが、この順序が結構、班によって変わってくる。水に遮へい効果が認められるという班もあれば、認められないという班もあり、実験のやり方、器具の精度などに問題があるのではないか。

実践２

中学校総合的な学習の時間における実践

福島支部　大槻　知恵子

授業の構想

本時の目標：放射線の基礎知識と校地内放射線の測定を通して、より安全に生活する術を見いだすと共に、前向きに生きようとする姿勢を身に付ける。

1　基礎知識　①放射線・放射能と単位 ②セシウム・ヨウ素　③透過性・半減期
　　　　　　④被ばく・諸検査　⑤測定器と測定方法（15分）

2　校地内の測定（20分）24班編成「はかるくん」使用→校地の地図、記録用紙
3　本時のまとめ　測定から分かったこと、感想など（15分）

> 放射線について知ろう
> 　3月5日（木）、1年生全員で、教室や校庭の放射線量を「はかるくん」を使って測定しました。教室の線量は0.042μSv/hで、自然放射線量とほぼ同じです。校庭はモニタリングポストの値より小さい0.092μSv/hでした。放射線の基礎知識について理解を深めることができました。

成果と課題

放射線の基礎知識や測定を通して、放射線がどのようなものであるか理解を深めることができました（生徒の感想を基に、学年だよりで保護者に伝えた）。この後、学級活動でストレスと上手に付き合う方法と被ばくの低減の方法を生徒は知りました。放射線教育の時間の確保に苦労しました。本時は2時間続きで学習すると効果があると思いました。

① 放射線に関するアンケート調査結果（2014. 3）

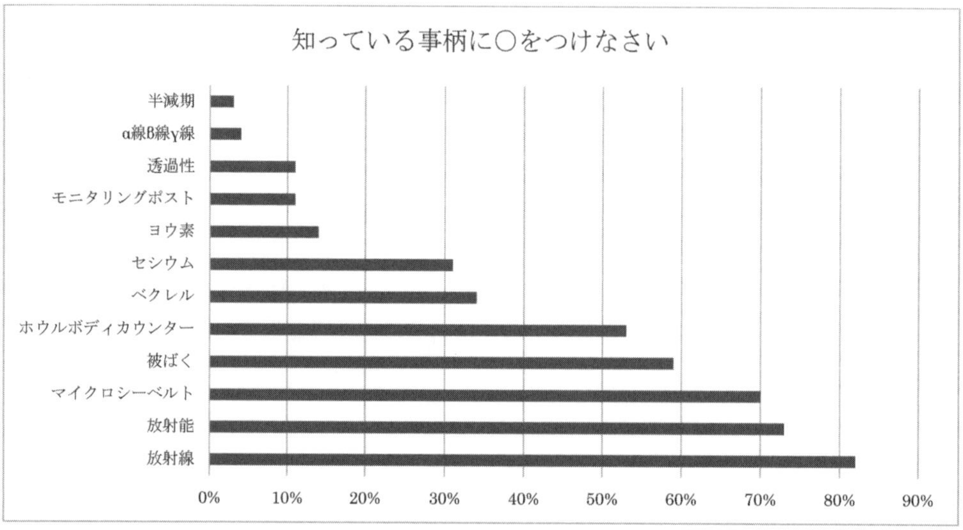

＊ 生徒が最も知りたいことは「被ばくについて」「安全であるか」でした。

実践３

特別支援学級　学級活動での取り組み

石川支部　菊池　ゆかり

単元名 「放射線ってなあに」

単元のねらい　目に見えない放射線がどういうものなのかを活動を通して知ることができる。

活動案

	活動内容	備考
2：50 教室	1 放射性物質の存在を知る 「放射線」「放射性物質」 ・宇宙や地面からでているもの ・レントゲン写真でつかわれることもある ・原発事故により飛び散ったもの	・「放射線」「放射性物質」という言葉とその意味を図で説明する。 ・宇宙・地面の写真、レントゲン写真、原発の写真を使用する。
3：00	2 被ばくについて知る ・外部被ばくと内部被ばく	・ホールボディカウンターの体験を想起させる。WBCで使われた資料を使用する。
3：05	3 どんなところに多くあるかを知る ・浅川町は、福島・郡山よりは線量が低いが、場所によっては高いところや低いところがある。学校の周りでは、どんなところに多くあるのかを知る	・東日本のセシウム沈着状況の図を使用して、浅川町の汚染の状況を確認する。 ・測定器の「ピー」という音が、放射線を感知していることを確認する。 ・校舎内と校庭に出て、実測する。
3：15 ベランダ 校庭	・線量計の音が鳴ることで、高いところを意識する（クイズ形式） ①外階段のコケの所 ②校庭の真ん中、砂場 ③校庭の草のあるところ ④雨樋の下 ⑤側溝の土だまり	※音が出ることで、楽しんでしまいがちだが、楽しい経験をすることで記憶に留める（顕在意識）ことができる。このことにより、今後の日常生活で想起することにつながる。 ※恐怖心を抱かせることは、潜在的意識になり、想起したくないという意識に転化してしまうので十分留意する。事実と対応策をきちんと身につけさせるようにする。
3：30 教室	4 どうすれば被ばくを防げるかを知る ・線量の高そうな所に近づかない ・外から帰ったときや食事の前の手洗いをする	

授業を終えて

昨年度も学習をしている児童は、昨年の内容を覚えていて、「ピーってなる所は高いんだよね」「側溝のあそこの所が高いんだよね」（比較的高線量だった箇所の土は、学習後、土を撤去済）と言っていた。今回初めて学習した児童も、放射性物質が溜まりやすい場所を、計器の音によって、実感していた。低学年だから、支援学級だから難しいのではないかと捉えず、すべての子に正しい知識を身に付けてほしいと願っている。

１回目は放射線とは何かということと、外部被ばくを少なくする方法を取り上げ、２回目は内部被ばくをできるだけ少なくするために自分ができることについて、主に食べ物について考える。

参考文献：国民教育文化総合研究所放射能プロジェクトチーム『みんなの放射能入門～原発事故の被ばくをさける～』（アドバンテージサーバー、2013年３月発行）。

実践４

中学校学級活動での実践

福島支部　押部　逸哉

授業の構想

震災・原発事故から５年以上が経過し、中学校にも当時のことをあまり覚えていない生徒や、原発事故で起こったことをよく知らない生徒が入って来ている。また、屋外活動の制限もなく、部活動も通常通り屋外で行われており、原発事故があったことを普段の生活の中では感じにくくなってきている。その一方、これから避難指示が解除される地域もあり、避難先である福島市から故郷への帰還を控えている生徒もいる。これまでは、いかに放射線から身を守るかを中心に放射線教育を行ってきたが、原発事故被害の当事者として今も残る課題を認識し、どう向き合っていくかを考えさせる必要があると感じている。

この時間は除染廃棄物について触れ、解決が難しい問題が身近に残されていることや、原発そのものの課題についてを認識させたい。また、これらの問題について生徒に自分の考えをもたせ、それを共有・交流することで考えを深め、主体的に判断する力を育てたい。

本時の目標

・除染廃棄物の処理の問題について、自分の考えをもち、発表することができる。
・班員との話し合いの中から、よりよい方法を模索することができる。

指導過程

段階	学習活動・内容	時間	学習形態	○指導上の留意点・資料
課題把握	1 原発事故の後、国や福島県がどんな取り組みを行っているかを考える。 ・甲状腺検査 ・除染 ・食品の放射性物質検査	5	一斉	○原発事故で飛散した放射性物質が原因であることを捉えさせる。 ○原発事故前の記憶が乏しく、事故後との比較が難しいことも考えられる。「福島県だけで行われていること」を意識させる。
	2 除染廃棄物の写真を見て、福島県内のいたるところに一時保管されていることを聞く。	3	一斉	○見たことがあるか、どう思ったかなど、発言しやすい雰囲気をつくる。 ・フレコンバッグの写真
	3 本時の課題を捉える。 ［除染廃棄物の処分先について考えよう。］	2	一斉	○住宅に一時保管されているものなど、各地にあることを説明する。
展開	4 放射線が人体に与える影響について、説明を聞く。 ・100mSv以上の被ばくで、癌での死亡率が有意に上昇する。 ・100mSv未満での影響は未確認だが、癌での死亡率が上昇する	5	一斉	○恐怖心を与えないように配慮する。放射線による影響は確率の問題であることを丁寧に説明する。 ○確率が低いから気にしないと捉える生徒がいることも予想される。福島県の人口と確率とを対比させ、どれくらいの人に

	可能性がある。 ・国では年間被ばく量１mSv以内を基準にしている。			影響を与えるのかを捉えさせる。
	5 資料を読み、中間貯蔵施設をめぐる問題について知る。 ・住民の不安 ・施設立地の難航	5	一斉	○双葉町・大熊町の人々の置かれている状況や気持ちについて考えさせる。 ・新聞記事のコピー ・避難地域の生徒の作文
	6 除染廃棄物の処分をどこで行えばよいか、自分の意見をまとめる。	5	個人	○理由を自分の言葉で表現させる。
	7 班の中で互いの意見を交流し、特に共感を得られた意見についてまとめる。	15	班別	○互いの意見の利点と欠点を整理させ、その中でベターだと思うものを話し合わせる。 ○避難者の心情についても十分に考えさせる。
	8　班ごとに意見を発表する。	5	一斉	
終末	9　教師のまとめの話を聞く。			○生徒たちから出された考えを紹介し、今後の生活に生かせるよう話をする。

おわりに

今回は対策委員会会員からの実践を紹介したが、どれも１～２時間のものである。これは、ほとんどの学校で放射線教育の時数が年間２時間程度になっているためで、どの学校でも実践ができるように、このような形になっている。しかし、子どもたちに放射線についての知識や、放射線から身を守る方法などを学ばせるためには、単発の授業では不十分であり、小学校から中学校を通した継続的な学習による積み重ねや、系統性が大事になってくる。これからも実践を蓄積し、放射線教育を推進する取り組みを続けていきたい。

24　はじめての「平和教育」実践リポート

〔(福島県) 小学校〕

押部　香織

今年度、人事交流で現任校に異動し6年生を担当している。今まで特別支援学校に勤務をしていたが、平和教育を行ったことがなかった。また、今年度異動した小学校では、教育課程の中に、平和に関する内容が社会科（「新しい日本、平和な日本へ」）以外に位置づけられておらず、担任が意識的に学習の機会を設定しない限り平和教育を行うことがない状況である。また、国語科において戦争や平和を題材にしている教材文があるが、あくまでも1つの読み物として扱っており、その教材文に関連させて平和教育の観点からはふれてはいない。しかし、現在の社会情勢や今年度担当している子どもの発言から、私自身、平和教育の必要性を強く感じていた。

そこで、担任している子どもたちの実態をもとに、青年部の集会（TOMO-KEN、全国青年交流集会等）の中で全国の仲間から教えていただいた情報を生かしながら、手探り状態で「平和教育」の実践に初めて取り組んでみた。

1 「平和」について考えよう

実践のきっかけ

本学級の子ども（A）は社会科の学習にとても意欲的であり、日常会話のなかでも「戦争」「政治」「経済」などが話題になる。ニュース等で安保関連法について見聞きしたためか、「日本は他の国に負けているから弱い」「私が政治家になって、日本を強い国に変える」などの発言も見られた。

一学期が終わりに近づき夏休みの計画について話し合っていたときに、担任が「8月に広島に行く」と伝えると、Aから「原子爆弾が落ちたところだよね」という反応があった。しかし、広島に対しては「原爆が落とされた＝日本が負けて残念」というイメージをもっているだけであった。

そこで夏休みを前に「平和」について考える時間を設け、夏休み中の8月の平和に関するニュースに興味をもち、平和について考えるきっかけとなってほしいと考え、この授業を設定した。

授業日

7月20日（水）1校時目（学級活動）

使用教材

『原爆ドーム』『原爆の子の像』『原爆死没者慰霊碑』の写真

絵本『おりづるの旅－さだこの祈りをのせて』

うみのしほ　作　　狩野富貴子　絵　　ＰＨＰ研究所　2003年7月

絵本『へいわってすてきだね』

安里有生　詩　長谷川義史　画　ブロンズ新社　2014年６月

ワークシート

本時のねらい

絵本の読み聞かせや教員との話し合いを通して「平和」について関心をもたせる。

活動内容等

活動内容	T：教員のはたらきかけ	C：子どもの反応
1 「平和」とはどのようなことか、知っていることをワークシートに記入する。	知っていることを箇条書きでよいので書くように伝える。	
2 広島に関する写真を見て、知っていることを話す。	３枚の写真（『原爆ドーム』『原爆の子の像』『原爆死没者慰霊碑』）を提示し、知っていることがあったら発言するように促す。	「広島かな？」 「見たことあるかも」
3 写真の解説を聞く。	写真の場所の名称を伝え、簡単な説明をする。	「やっぱり」 「オバマ大統領がきたところだよね」
4 『おりづるの旅』の読み聞かせを聞く。	読み聞かせをする。	黙って聞く。 禎子が亡くなる場面で悲しそうな表情になる。
5 禎子さんはなぜ亡くなってしまったのか。また、どうしてこのようなことが起きたのかを考える。	発問をする。 （以下、子どもと担任とのやりとり）	
	C「原爆が落ちたから亡くなった」 T「原爆に直接当たったから亡くなったの？」 C「原爆が原因で病気になったから」 T「お話の中で禎子さんの運命が変わった部分は分かるかな？」 C「『ピカッ』の部分」 T「どうして？」 C「戦争で原爆が落ちたから」 T「なぜ原爆が落ちると運命が変わるの？」 C「禎子さんや禎子さんの家族のように、辛い思いをする人が多くなるから」 T「禎子さんは戦争をしていたの？」 C「違う」 T「禎子さんは、戦争をしたかったのかな？」 C「違うと思う。巻き込まれただけ」 T「そんな禎子さんをどう思う？」 C「かわいそう」	

	T「じゃあ、誰が戦争をしているの？一般の人かな？」 C「軍かな？」 T「軍って？」 C「自衛隊だと思う」 T「じゃあ、一般の人たちは戦争とは無関係なのかな？」 C「たぶん関係しているかも」 T「それって、喜んで関係しているの？」 C「違うと思う。一部の偉い人が戦争をしたいだけで、その人たちの言いなりに、一般の人がなっているだけ」 T「もし今戦争が起きたら、偉い人の言いなりになる？」 C「わからない。でも、死にたくない」	
6 「平和」のために自分ができることをワークシートに記入する。また、禎子さんへの手紙を書く。 7 絵本『へいわってすてきだね』の読み聞かせを聞く。	何でもよいので、感じたことや思ったことを書くように伝える。 読み聞かせをする。	しばらく悩む。 沖縄県の小学1年生が書いた詩ということを伝えると「1年生が書いたことに驚いた」という感想を話す。

授業を終えて

成果

・子どもたちと年齢が近い佐々木禎子さんを主人公とした絵本を使用したことで、子どもたちが禎子さんの気持ちや思いに共感しやすかった。
・担任と子どもたちとのやりとりでは、担任が子どもの意見に対して何度も質問を繰り返すことで、子どもの考えを次々と引き出すことができた。
・初めて戦争についてふれた内容の授業であったが、平和のために自分ができることという問いに対して「戦争をしない」という意見ではなく「周りの人を大切にする」「けんかはしない」等という意見が出たこと（「平和」を身近なものとして考えることができた？）。

反省・課題

・「平和」に関して子どもたちの意識調査を事前に実施していなかったため、予想外の意見（「軍とは自衛隊のこと」等）が出たときに対応をすることができなかった。
・担任の「平和」に対する思いが強すぎてしまい、子どもの考えを誘導してしまう場面があった。
・本時は、ある意味「担任の思いつき」で実施した単発の授業であったため、平和教育の継続とはならなかった。やはり、平和教育は計画的に継続していくべきである。

2 東日本大震災と東京電力福島第一原子力発電所の事故の影響について知ろう

実践のきっかけ

東日本大震災と東京電力福島第一原子力発電所事故から５年以上経過したが、未だに福島県内では放射線の影響を受け続けている。

福島県では甲状腺ガンの早期発見のため、学校において子どもたちの甲状腺検査が実施されている。本校でも甲状腺検査が実施されたが、その検査会場において子どもから「どうして、こんな検査を受けなきゃいけないの？」という質問があった。その時、その場にいたおとなたちは黙ったり、「病気を早く見つけるためだから」といった曖昧な説明をしたりするだけであった。そのような場面に遭遇したことで、子どもたちに正しい情報を伝える必要性を強く感じ、この授業を設定した。

学習計画

1　東日本大震災と東京電力福島第一原子力発電所事故についてふり返ろう。

2　放射線の影響と健康な生活について考えてみよう。

3　放射線から身を守る方法を知ろう。

授業日

11月４日（金）３校時目（本時１／３時間）（学級活動）

使用教材

『小学生のための放射線副読本〜放射線について学ぼう〜』文部科学省

本時のねらい

東日本大震災と東京電力福島第一原子力発電所事故やそれらが及ぼした影響等についてふり返る。

活動内容・子どもの反応（Ｃ）

東日本大震災と東京電力福島第一原子力発電所事故に関してのアンケート

Ｑ１　2011年３月11日の東日本大震災が原因で発生した東京電力福島第一原子力発電所の事故でどのようなことが起きましたか？

Ｃ　・学校や保育園が休みになった。

・住んでいた家に帰ることができなくなった人がたくさんいた。

・放射線のせいで引っ越す人が増えた。

・風評被害により福島の食材をあまり食べなくなった。

・避難先の学校でいじめに遭った人がいた。

・原子力発電所で働いていた偉い人が、爆発が起きる前に逃げてしまい裁判にかけられた。

Ｑ２　福島第一原子力発電所の事故は、あなたの周りで何らかの影響がありましたか？

Ｃ　・分からない。

Ｑ３　あなたは、この事故についてどう思いますか。理由も書きましょう。

Ｃ　・前から地震や津波などの自然災害のことを考えていれば、この事故は起きなかったと思う。

・家に帰れない人や避難しただけでも悲しいのに、避難先でいじめられたりした人を大勢つくってしまったのでひどいと思う。

Ｑ４　原子力発電所は必要？それとも必要ない？理由も書きましょう。

C　・必要ないと思う。なぜなら、この事故みたいな事故が起きると被害がすごく大きくなるから。
　　・必要ない。原子力発電所を作るなら、地球や環境に優しい再生可能エネルギーで発電する発電所を作ればよい。

Q５　復興のためにあなたができることは何ですか？

C　・募金やボランティアなどで、仮設住宅に住んでいる人たちを元の家に戻してあげたい。

Q６　今の福島は平和ですか？理由も書きましょう。

C　・平和ではない。住んでいる人たちが自由じゃないから。

Q２について、アンケート終了後に担任（T）とディスカッションを行った。

T：たしか震災のときは、保育園の年長さんだったよね？
C：はい。
T：保育園の卒園式はできたの？
C：…たしか４月になってから。
　友だちがたくさん引っ越して、卒園式に参加した人の数が少なかった。
T：それって、原発事故があったから？
C：そうかも。
C：家の近くに仮設住宅ができたのも、原発事故の影響かも。
T：そうだね。他に何かあるかな？
C：英語教室の外国から来ていた先生が、急にカナダに引っ越したのも？
T：もしかしたら、そうかもね。
C：小学校に入学したら、外に出るときはマスクをするように言われたし、外で遊ぶこともできなかったかも。
T：プールには入れた？
C：忘れちゃった。
C：除染も影響かな？
T：何のために除染していると思う？
C：道路に付いている放射性物質を取り除くため。
T：ということは？
C：原発事故の影響かも。

このように、ディスカッションのなかで震災当時のことをふり返ることで、原発事故がもたらした影響について思い出すことができた。このことからも、子どもたちの記憶から、原発事故当時の記憶が薄れつつあることが窺えた。

考察－子どもの反応からみえてきたこと

・Q１、Q３、Q４では、実体験だけでなく、テレビや新聞などのマスコミ報道の影響を大きく受けていることが分かる。東日本大震災や東京電力福島第一原子力発電所事故当時幼かった子どもたちにとって、これらを知るための手段は主にマスメディアやインターネットの情報である。
・Q４で『再生可能エネルギー』という反応があったが、これは、総合的な学習の時間において、福島県内における再生可能エネルギーについて学んでいる影響だと考えられる。
・Q５からは、同じ福島県で起きている東京電力福島第一原子力発電所の事故による影響について知識（放射能の影響等について）が乏しいことが分かった。
　また、「避難をしている方たちが、震災以前に住んでいた場所に戻ることが復興」という考えを子どもたちがもっていることが分かった。おそらく、帰還困難区域、居住制限区域、避難指示解除準備区域への帰還が進んでいるという報道を見ている影響ではないかと思われる。

本時の授業を終えて

成果

・ある程度予測はしていたが、東日本大震災当時、年長児であった現在６年生の子どもたちでさえ、その当時の記憶が薄まっていることを実感できたこと。

反省・課題

・アンケートの項目について、子どもにとってわかりにくい表現となっていた。質問事項や質問の言葉、表現についてきちんと検討をしておくべきであった。
・子どもたちにとって、東日本大震災や東京電力福島第一原子力発電所の事故についての情報は、マスメディアやインターネットから得るものとなっている。そのため、正しい情報を見極めるスキルを身に付けさせる必要がある。
・放射線について詳しく指導をしようとすると時間が足りない。
・文部科学省の副読本を使用する場合、書かれていることをそのまま指導するのではなく、その文章が意図していることを読み取らなければならない。
・放射線教育は、人権や環境の問題という視点をもって指導をしなければならない。

おわりに

手探り状態からの「平和教育」のスタートであったが、実際に取り組んでみると、あらためてこの教育の必要性を強く感じることができた。今まで青年部の全国規模の集会に参加をすると、全国の仲間から「平和教育」の実践例を聞く機会があった。しかし、自分で実践することは難しいと感じてしまい実践の機会を設定してこなかったことを後悔している。

実は「平和教育」の実践をしようと決めた後、福島県に16体しか残っていない「青い目の人形」の１体である、メリーちゃんが勤務校に存在していることを知った。しかも、職員室前の廊下にショーケースに入れられて飾られているが、戦争を乗り越えてきた経緯等について一切説明がされていないのである。平和が脅かされそうな今だからこそ、勤務校の子どもたちにとって身近な存在であるメリーちゃんを教材にして「平和教育」を実践したいという思いが強くなった。

「現在の福島は、決して平和ではない」。現在福島市内に住んでいる私でさえ、東日本大震災および東京電力福島第一原子力発電所の事故の発生当時、放射能の恐怖に怯えていたことが嘘のように思えるぐらい、震災および原発事故以前の暮らしに戻っている（実際は、戻らされている？）ような錯覚を起こしてしまう。しかし、校地内に設置されたモニタリングポスト、福島市内に点在する古びた仮設住宅、急激に増えている災害復興住宅、市内のあちらこちらで行われている除染作業…決して、福島は復興しているわけではなく、まだまだ震災は続いているのである。

私は浪江町出身である。震災当時は勤務校の関係で浪江町民ではなかったが、避難をしてきた家族を受け入れた。また、避難所にボランティアに行くと友人や知人が、故郷を追われ「避難者」となっていた。

震災から５年以上経った今でも、その状況は変わっていない。私の家族は未だに避難生活を送っている。友達も離ればなれになってしまった。浪江町にある実家には震災以降３回しか帰っていない。墓地があるところは線量が高いという理由で、震災以降１度も先祖のお墓参りには行っていない。そのような状況を、本当に復興といえるのだろうか。

「平和教育」を実践して見えてきたものがある。それは、子どもたちはマスメディアやインターネットの情報を信じているということである。もちろん、それらの情報の多くは正しい情報を伝えているが、中には間違った情報や偏った情報が伝えられているものもある。そのような情報を見抜くスキルを育てることも「平和教育」において大切なことではないだろうか。

実は今回、「平和教育」を後ろめたい気持ちをもちながら実践していた。なぜなら、今まで勤務校では「平和教育」が行われていなかったからである。勤務校だけでなく、福島県内においても「平和教育」を実践している教員は少数派である。しかし、今だからこそ「平和教育」の必要性を強く感じている。教え子を再び戦場に送らないためにも、まずは私が一歩を踏み出し、少しずつ仲間を増やしていきたい。そのために全国教研に参加して、たくさんの情報を得ていきたい。

25　家庭科を通して見つめさせる福島の「命と絆」の教育 ―パート２

〔福島県矢吹町　小学校〕

深谷　拓男

１　ふるさと福島を思う

このリポートは、第64次教育研究全国集会の報告後の実践をまとめたもので、「パートⅡ」をつけている。64次では、５年生の担任として、４月から10月までの実践を報告した。この67次での報告は、５年生の10月から卒業までの実践をまとめた報告となっている。

２年前に卒業したＣ児は総合学習のまとめの末尾で次のように書いていた。「『おいしくなぁーれ。おいしくなぁーれ』とＴさんは命をかけてお米を作っているんだと思いました」。Ｃ児が学んだ専業農家のＴさんは、私と幼なじみの同級生である。勤務先の小学校はお互いの母校である。小学校のゲストティーチャーにお願いした理由は二つあった。一つは、お米の生産者としてふるさとの大地で家族と働く姿を肌で感じながら学習して欲しかったからだ。もう一つは、原発爆発事故の福島でお米を生産する農家の苦労と生き方を知り、生産者とつながる大切さを学び考えて欲しいと思ったからである。いつもＴさんは、同級生の飲み会で妻の話をする時に、「愛する妻」と呼んでいた。私はあえてこの言葉を、子どもたちの前で自然に語って欲しいと頼み込んだ。戸惑いながらも快く引き受けてくれたＴさん。この言葉を田植えの体験学習や稲刈りの時等に、後輩でもある子どもたちの前でごく自然に使ってくれた。

いつしか子どもたちは、「愛する妻」という言葉を聞くのを楽しみにしていた。そして、家庭科の学習をするたびに自分たちの家庭と重ねて考えるようになっていた。そんな陽気で明るいＴさんが顔をこわばらせて強く言う言葉があった。それは、「福島の米は安全です。安心して食べて下さい」という言葉だ。東京電力福島第一原発事故後７年目。大震災と津波そして、福島をどん底に落とし込んだ東京電力福島第一原子力発電所の爆発事故は今も暗い影を落としている。米価が震災前の価格に戻らず、農家の苦悩は続いている。次頁の「試料サンプル測定結果」は今年度（17年度）のもので、全てＮＤ（検出不能値＝０に近い）で、Ｔさんの収穫した米が汚染されていないことを証明している。このように今も苦労しながら風評被害の中で、全ての米を福島県の農家の方々は検査をして出荷している。このようなことを学んだからこそ、「命をかけて、お米を作っているんだ」とＣ児はまとめに書き、Ｔさんの言葉の重さを感じ取ってくれたのだ。２年間の家庭科を中心とした学びで、Ｃ児ばかりではなく、どの子もＴさんとの学びで福島に生きることを考えるようになっていた。

もう一人、子どもたちにふるさとの大切さを伝えてくれ、原発事故の過酷さに目を向けさせてくれた大切なゲストティーチャー、Ｍさんがいる。Ｍさんは爆発事故を起こした第一原発の隣町の浪江町に住んでいた。浪江町は帰宅困難区域となり、矢吹町に避難してきた大堀相馬焼の窯元さんだ。

大堀相馬焼は320年の伝統があり、伝統工芸品として国から指定を受けている。

縁があって小学校のすぐ近くの土地を借りて仮店舗を開き大堀相馬焼を守っている素晴らしい職人さんである。子どもたちは５年生の時、親子行事で大堀相馬焼を体験した。そして６年生では、教育課程の図画工作科に大堀相馬焼を位置づけ、全校生がＭさんの指導を受けて、作品づくりに取り組むことができるようにした。

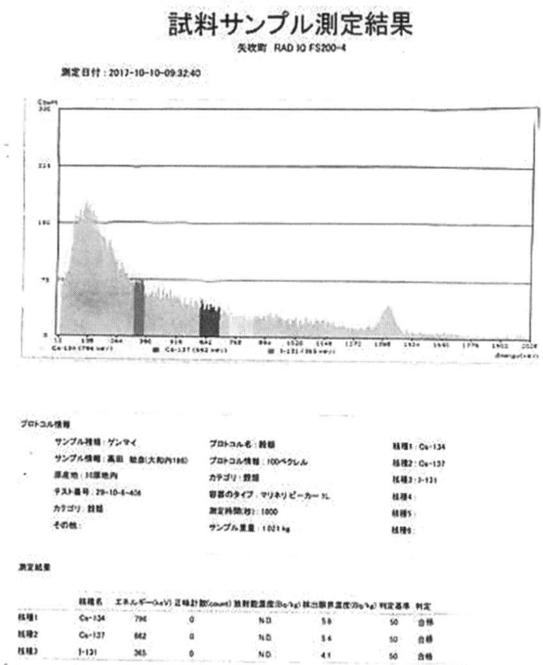
試料サンプル測定結果
矢吹町 RAD IQ FS200-4
測定日付：2017-10-10-09:32:40

プロトコル情報

サンプル種類：ゲンマイ	プロトコル名：穀類	核種1：Cs-134
サンプル情報：[illegible]	プロトコル情報：100ベクレル	核種2：Cs-137
原産地：[illegible]	カテゴリ：穀類	核種3：I-131
テスト番号：[illegible]	容器のタイプ：マリネリビーカー 1L	核種4：
カテゴリ：穀類	測定時間(秒)：1800	核種5：
その他：	サンプル重量：1.021 kg	核種6：

測定結果

	核種名	エネルギー(keV)	正味計数(count)	放射能濃度(Bq/kg)	検出限界濃度(Bq/kg)	判定基準	判定
核種1	Cs-134	796	0	N.D.	5.8	50	合格
核種2	Cs-137	662	0	N.D.	5.4	50	合格
核種3	I-131	365	0	N.D.	4.1	50	合格

相馬焼の栞の右上には「現況」が記され、「県内各地で窯を築き制作」とある。大堀小学校の校区にあった20件以上の窯元さんが、ふるさとから避難を余儀なくされ、今もって帰ることが出来ない大堀の大地に思いをはせながら、避難した各地域で制作している。

そして今年（2017年４月）、Ｍさんは大きな決断をした。それは、仮店舗ではなく、土地を矢吹小学校の近くに求め、本店舗と本宅を建てることにしたのだ。そのことを知った時、「子どもたちはこれからは身近でずっと大堀相馬焼を体験し、学ぶことが出来る。伝統工芸品の窯元がある地域の学校になる」と喜んでしまった。そんな私に向かって、「いざ、決めると。心が揺らぐ」「墓だけは残しておくことにした。そうでなければ大堀に帰ることができなくなる」とＭさんはぽつりと話してくれた。

この言葉を聞いたとたん、「ふるさとを失う悲しさ。生まれ育ち、多くの人びとと共に地域に生き、守り、築いてきた人生となりわいを奪われた苦しさ、くやしさが分かるか！」と言われたように感じた。

自分自身は、生まれたこの町で、竹馬の友や地域の人々と絆を結び生きている。なのに、子どもたちのためにゲストティーチャーとして来て頂いていた、Ｍさんの思いを何一つ分からずにいたことに衝撃を受けた。２年前の実践は何だったのか。福島の教職員の一人として、苦悩と迷い、不安をかかえながら今があるが、ふるさとを奪われ、避難しているＭさんたちは想像も出来ないほど苦しく、辛いのだ。

分かっていたつもりで、何も分かっていなかった。家庭科を通して、福島に生きるとはどういうことか。原発事故に向き合い、放射能汚染がいまだ残る不安の中で、日常生活の中のすみずみまで原発爆発事故の影響を受けている事実を教材化しなければならないと考え続けてきた。ＴさんＭさんの二人のゲストティーチャーの思いを少しでも伝えたいと願い実践をしてきたつもりである。が、本当に教職員として現実と向き合ってきたのか。今の私にはＭさんの言葉が突き刺さる。「ふるさと福島を思う」気持ちとは何か、問い続ける日々の重さを感じる。それでも、子どもたちに事実と対峙させ、考え合い、学び合いができるよう、福島の今と未来を見つめながら、ふるさとに生きることの大切さを伝えたいと考えている。

２「もどることのできない故郷を離れ避難先で伝統を守り続ける人々」の思いを知る授業

―伝統的工芸品大堀相馬焼体験と窯元Ｍさんからの学び

下の資料「家庭科備品・消耗品 購入のお知らせ」は３学期の「家族の団らん」の学習のために購入した大堀相馬焼の職員打合せ用の配布資料だ。Ｍさんとの出会いを大切にして、全校生に焼き物体験教室を通して、ふるさと矢吹町の人々の絆とＭさんとの「縁」を大切に育てる学習に生かしたいと考えて購入した。

> 家庭科備品・消耗品　購入のお知らせ
> 伝統工芸品として国から指定の
> **大堀相馬焼　茶器　６客　３種類**
> （急須　６こ　湯飲み茶碗　30こ）
> 窯元　矢吹小学校から徒歩５分　Ｍさん窯元
> ○双葉郡浪江町大堀地区に広がる山里の焼き物の里から避難しています。
>
> 大堀相馬焼の特徴
> １．青ひび　　２．二重焼き　　３．走り駒の絵
> 学校改築のため、引っ越しが終わるまで、当面職員室男子更衣室に保管。
> 職員室後方のソファにおいてありますので、使ってみて下さい。家庭科や社会科、総合等で、是非活用して下さい。

１）大堀相馬焼から見えてくる「家族の絆」と「ふるさと」の学習

５年生の夏休みに親子行事で、大堀相馬焼を体験した子どもたち。保護者の方々と共にＭさんの避難の話を聞いてから体験教室に入った。

２学期の10月には体験教室で作った作品ができあがってきた。自分の作品を前に、家庭科の時間に45分授業で浪江町の大堀焼や大堀地区と大堀小学校の学習を行った。

大堀相馬焼の伝統と昔から「駒焼き」として家庭で重宝されてきたことを調べさせた。宿題で出した、「大堀相馬焼を発見しよう」では、祖父母などが自宅で使っている家が多いことも分かり、Ｍさんを身近に感じてくれた。

また、家庭にある食器にも興味を持ち、食事の時や、お茶を飲むときの茶器や花器等に興味を持たせることも出来た。日本食の世界遺産登録の「四季の器で食する」は内容が混乱すると考え省略した。

親子行事の時は、後を継ぐことを決心した長男さんと長女さんも保護者と子どもたちの作品作りのアドバイザーとして参加してくれた。長男さんが跡継ぎを決心してくれたからこそ、Ｍさんは矢吹で再び窯を開くことを決意したのだった。長女さんは浪江町の会社に勤めていたが、当然職を失った。避難先で、お父さんのＭさんの手伝いをしながら粘土をこねるようになったことも、授業の中に組み込んだ。家族全てが、ふるさとを離れ、また新たな生活を新たな地で一から始めなければならない現実を子どもたちは、授業で感じ取っていった。

また原発事故前の大堀地区の大堀小学校の様子についても、知る限り教えた。その主な内容は次のような事である。

大堀地区の大堀小学校では、毎年二回１年生から６年生の全校生が学校行事として、焼き物作りを

していたこと。学校には本格的な大堀相馬焼が焼けるガス窯があること。学校近くの近所の窯元のおじさんや腕のいい職人のＰＴＡの会長さん（震災前にはテレビ番組にも出ていた）が直接指導してくれたこと。生まれたときから大堀相馬焼の熱い窯の風と共に育ってきた子どもたちはめきめきと腕を上げていったこと。学校の校庭の真ん中に柿の木があったこと。それが、校歌にも出てくること。海から遠く離れているが、学校の横を流れる川には、海から鮭が登ってくることもあったこと。

Ｍさんが生まれ育ち、窯元として後を受け継いだ大堀地区。大堀小学校の子どもたちは、大堀相馬焼の土地に生まれ、その土地でとれる「土」で焼き物が焼かれる窯元の軒先の小道を通って育ったことを教えてあげた。そのＭさんが避難していること。矢吹小学校の近くで伝統を守っている気持ちも考えることが出来るように進めた。

（「ふるさと」ってとっても大切だよ。気づかないまま当たり前のように過ぎ去っていく日常生活そのものが「ふるさと」なんだと気づいて欲しい）。

今は誰もいない大堀小学校の子どもたちも、里の人々も、まさに大堀の「風」と共に育ち、「土」をまとって大きくなったのだ。「風土」と言う言葉がある。「風」と「土」に生きるとは何かを感じて欲しいと願いこの授業を展開した。最後にそこに息づく人と人との「絆」があること。そしてＭさんの焼いてくれた、子どもたちの手で作った自分の作品から、伝統工芸品として受け継がれてきた大堀地区。その土地に生きた、生きてきた、生きている人々（ふるさと大堀を奪われた人々）の思いを感じて考えて欲しいことを伝えて授業を終えた。

授業後子どもたちは、自分のふるさと矢吹町の粘土をこねながら、大堀相馬焼のＭさんと家族が学校まで教えに来てくれた理由を理解してくれた。そして、避難先で力強く、明るく前向きに伝統を守っている。

２）Ｍさんから学ぶ家族とふるさと

「栖鳳窯（せいほうがま）」で大堀相馬焼（おおほりそうまやき）の伝統を守るMさんから学ぼう

> 大堀相馬焼を守るMさんの思いと矢吹町との結びつきを知り、
> 自分たちが成長する矢吹町について深く考えよう。

1.「大堀相馬焼」ってどんな焼き物なんだろう。

○ 国指定の伝統工芸品

○「青ひび」 ○「走り駒」 ○「二重焼」

○ 貫入音の美しい音色

2. 父から継いだ「栖鳳窯」の思いを聞こう。

○ 物心ついた頃から代々続く窯元で育った体験と家業を継いだ時の思い。

○ 浪江町の繁栄とふるさと大堀での家族との生活と跡継ぎ

3. どうして双葉郡浪江町の大堀地区で３２０年も焼かれてきた相馬焼が、今、なぜ矢吹町で作られているんだろう。

○ 東日本大震災と原発事故で、自宅も窯も離れざるを得なかった様子。

○ 再興のために矢吹町を訪れた経緯と人々の出会い。

4．転々とした避難生活と栖鳳窯再開までの気持ちを知ろう。
○ 継続の要となった長男の存在
5．東日本大震災の大災害から４年。大災害を乗り越え前を向いて生きるMさんの思いを知ろう。
○ 現在の浪江町と自宅の様子。
（イノシシに荒らされ、ダチョウやベコのいる故郷）
○ 一時帰宅は年間１５回だけ。
6．故郷への思いを胸に、矢吹町で工房を開きひたむきに大堀相馬焼と向き合う気持ちを聞こう。
○ 震災直後のままの風景と自然に回帰していく風景の故郷。
○ 自然の恵みあふれ、車の音だけで誰の車か分かった深い絆のあった浪江町と矢吹町の違いを感じる寂しさ。
7．故郷を離れて暮らす中で何が変わったのかその思いを知ろう。
○「どうでもいいや」と思えるようになった二つの意味の思い。

10月の授業の後で、総合の学習でMさんをゲストティーチャーとして招いて、避難先の矢吹町でなぜ大堀相馬焼の伝統を守ろうと思ったかを中心に話を聞いて学習した。この授業を通して、原発の事故によって避難している方々の思いに触れることが出来た。ねらいのひとつである矢吹町のつながりは、避難先を変わりながら、矢吹町のことを知り、「縁」が出来たのが始まりであることが分かった。

また、この時に担任の私自身がどうしてMさんと出会いの縁が出来たのかも詳しく話すことにより、地域に生きる人々との絆は、出会いと関わり合いによって縁が深まることに気づかせることが出来た。

ここからは私語であるが、大堀小学校は私が新採用になった時、先生として初めて教壇に立たせてもらった学校だった。

Mさんのお店で、教え子のお父さんのＹさんが職人さんとして働いていたことも後で知った。私はMさんに尋ねた。

「Ｙさんはどうしていますか」

懐かしそうに大堀の話をしていたMさんの顔から笑顔が消え、間をおいてぽつりと言った。

「死んじまった」

私は、どきりとした。考えもしなかった言葉に、次の言葉が出せなかった。

「病気で亡くなっちまった…。いい職人だった。大物を作らせたら日本一…。いや、世界一の職人だった。町に帰ることができなかったな。大堀に帰りたかっただろうに」

声を詰まらせて言葉を出す Mさんを見ながら、私は悲しくなった。

当時Ｙさんは、妻さんを病気で亡くし、お子さんを男手ひとつで育てていた。運動会や学習発表会では、柔和な笑顔をもっともっと柔らかくして、我が子を見つめていたＹさん。40年前のその姿が眼の前に浮かんできて辛かった。

「原発事故さえなければ」

という思いと同時に、悔しさとせつなさがこみあげてきた。でも、Mさんはもっと辛そうにしている。そばで聞いていた Mさんの妻さんも心配そうに夫を見つめ、うつむく。

「Ｙさんは、関連死じゃないか…」

新聞報道の記事の言葉が心をよぎると同時に、自問自答に入り込む。

「俺だって、どれだけ本気で原発反対運動したんだ。新採用の時『原発反対』って言わなかったよな。いや、逃げていただろう。おまえだって加害者だよ」。

一番辛いのは、Ｍさんや妻さんや子どもさんたちなのに、いつの間にか自分を守るための言い訳や自暴自棄の考えが頭の中を走り回る。

福島の状況を子どもたちに直視させ、福島に生きる事の大切さを教材化しようとするとき、自分自身がまず、本当に直視しているのかが問われる。家庭科学習の教材を考え、指導するとき、心のどこかで「…オマエも、加害者なんだ…」という声が聞こえるのは私だけなのだろうか。

３「お茶会から」問い直す「家族の絆」の授業ー茶の間と家族の団らん

大堀相馬焼を使ってのお茶の入れ方の実習は５年の３学期に第１回目を実施した。第２回目は６年の１学期に大堀相馬焼全校生実施記念として実施した。第３回目は、「家」の学習のまとめと「思い出作りの会」と合わせて実施した。

第１回目は、お茶入れの基本の学習と実際の大堀焼きを使った経験がない子どもたちもいたので入門編として授業を展開した。

計量カップで水の量を量り、上皿天秤でお茶の葉の重さを正確に量り取って行った。理科の実験で使った上皿天秤が実生活で利用できると思っていなかった子どもたちは大喜びであった。それよりも盛り上がったり、感心したり反応が大きかったのは、Ｍさんの作った大堀相馬焼の使いやすさであった。

「二重焼き熱くない」

「飲み口の所はちょっと曲がっていて飲みやすい」

「私の願い叶ってうまくいくといいな」

など、Ｍさんの工房でＭさんの神業的な職人技を見ている子どもたちは、より身近にＭさんを感じてくれていた。

６年になってからの「大堀相馬焼体験と家族の団らん」（１時間＋総合１時間＋図工２時間）の授業では、家の中で育まれ深まる「絆」の学習をさらに実践を通して深めるために「家族の団らん」の大切さと地域の結びつきの理解を深めるために実践した。授業では、国語科学習の「町のパンフレットをつくろう」と関連させている。学校前に、和菓子店の柏屋があり矢吹町では名物の「ごますり餅」が絶品である。児童は、すぐ身近にある菓子店であるのに食べたことがなく、パンフレットづくりの例としてお店屋さんの協力を得て、写真を撮影して授業をしていた。この「ごますり餅」を食べながらＭさんの作った大堀相馬焼でお茶を頂き、「家族の団らん」にあわせて、１学期がんばったことをふまえ「学級団らんの会」を開いた（第３回目の実施）。

きっかけは１年生が大堀相馬焼の学習をすることになり、Ｍさんの紹介と読み聞かせをしてがんばって成功させ学級の団結と絆が深まったお祝い会だ。

昨年の親子行事の実践が好評で、教職員の協力と町の特色ある学校実践校として予算がついた。「大堀相馬焼体験学習」を６月の全学年の教育課程に、図工を位置づけることができた。６年生は前記のように伝統的工芸品大堀相馬焼の学習と浪江町の現状については、5年生で学んでいた。今年度は、1年生から学ぶ機会を生かして、本の読み聞かせを会の時間に合わせて、1年生に絵本『請戸（うけど）小学校物語』を音読した後、講師のMさんの紹介を行うことができたのだった。

『請戸小学校物語』の題材となった請戸小は、浪江町の海岸線から数百メートルしか離れていない場所にあった。Mさんの妻さんの実家もすぐ近くにあり、津波をまともに受けた地区だった。妻さんの実家は跡形もなく流され、請戸小も、2階の腰板まで津波が押し寄せた。しかし、津波が来ると予想した教職員は、すぐさま近くの大平山まで皆避難することができた。

ふるさとを離れ、矢吹町で伝統的工芸品大堀相馬焼を守るMさんの思いを1年生に紹介することで、子どもたちは矢吹を「ふるさと」として生きる意味と人びととの「縁」について改めて感じ取り、考えていた。

この『請戸小学校物語』はMさんから紹介され、浪江町教育委員会から特別に分けて送付してもらった絵本だった。そして、子どもたちはMさんの妻さんが、この請戸小の卒業生であり、ふるさとを失っていることを知り、震災と津波そして原発事故の三重の苦しさと向き合っていたことも知ることもできた。

このようなMさんとの学びや全校生で相馬焼きを体験し、6年生として下級生にMさんや家族の思いを伝えることで、子どもたちはふるさとを見つめる事の大切さを感じ取っていった。

「お茶会」の学習は、今までの体験を家庭に重ね、Mさんとの「縁（えん）」を家族の縁と重ねて授業を展開した。自分たち家族が集う「茶の間」は縁側を過ぎて「家」に入り、家族の絆の場所であり、心のよりどころとなっていることが理解できるように進めた。

4 「住まい」から見つめる福島の「家」の授業

－仮設住宅の空間と生活から避難の地で生きることと、人々の思いを学ぶ－

「住みよい環境の工夫と住まいの役割」として3時間の授業を行った。第1時で教科書を主な教材として、まず「住まい」の基本的な役割と季節や文化様式に合わせた住居について理解させる。次に一人ひとりの住まいがそれぞれ違いながらも、基本的には同じ構造や工夫がされていることを学び考えさせた。

第2時では、学習プリントから、話し合わせた。仮設住宅と復興住宅では、仮設住宅で亡くなる方が多くいることに気づいた子どもたちに、復興住宅と仮設住宅の違いを写真や間取り図で説明した。次に、教室で仮設住宅の広さを体感するために、ガムテープで間取りをさせて話し合わせた。矢吹町の仮設住宅や大堀相馬焼のMさんの仮設店舗と工房の写真を提示し、子どもたちの自宅と比べてどんな違いがあるか話し合わせていった。

子どもたちは、「孤独死」の意味を知ると、一様に驚き、ひとりぼっちで亡くなる寂しさに耐えられない意見が多く出された。ガムテープで間取りをして、「自分の部屋だーい」とはしゃいでいた子どもたちも、仮設住宅環境の大変さや家族が離ればなれになって違う仮設の住宅に住まざるを得ない状況を想像して「家」について真剣に考えるようになっていた。

Mさんが年15回しか浪江の自宅に帰ることが出来ないこと。帰るたびに野生動物に荒らされ、庭は荒れ放題となり畳がきのこ畑になってしまった話を改めて話し合わせていくことで、避難している方々の苦労を自分のことのように考えるようになっていた。

「孤独死」中には「自死」も含まれることを授業では避けたが、「家」とは何かを考えさせ、家族が肩を寄せ合い、茶の間やリビングでくつろぐことがどんなに大切であり、感謝を持って生活していかなければならないことに気づかせることが出来た。

第３時でさらに、復興住宅建築現場写真から住みよい環境と矢吹町に住むことは「家」を通して人びととの結びつきが「縁」となり広がり、深まることについて考えさせた。授業の終わりに復興住宅建築写真のそばのお墓の「○○家」という「家」とは何かについて話し合わせた。みんなが集まり、お墓参りをして、自宅に戻り親戚が集う茶の間の楽しさを振り返らせた。

矢吹町に自分の「家」があり、そこから矢吹小学校に登校し、家に帰ると家族がいて、茶の間でくつろいでコーヒーやお茶を飲みながら一日のことを語り合うことの幸せが、どんなにかけがえのないものであるか。子どもたちの心の中に「ふるさと」とそこに建つ「家」が改めて生きる力となっていることを感じて欲しいと願いながら、授業を終えた。

おわりに

福島県には、小学校研究会があり、ほぼ全教職員が参加している。家庭科部会では、「絆」の教育を主題にしているが、参加人数がきわめて少ないのに危機感を感じる。

国語部会や算数部会はあふれんばかりの参加人数だが、もっともっと家庭科を大切にして、研究を進めて欲しいと思う。

少しでも家庭科の楽しさを知ってもらうために、夏の１日研修会では、２年続けてＭさんを講師に迎えて、実技研修を開催することが出来た。参加した学校で、卒業記念品製作にＭさんを呼んで子どもたちが、大堀相馬焼を体験する機会が広がっている。また、そば打ち教室や手作り味噌教室も好評だった。家庭科はとても重要で日常的で子どもたちが成長していく最も大切なことを教えてあげられる魅力的な教科だということが広がって欲しい。

最後に原発災害を受け止め、許されることのできない事故と向き合い福島に生きることについて考えることは、家庭科の大きな課題としなければならない。事故によって「生活基盤」も「家族の縁」も「地域」も「郷土の味」など、根こそぎ「ふるさと」を奪われている人びとに心を向けていく家庭科学習を考える必要がある。それは、子どもたちにとって「家庭」を見つめ自分の原点を見つめ生きていく力を育むことになり、郷土に生きる喜びになるのではないかと考えている。

26　福島からの避難した児童へのいじめの授業
―いじめと震災を、福島の子どもたちとどう考えあったのか

〔福島県天栄村 小学校〕

伊藤　弥

はじめに

2017年１月から３月にかけて、福島から避難している子どもたちへのいじめの事実が、横浜や新潟、東京であったことが報道で取りあげられた。避難している子どもたちについて、関係者が多くの配慮や対応をなされている中で起こった事実であり、そのいじめ報道であった。

また、子どもたちだけでなく、避難している大人も福島から避難していることを隠して生活している様子などもテレビなどでは、取りあげられていた。将来、「フクシマの子」と、もしかしてつらい体験をするかもしれない子どもたちとぜひ、考え合うべきリアルな題材と思えた。

このような中で、横浜でいじめにあった児童の手記が公表された。特徴的だったのは、この手記に「今、自分はいじめを乗り越えて生活している」という現状への肯定的なメッセージが記載されていることであった。

震災や避難について、問題性や否定的な要素は数多くあるが、「不幸な物語」だけでなく、このような肯定的な話題を取りあげて、「なぜ、この子は乗り越えられたか」を子どもたちと学び合いたいと考えた。また、授業を通して、次のような３つの力を育てていくことをねらいとしておさえた。

・避難している人の大変さを共感的に自分のこととして考えられる態度や姿勢
・どうしてこのような問題が起きたのか、批判的思考でとらえられる知識と判断力
・復興支援される側から復興を担う主体となれるような意欲と関心

授業の進め方について、まずは児童の実態を把握したいと考え、事前アンケートを実施した。アンケートの結果、いじめの経験はかなりあることを知ることができた。しかし、東日本大震災については、「ほとんど覚えていない状態」（2017年の小学校６年生は、震災当時幼稚園の年長組）であることがわかった。

そこで、この授業は３時間計画に構成をし直し、１時間目をいじめをテーマに、２時間目を震災をテーマに、３時間目を「いじめと震災」の授業と位置づけた。

授業にあたっては、アクティブ・ラーニングの手法、具体的には付箋を使ってのＫＪ法やランキングなどを使用することにした。一番の理由は、担任でなく、ふだん、道徳の授業を行っていないこと、社会的な話題について話し合いを深めることが難しい面があると判断したからである。

1　いじめと震災に関しての事前アンケート
－６年道徳授業アンケート（2017年９月13日 実施）から

あなたはいじめを経験したことがありますか

いじめた側　12人／16人　・文句を言った弟とけんか、ドリルを投げた
・トイレのドアをどんどん　・姉にいやがることをした

いじめられた側　15人／16人　・うそをつかれて、自分のせいに　・仲間はずれ
・かげ口　・無視された　・暴言　・ひやかし
・コンプレックスを言われた

傍観者　4人／16人　・友だちが嫌なことを言われて泣きそうになっているのに怖くて止めることができなかった　・人がけんかをして、ひっかいたり、たたいたりしているのを見ていました

なぜ、人はひとをいじめてしまうと思いますか？
・イライラしたりして、いじめてしまう　・ストレスがたまって
・興味があったり、気にしたりしていじめてしまう。　・いじめる前に何か原因がある
・自分より弱い人だといじめてしまう　・どっちも悪いことして恨んでいる
・イヤな人やキライな人に何か思いを持っているから　・自分の考えを通そうとするから
・その人が何でもできて、嫉妬（しっと）して　・やられたからやった
・自分より他の人を、自分の下の存在だと思っているから
・他の人のやったことが気に入らなかったり、その人をきらいになっていじめてしまう
・いじめられている人が、いじめている人から見ると人は違うと思うから

どうしたらいじめはなくなると思いますか？
・ずっとなくならないもの。
・みんなが文句を言わずに仲良くしていればいいと思います。
・相手のことをいじめたら、かわいそうで落ち込んでしまうんだなと考えてあげることだと思います。
・いじめはなくすことはできないけど、減らすことはできる・世の中にはいろいろな人がいるのを知ること。
・お互い、心をきれいにする　・気をつけて、言葉を使う。
・見ていないで注意したり、話を聞いたりする。
・イヤなことがあったら、先生や大人の人に言う。

原発事故で福島から避難した子が「フクシマからの子」といじめられた事件を知っていますか。それをどう思いますか。
・かわいそう。

・いじめる理由がわからない。
・自分がやられたらどんな気持ちになるのかな。
・いじめは人の心を深く傷つけるからだめだと思った。
・とてもこわいと思いました。天栄村は、避難するほど被害は出なかったけど、私も避難して「福島の人だから」といじめられるのはとてもいやです。
・何でそういうことを言うのかわからない。
・その人たちには、人と仲良くしようという思いがないと思う。
・その子も悲しくて引っ越してきているのに、もっと悲しくさせているのは悪い。
・ニュースで、ばいきんあつかいをして、いじめられていてとてもやだなあと思った。

2　授業プラン

第６学年　道徳学習指導案

2017年11月７日（火）第５校時
場所６年教室　授業者　伊藤　弥

1）授業テーマ

◇授業テーマ	震災を契機としたいじめ、特にフクシマから避難した子への実態を資料から知り、いじめの原因や影響の大きさを理解しながら、いじめの解決策を友だちと考え合う授業
◎本授業への手立て	①カリキュラム・マネージメント（新聞素材の活用）により、当事者性のある課題の設定 ②アクティブ・ラーニングの導入による児童の学び合いの活性化、質の向上を図る工夫

2）主題名

いじめのない世界へ　　4-（3）友だちと友情
資料「福島から避難してきた子に対するいじめの新聞記事と手記」

3）主題設定の理由

ねらいとする価値

学校でのいじめ問題が大きな社会問題として取り上げられてから40年近くが経とうとしている。この間、ほぼ10年ごとに「いじめ自殺のブーム」とも言えるものが起こってしまい、解決策が模索されてきた。いじめ解決のための努力の中で、いじめ被害者の心的外傷の大きさや影響についての理解が増し、いじめ防止対策推進法などの法的整備が進められてきている。

また、社会や教育現場では、子どもたちの自死につながるようないじめが絶対にないように、あったとしても最悪の事態にならないように繊細で懸命な努力がはらわれてきている。

にもかかわらず、いじめの表出は、大人社会でも子ども社会でもしばしば見られており、潜在的なものも数多くあるとも言われている。人は自分の生活の現状と人との関係性によって、思わぬ加害性を持ってしまったり、悪いとわかっていても同調したり、傍観してしまったりする弱さを持つ存在である。その意味でも「いじめは悪い、だから撲滅」といった単純ではない解決策を追求していく必要がある。

児童の実態

男子７人、女子８人、計15人のクラスである。男女とも仲が良く明るいクラスである。地域は純農村地帯であり、３世代同居も多く、素直で優しい気持ちで友だちに接することができる児童が多い。

反面、自己表現をすることや友だちと関わることに苦手意識を持つ児童もおり、ふだんは穏やかに生活しているので、ちょっとしたことで落ち込んだり、傷つき感を感じてしまったりすることもある。また、自己肯定感の低さや行動に自信のなさを見せる児童も見られている。

資料とこの授業でのアプローチ

なぜ、いじめが生まれ、どのような影響をもち、どうしたら乗り越えたり、解決したりすることができるのか、「原発災害で福島から避難していた子どもがいじめにあった」というリアリティーのある素材をもとに、上記の課題について子どもたちと考え合っていきたい。

特に本時では、「手記」の読み取りをもとに、「なぜ、この子は自死を乗り越えられたのか」に焦点化することで、いじめ解決のヒントを子どもたちと探っていきたい。

4）指導計画

(1) 原発事故といじめの現状	原発事故の事実と風評、子どもたちの現状の生活といじめの把握
(2) いじめ問題へのアプローチ（本時）	横浜で起こったいじめ事件の概要を知り、いじめの原因や影響について話し合う。また、解決策についても話し合って深める。

5）本時のねらい

いじめ問題について考え合うことにより、友だちを理解しようとする態度、心情を育てる。

6）指導過程

段階	主な活動と問いかけ	時間	・指導上の留意点◇評価①、②手立て
気づく	1　横浜でのいじめ事件を新聞記事で知り、なぜ、このようなことが起こるのかを考えようとする課題設定を行う。 ○なぜ、このようなことが起こったのか。	5	・原発事故により福島から避難している家族へ共感できるような設定を行う。 ①「フクシマの子」という言葉の引用により、課題の切実感が伝わるようにする。
考える	2　このいじめ事件の原因、影響について話し合う。 ○いじめの原因や影響を付箋に書いて出し合い、話し合いましょう。 ○あなただったらどのようなことを感じると思いますか。 3　どうしてこの子は、いじめ自死を乗り越えられたのかを話し合う。 ○いじめられた子の手記を読み取り、なぜ、この子は乗り越えられ	30	・いじめ事件に対して、「事実」「原因」「影響」の視点から考察できるように支援を行う。 ・「自分だったら」という当事者性を問う働きかけを行い、この子のつらさに寄り添えるようにする。 ・いじめによるダメージをふまえながらも、どうしてそれを乗り越える心情となりえたのかを考えられるようにする。 ②付箋に書いたり、ＫＪ法等の活用により、

	たか、話し合いましょう。 4　いじめの解決策を話し合い、まとめる。 ○どうしたらよいのか、まとめよう。		話し合いの活性化が図れるようにする。 ◇いじめられた子の気持ちに寄り添い、それを乗り越える方策を考えられたか。
深める	5　自己をふり返る。 ○みんなは自分が嫌な「決め付け」をしていることはありませんか。 6　教師の説話を聞く。 ○ここに乗り越えたもう一人のお話を紹介します。	10	・被害者の視点から考察を進めてきたが、「決めつけが嫌なのに決めつけ」をしていないのか、自分を見つめる支援をする。 ・新しい資料やお話を提示し、今日の学びを生かしていきたいという心情が持てるようにする。

7）板書計画

テーマ：いじめのない世界へ

テーマ1：福島で何が起こったのか		テーマ2：いじめについて考えよう	
原　因	事　実	原　因	事　実
地震と津波 防災の不備	被害　風評 原発事故	決め付け　無理解 事実の誤解	被害　いじめ いじめ事件
影　響	解決策	影　響	解決策
避難　事故の収拾 風評被害	安心・安全の宣伝	心の傷　長いダメージ	関係性をつくる

2017/11/6

3　授業記録

段階	主な活動と問いかけ	時間	・指導上の留意点 ◇評価　①、②手立て
気づく	1横浜でのいじめ事件を新聞記事で知り、なぜこのようなことが起こるのかを考えようとする課題設定を行う。 ○なぜ、このようなことが起こったのか T本時まで2時間、「いじめはみんなの中にあるのか？」「東日本大震災のことを覚えている？」をテーマに学んできました。記録を見てみよう。 Cみんな「いじめ」は経験してきていました。 C震災のことはあまり覚えていません。 Tそれをふまえて「震災といじめ」で学びます。	5	・前時までの学びの記録でふり返る。
考える	2このいじめ事件の原因、影響について話し合う。	30	・いじめ事件に関して、「事実」、「原因」、「影響」の視点から考察できるように支援を行う。

	Tいじめの原因や影響について各自、付箋に書いてください。その後、グループでどのようなものが出てきたか、交流して下さい。 C（各自が付箋に書き込む作業をする）。 Tそれでは各自が書いた付箋で、内容が共通するものを仲間分けし、名付けて下さい。		・「いじめは身近にあるのか」という学びの足跡の掲示物を生かして、本日はこの原因の部分を追求するということを確認。
	C（仲間分けをし、名付けをする）。 Cふざけ、からかい、と言えると思う。 Cおもしろがってかな。 C相手のことを下に見ているからだと思う。 Cストレス解消の時もある。 Tそれを画用紙パネルにまとめて貼るよ。		・付箋に書く作業については、最初は個人差があったが、友だちと話しながら、徐々に書き込むことができた。 ・付箋をグループで整理する学習では、「からかい」や「相手を下に見る」などのいじめの本質（人権侵害）に繋がる意見が出ていた。
	T黒板に各グループでまとめたパネルを貼ってもらいました。共通するものは？ Cいじりとか遊び、相手を考えないこと。 C相手をいじめられて当然と下にみていることなどかな。		・いじめの原因や影響については、かなり突っ込んで考え合うことができていた。 ・「どのような影響があるか」についてもグループで感想を述べあう姿があった。
	3どうしてこの子は、いじめを乗り越えられたのかを話し合う。		・各グループで、画用紙にまとめる。 ・「震災で死んだ人の分まで生きようとして」「家族がいたから」などの意見が出た。
	Tそれでは課題2として、いじめられた子の手記を読み取り、なぜ、この子は乗り越えられたか、話し合いましょう。 T時間がないので、各自が付箋に書く作業は省略します。なぜ、乗り越えられたかグループで話し合ってまとめてください。まとめられない時は違った意見を書いて下さい。 C「がんばって生きると思ったから」 C「他の人に自分の気持ちを伝えたかったから」 4いじめの解決策を話し合い、まとめる。 Tグループごとに発表してください。		

深める	5自己をふり返る。 T今日、学習してきたように「いじめ」は環境や人間関係によって、いつでもだれにでも生じてしまうものなんだね。「フクシマの子」と同様にみんなは自分が嫌な「決め付け」をしていることはありませんか。 6教師の説話を聞く。 Tここに、いじめや偏見を乗り越えた人たちの話が載った本『顔にも負けず』を紹介します。 T最後に今日の授業の感想を考えて下さい。	10	・被害者の視点から考察を進めてきたが、「決めつけが嫌なのに決めつけ」をしていないのか、自分を見つめる支援をするようにした。 ・新しい資料やお話を提示した。 水野敬也著『顔にも負けず』（文響社、2017年２月）の本の中から３人の人物を取り上げ、その人たちの病状を紹介した。その上で、「この人たちが伝えたいメッセージはどんなものか、考えてみてください」と問いかけ、授業を終えた。

４　事後研究会の論議と感想

１）分科会の論議から

質問：事前のアンケートはよかったと思うが、傍観者の数字がとても少ないことが気になった。これこそが問題ではないかと思う。友だちのことをよく見ていないのか、わざと見ていないのか。これを取りあげようとは思わなかったのか？

応答：アンケートについては、率直に「いじめは多いのに、震災の記憶はほとんどないんだなあ」というのが最初の感想だった。傍観者の人数が少ない「問題性」については、深く考えなかった。指摘していただいて、ここもリアルな問題であり、切り口でもあるなあと考えた。

質問：ＫＪ法など、いわゆるアクティブ・ラーニングの手法を子どもたちがこなしていて、学び方がスムーズだったと思う。これまでの積み重ねはあるのか？また、ランキングカードの５枚［福島にもっと来てもらう］［誤解や決めつけを説得］［福島のモノの安全をＰＲ］［避難している人に援助を］［我慢する、放っておく］は子どもたちから出てきたものなのか？

応答：担任でなく、理科の分科担当なので、理科の授業で時々やっている。話し合いの学習の入り方としては有効だと思う。
子どもたちから出てきた「言葉」でランキングしようと思ったが、授業のテンポと多様な視点で考えさせたいと考え、この形にした。ランキングという手法は、思考を型にはめるところがあることを授業者が意識して用いることが大切だと思う。なので、ランキングのかたちでもこれにこだわらなくてもいいし、「ランキングできないものはないか」と問うこともやっていくことだと思う。

質問：課題の「この子は、なぜ、これらのことを乗り越えられたのだろうか」は難しかったのではないか。この手記を読みとるだけでは、なぜこの子が自死せずに乗り越えたのか、の解答をえられるとは思えない。追加の資料などが必要だったのではないか。

応答：その懸念は感じていた。今回、そこの準備が足りなかったかもしれない。

感想：重い課題について、６年生でもこれだけ考えられるのだと驚いた。アンケートや前回での授業などの掲示物がしっかりしているのもよかったと思う。

感想：原発避難といじめという課題をアクティブ・ラーニングの手法で学び合っている様子が見られて、とても参考になった。中学校でも使えると思った。

2）授業参観者の感想

・子どもたちが真剣に考えるための資料材料が準備されていたのがよかった。また、「自分は」と考えられるようアンケートを実施し、結果を出したこともよかった。考え、話し合う場と時間が確保されており、十分に話し合いが行われていたので、もっともっと見ていたかったなあと思いました。アンケートの中に、「いじめはなくならないがへらすことはできる」と書いていた子がいた。本音だと思うし、そうなるように常にそのことを考えられる子どもたちにしたい。

・「いじめ問題」とは、どの時代、どの場所においても課題となるテーマだと思います。授業のクラスの６年生の中でも75％の児童が「いじめをした経験がある」という回答に驚きました。やはり、「いじめはどこでも、だれにでも起こりうるもの」であるという認識を改めてもつことができました。また、「いじめ－原発問題」をつなげたことで、多面的・多角的に考えるきっかけになったかと思います。「いじめる側－いじめられる側」、どちらの視点に立って考えることがより有効だったのか？ 原発に対する正しい認識をどう教えていけばよいのか？さまざまな福島県、福島の学校としての課題が改めて考えさせられるきっかけとなりました。ありがとうございました。

・面白かったです。「深いテーマ」だからこそ、「浅い考え」になりがちなところを一人ひとりが真剣に考えて「自問自答」していたように思う。逆説的に言えば、考えて書いたり、言ったりはしていたが、たぶん「満足」はしていないんだろうと思う。これがよかったです。きっとこれから、その「不満足感」を持ちながら、自分なりの答えをさがしていくんだろうなと思いました。最後につぶやいた「つかれた」が、いい感じでした。

・本時に至るまでの子どもたちとの学びの過程が掲示資料からうかがい知ることができ、子どもたちと共に授業を考えることができました。今回のテーマに関しては、「いじめ」という身近なものでありながらも「震災避難」に絡んだいじめ問題だったため、子どもたちがどれだけ自分の立場に置き換えて考えられるかと思って参観していました。前時までの取り組みが丁寧だったためか、予想以上に子どもたちが踏み込んだ所まで考えていた点に驚いたこととＫＪ法によるグループでの意見の集約もスムーズに行えていた点に感心させられました。

・カタカナの「フクシマの子」をあえて取り上げる必要があったのか、むしろ、謂れのない雑言をはねのける正義、勇気、ふるさとを愛する心を教えたいと考えました。「なぜ、いじめてしまうのか」、「どうしたらいじめはなくなると思うのか」の考えを６年生の言葉で表現しているところがすばらしいと思います。「解決策」が用意されていたのなら、これをこそテーマにして、「福島の子の発信」として扱っていきたい。

3）児童の感想

・いじめはちょっとした「からかい」などからどんどんエスカレートしていってしまうし、相手もイヤで学校を休んだり、自殺しようと思ってしまうと知ったし、その人たちの気持ちもわかりました。

・あらためて、「いじめ」は絶対にしてはいけないことだと分かった。だれに対してもやってはいけないと教えられた。心に残った傷は、だれにも治せないから、そんなことをしてはだめと感じた。いろいろな解決法を必死に考えられてよかった。

・ランキングなどで、どうしたら福島の人がいじめられないかを考えることができた。アンケートなどでは、意外といじめている人やいじめられている人が多いのに、見ていた人が少ないのはどうしてだろうと思った。震災やいじめのことは考えることが少なくて、道徳の授業で、震災やいじめについて考えることができてよかった。私にできることがないか、考えたいと思った。

・今回、いじめの授業をやって、いじめは本当にだめだと思いました。いじめで、人を死なせたり、心に残った傷は治せないと思いました。でも、いじめられた人は生きるときめて、私はすごいと思いました。

・今の福島のいいところをもっと知ってもらって、いじめを減らせたらいいと思った。いじめがなくなる解決策を考えた。福島から避難して、いじめられた人が自殺をせずに生きていてがんばっているなと思った。

・今でもいじめはたくさんあって、みんなで考えを出してやれて、いい機会になった。自分の意見もちゃんと発表ができた。そして、この学級にも、いじめられた人がいるのを知って、少しでも減らしたいと思った。

5　実践を振り返って

何を題材（テーマ）としてとりあげていくかということ

○教室を世界にひろげていく

今回の授業プランは、日々、身近なところ、日本や世界で起こることなど、教室で話題にしていたことを取りあげている。それには児童との対話が第一である。担任をしていた時は「昼のニュース」といった活動で、ふだんから気になったニュース、新聞記事を取りあげ、感想・意見を交流していた。分科担任としては難しい面があるが、ビビッドな話題を交流してきている。

●調べ活動、探求的活動が必要

授業が一回きりのものとなってしまっている。学びを継続させ、調べ学習や探求的な活動に発展させていかないと、さらなる子ども達の意欲が立ち上がってこないと感じた。また、多様な情報（カウンター情報も含む）も子ども自ら見つけていく経験も必要であると感じた。

福島のことを福島の子どもに聞く意味とは

○当事者性を育てる

目の前の小学生は、当面、福島で生活していく子ども達である。リスクを背負いながら、それに目をそらさずに生きていく姿勢を育てていきたい。そのためにも、福島のことを福島の子どもに聞くことで、自分で、福島に当事者で生きていくことの意味、当事者性を問うことは大切であると感じた。

●態度主義に陥らないように

社会の問題を個人の責任に単純化したり、解決策を個人の「気の持ちよう」といったことに矮小化しないようにしていく必要がある。問題点や事実を直視していく態度こそが大切である。

おとなの態度・ふるまいこそが問われている

○体制順応主義、無批判体質を乗りこえて

福島では、「もう気にしない」「震災以前に」という呼びかけが大きくなっている。

●負い目を具体化しないと。「福島に原発があったことの負い目」をおとなは抱えていくべき。

「手づくりの授業をつくる」手法の共有と実践の交流を

○裁量権はまだまだある。実践のおもしろさ・難しさ・やりがいをひろげていきたい。

27 「放射線教育」における人権教育学習の実践

〔福島県石川町 小学校〕※

菊池　ゆかり

はじめに

3・11東日本大震災と福島第一原発の爆発事故により、未だに約4万5千人が県内外に避難し、心身ともに苦しい生活を強いられている。復興庁の公表による数値では、7年4か月たった今も、被災県の中で福島県だけが震災（原発事故）関連死が増え続けている。その背景には、帰還困難区域の住民に対する住宅の無償提供の打ち切りや、汚染水の海洋放出問題、モニタリングポスト撤去問題等、将来に対する不安と絶望により、生きる力を喪失してしまうという現状がある。しかし、その一方で、2020年のオリンピック開催にむけて、原発事故後の福島の安全性ＰＲというよりは、まるで原発事故がなかったかのようなＰＲともいえることが盛んに行われているように思えてならない。

東日本大震災と原発事故により「フクシマ差別」が起きた。東日本大震災と原発事故を知らないことにより、放射線による被害にも気づかずに過ごしてしまう怖さを感じている。原発事故から８年目となり、確かに半減期を過ぎた放射性セシウムだけに限定すると、空間放射線量の数値はかなり下がってはいる。それと同時に、放射線に対する意識も「半減期」を迎えているようだ。原発事故は、甚大な被害をもたらし、すべての生業と生きる希望すら奪ってしまうという事実を忘れ、原発事故が繰り返されるのではないかという怖さを感じている。まだ、たった８年しか過ぎていないのに。

このような状況の中で、正しい情報を子どもたちに伝え、子どもたちとともに考える放射線教育はとても重要であると考える。福島県教委も、「大切なこと、重要なことは、複数の教科や学年で何度も繰り返して学習する機会を確保して様々な機会をとらえて、繰り返し学習させることが必要である」として、放射線教育を各教科等の年間指導計画に位置付けるように通知している。

1　小学校１年生学級活動での実践

石川町立石川小学校の放射線教育計画

学年	題材名（学級活動）	題材名（学級活動）
1	ほうしゃせんってなんだろう①	ほうしゃせんってなんだろう②
2	ほうしゃせん　なににきをつければいいの①	ほうしゃせん　なににきをつければいいの②
3	放射線から身を守るためにできること①	放射線から身を守るためにできること②
4	健康的な生活を送るために①	健康的な生活を送るために②
5	放射性物質の飛散と地域の現状を踏まえて①	放射性物質の飛散と地域の現状を踏まえて②
6	放射線から身を守り健康的な生活を送ろう①	放射線から身を守り健康的な生活を送ろう②
支援学級	児童の実態に応じた内容を選択①	児童の実態に応じた内容を選択②

第１学年　学級活動学習案（放射線教育）

2018年５月　１年生各教室・校舎周辺

１　単元名「ほうしゃせんってなんだろう①」

２　単元のねらい

目に見えない放射線がどういうものなのかを活動を通して知ることができる。

３　活動案

活動内容	時	留意事項
１　東日本大震災と原発事故について確認する。 ・地震と津波の被害 ・原発事故による放射性物質の拡散	5	・2011年生まれの児童本人は、東日本大震災と原発事故についての記憶はない。どれくらいの意識なのかを確認する。必要に応じてその当時の事実を伝え、放射線教育の必要性を感じさせる。
２　放射性物質の存在を知る。 「放射性物質」「放射線」 「自然界にある放射性物質」 「放射線の利用」 「原発事故によって拡散した物質」 ・放射線をあびることを被ばくということをおさえる（外部被ばく）。	10	・宇宙や大気、地面などから放射線が出ていることや、人工的に作られた放射線の二通りあることをおさえる。そのうち人工的に作られた放射線でもレントゲンなど、被ばくしてもその必要性があるものと、原発事故によって拡散されてしまった物質について考えることを確認する。今回は、セシウム134・137に限定して取り扱う。
３　どんなところに放射性物質が多くあるかを考える。 ・放射性物質がたまりやすい場所をおさえ、石川小学校の周辺と照らし合わせて考えさせる。 ・３枚の写真から選択させる。	10	・「側溝（どぶ）」「落ち葉がたまるところ」「こけが生えているところ」「山のキノコなど」にたまりやすいことを伝える。 ・「町民グラウンドの側溝」「職員玄関前」「学校前歩道」の三か所のうち一番線量が高いところを考えさせる。
４　実際に線量計で計測してみる。 ・校庭やグラウンドに出て計測するところを見せる。 ①教室　②昇降口前　③町民グラウンド側溝　④校庭	15	・ベクレル計を使用し、放射線を感知したときに鳴る音によって目に見えない放射線を感じさせる（音が出ることで楽しんで活動できる。楽しい経験は、潜在意識に記憶され今後の日常生活で意識化できる）。
５　まとめ ・計測した数値がどれくらいの値なのかを確認する。 ・次回は、どうすれば被ばくを少なくできるかについて学習することを知らせる。	5	・東日本のセシウム沈着状況の図を使用し、石川町の汚染の状況を確認する。 ・計測した値が、放射線量の基準のどの程度に位置するか確認し、今後の生活に生かせるようにさせる。 ・「近づかない」「長時間いない」「うがい手洗いで体内に入れない（内部被ばく）」食べ物で気を付けること等の学習をすることを伝える。

授業の実際

１学年３クラスで授業を行った。１学年の担任が、「放射線教育って、どうやればいいのかな？」と、話している会話を聞いて、「もしよければ、やらせてもらえますか」ということから授業を行うことになった。

震災の年に生まれた子どもたちの学年なので、ほとんど事実を知らないということは予想された。導入の段階で、東日本大震災と東電福島第一原発の事故について、写真を提示しながら話をした。ほとんどの子が、歴史上の出来事を聞くような表情であった。「おじいちゃんから聞いたことがある」という子もいた。

「放射性物質」と「放射線」について、分かりやすく伝える。目に見えない、匂いもしない存在は、とうてい理解できるものではないが、空間線量を測定器で測り、数値化することと、感知したときにでるピーッという音でその存在を意識できるようにした。授業の前に学校周辺の空間線量を計測し、どんなところが数値が高いかをクイズ形式で出題した。本校は、震災以降に建設された校舎なので、校舎そのものは汚染されてはいない。しかし、併設される町民グラウンドの側溝の泥だまりの地表近くで、高い数値0.31μSv/hが計測された（授業後、その側溝は除染していただいた）。新校舎敷地内には、モニタリングポストはない。町民グラウンドにあるモニタリングポストの数値は、決まって0.07μSv/h付近で安定している。場所によっては、放射性物質が濃縮されて溜まっていたり、風が強いときには空間線量が高くなる傾向があったりすることを確認した。

実際に校舎周辺で、空間線量を計測してみると、測定器から出る音が続けて鳴るところは 線量が高いということを意識していたようだ。現在、空気中に浮遊している放射性物質はほとんどないが、地表などに溜まっているところからの放射線や、風によって飛ばされた落ち葉や砂からの放射線で数値が高くなることがある。低学年においては、体験的な活動を伴いながら、自分で線量の高そうなところを判断したり、意識したりすることができるようにすることが必要である。そして、外から帰ったら手洗い・うがいをして、できるだけ放射性物質を体内に入れないという意識も必要である。

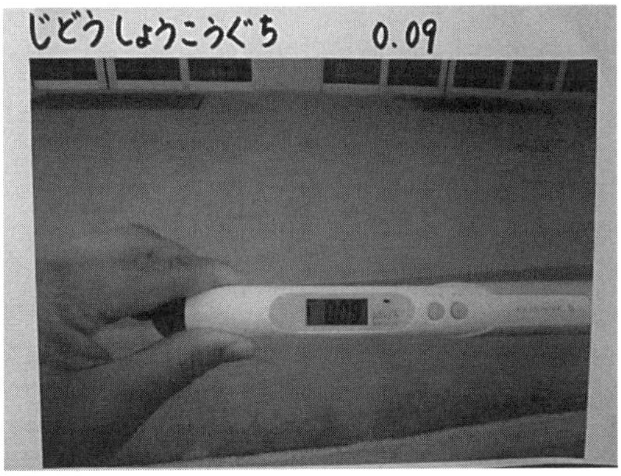

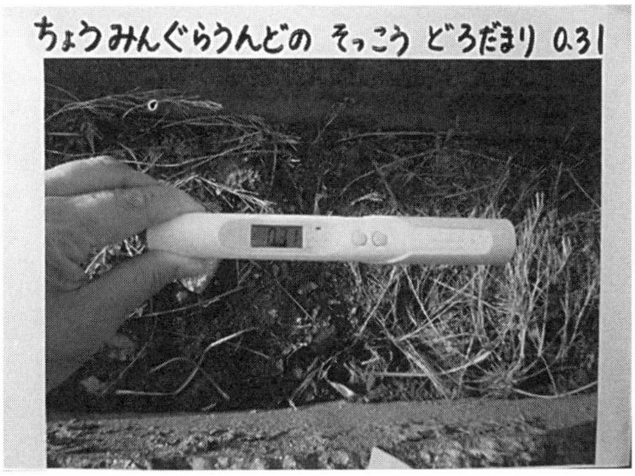

第１学年合同　学級活動学習案（放射線教育）

2018年10月23日（火）５校時　クリスタルホール

1　単元名「ほうしゃせんって　なんだろう②」

2　単元のねらい

放射線の被ばくから身を守るためには、どんなことが必要か知ることができる。

3　活動案

活動内容	時	留意事項
1　東日本大震災と原発事故について確認する。 ・地震と津波の被害 ・原発事故による放射性物質の拡散	5	・5月に実施した放射線教育の際、東日本大震災と原発事故についての事実が予想以上に理解できていなかったので、再度、写真資料と説明で事実を伝える（パワポ使用）。
2　前時の振り返りをする。 (1) 放射線や外部被ばくについて。 (2) どんなところにたまりやすいか。	10	・「放射性物質」「放射線」「自然界にある放射性物質」「放射線の利用」「原発事故によって拡散した物質」。 ・セシウム134・137に限定して取り扱う。 ・「側溝（どぶ）」「落ち葉がたまるところ」などにたまりやすいことを確認する。
3　内部被ばくの被害を避ける方法を話し合う。 (1) 放射性物質は体内に入れない。 (2) 体内に入った放射性物質は早く排出する。 (3) 体の免疫力を食を中心に向上させる。	20	・できるだけ避けた方がよい食材を選ばせる。 ・農業・漁業従事者の努力、放射性物質検査体制について知らせる。 ・外遊びの後はうがいと手洗いをして、口から体内へ入らないように気を付けることを確認する。 ・味噌、りんご、あさり、こんにゃく、ひじきなどの食材の栄養源は、セシウム等に吸着し、体外へ排出することを分かりやすく伝える。とくに、味噌の効果について取り上げる。 ・わかめやひじき等の海藻類は、天然のヨウ素を体内に取り込み、放射性ヨウ素を受け付けないという防御についても触れる。 ・放射能に限らず、体に良い食材を多く摂取し、免疫力を向上させることが大切ということをおさえる。
4　本時のまとめをする。 (1) 体外へ排出する食材（栄養素）をワークシートで確認する。	10	・簡単なワークシートを活用し、体に良い食材を印象付けるようにする。

授業の実際

前回の授業で、震災の事実を知らない子が多かったので、再度震災当時のことを確認するようにした。ホールのスクリーンに写真を映して、震災当時のことや、原発事故のこと、今現在も原発は不安定な状態であること、双葉郡の小学校では、現在も避難先の不便な校舎で学んだり、学校は再開したが、少人数の友達しかいなかったりすることを確認した。地震と津波は歴史上の出来事ではあるが、原発事故とその影響は、決して歴史上の出来事ではなく、今現在も進行形であるという認識を持たせていきたい。スクリーンでの映像だったので、印象に残ったようだった。

今回は1年生ということもあり、放射線の体への影響ということは詳しくは触れていない。放射性物質をできるだけ体の中に取り込まないようにするためには、外遊びのあとのうがい手洗いと、食べ物に気を付けるということをおさえるようにした。

農作物や魚介類の放射性物質検査では、半減期が約２年のセシウム134の数値が下がってきたことで、検出件数も減ってきている。また、農家や漁場関係者等の努力によって、少しずつ食の安全が保障されてきている。食べ物で、特に気を付けたいのは、栽培されていない山菜ということをクイズ形式で確認した。

また、体の中に取り込んでしまった放射性物質を早く排出するための工夫をするという視点に着目させた。味噌、りんご、あさり、ひじき、コンニャクの実際の食材を準備し、その栄養素がもたらす効果を伝え、最後にワークシートで、献立からその食材を選ぶという活動を行った。これらの栄養素は、放射性物質だけに限らず、食品添加物や残留農薬等の有害物質にも効果があることにも少し触れた。

（2011年７月10日、福島市内小学校での大型重機を導入した校庭表土除去作業の様子）

（2012年５月12日、福島市立北沢又小学校での運動会の様子）

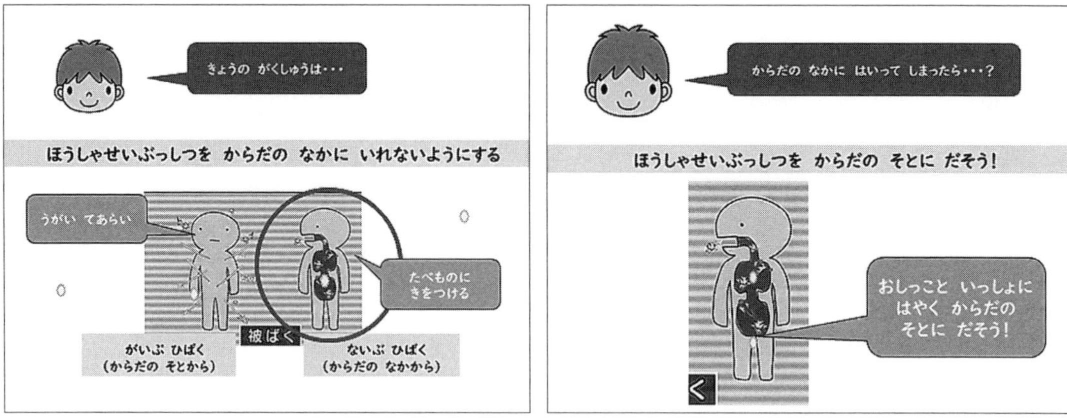

（『ふくしま放射線教育・防災教育指導資料（活用版）』［PDFファイル］平成29年６月23日https://www.pref.fukushima.lg.jp/img/kyouiku/attachment/902079.pdfより引用）

授業を終えて

原発事故当時の放射線教育では、とにかく外部被ばくを避けることや汚染された食品には気を付けることに重点をおいてきたが、状況は少しずつ変化しているので、その内容も変更していかなければならない。現在では、空間線量も下がってきていることから、長袖やマスクの着用は必要が無くなっている。農産物の生産や検査体制の努力等から、食品の安全性も少しずつ確保されている 。しかしいまだにホットスポットはあるし、モニタリングの数値でも事故前と比べると３～５倍の数値が確認されている。放射性物質が検出基準値を超える食品もある。目に見えない放射性物質の影響が無くなったわけではない。数値を測るということを怠ってはいけない。そして、不安定な原発の状況を考えると、原発に有事があったときの対応を学習することが重要である。教員自身が学び続けることと、情報や教材を共有し合えることの重要性を感じている。

放射線教育は、年に１、２度実施したから身につくものではない。毎年学年に応じて、繰り返し学習し、日常の中で意識化できるようにしていかなければならない。とくに、震災を知らない子どもたちへのアプローチは、震災と原発事故の事実を伝えることから始める必要がある。各教科、行事、日常生活の中でとりあげていく必要がある。そして、放射線に対する考え方や感じ方の違いを認め合わなければならないということも忘れてはならない。

廊下ですれ違った子が、「せんせい、みそがいいんだね」と声をかけてくれた。支援学級の子が、「つなみで　ザブーンって　なったんだよ」と真剣に話してくれた。少しずつ、事実や対応策を身に付けていってほしいと願っている。

２　小学校５．６年生学級活動での実践

題材名「震災・原発事故から考えること」

福島市立大久保小学校　５・６年（複式）　瀬戸　禎子

導入

今までの学習の振り返りを行い、以下のことを確認した。

・2011年の福島第一原発事故で放射性物質が飯野町にも降下したこと。
・放射性物質からでる放射線が人体、細胞の遺伝子を傷つけること。
・現在でも放射線量が高い場所。
・放射線から身を守ること。

展開

放射線量は低くなってきたが、福島で生きていく子ども達へ人権意識を高めるために、福島市の教育文化施設「こむこむ」に設置された「サン・チャイルド」という現代アートの立像をめぐる問題について考えさせた。

・「サン・チャイルド」の写真を提示し、何であるかを確認。実物を見た児童は 2人／18人
・「サン・チャイルド」が設置されたことにより、市民の中に撤去を求める意見があり、福島市としては、アンケートを実施。賛否交錯の末、撤去を決めた福島市。その経過について、新聞記事（福島民友新聞 2018年８月29日）で読み合わせをした。
・制作者のヤノベケンジさんのインタビュー記事（福島民友新聞2018年９月２日）を読み、ヤノベさんの思いについて話し合う。

終末

「サン・チャイルド」の撤去について、自分の考えをまとめ、制作者のヤノベケンジさんへ手紙を書く。

福島市、子ども立像撤去へ

福島市が教育文化施設「こむこむ」前に設置した立像「サン・チャイルド」の表現に一部から批判が寄せられていた問題で、市は28日、作品を撤去すると発表した。木幡浩市長は記者会見で「賛否が分かれる作品を『復興の象徴』として設置し続けることは困難と判断した」と述べ、謝罪した。【25面に関連記事】

展示が始まった今月上旬から、交流サイト（SNS）などで、立像が防護服姿であることや、線量計を模した胸のカウンターが「000」となっていることが「風評被害を助長する」「非科学的」との批判が集中。作品の表現を評価する声もあり、市の対応が注目されていた。

撤去が決まったサン・チャイルド
＝福島市・こむこむ

2018年８月29日
福島民友新聞 １面

子どもの手紙から

６年Ａ

私は、「 サン・チャイルド」を残しても良かったのではないかと思いました。その時は、つらかったけど、今ではもう放射線も少なくなったから、「福島は安全だよ」ということだと思ったので残してほしかったです。こむこむではなく、違う場所に置いたら見てみたいです。

５年Ｂ

ぼくは、「サン・チャイルド」が無くなってしまったのが非常に残念でした。理由は、「サン・チャイルド」には、もう放射線も無くなって安心してくらせるという思いがこめられていたからです。ヤノベケンジさん、これからも色々な作品を作ったりして、がんばってほしいです。

６年Ｃ

夏休みにこむこむの前を通った時、初めてこの像を見ました。その時は 大きな子どもの像でどん

な意味があるか分からなかったけれど、夏休みが明けて「サン・チャイルド」が撤去されることが分かりました。10月になってから、「サン・チャイルド」の像に込められた意味を知って、本当は前向きな気持ちが込められているのだから残しておいた方が良かったのではないかと私は思いました。ヤノベさんには、また他の形で放射線事故からの復興について応援してください。

５年Ｄ

私は、「サン・チャイルド」は残してほしいと思いました。なぜなら、ヤノベさんは、フクシマをアピールしようと思って作っていて、とてもすごいと思います。ですが、他の人には震災がいやでそんな思いを思い出すのがいやだという気持ちは、私にも解ります。これからも、福島の人の気持ちを分かってアピールしてください（避難児童）。

「つらい気持ち思い出させ 申し訳ない」

「対立 本意でない」

撤去決定の子ども立像

制作ヤノベケンジさんに聞く

福島市が教育文化施設「こむこむ」前に設置した現代アートの立像「サン・チャイルド」に批判が寄せられ撤去が決まった問題で、立像を制作した現代美術作家ヤノベケンジさん(52)＝大阪府＝が1日、京都市で福島民友新聞社のインタビューに応じた。ヤノベさんは撤去について「残念だが、納得している」とした上で、「福島の方々に（原発事故後の）つらい気持ちを思い出させてしまったのは申し訳ない」と反省を口にした。

「7年間、福島市民や県民がどういう思いで原発事故を引き受けてきたのか、きちっと考察すべきだった」とも話し、「福島の方々の声を直接聞き、その上で僕に何ができるのか考えていきたい」と、今秋に県内で開催予定の芸術祭の会場などを活用して県民と対話を重ねていく考えを示した。

立像は、市が「復興の象徴に」との期待を込めて8月3日に設置した。子どもが防護服を着た姿について「防護服がないと生活できないとの印象を与える」との意見が出たり、線量計を模した胸のカウンターが「000」となっていて、自然放射線を考慮せず「非科学的」との批判が上がっていた。

1990年代から「放射能」をテーマに作品制作に当たっていたヤノベさんは震災、原発事故を受け、「未来に希望を持てるような作品を作りたい」と2011（平成23）年に立像を制作した。「僕自身は前向きな応援のイメージが大きかったが、2011年の空気感をそのままとった作品であるために、福島の方に当時のネガティブな気持ちを思い出させてしまった」と悔やんだ。

立像は12年には福島空港に展示されたが、ヤノベさんは当時、「（福島の人には）受け入れられないんじゃないか」という心配があったという。「実際は批判はほぼなかった。その後、県外での展示でも前向きにとらえてもらっていた。そのために今回、（福島の人に喜んでもらえるだろうという）僕の『思い上がり』があったのかもしれない」と振り返った。

立像の設置に至る過程については「像を置く前に、市民に作品の意図を時間をかけて説明するべきだった」とした。市には立像の存続を求める意見も寄せられていたが「市内外で（設置を巡る）意見の対立が深まるのは本意でない」と、撤去を受け入れる考えを語った。

新たな設置場所については「皆さんの理解が得られる最適な場所が見つかればいいなと思う。僕としては、場所については白紙の状態です」と話した。

「福島県で広く話を聞いて、その上で僕に何ができるか考えたい」と語るヤノベケンジさん＝1日、京都市左京区

やのべ・けんじ　大阪府出身。京都市立芸術大大学院美術研究科修了。京都造形芸術大教授。52歳。

撤去が決まっている子どもの立像「サン・チャイルド」。通行人らが記念撮影する姿があった＝1日、福島市・こむこむ前

注目度 連日高まる

全国から賛否の意見が寄せられ、木幡浩福島市長が撤去を表明した「サン・チャイルド」への注目が連日高まっている。設置された福島市の福島駅近くの教育文化施設「こむこむ」前は1日も、作品を眺めて記念撮影する通行人や親子連れが目立った。

市によると、設置継続を求める声のほか「見に行きたいので、いつまで展示するのか教えて」「作品が撤去されるのは残念」といった声もあった。賛否を巻き起こした問題に、訪れた市内の母親は「本心はどちらでもない。表現は気になるが、魅力もあった」と感想を語った。作品の撤去時期は未定。

2018年９月２日
福島民友新聞
社会面

授業を終えて

担任としては、撤去には反対だったが、できるだけ中立の立場で授業を進めるように心がけた。撤去に賛成という児童は２人であったが、ヤノベケンジさんのインタビュー記事からヤノベさんの思いを知った上での「賛成」ということであった。

福島が原発事故によって「フクシマ」になったという認識は、子ども達には持てていないようだが、これから、他地区に行ったことにより、「フクシマ」出身者というラベリングに強く立ち向かっていけるような知識と人権意識を身につけさせたいと思う 。

今回は、そのきっかけとなる授業であった。ヤノベケンジさんの思い、福島市民の思い、しかしそもそもなぜこの立像を製作することになったのかという経過などを知って、一人ひとりが真剣に考えることができた。

３　放射線教育対策委員会のとりくみ

福島県教組は、原子力発電を含む核利用を、現社会の差別と抑制のもとに成立する象徴的事象であるととらえ、３・11以前から一切の核利用廃絶を主張してきた。

震災後の2011年11月には、放射線教育対策委員会を立ち上げ、文科省副読本準拠の放射線教育に対する問題点を分析・検討し、発信してきた。この委員会では、以下の４つのとりくみを基調としている。

①放射能・放射線の性質を理解し、その危険性と環境破壊を知るためのとりくみ
②被ばくを少なくし、健康と生命を守るためのとりくみ
③制約された人権を回復し、差別を克服するためのとりくみ
④「原子力＝核」利用の現状を知り、「原子力＝核」利用に依存する社会構造を見つめ直すとりくみ

現在までに、共同研究者とともに学び、職場討議資料や著書『こどものいのちと未来のためにまなぼう放射線の危険と人権』を発行、水俣病（水俣・新潟）足尾鉱毒の公害の歴史に学ぶ現地視察と学習、初版および改訂版文科省副読本の分析、環境創造センターの見学と分析、教育実践と発信等多岐にわたってとりくんできた。

文科省副読本の初版は、まえがきの一部分に東電原発事故の記載があった他は全く原発事故とは関係のない放射線、放射線利用にのみ焦点を当てたものだった。その後、2014年に改訂版が出されたものの、原発そのものの危険性について言及されることはなかった。

2018年９月にも改訂版が出された。原発事故後の空間線量や世界の放射線量と比較し、現在の線量がいかに低いかという表現をしている。実際は、事故前の平常時が0.04μSv/hの福島市は、現在0.15μSv/hで、４倍もの数値である。福島から避難した児童がいわれのないいじめにあったという事例をとりあげ、県民健康調査の結果、検査を受けた全員が健康に影響を及ぼす数値ではなかったとされている。だから、いじめや風評被害はいけないと表現している。さらに、コラムの欄には、原子力発電所の事故が、日本全国の電気の使用に影響を与えたのはなぜだろう？と、問いかけ、「原子力発電所の事故の後、全国の原子力発電所が運転を止めたことにともない、会社や家庭で使う量を減らすことになりました。そのため、みんなが節電のことを考えるようになりました」と表記している。そして、巻末には「この副読本で学んだことを振り返りながら、災害を乗り越えて未来に向かうためには、私たちが何をしていくべきか、お家の人と一緒に話し合ってみよう」としめくくっている。元凶は、いじめた子でもなく、風評した人でもなく、「放射能」を生み出す「原子力エネルギー」であることには全く言及していない。

多忙化を極める教育現場において、年間２～３回実施する放射線教育で、授業の参考とする資料は、文科省や県教委の出版する教材である。多くの教員が活用するこの教材を、分析・検討し、科学的な安全保障のない現在の原子力エネルギー政策を擁護・推進する教育に傾かないようにするためのとりくみを継続していかなければならない。

おわりに

本当のところは、放射線教育が確実に実施されているかどうかという課題の方が問題である。学力向上施策、体力向上・健康増進施策がものすごい勢いで推し進められている。その一方で、子どもの人権にかかわる大切な教育がないがしろになっている現状がないかどうか危惧される。放射線教育そのものが、教育現場において優先順位が下がってはいないか。活用する教材が何であれ、とにかく放射線教育を実施しよう。東日本大震災と東電原発事故の事実さえ風化されないように。そんな思いを込めて作成された放射線対策委員会のポスターが、職場にひっそりと掲示されている。

28　放射線教育と福島の現状

〔福島県富岡町 中学校〕

日野　彰

1　原発事故がもたらしたもの

あの日の出来事

８年半前の「原発災害」というものはどんなものだったのか。それを象徴する出来事が２つある。双葉郡浪江町で起きた２つの出来事を紹介する。

１つは、請戸地区の悲劇である。震災直後に津波に襲われた請戸地区では、多くの町民が津波に流され、救助を待っていた。翌朝、消防団員が準備を整え、救助活動を始めようとした矢先、浪江町に避難命令が発令された。消防団員たちは、被災者のうめき声が耳に残る中、救助もできずに浪江町を後にした。このため、助けられたはずの命を助けることができなかった。

２つは、津島地区での大量被ばくである。私の手元には、セシウム137の沈着量を表しているマップがある。SPEEDIの情報は、これとほとんど同じ状況が予想されていたようだ。その情報が隠され、放射能の拡散予測が住民に知らされないまま、もっとも放射線量が高い津島地区に避難させられたのだ。

以上の２件は、2018年６月27日に亡くなった 馬場有（ばばたもつ）前浪江町長の講演でも触れられ、大変心を痛めている様子だった。

教育現場の混乱

福島第一原子力発電所の事故により、双葉・相馬地方を中心に多くの小中学校が避難を余儀なくされた。避難を強いられた小中学校は以下の通りである。

双葉郡	すべての小中学校（小学校 17校、中学校 11校）
南相馬市	小高区と原町区の一部の小中学校（小学校 ６校、中学校 １校）
飯舘村	すべての小中学校（小学校 ３校、中学校 １校）
田村市	都路地区の小中学校（小学校 ２校、中学校 １校）
川俣町	山木屋地区の小中学校（小学校 １校、中学校 １校）

原発事故よって、子どもたちは全国各地に避難していった。それぞれの家庭の都合による避難のため、完全に一人ぼっちで転校した子どもが多かった。

楢葉中学校では 、震災当時１・２年生だった子どもたち174人は、福島県外に50人（17 都県）、県内に124人（いわき市71人、会津美里町38人、他８市町村）が転出した。広野中学校では、県外に77

人（内ＪＦＡアカデミー生44人）、県内に125人（いわき市115人、他４市町）が避難した。富岡第二小学校では、およそ500人が240校（47都道府県と国外）に転出した。このように、震災翌日から一度も友だちと会うことなく、子どもたちは離ればなれになってしまったのである。

原発事故により臨時休校となった小中学校に勤務していた約500人が、元の学校に籍を置いたまま「兼務」という形で福島県内の小中学校に配置された。福島県教育委員会は、「自校の子どもが転入している学校に兼務を命ずる。子どものケアを行うため、全県的視野での配置とする」という方針の下に、被災者である教職員への配慮もなく学校を指定して配置を進めた。

そのため、片道60～100kmもの遠距離通勤を強いられたり、勤務のために家族が何か所にも分かれての生活になったりするなど厳しい勤務を強いられた。また、「学級担任もできない」「１人で授業を担当させてもらえない」など、やりがいの感じられない業務であった。また「兼務」の職務内容が不明確で、兼務先で気遣いをしながら勤務を続ける毎日であった。原発事故後317人いた兼務者も18年度は41人にまで減少した。そして18年度末で、原発事故に伴う兼務は完全に解除された。

兼務者数の推移

2011年度	2012年度	2013年度	2014年度	2015年度	2016年度	2017年度	2018年度	2019年度
317	92	94	60	58	57	57	41	0

２　原発災害の影響を受けた教育現場

双葉の学校は再開したが

原発事故前には、双葉の小中学校は28校（小学校17校、中学校11校）あり、約6,400人の子どもたちが学んでいた。原発事故後、自治体ごとに県内各地に町村立の学校が徐々に再開し、現在は22校（小13校、中９校）が再開し、２校が新規開校している。しかし、双葉の学校に戻ってきているのは531人（2018年４月）にとどまる。再開したといっても、１割未満の子どもたちしか戻ってきていないのが現状である。学校が再開したり元の校舎に戻ったりするたびに報道で取り上げられるが、報道の姿勢に疑問を感じる。あたかも「再開・帰還＝元通り」という印象を与えるような報道が目立つ。

全体的には子どもの減少が進んでいるが、元の校舎に戻って授業を再開した学校は、徐々に子ども

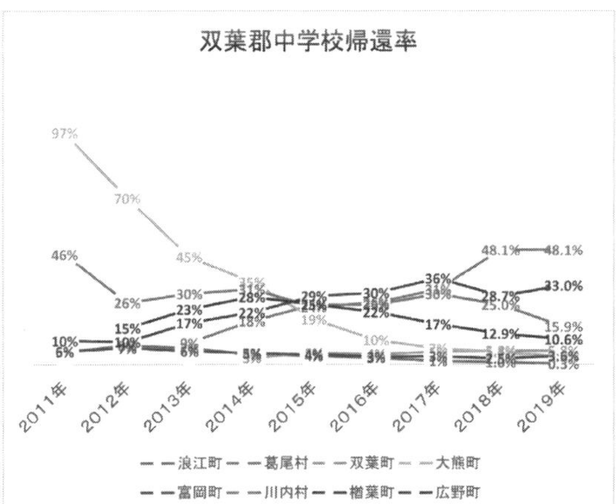

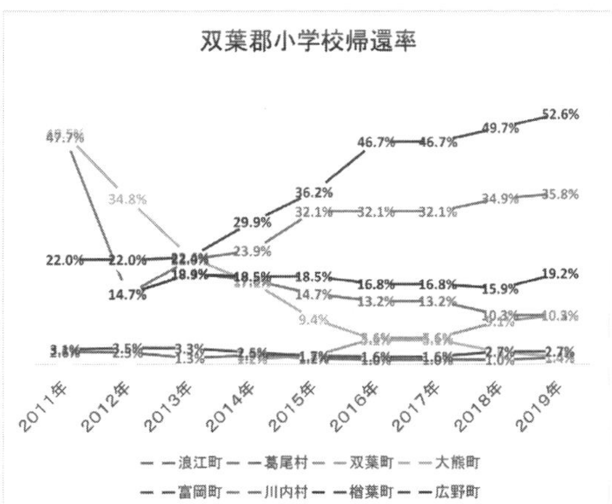

の数が増えてきている。最も増加率が高いのは広野町の小中学校で、楢葉町の避難指示が解除された後の2016年度から急激に増加した。今年度237人が通学しており、昨年度より19人増加した。今年度は、震災前と比較しても40%程度の帰還率である。

教育環境の問題

学校施設についても、仮設校舎や廃校となった学校、なかには工場施設を改装して利用している学校もある。再開直後はゼロからの出発だった。開校準備のために机や椅子の準備から始まり、教材や教具は教職員の工夫と努力によって、最低限の学習活動を行っているという状況だった。８年以上が経過し、教材や教具などはそろったが、未だに特別教室が十分に確保できていない学校もある。

子どもたちがそれぞれの避難先から通学するため、スクールバスで片道１時間以上かかる子どももいる。バスの時間を考慮しなければならず、放課後の学習支援や部活動なども十分に行えない。学校行事も施設・設備面や少人数での実施などへの対応のため、工夫して実施している。新入生や卒業生がいない学校もあり、入学式や卒業式など学校で重要な行事を行えない年度もある。

双葉の学校に戻った子どもたち

双葉の学校に戻ってきた子どもたちは少ないが、支援を必要とする子どもの割合は通常の学校と比べて、明らかに高い。子どもたちは避難先の学校に馴染めずに不登校になるなど、何らかの問題を抱えている。離ればなれになった家族や、職をもたない保護者などの家庭の問題、仮設住宅などの住居の問題、学力や体力の低下、転居や避難の繰り返しによる不安定な生活など、子どもたちを取り巻く多くの問題がある。

双葉以外の避難校

原発事故の影響によって避難した小中学校は、双葉以外にもある 。

南相馬市小高区の小学校は、2017年４月から元の小高小学校の校舎で、４校合同で再開した。小高中学校も小学校と同時に元の校舎で授業を再開している。子どもたちの数は震災当時の1,091人に対し､2018年度は128人に減少した。12%弱の子どもたちしか戻っていない。2019年度はさらに減少し、112人（10.3%）となっている（2021年度、小学校が統合予定)。

飯舘村の小学校３校と中学校１校は、2018年４月に飯舘村の飯舘中学校に帰還した。震災前の14%の子どもたちが戻ってきたが、昨年度より40人減少した。多くの子どもたちは福島市周辺からスクールバスで通学している。2019年度も減少は止まらず前年度より14人減少し、震災前と比較して11.5%である（2020年度、義務教育学校へ)。

田村市都路地区の小中学校は、船引町の廃校となった校舎で2011年度に授業を再開した。国の避難指示解除に伴い、2014年４月から本校舎に戻ったが、その際２割の子どもたちは他の学校へ転出していった。除染したとはいえ、放射線への不安が大きかったのであろう。 2017年４月、古道小と岩井沢小が統合して都路小となった。原発事故の影響とは別に自然減もあり、子どもの数の減少は続いている。

川俣町の山木屋小中学校は、2018年度から元の校舎に戻って授業を再開した。震災以降、子どもの数は減少し続けていたが、18年度は17年度より15人減となり、半減してしまった。さらに子どもの数は減少し、今年度から山木屋小学校は休校となってしまった（2020年度、中学校も休校へ）。

残念ながら休校となってしまった学校は、この他に２校ある。そのうち福島市立大波小学校では、原発事故後、福島市大波地区の放射線量が非常に高く、避難のための転出が相次いだ。2013年度末に最後の在校生が卒業し、2014年度からは休校となってしまった（2017年度４月に廃校となった）。原発から60kmも離れた地域でもこのような事態に陥ってしまった。

双葉・相馬の小中学校の帰還

震災後８年以上が経過し、避難先の仮設校舎等で再開した学校が元の自治体にある校舎へ帰還する動きが進んでいる。富岡町や浪江町は、避難先の学校を存続させたまま 2018 年４月の町内の校舎でも授業を再開した。葛尾村は、元の葛尾小学校の校舎に戻り、小中合同で再開した。放射能汚染が深刻な大熊町と双葉町は対応が分かれている。大熊町は３年後あたりに大熊町内の大河原地区に新校舎を建築し、再開することを発表した。双葉町は、自治体の帰還時期の見通しすら立っていない。そのため、小中学校は現在の仮設校舎（いわき）で授業を続けることになる。

3　2018年度再開した双葉地区の小中学校の状況

2018年度から、富岡町と浪江町、葛尾村の小中学校が帰還または再開した。それぞれの学校で新たな問題も発生している。特に浪江町と富岡町の中学校は、教員不足が深刻である。

浪江町の状況

浪江町は震災後、二本松市の旧下川崎小学校に浪江小学校と津島小学校、旧針道小学校に浪江中学校を再開し、授業を行っている。他の小中学校は現在まで臨時休校となっている。今年度、新設校としてなみえ創成小学校となみえ創成中学校が、浪江町内の元浪江東中学校の校舎を利用して開校した。なみえ創成小・中ともに、子どもの数は少ない中での開校であった。

浪江町の２つの中学校の教職員は、多くの教科の教員が二本松と浪江を行き来しながら授業を行っている。浪江と二本松の距離は40kmもあり、南相馬市から通勤している人は二本松まで60kmもの遠距離となる。中学校の教員だけでは足りず、なみえ創成小学校の教員がなみえ創成中学校の英語と音楽を担当している状況であった。

2019年度になり、浪江中学校が休校となったため、２つの中学校のかけ持ちは解消した。さらに組合でも要求してきた加配が実現し、免外での授業が完全に解消された。

富岡町の状況

富岡町の小中学校は震災後、三春町の工場の施設を改築して学校を再開した。今年度新たに富岡町内の富岡第一中学校の校舎でも授業を再開した。したがって、富岡にも三春にも富岡一小・二小・一中・二中が存在するという、奇妙な状況である。

小中共通の課題としては、行事を合同で開催するという点である。18年度は運動会を、三春校を会場として合同で開催したが、練習も十分にできずに当日を迎えた。当日の日程も、17年度までなら９

時から開始できたが、18年度は富岡校の移動時間を考慮して10時開始となった。練習不足もあり、予定時間を大幅に遅れて終了した。19年度は富岡校で運動会を開催したが、前年度と同様に準備不足・練習不足の状況であった。18年度、学習発表会と卒業式は別々に開催できたことが、子どもたちにも教職員にもよかったと思う。

中学校では、教員配置は十分でなく、浪江と同じように三春校の４人の教員が約50km離れた富岡の校舎に週に１回ずつ通勤した。事務職員、養護教員は配置せず、教科担当を優先した形だが、それでも教員が足りない状況であった。どうしても時間割が組めず「ライブ授業」と称してテレビ会議システムで両校をつないで、授業とは言えないような学習指導をしていた。もっとも授業時数の多い国語を数学の教員が三春と富岡の両方をかけ持ちして、一人しか配置されていないことは問題である。

浪江と富岡の中学校は、昨年度末の人事異動の時期から十分な教員配置を要請していたにもかかわらず、２校で教員を融通し合うことを想定して配置され、現場は多忙を極めていた。

2019年度になり、組合でも要求してきた２校かけ持ちが解消された。さらに両校に５教科の教員が配置された。しかし、富岡校・三春校ともに、美術、技術・家庭の授業は免外教員が担当している。また、町教委の意向により「ライブ授業」は継続し、国語・数学の他に英語でも実施することになり、教職員の負担となっている。

葛尾村の状況

葛尾村の小中学校は、今年度から避難先の旧要田中学校の校舎から葛尾村内の葛尾小学校に帰還した。

17年度までは普通教室が３つしかない校舎で、小学校６学年と中学校３学年の計９クラスの授業を行っていた。そのため、１つの教室をパーテーションで３つに区切って使用していた。現在はそのような不便もなく、よい環境で授業が行われている。

しかし、学校の移転により教職員の長距離通勤が問題となっている。葛尾村の小中学校の教職員には郡山市周辺から通勤している人もおり、17年度までは通勤距離も片道20km未満であった。今年度はさらに、片道の通勤距離がプラス30kmになってしまった。約１時間も自動車を運転しての通勤が大きな負担となっている。長距離通勤のために体調を崩した人もいた。

４　被災地の取り組みと放射線教育の推進

双葉郡の小中学校の取り組み

震災以降、双葉郡の小中学校では「双葉郡教育復興ビジョン」の下、「ふるさと創造学」を推進してきた。これは、双葉郡８町村の学校が地域を題材に取り組む探究的な学習活動である。そして12月に行われる「ふるさと創造学サミット」で、学習の成果を交流している。

これらの施策についての意義は分かるが、教育委員会からのトップダウンで一律に同様の取り組みを求めるのは難しい。すでに帰還した学校（広野、川内、楢葉）、帰還したばかりの学校（浪江、富岡、葛尾）、当面は戻れない学校（大熊、双葉）など、各町村で置かれている状況が異なるため、取り組みに温度差があるようにも感じられる。

放射線教育の必要性

福島県教組は、震災・原発事故の年から放射線教育対策委員会を立ち上げ、現在まで委員会を37回開催している。その中で、文科省「放射線副読本」の批判的検討や放射線教育の実践の推進、外部講師を招いての研修などに取り組んできた。しかし、原発事故の影響を受けた福島県内でさえも放射線教育を十分に実践しているとはいえない状況である。

これからは、震災以降に生まれた子どもたちが徐々に就学してくる。震災を知らない世代に、福島第一原発事故とその後の住民の避難を、どのように伝えていくかも課題である。また被害を受けた福島だからこそ、放射線教育や人権教育も重点的に進めていかなければならない。

放射線教育全体計画（私案）

ねらいは２つある。１つは、子どもたちが放射線に対する正しい知識を身につけ、放射線から身を守ることができるようにすること。もう１つは、子どもたちが将来福島県外で生活する際、県外の人びとが放射線について誤った認識に基づいた言動がある場合に、正しい情報を適切な方法で伝えることができるようにすることである。

学級活動における放射線教育（年２時間×９年間）

学校	学年	指導内容（ねらい）
小学校	１学年	東日本大震災について （岩手・宮城・福島を中心に、大震災の被害状況を知る）
	２学年	福島第１原発事故について （原発事故が起きたことにより、福島県がどうなったかを知る）
	３学年	福島県の避難状況について （県内・県外への避難状況や小中学校の避難について知る）
	４学年	「放射線副読本」（文科省）第１章について （放射線の性質とその影響について、理解できる） ※「放射線副読本」の記載について、教員が矛盾や誤りを指摘しなから活用する。
	５学年	「放射線副読本」（文科省）第２章について （原発事故と復興のあゆみについて、理解できる） ※「放射線副読本」の記載について、教員が矛盾や誤りを指摘しなから活用する。
	６学年	原発避難者に対するいじめについて （原発避難者へのいじめの事例をもとに、自分がいじめられている立場になって考えることができる）
中学校	１学年	「放射線副読本」（文科省）第１章について （放射線の性質とその影響について、理解できる） ※「放射線副読本」の記載について、教員が矛盾や誤りを指摘しなから活用する。
	２学年	「放射線副読本」（文科省）第２章について （原発事故と復興のあゆみについて、理解できる） ※「放射線副読本」の記載について、教員が矛盾や誤りを指摘しなから活用する。
	３学年	「放射線のホント」（復興庁）を読んで考える。 （「放射線のホント」を批判的に読み 、矛盾や誤りを指摘できる）

知るという復興支援があります。
放射線のホント
復興庁

「放射線のホント」は、復興庁によって作成されたパンフレットで、2018年３月に公表された。表紙に「知るという復興支援があります」と表記されているが、内容には多くの問題がある。

問題点の一部としてP 27～28にある「知ってもらいたい放射線10のポイントと大切なこと」からいくつか抜き出してみる。

まず、「1．放射線はふだんから身のまわりにあり、ゼロにはなりません」について。これは、自然放射線と原発事故による放射線を混同させている。

次に、「5．100か200ミリシーベルトの被ばくでの発がんリスクの増加は野菜不足や塩分の取りすぎと同じくらいです」について。原発事故による放射線被ばくは完全に防ぐことはできない。野菜不足や塩分の取りすぎは、意識すれば防げる。このように、放射線の問題を意図的にすり替える手法が多く用いられている。これは、「放射線副読本」（文科省）にも共通している。このため、子どもたちに内容が適切かどうかを検討させることは、大切であると考える。

その他の時間における放射線教育についても述べたい。１つは、朝や帰りの会における取り扱いである。新聞記事やニュースなどをもとに、意見交換を行う。２つは、各教科の授業での題材例である。授業の中で10～15分程度の取り扱いでも可とする 。放射線についての学習は、中学校理科において単位の変換（μSv ⇔ mSv）、半減期 $y=\left(\frac{1}{2}\right)^x$ は中学校数学において、食品の放射性物質検査の現状については家庭科において、等。全教科で取り扱うことが望ましいが、教科担任に負担がかからないように、できる範囲で無理なく取り扱うことが大切である。

以上のことは、全国すべての都道府県で放射線教育を実施できるように、福島県が率先して取り組み、全国に向けて発信していく必要がある。

資料１　福島県教組放射線教育対策委員会のとりくみ

１　発足の経緯と組織

2011年３月の東日本大震災および福島第一原子力発電所の事故により、福島県は放射性物質に汚染された。そのような状況下でさえも、国や県は福島県に暮らす人々の想いにまったく寄り添っていない「放射線副読本」や「放射線等に関する指導資料」を公表した。

福島県教組は、福島の未来そのものである子どもたちに対し従来同様の「核利用教育」を推進することはできないという立場から、文科省副読本を基にした放射線教育の問題点を明らかにしながら、望ましい福島の子どもたちの学びを追求・検討するために放射線教育対策委員会を発足させた。

2　4つの柱

①放射能・放射線の性質を理解し、その危険性と環境破壊を知るためのとりくみ
②被ばくを少なくし、健康と生命を守るためのとりくみ
③制約された人権を回復し、差別を克服するためのとりくみ
④「原子力＝核」利用の現状を知り、「原子力＝核」利用に依存する社会構造を見つめ直すとりくみ

3　委員構成と運営

活動初期は本部、相馬支部、双葉支部、中通り４支部より、18人で構成。その後、全16支部から委員を募り活動を継続している。

委員会を年間３～４回実施し、委員会要項の審議や緊急の案件は事務局会で検討している。事務局会は、委員長の他に２～３人の委員で構成している。

4　具体的なとりくみ

前述４つの柱にしたがって、放射線教育の在り方の協議と実践を中心に以下のとりくみを行っている。

・職場討議資料「生きるための学び」作成
・書籍『子どもたちのいのちと未来のために学ぼう 放射線の危険と人権』発行
・文科省「放射線副読本」（初版・改訂版）批判的分析
・日教組全国教研での発信（司会者・レポーター）
・全国各地での講演への対応
・環境創造センター交流棟（コミュタン福島）見学と展示物の分析　など

放射線教育対策委員会では、放射線教育の実践を持ち寄り討論している。また、委員自身が放射線に関して学習する必要があるため、定期的にアドバイザーを招いての学習も行っている。放射線教育には人権教育の側面もあり、人権学習ツアー（新潟水俣病・足尾鉱毒事件）なども企画し、学習を深めてきた。

放射線教育対策委員会アドバイザー
稲岡宏蔵さん（理学博士　物理学　「反原発科学者連合」結成メンバー）
稲岡美奈子さん（地球環境学博士　元高校教諭 地球救出アクション97 代表）
振津かつみさん（医学博士　放射線基礎医学遺伝医学）
後藤忍さん（福島大学共生システム理工学類准教授　工学博士）
山口幸夫さん（原子力資料情報室共同代表　工学博士　物性物理学）

資料２　「放射線副読本」の問題点－福島県教組サマーセミナー（2019.９.８）より

福島県教職員組合放射線教育対策委員会

小学生のための副読本（文科省）

ページ	問題箇所	問題点
はじめに	全文の構成	・「放射線について学ぼう」の主旨がまるでいじめが起きたから必要だという文面に変わっており、（原発事故により多くの放射線物質が拡散したという本当の問題をすり替えている）後退している。 ・なぜ、「放射線について学ぼう」が作成されるようになったのかが分からなければならないと思う。構成がうやむやにされているのだと感じた。 ・「事故が起きました」「避難しなければならなくなりました」「いじめの問題も起きてしまいました」、すべて過去形で書かれている。終わったことにしている。責任の所在を明確にしていない。放射線は人体に大きな影響を与えることに触れていない。
3	第１章コラム	・スタートの文から放射線とレントゲンの関係が強調されている（放射線は身近にあるもので、放射線は危険なものではないイメージを持たせようとしている？）。
5	電球の図	・放射線が連続して出ているイメージになり、事実と異なる。→線香花火モデルがよい。
6	半減期の例	・放射性物質の半減期は比較的短いものを例にしている。もっと長いものがある。
6	半減期モデル	・放射性物質が崩壊すると更に複数の放射性物質ができることがあるのに、不適切。
10	健康への影響	・がんのリスクのみの記述→チェルノブイリでは、がん以外の様々な健康への影響が報告されている。健康被害について具体的に載せるべき。
7、11、14 18	○×問題	・意図的に放射線の危険性が感じられないようにすり込んでいる。
12	事故とその後の様子	・「検査を受けた全員が、健康に影響が及ぶ数値ではなかった」はおかしい。 ・検査を受けたという人は、どのくらいいたのか。 ・甲状腺がんの発生率が通常より多いことには触れられていない。
13	福島市の放射線の量の変化	・震災前の数値、事故直後の数値を出していない。 ・事故直後は、もっと線量が高かった。
18	学校給食写真	・給食にトウモロコシ１本を出すことはない。食材の選び方で工夫していることをもっと載せるべき。
全体		・廃炉について触れられていない。本当の未来の安全は、廃炉に関わる情報、また大量の放射性廃棄物の処理・保管についてが説明され、保障されてからだと思う。 ・副読本をどの時間で、何回にわたって授業に活用するのか、不明。

中学生・高校生のための副読本（文科省）

ページ	問題箇所	問題点
はじめに	下から５行目	・「いじめが起こらないように…」原発事故が一番の問題である。責任転嫁。 ・「一人一人が事故を他人事とせず、真摯に向き合う」ならば、原発災害をはじめに取り上げるべきである。無責任な国の発言。他人事にしているのは、政府・東電。 ・自然放射線や放射線の有効利用の記述が優先され、原発災害による被ばくの防止の大切さの記述がない。
5	電球	・放射線が連続して出ているイメージになり、事実と異なる。→線香花火モデルがよい。
6	半減期モデル	・放射性物質が崩壊すると更に複数の放射性物質ができることがあるのに不適切。
8	4	・「１mSv/年」の基準はおかしい。原発事故前は、医療以外の人工放射線の被ばくはほとんどなかった。普通に生活していて、そもそも浴びないものを例にしている。 ・医療による被ばくはよいことという思い込みがある。先進国の中でも、日本は医療被ばくのある機器を使いすぎている。
10	(1)	・内部被ばくの危険性（体内にとどまる）を過小評価している。 ・がんのリスクのみ強調している。→チェルノブイリでは、がん以外の様々な健康への影響が報告されている。 ・放射性物質ごとの影響等、詳しいことが何も記されていない。
10	(2)	・避けられない被害と、野菜嫌い個人の好み等、個々人の問題とを同一に論じている。
1	がんの相対リスク	・死亡の場合か、発病か、明確ではない。 ・問題になるのは、長期にわたる低線量被ばくの影響。触れられていない。
12	(1) ５行目	・「国は速やかな避難指示…」SPEEDIなど国のミスにはふれない。
13	(2) (3)	・(2) は図などもあり、放射線が減った印象があるが、（３）の避難者数は、扱いが小さく、印象操作のような感じがする。また、戻った人が少ないことが書かれていない。関連死が多いことには全く触れられていない。
15	風評被害	・具体的な福島の苦しみについての記述がない。 ・農産物、観光など具体例がない。
16	いじめについて	・子どものいじめは、大人の社会で起きていることを映し出しているに過ぎない。大人の社会の中で、避難している者を差別している状況を解決しない限り、なくならない。それに対する国の対策がない。責任の所在をぼやかし、差別しておきながら、一般市民にいじめの責任を押し付けるような記述である。
16	コラム	・日本中の原発が動かなくても、電力は不足しなかった事実や、エネルギー政策についての論議については述べられていない。再生可能エネルギーについては、全く触れられていない。コラムとは、言えない。

17	学校給食の安心安全の確保	・使われている写真が不自然（給食で１人トウモロコシ１本を出すことはありえない）。安全アピールの意図が見える（小学校と同様）。
18	復興・再生	・汚染水や廃炉など大きな課題には触れられず、前向きなことしか書かれていない。
20	○ １つめ	・広範囲に放射性物質が拡散すると、これは当てはまらない。
20	○非常時における待避や避難の考え方	・「誤った情報や噂に惑わされず、混乱しないようにすることが必須です」。実際の事故では、正確な情報は国からも電力会社からも出されることはなかった。情報を正確に発信するための国や電力会社の取り組みについては触れられていない。
全体		・復興が前面に出すぎていて、事故の大変さ、悲惨さが学べる内容となっていない。 ・廃炉コスト、特に使用済み燃料の処理についての記述がない。 ・廃炉に関わる情報や、大量の放射性廃棄物の処理・保管について説明されていない。 ・森林の除染がすすんでいないことやその影響についての記述がない。 ・突発事態の際の実行可能な具体的対応策についての記述がない。 ・どの時間で何回にわたって授業に活用するのかが不明。

29　福島県にいる人としての悩みと平和教育

〔福島県いわき市 小学校〕

今野　美保

1　福島県の様子

これまで

2011年３月11日から、もうすぐ９年。私が現在住んでいるのは、いわき市。震災時も１人で同じ場所にいた。私は、他の人よりは、少し「原発」や「放射線」に興味があった。ものすごく心配だったが、どこに行っていいかわからず、混乱した状態で避難して事故にあうより、ここにいたほうが楽だと思い、避難はしなかった。１人だからできたことだ。原発の上から水をかける「二階から目薬」のような作戦を、「１か月後に生きているかな？」「夏休みまで生きているかな？」と考えながら見ていた。放射線については、枝野幸男さんが言っていた「ただちに影響はありません」は、その通りだと思って聞いていた。すぐ死ぬわけではない。

それから８年。私は実家が南相馬（原町区）なので、原発のすぐ近くを通って帰る。2011年は帰らなかった（親は住んでいたが)。その後もしばらくは１時間半で帰れるところ、３時間かけて遠回りをして帰らなければならなかった。その後、常磐道開通。異例のスピード。通るのもためらわれる場所で作業をしていた人のことを思うと…。

常磐道のほうが、いわきから南相馬まで行く場合の被曝線量が低いので、できるだけそちらを通ったほうがいいのかな、という気持ちはあるが、６号線を通る時もある。最近は、通るたびに、新たな建物が増えたり、震災時からしばらくそのままだった建物が片付いていたりして、私の中では、いろいろ変化しているのであるが、初めて通る人からすると、「震災時からそのままの建物がある」ことや、「６号線脇の家等に入られないようにバリケードがある」ことなどは、かなり新鮮にうつるらしく、「震災の時のまま」と感じるようだ。「復興は進んでいる」のか「復興は進んでいない」のか。全国各地の方々はどうみるのか。

６号線沿いで、一番線量が高いのではないかと思われる場所には、線量を示す電光掲示板はない。意識しなければ普通に通過するだけだが、気になるとなんだか首のあたりが苦しい気がしてくる。「遺伝子に傷がついたかな」「修復しているかな」などと、想像しながら通っている（常磐道 いわき～相馬 2019年10月0.1～2.6μSv/h)。その場所を通るのはほんの少しの時間であるが、その前後の場所にも、人が立っている。警察の時もあるが、警備の人が多いと思われる。それからすると、自分の被曝くらいたいしたことはないな、と毎回思う。

現状

この状況を復興していると呼ぶのか。震災当時は、水のでない生活。外に出るのもためらわれる生活。私は、今、「普通」の生活をしている。学校も、かなり「普通」。(台風19号の被害により、再び大変な生活を強いられている方もいる）。全国の方々は、福島県をどのように思っているのだろう。原発事故を知らない人は、ほぼいないと思うが、その様子について、今も気にしている人はどのくらいいるのだろう。

「気にして」には２通りある。ひとつは、福島の人々を心配して。もうひとつは、「放射線」を心配して。福島県内の、たくさんの地域の人々は、「普通」にくらしている。福島県産の米や野菜も食べる。食べない人もいる。とれた地域にもよるかもしれない。米は、全袋検査を行うので、むしろ、福島県産のほうが安全なのではないかという人もいる。調べるということ自体が危ないと言っていることなのだから、検査はやめたほうがいいと思う人もいる。

原子力発電に反対の人もいる。賛成の人もいる。賛成の人は、本当に賛成なのか。「ないほうがいいけど、雇用のため・地域のためには仕方がない。現在の生活を維持するために仕方がない」、というのは、賛成ではないと思う。本当に心の底から賛成の人（本気で安全と思っている人）はどれくらいいるのだろう。安全じゃないのは分かっているけど賛成、の人もきっといる。どうせ自分は被害がないから賛成、の人もいると思う。沖縄の問題と非常に似ている。

「放射線」を心配している人は、時に、福島県人の心を傷つける。「食べて大丈夫なの？」「住んでいて大丈夫なの？」「住めるの？」私は、食べたくなかったら食べなくていいし、来たくなかったら来なくていい、と思っている。私も、福島に住んでいなかったら、行かないと思う。実際に、私は、実家でとれた野菜も、震災後、去年まではもらわなかった。だから、どのように考えて頂いても構わない。でも、言葉に出されることで、（たとえそれが親切心だったとしても）いい気持ちはしない。大丈夫かどうかはわからない。でも、今、元気に暮らしている。

地域による違い

現在も住むことができない地域。避難指示は解除されていても戻りにくい地域。避難指示が早めに解除されて戻っている人も多い地域。避難指示は出なかったけれども一度は避難した人が結構いる地域。放射線量が結構高く不安を感じながら生活していた地域。避難する必要もなく放射線量も高くなく生活自体もほとんど変わらなかったが「福島」ということで被害を受けた地域。福島は結構広い。都道府県でいうと、３番目に広い面積がある。原発のある地域から西の端まで行こうとすると、車で３時間走っても福島県内である。

分断

事故直後なら、「福島の人には近づくな」的なことを言う人もいたであろう。実際に婚姻が解消された人もいる。同じ県内であっても、「○○の人には近づくな」的なことを言う人もいたと聞いた。原発からの距離による、避難する・しないの差。そして、何よりも、事故による東電からの補償金の問題。原発事故関連の裁判についても、「まだお金がほしいのか」と批判的な人もいる。お金のことが関わってくると、普通に生活するのも大変な今、優しくなれない気持ちもわからないではないが、それも仕組まれていると考えないと、思う壺である。全国各地で災害が起きている今、ほかが大変なのだから、「いつまで被災地だって言っているの？」「もう被災地じゃないよね」という人もいる。もちろん、現在、生活に困っている方を優先させてほしいのは当然である。ただ、原発事故は継続中であることは、忘れないでほしい。

放射線教育

県内では、年に２時間程度取り組むことになっている学校が多いかと思われる。例として、学級活動における「放射線て何？」「放射線から身を守るには？」など。コミュタン福島では、震災からの福島県の様子、原発や放射線についてのこと、エネルギーや環境についてのことなどが展示されている。この施設に行き、放射線教育としているところもあるようである。

２　個人的な思いと実践の様子

１）授業

社会科

５年　沖縄の様子 基地の面積が多いことについて

６年　日清戦争～の流れ。なぜか、勝つということにわくわくしてしまうので、そこでは必ず、戦争があるということは、必ず人が死んでいるということ、であることを付け加える。

普通選挙権「普通」と言っても、金持ちしか投票できない。日本国憲法「基本的人権の尊重」…戦争があったら、人権はないようなもの。選挙権があること…自分がどうしたいのか。

国語

６年　「平和のとりでを築く」

読んで思ったことについて、感想や、関連して考えたことなどを含め書かせている。現在の学級の子どもたちは、比較的落ち着いていて、家庭的にも、生活は大変でない子が多い。そうでない子たちのほうが、「平和」や「人権」について、敏感に反応するような気がする。前任校では、５年生のはじめにはなかなかノートに書くこともしなかった児童が、１ページ近く自分の考えを書いていた。

それを読んだ後の「未来がよりよくあるために」では、今年は、「平和な世の中にしたい、戦争をなくしたい」などのような作文が多くあった。その中に、「戦争をなくすには、教育が大切」という意見の子どもがいた。なぜかきいたところ、その時すぐには答えられなかったが、何があったか知ることが大事だ、というようなことを後で書いていた。みんなに紹介した後で、「しかし、教育によって平和になるとも限らない」という話をすると、かつての日本のことだとわかった子どもがいた。「先生が正しいことを言っているとは限らないから、自分で考えることが大切」と付け加えておいた。

２）何の日

沖縄（６月23日）。６年では、道徳に沖縄戦に関する資料があったので、関連させて話した。

原爆について。１学期終業式や、２学期始業式に、８月６日・９日・15日が何の日か子どもにききながら話をしている。１学期終業式には、夏休み中は戦争に関する番組が多くあるので意識して見てほしいことも伝えた。

関東大震災。防災の日に関連して話した。デマにより殺された人たちがいること。

第五福竜丸。絵本の読み聞かせをしている。2011年３月に、１年生に絵本を読んだすぐ後に原発事故。みんなが困っているのは、あの本にでてくる「放射能」だよ、と思いながら、会えない日々を過ごす。後できいたら「覚えてるよ」と言う子も。

憲法記念日。絵本の読み聞かせをしている。

3）読み聞かせ

戦争なんてくだらない！もっと大切なものがある！と思うような絵本。原爆や第五福竜丸の被害についてわかる絵本。日本国憲法についてわかる絵本。今、世の中で何が起こっているか、平和の大切さがわかる絵本。

4）放射線について

施設見学（コミュタン福島）について。「放射線」「放射性物質」「放射能」の関係についての説明に「たき火」の図を使用。子どもの中には、たき火から放射線が出ると思ってしまっていた子がいた。「福島県は、原子力に依存しないということを決めた」という話があった。さて、何を依存しないのか、これまでは依存していたのか、子どもたちがどうとらえたか気になった。ちょうどそんな話を教室でした子どもがいたので、依存しないってどういうことか聞いた。

C「え？原子力ではなく、ほかの発電の電気を作って使うということじゃないんですか？」

T「どこの電気を作っていたの？最後のほうで聞いたよね」

…じっくり考え、東京のほうの電気を作っていたことに気づいた。

児童の様子の変化について。震災直後は、小学2年生相手に、「原発と原爆は、大きくみると、同じ仕組みでね…」と話すと、「知ってる」と返事する子もいた。「トマトは大丈夫」（ベクレル低い）と言う子もいた。翌年の3年生を相手に、「マスクをしたり、手を洗ったり…」と言っても、みんなすでにしている（してきた）ことであり、「聞く必要ないよね…」と思った。その2年後、1年生を担任。震災時3歳くらいだと、まったく感覚が違う。現在6年生。東日本大震災や、原発事故が、歴史の学習になりつつある。

3　考えていること

私は、自分の考えが正しいと思っている。しかし、私の考えが、世の中すべての人の考えではないこともわかっている。自分と違う（違いすぎる）人の話を聞くのは、かなりしんどいので、席をはずしたり、テレビなら番組を変えたりしてしまう。しかし、なぜその考えになるのかということにも、興味をもっており、あえて自分の考えを言わずに話を聞くこともある。自分の考えを言わないのは、話すことが苦手なので、うまく説明できないせいもあるが、私の考えを言ってしまうと、その人の反対の考えを知る機会がなくなってしまうのではないかという思いもあるからである。

私と反対の考えをもっている人と出会った時、①本当に反対の考えなのか、②事実を知らないだけなのか、③目的は一緒で、手段や途中経過が違うのか、④「私が」事実を知らないのか。この中のどれなのか、ということを考え、「もし次にその話になったとしたら、どのように話すとよいか」ということをシミュレーションしてみる。が、その話になることはなかなかないし、うまくまとめられもしていない。どうあったとしても、「誰かが死ぬことや、誰かの犠牲がないと成り立たないことは、やめたらいい」ということはみんな共感できることだと思うのだが、これすら一致しない人もいる。「誰か」が「自分」や「家族」かもしれないと考えられないのか…。それでもよいのか…。私は、「誰か」が「誰」だとしても死ぬのは嫌だが。

30 「ふるさと浪江」を発信
ー閉じる学校から新設校へつなぐ

〔福島県浪江町　中学校〕※

柴口　正武

浪江町の浪江中学校は、2011年の震災後、その年の８月から、浪江町から約50km 離れた二本松市針道地区で授業を行ってきた。年々生徒数が減り続け、昨年度までの３年間は毎年半減という状況だった。2019年度の生徒数が０になることにより、2018年度をもって浪江中学校針道校舎の閉校となった。新年度になっての４月６日に、それまで臨時休校という扱いになってきた町内の６つの小中学校とともに、正式な休校となった。

町教育委員会では、2019年３月をもって「浪江中学校針道校舎」が「閉校」、４月６日をもって「浪江中学校」が「休校」という表現で、「閉校」と「休校」を区別していた。

1　閉じる学校でー2018年度浪江中

記憶と記録を残す

子どもたちが「針道」地区で中学校生活を送ったこと、送らざるを得なかったことを残したいと思っていた。いずれ（当分）なくなる浪江中学校で学んだ記憶と記録をしっかり残してほしいと思った。３年生３人に聞いた。「『ふるさとに生かそう』がテーマだ。何か、残したいね」。子どもたちは考えた。「木を植樹したい」「浪江町の木を使ったモニュメントを作りたい」「浪江町の絵を描きたい」。

決まったことは、「浪江町のよさ」を「絵」に描いて、それを役場に展示してもらい、町民や県内外の方に見てもらいたいということだった。その「絵」には説明も付けることとした。浪江中には学年テーマがあり、１年は「ふるさとを知ろう」、２年は「ふるさとに学ぼう」、３年は「ふるさとに生かそう」になっている。

「ぼくたちの力で浪江町を発信」－二本松の針道校舎から浪江町に思いを寄せて

「浪江町のよさ」という観点で、次の項目を選んだ。

・コスモス　・カモメ　・白鳥　・サケ　・請戸川リバーライン　・十日市
・大堀相馬焼　・なみえ焼きそば　・（津島）三匹獅子　・日山　・請戸港（漁船）
・大聖寺　・安波祭　・浪江駅　・まち・なみ・まるしぇ

この活動は、作成した「絵」は浪江町役場に展示してもらうことが前提であるため、以下の「事業案」を役場に提出した（役場から正式な文書の提出を求められたので）。

「ぼくたちの力で浪江町を発信」事業案

浪江中学校　第３学年

1．ねらい

浪江町の「よさ」を「絵」や動画によって紹介し、町民の方には「ふるさと浪江町」に対する思いをあらためてもってもらえるように、それ以外の方には、震災前、震災後の、それぞれの浪江町の魅力を感じてもらえることをねらいとする。

2．内容

(1) 浪江町の「よさ」という観点で、いくつかの項目を選ぶ（※前述）。

(2) 15項目について、ステンドグラス風に「絵」に描く。
「絵」の大きさは大判（縦 480mm × 横 650mm）。

(3)「ＡＲ」の技術を使って、「絵」をスマートフォンやタブレットで読み込むことにより、より詳しい説明や、関係する画像や動画を見ることができるようにする。

※「ＡＲ」:「拡張現実（Augmented Reality)」の略。カメラで撮影した現実の映像に文字や画像などの情報を重ねて表示する手法で、風景に合わせて道案内や商業施設の情報を表示するなど、見ている対象や現在の状況などの理解を助けたり、娯楽として楽しんだりする用途に使われる。

今回の企画では、「絵」に合わせて、関連する情報を端末機器で閲覧できるというもの。

3．日程の概略

生徒の計画により進めていくことになるので、今後変更はある。

○項目選定（済）	2018年　5月11日
○「絵」の作成	〜9月
○動画等のデータ収集（浪江町フィールドワーク）	7月11日、12日
○データ整理・編集	〜9月
○契約（1年間）※ＩＴ会社	10月
○データの登録	〃
○役場への設置	〃
○関係機関等への「絵はがき」の発送	〃
○文化祭での発表	10月27日
○「ふるさと創造学サミット」での発表	12月8日
○生徒卒業	2019年　3月13日
○契約更新・停止の決定	2019年　9月

4．その他

(1) 作成した大判の「絵」を原画として絵はがきを作成したり、町の広報誌に掲載してもらったりして、役場以外でも動画等を閲覧できるようにする。

(2) ＩＴ会社との契約について

①契約（予定）会社	（※略）	
②契約（予定）内容・費用	初期費用	10万円
	月額費用	3万円（15コンテンツ）
	年間計	46万円

③契約は（最低）１年。１年後に更新か停止を判断する。更新する場合は、初期費用は必要なく、月額３万円を納入する。

④実際の活用例については別紙（※略）を参照のこと。

(3) 費用について

・(2)のＩＴ会社との契約以外に、「絵」をつくるための素材となる材料費が必要になる。業者の見積もりによると、20セットで 61,560円となる。

・必要経費の総計を、上記の金額に、移動費用、宿泊費（１泊２日のフィールドワーク）、その他雑費の発生を想定し80万円と考える。

・「福島からの発信・活動等支援基金」に本事業を応募し、給付を受ける予定。上記の基金からの給付ができない場合は、今後検討していきたい。

「なかったこと」にさせない！

昨年度までの８年間で、昨年度卒と転校を含めて96人の子どもたちが針道校舎の浪江中を卒業した。本来過ごすはずだった浪江町から50km離れたこの針道校舎で、浪江中の子どもたちの生活、歩みは、確かに進んでいた。

その８年間の浪江中の歩みを、原発政策の中で「なかったこと」にはしたくなかった。昨年度、浪江町に新しい学校「なみえ創成小・中学校」ができた。その創設が大々的に取り上げられて、諸行事が大きく報道されるかげで、休校に向かう浪江中への関心が低くなっていくのを感じていた。しかし、休校が決まっていても、たった４人の学校であっても、そこには豊かな学びが存在しており、それまでの８年間も存在してきた。その学びは、針道校舎で生活した96人の子どもたちと、その子どもたちに寄り添った教職員が築いてきたものである。

休校を迎える時だからこそ、子どもたちが作成した「絵」を町内に残し、町外、県外に浪江町を発信すると同時に「子どもたちの学び」も発信して、「浪江中学校 針道校舎」を残したかった。それは「原発災害をなかったことにはさせない」ための具体的な実践であったと思う。

それに加えて、浪江町を離れたままで中学校を卒業した、そして卒業していく子どもたちの姿も残していきたかった。

フィールドワークの実施

取材活動と浪江町の復興の現状を知るためにフィールドワークを行った。このこと自体、賛否両論あろうかと思う。町内の空間線量等を調べた上での実施だった。当初、町内の宿泊施設に泊まることを考えたが、その周辺の空間線量が高いことから断念し、車で30分ほどかかる南相馬市のホテルに宿泊することにした 。

訪れたのは、漁港、お寺、駅、川、商業施設、診察所、電気工事会社、消防署、宿泊施設、子どもたちの家、スーパー、役場、コンビニなど。事前にアポイントをとっていたところもあるが、ほとんどは行き当たりばったり、出たとこ勝負である。それでも、快く取材に応じてくれた。子どもたちが町内での本格的なフィールドワークを行ったのは、震災後これが初めてであった。そもそも、その前年に中学生がようやく立入りできるようになった町であり、子どもが外を歩く姿は日常的にはなかった（今でもない）。

「絵」は役場の玄関にしばらく展示してもらった。現在は町内の「復興商店街」とも言える「まち・なみ・まるしぇ」に展示してもらっている。また、絵をもとにしてポストカードも作成し、町役場の他、町内の主な事業所、さらには県内外に広く配布した。避難している町民には、「ふるさと浪江」を思い出してもらうために、今回の取り組みをチラシにし、町の広報紙を送付するときに同封してもらった。全国に散り散りに避難している町民にも広げることができた。この活動の特徴的な点は、印刷さえされれば、世界中のどこでも、子どもたちの取り組みを広げることができることだった。

この活動を進めるには、ＩＴ会社との契約、ポストカードの印刷代など、それなりの経費が必要だった。その費用については、公益財団法人日本教育公務員弘済会と福島県教職員組合による「福島からの発信・活動等支援基金」を活用させていただいた。

本活動を行った浪江中の子どもたち（当時３年生）は、中通りの高校に進学し、今後も中通りに住み続ける。取り残される避難者の姿と子どもたちの姿がだぶって映る。

時間的なこともあり当初選んだ15のテーマのうち８つだけしか完成できなかった。残った７つについては、「なみえ創成」に引き継いでいきたいと思ったが、「なみえ創成」では、今年度の総合学習の方向性がすでに決まっていて、それはかなわなかった（後述）。

２　新設校につなぐ－2019年度なみえ創成中での総合学習

「浪江中」から「なみえ創成中」へ

浪江中が「休校」（針道校舎「閉校」）となる経緯について、あらためて確認しておきたい。

浪江町教育委員会は、避難先である二本松市で再開した浪江小、浪江中について、2017年度に在籍する子どもたちが、それぞれの学校を卒業する時点で、避難先での授業を終了することとした。その時点で、浪江中の当時の１年生（以下Ａ）が卒業するはずだった今年度（2019年度）、浪江中は「休校」になることが決まった。

Ａ（現在３年）は、自分が３年生になるときに新入生（次頁右上表の色付きの部分、以下Ｂ）が来ることを期待していたのかもしれない。しかし、Ｂが１年生を終えた段階で浪江中は休校となることは決定していた。当然Ｂは転校を余儀なくされる。転校に対する不安は大きい。Ｂと家族は悩んだ末に浪江中への入学を断念し、避難先の中学校への入学を決断した。

2019年度の入学生が０になるという見通しにより、Ａとその保護者は、浜通りへの転居と転校を決断した。そして今年度、昨年度に開校したなみえ創成中に転校した。

右下表は、2018年度の浪江中となみえ創成中の各教科の教員配置を表したものである。福島県立高校入試の受験科目である５教科の教員が配置されておらず、2018年度は２校でお互いに「行き来」して授業を行っていた。浪江中が「休校」するにあたり、なみえ創成中の数学や英語の担当教員の配置を強く行政に求めた。結果的には、浪江中の休校により転勤せざるを得ない私（数学）が、なみえ創成中へ転勤することになった。

Ａと私は、一緒に浪江中からなみえ創成中に移った。当然、Ａの担任は私である。今年度のなみえ創成中では、高校入試の受験科目である５教科ばかりでなく、常勤、非常勤の講師の活用により９教科がほぼそろった 。

学校	浪江小・津島小						浪江中		
年度＼学年	1	2	3	4	5	6	1	2	3
2016		1	1	1	2	2	3	4	10
2017			1	1	1	2	1	3	5
2018				1	1	1		1	3
2019					1	1	1		1
2020						1	休校		

（当初の計画）

2016		1	1	1	2	2	3	4	10
2017			1	1	1	2	1	3	5
2018				1	1	1		1	3
2019					1	1	休校		

（実際の状況）

教科	浪江中	なみえ創成中
国語		○
数学	○(2人)	
英語	○	
理科		○
社会		○
音楽	○	
美術	○	
技術		○
家庭		
保健体育		○

外部団体との積極的な連携

なみえ創成中は、浪江中以上に外部団体との連携を積極的に行っている。被災地、被災校において、外部との連携、外部からの支援はとても大事である。しかしそれは、学校側の判断だけでものごとを進めにくくなるという悩みも抱える。昨年度の浪江中３年生がやり残したテーマを、なみえ創成中に引き継ぎたいという思いが私にはあった。その３年生の活動を見ていたＡ自身も意識はしていたと思う。しかし４月時点で、さまざまな外部団体との連携等がすでに進んでおり、総合学習の方針も決まっていた。浪江町内で生産活動をしている農家の方、新しい観点で浪江町の農業を再開しようとしている個人や事業所など、その他さまざまな団体、個人の協力を得ながら、総合学習が進められようとしていたのだ。そのこと自体を否定するものではないが、浪江中での取り組みを続けることはかなわなかった。今年度の「なみえ創成」では、町で農業を再開している方に協力していただき、浪江町の「農業」に視点をあてて活動を進めることが、大枠決定していた。

小・中連携

「なみえ創成」では、さまざまな場面で小・中学校の合同の活動が行われている。給食を一緒の場でとることはもちろん、週に２回の「一斉清掃」が「縦割り」で行われる。児童会、生徒会は、「ボランティア委員会」として小５～中３が所属し、いくつかの活動を分担している。学校行事は、ほとんど小・中一緒である。私たち「なみえ創成」の教職員には、もれなく「命課」の辞令が発令されている。「命課」とは、同一町内の別の学校での勤務を行うことを可能とするものである。「なみえ創成」の中では、小・中学校のそれぞれの教職員は、校種の別なく指導、支援にあたることができるということである。実際に、中学校の理科、社会、保健体育の教員は、小学校の一部、または全部の学年の授業を担当している。また、中学校音楽の免許を持っている小学校の教員は、中学校の音楽を担当している。私（数学）は、ＴＴの形で算数の授業に参加している。

子どもたちの活動においても、私たち教職員の勤務においても、小・中学校の連携が進められている。これは、双葉郡の同じような「超」小規模の小・中学校に比べても進んでいると思われる。

そして総合学習もまた、全体のテーマを「農業」とし、学年ごとに小テーマを決めて活動を進めている。

実際の活動

「なみえ創成」としては、「大テーマ」として「ふるさと浪江」を位置付けており、これは浪江中時代と同様である。異なるのは、さらに「農業」にしぼって、それぞれの学年のテーマ（対象）を決めるということである。「総合学習は、子どもの思いや発想からスタートさせたい」と年度初めに強く主張したものの、すでに外部機関との調整を済ませている段階では、妥協線を探らざるを得なかった。

私が妥協した線は、予定されていた「なみえあるものさがし」という活動から子どもたち自身が関心のあるものを見つけてテーマとさせたいというものであった。結果的に、Ａは浪江町で栽培が始まった「トルコギキョウ」をテーマとした。他の学年は右表のとおりである。

学年	テーマ
小３　中２	ダイズ
小５　小６	エゴマ
中３	トルコギキョウ

支援体制

総合学習では、中学校の教員が２人の子どもの担当に分かれて活動の支援を行っている。Ａには、私のほか、ＡＬＴを含め計４人。私が中心になって授業を進めるが、随時それぞれの教員がＡにアドバイスを行いながら、「一緒の活動」をすることを基本にしている。体験活動では一緒に活動しながら、まとめではＡのまとめの不十分なところを補うのが私以外の教員の役割である。

浪江中からつなぐ

浪江中で２年間を送ってきたＡに対して、同じく浪江中に勤務していた私は、浪江中の総合学習の流れを話した。「ふるさとを知る」「ふるさとに学ぶ」「ふるさとに生かす」。Ａもそれはよく理解していた。学校が変わっても、浪江中での学習を生かそうという思いである。Ａは次の活動を考えた。

・紹介する（ブログ、ＡＲ）。
・発表する（十日市、ふるさと創造学サミット、大学の学園祭）。
・売る（花、トルコギキョウを使ったプレゼント）。

ブログ

ブログを立ち上げた。ＡＬＴがブログなどに詳しく、その指導のもとで行った。体験活動をするごとに、その様子や感想を記事にして更新をした。体験活動を行う時は、２校時分を確保して行うようにした。協力していただいた事業所は、トルコギキョウの他に野菜やブドウなどを栽培・販売しているＮＰＯ法人である。施設が学校に隣接しており、２時間弱の活動は十分に保障された。しかし、農作業は中３の子どもにとっては厳しいものがあったことと、活動のまとめの時間をとるため、約１時間の活動とした。体験活動が終わってから、活動の記録とブログの更新を行うようにしたが、毎回時間オーバーで、結局は昼休みや放課後の時間を使うことになった。しかしこの活動の最大の壁は、校内におけるインターネットのセキュリティだった。

「なみえ創成」のパソコンは、基本的にはＵＳＢ端子は使用できない。だから、子どもや教職員が撮影した画像等は、職員室にある唯一ＵＳＢ端子が使えるパソコンを使って「共有フォルダ」に保存して、その共有フォルダを介して、それぞれの教職員のパソコンで画像等を使用している。しかし、子どもたちが使うパソコンでは、教職員の共有フォルダには当然アクセスできない。また、ブログを開設にするにあたってのメールアドレスをＡは持っていない。仕方がないので、私個人のメールアドレスを使ってブログを開設し、これまた仕方がないので、職員用のパソコン（教室に配当）を使って更新作業を行っていた。

それに「ご指導」が入った。「職員用のパソコンは子どもには使用させないのがルールだ」と管理職は言う。私は「私がそばにいる時に使用させている」と反論する。「子どもの活動を制限するのはおかしい」とも言った。結果…子どもがブログに入力する内容（データ）を教頭に送り、学校のＨＰで紹介するということになった。それ以来、更新はしていない。

ＡＲ

Ａは、これまでの体験活動や取材活動の様子にコメントを加えて、プレゼンテーションソフトを使って、スライド動画を次の５つに分けて作成した。

（ア）苗植え（イ）下っ葉かき（ウ）孫芽とり（エ）出荷（オ）後片付け

ここまではＡだけによる活動である。

ＡＲ技術を使うためには、動画を読み込むための「絵」を作成しなくてはならない。Ａが作成した５つのスライド動画に対応する「絵」を、Ａだけで作成するには無理がある。そこで登場するのが私たち４人の担当者であった。１つの「絵」を作成するには平均６時間かかった。さらに、小学生のテーマについても、１つのスライド動画にまとめてＡＲの技術で広めることになった。ＡＲによる「なみえ創成」の総合学習の「発信」にあたっては、Ａと私たち担当者の共同作業となった。下がそ

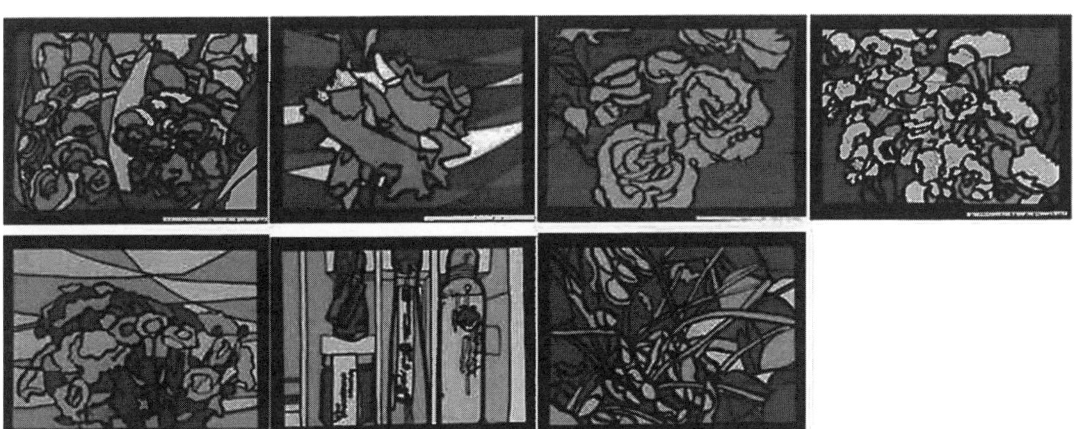

の「絵」である。スマホかタブレットで、あるアプリをダウンロード、インストールして起動すると、その絵について説明するスライド動画を見ることができる。

10月にこれらの「絵」と動画をネット上で登録をした。その前月に浪江中の契約は停止となった。浪江中の昨年度３年生３人がつくったスライド動画を一般の人が観ることは不可能となった。複雑な思いはあるものの、浪江中からなみえ創成中に活動を引き継ぐことはできた。浪江中の「絵」は、「まち・なみ・まるしぇ」に引き続き飾ってある。

「絵」の拡散

本活動は、「絵」を拡散しなくては「発信」という目的を達成できない。その拡散のしかたは、浪江中の手法をそのまま引き継ぐ予定である（2019年10月時点）。配布方法については、次のイベント、行事での配布をまず考えている。

・修学旅行時の都内某大学祭での配布（11月２日）
・浪江町内での「十日市祭」での配布（11月23日）
・「ふるさと創造学サミット」（12月14日）

とりあえず、校内のプリンターにより自前でポストカードを100枚程度作成し配布する。さらに支援金を活用して印刷所に作成を依頼する。浪江中の時には、８枚１セットを合計で10,000セットを作成した。今回も同程度で作成する予定だ。役場をはじめとする町内の各事業所、関係機関を通じての県内外への配布等、それこそ外部団体と連携して進めていきたい。

「十日市祭」は、200を超える屋台が立ち並び、町外からもたくさんの人が集まる浪江町でもっとも大きなイベントである（純粋な祭りとは異なる）。震災後は、役場機能が移転していた二本松市のＪＲ二本松駅前で規模を縮小して行ってきた。避難指示が解除され、一昨年から町内のスポーツセンターを中心に開催している。

「ふるさと創造学サミット」は、震災後に始まり、今回で５回目である。双葉郡内の小・中・高の子どもたちによる交流会。人数が多い学校は一部の学年、少ない学校は全学年で参加。主に総合学習の発表をしたり、同じテーマで意見を交流したりしている。

発表

なみえ創成中では文化祭はない。昨年度は保護者や地域の方に向けての総合学習の発表の場がなかった。今年度は「十日市祭」でのステージイベントの中に時間を確保してもらい、20分の発表を予定している。保護者や協力してくださった方をはじめ、町民の方に向けての発表となる。「なみえ創成」としては初めての総合学習の発表である。発表は、Ａの活動を中心に、「なみえ創成」全体の活動も報告することになっている。総合学習の、「テーマづくり」から「発表」までの一連の流れを、ようやくつくることができた。

また「ふるさと創造学サミット」では、小・中・高の子どもたちが、お互いに発表し合える場があるので、それも重要な発表、発信の場として位置付けている。

人数的なことがあり、中学校単独での文化祭開催は次年度も無理であろう。当面は、今年度の形で発表までつなげていきたいと考える。

A以外のグループは、「ふるさと創造学サミット」での発表を「ゴール」に位置付けている。Aについては、「十日市祭」での発表を「ゴール」に考えている。「十日市祭」が終わったら、Aはようやく本格的に受験モードに突入する。他の中学生に比べると1、2か月遅れた突入である。

3 「地元の学校」の将来を見すえて

地域とともに進む学校

今回の総合学習での体験活動は、地域の農業従事者、町外の生産組合、大学関係者や大学の支援センターなど、幅広い方々との連携のもとに進めてきた。

「なみえ創成」の校舎には「子どもと地域の未来を切り拓く なみえ創成」という文字が掲げられている。いろいろな場面で、さまざまな方面の個人、団体が、本校に関わり支援をしてくださっている。そういう方々の思いを子どもたちの活動に生かすとともに、地域を大事にし、地域から大事にされる学校づくりをしていきたい。地域と学校をつなぐ一番のステージになるのが総合学習であると考える。

話題性

開校2年目、原発災害被害の自治体の学校。この話題性は大きい。外部団体の視察、交流企画、さまざまなものが「ひっきりなし」に入る。このことについては課題もあるが、「なみえ創成」が、浪江町の復興・再生の大きな役割を担っていることをあらわしている。そして現実的な問題、切実な問題として、この学校をどう存続させるかということがある。「なみえ創成」で こんなことをしている、という報道等は、子どもたちが増えるきっかけになりそうではある。

総合学習は、「なみえ創成」の特徴的なものを伝えることができる教育活動になりうる。そのためにも、「超」小規模の中で、浪江の子どもたちが生き生きと活動できるカリキュラムを、「個」に応じてつくり、または準備することに努力していきたいと思う。それは結果的に、「なみえ創成」の教育の発信をしていくことになり、浪江町に戻る子どもたちを増やすことと、浪江町の復興につながっていくと思う。

「最終学年」の姿

「なみえ創成」の子どもたちの数が増えるためには、その「最終学年」である中学3年生がどのような学習活動を行っているかが大事である。「なみえ創成」での9年間の学習を通して、最終学年である中3の子どもがどう成長し、どういう形で進路を実現していくかである。

開校2年目の本校において、転校してきたAが初めての「中学3年生」である。そのAの姿は、「なみえ創成」さらには浪江町の今後の方向性を示すものだと思っている。Aの姿が、そしてそれに続く中3の姿が、浪江町の「地元の学校」である「なみえ創成」を魅力あるものとして、町内外に発信していくことにつながるのだと感じている。

現状

夏休み後半に、町の企画であるオーストラリアへの「海外学習」が 実施された。Aも参加した。

高校入試に向けて、受験モードを全開にするはずの夏休みである。10月31日～11月２日にかけて、小５年～中３年による「修学旅行」が実施される。中学３年生として、受験に向かう大事な時期が、学校行事や町行事で失われてしまう。高校入試がある以上、受験勉強を経験し、その中で大きなストレスを感じながら思春期を乗り越えていかなくてはならない。その乗り越えるタイミングを逸してしまわないようにがんばっているのが、中学校の担任であり、学年の教員である。その思いがなかなか通じないのが、実は「被災校」であったりする。

付記

本リポートを作成中、台風19号が直撃した。なみえ創成小・中が総合学習でお世話になったＮＰＯ法人も河川の氾濫の被害にあった。小５と中２の子どもたちが育てていたダイズは壊滅した。「みそづくり」まで考えていた活動も、今年度は不可能となった。

Ⅱ

準原発被災校で
原発災害と向き合った
教育実践記録

解説Ⅱ

大森直樹

準原発被災校の教育実践記録とは

先に本書の「はじめに」と「Ⅰ」の解説で原発被災校の定義について述べたが、その定義だけでは、教職員・保護者・子どもの生活実感からは原発災害が認められている学校が原発被災校の特定から外れてしまうことがある。そこで本書では、原発被災校の定義から外れていても汚染への対処等が行われた学校は準原発被災校とみなすこととし、「準原発被災校において原発災害と向き合った教育実践記録」についても整理と収録を行うこととした。

日本教職員組合編『日本の教育』第61～69集には、2011～19年度公表の教育実践記録約5,400件のタイトルが収録されている。それらの本文にあたると、準原発被災校で原発災害と向き合った教育実践記録が11件あることがわかった（図表6）。11件の中から、本書「Ⅱ」に4件、「Ⅲ」に2件[1]（**実践36、40**）、計6件を収録している。以下、これら6件を中心としながら、本書に収録できなかった5件の内容もふまえて解説を行うことにしたい。

まず、11件の県別の内訳は、岩手1件、宮城3件、福島1件、千葉1件、埼玉1件、東京4件である。図表7において、濃いグレーで示したところが準原発被災校で原発災害と向き合った教育実践記録が認められた市区町である。そうした市区町はその多くが、薄いグレーで示した原発被災校がある市町村の周縁に位置している。この11件から原発災害と向き合った教育実践の成果を整理すると2点にまとめられる。

1　子どもの生活の事実を大切にする

情報がない中の被ばく

第1は、原発災害下における子どもの生活の事実を記録してきたことだ。その一部を書き抜いてみたい。宮城県の北東部に位置する大崎市立真山小に2011年度に着任した養護教諭の松田智恵子は、**実践33**において、次のように述べている。

事故当時、震災の影響で数日間停電となり全く情報を得ることができなかった。水も車のガソリンもなく、多くの人々は給水車の長い列に並び、日用品や食料を買い求めるために自転車や徒歩で出歩いた。その中には小さな子どももいた。学校が休みになった子どもたちは外で雪遊びをしていた。当時、どれだけ被曝したかが非常に気になる。

1　この2件は準原発被災校の教育実践記録であると同時に3・11受入校の教育実践記録でもある。

図表6　準原発被災校で原発災害と向き合った教育実践記録11件（2011-19年度）

著者	実践校（都県）	タイトル（分科会）実践記録番号
2011年度		
糸日谷美奈子	釜石市立釜石東中（岩手）	放射線学習の実践（環境・公害と食教育）
佐野郷美	千葉県立船橋芝山高（千葉）	福島第一原発事故による放射能汚染に関する取り組み（同上）31
天笠敏文	青梅市立藤橋小（東京）	原発事故と放射能のはなし（同上）32
橋口由佳	都内公立中（東京）	放射線被ばくと学校（自治的諸活動と生活指導）36
2012年度		
佐藤ゑみ	色麻町立色麻中（宮城）	3・11を忘れずに生きる（保健・体育）
佐藤郁夫	福生市立福生第六小（東京）	福島原発事故後の原発学習（環境・公害と食教育）
武高子	目黒区立第九中（東京）	試食会を活用して（同上）
戸内敏博	猪苗代町立猪苗代小（福島）	福島の子どもたちの今（人権教育）40
2013年度		
伊藤優子	大崎市立古川北中（宮城）	2011・3・11東電福島第一原発事故以後（保健・体育）
2016年度		
松田智恵子	大崎市立真山小（宮城）	子どもと一緒に考えたい放射能のこと（同上）33
大森直樹 金子彰	所沢市内（埼玉）	原発事故後の埼玉で子どもと生きる（総合学習と防災・減災教育）34

汚染予測は東日本の広範な地域に及んでおり、事故後初期における子どもの被ばく量は測定されていないため、松田が抱いた懸念は当然のものだ。この懸念にもとづき、松田は行動を重ねた。①職員会議における放射能対策の協議（4・6月）、②「ほけんだより」等による放射線情報の発信（4月）、③文科省から空間線量計を借用して校庭を測定（6月）、④健康診断における甲状腺の触診の導入（6月）等である。④は松田が内科校医と相談して行ったものであるが、管見の限り、学校の健康診断における甲状腺の触診の導入をもっとも初期に実施した事例といえる。

松田が2011年11月1日に発行した「ほけんだより」には、大崎市のホームページに掲載された市内23小学校の市による空間線量の10月12日の測定値が転記されている。1時間0.3マイクロシーベルトの測定値を示したのが1校、0.19が1校、0.16が1校あり、以上の3校が経産省が定めた一般区域の線量限度1時間0.15マイクロシーベルトを超えていた（本書20頁の図表5参照）。真山小の測定値は1時間0.15マイクロシーベルトだった。

自治体ごとの線量基準

東京都の北部に位置する福生（ふっさ）市立小で2011年度に小5を担任した教員は、「次年度の移動教室の場所について日光を疑問視」する保護者の声を受け止めていた（図表6の2012年度佐藤郁夫実践）。こうした保護者の心配の背景には、2011年12月、環境省によって日光市が汚染状況重点地域に指定された

図表７　準原発被災校で原発災害と向き合った教育実践記録数（2011-19年度）

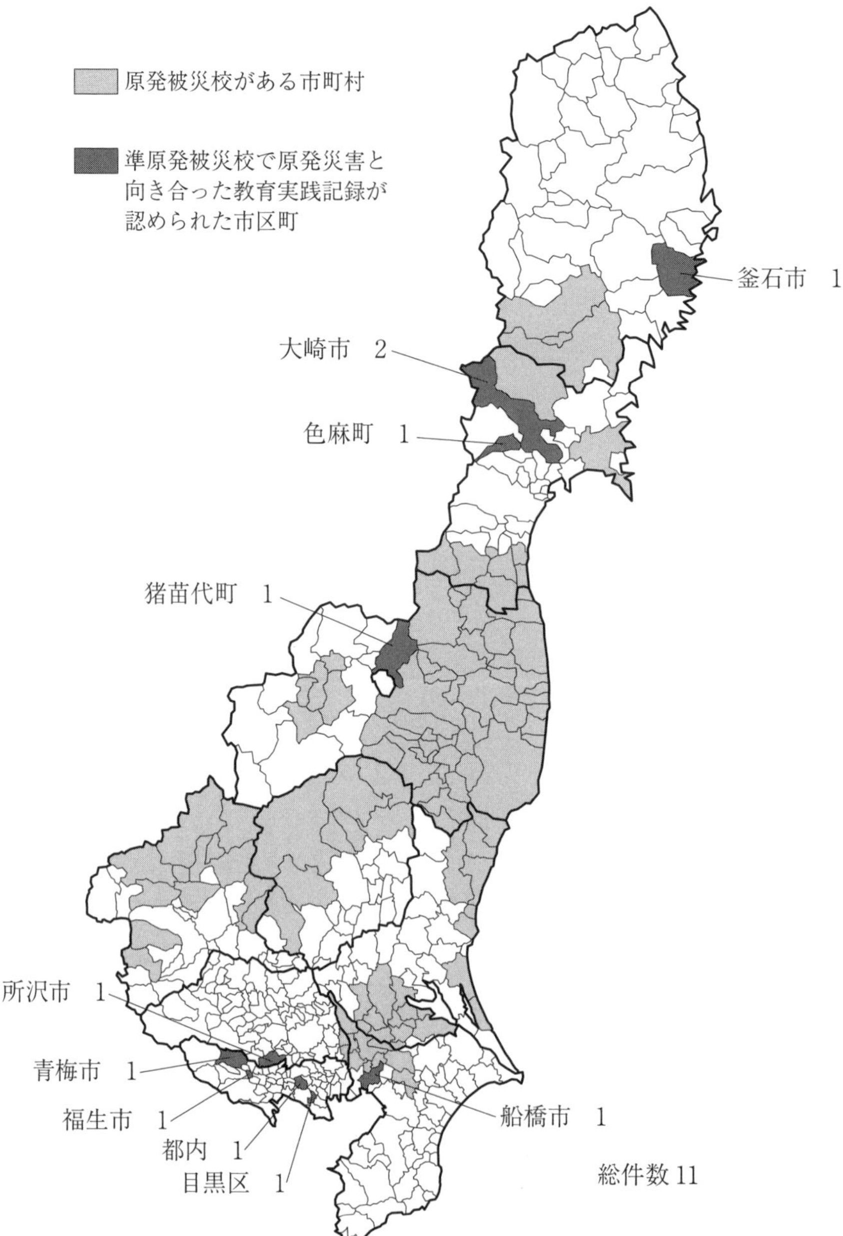

こともあった。2012年度、福生市教育委員会は移動教室先を他の地区へ変更することを認めなかったので、同小は移動教室を日光で行った。実踏調査では、「指導主事が同行し簡易計測器を持参しながら予定コースを計測」した。「市の暫定基準（地上５センチメートル、１時間0.23マイクロシーベルト）を超える箇所が数カ所あったため、移動教室当日は、それらの場所はコースから外すことになった」という。

この記述からは、福生市が環境省の汚染状況重点調査地域の指定要件（図表５）に相当する暫定基準を定めていたこと、福生市教育委員会がその暫定基準にもとづき校外も含めた教育環境の利用判断を行っていたことがわかる。**実践34**には、埼玉県南部の所沢市が除染基準を１時間0.23マイクロシーベルトに定めて小中ほか400施設を測定し、16施設39カ所が基準超で、２施設３カ所が１時間１マイクロシーベルトを超えていたことが記されている。福生市や所沢市だけではなく、東日本の広範な自治体では、こうした基準の設定や運用が様々に行われていたが、その関係法令との整合性の検討や、基準を設けた自治体数などを明らかにする研究は、管見の限りほとんど行われていない。そうした中で、2011年度に千葉県内８校の県立高校の空間線量を測定した佐野郷美が、次のことを記していることは注目に値する（**実践31**）。

> 千葉県は教育長名で８月31日「学校の校舎・校庭等の線量低減について」を各県立学校長宛に通知していた。これは文科省が８月26日付で福島県知事等宛の文書をそのまま各県でも参考にせよと通知したもので、学校現場での今後の対応について、①原則年間１mSv以下を達成する、②局所的に線量の高い場所の把握と除染を行う、③文科省は今後線量低減策への財政支援を行う等、とした。

これによれば、文科省が福島に発出していた８・26通知（図表５）の内容が５日遅れて千葉県にも届けられていたことがわかる。文科省は、まず８・26通知により福島の目安を年１ミリシーベルト、１時間１マイクロシーベルトとしたうえで（本書18〜21頁参照）、それを参考に千葉県下に線量に関する施策を求めていたことになる。教育長名の８月31日の通知が千葉県の高校に何をもたらしたかについても、佐野は記している。「各学校が測定しようにも測定器がなかったり、通知するだけで、この問題がいかに重要な問題であるか知らせるための管理職を対象にした研修会が行われなかったこともあって対応は非常に遅れ、しかも測定し線量を把握しても除染に関する対応はまちまちであった」。

２　新たな教育内容をつくる

チェルノブイリ原発事故の学習

第２の成果は、子どもの生活の事実をふまえて、新たな教育内容をつくりだしてきたことだ。準原発被災校の子どもにとって、放射性物質の汚染地でくらしていることを理解することは簡単ではないことが多いが、それでも、子どもが少しでも被ばくを避けるための教育内容が次のようにつくられてきた。

東京都の西部に位置する青梅市立藤橋小の天笠敏文は、事故直後３年生に、「外遊びの時間を短くする」ことや「雨の日の外出を避ける」ことなどを、朝の会・帰りの会の時間を利用して繰り返し伝えた（**実践32**）。福島第一原発から大量の放射性物質が南方に運ばれた最初の日付は３月15日だった可能性が高いと言われている。世田谷区にある東京都産業技術センター駒沢支部の大気浮遊塵測定によると、ヨウ素131が1立方メートルあたり241ベクレルだったことをはじめとして、ヨウ素132、セシウム134、セシウム137についても測定値が得られており、それらの値はこの事故での都内での最高値だった[2]。天笠が繰り返し伝えていた内容は、子どもが少しでも被ばくを避けるために有益なものだった。

東京において、子どもに屋外活動時の注意を促す取り組みが、どれほど行われたのか、あるいは、行われなかったのか。手がかりを与える記述が、2011年度に都内の中学に勤務していた橋口由佳の教育実践記録の中にある（**実践36**）。橋口は、「部活も以前と同様に雨天時でも行っていたこと」を前にして、管理職と次のようなやりとりをしている。

> 危機感を感じた私は、管理職に「このような状況で、屋外で部活をするのは大丈夫ですか？雨天時は中止にしなくてもよいのですか？」と質問をしたが、「我々の立場としては、都や上の指示に従うしかない」との返答だった。

このとき「都や上の指示」はどのようなものだったのか。天笠の教育実践記録を再び参照すると、2011年６月に、文科省が「放射能を正しく理解するために」（副題「教育現場の皆様へ」、文科省発行、2011年６月24日、全38頁）という表題をもつ資料を「全国の教職員に配布」したとする記述がある。この資料には次のことが書かれていた。

> 年間１ミリシーベルトというのは、学校において受ける線量をできる限り減らしていくという「暫定的考え方」に基づき示した目標であり、１ミリシーベルトを超えてはならないという基準を示したものではなく、毎時3.8マイクロシーベルト以下であれば、屋外活動の制限も必要ありません。

天笠は、この一文を読み、文科省が「毎時3.8マイクロシーベルトを正当化」したことを「とんでもないこと」であると考えた。この資料を受け取ったのと同じ年度に、天笠は、４年生に、日本における「一般人の許容線量」（一般区域の線量限度）が年１ミリシーベルトとされていることや（１時間0.15マイクロシーベルト）、チェルノブイリ原発の周辺では１時間３～４マイクロシーベルトのプリピャチ市が居住禁止とされていることなどを事実にもとづき教えていくことになる。

この資料には、いま読み直すことで、改めて見えてくる問題もある。それは、この資料においては、政府から「暫定的考え方」の通知が４月19日にあったことは記されているが、その通知の正式なタイトルが「福島県内の学校の校舎・校庭等の利用判断における暫定的な考え方について」（４・19通知）だったことが省略されていたことだ。正式なタイトルを読めば、１時間3.8マイクロシーベルトが「福島県内の学校」を対象にしていたことをまずは知ることができる。だが、上の資料のどこを読んでも、４・19通知の対象の範囲は記されていない。この資料は、福島を対象とした１時間3.8マイクロシーベルトの目安が、あたかも全国の学校を対象とした基準であるかのような理解を、教職員に

2　原子力資料情報室編『検証　福島第一原発事故』七つ森書館、2016年、220頁。

促す効果をもつものだった。このような理解を教職員に促したことは、一面においては一部の教職員から文科省への強い不信と反発を招いたが、別の一面においては、教職員が1時間0.15マイクロシーベルトの線量限度に照らして東日本の学校の放射能汚染に対処する動きを封じることにもなった。

天笠は、2011年度の秋学期に4年生に行った授業の報告に際して、事故から8ヶ月の時点で次のように述べている。「メディアのほとんども、原発事故は過去のことのように報道しなくなってきている。こんな中で、子どもたちと、原発事故とはどういうものなのか、私たちはどのような状況に立たされているのかを考えてみた」。天笠は、チェルノブイリ原発事故を中心にした2時間の授業と、放射線についての3時間の授業を行った。「放射能の話は難解であると言われるし、私自身もそう思っていたが、授業は大変集中し、大人向けのビデオ資料も熱心に視聴」した。「学習してよかったと答えた子どもがほとんどで、遠く福島の子どもたちを心配する感想も多」かった。天笠は、「この学習が長く記憶に残り、将来の考えに役立っていくことを祈らずにはいられなかった」。一方で、「保護者たちからのリアクションは、思ったより少なかった。東京の他の地域に比べ、給食食材の放射能汚染についても保護者から声が挙がらない地域性で、それは関心が少ないのか、心配であっても意思表示しづらい社会状況なのか、容易に判断することはできな」かった[3]。

本書の「Ⅰ」で「原発被災校」=「東日本8県の2,346校」という整理を行ったことをふまえ、「Ⅱ」で試みているのは、原発災害が東日本のさらに広範な学校に及んでいる可能性を事実にもとづき考えて教育実践の課題を探ることだ。

3　給食食材の放射能汚染について、保護者の声が挙がった地域とそうでない地域があったと天笠は記しているが、声が挙がった地域の1つが小金井市だった。「小金井市学校給食の指針　2013年4月」のなかには次の記述がある。「学校給食食材については、安全性を最優先」すること、「子ども達の健康のため、内部被ばくを避けるように」すること、そのために「食材の残留放射性物質検査を実施」すること。こうした「指針」を具体化するため、小金井市教育委員会は2013年4月に学校給食の牛乳をより安全なものに変更している。これらを実現するうえで、小金井市で子育てをしている保護者たちが声をあげて活動を重ねたことの影響は大きかった。東京学芸大学教育実践研究支援センター編『資料集　市民と自治体による放射能測定と学校給食－チェルノブイリ30年とフクシマ5年の小金井市民の記録』(明石書店、2016年)参照。

31　福島第一原発事故による放射能汚染に関する取り組み

〔千葉県（船橋市）高校〕

佐野　郷美

私は高校の生物を教える教師である。教師になってすぐの頃から、私は千葉県高等学校教職員組合の支部、そして県の「公害と教育」問題別教研に参加してきた。そして私もレポーターとなって生物の授業の中で「水俣病」や大気汚染物質二酸化窒素を授業の中で測定する実践などを報告してきた。たまたま全国教研の「公害と教育」問題別教研に出席する機会を得て、アドバイザーとして出席されていた原子力情報室の高木仁三郎さんと話す機会を得た。その時彼はこう言っていた。「原子力は火を灯すことはできるが、消すことのできない技術、それが今の原子力だ」と。その言葉を聞きながら、原発が国内に次々と建設されてきたことを傍観してきた自分が恥ずかしい。今、そう思って東日本大震災による福島第一原発事故を契機に、日本が脱原発のエネルギー政策に大転換し、自然エネルギーの利用を基本とするエネルギー政策に大転換していくために、この半年私が地域で実践した活動について報告する。

1　高校の理科教師としての取り組み

残念ではあるが、授業の中で「福島第一原発事故」や「放射能汚染」について扱うことはしなかった。それは、現在の自分の知識をどう整理しても、原子力の危険性については教えられても、日本の原子力や化石燃料に頼らないエネルギー政策について自信を持って紹介することができなかったし、そのため今の私の力量では脱原発を生徒に押し付けるだけに終わってしまい、生徒自身がこの問題を真剣に考えてもらえる授業をする自信がなかったからである。

しかし、高校で理科を教える教師として、動かずにはいられなかった。そこで空中放射線量の測定器を借用できる機会に恵まれたので、千葉県高教組の機関会議を通じて「学校の放射線量を測定しませんか」というチラシを配布し、可能な限りの高校の敷地内の空中放射線量を測定し、もし線量が高い場合に除染を進めてもらう機会にしたいと考えた。

すでにその測定器（ドイツ製 ガンマ・スカウト）を用いて測定していた学校（測定者：浅間さん）を含め、県立高校８校の測定を行った。

2　千葉県内の高等学校の空中放射線量

各校の空中放射線量の測定は、福島第一原発が事故を起こしてから半年後の2011年９月から10月に行った。測定結果を表１に示す。校名を明記しなかったのは、最重要の課題は、高校生の生活する場である学校内で線量の高い場所があった場合に、速やかに除染し可能な限り高校生への放射線による影響を排除することであり、各校の対処の仕方やそれを支持する管理職を攻撃することが重要ではないからである。

文部科学省のＨＰに掲載されている平成23年９月29日発表の「文部科学省による埼玉県及び千葉県の航空機モニタリングの測定結果について」では、千葉県の北西部流山市、我孫子市、柏市、松戸市、市川市北部の地表面から１ｍの高さにおける空中線量率は 0.2～0.5μSv/hであり、新聞等でも「ホット・スポット」と報道されているが、今回の調査でも、この区域内にあるＡ高校とＣ高校の測定値は最高値においても平均値においても高い数値を記録した。Ｂ高校は我孫子地区でホットスポット内の高校ではあったがＡ、Ｃ高校ほどの高線量は測定されなかった。

すでに指摘されているが、実際に測定してみて、校舎や体育館の屋根に降った雨が流れる雨樋から雨水桝、そして側溝、特に流れのよくない部分や枯葉の堆積した部分などで高線量が測定された。

福島第一原発から最も遠いＨ高校は館山地区にあり、前述の文部科学省のＨＰでも「0.1μSv/h以下」のゾーンに入っていたが、測定した８校のうち最も線量が低かった。

Ｄ高校が私が勤務する千葉県立船橋芝山高等学校であり、Ｅ～Ｇ高校は本校近くの船橋市内の県立高校である。

学校名	測定日	天候	測定点	最高値	最低値	平均	測定者	地域
Ａ高校	9.8	晴れ	26	1.91	0.15	0.53	浅間	松戸市
Ｂ高校	9.8	晴れ	18	0.4	0.18	0.28	浅間	我孫子市
Ｃ高校	9.14	晴れ	35	4.22	0.23	1.15	佐野	市川市
Ｄ高校	9.9	晴れ	26	0.3	0.09	0.18	佐野	船橋市
Ｅ高校	9.15	晴れ	29	0.7	0.17	0.32	佐野	船橋市
Ｆ高校	9.17	晴れ	19	0.31	0.12	0.21	佐野	船橋市
Ｇ高校	9.18	快晴	39	0.37	0.16	0.27	佐野	船橋市
Ｈ高校	10.6	晴れ・曇	18	0.06	0.02	0.04	佐野	館山市

表１：千葉県内８校の県立高校敷地内の空中放射線量の測定結果（μSv/h）
測定者：浅間（千葉県立松戸高校）佐野（筆者）

３　空中放射線量測定後の各高校の対応

空中放射線量測定後の各高校の対応はさまざまであった。千葉県は教育長名で８月31日「学校の校舎・校庭等の線量低減について」を各県立学校長宛に通知していた。これは文科省が８月26日付で福島県知事等宛の文書をそのまま各県でも参考にせよと通知したもので、学校現場での今後の対応について、①原則年間１mSv 以下を達成する、②局所的に線量が高い場所の把握と除染を行う、③文科省は今後線量低減策への財政支援を行う等、とした。

しかし、実際には千葉県の場合各学校が測定しようにも測定器がなかったり、通知するだけで、この問題がいかに重要な問題であるか知らせるための管理職を対象にした研修会が行われなかったこともあって対応は非常に遅れ、しかも測定し線量を把握しても除染に関する対応はまちまちであった。

本校（千葉県立船橋芝山高校）では、測定結果を管理職に知らせると、すぐに校舎外回り、中庭、そして最も線量の高かった自転車置き場の高圧洗浄機による除染が行われた。また、今後放射線量の測定は長期にわたると判断し、測定器も独自に購入した。

しかし、線量の最も高かったＣ高校では、測定値についてＣ高校の組合員を通じて管理職に知らせてもすぐに対応策を講じるということはなかった。測定結果を知らせ１か月以上たってようやく再度独自に測定を行い、高線量の場所について除染を行ったという。

このような学校ごとで異なる対応が生じたのは、①通知の中で、県が明確な基準を示さず、除染のための予算措置について一切触れることなく文科省の通知をそのまま校長宛に流したこと、②各校が除染を必要とする場合に、団費を用いざるを得ない状況であれば、保護者への説明が必要になりかえって寝た子を起こす結果になりかねないことを管理職が心配したせいではないかと推察している。

また、私が借用したＡ高校の線量計は当初１か月以上お借りする約束であったが、急遽短期間で返却することになった。それは「学校の備品を勝手に外部に貸し出すな」という管理職からの働きかけがあったからである。これもこのＡ高校の線量計を使った「測定値」が独り歩きすることを恐れた管理職の判断が根底にあるとみている。

どちらにしても、児童生徒が安全に生活できるための基準（市町村によってまちまちの基準が作られているが）を設け、学校現場が放射線量を常時測定できる体制をとり、管理職を対象にした研修を実施すること、除染が必要な場合の文科省、県等の予算措置を要求したい。

４　体外被曝そして体内被曝

今学校で運動会が花盛り。グラウンドで赤白に分かれた子どもたちが、徒競走・団体競技・お遊戯などに一生懸命、親たちも応援席でわが子の活躍に注目している。

しかし、そのグラウンドが放射性物質で汚染されている。私が住む市川市の９月中旬の地上１ｍの空中放射線量の測定では、小中学校の校庭と砂場については平均が 0.154μSv/h（市川市北側0.167μSv/h、南側 0.149μSv/h）であった。子どもたちが遊ぶ公園は、平均が 0.187μSv/h（市川市北側 0.244μSv/h、南側 0.146μSv/h）で、明らかに市北部の放射線量が高いようだ。ホットスポットとして柏市、流山市、松戸市の名があがっているが、市川市北部も高線量であるようだ。測定器を手に入れ、９月13日に独自に市川市北部の公園を中心に測定してみたが、丁寧に調べてみると、市の調査より高線量の場所がいくつもあった。

市は９月５日、「市川市放射線量低減のための当面の取り組み方針」を発表した。それは、①１年後を目途に追加被曝線量を１mSv/y以下にすることを目指す、②年間追加被曝線量を低減するため0.26μSv/hを超える施設については積極的に低減対策に取り組む、というものである。この指標値は市町村ごとに決められ、たとえば松戸市は0.30μSv/h、足立区は0.25μSv/hである。

しかし、この指標値以下なら安全なのか。少なくとも私が勤務する船橋芝山高校の物理の授業で、今年１月（震災前）に校庭各所で測定した結果は0.02～0.05μSv/hで、つまり震災前に比べ空中放射線量は５～10倍になっているのである。この体外被曝だけでなく、私たちは福島第一原発由来の放射性物質を少なからず体内に取り込んでいる。あの楽しい運動会でも、グラウンド表面に飛来した放射性物質が風や子どもの活動により再び舞い上がり、競技中の子どもたちや観戦中の親たちが吸い込んでいたに違いない。

9月3日、広島に原爆が落とされたとき広島に勤務していた軍医肥田舜太郎（ひだじゅんたろう）さんの「原爆と原発－内部被曝をみつめて」と題する話を聞く機会を得た。体外被曝とは別に、微量であっても長期にわたって進行する体内被曝の危険性を指摘されていた。発癌、催奇形性、早期老化、免疫力の極端な低下がその主なものであるが、今後福島第一原発由来の放射性物質によるこれらの諸症状の増加が懸念されている。

体外被曝だけでなく、体内被曝のことも視野に入れてみた時、とにかく周囲の空中放射線量を測定し、高い数値（市川市の基準 0.26μSv/hをとりあえずの目安としてもよい）の区域の徹底的な除染を行わなければならない。3.11 以降、目に見えないが私たちを取り巻く世界は大きく変わってしまったのである。

おわりに

放射能による汚染から、命、特に子どもたちの命を守る運動は、これから長期にわたる運動となるのは必至である。これは人権の問題でもあるし、平和の問題でもある。したがって、教職員が一丸となって取り組むべき課題であると認識している。

『ミツバチの羽音と地球の回転』というドキュメンタリー映画を見た。上関原発建設計画に対する祝島の島民たちの反対運動を取り上げながら、北欧の小さな自治体ではあるが、完全に化石燃料、原子力から撤退して再生可能エネルギーのみで人々が暮らしている姿が映し出された。

日本は1億人を超える巨大な社会、そう簡単にはいかないだろう。しかし、化石燃料もウランも80年で枯渇する。今から再生可能エネルギー、自然エネルギーを効率よく利用できる技術開発に投資し、その結果独自の先端技術を手中におさめ、その技術を国際化の中で、新たな日本の武器にしていくというのはどうだろう。十分に検討に値する戦略と思っているのだが…。

32　原発事故と放射能のはなし

〔東京都青梅市 小学校〕

天笠　敏文

３月11日の地震によって引き起こされた福島第一原発事故は、東京にも放射性物質を飛散させ、事故後８ヶ月過ぎた現在も都内各所で高濃度汚染地点の報告がなされている。しかし、東京都は６月に都内100カ所の放射線値を計測しただけで、各区市町村に詳細な部分計測は指示していない。学校給食の食材に対しても、都独自に検査するつもりは全くない。都の姿勢を反映して各区市町村の教育委員会も積極的に計測する動きは少なく、ただ「基準値以下だから安全である」と回答するばかりである。

メディアのほとんども、原発事故は過去のことのように報道しなくなってきている。こんな中で、子どもたちと、原発事故とはどういうものなのか、私たちはどのような状況に立たされているのかを考えてみた。チェルノブイリは原発と放射能問題を考える原点である。25年前に起きたチェルノブイリ事故を振り返ることによって、これから遭遇するであろう日本の危機的状況を少しでも軽減できるよう働きかけていきたい。そんな想いから、原発事故の見えない恐ろしさを授業に取り上げてみた。事故発生時、小学３年生、学年が進行して４年生での実践である。

1　事故直後、子どもたちに注意を喚起したこと

・外遊びの時間を短くする。
・雨の日の外出を避ける。
・雨天の外出には必ず雨具（傘、レインコート等）を身につける。
・帰宅したら、雨具は室内に持ち込まないで、外にかけておくようにする。
・雨具は雨が上がってから排水溝上で洗う。
・埃の立つ日は特にマスクをする。
・雨水がたまる場所、砂埃が激しい場所では遊ばない。

上記の事柄を、朝の会・帰りの会の時間を利用して、その日その日の状況に合わせて話して聞かせた。子どもたちがそれを実践している様子が保護者からも報告されている。

2　４年時での授業内容－原発事故について（２時間）

・福島第一原発の事故概要　　　－　写真資料、東京新聞
・チェルノブイリ原発事故の概要－　動画資料「調査報告チェルノブイリ原発事故」
　　　　　　　　　　　　　　　　　ＮＨＫ（1986年）
　　　　　　　　　　　　　　　　　広河隆一『チェルノブイリの真実』（講談社、1996年）
・チェルノブイリの汚染状況（地図）－写真資料、今中哲二氏　作成（1996年）

「チェルノブイリ原発事故による放射能汚染地図」
（放射能汚染食品測定室発行）より

・福島原発事故の汚染状況（地図）－写真資料、早川由紀夫氏 作成（2011年６月）
http://kipuka.blog70.fc2.com/blog-entry-397.html

3　４年生での授業内容－放射能の危険について（３時間）

・簡単な基礎知識

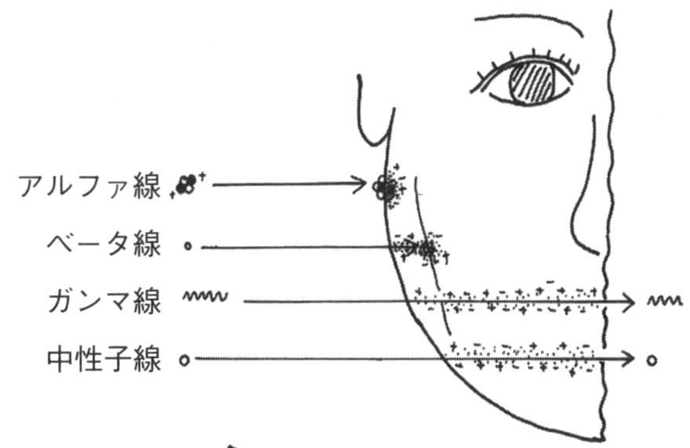

※放射線の電離作用（イオン化）については触れず、細胞に粒や光のようなエネルギーが当たることでダメージを受ける、という解説をした。

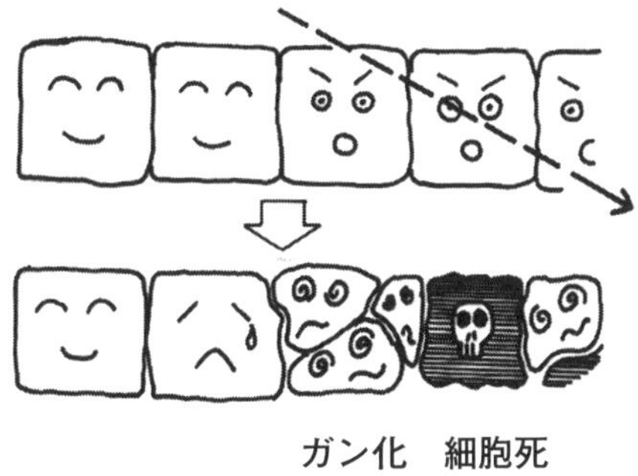

・年間被曝量

原子力資料情報室編『原子力市民年鑑99』（七つ森書館、1999年５月）224頁より、原子力資料情報室作成

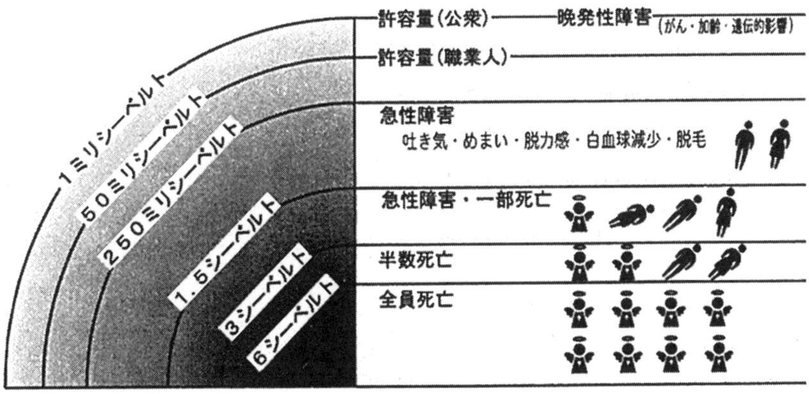

※シーベルト（Sv）…生物体が放射線を受けて影響を受ける単位

1 Sv　= 1000mSv　　　1 mSv　=　1000 μ Sv
= 100万 μ Sv

・「暫定基準値」の問題点

一般人の許容線量
年間１mSv（法規定）

日本の放射線管理区域
18歳未満の立ち入り禁止
毎時0.6μSv（法規定）

→ 年間20mSv（暫定基準）
学校での暫定基準
毎時3.8μSv

居住禁止のプリピャチ市（チェルノブイリ原発から４km）毎時３～４μSv

ウクライナでの法規定「無条件に住民避難が必要な地域」年間５mSv

日本の学校での暫定基準値が、18歳未満立ち入り禁止である放射線管理区域の６倍以上あること、居住禁止のプリピャチ市と同じ値であること、ウクライナでは避難しなければならない基準値の４倍であることを解説した。

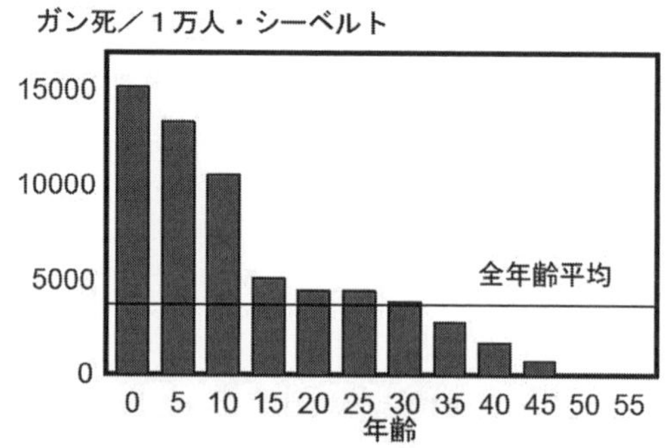

放射線被曝で受ける危険の年齢依存性
（白血病を除くガン死）

「悲惨を極める原子力発電所事故」小出裕章氏講演（2011年4月29日「終焉に向かう原子力」第11回明治大学アカデミーホール）配付資料より

・内部被曝の問題

外部被曝も含めて年齢が低いほど被曝の危険は高くなる。

小学４年生は全年齢平均の３倍、０歳児では６倍近くになる。

〔食物の放射能規制値〕

1986年からの基準	370ベクレル/kg
	↓
事故後の暫定基準	500ベクレル/kg

ドイツの基準（子ども）	４ベクレル/kg
（大人）	８ベクレル/kg
ベラルーシの基準（子ども）	37ベクレル/kg

※ベクレル…放射能の量を表す単位

単位の意味については触れずに、日本の基準がドイツ、ベラルーシと比べると、大変高いこと、事故後さらに引き上げられたことを知らせた。

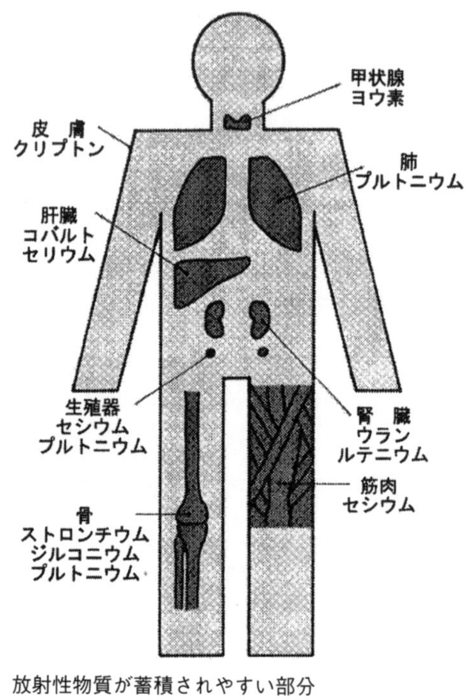

放射性物質が蓄積されやすい部分
原子力資料情報室「原発早わかり図解シート」より

〔生体濃縮〕

海に流し出された放射能は、だんだん薄まるが、生物の食物連鎖の過程で濃縮される。

↓

魚や貝に放射能が貯められていく。

食物を食べることで体内に放射能が入り込み、組織として組み込まれるという説明は、小学生には難解で、生体濃縮については十分に伝えられなかった。

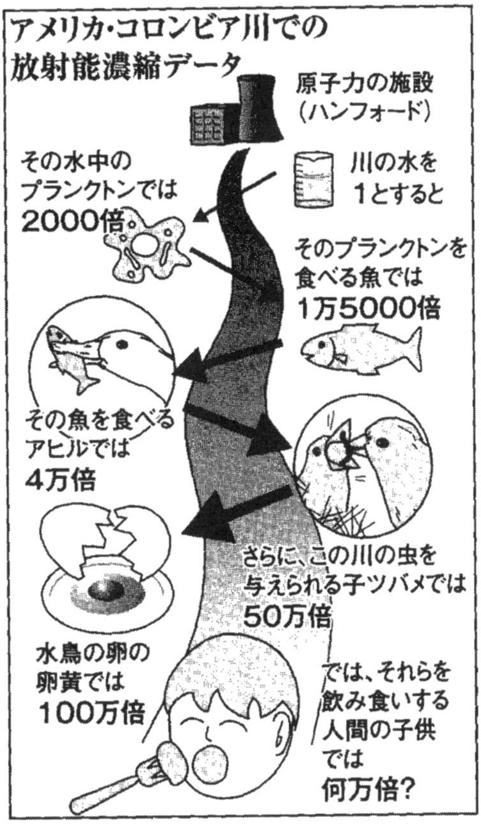

広瀬隆『原発破局を阻止せよ』
（朝日新聞出版、2011年8月）46頁より

・チェルノブイリ原発事故後４年目から子どもの甲状腺ガンが急増した。

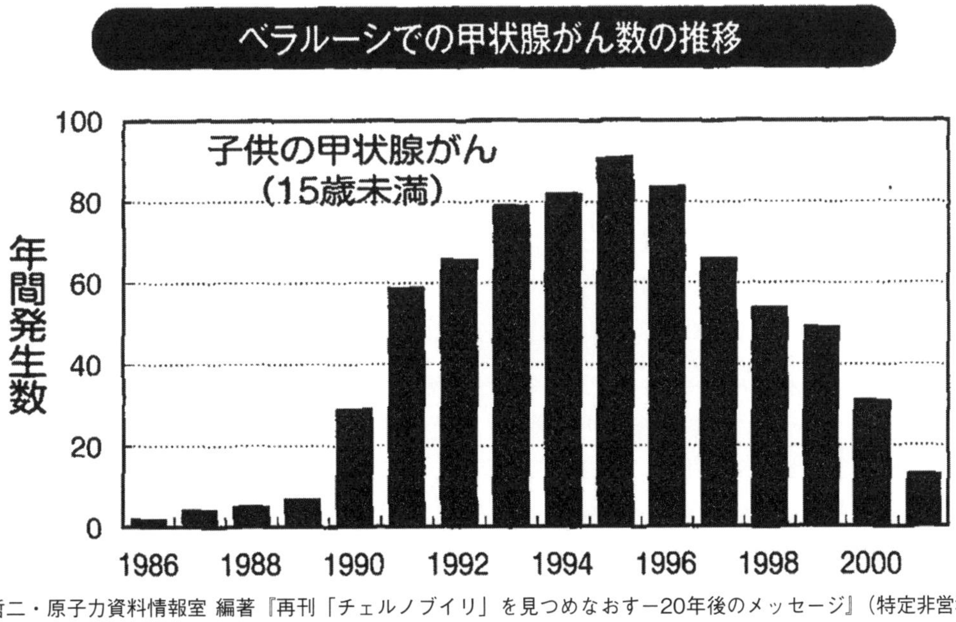

今中哲二・原子力資料情報室 編著『再刊「チェルノブイリ」を見つめなおす－20年後のメッセージ』（特定非営利活動法人 原子力資料情報室、2011年９月）26頁より

4　授業の結果

小学４年生の子どもに、放射能の話は難解であると言われるし、私自身もそう思っていたが、授業は大変集中し、大人向けのビデオ資料も熱心に視聴していた。

子どもたちは、ヒロシマ・ナガサキに投下された原爆のことは、漫画等を通じて知っていたが、チェルノブイリ原発事故については、全く聞いたことがなく、現在も放射能の被害が続いている事実などは知らなかった。授業後、家庭に戻って家族とこの話をして、「ああ、そういえばチェルノブイリ事故というのがあったっけ」という会話になった、と報告した子どももいた。小学４年生の保護者のほとんどにとって、25年前の「チェルノブイリ」は子ども時代の出来事で記憶が定かではないケースが大方である。

授業後、感想を聞いたが、学習してよかったと答えた子どもがほとんどで、遠く福島の子どもたちを心配する感想も多かった。また、原発に反対の意思をどう伝えたらいいのか判らないと言った子どももいた。この学習が長く記憶に残り、将来の考えに役立っていくことを祈らずにはいられなかった。

一方、保護者たちからのリアクションは、思ったより少なかった。東京の他の地域に比べ、給食食材の放射能汚染についても保護者からの声が挙がらない地域性で、それは、関心が少ないのか、心配であっても意思表示しづらい社会的状況なのか、容易に判断することはできない。ただ、放射能の危険を訴える人々に対して「集団ヒステリーだ」と揶揄する心ない政治家がいることからも、行政が安全だとすることに異議を唱えるのは、少なからぬ抵抗が存在することは確かだ。

おわりに

文科省は、10月14日「放射線について考えてみよう」なる副読本を提示した。この教材には、放射線が身近にあること、様々に利用されていることが強調されているばかりで、放射線の危険に関してはほとんど解説していない。それどころか、「光と放射線の違いは、放射線が光より『もの』を通り抜ける働きが強い」だけであると言い、「たくさんの放射線を受けるとやけどを負ったりがんなどの病気になったり」するが、「一度に100ミリシーベルト以下の放射線を人体が受けた場合、放射線だけを原因としてがんなどの病気になったという明確な証拠はありません」などと言い放っている。文科省は、放射線作業従事者が50mSv/年、５年間で100mSvを超えて作業してはならないと義務づけている法律を無視して、ひたすら被曝リスクを伝えないようにしているとしか思えない。

これに先立つ６月、同省は「放射能を正しく理解するために」という資料を全国の教職員に配布している。その中身は「年間１ミリシーベルトというのは、学校において受ける線量をできる限り減らしていくという『暫定的な考え方』に基づき示した目標であり、１ミリシーベルトを超えてはならないという基準を示したものではなく、毎時3.8マイクロシーベルト以下であれば、屋外活動の制限も必要ありません」とし、「放射能のことを必要以上に心配しすぎてしまうとかえって心身の不調を起こします」などとんでもないことが書かれている。そこにはさんざん原発推進教育をしたあげく、危機管理もできないまま子どもたちを大量に被曝させた反省はミジンもなく、3.8μSv/時を正当化し、具合が悪くなるのは心配する国民のせいだと言わんばかりである。『厚顔無恥』とは文科省のための熟語であると言わざるを得ない。

放射線の影響を真っ先に受けるのは子どもたちだ。その子どもたちに正しい情報を伝えること、現在の危機的な状況を知らせることは重要である。日に日に深刻さを増す食品汚染に対しても、全品目の全数検査体制の確立が急がれる。そして、一刻も早くフクシマの子どもたちを学校ごと疎開させなければならない。すべて、後になって影響が表面化してからでは遅いのである。

かつて、西ドイツの大統領ヴァイツゼッカーは有名な演説の冒頭で「過去に眼を閉ざす者は現在にも盲目となる」と語り、ドイツの戦争責任について言及した。この言葉はそのまま原子力問題に当てはまる。チェルノブイリの放射能汚染被害に眼を閉ざす政府は、この国に今後発生するであろう被曝による健康被害に対応できない。局所的に「除染」をいくら繰り返しても、住民の被曝を避けることなどできず、ただのゴマカシでしかないのである。

眼を閉ざす政府・文科省の責任を明らかにし、放射能汚染の中でできる限り子どもの被曝を最小限にとどめるようはたらきかけていかなければならない。私たちは全国の仲間と連帯し、現在稼働中の原発及び再処理工場を早急に止めていこう。脱原発社会を子どもたちに引き渡すのは、このような被曝社会を作り出してしまった大人たちの責務なのである。

33　子どもと一緒に考えたい放射能のこと

〔宮城県大崎市 小学校〕

松田　智恵子

2011年３月の福島第一原子力発電所の事故により放射能汚染が広範囲に広がった。宮城県北部は、福島県境と同程度の測定値が観測され（2011年８月30日公表の「文部科学省による航空機モニタリングの結果（改訂版）」によるCs134,137濃度の合計）、大崎市や栗原市の北西部は特にホットスポットと呼ばれる除染対象地域として検討を要する地域となった。

事故当時、震災の影響で数日間停電となり、全く情報を得ることができなかった。水も車のガソリンもなく、多くの人々は給水車の長い列に並び、日用品や食料を買い求めるために自転車や徒歩で出歩いた。その中には小さな子どももいた。学校が休みになった子どもたちは外で雪遊びをしていた。当時、どれだけ被曝したかが非常に気になる。

事故後、５年８ヶ月が経過した今でも、子どもたちを取り巻く環境は放射能汚染に対応した整備が十分に行われているとはいえない。原発事故以降の私自身と周辺で見られた対応を振り返ってみた。

1　東京電力福島第一原発事故から５年８ヶ月を振り返って

2011年

３月　前任校で職員の児童の安否確認の際、雨に当たらないよう声をかけた。
　　新型インフルエンザ対策で配付されたマスクを配付した。ガソリンが不足していたので自転車で地域を回った教員もいた。

４月　転勤となり現在校で勤務。
　　職員会議で教育活動の放射能対策をふまえた見直しを話し合う。放射線情報の発信（ほけんだより、掲示物）。

６月　文部科学省から空間線量計「はかるくん」を借用し、校庭の線量測定実施。児童保健委員会で校庭の線量測定を行い、ほけんだよりで注意をよびかける。
　　「はかるくん」による空間線量の測定により、やっとある程度の状況が見えてきた。
　　職員会議で放射能の現状の確認と教育活動の対策をふまえた見直しを再度話し合う。
　　（体育・水泳・給食指導・生活科・栽培活動・清掃活動など）。
　　放射性ヨウ素の被曝が心配されることから内科校医と相談し、健康診断で甲状腺の触診を実施。
　　県よりプール清掃は子どもにさせないよう指示を受ける。保護者と教職員でプール清掃を行う。プールサイドの線量が高いことから、プールサイドは素足で歩かない、ゴーグルを必ず付ける、など使用上の注意の確認。

7月　地区の保健教育部会研修会で放射能対応についての教員間の情報交換を行う。
地区全体で研修し情報交換を行うことは、放射能に関する意識が職員、学校ごとに違いがある中で、大きな力となった。
心配することはないという行政や管理職に「自分は子どものために仕事をしているのだから…」と主張する養護教諭達がいた。

8月　地区学校保健会主催の講演会。講師、県薬剤師会会長。学校の環境衛生基準に放射能関連の項目について見直しがあるのかを質問をした。国（文部科学省）もまだ困惑していて何も見直しはない、との回答であった。環境基準の変更は現在（2016年）もない。

10月　市による給食食材の放射線測定開始。月２回・３品目を検査機関に依頼。牛乳にセシウムが検出されたことから牛乳を止めるか希望をとり、数名の児童が牛乳を停止した。

2012年

3月　６年生の児童から「中学校へ行ったら放射線の事を気にしなくてもいいのか」と問われ、中学校でも防ぐことは同じだと伝えた。

4月　市の除染計画が出され、校地内の細かな測定が開始された。空間線量0.23μSv/h（地表50cm）以上の場所は市教委、学校職員で土を取り土嚢に入れ、校舎裏の敷地に穴を掘って埋めた。開放式雨樋は側溝に流れるように工事を行った。
教育計画の中に放射線防護についてのマニュアルを入れた。

5月　給食食材の測定器を市で購入。３校の給食の完成品を検査機関に測定依頼（下限値１Bq/kg程度）。食材は毎日３品目を市の教育委員会で測定する（下限値20Bq/kgだが、公表は50Bq/kg以下は○印）各給食センターは月１～２回程度１品目検査を行う。
市の担当者から「国の基準の半分以下であれば問題はない。米は県が測定している。市独自に測定する事は考えていない。安全だと考えている。給食はできれば食べてほしいが不安というのであれば弁当持参や牛乳を止めるなど個々への対応でお願いしている」とのこと。

6月　県よりプール清掃は昨年に引き続き子どもにさせないよう指示を受ける。プールは市町村各１校の学校のプール水を測定し、不検出のため遊泳に関しては問題なしとの判断。学校によっては周囲に常緑樹などが植えてあり、葉や虫が容易に入りやすい、素肌を露出する水泳指導は不安な状況がある事を伝え、全ての学校のプール水検査を要望した。

9月　大崎市で市民持ち込み放射性物質検査開始。数値はＨＰで公表。給食の検査結果の公表の方法は変更なし。

10月　大崎市教委より放射能積算バッジが配布される。業務員が身に付け測定（対応は各学校で決めるとのことであった）。

12月　学校の職員研修で放射線についての研修会を実施（伝達講習）。放射能について、外部被曝と内部被曝、内部被曝の防ぎ方など。

2013年

4月　教育計画の中に原発事故に対応する避難訓練についての内容を入れた。

6月　プールの清掃は保護者と教職員で行い、仕上げを児童が行う。給食センターに海産物の測定値の問い合わせを行った。栄養士が業者に確認（過去１年分）。

2013.3. 4　北海道産　鮭　検出せず（検出限界値6.1Bq）

2013.3. 13　サンマ　検出せず（検出限界値25Bq）

2013.7. 11　カツオ　検出せず（検出限界値50Bq）

7月　学校のプール水の放射能測定（市の防災課に依頼）。

プール水：不検出（検出限界値2.74Bｑ/kg）

9月　学校農園の収穫物の放射能測定。

ブルーベリー：不検出（検出限界値10.5Bｑ/kg）

10月　学校農園の収穫物放射能測定。

サツマイモ：不検出（検出限界値14.4Bｑ/kg）

サツマイモ：不検出（検出限界値13.5Bｑ/kg）

2014年

1月　教職員研修　講演「放射線と子どもの健康」

講師　内科医　矢崎とも子氏

参加者　教職員・保護者

6月　プールの清掃は保護者と教職員で行い、仕上げを児童が行う。

プール水の放射能測定実施　不検出（検出下限値4.1Bq/kg）

ズッキーニの放射線測定実施　不検出（検出下限値10.2Bq/kg）

9月　校庭の土・側溝の土の放射線測定

2015年

6月　プールの清掃は保護者と教職員で行い、仕上げを児童が行う。

側溝の掃除　土嚢袋に入れ校舎裏へ置く。

11月　保健「放射線を防ぐ生活を知ろう」（4～6年対象）実施

2016年

5月　校庭の土・学校農園の土の放射線測定

11月　校庭の空間線量

0.07μSv/h（市教育委員会測定）。

校庭の土・砂場の土の放射線量測定。

2　低線量被曝の影響についての対応

	現在までの対応	今後の課題・要望
1	生活環境の整備（測定と除染）	
	・校地、活動場所の定期的測定 ・0.2μSv/h以上の場所の除染や立ち入り禁止措置 ・プール水の放射能測定	・温水シャワー施設の設置 ・近隣住民の野焼きの注意喚起 ・定期的な放射線測定の実施 ・環境基準の見直し
2	生活指導（保健だより・学級指導にて）	

	・体の清潔（うがい、手洗いの徹底） ・除草・農園活動時 　マスク・ゴム手袋・長袖・長ズボン着用 ・子どもの手を使ったプール清掃はしない ・線量の高いところへは立ち入らない ・雨になるべく当たらない ・風の強い日はマスクをする	・清掃作業、農園活動における補助員の配置 ・清掃条件の整備
3	食品の放射線測定と情報の提供	
	・給食の測定の充実と情報の提供 （給食だより） ・給食食材の産地表示	・全ての食材の検査 ・検出された数値の表示
4	防災訓練	
	・原発事故における避難について明示	・原発事故を踏まえた避難訓練の実施 ・安定ヨウ素剤の配布
5	放射線に関する学習会の実施	
	・放射線に関する学習会の実施 （校内研修・地区養護教諭・女性教諭対象）	・放射線に関する学習会の定期的な実施
6	健康診断	
	・内科健診で甲状腺の触診 ・心電図検査（１年生のみ実施）	・市内、県内の全ての学校での甲状腺検査 ・心電図検査（１・４年生での実施）
7	保健の授業	
	・保健「放射線について知ろう」授業実施	・幼稚園教育からの放射線を防ぐ生活指導

おわりに

放射能汚染の影響はこれから何十年何百年と続く。原発事故前までは、免疫力との関係でウイルスや細菌との付き合い方が重要だと理解し、子どもたちには何でもよく食べ、外でたくさん運動することが丈夫な体をつくることにつながるということを伝える指導を続けてきた。原発事故後、低濃度放射線の影響を最小限にするために食べ物や校庭の土など多方面にわたって注意が必要になった。放射線の検査体制が整ってきつつあるが、風評被害への懸念に比べて自治体による測定値の公表は消極的である。情報がないことは不安や更なる風評被害に結びついている。

５年８ヶ月という時の経過は、放射能とその影響が分かりにくいことと相まって次第に被曝問題の風化を招き、知識の不足は放射能汚染への関心を薄れさせ、不要な被曝の蓄積を続けさせている。

子どもを取り巻く環境は、放射性廃棄物の処理の進展に伴い汚染地区だけでなく広範囲に拡散し、被曝を強いる傾向を強めているのではないかとさえ感じる。

また、宮城には女川原子力発電所がある。そこから60～80ｋｍの位置にある大崎市では、放射能の危険性や原発事故を想定した避難訓練などの対策は、今後重要な課題となってくる。

壊れた発電所は修理が終了次第、再稼働審査が進められている。

そもそも原子力発電所が本当に必要なのかどうか、放射能の健康への影響について脱原発の議論の進展をしっかり見据えながら、当事者意識をもって子どもたちと考え続けていきたい。

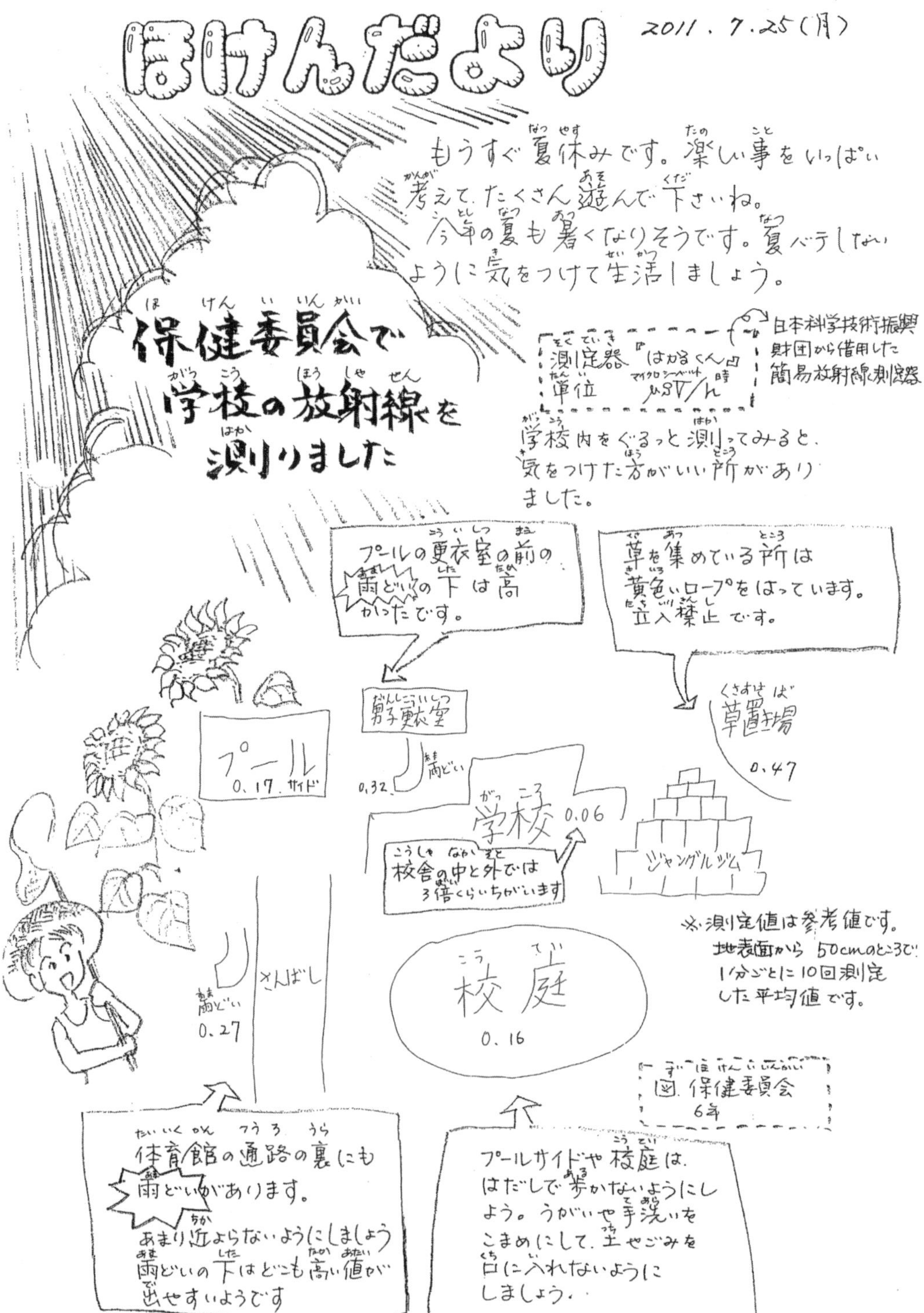

ほけんだより 2011.7.25(月)

もうすぐ夏休みです。楽しい事をいっぱい考えて、たくさん遊んで下さいね。
今年の夏も暑くなりそうです。夏バテしないように気をつけて生活しましょう。

保健委員会で学校の放射線を測りました

測定器『はかるくん』
単位 μSV/h(マイクロシーベルト時)
日本科学技術振興財団から借用した簡易放射線測定器

学校内をぐるっと測ってみると、気をつけた方がいい所がありました。

プールの更衣室の前の雨どいの下は高かったです。

草を集めている所は黄色いロープをはっています。立入禁止です。

男子更衣室
雨どい 0.32
プール 0.17 サイド
草置場 0.47
学校 0.06
ジャングルジム
校舎の中と外では3倍くらいちがいます
※測定値は参考値です。地表面から50cmのところで1分ごとに10回測定した平均値です。
さんばし
雨どい 0.27
校庭 0.16
図 保健委員会 6年

体育館の通路の裏にも雨どいがあります。
あまり近よらないようにしましょう
雨どいの下はどこも高い値が出やすいようです

プールサイドや校庭は、はだしで歩かないようにしよう。うがいや手洗いをこまめにして、土やごみを口に入れないようにしましょう。

（ほけんだより）
〈2011．11．1〉

放射線情報について

校庭や給食の食材などを大崎市で測定し、ホームページで公開しています。

空間放射線量測定値

【小学校】

施設名	測定日	時間	放射線量
古川第二小学校（※）	H23.10.12	9:32	0.09
古川第三小学校（※）	H23.10.12	14:32	0.10
志田小学校	H23.10.12	16:05	0.09
西古川小学校	H23.10.12	16:20	0.08
東大崎小学校	H23.10.12	16:38	0.10
宮沢小学校	H23.10.12	15:59	0.09
長岡小学校（※）	H23.10.12	10:15	0.07
富永小学校（※）	H23.10.12	9:50	0.09
敷玉小学校（※）	H23.10.12	14:13	0.10
高倉小学校	H23.10.12	15:48	0.09
清滝小学校	H23.10.12	15:42	0.10
下伊場野小学校（※）	H23.10.12	13:45	0.11
鹿島台第二小学校（※）	H23.10.12	12:43	0.08
岩出山小学校	H23.10.12	14:09	0.16
西大崎小学校	H23.10.12	17:00	0.14
上野目小学校	H23.10.12	14:55	0.30
池月小学校	H23.10.12	14:48	0.19
真山小学校	H23.10.12	15:23	0.15
中山小学校	H23.10.12	13:07	0.07
川渡小学校	H23.10.12	14:20	0.15
鬼首小学校	H23.10.12	13:46	0.12
田尻小学校（※）	H23.10.12	10:34	0.07
大貫小学校（※）	H23.10.12	11:04	0.10

（単位 μSv/h）

土の中や草むらに多く入っています。外で活動した後は、面倒くさがらず、うがい・手洗いをしましょう。野菜はよく洗って、根菜類や果物などは、なるべく皮をむいて、食べましょう。

保健室の前に放射線情報コーナーがあります。

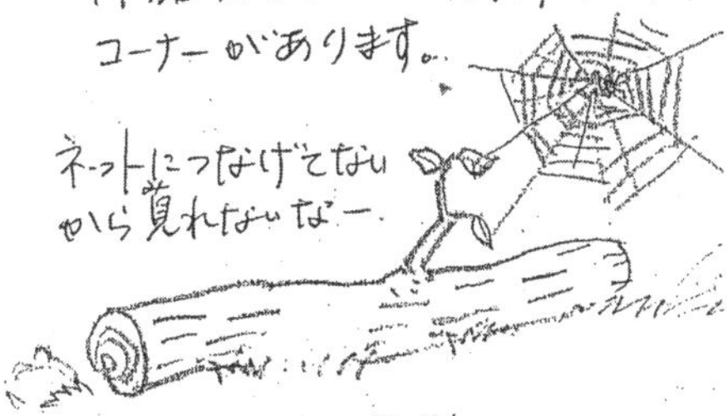

ネットにつなげてないから見れないなー。

ホームページを見る時間がない。どこを開けばいいかわかんない。そんなみなさん、どうぞ見に来て下さい。一緒に考えましょう

給食の食材は月2回、給食でよく使われるもの又は、地域で生産されたものの中から5品目を選び検査をしています。今回、野菜やりんごは不検出（0.8〜0.9ベクレル以下）でしたが、牛乳からセシウムが25ベクレル検出されました。毎日、200ml飲むものなので、牛乳を飲ませたくない。とか、半分飲ませたい。などという事がありましたら遠慮なくお話し下さい。

学校及び保育所等給食食材の放射能検査の結果について

● 検査機関：財団法人 宮城県公衆衛生協会

● 検査方法：ゲルマニウム半導体検出器を用いたガンマー線スペクトロメトリーによる核種分析法

● 測定時間：2000秒

検査結果は暫定基準値内なので問題なしと大崎市の教育委員会では判断しています。

● 検査結果

【単位：ベクレル／kg】

検査日	品目	産地	放射性ヨウ素（I−131）		放射性セシウム（Cs−134）		放射性セシウム（Cs−137）	
			暫定規制値	結果	暫定規制値	結果	暫定規制値	結果
平成23年10月18日	牛乳	宮城県（県北地域）	300	検出せず	200	11	200	14
平成23年10月18日	にんじん	宮城県大崎市（古川）	2,000	検出せず	500	検出せず	500	検出せず
平成23年10月18日	だいこん	宮城県大崎市（岩出山）	2,000	検出せず	500	検出せず	500	検出せず
平成23年10月18日	白菜	宮城県栗原市（瀬峰）	2,000	検出せず	500	検出せず	500	検出せず
平成23年10月18日	りんご	青森県（八戸）	2,000	検出せず	500	検出せず	500	検出せず

問い合わせ：教育委員会教育総務課
問い合わせ：子育て支援課

放射線情報について

ほけんだより
〈2013.9.6〉

これからは、秋の味覚のきのこや栗・川魚などがたくさんとれる季節です。山からとってきたものには、セシウムが多く含まれている可能性があります。食べる前に、測定する事をおすすめします。

放射性元素の特徴

放射性元素	放出放射線種	半減期
カリウム 40 *	β ほか	12.8 億年
ストロンチウム 90	β	27.7 年
ヨウ素 131	β, γ	8 日
セシウム 137	β, γ	30 年
ウラン 235 *	α	7 億年
ウラン 238 *	α	45 億年

* ＝自然由来

学校の畑の野菜を測りました

測定日

7/26	トマト	不検出（下限値 11.5ベクレル/kg）
	じゃがいも	不検出（〃 10.2ベクレル/kg）
8/23	なす	不検出（〃 11.4ベクレル/kg）
	かぼちゃ	不検出（〃 13.5ベクレル/kg）

収穫した野菜は18日の祖父母参観の昼食になります。メニューは夏野菜カレーです。子ども達だけでは、むずかしいので、ご協力いただける、保護者の方、よろしくお願いします。

4品目とも不検出でした。
大丈夫と思っていても一度測ってもらうと安心ですね。
ただし、0ではないので、料理をする時は、気をつけたいですね。 →（測定は、下限値までしかできません。）

セシウムを減らす下ごしらえ

野菜
① よく洗う
② なるべく皮をむく
③ 塩水につけたり、塩ゆでをする。

肉や魚
① よく洗う。
② 内臓をとる。
③ 酢づけにしたり塩づけにする
④ 塩ゆでしてから調理する

くだ物
① よく洗う
② 皮をむく

※本書への収録に際して、著者の了解のもと図の差し替えを行った。

放射線情報について

〈2014．10．16〉

食品放射性物質測定結果の公表について　《大崎市ホームページより》

（単位：ベクレル／kg）

品目	採取地	採取日	測定値
イチジク	大崎市岩出山池月	平成26年10月8日	不検出(10.4)
柿	大崎市岩出山池月	平成26年10月8日	不検出(10.3)
きのこ(かのか)	栗原市	平成26年9月25日	148.1
たけのこ	栗原市	平成25年4月20日	不検出(9.3)
ジャガイモ	大崎市鳴子温泉字上鳴子	平成26年7月2日	6
きのこ(マスダケ)	大崎市鳴子温泉字古戸前	平成26年10月5日	不検出(10.4)
土	大崎市岩出山上真山	平成26年9月30日	12.3
土	大崎市岩出山上真山	平成26年9月30日	299.8
きのこ(モダツ)	大崎市鳴子温泉鬼首	平成26年9月30日	56.5
土	大崎市岩出山上真山	平成26年9月10日	2485.9
土	大崎市岩出山下一栗	平成26年9月12日	238.7
土	大崎市岩出山下一栗	平成26年9月12日	407.6
スギヒラタケ	大崎市岩出山東昌寺沢	平成26年9月14日	383

※1　測定値は，大崎市の「参考値」です。
※2　測定値は，放射性セシウム134と137の合計です。
※3　測定値が「不検出」とは，放射性物質の濃度が検出下限値未満の状態を表し，「不検出」横の（　）内の値はその測定の検出下限値を示しています。
※4　測定結果は，宮城県に報告します。

山のきのこは，セシウムが高いものが多いです。どうしても食べたい時は，洗って，ゆでて，塩づけして，食べる時に塩出しすると，ずいぶんセシウムを減らす事ができるようです。

食べる前に測ってもらうとより安心です。

土には要注意です!!

近くでも場所によって違います。
雨どいの下や水のたまりやすい所は高くなっています。

① 雨どいの下や水たまりでは遊ばないようにしよう

特に雨どいの下は，屋根にあるものが集まるので高くなります。

② 土や石をなめたり口に入れたりしないこと

葉っぱや木の実も洗わず口に入れたりしないようにしましょう。
外で遊んだら，かならずうがい，手洗いをしましょう。

<2016.9.2>

放射線を減らす工夫（カレー集会にむけて）

畑づくり

(5月) カリウムをまく

土の放射線量を測る（5/20）

（約125ベクレル/kg）
Cs134+Cs137

カリウムは野菜の肥料になります。放射性セシウムは、カリウムとよく似ているため、吸収してしまいます。できるだけ吸収を減らすために、カリウムを畑にまきました。

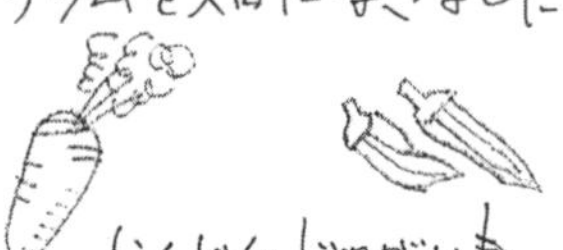

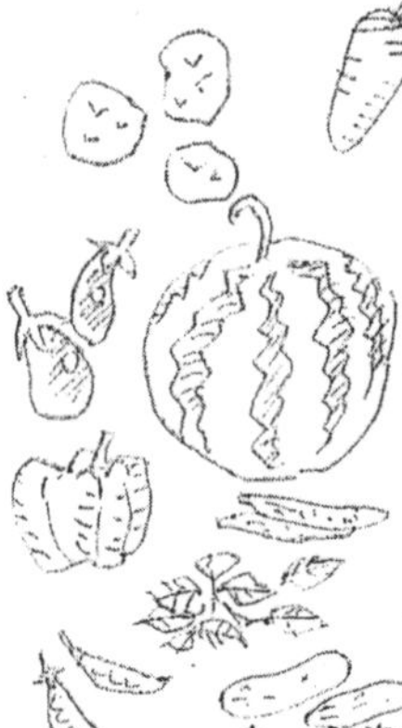

にんじん、じゃがいも
なす、ピーマン、オクラ
ズッキーニ、かぼちゃ
トマト、バジル、パプリカ
さつまいも、大豆、スイカ

いろいろな野菜がたくさん収穫できました。

無農薬の野菜で、おいしいカレーを作ります。
お楽しみに!!

調理法

① よく洗う　② 皮をむく

③ 塩水につける

お肉と野菜をいためて、ひたひたの水を入れ、にんじん、じゃがいもがやわらかくなったらカレールーを入れて、少し弱火で煮こんでできあがり!!

おうちの人と一緒に家で作ってみるといいですね。
おいしいカレーのかくし味のアイデア募集しています。
みなさんの家では、カレールーの他に、どんなものを入れますか。

ニンニク、バジル、ローリエを入れる予定です。

（ほけんだより）
<2016.5.31>

放射線情報について

熊本で大きな地震が続きました。突然の地震や津波で原子力発電所の事故はいつ起きるかわかりません。家の人と一緒に確認しておきましょう。

「小学生のための放射線副読本」（文部科学省）より抜粋

（1）事故のときに身を守るには

放射線から身を守る方法

①放射性物質からはなれる

②コンクリートなどの建物の中に入る
（木造よりコンクリートの方が放射線を通しにくい性質があります）

③放射線を受ける時間を短くする

放射性物質から身を守る方法

空気を直接吸いこまない
（マスクやハンカチで口をおおいます）

食べ物にふくまれる「事故による放射性物質の量」に気をつける
（例えば、安全性が確認できない野生のものは食べないようにする。野菜はよく洗って食べる。）

（2）事故が起こったときの心構え

避難の時は風の向きが重要になります。

退避・避難するときの注意点

正確な情報を基に行動する

- 一斉放送、広報車、ラジオ、防災無線など

退避

- ドアや窓を閉める
- 外から帰ってきたら顔や手を洗う
- エアコン（外からの空気を取りこむもの）や換気扇の使用をひかえる
- 木造家屋より放射線が通りぬけにくいコンクリートの建物への退避指示が行われることもある
- 食器にふたをしたりラップをかけたりする

避難

- ガスや電気を消す
- 戸じまりをしっかりする
- 避難場所へは徒歩で
- 持ち物は少なく
- となり近所にも知らせる

退避と避難は、どちらも放射性物質から身を守ることであり、「退避」は家や指定された建物の中に入ること、「避難」は家や指定された建物などからも離れて別の場所に移ることです。

※「放射線等に関する副読本 小学校児童用」（文部科学省）
（https://www.mext.go.jp/component/b_menu/other/__icsFiles/afieldfile/2011/11/04/1313005_01_2.pdf）の一部を加工して作成

34　原発事故後の埼玉で子どもと生きる
―親子での総合学習

〔（埼玉県所沢市）家庭〕

大森　直樹　金子　彰

埼玉県における第27回教育研究集会（2016年11月６日）において報告されたリポートのなかに大森直樹「原発事故後の埼玉で子どもと生きる－親子での総合学習」があった。県下の公立小中に子どもを通わせていた保護者の大森さんとは埼玉教育フォーラムの場で県下の教育問題について交流を重ねていたことから報告を得たものである。その報告と分科会での質疑応答からは、原発事故後の埼玉における親子の生活と学習を記録することの意味や、子どもたちの未来の命を守るためにいまおとなたちが行うべきことは何かについて議論を行うことの重要性があらためて明らかになった。そこで、埼玉教組では、県教研の分科会における質疑応答をふまえたリポートへの加筆を大森さんに依頼し、これを埼玉教組の金子彰との連名によるリポートとして全国教研に提出することとした次第である（金子 彰）。

1　父親になれるだろうか

いま教育や子育てを主題とする教職員の集会で報告をさせてもらっているが、これまで私はずっと教育・子育て・教員という言葉とは、心理的に距離の遠いところにいた。それには私の生い立ちが関係している。1965年に東京で生まれた私は、両親の転居により都内で引っ越しを重ねた。父の仕事が安定せず、両親の喧嘩が絶えず、18歳のとき両親は離婚する。私はずっと不安を抱えていたが、それを小・中・高の教員に話したことは一度もない。私にとって教員とは「ただ教科書の勉強を教えてくれる人」だった。子どもが直面している切実な課題を共有してくれる人たちではない。そう思い込んでいた。家族についても、喧嘩を重ね、バラバラになっていくイメージは持つことができたが、家族がいっしょに生きていくイメージを持つことは難しかった。教育・子育て・教員は、私にとってよそよそしい言葉だった。

私の友人に人権教育の研究者がいた。その手伝いをする機会があり、1998年に東京墨田区で同和教育の実践を重ねていた雁部桂子さん（全国教研共同研究者）と岩田明夫さんを訪ねた。岩田さんはこう言った。「僕は授業は苦手なんです」。「教員にとって大切なのは、子どもとどうつきあうかだと思う。学校では元気な姿を見せている子どもが、家庭の中では生活の重さの中で生きている。僕は、学校で元気な姿を見せている子どもとつきあうのではなくて、生活の重さの中で生きている子どもとつきあって生きていきたい。そう考えて今日までやってきました」。私は驚いた。そして、機会を見つけては墨田の学校に通うようになった。教育・教員という言葉のイメージが少しずつ変わっていった。

2003年に自分の子どもが生まれることになった。私には不安があった。自分には、父と子がすれ違ったまま離れて生きていくことになるイメージはあるが、父と子がいっしょに生きていくイメージがない。自分は父親になれるのだろうか。

そうした不安を打ち消したかったのだろう。雁部桂子さんと喫茶店で雑談をしているときに、私はこんなことをしゃべった。「(生まれてくる子どもについて) 矛盾とたたかえる子どもに育てたいな」。そのとき雁部さんの表情が動いた。「大森さん、それは違います」。雁部さんは教えてくれた。「大森さん、やさしい子どもに育てればいいんです。やさしい子どもは矛盾ともたたかうようになりますよ」。この雁部さんの言葉がずっと耳に残っている。親がやってはいけないことがある。親が子どもといっしょに生きるのではなく、価値観を押しつけてしまうこと。それが普遍的な価値観であっても、押しつけるのはだめだ (大森直樹、以下同)。

2　原発事故前

2003年にナツキ (仮名) は生まれて、つれあい、私、3人の生活が埼玉県所沢市ではじまった。池袋から西武線に乗車し西に50分。自宅のまわりには茶畑がひろがっている。ナツキは1歳から保育園に通った。4歳か5歳のころ、保育園への道すがら、ナツキはこういった。「父さん、カブトムシって、カブトが名字でムシが名前なの」。私はなんだかうれしくなった。

2010年にナツキは公立小学校に通うようになった。休みの日にナツキと西武線でお出かけをした。車中の暇つぶしに、ナツキが家族についての川柳をつくった。

まず母親について。「うちの母　寝る間をおしんで　テレビみる」。つれあいは長距離通勤で毎晩つかれて帰ってくる。仕事のストレスをとるためソファーで夜更かしをしている様子の描写だ。

つぎに本人について。「子どもみな　学校では白　そのほかは黒」。「子どもみな」と一般化しているが、自分の気持ちをうたっている。ナツキは保育園の頃から先生に叱られるのが嫌いで、保育園や学校では、ずっと「いい子」を演じてきた。「いい子」でいるのは疲れる。

そして父親つまり私について。「仕事して 家に帰って　また仕事」。この頃の私の手帳には、毎年、1年の目標が記されていて、その1行目に「家族との生活」とある。年始の手帳に大書して自分に言い聞かせなければ、「家族との生活」を一番の後回しにしかねない。そんな仕事三昧の生活をしている私のことをうたったものだった。

3　小学1年にとっての原発事故

2011年3月11日、東北地方太平洋沖地震が起きたとき、私は東京の墨田区で仕事、つれあいは世田谷区で仕事だった。2人ともそれぞれの仕事先で一夜を明かした。翌12日の朝、つれあいは自宅に戻れたが、私は小金井市の職場に直行しなければならなかった。このときナツキはどうしていたのか。編集者の伊藤書佳さんが、ナツキから聞き取ってまとめてくれた文章がある。

> ぼくは学校から帰って学童に行っていたとき地震が起きて、すぐ校庭に避難しました。地震がおさまって、おせんべいをいっぱい食べて1時間は楽しくすごしました。親が2人とも仕事で東京へ出ていて地震の影響で帰れなくなってしまって、おばあちゃんが迎えにきて帰ったんです。その日は金曜日でみたいアニメがあったからテレビをつけたらニュースが流れていて、どこのチャンネルもニュースばっかり。つまんないなと思いながら見たら、ちょうど地震によって火災

が起きてガスのタンクに火がうつったというニュースが出てて、こんなたいへんなことになってるんだとそのとき気がつきました。なかなか電話がつながらなくて、両親の安全が確認できたときはひと安心って感じで、おばあちゃんと２人で食事をして、たいへんだねといいながら寝たんです。翌日のことは覚えてないです。２日後ぐらいにニュースで原発が爆発した映像を見ました。そのときは原発のことなんか知らなくて、父から教えてもらったと思います。

ぼくが住んでいる地域にも放射能がくると知って、学校に行くときもマスクして、食事にも親はだいぶ気遣ってくれたと思います。(2015年12月の聞き取りの記録)。

福島第一原発における最初の水素爆発は３月12日15時36分の１号炉だったが、これを日本テレビのカメラが捉えていた。その映像は、同日中に放映され、翌日以降に何度も放映された。その映像をナツキは見たのだろう。

13日の日曜日は家族３人で自宅にいたはずだが、何をしていたか私には記憶がない。14日の月曜日の朝、ナツキが「今日学校行くの・・」と聞いてきた。私も土曜出勤の代休で仕事を休めたので、ナツキにも学校を休ませて２人で自宅にいることにした。放射性物質による汚染が所沢市に及ぶことへの警戒心から学校を休ませたと記憶していたのだが、この日の日記を見ると、午後に私はナツキを散歩に連れ出している。小学生の下校の列とすれ違うとき、ナツキはきまり悪そうにして私の後ろにかくれた。私はふざけて、「ここにナツキがいまーす」と子どもたちに呼びかけると、ナツキもそれをよろこんだ。

放射能汚染への警戒心と対応は、私よりも、つれあいが、しっかりとしていた。窓を閉め切り、15日のナツキの登校にはマスクをさせた。ナツキは喘息の治療を重ねていたこともあり、あまり違和感なくマスクをして出かけたようだ。

所沢市における放射能汚染はいつ始まったのか。福島第一原発から大量の放射性物質が南方に運ばれた最初の日付は 15日だった可能性が高いと言われている。世田谷区にある東京都産業技術センター駒沢支部の大気浮遊塵測定によると、午前10～11時に、ヨウ素131 が241ベクレル/㎥、ヨウ素132が241ベクレル/㎥、セシウム134が64ベクレル/㎥、セシウム137が60ベクレル／㎥と観測されており、これらの値はこの事故での都内の最高値だった（原子力資料情報室『検証 福島第一原発事故』2016年、220頁)。だが、15日の私の日記には「緊張の連続で胃が荒れる」とだけ書かれている。

つれあいと私の放射能汚染への懸念を決定づけたのは首都圏の自治体による子どもの水道水の飲用制限だったと思う。23日、東京都は、金町浄水場（葛飾区）で水道水１キログラムあたり210ベクレルの放射性ヨウ素を検出したと発表した。食品中の放射性物質の基準値を上回り（乳児用の牛乳・乳製品の放射性ヨウ素は１キログラムあたり100ベクレル)、東京都は、江戸川から取水する金町と三郷（みさと）（埼玉県三郷市）の両浄水場から配水される東京の23区と武蔵野・三鷹・町田・多摩・稲城各市の住民を対象に、１歳未満の子どもに水道水を飲ませることを控えるよう要請した。これと前後して福島・茨城・千葉・栃木各県における一部の自治体でも、子どもの水道水飲用が制限された。

当時の私たちは「基準値をこえた飲料水は困る」と受け止めたわけだが、その基準値とは、厚生労働省が17日に急きょ定めた食品中の放射性物質の暫定基準値だった。いま飲料水について、その放射性セシウムの基準値をウクライナの基準値と比較してみると100倍緩和された数値だったことがわかる（表参照）。当時の私たちはそのことを知らない。国が、国内で販売されるすべての食品を対象として、暫定といえども基準値を示したのは初めてだったが、この暫定基準値は、食品摂取から受ける被ばく上限を年５ミリシーベルトとするものだった。

31日の家族の会話が記憶に残っている。私が、３月は毎日が大変だったねと言うと、ナツキが切り出した。「子どものほうが大変なんだよ。子どもは世間を知らないから不安が大きいんだよ」。つれあいが、本当にそうだよねとナツキの言葉を受け止めていた。

表　飲料水に含まれる放射性セシウム基準値（ベクレル/１ キログラム）の比較

品目	ウクライナ 1997 年改訂	日本 2011年３月17日からの 暫定基準値　※	日本 2012年４月１日からの 新基準値　※※
飲料水	2	200	10

※食安発0317第３号2011年３月17日 厚生労働省医薬食品局安全部長「放射能汚染された食品の取り扱いについて」

※※食安発0315第１号 2012年３月15日 厚生労働省医薬食品局安全部長「乳及び乳製品の成分規格等に関する省令別表の二の（一）の（１）の規定に基づき厚生労働大臣が定める放射性物質を定める件及び食品、添加物等の規格基準の一部を改正する件について」

（本表は、東京学芸大学教育実践研究支援センター編『資料集 市民と自治体による放射能測定と学校給食』2016 年、明石書店より作成）

４　小学２年のときの市の対応

2011年４月、ナツキは小学２年生になった。保護者たちは校庭や通学路の放射能汚染を心配したが、学校から連絡をもらった記憶がない。５月頃、例年通り、校庭の草むしりを子どもにやらせることの通知があった。「それはないだろう」と思った。友人が神奈川県で教員をしているので電話をしてみた。「神奈川の学校では、絶対に子どもたちにそんなことはさせませんよ」と教えてくれる。家族ぐるみでつきあいをしているＡさんのお父さんに私の不安を伝えると「自分も不安を感じる」と応じてくれた。Ａさんのお父さんと学校をたずねるとちょうど玄関にいた校長先生が話を聞いてくれた。校庭の草には放射性物質が付着していて子どもたちが被ばくするおそれがあること、そのことを不安に感じていることを伝えた。

いま私の手許に以下の書類がある。所沢市が、学校の放射能汚染にどのように対応したのか、その一端を知ることができる。

平成23年12月14日

所沢市における周辺より放射線量の高い箇所
（ミニスポット）への対応状況（第１報）について

所沢市では、放射線量に対する市民の関心・不安が高まっていることから、「所沢市における周辺より放射線量が高い箇所（ミニスポット）への対応方針」を定め、これまでの継続的な空間線量の測定に加え、市民からの要望が多い保育園・幼稚園・児童館・児童クラブ・子ども広場・小中学校・公園等、子どもたちが集まる公共施設約400施設を優先して測定及び除染を進めております。

今回、保育園・幼稚園等の合計169施設（1,865箇所）における測定及び除染が終了し、結果をとりまとめましたので、お知らせします。

対応方針にもとづき、地表から１cmの高さの空間線量を測定したところ毎時0.23マイクロシーベルト以上のミニスポットは16施設（39箇所）確認され、この内、毎時１マイクロシーベルト以上のミニスポットが確認された施設が２施設（３箇所）ありました。これらの箇所においては、速やかに除染等の対応を行った結果、全ての施設において毎時0.23マイクロシーベルト未満となりました。

なお除去した土壌は、厚手のビニール袋に入れ、ブルーシートで覆った上、子どもたちが立ち入らない場所や物置に一時保管しました。保管場所については、今後も測量を定期的に実施し安全確保を図っていきます。

また、現在、小中学校・公園等の測定及び除染を進めており、結果につきましては集計ができ次第公表してまいります。

このとき東京都の小金井市では、市内の空間線量の測定とあわせて、７月から保育園・小中学校の給食食材の放射能測定にも着手していた。時間は前後するが、東京都世田谷区では、従前の区の測定について検証も行われていく。首都圏における汚染対策は、自治体ごとに相違があったが、私たちはそうした情報にも接することができないでいた。

５　小学３年のときの教室で

2012年春、ナツキは小学３年生になった。担任の先生は、子どもたちが生活の事実を見つめて作文に書くことを励ましてくれる先生だった。ナツキものびのびとした作文をいくつも書いている。先生の教室で、ナツキは、原発問題についても考えをめぐらしていたようだ。

> 小学３年生のころ、社会科の時間に「家の人が野菜とかを買うときに気をつけていることはなんですか」という質問があって、「放射性物質が入った食べ物をとらないようにと気をつけています」と言ったら、先生から「そこは大丈夫だよ」と言われて、ぼくの発言は黒板に書かれなかったように記憶しています。
>
> その後、原発が再稼働するという話を聞いて、なんでだろうなと思っていたところ、ちょうど授業で先生に「ばかって言うのは一度してしまった失敗をもう一度くりかえすことだよ」と言われて、ほんとに先生の言った通り。ばかなんだなあ。一度失敗して対処法もわかっていないのになんでもう一度やるんだろうってすごく疑問に思いました。(2015年12月の聞き取り)。

食品の放射能汚染問題について、家族の考えと先生の考えが重ならなかった経験は、ナツキが自分の考えをつくるための素地になったと思う。原発再稼働問題については、報道に接しての自分の思いと先生の言葉を重ねて考えることもできた。

6　小学４年のとき『みんなの放射能入門』を読む

2013年夏、私は、地域の人が企画した「雑木林探検」にナツキを参加させたくなかった。原発事故により飛散した放射性物質は、所沢の雑木林にも降下していたと考えたからだ。でもナツキは友だちと一緒に参加したい（このことの結末は、ナツキに別の用事が入って参加しなかった）。ナツキは泣きながら私に訴えた。「あすこを歩いちゃだめ。あれを食べちゃだめ。僕はいつだって自由に出来ないんだ」。ナツキの涙を見て、私はこう思った。ナツキも私も、この問題をもっと正面から勉強しないといけない。ナツキは小学４年生になっていた。

このとき私は良いテキストを入手していた。国民教育文化総合研究所（2016年４月より一般財団法人教育文化総合研究所）放射能プロジェクトチームがまとめた『みんなの放射線入門－原発事故の被ばくを避ける』（アドバンテージサーバー、2013 年）である。まず私が読んだ。放射能とは何か、被ばくとは何か。難解な事象が事実と研究をふまえて平易な言葉で解説されており、読者が自分の頭で考えることを促す内容だった。

７月末、ナツキに「読むかい」とたずねると、「うん、読みたい」と返事がかえってきた。ナツキは夏休みも学童に通っていた。学童の畳のうえに寝転がって、『みんなの放射線入門』を読んでいたようだ。後日、学童の指導員は、「ナツキ君がいい本を読んでいますね。私も読みたいので注文してもらえませんか」と私に話しかけてくれた。

ちょうど40日後、ナツキが「父さん、本の感想を言ってもいいかな」と言ってきた。私は耳をかたむけた。感想の終わりにナツキはこう言った。「（いま話した感想を）この本を書いた先生に伝えておいてよ」。そういう気持ちがあるのなら、先生たちに手紙を書くといいんじゃないかな。「うん、そうだね」。そういって出来たのが次の作文だった。

> 『みんなの放射能入門』を読みました。放射能のおそろしさがわかりました。いちばん「びくっ」とした所は、大人より子どもの方が放射線をとりこみやすいことが書かれていたページでした。ももちゃん（同書掲載の避難した子どもの名前）が大へんだとゆうことがわかりました。それは友だちとはなればなれにならなければいけないことです。自分にとって友だちはかかせないものです。たった一年でしたがぼくのクラスにも、福島から原発のえいきょうで転校してきた子がいました。その子も、ももちゃんと同じ気持ちだったのかなと思いました。この本には、前から知りたかったことも書いてありました。放射能のたんいや、外部被ばくと内部被ばくのちがいです。この本のおかげで自分で気をつけられることもふえました。（９月10日）。

ナツキが原発災害について書いた最初の文だ。2012年４月から１年間、福島から避難してきた同級生にも触れている。2012年度に、福島から県外に避難して46都道府県の学校に転入学した幼・小・中・高・特の子どもは12,316人いて（事実上の就学をした子どもを含む）、その内訳をみると埼玉県には1,057人の子どもが転入学していたが（文部科学省「東日本大震災により被災した幼児児童生徒の学校における受入れ状況について 平成24年５月１日現在」）、その中の１人が３年生だったナツキの同級生になっていた。そのころ、親子でこんな会話をしていた。

ナツキ「うちのクラスに福島から避難してきた子がいるんだよ」
私「そうなんだ。家族も子どもも苦労して避難してきたんだね。1度、わが家に招待したいね」
ナツキ「それって変じゃない」

私は、福島の親子とも普通に話がしたかった。その親子は、どのような経路で避難を重ね、どのような思いをかかえて所沢の学校に編入してきたのか。機会をうかがっているうちに 1年が過ぎ、その親子は福島に帰っていった。上の作文が書かれたのは、その親子が福島に帰ってから半年後になってからだった。

7 小学6年で「保養」に行く

その後、ふたたび私たち親子は、3・11 の問題に正面から向き合えないまま年月が過ぎた（林間学校と修学旅行の内容は割愛）。転機が訪れたのは2015年、ナツキが小6になったときだった。東日本の汚染地でくらす子どもたち（その中にはナツキも含まれる）にとって、もっとも望ましいのは汚染地を離れてくらすことだ。それがかなわない場合でも、1年間に数日間、汚染地を離れて生活をすることができるといい。これを「保養」と言う。ナツキにも「保養」が必要だと考えていたが、それを行うことができなかった。

前年の9月、小金井市民が企画した「3・11 後の子育て」をテーマとする学習会に参加する機会があった。会場になった小金井市公民館では、市民たちが、原発災害下における子育ての不安を語り合い、学校給食の改善について経過の報告を交わしていた。知り合ったお母さんの1人が、後日に教えてくれた。「すごく良い保養のキャンプがありますよ。行先は岐阜県で7泊8日。関西の民間団体『海旅Camp』が主催していて、近く都内でイベントを開くので参加しませんか」。

私はナツキを保養に連れていきたかったが、ナツキはそれをいやがるのではないかと思っていた。これまで2泊をこえた旅行に出かけたことはない。ナツキは、乗り物に酔いやすく、環境の変化に敏感なところがある。でも、イベントには誘ってみよう。こんなイベントがあるけど行ってみるかい。「うん、いいよ」。

6月14日、三軒茶屋のカフェオハナで開かれた「海旅Camp」のトークイベントにナツキと参加した。代表の西田優太さんと冨田貴史さんたちが、福島の子どもの現状や保養の必要について話してくれた。西田さんたちは2011年に東北の支援に入りはじめ、2012年から「保養」のためのキャンプを主催してきた。30歳の西田さんの一言。

> オレはね、いまバーの経営者をやっているけど、中卒だったのが良かった。学校で余計なことを教わっていないから、何か必要なことがあると、パッと判断してすぐに動けるんだ。いま福島や関東の子どもたちにとって、いちばん必要なのが保養だってこともすぐにわかったんだ。

イベントの帰りの地下鉄の車中でナツキに感想を聞いた。どうだった。ナツキはこういった。「こんなところでするような話じゃないよ」。山手線、西武線と乗りついで帰宅してから、あらためて感想を聞くとこんな答えが返ってきた。

あんなにかっこいいおとなたちに会ったのは初めてだった。

私は、これと同じ言葉を、これまで2回聞いたことがあった。いずれも、民間団体が主催する「保養」にボランティアで参加した大学生だった。子どもたちの「保養」に尽力しているおとなたちの姿を見て、大学生は思う。「こんなにかっこいいおとなに会ったのは初めてだ」。子どもにとって何が必要なのか。だれがその必要に応じていて、だれがその必要に応じていないのか。ナツキがまっすぐにおとなたちの行動を見つめて判断をしていることがわかった。ナツキに、「海旅Campに行くかい」とたずねると、「うん行く」と返事が返ってきた。

私も、ナツキといっしょに「保養」に出かけることを決めた。私は、急いで夏の予定の調整に入った。ナツキは8月5日から12日までの全日程参加。私は8月8日から合流することにした。2人でパソコンに向かい参加申し込みを行った。自己紹介の欄があり、ナツキはしばらく考えてからこう書いた。「ナツキです。海旅キャンプに参加することを通じて、保養とは何かがわかればいいと思います」。

私は、ナツキとの「保養」を楽しみにしていたが、実際に合流できたのは1泊2日だった。ずっと体調が悪かったので、出発前のナツキには、合流の日数が減るかもしれないよと伝えておいた。8日にキャンプに合流をして、ナツキの様子を確認すると、1泊だけして所沢に戻った。翌10日、病院に出かけると大腸癌であることを医者に告げられた。「すぐに手術したほうがいいと思いますよ」。わかりました、お願いします。入院は17日と決まったその夜、つれあいと、今後の方針を決めた。すぐにナツキが帰ってくる。その晩は手術の話はしない。つれあいはこう言った。「はじめての長旅をしてきたのだから、すこしリラックスさせてあげないと」。

12日、私とつれあいは、「保養」から帰ってくるナツキを上野までむかえにいった。大きなザックを背負ったナツキがバスから降りてきた。「楽しかったよ。ずっと友達と夜更かしをして、朝はいちばん早く起きていたよ。来年も行きたいな」。ナツキの成長に目を見張る思いだった。

8　入院と自由研究

入院に際して2つのことを考えた。ひとつ、パッと切ってもらい、パッと直そう。ふたつ、それでも手術は何が起こるかわからない。万一何があってもそれを受け止められるように、ナツキには事実を伝えよう。

13日、家族で映画に出かけた。帰宅してごはんを食べた。ナツキに病名と手術を伝える。ナツキは心配そうな顔をしてこう言った。「ぼく、どうすればいいんすか」。その言葉を、つれあいが引き取った。「悲しんだり、楽しんだりすればいいんだよ」。ナツキはうなずくと、心配そうな表情をさっとしまい込んだ。

20日に手術となったが、お見舞いに来たナツキと夏休みの自由研究の話になった。ナツキは、「今年はまだテーマを決めてないんだよね」。私はこう言った。ナツキが「保養」キャンプに申し込むときに、「参加を通じて、保養とは何かがわかればいい」と書いていたよね。あれいいね。ナツキは「えー、いやだよ」と言っていた。

数日後、ナツキから病室に電話があった。「やっぱりね、保養を自由研究にしてみようと思うんだ」。その後の経過は少ししかわからない。まず、ナツキは、近くの本屋で 1 冊の本を注文した。

つれあいによると、ナツキは「うーん、うーん」とうなりながら、その本を読み、原稿用紙に向かったようだ。そうして完成したのが次の自由研究だった。

自由研究「保養とは何か」

ナツキ

ぼくはこの夏東北と関東の子どもとおとなが岐阜の山村に行く「海旅Camp2015」に参加した。このキャンプは「保養」の目的もあるという。初めて聞く言葉だった。「保養」とは何なのか調べてみることにした。

チェルノブイリ後の保養

ぼくは保養について調べるにあたり、1986年４月に発生したチェルノブイリ原発事故後、保養に力をいれているウクライナを考えることにした。チェルノブイリ原発事故から28年目のウクライナについて、白石草（はじめ）さんが現地に取材し、本にまとめた『ルポ チェルノブイリ28年目の子どもたち』（岩波ブックレット）を資料にすることにした。ウクライナでは、年間の放射線被ばく量による地域区分が定められている。事故発生現場30キロメートル圏内の第１ゾーン、年間５ミリシーベルト以上の地域を第２ゾーンに指定し、住民をすべて移住させた（ミリシーベルトは放射線の人体や生物に対する線量当量の単位）。次に、年間１ミリシーベルト以上の地域は希望すれば移住できる第３ゾーン。年間0.5ミリシーベルト以上の地域は妊婦や子どものいる世帯は移住できる第４ゾーンと定められている。ウクライナの汚染地域で居住できるのは第３、第４ゾーンとなる。この第３、第４ゾーンには住民への支援策がなされており、その一つが保養だ。作者の白石さんは保養についてこう述べている。「チェルノブイリ原発事故で被災した人を対象に３週間から１ヶ月程度、汚染のない地域に滞在させて治療などを行う」ことがチェルノブイリでの保養プログラムである。

ウクライナの保養の特徴

では、保養とは具体的にどのようなものなのだろう。白石さんの本とあわせ、白石さんの本の映像版『チェルノブイリ28年目の子どもたち』も調べると３つのことがわかった。

第１は、保養に参加する子どもが多いということだ。ウクライナの保養に参加している人数は2013年の実績で235万人もいた。第２は、国が保養に対してたくさんの費用を出していることだ。ウクライナの保養には２種類ある。１つは、「元気な子ども」を対象とした保養。これは、保護者が費用の25パーセントを負担するが、もう一方のチェルノブイリ事故による影響で病気や障害を抱えている子どもたちの保養。これは完全に無料になる。事故の影響を受けた人に対する予算総額は、約40億円、そのうち16億円が子どもにまわされるがそれでさえ保養が必要とされる子どもの３分の１しかカバーできていない。ウクライナでさえ出来ていないのかと思うと、保養も一筋縄ではいかないと思った。第３は、巨大な保養施設があるということだ。キエフ（ウクライナの首都）から夜行列車で９時間、港町にあるのが大規模保養所モロダ・グヴァルディア。海に面した広大な敷地にある。プライベートビーチや大きなホールもすべて子どものためのもの。ここは 2006年に民間施設から国有化されたものだ。現在４つの宿泊棟があり、それぞれ200人ずつ800人を一度に収容できる。１回の滞在日数は21日間、年間13クール行うため、年間最大１万1000人を受け入れられる。こんな大規模な保養ができてしまうとは驚きだった。

日本の保養の具体事例

ぼくはこの夏実際に「海旅 Camp2015」という保養に行った。この保養で大切なことが3つあった。第1は子どもの出身地がわからなかったことだ。一瞬意味がわからないかもしれないがこの保養には2つの地域から来る子どもたちがいる。ひとつは東北、主にいわき市から。もうひとつが関東だった。ぼくは行く前、いわきの子とどのように接すればいいかわからなかったが、行ってみると正直いってだれがどこから来たかなんてまったくわからなかった。みんな同じように楽しく7泊8日遊べた。第2は「海旅 Camp2015」が自由だったことだ。「海旅 Camp2015」にはプランがあったが、宿泊先の移動やバーベキュー、流しそうめんをやる等の最低限しかなく、フリーの日もあるほどだ。どこで遊んでも自由。遊ばなくても自由。唯一決まっているのは、昼と夜食事を皆ですることぐらいだった。この自由な空間が保養の目的をはたすために大いに役立っていたと思う。第3はスタッフだ。この「海旅Camp2015」にはスタッフがいる。ほとんどがボランティアで代表者もいる。スタッフの人は、1年間身体に良い養生料理をがんばって学んだり、市やいろいろな施設と交渉相談しイベントを考えてくれたり、スタッフ自身が自由にし、自由のある楽しい保養にしてくれた。この保養のスローガン「大人も子どもになる保養」の通りになっていたんだと思った。

おわりに

1～3を書いてみて前より保養についてわかった。ウクライナでは放射能による障害や病気がたくさん出ている。キエフ市内の学校では100パーセント元気な子はもういないという。日本はウクライナでは立入禁止の第2ゾーンより放射線被ばく量が多いにもかかわらず住める所もある。ウクライナでは事故後5年ほどたったときからがんなどの病気が増えていったのだという。日本もウクライナと同じかそれ以上にしんこくな問題になっていくのではないかと心ぱいになった。いまの日本だからこそ、保養に力を入れていくことが大事だと思う。

この文を読んで、ナツキが海旅キャンプで多くのものをつかみ取ったことがわかった。1つは、「自分が保養に参加していいのかな」という気持ちにすこし整理ができたことだ。福島の子ども、埼玉の子ども、東京の子どもが、いっしょに遊ぶことができた。2つは、内部被ばくを避けるための食事を心がけることについて考えを深めたことだ。これまでは、気持ちに揺れているところがあった。「親たちが気をつけてくれるのはありがたい」「でも、そこまでやる必要があるのかな」。そうした気持ちにも整理ができたようだ。3つは、自由の大切さについて。自由の大切さについては、半年後の小学校の卒業文集のなかでもナツキは書いている。

実は海旅 Camp に行き、最初におどろくのは、キャンプの自由さだ。その自由さが、如実に表れているのが、スケジュールだ。スケジュールには、宿泊先の移動、流しそうめんをするなど最低限しかなく、フリーとしか書いていない日もあった。どこで遊んでも自由、遊ばなくても自由というわけだ。スタッフ自身も自由に行動し、僕達が自由にしやすい環境を作ってくれた。これは、自由にすることで、ストレスを減らし、保養の②の意味、「心を楽しませること、元気をとりもどすということ。」という大事な役割を担っていたと思う。（こうした自由な雰囲気は・・引用者）たしかに今までの僕と正反対であると言っても過言ではない。でも「海旅 Camp」に行くことで、自由により、精神的な余裕ができ、いろいろな物事を深く、素直に考えられるようになったと思う。僕にとって自由とは楽に楽しくなる他に、自分の考えを深めるために必要なものなのかもしれない。(2016年3月　卒業文集)。

結びにかえて

いま私たち親子は放射性物質の汚染地で生きている。私たち親子が「放射性物質の汚染地で生きている」と言えるまでには葛藤があった。だが、ひとたび「放射性物質の汚染地」でくらしている現実を受けとめることができると、問題を克服する歩みをはじめることができる。そうした状態を「生きている」と呼ぶことができるのだと思う。いま「放射性物質の汚染地で親子が生きていく」ために何が大切なのか、今後の課題を4つにまとめてみたい。

第1は、無理をしないことだ。あれもできていない。これもできていない。自分たちの不備だけを数え上げていたら、状況のきびしさに押しつぶされてしまう。

第2は、「生きていくこと」へのイメージを豊かにすることだ。一つは、取り組みの中から哲学をつくることだ。チェルノブイリ原発事故後の小金井市で、「測定器の維持管理は市、測定は市民団体」という仕組みをつくり、それを持続させてきた漢人明子はこう述べている。「放射性物質は、測って避ければいいのです」。二つは、目の覚めるような取り組みに出会い感動することだ。ナツキにとっての海旅Camp。私も多くの出会いに恵まれた。

第3は、「親子で学ぶこと」へのイメージを豊かにすることだ。一つは、ナツキが通った学童クラブから学んだことが大きかった。学童では「評価のまなざしがないところで、子どもたちが自由に遊ぶ」(坪好子) ことを大切にしていた。二つは、事物の直接観察から社会認識をつくることだ。日本には「保養」についての学術研究の成果がないが、そこにチャンスもあった。ウクライナの保養について映像を見る。自分が保養に参加する。観察からつくった社会認識は本物になる。三つは、困難な課題に挑戦することだ。世界史でだれも経験したことのない4基の原発事故下でどう生きていくか。だれにも正解がわからない。だから、親と子がいっしょに学ぶことができる。

第4は、仲間をひろげて取り組みを前に進めることだ。まず、教材が不足している。国民教育文化総合研究所が『みんなの放射能入門』をつくってくれたことがありがたかった。すべての学級文庫に、文部科学省の副読本と『みんなの放射能入門』を1冊ずつ並べて置いておけば、子どもは勝手に比較検討して自分の考えを深めるだろう。47都道府県の学校で福島の子どもが学んでいる。すべての子どもが福島の子どもと同じ方向を向いて生きていくためにも、『みんなの放射能入門』の普及を進めるべきだと思う。

次に、教育実践の事例の共有が不足している。2011年度の全国教研「環境・公害と食教育」分科会で、鹿児島県立市来農芸高校の教員が、放射能汚染をふまえた実践報告「修学旅行の行き先の変更」を行った。そのことを小金井市民との学習会で紹介すると、ひとりの母親がこう言った。「そんな取り組みをしてくれる先生がいたら、どんなにありがたいことか」。3・11後の子育てに奮闘している保護者と、学校で孤立したたたかいを強いられている教職員は、もっと出会う必要がある。日教組には全国教研の蓄積をふまえ『資料集 3・11後の教育実践』の刊行を行ってほしい。

子どもの未来の命を守るために何をしたら良いか。親子(保護者)と教職員にとって、大切なのが

2021年３月11日だと思う。「３・11」から10年。この日付を、「３・11」への取り組みに、区切りをつけて終結させる日とするのか。それとも、「３・11」への取り組みを、新たに出発させる日付とするのか。ウクライナでは1986年の原発事故から30年歩みを止めていない。兵庫県教職員組合では、1995年の阪神・淡路大震災から21年歩みを止めていない。両者の教訓を生かして、「３・11をわすれない集会」を開催するべきだと思う。①2020年９月11日を第１回とする。②集会では、まず、子どもが犠牲になった145校における512人のことを忘れないようにする。③次に、汚染地でくらしている子どものことを忘れないようにする。④開催は2066年までかけて47都道府県をまわる（東北３県の子どもが47都道府県に長期避難していることに対応）。親子と教職員が、この集会を企画・立案してやり通したときに、それは日本の教育界から信頼を得て家庭と学校における子育てにエネルギーを与え続けるものになるだろう。

Ⅲ

3・11受入校で
原発災害と向き合った
教育実践記録

解説Ⅲ

大森直樹

３・11受入校の拡がりと教育実践記録

本書の「Ⅰ」「Ⅱ」に収録した教育実践記録の成果を明日からの教育実践に活かすことは、じつは全国の学校で求められている。なぜなら、原発被災校と準原発被災校からは、多くの子どもが全国の学校への転出を重ねているからだ。

本書では３・11受入校を「震災により、震災前の学校と別の学校において受け入れた子どもが在籍する学校」と定義している。ここで「震災」とは「東北地方太平洋沖地震と東京電力福島第一原子力発電所事故による被災」の意で用いるものである。本来なら、自然災害による転出と原発災害による転出を分けて定義することが望ましいが、事実の整理が進んでいないため本書では両者をあわせている。この定義は、兵庫県教職員組合のシンクタンクである兵庫教育文化研究所の防災教育部会が2014年から「東日本大震災にかかる避難児童生徒に対する支援状況」の兵庫県内調査を行ってきたことをふまえたものである。同調査にもとづく大森直樹・諏訪清二・中森慶による2019年の研究報告[1]では、「原発事故と東北地震により避難した子どもの受け入れ教育」を「受け入れ教育」と略称する提案を行っていた。

３・11受入校の拡がりは、「どこから（転出元）」→「どこへ（転出先、すなわち３・11受入校）」子どもが転出したのかを押さえることで整理できる（図表８、９）。「どこから」→「どこへ」を知るうえで、文科省が2011年から毎年まとめてきた調査報告が今のところ唯一の手がかりになる[2]。同調査報告は、「震災により、震災前の学校と別の学校において受け入れた幼児児童生徒の数」を明らかにしたものであり、その数は2011年９月時点で2万5,751人、2018年５月１日時点で1万3,065人[3]である。

文科省の2011年９月時点の調査報告を参照して、2万5,751人が「どこから」避難したのかを整理したのが図表８の上の円グラフである。「福島県から」71パーセント、「宮城県から」18パーセント、「岩手県から」４パーセントである。だが、「その他から」６パーセント（1,659人）の都県別内訳は同調査報告からはわからない。1,659人の子どもが「どこから」避難をしたのかを知ることは、教育界に

1　2019年６月15日の公教育計画学会における研究報告「原発事故と東北地方太平洋沖地震により避難した子どもたち－文部科学省と兵庫教育文化研究所の調査をふまえて」。

2　文部科学省「東日本大震災により被災した幼児児童生徒の学校における受入れ状況について（2011年５月１日現在）」（2011年10月13日公表、以下公表日略）、「同（2011年９月１日現在）」、「同（2012年５月１日現在）」、「同（2013年５月１日現在）」、「同（2014年５月１日現在）」、「同（2015年５月１日現在）」、「同（2016年５月１日現在）」、「～被災した児童生徒の～受入れ状況について（2017年５月１日現在）」、「同（2018年５月１日現在）」。なお文科省は、「同（2019年５月１日現在）」と「同（2020年５月１日現在）」では、公表の範囲を「全国（避難元）→全国（避難先）」から「岩手・宮城・福島（避難元）→全国（避難先）」に縮小している。

3　文科省は2019年３月20日に公表したこの数を同年12月24日に1万4,203に改めている。「平成25年度から平成30年度までの福島県の数値については、県立学校において小中学校時の転入学等が計上されていなかった」からだという。文部科学省「同（2019年５月１日現在）」（2019年12月24日公表）。

とって重要な内容であるが、それが今日まで不明にされている。[4]

次に、「どこへ」について。図表８の下の円グラフを見ていただきたい。上位10都県の割合は、「福島県へ」26パーセント、「宮城県へ」16パーセント、「山形県へ」５パーセント、「東京都へ」５パーセント、「埼玉県へ」５パーセント、「新潟県へ」５パーセント、「岩手県へ」４パーセント、「神奈川県へ」３パーセント、「千葉県へ」３パーセント、「茨城県へ」３パーセントである。「その他へ」25パーセントの道府県別内訳は日本地図のうすいグレーの部分に示した。「どこへ」は47都道府県にくまなく拡がっている。ここで押さえておくべきなのが、福島・宮城・岩手の東北３県が「どこから」において１～３位を占めるだけでなく、「どこへ」においても、１～２位と７位を占めていることだ。このことは、３・11受入校の教育実践の検討に際しても東北３県の教育実践がもつ意味が大きいことを示唆している。

さて、これらの子どもが在籍している３・11受入校では、どのようなとりくみが重ねられてきたのか。日本教職員組合編『日本の教育』第61～69集には、2011～19年度公表の教育実践記録約5,400件のタイトルが収録されている。それらの本文にあたると、「３・11受入校で原発災害と向き合った教育実践記録」が８件あることがわかった。その「どこから→どこへ」の内訳は、「福島→福島」が３件、「福島→岩手」が１件、「福島→山形」が１件、「福島→東京」が１件、「福島→山梨」が１件、「福島→鳥取」が１件である（図表10）。これら８件の中から、本書「Ⅰ」に１件[5]（**実践１**）、「Ⅲ」に６件（**実践35、36、37、39、40、41**）、計７件を収録している。

また本書では、2011～19年度公表の教育実践記録の中から、いつでも３・11受入校になれるよう原発災害と向き合った教育実践記録が２件あることについても調べて、これも「Ⅲ」に収録した（**実践38、42**）。

これらの教育実践記録（図表11）の成果を整理すると２点にまとめられる。

1　子どもの生活の事実を大切にする

第１は、避難した子どもの生活の事実を記録してきたことだ。その一部を書き抜いてみたい。都内の公立中の橋口由佳は、2011年４月、初めての担任となり、福島からの転入生を受け入れた（**実践36**）。最初は、「クラスや授業で原発事故の話をしたりAと関わる上で、自分の発言はAを傷つけないか、また、避難の状況を聞いてもいいのだろうかと逡巡」していた。そのことを職場にいる組合員に相談すると、「すぐに家庭訪問へ行くべきだ。ここは悩んで考えこむより直接きいてみることの方が大切だ」と助言された。Aに「今日、お家に行ってもいい？」と聞いてみると、すぐに構わないと言われ、家庭訪問ができた。Aから教わったことを橋口は書きとめている。

> 夏休み中にAは被ばくの検査を受けるために福島に帰郷したそうだ。また、同級生と連絡を取り合う中で、現在、学校に行けている生徒は２、３人だということも知った。以前の学校の先生

4　子どもと未来を守る小金井会議編『わたしは忘れない小金井の３・11』（2016年）には東京都の小金井市で子育てをしていた保護者が北海道に避難した事実が記録されているが、こうした子どもの受入教育が教育界で話題になることは少ない。

5　この１件は3・11受入校の教育実践記録であると同時に原発被災校の教育実践記録でもある。

図表8　避難した子どもの拡がり（2011年9月1日）

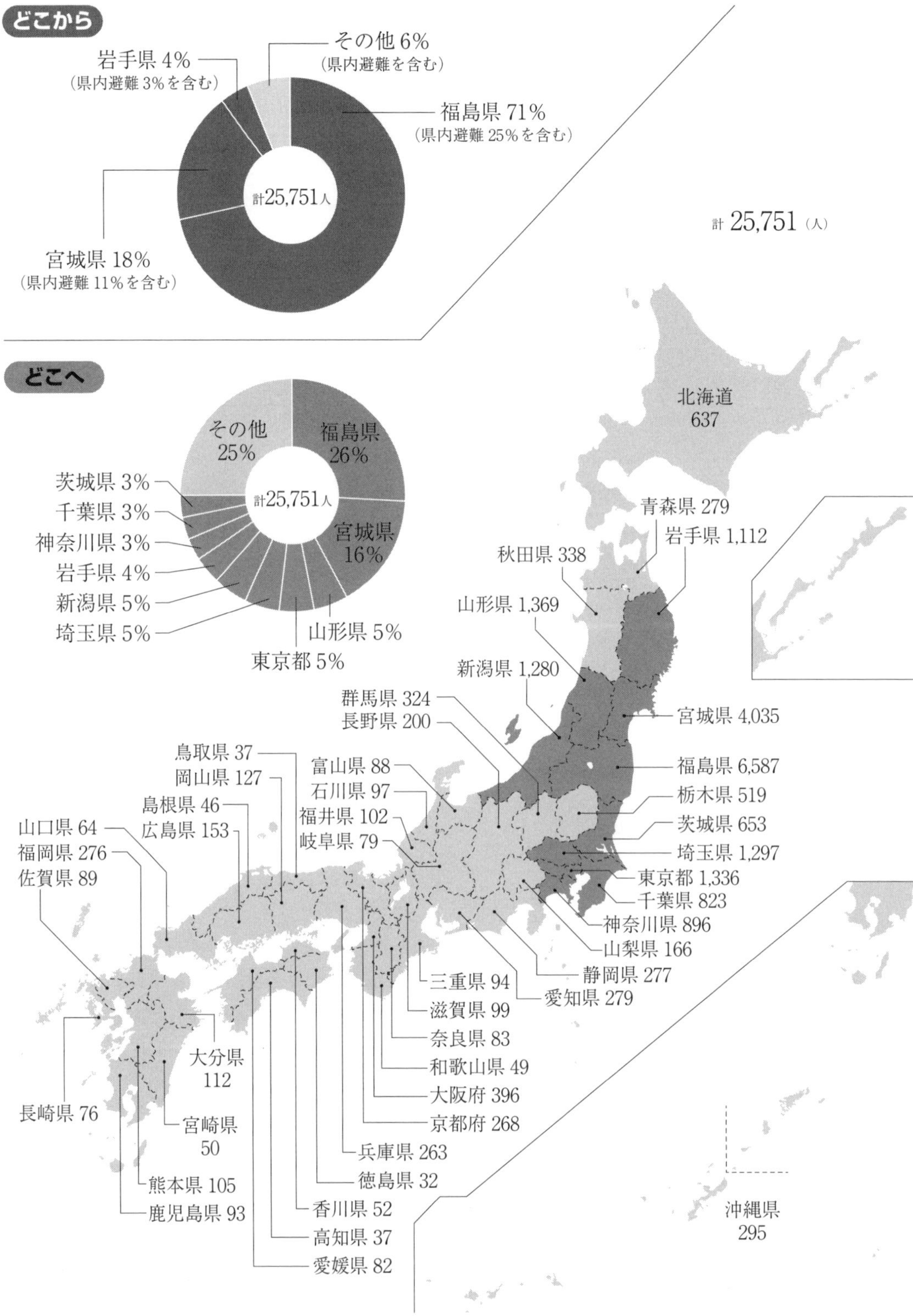

文部科学省「東日本大震災により被災した幼児児童生徒の学校における受入れ状況について（2011年9月1日現在）」2011年10月13日より作成

図表9　避難した子どもの拡がり（2018年5月1日）

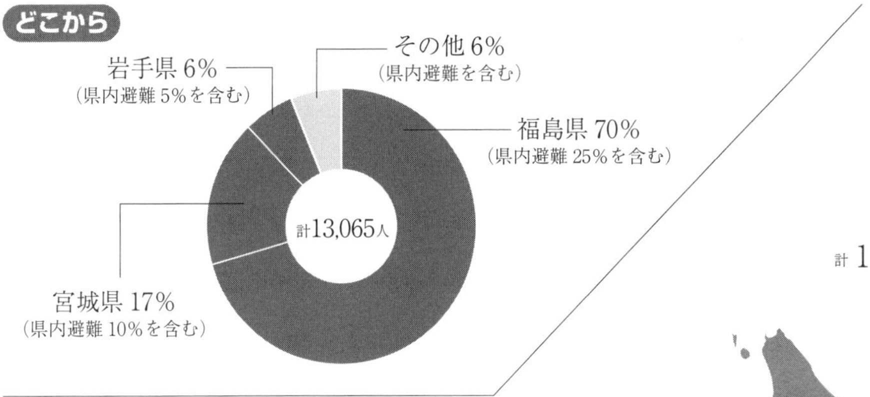

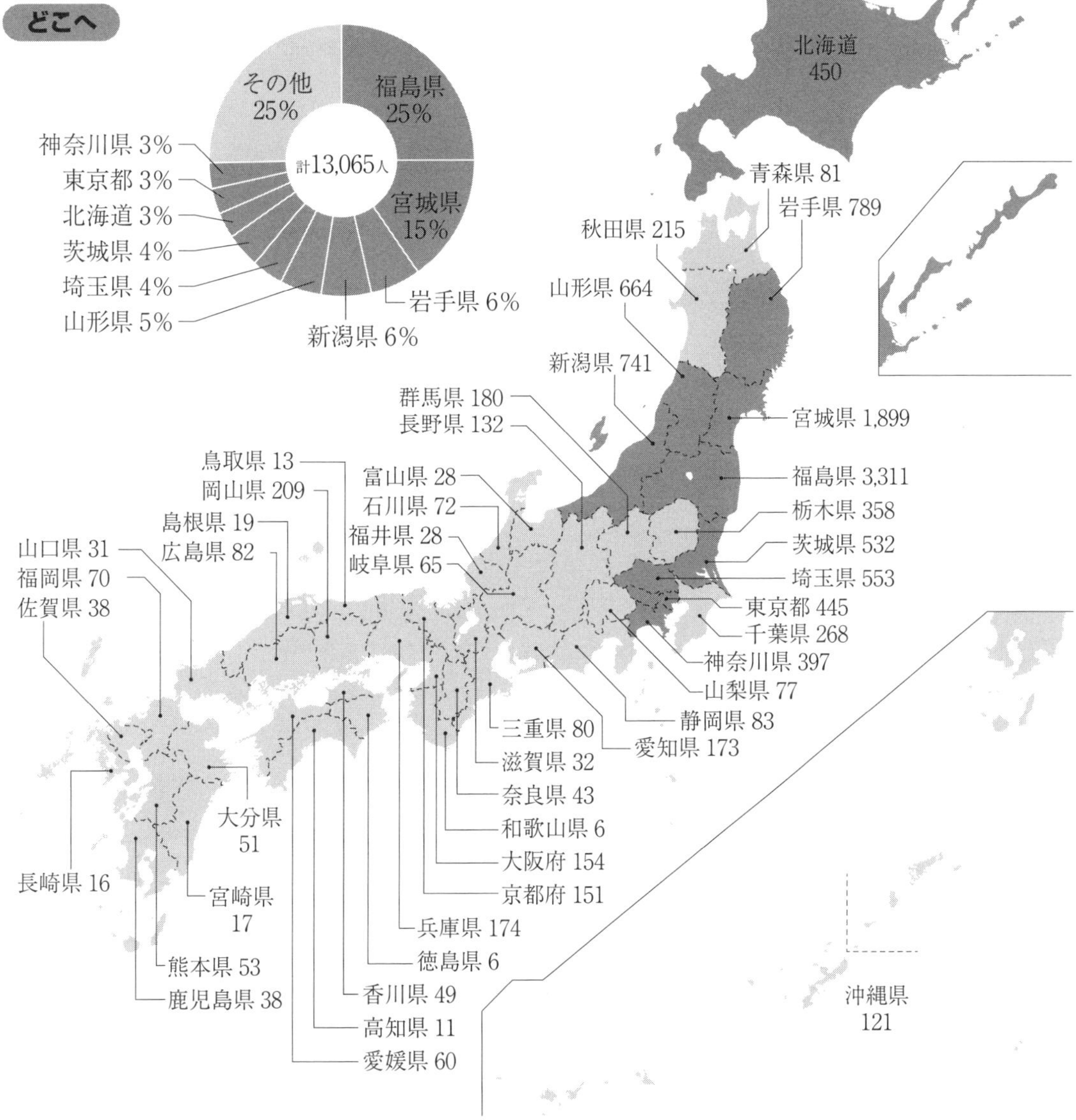

文部科学省「東日本大震災により被災した児童生徒の学校における受入れ状況について（2018年5月1日現在）」2019年3月20日より作成

図表10　3・11受入校で原発災害と向き合った教育実践記録等数（2011–19年度）

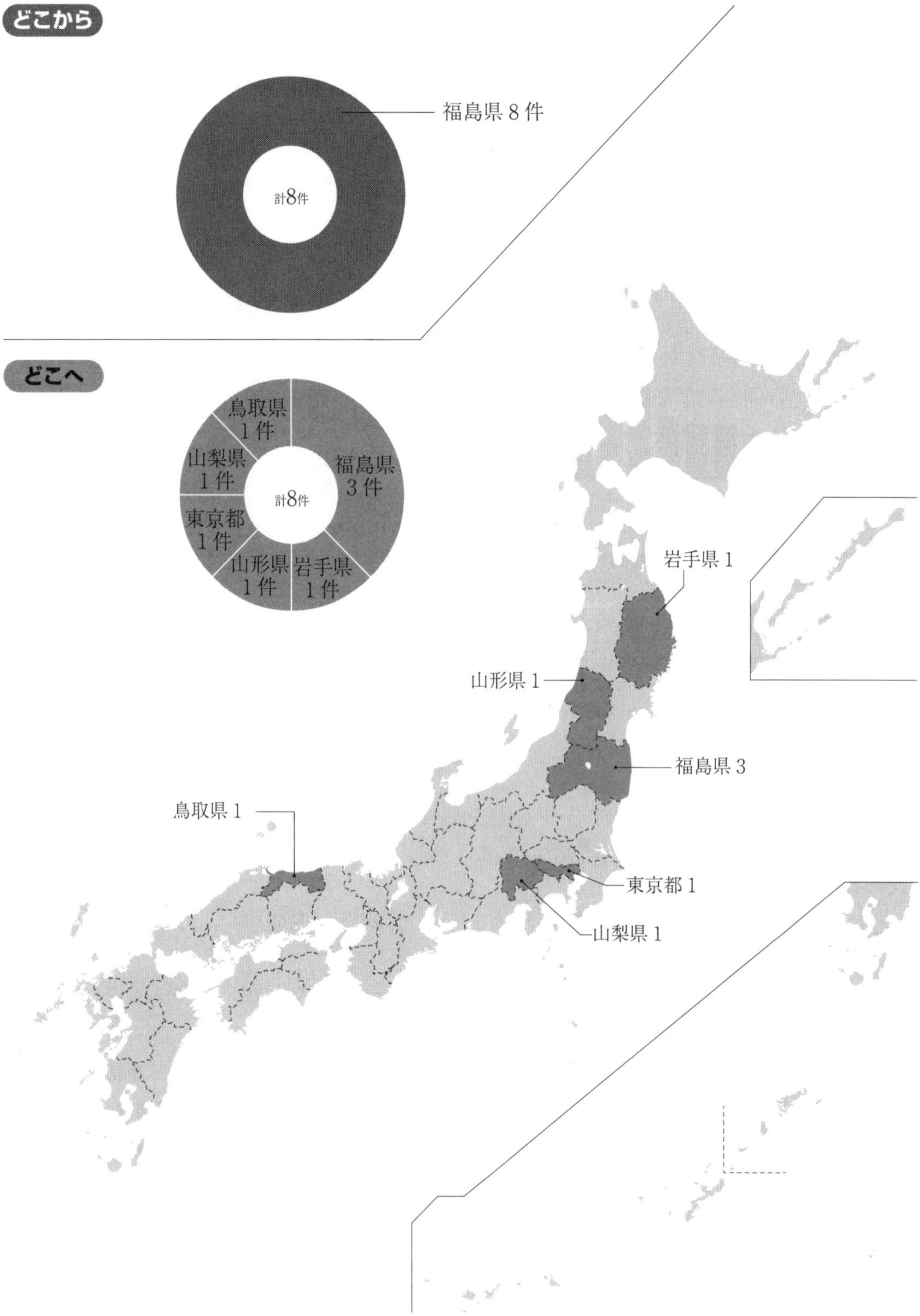

図表11　3・11受入校で原発災害と向き合った教育実践記録等10件（2011-19年度）

著者	実践校等（都県）	タイトル（分科会）実践記録番号
2011年度		
藤田美智子	福島市立平野中（福島）	「60キロ圏まで逃げないと！」（日本語教育）1
橋口由佳	都内公立中（東京）	放射線被ばくと学校（自治的諸活動と生活指導）36
中込直樹	笛吹市立八代小（山梨）	福島から避難してきた子どもの支援を考える（同上）35
坪倉潤也	鳥取県立八頭高（鳥取）	学校現場で原発問題にどうとりくむか（平和教育）37
堀浩	酒田市立第三中・飛鳥小・飛鳥中（山形）	フクシマ以後。（教育条件整備の運動）
2012年度		
小松則也	矢巾町立矢巾東小（岩手）	ほうしゃせんのべんきょう（幼年期の教育と保育問題）39
戸内敏博	猪苗代町立猪苗代小（福島）	福島の子どもたちの今（人権教育）40
今澤悌	甲府市内公立小（山梨）	「きれいなB町に帰りたい・・・」（同上）38
2018年度		
渡部秀和	下郷町立楢原小（福島）	社会科教育における原発公害についての実践（社会科教育）41
2019年度		
永田守	芦屋市立打出浜小（兵庫）	打小の「震災をわすれない」とりくみ（総合学習と防災・減災教育）42

に、「学校に行けているのは、あなたと何人かだから、頑張って」と言われたとも聞いた。多くの生徒は浪江町から福島県内の他校への転校で、なぜ転校してくるのかと言われ、なかなか環境になじめないせいで、不登校になってしまうらしい。

鳥取県立八頭高校の坪倉潤也は、2011年度途中に福島から転入した生徒が所属する部活の顧問をしていたこともあり、本人から話を聞いている（**実践37**）。一番心配していることを聞くと、「慣れない環境で自分の生活も大変ですけど、それ以上に福島の友人のことを考えます」という言葉が返ってきた。次の言葉もあった。「基準が10ミリシーベルトだと言えば10ミリシーベルトで大丈夫だという学者を連れて来て、20ミリシーベルトだと言えば20ミリシーベルトで大丈夫だという学者を連れて来る、結局はそれの繰り返しなんです」。

山梨の笛吹市立八代小の中込直樹の学級にも、2011年に福島からの転入生があった。４月11日の放課後に３年生のAと４年生の姉と母親が初めて登校し、３年担任の中込は、４年担任と校長室で話を聞いた。福島から埼玉の学校へ避難し、さらに知り合いのいる山梨に来たという。「５月の連休中のことを伝える」作文で、Aは「くるしかったこと」を書いた。その作文には「自分のお家に帰りたかったから」と書かれていた（**実践35**）。

2012年度、山梨の甲府市内公立小の今澤悌は、自校には避難した子どもが通っていなかったが、

「山梨にいる私たちが、何ができるのか」を追求しなければならないと考え、福島の避難区域から山梨に避難してきた親子の自宅を訪ねた（**実践38**）。母親が席を外したときに、娘が今澤に話しかけた。「事故の後、放射能が出ているなんて知らなかったから、外で長い時間過ごしていた」「友だちとも離ればなれ。どこで何をしているのかもわからない」「事故のことが話に出ると、大変だね、と言ってくれる。とてもありがたいけれど、どこまで分かってくれるのかなって思う」。今澤が「今、一番願っていること」を聞くと、その子どもは、「B町って、すごくきれいなんですよ。学校から海も見えるし。その海がすごく青くて。そのきれいなB町に…帰りたい…」と話した。

２　新たな教育内容をつくる

避難した子どもの作文

第２の成果は、子どもの生活の事実をふまえて、新たな教育内容をつくりだしてきたことだ。１つは、避難した子どもから自由な表現を引き出す教育内容である。福島市立平野中の藤田美智子は、2011年度、中３の国語で、まず３月11日の体験を綴らせることにした。「福島市は、福島県浜通りや、宮城・岩手の沿岸部のような大きな災害があったわけではない。しかし、自分の経験した大震災は、どのようなものだったのか」。具体的な事実を「きちんと書かせたい」と藤田は考えた。まず、1984年に福島市が水害に遭ったときの子どもの作文を読み、意欲を喚起した。取材表をつくらせ、書き出しの具体例を共有し、一人ひとりへの個別指導を行い、記述と推敲を重ねた。ほとんどの子どもは福島市内での経験を書いたが、一人の子どもが浜通り（福島県沿岸部）から福島市への避難行を克明に記した作文を書いた（**実践１**）。

共に原発災害に向き合う

２つは、避難した子どもと受入校の子どもが共に原発災害と向き合うための教育内容である。岩手の矢巾（やはば）町立矢巾東小の小松則也は、2012年度、小２の学活で「ほうしゃせんのべんきょう」を行った（**実践39**）。小松は、３・11後に「何かをしなければ」と考えていたが、「放射線というと難しい印象」があり、「ましてや、低学年ではどう教えたら良いのだろう」と悩んでいた。「文科省の副読本は曖昧だし違和感があって使えな」かった。そこで小松は、小２の子どもがわかりやすく原発災害について学習するための絵本を自作した。その物語は、クマやキツネが暮らしている森が大きく揺れるところから始まる。「ぐらぐら、バリバリ、ドドーン」。原発から出た大量の放射能を避けるため、森の動物たちは、マスクをして、南へ50キロメートル離れた「でんでら森」へと避難をする。そこから北へ200キロメートル離れた「ウレイラ山」への避難行では、クマの村長が「生きる！」と号令をかけ、みんなが「１・２！」とこたえた。「生きる！」「１・２！」、「生きる！」「１・２！」のコールが山々にこだました。「でんでら森」を出てから２年がすぎる。森の動物の子どもたちは、元いた森のときよりも、「でんでら森」のときよりも「ずうっとずっと元気」になった。

小２の学級には福島から転入した子どもがいたので、小松は授業に先立ち、保護者に相談をして、本人にもどう思うかを確認した。同級生は福島から転入した子どもがいることを知っていたが、小松は転入の理由までは知らせていなかった。絵本を読み聞かせると、子どもたちは、避難した動物たちへの共感ができたようだった。子どもの感想からは、「子どもは本当のことを知りたがっている」こと、「知ってうれしいと思っている」こと、「もっと勉強したいと感じている」ことが見えてきた。

会津（福島県西部）の猪苗代町立猪苗代小は、2011年３～６月に浪江町を中心に79人の避難した子どもを受け入れた。夏休みまでに60人が再び転出し、２学期には17人が残った。2012年度に、同校の戸内敏博が小５の社会の教科書を調べると、大震災・原発事故に関する記述は単元「環境を守る」の小単元「自然災害を防ぐ」に写真１枚と簡単な記述があるだけだった。そこで戸内は単元「食料生産」の小単元「農業」と「水産業」で福島の農業と水産業をとりあげ、学習のまとめで原発事故の影響について話した（**実践40**）。子どもからは「もう家の人は気にしていない」という声も聞こえてきたが、「これからどんなことをしたらよいか」を書いてもらうと、「浜通りのがれき撤去を進め、まだ見つかってない人を探す」「避難している人が元の家にもどれるようにする」といった言葉が並んだ。

会津の公立小の渡部秀和は、2018年度公表の教育実践記録を次の問題意識から書き起こしている（**実践41**）。「原発公害を、どの教科のどの単元で教えるのかは、大きな問題であり、それに該当する単元を見つけ出すことはなかなか困難である」。渡部は、その単元として、小４の社会の「特色のある地域」に着目する。下郷町立楢原小（渡部が2014年度まで勤めた）における授業は次の発問からはじまった。「ところで、今、福島県でいちばん特色のある地域はどこか知っていますか」。生徒は予想を発表する。写真と地図で答えが提示されていく。「これらは、福島県の双葉町と大熊町です。福島県のどこにあるのか地図で確かめましょう」「どうして、最も特色のある地域なのかというと、人が住めない町だからです」「原発事故から逃げてきたお友達が楢原小学校にもいますね。そのお友達の話を、もう一度聞いてみましょう」。こうして、沿岸部から下郷町に避難してきた１人の子どもの作文が提示された。

> ぼくは、３月11日のことを決して忘れることはないでしょう。ぼくはその日、あたりまえのように、学校に行き、あたりまえのように授業を受け、あたりまえのように給食を食べ、あたりまえのように友だちと遊んでいました。そしてあたりまえのように帰ろうとしていたそのときです。〔後略〕

この作文には「沿岸→福島市→会津若松市→南会津町→下郷町」へと続いた避難行が記されていて、読み終わると次の質問が用意されていた。「福島県の地図で、Ａさんがひなんした道をたどってみましょう」。こうした学習を行った子どもたちは、避難を重ねた子どもの苦労を、事実にもとづき具体的に知ることができるだろう。小松の絵本は創作であり、渡部秀和がとりあげたのは作文だったが、いずれにおいても、避難の歩みを具体的に示すことによって、避難した子どもと受入校の子どもが共に原発災害について学ぶことを可能にしていた。

３・11受入教育を子どもと考える

３つは、３・11受入校のあり方を子どもと考えるための教育内容である。兵庫の芦屋市立打出浜小の永田守は、2019年度に、小６の道徳で授業「『受け入れ教育』から学ぶ」を行った（**実践42**）。以前から永田は、兵庫教育文化研究所が「東日本大震災にかかる避難児童生徒に対する支援状況」の調査を続けていることに関心を寄せていた。同年夏に同研究所が主催した学習会にも参加し、文科省の調査報告でも兵庫県に避難した子どもが2018年度に174人いることを改めて知った。永田は、「その子どもたちが避難先でどのように生活し、学校の中で教職員がその子どもたちや保護者とどのように向き合っているのか」をまだ十分に把握できていないことを「他人事ではない」と考えた。

こうした問題意識から、永田は、「受け入れ教育」のあり方を子どもと考えることにした。教育現場には「迷ったら子どもに聞け」という言葉がある[6]。無名無数の教職員により先輩から後輩に語り継がれてきた言葉であるが、永田のやり方はそれを具体化したものだった。教材として選んだのは2011年度の全国中学生人権作文コンテストの生徒作文「温かさを分け合って」（福島県教育委員会『ふくしま道徳教育資料集　第１集「生きぬく・いのち」』2013年所収）だった（**付録５**）。南相馬市から避難した中学生が、転校先の埼玉県の中学校で、友人や先生からあたたかく迎えられるまでの経過を記した作文である。作文の中には、避難した中学生が、新聞を見て驚いたことも記されている。福島から避難した小学生が転校先で「放射能がうつる」といわれたことの報道だった。

永田は子どもに次のことを問いかけた。いま、一方の学校では福島から避難した子どもが「放射能がうつる」と言われている。別の一方の学校では福島から避難した子どもがあたたかく迎えられている。二つの受入校（永田は「受け入れ」校と表記）の違いは何なのか。これからの課題として打出浜小では受入教育をどうすればいいのか。授業を通していくつかのことが見えてきた。①子どもたちの多くが原発災害についてほとんど知らなかったこと。②だが、「受け入れ」校という概念と、今も避難している子どもが全国に多くいることは理解できたこと。③話し合いを通じて、「受け入れ」校はすべての子どもにとって「やさしい」学校であるべきだという考えが理解できたこと。④この教室の中にも東日本大震災を体験した子どもがいたことが、こうした授業を行うことではじめて見えてきたこと。４歳のとき、埼玉県から芦屋市に転居した子どもである。

なぜ、永田は、３・11受入教育のあり方を子どもと考えたのか。この教育実践の背景には、かつて永田が1995年の阪神・淡路大震災の被災者だったことがあった。被災から３年間、永田は震災の映像やニュースを見ることができなかった。永田が震災と向き合うようになったのは、2000年に芦屋市立精道小に着任して翌年１月に同小で行われた震災６周年追悼式に参加をして、「頭を殴られるほどの衝撃を受け」てからだった。亡くなった子どもの遺族、友だちを亡くした子どもたちが、自分のつらい思いを語り、そこから出発して、生きることの意味を語っていた。「自分よりもっとつらい思いをしている人たちが震災と向き合っている」。永田の「閉じていた心」にも変化が生じていった。2004年度、永田は精道小の６年生（阪神・淡路大震災時に１～２歳）を受け持ち、震災を語り継ぐ会を始めた。2005年度からは教育復興担当教員となり、追悼式を準備することも永田の仕事になった[7]。2010年度に打出浜小に異動になり、同小でも震災をわすれない教育実践を重ねていた。

永田の教育実践から見えてくることがある。１つは、「避難した子どもが安心して生活できる３・11受入校のイメージ」を、まず、最初に学級で共有することの重要性だ。永田の実践が行われる前に、多くの教職員が考えていた３・11受入教育の進め方とは、「まず教職員が家庭訪問などを通じて

6　私はこの言葉を東京の公立小の教員藤田直彦から2003年頃に聞いた。藤田は2017年度の全国教研で「『３・11そのとき何を』からいじめを考える」というタイトルの教育実践記録を報告している。

7　詳しくは大森「震災を忘れない学校－芦屋市立精道小学校の取り組みと３・11後の課題」『世界』855号、2014年参照。

避難した子どもと出会う」→「避難した子どもと受入校の子どもがいっしょに学ぶ教育内容をつくる授業を行う」というものだった。永田の実践から見えてきたのは、その順序を逆さまにすることの可能性だ。「まず避難した子どもが安心して生活できる3・11受入校のイメージを学級で共有する授業を行う」→「そうすると避難した子どもが安心して話したり生活したりできるようになり、避難した子どもとの出会いがつくられる」というやり方である。

このやり方は、善元幸夫が新宿区立大久保小で2003年度から行った「外国語クラブ」における餃子づくりの教育実践について述べていたこととも重なるところがある。「本物の餃子を食べたら人は変わりますね。一番はじめに変わるのは日本の子どもたち、次に教員がなんとなく中国が好きになります。そして最後に中国から来た当事者の子どもたちが本音を出せるようになっていきます」「『日本に来たら日本人』、そう言っていた子どもたちの心の奥にある本音は何なのか」[8]。子どもが隠していた本音を話すことが、どのような教室で、どのような順序でつくられるのかを、善元は端的に述べている。

2つは、そうした3・11受入校を具体化するための教育内容を教育界で共有することの重要性だ。永田は全国人権作文コンテストの生徒作文を活用していたが、この教材と同じ方向性をもった教材が福岡でもつくられている。福岡市教育委員会編『人権読本　ぬくもり　第3版　小学校5・6年生上』(2015年)に掲載された「俺たちなかまやん」である。その方向性とは、避難した子どもと受入校の子どもが、共に学ぶ学校のあり方を考えることを促すことだった。

永田は次のようにも述べている。原発災害と向き合う授業について、「その被害の大きさ」と「放射能被害の問題の事実の理解の困難さ」を前にして、「これまでとりくまねばと思いつつもとりくむことに腰が引けていた自分が」いた。「自分のようななかまは少なくないのではないか」。だが、この授業にとりくむなかで「受け入れ教育」の目指すべき方向性が見えてきたという。「子どもたちと考えたキーワードは『やさしい』学校だった。『やさしい』受け入れ校になるということは、何も特別なことではない」。「授業をとりくむ際の切り口は、『子ども目線』がいいと私は考えている。子どもたちの『保養』『受け入れ教育』といった『希望』の切り口で『原発問題』を考えるとき、子どもたちは少し自分の問題として考えることができるのではないだろうか。しかし、この仮説については今後の教育実践とその検討が待たれる」とした。3・11から10年が経過したいま、今後取り組むべき教育実践の課題が見え始めている。

付記　本稿の386～387頁の一部は本書第1巻の解説Ⅱの内容と重複している。

8　善元幸夫「いまを生きること」大森直樹編『子どもたちとの7万3千日 - 教師の生き方と学校の風景』東京学芸大学出版会、2010年、50頁。

35　福島から避難してきた子どもの支援を考える
ーAの作文・日記を中心に

〔山梨県笛吹市 小学校〕

中込　直樹

新年度の始業式から３日目に、福島県から親子３人が八代町に避難してきた。４月11 日（月）の放課後に母親と一緒に初登校したＡは３年生、姉は４年生。

クラス替えがあり３年生に進級したばかりの子どもたちが、互いにどのようにつながりあっていくのか、また、子どもたちと私自身が、そして私と保護者が、どのようにつながっていくのか…などと考えている矢先のことだった。

私は、Ａとクラスの子どもたちをつなぐことができるのか。被災した子を受け持つのは初めてのこと。Ａや保護者と私は…、保護者どうしは…、そして保護者と地域は…など、いろいろなことを考えた…。そして、「今の自分にできることを毎日積み重ねよう」と決めた。子どもたちに「今」を表現させ、その表現を学級通信にのせて、毎日お互いに読み合うこと。お互いに他者の心にふれること。そのことでＡと家族を、そしてみんなを勇気づけることができたら。１学期のＡは、震災と原発事故のため激しく変化した環境の中で、大きな不安・喪失感や負い目を抱えながら生活していたように感じる場面が少なくなかった。しかし、２学期の半ばになって、Ａは心身の安全・安心を恢復し、仲間とともに精いっぱい生きている。

経過

４月11日（月）

放課後に、親子３人で学校へ。４年の担任と一緒に校長室で話を聞く。福島第一原発から 25kmほど離れたところに住んでいたとのこと。福島から埼玉の学校へ移り、更に知り合いのいる山梨へ来たという。私は、母親に何を聞いたらよいのか・どこまで聞いてもよいのか…などと考えたり迷ったりして、どきどきしてしまった。とにかく、連絡先・翌日の持ち物・通学班・教科書のことなど当面の学校生活に関わることを確認した。姉よりも本人のほうが元気そうな印象を受けた。学校生活に関わるさまざまな道具や用具がないため、それらも早く準備したいと思った。Ａの家族は、町内の団地に半年間住むことができると言っていた。

４月12日（火）

クラスの子どもたちが３年生に進級してから４日目に、Ａは初めて八代小の子どもたちと出会うことになった。Ａは、職員室で私たちにあいさつした後、教室へ行き「○○小学校から来ました□□です。よろしくお願いします」と自己紹介をした。私は「福島県から転校してきたAです。笛吹市に親子で避難して来られました。八代に来たばかりでわからないことがたくさんあると思うので、いろいろなことを優しく教えてあげてくださいね。みんなで仲よくしましょう」と子どもたちに伝えるのが精一杯だった。国語ドリルを配ったときに、Aの隣の席の男の子が、ネームペンをサッと貸してあげているのを見て、とても嬉しかった。

4月22日（金）

Aの家庭訪問。母親の話を聞くと、「まだ働こうとする気力がわいてこない」、「埼玉の親戚の家に、多くの生活用品などを置いてきているので不自由だが、とりあえず毎日の生活に必要なものは最低限そろっている」ということだった。「部屋にカーテンを買ってつけるかどうか迷ったけれど、様子が丸見えなので最近やっと買った」と言っていた。たしかに真新しいカーテンがつるしてあった。不安定な生活が続いている様子がわかる。「Aが、なかなか友だちができなくて、少し元気がない。前の学校でも友だちがうまくつくれなくて苦労していた」と言う。転入した当初は元気な様子だったが、少しずつ仲良くしていた友だちが離れていくような感じがしていた。姉は、福島と山梨の言葉の違いがあることを気にしているという。とにかく友だちとの人間関係づくりを、もっと支援していかなければならないと思った。

4月下旬

私は、原発のことについてあまりにも無知なので、とにかく3冊の本を読んだ。マスメディアの報道に惑わされることなく、自分の頭で考えるしかない問題である。それにしても知らないことが多すぎて、はずかしくなった。

4月25日（月）

班日記や作文を始める。今の子どもたちは、何を考え・何を感じ・それをどのように表現するのだろうか。そしてAは、班ノートや作文に何を書いてくるのだろうか。私は、子どもたちと、しっかりつながることができるだろうか…。

5月3日（火）

Aの最初の班日記が机の上に出ていた。どきどきした。

週末には、埼玉へ帰っているようだ。日曜日の夜遅くに八代へ戻って来るらしく、月曜日は、朝から元気がないことが多い。月曜日は、途中で具合が悪くなったり、眠くなったりして保健室へ行くこともある。

5月16日（月）

Aが体調を崩して早退した。母親に話を聞くと「埼玉へ行っていて、夜遅くに帰ってきた」とのこと。仕方がないが、この生活は小さな子にとって、とてもきついものだと思う。どうすればいいのか…。どうしようもない…。ただ、クラスの中にAを思いやる気持ちが、子どもなりに芽生えてきた。同じ班の子の日記を読むと、いつもけんかばかりしていた二人だったが、早退したAを心配している様子がわかる。私は、とても嬉しかった。こういう子が少しずつ増えていけば、Ａが気持ちよく八代で生活できるようになるはずだ。私たちにできることは、「八代小にたくさんの友だちができて、楽しい学校生活ができた」とＡが思えるような日々にすることだ。それしかない、というようなことを、Ａが早退した後、クラスの子どもたちに伝えた。

５月19日（木）

「５月の連休中のことを伝える」作文で、Ａが「くるしかったこと」を書いた。

とても迷ったが、学級通信で紹介することにした。

「自分のお家に帰りたい」というのは、Ａの正直な気持ち。３年になったばかりの小さな子が、抱えている不安や苦しみは、私たちが思っているよりもずいぶん大きく深いのではないかと思う。子どもたちだけでなく、その子を最も身近なところで支えている母親の不安や苦しみも…。家族３人で泣いている様子を想像すると胸が痛んだ。

５月20日（金）

翌日、何人かの保護者から、連絡帳に書き込みがあった。「私たちが今できることは、住み慣れない環境の中で生活をしなければならない人たちの立場になって、少しでも心のケアができればいいかなと思います。山梨でたくさんの思い出を作ることができて、苦しみが少しでも楽しみに変われるよう、見守っていきたいです」という保護者もいた。読んでみると、Ｂの家には、放課後に何度かＡが遊びに行っていて、それがＡの楽しみになっているという。仲良く遊ぶことができる同性のクラスメイトは、不安定な毎日を過ごしているＡにとって、とても大きな存在となっているはず。その友だちとの関係を大切にしながら、更に他の友だちとの関係も少しずつ広げていきたいと思った。

その後、少しずつ子どもたちの日記の中に「Ａと一緒に遊んだ」というような記述が見られるようになった。

いろいろな子どもたちがＡと関わって生活している様子がわかる。このころからＡの表情が少しずつ明るく変わってきた。

６月５日（日）

日曜日のＡの日記を読むと、団地の清掃活動に参加している様子がわかる。Ａが、地域のことを書いてきたのは、初めてだった。身近な地域の人たちと協力して生活できているようなので、私は少し安心した。

６月18日（土）

土曜日のＡの日記を読むと、Ａたち家族が「埼玉へ行く」のではなく、親戚が「埼玉から来た」ということがわかる。Ａが、とても嬉しそうに話をしてくれた。

６月20日（月）

親子レクの日のこと。３～４校時の親子レクが終わった後に、Ａの母親が、「放射線が心配で、いつになったら福島へ帰れるのかわからないけれど、できればもう少し八代で生活したいと思っている」と言う。１年間は、八代小に通いたいと言うので、私も賛成した。せっかく仲間たちとも慣れてきたのに、またどこかへ転校してしまうのでは、あまりにもかわいそうだ。もちろん、自宅へ戻って、もとの学校へ通うことができるようになるのが一番よいが、見通しは立っていないようだ。Ａのような家族が全国にたくさんいる。

６月24日（金）

「いのち」について考える学習の後、Ａは作文を書いた。

詳しいことは全くわからないけれど、「天国で、たぶんわらっていると思います」というところが、ずいぶん心に残って、何度も読み返した。それにしても、２月に大好きな人を亡くし、３月には住み慣れた環境から離れなければならず、また、理由はわからないがＡには父親がいない。Ａの気持ちの中には、きっと簡単には埋めることができない大きな喪失感があるのだろうと思った。Ａには、どんな「原風景」が残るのだろう…。

７月上旬

「仲のよい友だちを紹介しよう」という作文を書いたときのこと。クラスでは、両面にマス目を印刷した作文用紙を使っている。Ａは、片方に「地元の友だち」のことを、そして、もう片方に「今のクラスの友だち」のことを書いた。

地元のＡ小学校の友だちとは「けんかもするけれど、よくあそぶ」、今のクラスの友だちは「あそんでくれる」と書かれている。「あそぶ」と「あそんでくれる」では、大違い。ずいぶん気をつかっている。「いっぱいお友だちをつくってみたいです」というＡの願いをかなえたい。

７月中旬

Ａが書いた「１学期にがんばったこと・楽しみな夏休み」の作文。表に書いた「がんばったこと」はともかく、裏に書いた「これから楽しみな夏休み」の最初の行には「のせないでください」と書かれていた。（学級通信にのせてほしくないときは「のせないで」と書くことがクラスの約束になっている）。 もちろん私は、「がんばったこと」だけをのせて、「楽しみな夏休み」はのせなかった。Ａは、なぜ「楽しみな夏休み」の作文を「のせないで」と書いたのだろうか。

被災した方の中からイタリア政府が旅行を希望する家族を公募したところ、Ａの家族が当選したとのこと。大震災以来、４カ月半にわたるストレスが少しでもやわらぐように、家族３人でゆっくりと旅行を楽しむことができるといいなあと思う。そして、２学期の始業式に元気な顔を見せてほしい。でも、Ａの家族は、旅行のことをみんなに言えないまま、終業式の前日に埼玉へ戻って行った。それは、なぜ？福島の実家周辺は、まだまだ放射線量が高く、いつになれば安心して生活できるのか、その見通しは全く立っていない。

８月29日（月）

夏休みが終わり、運動会練習の特別日課が始まった。３校時に「代表リレー」の選手を決めた。Ａ

は、トラック半周をクラスの女子の中で最も速く走り、代表リレーの選手になった。

9月12日（月）

東日本大震災から半年が経った。毎日「運動会」をテーマに学級通信を書いてきたが、この日は「東日本大震災から半年」をテーマに通信を書いた。翌日、連絡帳に「みんなで運動会の練習ができるのは幸せなことですね」と書いてきてくれた保護者がいた。思いが伝わっていることが嬉しかった。

9月23日（金）

国語の時間に、運動会の作文を書いた。Aの作文を読んで、私は、本当に嬉しくなった。

Aの作文には、「4年生になっても」、そして「あと3年間、続けたい」と書いてあった。今の仲間たちと一緒に、これからもがんばりたいというAの心が表れていると思った。だから、とても嬉しかった。

しかし同時に、「本当に喜んでいいのか」とも思う…。原発のことが、すっかり安全に落ち着いて、地元の学校へ通えるようになることが、本当は一番嬉しいことのはずなのだから…。

11月初旬

内部被曝検査を受けるため、家族で福島へ戻った。異常は認められなかった。母校の様子も見てきたそうだ。今は、別の小学校の敷地内に併設されているが、来年の2学期には再開する予定だという。「でも、放射線量は、大丈夫なの？」という母親の言葉は、みんなの率直な気持ち…。「山梨にいるなら安全だ」と医師から伝えられたと言う。ソレハ、ホント？

まとめ－これからの支援について

Aは今、クラスの中でたくさんの友だちと共に、毎日元気に過ごしている。まるで、最初からみんなと一緒にいたかのように…。

それはもちろん、Aが八代に来て、心身の安心・安全を、ある程度の長い期間にわたって、確保することができたことが何より大きく影響しているのだと思う。

そして、クラスの中で、これまで地道にとりくんできたことが少しずつ、子ども・保護者・地域などを、互いにゆるやかにつなぐことができてきたとするのならば、とても嬉しい。

だが、Aの中には、震災と原発事故による心の傷が、何らかのかたちで残っている。私たちに残された課題は多く、その一つ一つが重いことを忘れてはならないと思う。

以下に、そのいくつかを挙げて「まとめ」にかえる。

(1) 福島の小学校との連絡・連携　担任・家庭・学校・教育委員会等で。
(2) 友だちとのよりよい人間関係づくり・基礎学力の定着　担任・学年・学校で。
(3) 親子の心のケア　担任・学級・学年・学校・地域・行政・公的機関で。
(4) 正確な情報収集　公の数値・報道だけでなく、市民による地道な測定・発信で。
(5) 生活資金・住宅・物資等の支援　企業・自治体行政・国政で、その責任として。
(6) 脱原発・エネルギーシフト　一市民として他者と連帯し決して運動を絶やさぬこと。

36　放射線被ばくと学校

〔（東京都）中学校〕

橋口　由佳

地震が起こった後、地震や津波の被害はニュースなどで目に見えて分かったため理解できたが、原発事故が起こった件に関しては、放射能に対する漠然とした恐怖を抱きつつ、放射線は目に見えないためどこまで被害が出るのか、自分は大丈夫なのかなど不安と混乱の中にいた。組合でずっと原発を勉強してきた方からメールをいただいていたが、放射能の危険性や原発が危ないという情報がほとんどで、知識がほとんどなく具体的な対策もどうしていいか分からなかった自分は、この時期精神的にも相当きつかった。ある本で読んだ一節を思い出し、「恐怖を知りながら死ぬくらいなら、何も知らないまま死んだ方がマシ」なのでは、などと現実を知りたくない、そして、自分にはどうしようもないのだといった諦めのような感情になることもあった。

その後、学習会等でチェルノブイリ事故のビデオを見たり、放射能の危険性について情報を得るにつれ、徐々に危機感を募らせていった。不安や混乱もあったが、放射線を防ぐにはどうすればいいかを教えてもらったり、事故や汚染の状況が徐々に明らかになるにつれて落ち着いて考えられるようになった。今、私が一抹の不安を抱くのは、悪い意味で放射線があることが、普通になってしまっていることである。実際、一時期は東京でもマスクをする人が自分を含め多く見られたが、今はあまり見かけない。事故は収束していないし、放射能の流出は続き、高濃度汚染地や食品汚染が次々と明らかになっているのに。

こうした中で、今私がやらなければならないこと、できることは何なのか。私は、１番に守らなければいけないのは子どもだと思った。目の前にいる生徒は、被ばくしているのではと思うと居ても立っても居られない気持ちになった。私にできること、それはまず学校の中の“放射線測定”からはじめることだと思った。

1　放射線被ばくをめぐる学校の対応と私の取り組み

放射線をめぐる学校と教職員の対応

ほとんどの子ども達は、放射線に対して何にも知らされていないこともあり、また毎日テレビから流れる「東京の放射線の値は低く、ただちに健康に害があるわけではない」という「安全」報道も影響しているのか、全く気にしていないような感じにみえた。しかし、中には「放射能の影響はあるんですか」など質問してくる問題意識のある生徒もいた。このように疑問・不安を言う生徒に比べて、教職員はというと、全くといっていいほど危機感は見えなかった。何事もないように仕事に追われ、事故や放射能の話はほとんど出てこないような状態だった。私のようにマスクをして通勤する教員も何人かいたが「考えてもどうしようもない」という人など教員間でも相当の温度差があった。

部活も以前と同様に雨天時でも行っていた。危機感を感じた私は、管理職に「このような状況で、屋外で部活をするのは大丈夫ですか？雨天時は中止にしなくてもよいのですか？」と質問をしたが、「我々の立場としては、都や上の指示に従うしかない」との返答だった。

組合の中学校部会でも、早速部会を開催して、各校の状況について話し合いが行われた。ほとんどの中学校で、「東京の汚染度は低く、ただちに影響はない」「放射線について話すと風評被害になる」「生徒や保護者の不安を煽るな」「放射線の測定結果について、都の測定結果と評価（安全）に従え」と教職員の正当な疑問や不安を逆に押しつぶすような実態が報告された。ある中学校では、「マスクをつけさせるな」「窓を閉めさせるな」などと、意図を理解しかねる指導も行われていた。

私はこうした学校の現状に、当初悔しい気持ちを持ちながらも組合での学習を通じて、低線量被ばくの影響や放射能汚染の現実について知るうちに、第一に、「福島県での農作物の汚染は、風評被害ではなく事実である」こと。したがって汚染している農産物は、政府が買い上げ、損失分を補償すべきであること。第二に、農作物・魚類の汚染の測定を徹底することであり、大気・土地すべてにわたって、政府や行政は「正しく放射線量を測定すること」である。測定もしないで「不安を煽るな」ということこそ不安の根拠ではないのか、と自分の意見に自信を持った。

放射線測定

学校の中で自分ができることとして、放射線被ばく防御について生徒に話し声をかけること、そして放射線測定をすることをまず実践の第一歩とした。測定器は学校にあるもので理科教員から借りた。測ってみると、校庭の大気中や土壌近く（１cm）で東京0.0067μSv/時（新聞発表）より相当高い0.2μSv/時という値になった（数日測定)。こうした値が出ながら、水泳や校庭での授業が行われた。現場では、プール清掃問題や水、給食の問題が挙がった。しかし、政府発表では「ただちに健康に被害はない」「20mSv/年基準（3.8μSv/時）以内なら大丈夫」ということで、高濃度汚染が許され放置されていた。チェルノブイリ事故と同じレベル７といっていながら、全くのごまかしであり、強い憤りをもった。

測定を行っていると、「授業に支障がでたらどうするのか」という教員と比べて、生徒の関心は高かった。事実、関心のある生徒が「先生、値は大丈夫？」と言ってきたり、雨の中部活を行うことに対して不満や不安を言ってきたりした。

組合は独自に教委へ交渉

一方、組合は独自に自治体教委に対して「放射線被ばく対策」を要請し、交渉を行った。その結果、自治体内の全校で「大気中の放射線測定」「食材汚染チェックと公開」「栽培活動で収穫したお米や野菜の校内での使用禁止」など放射能汚染対策が実行されることとなった。

節電問題＝原発必要論にたいしての疑問

この間、学校では「節電キャンペーン」が異常なほど行われた。《例.節電シートやポスターがわざわざ全生徒に都教委から配布された。設定温度の競争【いかに高く設定できるか】、30℃にならないと冷房をつけられない、校庭側の電灯を一列消す、廊下の電気を消す【このために、けがをした生徒もいたそう】》これについては、組合が自治体と交渉を行い「過度の節電を指示した覚えはない」「そのような過度に取り組みをしている学校の校長には指導する」という回答を得た。この節電キャンペーンによって、「電力が不足している＝節電＝原発必要」という論理が暗黙の了解のように流れ、この時期、原発反対の意見を言いにくい雰囲気が作られた。だが、私自身、組合での論議や学習を通じて、節電の矛盾を確信し、逆に、前へ一歩すすむことができた。

２　浪江町からの転校生をめぐって

学校の対応と自分の当初の受け止め

４月、転入当初は福島からの転校生（A）と紹介されるだけでその他の情報は何もなかった。自治体から教科書や文房具などの支給はあったが、日常生活における配慮は特になかった。

初めての担任、そして初めての転校生ということで、どのように対応してよいか全くわからなかった。クラスの生徒にどう伝えればよいか。また、Aについて、どういった状況で避難してきたかや家族についても全く知らされず、配慮をするにしても何をどう配慮してよいか悩んだ。管理職にも情報が全く入っていないということに愕然とした。

家庭訪問をめぐる学校の対応

クラスや授業で原発事故の話をしたりAと関わる上で、自分の発言はAを傷つけないか、また、避難の状況を聞いてもいいのだろうかと逡巡する毎日が続いていた。そのことを別の職場にいる組合員に相談すると、「すぐに家庭訪問へ行くべきだ。ここは悩んで考えこむより直接きいてみることの方が大切だ」と助言をされた。

しかし、これまでに家庭訪問をしたことがないため、訪問して相手はどう反応するかなどを考えるとなかなか行動できずにいた。父子家庭であること、それは原発のせいでそういう家庭環境になったのか、また、家族に原発関連で働いている人はいるのだろうかといろいろ悩んでいた。さらに、教職員全体の共通理解の下で学校全体として統一した対応ができなかったことが、私の悩みをより深いものにしていた。

組合での論議と受け止め

そのまま何日もが過ぎずっと悩んでいたが、「子どもの実態を知らずに関われるのか」「子どもは待っているかもしれないよ」との言葉を受け、ようやく訪問することにした。

家庭訪問を通じて思ったこと

相談した次の日、Aに「今日、お家に行ってもいい？」と勇気を出して言ってみると、すぐに構わないと言われ、家庭の許可もいただいた。

行ってみると、自分の予想を裏切り、本当に温かく家族全員で迎えてくれた。そして、避難してきた経緯や現在の状況を聞くことができた。また、「来ていただいてありがとうございます」とまで言われた。

そのことを管理職に報告すると、情報シートへの記入を求められた。それには、家族について、以前の住所などの項目があった。書かされた当初は、何かおかしいと感じる程度だったが、この情報シートの存在を初めから伝えられていたら、私は無駄に悩まずにＡと話すことができたのにと思った。

しかし、結果的に訪問できたことで、悩むことなくクラスの生徒たちとも接することができるようになり、ＡやＡの保護者ともつながりができた。

夏季休業中のこと

夏休み中にＡは被ばくの検査を受けるために福島に帰郷したそうだ。また、同級生と連絡を取り合う中で、現在、学校に行けている生徒は２、３人だということも知った。以前の学校の先生に、「学校に行けているのは、あなたと何人かだから、頑張って」と言われたとも聞いた。多くの生徒は浪江町から福島県内の他校への転校で、なぜ転校してくるのかと言われ、なかなか環境になじめないせいで、不登校になってしまうらしい。

学級、保護者の受け止め

Ａが転校してきた当初、ニュースでは放射能に対する誤解や偏見から、福島からの転校生に対していじめがあるということが言われていた。私自身、そのことが大きな不安となっていた。幸いなことに、転校初日、紹介する前からクラスの生徒はＡと親しく会話しており、Ａが福島から転校してきたということを知っても変わらず付き合うことができていた。さらに、保護者会でＡの父親が出席し発言した場面でも他の保護者は温かい雰囲気で迎えて下さっていた。

まとめ

Ａ自身とまだ深く関われていないこと、そして、そのことはＡの今後の進路を考える上でも大切なのだが、何より今のＡが抱えている問題を担任としてもっと共有すべきだと反省している。生徒のことを理解し、ともに悩み、考え、一緒に前に進んでいく。そういう担任でありたい。

また、今回のことを考えるには原発問題を抜きにはできない。なぜなら、それは今目の前にいる子どもたちの問題だからだ。Ａが最近言った一言がある。「先生、危ないよ」という言葉だ。雨天でも屋外で部活をしているクラスメイトを思って私に言ったものなのだが、東京も放射線とは無関係ではない。

Ａは福島から来て、離れ離れになった福島の友達のことを考えている。そして、放射線の危険を十分すぎるほど身をもって感じているＡは、東京のクラスメイトのことを心配している。そして、何も知らない職場の同僚がいる。知っていて何もできていない自分がいる。これが今後の課題だ。

37　学校現場で原発問題にどうとりくむか
―2011年反核・平和の火リレー運動より

〔鳥取県（八頭町）高校〕

坪倉 潤也

全国的におこなわれている「反核・平和の火リレー」に、私も鳥取高教組青年部の一員として数年間参加を続けているが、今年は東京電力福島第一原発の事故もあって、特別な意味を持つリレーになったと感じる。そういった平和運動に関わるとともに、勤務校にも福島から避難してきた生徒が転校してきて、直接話をすることも多くなった。そのように原発問題について考える機会が増えていく一方で、私自身が原発や放射能について授業で取り扱ったり、教材化したりするような取り組みが実行に移せていない現状もある。そういったことから自分が平和教育に取り組む上での課題などを考えていければと思い、このリポートを書いてみた。

1　2011年反核・平和の火リレー運動より

平和の火を掲げたトーチを手から手へと渡してランナーが走り続け、反戦・反核・平和を訴える反核・平和の火リレーは広島で始まってからおよそ30年が経つ取り組みであるが、鳥取県内では今年で27回目を迎えた。「鳥取県反核・平和の火リレー」では、鳥取県教組・鳥取高教組青年部のメンバーが中心となって県および各地区での実行委員会を立ち上げ、７月末～８月初旬ごろに企業・自治体の労働組合や部落解放同盟青年部、地元の子どもたちなどのランナーがトーチを引き継いで鳥取県内全市町村をまわるということが恒例となっている。

私は鳥取県実行委員会の事務局次長、鳥取県東部地区実行委員会の事務局長という立場でリレーの運営を担当した。このように事務局を担当するようになって今年で４年目になる。今夏は、東日本大震災、東京電力福島第一原発事故の発生後初めてのリレーということで、私たちが直面している原発問題を正面から考えていく必要を強く感じる中での開催となった。これまでも「反核」というテーマを掲げ続けてきたリレー運動であったが、自分自身としては核兵器廃絶への訴えに比べて、核の平和利用をうたう原子力発電については強い姿勢で反対のアピールができていなかったように思う。いざ現在のような事態がおこってからでは遅すぎるというようにも思いつつ、進行している問題についてできる限りのことをしたいと思い、原発の危険性を改めてとらえるとともに、今までの「原発やむなし」の世論をつくりあげてきた言説に対して異議を唱えるような運動を目指した。

リレーと同時期におこなう学習会「反核平和のゆうべ」では、県内三地区で原発事故や鳥取県中部でのウラン残土問題などについての講演会が開かれた。私が事務局を担当した鳥取県東部地区では元共同通信記者である土井淑平さんを講師に招き、青谷町（現在は鳥取市と合併）にもちあがった原発建設計画を地元の人々の反対運動・土地の共同購入などで阻止した経緯について講演をしていただいた。

実際にリレーを実施してみた印象としても、各自治体前でおこなったミニ集会での、首長・議会議長などの挨拶の中で、原発事故に具体的に踏み込んだものが多かった。リレー終了後に県議会および県内全市町村議会に対して「島根原発の定期点検後の再稼働を見合わせること」、「原子力に頼らないエネルギー政策への転換をおこなうこと」といった意見書を国へ提出するように訴える陳情書を出したのだが、自治体からの反応では例年以上に採択に向けた手ごたえを感じることとなった。

このように実施してきたこともある反面、進めていく中ではもどかしさを感じることも多い。高等学校では夏休みが短くなり、休みに入っても補習を実施するところが多く、部活動の大会・遠征などもおこなわれる。小中学校でも夏休みの序盤に水泳大会や各種の研修などがあり、ランナーや学習会の参加者を確保することが思うように進まないのが実情である。実際にリレーに参加する青年層から聞こえてくる声としては、走ることの必要性以上に、身の回りの多忙感や参加することへの負担感などが目立っている。教組以外の参加団体でもランナー確保が難しくなっているところがあるなど、自治体から出てくる危機感に比べても運動の担い手である青年の意識が高まっていないという現実が存在している。

そもそも、私も含めて、青年には反戦・反核の運動に参加するということが本当に切実な問題として感じられているのだろうか。俳優の山本太郎さんがテレビ番組でのインタビューの中で「反原発の運動に参加するのはなぜですか？」と問われて「生きのびるためです」と答えていたが、さて、リレーに参加するときの自分にはそういう意識はあったかと言われると、正直言って原発事故が自分や家族の生命・生活と直結しているという切迫感は持てていなかったように思う。山陰の地にも島根原発が存在しており、「鳥取にも原発が建つ危険があった」という話を聞いてなお、「自分は大丈夫だろう」というような気持ちのまま、ボランティア精神に近い感覚でリレー運動に参加していたような気がする。他の人たちがみんなそういった感覚であるとは言い切れないが、自己の生活と原発、放射能の危険性を隣り合わせで考えるような切実さをもって参加をしている青年は多くないと感じた。

労働実態の改善がうまく進まない中で、このように平和運動への意識が高めきれない現状があれば、青年の主体的な参加をより多くすることは難しいかもしれない。こうした状況を変えていくためには、労働運動も平和運動も、自分や周りの人たちの命や健康、生活を守るためのものなのだということを改めて確認していく必要がある。

2　Aとの話の中から

ここまで書いてきたように、私自身が原発問題に対しての切実さを欠いたままリレー運動を進めてきてしまった感は否めないのだが、リレー以上に自分の認識を問い直すべきだと感じさせられる機会があった。今年度の途中から、私の勤務する高校に福島から生徒Aが転校してきた。私は教育相談係という校内分掌を担当しているとともに、Aの所属する部活動の顧問もしているため、本人の生活の様子や今の気持などを聞く機会がある。そこでAが語ってくれた言葉から改めて原発・放射能について考えていこうと思う。

まず、私から「今一番気になることや心配なことは何？」という質問に対してAからは「慣れない環境で自分の生活も大変ですけど、それ以上に福島の友人の事を考えます」という言葉が返ってきた。これから5年後、10年後に、福島にいる友人たちが癌や白血病に冒されてしまうのではないかという不安が大きく、100人に１人というような数字を出されても、自分の知り合いの中の誰かが必ず発病してしまうような確率であるし、たとえそれが何十万人に１人であっても、誰かが被害にあってしまうという事実は変わらない、といったことがＡの気持であった。「鳥取での生活は充実しているけど満たされないものがあり、お金と時間さえあればすぐにでも友人たちに会いに行きたい」という言葉にふるさとの人々を想う一番率直な今の心情が出ていたと思う。

これまでの私の意識では、「放射能の危険性があるのであれば、もっと多くの人が西日本に避難してくれればいいのだが」という気持ちがあったが、放射能の危険性がどの程度のものかはっきりしない中で生活の基盤、そして故郷である土地を離れて見知らぬ土地へと移るということがどれほどの決断であるのかを深く考えていなかったように思う。鳥取に避難してきている人たちの中には幼い子どもを連れて、他の家族とは離ればなれに生活している方々もいるということである。大切な人たちの存在を考えると、避難をしてきても、不安な気持ちはおさまるものではないのだ。また、「私は、自分や自分の周囲の人が、被曝し、そしてそれによって発病するかもしれない」と考えたことがあっただろうかというように、前段で触れたような自分自身の切迫感の無さにも、Ａと会話することで余計に気付かされた。「福島は」という限定的な地名を用いて、原発問題を局地的な話にしてしまいがちだが、実際には放射性物質の飛散は日本の広範囲に及んでいる。食品や水などによる内部被曝の問題もあり、西日本に住んでいるからと言って放射能の危険から逃れきれるという保証はない。そして、原発があるところはどこでも今回のような事態が起こり得るのであり、「自分は大丈夫」なんて、何の根拠があって言えるのだろうか。私たちが命や目の前の生活を守るために、何を選択していくべきかということが、やはり平和運動に向けて一番初めに考えるべきテーマなのだろう。

Ａは、今の東電や国の対応についても言いたいことはたくさんあるということで、「基準が10ミリシーベルトだと言えば10ミリシーベルトで大丈夫だと言う学者を連れて来て、20ミリシーベルトだと言えば、20ミリシーベルトで大丈夫だという学者を連れて来る、結局はそれの繰り返しなんです」というＡに、「『地震のせいで』なんて言うけど、実際は『原発のせいで』だよね」と話すと、「て言うよりは、東京電力のせいですよ」という言葉が返ってきた。原爆を落とした人間たちがいるように、原発をつくり事故をおこした人間たちがいるのだが、私が「核兵器廃絶」とか「原発政策の見直しを」という言葉を使う時の対象は曖昧なものであったかもしれない。

Ａとの話の中で感じたことであるが、「自分や周りの人が被曝することが怖くてしかたがありません」と言われた時に、「心配ないよ、大丈夫だから」と答えることが、誠実な返答と言えるのか。個々人でもそうだが、今、国や東電がやっていることとは、そういうことなのではないか。「安全保障」なんていうが、非核三原則など遠く置き去りにしようとしているだけでなく、これだけ多くの人の命・安全・生活を危険にさらしておいて、何の安全保障なのか。そして、これだけのことが起こっていながら、いまだに、「あれは特別なことで、もう同じような事故は起こらない」、「津波対策が不十分だったわけで、原子力政策自体に誤りがあるわけではない」というような意見が目につく。あまりに無自覚だった自分自身をも含めて、こういった状況への憤りを感じられずにはいられないのだが、果たしてその状況に対して、私は今どういった姿勢で向き合っているのだろうかということも改めて考えさせられたのだった。

3　授業実践に結びつけられない現状

このように、平和運動への参加や、当事者意識を強く持った生徒の姿などもありながら、自分自身が学校の中で原発問題を扱った授業実践や教材作成などをできていない現状がある。教育現場で働く者として、そこに大きな課題があるのだが、なぜ実践できていないのかを改めて考えてみようと思う。

その原因のひとつが、受験指導の中で特別に原発を取り扱った授業実践を行いにくい気分になっているという点である。現在、私は教育相談係の中で中途退学対策教員という立場で授業の軽減があるため、授業が週６時間となっている。その６時間は全て日本史Ｂの授業となっており、３年生理系の展開授業を３単位×２クラス担当している。理系は文系に比べると地歴の単位数が少ないのだが、センター試験対応である点は同じなので、早い進度で濃密な受験指導を行わなければいけない（気持ちになっている）のである。実際のところ、自分が高校生の時にはある程度のところで日本史の授業は終わってしまい、「あとは自分の力でやりなさい」というようなものであったが、生徒からも「教科書は終わるんですか」、「日本史で勝負したいんです」というようなことを言われると、きっちり受験日本史をやらなければならないという気持ちも強くなってしまうのである。

二つ目の原因としては、日本史の授業の流れの中でどう原発問題を取り扱っていいのかを決めあぐねているということがある。現在、勤務校での授業において使用している教科書では、広島・長崎の被爆、第五福竜丸事件と原水爆禁止運動、非核三原則などに触れる部分で核兵器に関する記述がみられる。一方で原発についての記述はほとんど見られず、わずかに教科書の末尾に1999年におきた東海村での臨界事故についての記述があるのみとなっている。普段の授業が必ずしも教科書の内容から少しもはみ出さないようなものでも無いのだが、日本史の授業の中で原発問題をどうやって位置づけていけばいいのか。

私自身の平和教育実践と言えるものといえば、毎年の授業の中でおこなっている「戦争体験の聞き取り」というとりくみがある。生徒が自分の祖父母などに戦争体験や当時の心境などを聞いてきて、それを文章化したものを授業中に配布して感想などを出してもらうというものである。一人で始めたことであったが、同じ教科担当の組合員で協力してくれる人も現れ、毎年積み重ねていくものを冊子状にして生徒に配布できるようになってきている。こちらは、教科書に出てこないリアルな言葉を紹介しつつも、日本史の中で最重要事項とも言えるアジア太平洋戦争に関する内容で、授業の流れの中での実施はすんなりとできているように思うのだが、いざ原発を取り扱うとなると、なんというか、取ってつけたようなものになりはしないかと自信がないのである。

三つ目の原因として、放射能が「よくわからないもの」であるということも挙げられる。もしかしたらこの部分が一番大きいのかもしれない。幼少時から触れてきた情報によって、放射能は恐ろしいものだ、という意識はあるのだが、具体的にどのような危険性があり、今回の原発事故による放射性物質の拡散がどのような深刻性をもったものであるのかについては正直に言って、よくわからないのである。自分がよくわかっていないものについて授業の中でどのように扱っていいのか。いわゆる「教える授業」ではなく、「考える授業」にしていけばいいのだとは思いつつ、その部分での迷いも大きい。

こういったような理由と、前述してきたような危機感の欠如とが相まって授業実践につながっていないのではないかと自分なりに分析をしてみた。しかし、どこかから前に踏み出したいという気持ちもあり、その方法を考える必要がある。

おわりに

前述したように、よくわからないものであるということを教材化しきれない一つの理由として挙げた。しかしながら、よくわからないことによって人々の間で不安や恐怖感というものが増していることも事実である。Ａとの会話の部分で、「心配ないよ、大丈夫だから」と答えることが、誠実な返答と言えるのかと記述したが、多くの人々に身体的な被害だけではなく精神的な不安も与えている現状に対して、まずは「これはおかしいことで、皆が安心できる方向へ変えていかなければならないのだ」という現状認識と志向が必要である。そして、被曝の危機におかれた人の率直な気持ちを伝えたうえで、そのようなリスクを負わせてしまっているものは何か、ということを突き詰めて考えていくことが次に大事な部分なのかもしれない。そのために「原発問題は、原発立地の問題なのか」という命題を提示したい。これは、米軍基地問題でも共通することであるし、さまざまな差別構造を考えていくときに共通するテーマとなるだろう。原発事故や普天間問題の中でも、「今まで原発（米軍基地）で利益を得てきたんじゃないか」というような意見を耳にすることがあるが、なぜ引き受けなければならなかったのか、そして、誰が引き受けさせているのかという根本的なところを問いかけていけば、原発の問題とともに多くのことを考えていけるのではないだろうか。

こういった視点とともに考えなければならないのが、教育実践をいかに運動的に進めていくのかということだ。私が平和教育の実践を日本史というひとつの枠組みの中で考え続けているのは、個人的なとりくみにしかなっていないことの表れなのかもしれない。本当に切実さを持って生徒に訴えかけたいのであれば周囲の教員と協議しながら、それぞれの分野で取り扱うこともできるはずである。原発問題も最初から自分の担当している日本史以外で考えると、現代社会ではこれまでにも原発について取り扱われてきている。従来の教科書の内容としては、原発は「安全・安定・安価で環境に優しい」といった面を強調したものが多かったが、今回の事故を受けて大きく見直しがなされるであろう。現代社会の中では核軍縮などについての事項もあり、エネルギー・環境・軍縮など様々な面から原発問題へアプローチすることが可能である。また、理科や保健などでも核、放射能、人体への影響といったことを考える授業がおこなえる。前述したような差別構造を考えるのであれば、学校で設定された人権教育ロングホームルームの中で扱っていくことも前向きに考えていくべきだ。

リレー運動への参加が難しい状況や、平和教育の実践がなかなか出来ないでいることを直視したうえで、私たちが生きやすい社会、働きやすい職場、学びやすい学校にするためにどうしていくべきなのかを、原発問題を通じて話し合えるようにしていきたい。

38 「きれいなB町に帰りたい…」
－福島から避難しているAさん家族との関わりを通して、東日本大震災・福島第一原発事故を考える

〔山梨県甲府市 小学校〕

今澤　悌

本リポートは、山梨県教職員組合（以下「山教組」）「震災復興を考える集い」と甲府市教職員組合（以下「甲教組」）「市民とともに平和を考える集い 対談：被災地の今と未来を考える －福島の現状を見つめて－」及び４年生の特別授業を実施する中でかかわってきた、福島から山梨に避難しているAさん家族を通して学んだことを報告する。

1　山教組「震災復興を考える集い」

1）昨年度の県秋季教研

昨年秋、県教研の推進委員会が行われた。その教研では、東日本大震災の事を取り上げる企画もなく、話しあわれる場や時間も無いようだった。職場はもちろん、組合の中でも震災・原発事故が風化してしまっているのではないか。そこで最後に私から「大震災から半年が経った。今一度あの震災の事を、すべての分科会で話し合ってはどうか。すべての分科会で触れられれば、参加者全員で震災について考える教研となる」という意見を述べた。提案は聞き入れてもらえ、その秋の教研では、ほとんどの分科会で震災について話し合われ、参加者みんなで震災を考える集会となった。

2）「震災復興を考える集い」の企画

パネリストは…

県教研推進委員会での問題提起を受け、前教文部長が「震災を考えるパネルディスカッション」を企画してくれた。私はその企画にコーディネーターとして参加させて頂くことになった。趣旨は「震災を風化させない、山梨にいる私たちが、何ができるのか、何をしなければいけないのかを、参加者一人一人が考えてもらえるような集会にする」である。

年度がかわり、新教文部長との何度かの話し合いの結果、パネリストは『山教組震災教育ボランティアに参加した高橋雄二先生』『福島から避難してきた子を受け持ち、その現状を全国教研でリポートした中込直樹先生』『石巻市で避難所の責任者をし、現在子どもの学習支援を中心に被災者支援をしている高橋信行氏』の３名が決定した。私はぜひもう１名加えて欲しいとお願いした。被災地から山梨に避難してきている方である。私たちの意識の中で風化しつつある震災。しかし中込先生のリポートから、厳しい現実に置かれている家族・子どもたちの事を知った。まさに身近、足下にある原発事故の事実。同じ

山梨に震災・原発事故により今なお苦しんでいる多くの子どもたち・家族がいることを知り、震災・原発事故は終わっていないことを認識した。まずは知らないといけない。中込先生のリポートを読んだ日から、ずっとそんな思いでいた。実際に避難者の方に来てもらうことで、その方たちの存在、状況、そして想いを知り、その方たちの体験を通して、私たちは大きなことが学べ、「山梨にいる私たちが、何ができるのか、何をしなければいけないのかを、参加者一人一人が考える」ことができると考えた。そして何より震災は決して終わった過去のものではないことを認識する必要がある。

だが、私は福島から避難してきた方に知り合いはおらず、つてもない。提案はしてみたが、集いにまで来て話をしてくれる方が見つかるのだろうか。とりあえずインターネットで探すしかない。「東日本大震災・山梨県内被災者と支援者を結ぶ会（以下「結ぶ会」）」というサイトをみつけた。Ｃさんという方が事務局をなさっており、その事務所を訪ね、お話を伺った。

Ｃさんとの面談

「結ぶ会」の事務局にて、Ｃさんとお会いした。「結ぶ会」は、震災により山梨に避難している200名以上の方々と様々なＮＰＯ等支援者や行政を結んでいくことを目的としている。Ｃさんはその事務局をなさっていた。Ｃさんから様々な話を伺った。「県内の避難者のほとんどが福島から避難してきた方々」「一口に『福島からの避難者』といっても、本当に様々なケース・立場がある。個人的な状況や立場に加え、行政による区分けによって、国・東電の対応が異なる」「県内で暮らすにあたり、必要になっている支援は住居、次いで教育」「『子どもは元気に学校に行っているか』という問いに、保護者の約16％が『やや心配している、とても心配している』と答えている」「育児や教育面で困っていることは、①進学・転校②健康管理」「東京電力からの賠償金は、一人月10万。しかし、働くと受け取れない。働かない（働けない）現実」「福島県内のパチンコ店や風俗店がとても繁盛しているらしい」などとても重く、大変な状況の話ばかりだった。山教組の「集い」の計画の話をし、どなたかパネリストとして来て頂ける方はいないか尋ねた。４月に「東日本大震災避難者交流会」があり、そこで多くの避難者の方々が来るので、とりあえず来てみてはどうか、と紹介して頂いた。

「東日本大震災避難者交流会」で

当日、会場には大勢の避難者、支援者の方々が集まり、交流会が行われていた。Ｃさんから子どもを持つお母さん方を数名紹介され、お話を伺った。山梨での悩みの多くは子どものこと。健康面での心配が一番。教育に関しても、大きな心配事だというお話だった。今はみなさん山梨に来てとりあえずほっとしているが、事故後に多くの放射線を浴びてしまったので、子どもの健康が心配だとおっしゃっていた。そのような話を、短時間で本当にたくさん聞くことができる。聞きかじるだけではなく、しっかり聞き取っていかなければと思った。一人の方に、後日話を伺いたい希望を話し、連絡先を伺った。その方がＡさんである。

３）Ａさんとの出会いと「集い」に向けて

「福島は今、戦場なんです」

交流会の後日、Ａさん宅を訪ねた。Ａさんは、先日会ったばかりの私を、快く自宅に招いてくれた。居間には一番下の中学１年生の娘さんが、こたつで勉強をしていた。私はＢ町のこと、今、どのような状況なのか、また行政上、現在どのような区分けがされ、どのような施策や支援が行われているのかを知りたいと思い、Ａさんに尋ねた。「Ｂ町は福島県のどのあたりですか？事故後にどのような区分けがされているのですか？」と尋ねた。それまでのＡさんの穏やかな表情が一変した。「先日、議員さんが私たちを支援したいということで話をする機会があったのですが、その議員さん、何も知らないんです。私たちの事を何も知らないで、支援など考えていただけるのでしょうかね」と、最後は笑顔で話していたが、心の中はきっと穏やかでなかっただろう。私もその議員と同じだ。福島のことを何も知らない。報道や本で、原発や事故、汚染などの状況はかじってはいた。しかしそこに住む人々が、事故のためにどのような区分けがされ、どのような状況になっているのか。まるで知らなかった。

Ａさんは、福島県Ｂ町にお住まいがある。Ｂ町は、事故後「緊急時避難準備区域」に指定されていた。ご家族はＡさんと夫、子どもさん４人の６人。子どもさん３人（次男、長女、次女）と共に、原発事故後に山梨に避難してきた（夫は福島に残り長男は当時県外の大学に在学）。私は避難の状況をＡさんに何度か尋ねたが、その度に話が逸れ、なかなか避難の話が聞けなかった。Ａさんは山梨に避難してきた後、あるツアーで娘さんと沖縄に行かれた。戦争の傷跡を巡るツアーで、そのお話も聞いた。話の最後に「先生。今、福島は戦場なんですよ」と、私の目を見据えて話した。今、福島は戦場。その認識が、私に、福島以外の人々に、どれほどあるだろうか。首相は2011年12月、事故収束宣言を出した。原発の報道も激減した。私たちの意識から遠くなりつつある原発事故。しかし、Ａさんは言う。

「福島は、今戦場です」と。震災、そして原発事故は、遠い終わった話ではない。「戦争の時、お国のために死ねと先生たちが教えていたのですよね」「私たちは、ひめゆり部隊の人たちと同じです。国に翻弄され、最後は自己責任で現地解散。同じように国に見捨てられたのです」。絆、絆の大合唱。その陰で、Ａさんはそのような思いで生活している。私たちはそんなＡさんたちの思いをわかろうとしてきただろうか。一番下の娘さんは、健康に不安を抱えており、更に被曝のリスクを負わせられない。そのためにも絶対に戻れないそうだ。

「きれいなＢ町に帰りたい…」

Ａさんが席を外された。居間には私と娘さんのＤさんだけになり、見せていただいた新聞記事を読んでいた。するとＤさんは、「発泡スチロールの上に寝たこともあるんですよ」と突然私に話しかけてきた。私はＡさんの子どもさんたちに聞きたいことが山ほどあった。避難のこと、今の生活、学校、友だち、そして今願っていること。しかし、初対面の人間が聞いていいような話ではない。また勉強中ということもあり、話したい気持ちを抑えていた。しかし、Ｄさんから話し始めてくれた。「事故の後、放射線が出ていることなんて知らなかったから、外で長い時間過ごしていた」「ある避難所では大人の人たちが、１杯のカレーライスを巡って怒鳴りあっていた」「友だちとも離ればなれ。どこで何をしているのかもわからない」「事故のことが話に出ると、大変だね、と言ってくれる。とてもありがたいけど、どこまで分かってくれるのかなって思う」「はじめは誰とも話をしなかった。言葉のこともあるし」「今は友だちもできて、部活にも入り活動している」。もっともっと話が聞きたかった。

一番聞きたかったこと、それは彼女が「今、一番願っていること」。答えてくれた。「B町って、すごくきれいなんですよ。学校から海も見えるし。その海がすごく青くて。そのきれいなB町に…帰りたい…」。彼女のその大きな目から、たくさんの涙が流れた。私も泣けてどうしようもなかった。ただ、帰りたいのではない。「きれいなB町」に帰りたいのである。B町は、話を聞いた時点でも、そして今現在も、帰れるような放射線量ではない（国や自治体は帰っても問題ないと言っている）。放射性セシウムの半減期は30年以上。30年後でも半分…。彼女に対して「大丈夫だよ。帰れるよ」と言えなかった。何も言えなかった。ただ一緒に泣くことしかできなかった。戻ってきたAさんは、居間で泣いている私たちを見て驚いていたが「泣きたいときは泣けばいいんですよ。私たちは事故後、本当に涙が涸れるほど泣いてきました」と優しく語りかけてくれた。

Dさんを、Aさん家族を泣かせているものは何なのだろうか。この涙は、いつ笑顔にかわるのだろうか。この涙が無駄にならない日がくるのだろうか。私は、私たちに何ができるのか。何をしなければならないのか。Aさんに「集い」にぜひ来て話をして頂きたいことをお願いした。この現実を当事者から話して欲しい。多くの方々に知って欲しい。Aさんは、その話を切り出すたびに、「こんな方がこのような活動をされていますよ」と、資料や新聞記事の切り抜きなどを出しては見せてくれた。「この方のほうが来て頂くのにいいんじゃないですか？」と薦めてくれる。しかし、やはり実際に避難している方に、現状や思いを語って頂きたい、その思いを帰る間際にもう一度話をしてみた。「考えてみます」とのこと。後日、電話でお返事を伺ったところ、参加頂ける旨の返事を頂けた。これで、４名のパネリストが決まった。

４）集いまでの打ち合わせで

集いまでに、石巻の高橋氏とAさんを除く４名で２回、打ち合わせを行った。中込先生からは、「子どもがいるから風化していない。風化するはずもない」「３年生の願い事を聞くと大概『サッカー選手になりたい、お花屋さんになりたい』など。しかし福島から避難してきた子は『きれいな福島になればいいな』と書いた」「原発の被害者は、地震や津波の被害者ではない」「この子を通して、初めて真剣に原発を学んだ」などの問題提起をされた。私もAさん宅訪問で学んだ事を話した。打ち合わせのその場、時間が、大変貴重な学びの場になった。Aさんとも、何度か打ち合わせをした。お会いするたびに考えさせられる新たな事実、状況があった。Aさんのご主人は、震災時には原発事故でたくさんの放射性物質が飛散する中、津波や地震の被害にあった町内を、被災者救援に走り回っていたという。町では、B町復興のために総力を挙げて町民の帰還に尽力している。除染、インフラの整備、学校の再開…。その最先端で働くAさんのご主人。家族は山梨に避難している。ご主人、Aさん、ご家族の胸中を思うと…。また福島のAさん宅は、震災前に新築したばかりだった。「これから先のローン。どうするんでしょうね」。笑顔で話すAさん。集いまでのAさん宅への数回の訪問。その中で、抱えきれないほどの事実と学びと課題を受け取った。

５）「集い」当日

集い当日の朝

当日、Aさんが会場入りされたが、娘さんの姿がない。娘さんにもぜひ来て少しでもいいので話をして欲しい旨をお願いしてあった。体調が悪く、来られないとのこと。大変残念だった。パネリストが全員そろい、最終の打ち合わせを行った。

打ち合わせの後、Aさんは「話をしてくれという要請はこれまで何度もあったけど、すべてお断りしてきました。つらくなるし、話しても分かって頂けるかどうかと思ったので。今回、初めてなんですよ。こういう場で話すのは」と話してくれた。私は、もう何度かAさんはこのような場でお話しされたことがあるのかと勝手に思いこんでいた。しかし、そうではなく、そのような招きを断ってきたのだ。今振り返ると、Aさんにパネリストとして来て下さいと話を出すたびに、別の方を薦めておられた。本当はAさんは、来たくなかったのだろう。ましてや娘さんならなおさらだ。無理なお願いをしてしまった。震災から1年。まだまだ厳しい状況の渦中にいる中で、つらかった避難生活を人前で語るのは、並大抵のことではないのだと思い知った。つらい気持ちを押して話をして頂ける。その想いを無駄にしてはならない。

集い

集いが始まった。それぞれのパネリストが、ご自分のご経験、実践などを熱心に想いを込めて訴えた。Aさんは、事前に用意した原稿を涙ながらに読んでくれた。会場の多くの参加者の方々も涙を流していた。参加者の方々の感想を読むと、Aさんの訴えに対して、真摯に受け止めて頂けた事がわかる。集いは一つのステップである。この集いを通して、参加された方々が、どう受け止め今後にどう生かして頂けるのか。それが「成果」と言える。はたして「成果」は。

2　甲教組「市民とともに平和を考える集い」

1)「平和を考える集い」の企画

甲教組では、毎年7月の甲府空襲展（甲府空襲は 1945.7.7の夜）にあわせて、市内の学校を会場に「平和を考える集い」を行っている。甲府空襲の日を前に、戦争や平和について、子どもたちや地域の方々と一緒に考えようという趣旨のもと、毎年開催している。

今年の平和集会では、福島を扱いたいという甲教組執行部の希望があり、Aさんを招いての対談を通して、福島の今を考える場を設けることとなった。ねらいは「震災を風化させない」。

「私たちの身近に大変な状況にいる人がいることを知り、その問題をともに考える」ということである。先の集いと同様に、子どもたちや地域の人たちに、福島から山梨に避難している人たちの状況や思いを聞いて欲しい。Aさんに再び語り伝えて頂こうと考えた。

2) Aさんへのお願い

Aさん宅に再び訪問し、過日の集いのお礼と、対談者として登壇し、もう一度話をして頂きたいお願いをした。今回もきっとお願いできるだろうと、軽く考えてしまっていた。しかし、Aさんの顔つきはこわばっていた。伏し目がちだったが来てくれる旨のお返事は頂いた。対談形式で話を進めるので、どんなやりとりを想定しているのかをAさんに話した。

「どうして震災・原発事故から1年以上経つのに、福島にもどらないのですか？という質問をしますので、そこで…」と話すやいなや「もどらないのではありません！もどれないんです！」と、キッとした顔で返事をされた。「もどらない」理由を述べて頂き、その事実から、福島の現状を浮かび上がらせようとした。しかし、Aさんの言うとおりである。福島からの避難者は「もどらない」のではない。「もどれない」のである。両者は大きく違う。「いくら私たちの事を話しても、聞いてくれる人が自分の問題として考えられなければ、『あー大変だったんだねー』で終わってしまいます。自分の問題として考えるのは難しいですよ。だから、私が話なんかしてもしかたないじゃないですか」。Aさんはしばらく考え「今回は辞退させて頂きます」と話された。

私は、組合が甲府空襲展をなぜ続けているのか、なぜ67年前のことを、平和集会として子どもたち、保護者、地域の人たちとともに考えていこうとしているのかを話した。それは戦争を、空襲を風化させないようにということと、そこから学び、未来につなげていくために行っていること。そして、福島のことも同じ。参加者みんなに理解してもらえるとは思わないが、一人でも二人でも、事実を知り、考えてくれるなら、実施した意味があるのでは、等を話したが、Aさんの険しい顔は変わらなかった。

そこへ、Aさんのお知り合いの方が来て中断。Aさんがその方に、私が訪問していることを話すと、その方が私に「この人をさらしものにしないでねー」と話された。「さらしもの…」。私はAさんを「さらしもの」にしていないだろうか。震災・原発を考えてもらいたいために、Aさんを結果的に「さらしもの」にしているのかもしれない…。無理強いはできない。今回はAさんの招聘はあきらめその旨をAさんに伝えた。帰り際、高校生の息子さんとも少し話ができた。「はじめは避難の話や福島の話をしたけど、みんな、へぇ～、たいへんだったんだねって、人ごと。話してもしかたないって思って、それからもう話をしていません」。Aさんと同じ事を話してくれた。「自分の問題として考えられない…。人ごと…」。私たちがAさん家族の状況や思いを真に理解し、考えていくことは本当に難しい事なのだろう。そのことを、肌身で感じてきたからこそ、Aさんや息子さんはそう私に伝えたのだろう。震災のこと、原発事故のこと。「人ごとでなく、自分の身になって考える」、簡単なことではない。

Aさんとの対談は、できなくなった。集会は迫っている。企画は諦めるか。しかし福島を伝えたい。壁に突き当たった。「結ぶ会」のFさんに何か教えて頂こうと考えた。

3）Cさんとの2回目の面談

Cさんとお会いするのは、約2ヶ月ぶり。現在、避難者の方々からの相談の多くは「子どもの健康」「就労」そして「債務（いわゆる二重ローン等）」だそうだ。事故が起こっても、その事実すら地元の人たちに伝えず、何の指示も出さなかった国。そのために、被曝してしまった多くの人、多くの子どもたち。保護者の不安の大きさは計り知れないほど大きいに違いない。

避難区域の見直しに伴う東電からの賠償金の打ち切り。このことは、避難者にとって切実な問題になっている。賠償金は2012年8月で打ち切りになった。賠償金が打ち切られたら、多くが二重生活を強いられている避難者にとって、経済的に相当困難な状況に追い込まれる。更に、給与補償（3・11時に就労していたときの給与を補償するもの）は 2013 年2月で打ち切りになる。そうなれば、次には就労の問題であるが、これも大変厳しいそうである。私たちの知らない事実・現実がある。その中で、苦しい状況にある人たちがいる。

Ａさん以外で対談相手としての避難者の方は、なかなか思い当たらないとおっしゃった。Ｃさんにお礼を言い、事務所を後にした。どうするか…。

4）対談相手のいない「対談」

Ａさんとの対談はできなくなった。逆にこのことを、参加者に考えてもらってはどうだろう。なぜＡさんは、対談を断ったのか。このことは、私たちにとって重い問いかけになる。そのことを、参加者とともに考えてみたい。「Ａさん欠席での対談」という形にしよう。対談相手がいないという企画を、書記長は認めてくれた。壇上に私とＡさんの椅子を２脚用意する。Ａさんの登壇はない。空いた椅子と私との対談である。私の語りで果たして福島の現状を、避難者の思いを伝えられるのか。大きな不安の中で、パワーポイント作りを始めた。

5）「集い」当日

2012 年７月７日（土）甲府の北新小体育館で、「市民とともに平和を考える集い」が開催された。当日は非常に暑い日だったが、立ち見が出るほどの参加があった。退女教の方々による甲府空襲を扱った大型紙芝居「もうひとつの七夕」の読み聞かせ、青年部による「歩兵第49連隊と北新地区」の劇が行われた。どちらも胸を打つ内容だった。甲府空襲、先の戦争。そして今回の震災・原発事故。絶対に風化させてはならない。最後に「対談 被災地の今と未来を考える ～福島の現状を見つめて～」を行った。椅子２脚に私だけの登壇。パワーポイントでの「対談」を始めた。

6）Ａさんと娘さんの来場

パワーポイントでの発表が終わった直後。真っ暗になった舞台前から、甲府の書記長が舞台の袖にいた私に「今澤さん、Ａさん来てくれた！」と教えてくれた。舞台前に飛び出すと、笑顔のＡさんが立っていた。お礼も挨拶もそこそこに、マイクを渡してしまった。「会場の方々に、何かメッセージを」。失礼なお願いである。しかし来て頂いた方々に、一言でも避難者の方の生の声を聞いて頂きたかった。Ａさんは戸惑いながらも、挨拶をしてくれた。

集会終了後に、会場後ろの展示スペースでＡさんと話をした。娘さんも一緒に来てくれていた。本当に嬉しかった。

「私たちの町のことを、こんなに考えて頂いて本当にありがとうございます」。先日の表情に比べ、おだやかな目をして話して頂いた。

一般の来場者が何人もＡさんに話しかけていた。一人でも二人でも、わかって頂けただろうか。参加者の方々が、「自分の身になって考える」ことができた「対談」ができただろうか。Ａさんの思いに応えられるようなことができたのだろうか。

3　4年生への授業にむけて

1）授業に向けて１回目のＡさん宅訪問

甲府市教育協議会「平和人権教育」部会の中で、同じ部会の穐山先生から福島から避難してきた人たちについての授業を行いたいと希望があった。Aさんを学校に招いての特別授業である。私はAさんの招聘は難しいと話した。避難者の方々が、震災時と今の思いを話すのは、大変つらいことなのだ。また、Aさんから問われた「自分の身になって考える」とりくみになるのかどうか。小学校4年生が、原発事故の避難者の話を聞き「自分の身になって考える」ことができるのか。難しい課題である。どうやったら「自分の身になって考える」授業ができるのか、部会の中で話し合った。静岡の浜岡原子力発電所は甲府から直線で 100km。「もし事故が起こったら」をシミュレートする、もしくは自分たちの食と放射能を考えさせる等が出た。それらの授業をした上で、Aさんを講師に迎えて話を聞く、という計画を立てた。

早速、Aさんに連絡を取り、講師としてのお願いをしに部会員4名でAさん宅を訪問した。お話し頂きたい旨と授業内容を伝えた。快く承諾してくれた。3回このような要請をした中で、訪問時にお返事を頂けたのは初めてだった。少々驚きながら、話を詰めていった。話の中で、「長男が山梨で暮らし始めたんです。教習所に通っていて、親子で就職活動中です。この間、主人も山梨に来て、震災以来はじめて家族全員がそろったんですよ」と笑顔で話してくれた。子どもたちに伝えたい事を尋ねたところ『友だちを大切にして欲しい』『普通の生活を大事に思って欲しい』『人を傷つけないで欲しい』の3つをおっしゃった。『友だちを大切にして欲しい』は、事故後に友だちに本当に助けられた。友だちのありがたさを知ったから。『普通の生活を大事に思って欲しい』は、温かいご飯が食べられる、蛇口をひねれば飲める水が出る、トイレを使える等当たり前だと思っている「普通の生活」は、本当にありがたく大切なものだと避難生活から感じたから。『人を傷つけないで欲しい』は、避難生活の中で、言葉や態度でたくさん傷ついてきたから。どれもみな、避難の体験から出てきた切実な願いである。

帰り道、部会員で話した。Aさんから投げかけられている「自分の問題としてとらえる」ということは、Aさんが話してくれた子どもたちに伝えたいことではないか。3つの伝えたいことは、どれも子どもたちはあたりまえのことだと認識しているだろう。その「あたりまえのこと」はどれも普段の自分たちの生活にある、まさに「身近な問題」である。その身近な問題を、Aさんの体験を聞くことにより、考え直してみる。このことが、自分の問題として考えることではないだろうか。また、子どもたちは今回Aさんと知り合いになる。つらい体験を、自分たちのために話してくれるAさんの存在を身近に感じることで「人からの話で聞いた、本や映像で見た人」でなく、「自分たちと知り合いになった、話をしてくれたAさん」という、具体的な存在として感じられるだろう。そんなAさんが、苦しんでいる、また同じ避難者の話を見聞きしたときに、Aさんに想いを寄せられる、今まで頭の上を通り越していた避難者の人たちの問題に、「Aさんたちの事だ」と少しでも関心を持ち考えることができるのではないか。

2）2回目のAさん宅訪問から

カレンダーの書き込み

授業の進め方を詰めに、再びAさん宅を訪問した。Aさん宅の居間にはカレンダーがある。10月のまっさらなそのカレンダーに、たった一つだけ大きな字で書き込みがしてあった。10月末の土曜日に「○○祭」と大きく書かれている。「E中（現在二人の娘さんが通っている山梨の中学）の学園祭ですか？」と尋ねると「福島のＢ中の学園祭です。娘がどうしても行きたいって。長女はまだふっきれていないんですね。進路に対しても揺れています」とＡさん。書き込みがされていないカレンダーに、一つだけ書かれたＢ中学校学園祭の文字。娘さんの気持ちを思うと、胸が苦しくなる。中３の娘さんは、来春高校受験・進学をむかえる。どんな進路をとるべきか。福島の高校への想いもある。しかし…。

Ｂ町の広報誌には

Ｂ町の広報誌を見せて頂いた。表紙こそ甲府のものと変わるところはないのだが、中は私たちが普段手にする広報誌とはまるで異なる内容のものだった。

・７月末日現在の人口と世帯数

Ｂ町の人口約五千人。2012年７月の居住者数400人少し。現在は500名を超えている。復興への明るい兆しなのだろうか。Ａさんは言う。「しかたなく帰る人も多いんですよ。帰りたくなくても。今年の８月に東電からの賠償は打ち切りになりました。来年には給与補償も打ち切られます。暮らしていけないですよ」。帰らざるを得ない人の帰還が着々と進んでいる。「復興の一歩」と喜べない現実がある。

Ｂ町の小中学校も８月末より再開した。震災後は隣の市の小中学校を間借りし、授業を行っていて、「除染」後再開された。広報には現在Ｂ小学校へは60数名、Ｂ中学校へは30数名の児童生徒がそれぞれ通学しているとある。遠い避難所や避難地から通っている子、またＢ町に戻り通っている子どもたちもいる。広報の「空間線量モニタリングデータ」をみると、小中学校を含めどこも国の言う年間被曝限度の１mSvになるボーダーの値である。保育所の高い日は0.17。児童館では0.21。年間の被曝限度の２倍になる。しかもそれは外部被曝のみの値。内部被曝はこれに足される。Ｂ町の方々の尽力で、「除染」は今も進められているが、町すべてを「除染」することは不可能である。限られた場所だけの「除染」。「除染」されていない場所からの粉塵の飛散、食べ物からの内部被曝。モニタリングポスト以外の場所ではホットスポットも数多くあるだろう。ポストから１ｍ離れれば、どんな値になっているか…。「帰れないんです」というＡさんの言葉が浮かぶ。

・教育長、小中学校長の挨拶文

学校再開にあたり、町の教育長、小中学校の両校長の挨拶文が載っていた。そこには原発事故、そして放射線量等の言葉は一切ない。「帰れない」と感じている保護者が、一番心配していることなのに…。書きたくても書けない事情もあるのかもしれない。様々な思いが巡る。

・町のイベント後に寄せられたメッセージ

「Ｂ町復興のために！！団員の帰町を願います」「たーくさんの笑顔がＢ町に戻ってきますように！」「じいちゃん、Ｂ町はいいよね。帰ってこられてよかったね」「元気なＢ町を取り戻すために、私たちと一緒に働きませんか？」「これからのＢ町は被災地から復興地へ」「日本の復興、福島の復興はＢ町から！ともにがんばりましょう」等々…。復興を心から願う心が痛いほど伝わってくる。これら「復興」のためにＢ町に住み頑張ろうと思っている人々。Ａさんのように帰りたくても「帰れない」人々。原発事故前までは、同じ方向を向いていた人々が、逆方向を向かされてしまっている。その中での軋轢の話も聞く。何がそうさせてしまったのか。これからどうしていくのがよいのか。メッセージとＡさんの言葉。どちらも胸が痛む。

広報一つの中にも、これほどの私たちの知らない事実、状況、人々の思いがあった。

その他のお話の中で

「私たちは国に見捨てられていますから」。何度も何度もAさんの口から語られた。「私たちは沖縄の人たちと一緒です」。67年前と今。同じ事が繰り返されている。

最後に「ご主人は、今どんな仕事をなさっているのですか？」。伺っていなかったので聞くと「除染です。志願したそうです」とAさん。しばらく何も言えなくなってしまった。震災直後、原発事故の最中、津波や地震の被害にあった場所に赴き、救助救援・捜索をされていたというご主人。今は志願して除染の仕事。県外に避難した家族と離ればなれの生活。ご自分の立場と家族の思いとの葛藤。その胸中を思うと本当に胸が痛む。

Aさんの変化

「先日震災後、初めて家族全員がそろったんですよ。長男も山梨に越してきて、休みの日に主人が福島からきて」と本当に嬉しそうに話してくれた。私は震災前も震災後もそれほど変わらぬ生活をしてきた。しかし、Aさん家族は原発事故後、その生活は大きく変わってしまった。いや、変えさせられてしまったのである。家族としての団らんを、あたりまえの日常をAさん家族に返して欲しい。

「伝えて行かなくては、と思えるようになりました。私たちのように経験した者が伝えていかないとなと」。笑顔で話すAさん。とても力強いAさんを感じた。

授業の中で

Aさんは授業の中で、優しく子どもたちに語りかけていた。「話すとつらくなるから断ってきた」という人前での震災と避難生活の体験を、優しく力強く語っていた。自然豊かで、人々が豊かに暮らしていたB町の様子。涙をこぼすことなく語った避難生活。私が初めて聞く内容が多かった。私が何度聞いても聞けなかった避難の話。子どもたちに強く優しく話している。最後に子どもたちが、お礼に歌のプレゼントをした。子どもたちの歌う「ビリーブ」に、Aさんはたくさんの涙を流していた。おさえきれない涙を、ずっとハンカチでぬぐっていた。

さいごに－私たちは・・

今回、Aさんとのつながりの中で、本当に多くのことを学んだ。訪問のたびに、本当に多くの知らなかったことを学び、気づかされることに驚いた。私たちの知らない多くの事実がある。その中で苦しんでいる人たち、子どもたちがいる。

原発事故は、甚大な健康被害や環境破壊を及ぼす。それと共に、様々な絆を断ち切ってしまうものなのだと、今回のAさん家族との関わりから学んだ。故郷、そこに住む人々との、故郷の自然や文化との、家族との、今まで本当に長い時間をかけ大切に培ってきたすべての絆を断ち切ってしまう原発事故。そればかりか、今まで共に歩んできた人たちが、逆の方向を向かされ、歩かされ、そして軋轢までも生み出す。そんな絆、つながりを破壊するものを、リスクを負いながら動かし続けて得られるものとは何なのだろう。

以上、山教組、甲教祖、それぞれ二つの集いを通して知り合ったAさん家族とのかかわり。そこからは、抱えきれないほどの学びと課題を受け取った。この学びと課題とどうむきあっていくのか。今も「戦場」である福島。その渦中（「戦時下」）にいる山梨に避難している方々、子どもたちがいる。原発事故、その被害者の人たち、子どもたちから問われているものとは。私たちに課せられているものは…。

39　ほうしゃせんのべんきょう
ー小学校低学年における放射線学習の道しるべ

〔岩手県矢巾町 小学校〕

小松　則也

昨年度から引き続いて震災に関する「放射線」についての学習を行った。子どもに対しての分かりやすさ、事実の伝え方など「手作り絵本」をもとにした実践である。

・福島原発事故から１年 10ヶ月
・放射線問題の現実
・福島からの児童の転入
・文部科学省「放射線副読本」の問題点と活用
・放射線量の見方
・自作絵本「生きる」の活用
・紙芝居「ちいさなせかいのおはなし」の活用

1　ほうしゃせんのべんきょう　第1時

実施日　2012年９月21日（金）３時間目（学活）
対象学年　２年生　28名
授業の流れ
ア　べんりなもの？あぶないもの？
イ　ずっとむかしから
ウ　どこにもあるんだね
エ　スイセンの形をおぼえてね
オ　スイセンのほうしゃせん
カ　光ににているよ
キ　どこまで通りぬけられるかな
ク　こっせつした時にレントゲン
ケ　レントゲンという人の話
コ　でんきはどこから来ているのかな
サ　はつでんしょの話
シ　げんしりょくはつでんしょの事故はこわい
ス　避難のしかた
セ　Ａさんは福島県からきたんだよ。Ａさんの学校の様子
ソ　岩手県内の各地の放射線量

タ　自作絵本「生きる」の読み聞かせ（10 分）
チ　感想を書く
ツ　べんりだけどあぶない

自作絵本「生きる」

小松則也作絵本『生きる』
全44頁、表紙

子どもの感想

・今日、ほうしゃせんのべんきょうをひさしぶりにしました。げんしりょくはつでんしょがばくはつしたのは、テレビで見ました。もりおかは、シーベルトもひくく、あんぜんな町と知りました。ほうしゃせんをたくさんあびてびょう気になった人はどうしているのかな。と思いました。
・どうぶつたちもとってもたいへんなことがわかりました。もっと、ほうしゃせんのちかくの人を考えてくらしたいです。ほうしゃせんをたくさんあびるとびょうきやいのちをおとすことにもなります。なので、けっしてあんぜんではありません。いろいろなたいさくをして、あんぜんなやはば町にしたいです。これからも、ほうしゃせんやばくはつのことを考えてくらしたいです。
・「生きる」って本を見て、どうぶつたちがんばっていたから、わたしもがんばりたいです。
・ほうしゃせんって、わかんなかったから、べんきょうしてよかったと思いました。
・また、ほうしゃせんのべんきょうをしたいです。

2　ほうしゃせんのべんきょう 第2時

実施日　2012年10月18日（木）６時間目（国語）

紙芝居『おばけとやっちゃん』（作：松野正子・絵：渡辺有一／童心社、2000年５月）

子どもおばけが一人前になるために、やっちゃんたちをこわがらせ、みんなにおねしょをさせてしまうというユーモラスなお話。このお話で、楽しい雰囲気をかもし出し見えないものを意識させた。

紙芝居『ちいさなせかいのおはなし』（作：小倉志郎）

「紙芝居のおばけは、目に見えなくて、楽しい話だったけど、目には見えない本当に恐い話があったね」と切り出し、「ちいさなせかいのおはなし」を読んだ。

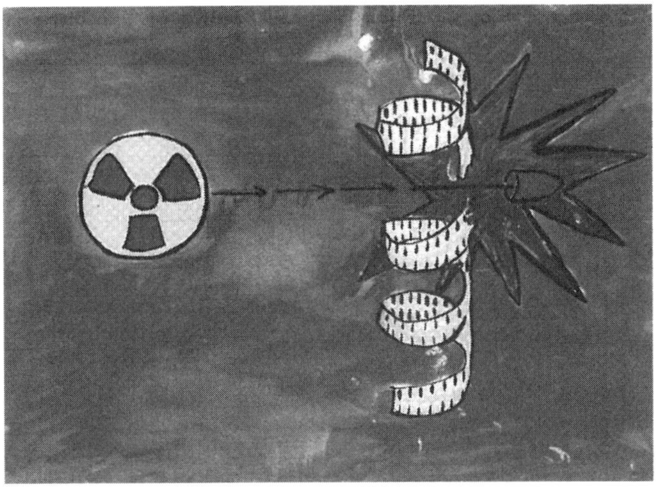

「ところがこの遺伝子は
放射線という
目に見えない小さな弾丸に当たると
こわれやすいのです」。

小倉志郎作紙芝居『ちいさなせかいのおはなし』より９枚目
（小倉志郎『元原発技術者が伝えたい本当の恐さ』／彩流社、2014年７月）

子どもの感想

・ほうしゃせんが小さいということが、よくわかりました。
・先生からほうしゃせんのことをおそわって、見えないたまがあることがわかってうれしかった。
・せっけい図がこわれることをはじめて知りました。びょうきになったりするので、きけんだと思いました
・先生に紙しばいを読んでもらって、はじめて知ったことは、赤ちゃんのせっけい図がほうしゃせんにあたると、せっけい図がこわれて目になるのに目にならなかったりするということが、はじめてわかりました。

おわりに

放射線というと難しい印象がある。ましてや、低学年ではどう教えたら良いのだろうと悩む。文科省の副読本は曖昧だし違和感があって使えない。しかし、ふくしまが直面している現実、日本が抱えている深刻な問題を、事実をどうにか伝えていかなければならない。このジレンマに自作絵本「生きる」と紙芝居『ちいさなせかいのおはなし』は、一石を投じたような気がしている。子どもの感想から、子どもは本当のことを知りたがっている。知ってうれしいと思っている。もっと勉強したいと感じている。事実の隠蔽は、個人の尊厳を無視した重大な犯罪に等しい。

ゆえに、私たち教育関係者は、あらゆる手段をもって子ども達に真実を伝えて行かなければならないのである。国民の幸福希求（憲法13条）のために。

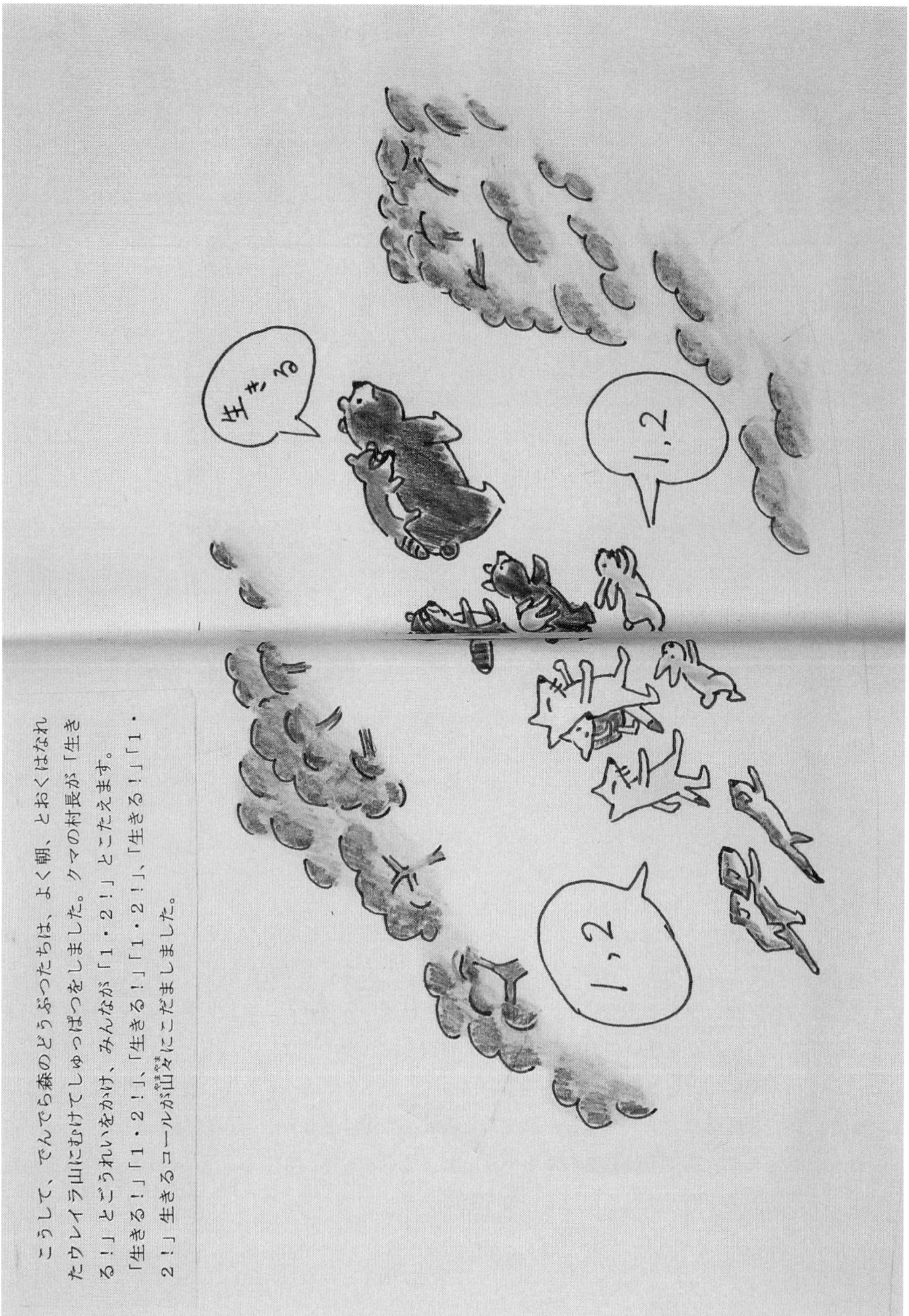
こうして、でんでら森のどうぶつたちは、よくはなれたウレイラ山にむけてしゅっぱつをしました。クマの村長が「生きる！」とごうれいをかけ、みんなが「1・2！」とこたえます。
「生きる！」「1・2！」、「生きる！」「1・2！」、「生きる！」「1・2！」生きるコールが山々にこだましました。
生きる
1,2
1,2

『生きる』33-34頁

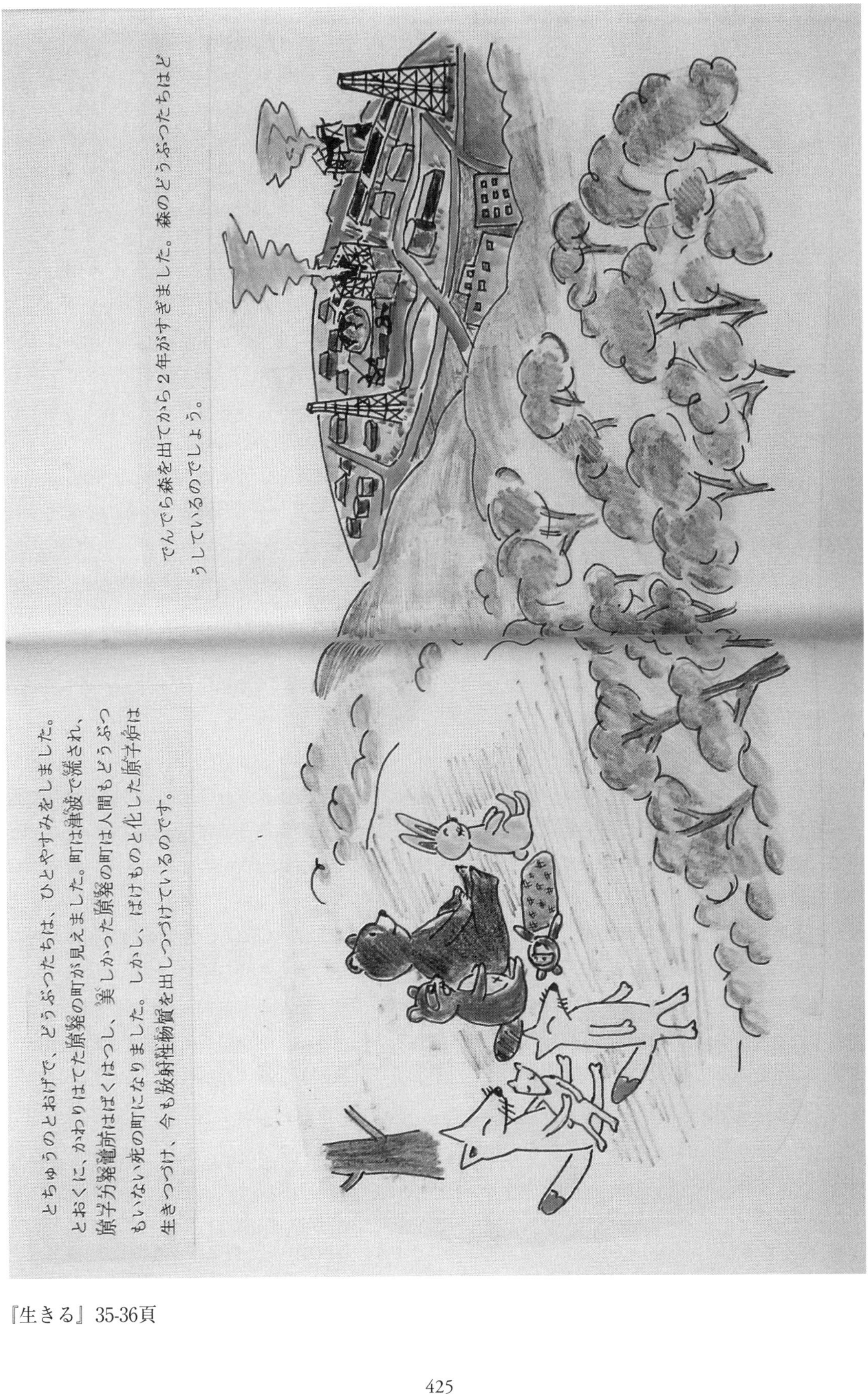
でんでら森を出てから２年がすぎました。森のどうぶつたちはどうしているのでしょう。
とちゅうのとおげで、どうぶつたちは、ひとやすみをしました。
とおくに、かわりはてた原発の町が見えました。町は津波で流され、原子力発電所はばくはつし、美しかった原発の町は人間もどうぶつもいない死の町になりました。しかし、ばけものと化した原子炉は生きつづけ、今も放射性物質を出しつづけているのです。

『生きる』35-36頁

40　福島の子どもたちの今

〔福島県猪苗代町 小学校〕

戸内　敏博

3・11の大震災と原発事故が起こって1年が経過した今年度当初から、福島県内の学校では、「復興」の名のもとに、元あった教育活動にもどそうという取り組みが行われている。しかし、被災した県内の子どもたちは、いまだに約1万人が県外に避難し、双葉地方を中心に家にもどれる見通しが全くつかない状況は1年半が経過しても同じである。また、放射線量の高い地域では多くの子どもたちが不安の中で生活を送っているのが現状である。福島の子どもたちは、放射線により健康と生命を脅かされ、様々な差別的発言にも脅かされ、人権侵害を受けていると言わざるをえない。

今年の県教研人権教育分科会では、そんな状況におかれている子どもたちの現状を見つめ、安心してのびのびと生活できる福島を取り戻すために、私たちはどんな運動をすればよいのか、そして、どんな教育実践をすればよいのかという視点から話し合いを進めた。

分科会で報告された、県の中央部にあり放射線の影響がほとんどない猪苗代町、避難地域に指定されても不思議ではない強い放射線量のもとでの生活を強いられている福島市、そして避難地域に指定され仮設校舎・仮設住宅で生活する南相馬市小高区の3つの学校の報告をもとにリポートとしたい。

1　震災・原発事故後の1年間

学校では

原発事故による避難者が増えるにつれて、本校では、2011年3月末より6月末までの約3カ月で被災した浪江町を中心に79名の児童を受け入れた。ほとんどの児童が家族と一緒に着の身着のままで避難し、避難所を4か所も5か所も転々としながら生活を送った後、猪苗代町の2次避難所（町内のホテルや民宿）から本校に通うようになった。教科書も文房具も衣服もない子も多く、そのケアに努めながら、落ち着いて学習できるようにと気をつかっていた。全校児童250名、各学級20数名のところに、約2割が避難児童となったが、子どもたちの適応力の高さに感心させられた。

夏休みまでに60名が、仮設住宅建設や学校再開に伴い、福島・伊達・二本松・南相馬へ転出する。中には、親の仕事・兄姉のサテライト高校に通う都合からいわきへ、親が新しい職場が変わり山形へ転居する子もいた。たった2～3カ月の友だちだが、1学期末の各学級のお別れ会では、互いに号泣する子どもたちが多く見られた。

2学期には17名が残るだけとなったが、みな放射線量の高い地域から避難して町内のアパートを借りながら困難な生活を送っている状況となっている。

放射線に対して子どもは、こわいもの、危険なものという情報を得てはいるものの、バイキンやかぜと同じ「うつる」という意識を持っていて、放射線に対するしっかりとした教育をする必要性がある。

また、運動や遊び・給食への保護者の不安が大きく、本校でも昨年度は、野菜の栽培活動や草むしり、砂遊びは制限したり、一時県内乳の出荷停止となった牛乳を飲ませることは、保護者の意向を聞いてから行ったりという状況になった。

校庭での砂いじりは、「砂が目に入るとキケン」でなく、「放射線がキケン」だからいじらないと指導するなど、大丈夫だよと言えない情けなさを感じている。

学習の中でも、国語の読み取りの中で「放射線があぶないからかなあ」というような子どもの発言を聞いたり、浪江町から避難している子がつくる標語の中に「原発で家に帰れぬ　浪江町」「きらきらと　自然いっぱい　猪苗代」などの作品を見たりすると、一刻も早く放射線のない福島にしたいという思いを強くする。

2011年度は、避難児童へのケア、転出入の各種手続き、運動会・プール・給食・遊びへの指導など、学校生活の全ての面で、大震災と放射線量の影響による対応に追われた１年であった。しかし、普段は行われる対外的な行事や様々なあらゆる作品募集などが中止されたため、校内での行事や活動に専念できたという面もあり、日常的な多忙化の原因の１つが明らかになった。

国や文科省の対応

子どもの「心のケア」は求めても、カウンセラーの配置はたった一度の半日のみであり、継続したケアの体制と環境の整備が必要である。

放射線モニタリングポストは県内全ての学校や主な公共施設に設置されたが、放射線の除染はなかなか進まずにいる。給食の食材の測定も今年度より始まったが、人的配置が未整備という問題も抱えている。汚染で傷を負った子どもたちが安心できる環境を作るのは行政に期待したい。

県・県教委の対応

３月末の人事凍結、そして８月の人事異動や兼務辞令の発令、さらには教員採用試験の中止など、私たち教職員への勤務条件が著しく脅かされた１年であった。

今年度は250名の震災対応の教職員加配がされたが、採用凍結の影響は大きく、他県への若者流出の問題を起こした。また、人事面では、１～２時間かけて通勤する人も出るなど、教職員の権利も奪われた形となってしまった。

放射線量問題への取り組みはなかなか進まず、学校や地教委まかせにされる一方で学力向上や不登校ゼロ、服務倫理の通知だけが出され、震災対応に追われている学校現場とかい離している状況であった。

町・町教委の対応

町・町教委では、震災後すぐに避難者の受け入れを行い、被災者への支援を進める。特に、子どもたちに対しては、支援物資の提供とともに、町民への呼びかけで学用品を集めて支給したり、各学校の教員の協力を得ながら避難所にいる子どもたちへ学習支援を進めたりした。

学校・地域の声を受け、除染のための高圧洗浄機や夏季の暑さ対策のための扇風機、放射線測定器などの購入をし、学校へ設置するなどを行ったが、国や県の計画ができてからの決定となることも多く、いかに国の理解が必要かを痛感する１年間であった。

2　子ども・学校の今

猪苗代の学校での取り組み

会津地方は放射線量が低いこともあり、昨年度から運動的な行事を行っているが、今年は放射線測定をし、安全を確認するとともに、保護者にも情報を示した上で活動を行うようにしており、日常的な活動はほとんど再開している（本校の値は 0.15 μSv/h）。

それでも、積雪時は非常に低かった放射線量であったが、春になると校庭の放射線量は、昨年とほとんど変わらない値を示す。野外での活動の時間制限はしていないものの、草むしりの時は手袋をし、野菜の栽培活動では、食べる前に、町の施設で放射線測定を行い、安全を確認した上で食べさせるなど、いまだに放射線に対する不安を抱えながらの活動となっている。

放射線から子どもの体をまもるために、放射線教育は重要であり、市町村の指示を受けて各学校では、学級活動に位置付けて学習する機会を設けている。本校でも別頁のような全体計画を作成し、各学年２時間の指導を行ってきた。まだ始まったばかりの手探りの状況で指導を進めており、今年の反省を生かしながらさらに充実した指導体制をつくることが必要であると考える。

５年社会科「農業」「水産業」の学習を通して

大震災・原発事故に関する内容について、教科書では、「環境を守る」単元の中の小単元「自然災害を防ぐ」で、写真１枚、簡単な記述があるのみである。

農業・水産業では、特に被災地の東北の生産量が大きな位置を占めていたため、今後震災の影響を授業の中で取り上げないわけにはいかない。自主的な教材化が必要である。さらに、福島県では、立ち入り禁止の避難地域、作付制限や作付自粛の田畑、操業禁止の漁業など、本当に深刻な現状がある。

そこで、全国４位の米の生産量を誇る福島県の農業、「潮目の海」という豊かな漁場に恵まれたくさんの種類の魚が水揚げされる福島県の水産業の特色も授業で取り上げて学習を進めてきたが、その中で、子どもたちは、福島県特に会津の米の生産量や品質の高さ、果樹や野菜の出荷量が教科書に取り上げられている地域に比べても見劣りしないことを知り、「福島の農業」について再認識していた。

学習のまとめで、昨年の原発事故の影響について話をして、子どもたちの意識を探ってきた。以下は、授業後の子どもたちの感想である。

1 大震災や原発事故の影響をどう考えるか

・とてもたいへんだ。
・魚がとれないから大変だ。
・福島県の人はとってもかわいそう。土地がもったいない。なくなってしまった人の命がもったいない。
・１日も早く出荷停止をなくしたい。
・魚が「とれない」「売れない」のはすごいショック。放射能を測って安全になっていても「福島のものは買わない」というのも考えすぎだと思う。放射能を少しずつでもなくしてほしい。
・店の客が減った。福島にいた人たちがちがう県に行った。
・除染作業をもっとがんばる。
・早く放射線がなくなって、福島県産の米を食べてほしい。
・２つめの福島をつくらないために、風力・水力・太陽光発電を使って、原発の必要性をなくし、百パーセント自然エネルギーにしてほしい。福島県全体で除染に取り組んでほしい。
・どうしてこんなことになるのでしょうか。くだものなどが売れないなんて大変だ。
・食べられる物が少なくなった。店の客も減った。
・被害を受けて、作物がだめになっているので、早く直してほしい。
・猪苗代で禁止されているもの「きのこ、たけのこ、いわな、うぐい」魚は出荷停止。
・やっぱりこれは原発のせいだからしかたがない。原発さえなければふつうの生活がしていけるし、食べ物も検査しなくてすむ。

2 わたしたちは、これからどんなことをしたらよいか
・放射能をなくす。
・除染する。
・原発をなくす。
・原発事故の影響をなくす。
・原発を１日も早くおさえたい。
・実際に売るときに、売り手が買い手に直接売ったり、みんなの前で食べたりするとよいと思う。
・みんながもっと放射線について取り組む。
・みどりをたくさんつくる。すみやすい家にする。原発をどうにかしてほしい。
・福島県産をたくさん買ってあげる。
・福島にもっと人をふやしたい。
・食べ物をきびしく検査し、安全だということを証明する。
・ちゃんと安全性を確かめてから買う。
・環境にやさしくする。節水・節電などをする。
・エコにして、環境をととのえる。
・みんなに安全だということをきちんと伝える。
・原発をなくし、農薬を使わず、おいしい魚、野菜を作る。
・除染を徹底的にしてみんなの住みやすい福島県にし、元の福島県にがんばってもどしてほしいと思う。さらに、農業や水産業を中心に、もっと福島県をもりあげてほしい。
・できるだけ放射線をへらし、農作物が作れるようにしたい。原発をなくし、水力発電にしたい。
・原子力発電をなくし、太陽光や水力などをつくればよい。理由は放射線がないから。
・浜通りのがれき撤去を進め、まだ見つかってない人を早く探す。福島の米や野菜は安全だと全国に呼びかける。原発を早く処理して、避難している人が元の家にもどれるようにする。
・「みんなが笑顔になれるようにしよう！」

子どもたちは、素直に感想を表現することができた。また、ニュースなどを通して様々な情報を得ていることがわかる。深刻な影響がない猪苗代では、「もう家の人は気にしていない」などの子どもの声も聞こえるが、現実には、農家では米も野菜も放射線検査をし、学校での栽培園の作物も、町の検査をして安全性を確かめている状況がある。また、「春に竹の子をいっぱい食べてしまったよ」と声をあげる子もいるが、さほど深刻に悩んでいるわけではない。

しかし、原発被災地から避難し、未だに故郷にもどれない子どもたちにとっては、「原発をなくしたい」「元に戻してほしい」という強い願いを持っていることがわかった。そして、農業と水産業の学習から、福島の現状を自分なりにとらえて、これからどうしたらよいかを真剣に考え、「福島県を盛り上げたい」という思いを持つことができた。「わたしたちの生活や健康」をどう守るかを意識させながら学習を進めさせていきたい。

福島の中学生の作文より

福島市のＡ中学校では、総合学習の時間に、人権擁護委員を招き人権について学ぶ授業を行った。その学習を終えた後で、ある子どもが書いた「人権に関する作文」が今の福島の現状と複雑な子どもの心情を伝えている。

除染をしても線量が下がらずプールも入れない現実、次々に行事が中止になり楽しいはずの思い出が奪われてしまった悔しさ、家庭菜園をささやかな楽しみにしていた曾祖母が家族の健康を心配して野菜の栽培をやめてしまったという悲しみなど、私たちの人権を守ってほしい、安全な暮らしを返してほしいという訴えが胸に突き刺さる。

放射線被害に苦しむ子どもに寄り添い、どのようにサポートすべきかを大人たちに問いかけている。

南相馬の中学校の現状

市南部の双葉郡に接する小高区の小中学校では、現在市北部に位置する鹿島区にある鹿島小・鹿島中にある仮設校舎にそれぞれ３校が入り、体育館や校庭、特別教室もない状況の中で学校生活を送っている。子どもたちは市内各地の仮設住宅等からスクールバスで通学していて、中には、20㎞近く離れた県北部の新地町から通う子もいるという。

原発事故のため町ごと避難している双葉郡の学校は、いわき市や田村市、二本松市など県内各地の休校した校舎などを利用して再開しているが、もどってくる子どもは大変少ない状況にある。

再開はしたものの、劣悪な教育環境をどう改善するかも大きな課題である。

おわりに

県教研の人権教育分科会では、原発事故により避難を余儀なくされた浜通り、放射能汚染で健康被害を受けている中通り、そして被害はほとんどないものの避難者を受け入れて対応してきた会津のそれぞれの現状を報告し合った。これから福島県の教育環境を改善し、教育条件の整備を進めることが求められている。また、今後長い期間続くであろう放射線と向き合う生活の中で、少しでも「元の福島にもどしたい」ということが、私たち教職員、子どもの共通した願いである。原発をなくし、「第２の福島はつくらない」ということを訴えて終わりとしたい。

資料

平成24年度放射線教育全体計画 猪苗代小学校

１　ね ら い

原発事故による放射性物質の飛散のため、放射線量のやや高い地域にある本校児童が、放射線の性質やその危険性について正しく理解し、健康で安全な生活を送るための基礎的な知識と適切な行動力を養うことができるようにする。

2　指導内容

(1) 放射線等に関する知識

①放射線、放射性物質の種類と性質

②身の回りや自然界の放射線とその利用

③放射線の単位、測定方法

④除染の意味と方法

(2) 放射線の安全対策

①放射能事故の対応・避難・情報収集

②外部被ばくと内部被ばくの影響と被ばく防止

③放射線の人体への影響、食物と放射線量の関係

④差別、風評被害の防止

3　指導方法

学級活動「(2) 日常の生活や学習への適応及び健康安全」において指導する。

4　時数　各学年　　４～６月　　２時間

5　教科等との関連

○　国語科　戦争に関する題材を通して、核兵器の恐ろしさ・悲惨さを理解させる。

○　社会科　各学年の学習において、原発事故・放射線問題を取り上げ、実生活と関連づけて指導する。

○　理科　エネルギー・環境に関する単元において、原子力発電やエネルギー・放射線問題を取り上げて指導する。

○　生活科　植物栽培活動で、放射線を受ける量を少なくする配慮をする。

○　家庭科　安心・安全に配慮した食品の選択について指導する。

○　体育科　保健の学習において、健康な生活を送るための方法について指導する。

○　道徳　「生命尊重」の価値を中心に、原子力災害時の生き方、復興に向けて歩んでいる人々の努力について考えさせる。

○　その他　総合では、地域の環境や特色について学ぶ場をつくる。また、避難訓練など学校行事でも、原発事故発生時を想定した内容も取り扱う。

6　日常生活における指導

○　放射線に関して注意が必要な屋外活動など、日常的な安全指導を朝の会や帰りの会など日常的に指導を行う。

○　外出や屋外活動時の服装や活動場所、活動後の手洗い・うがいについて指導を行う。

7　指導上の留意点・その他

○　学年の発達段階に応じた内容の指導、また、被災・避難児童の心を傷つけないよう適切な指導に努める。

○　地域、町の放射線量の最新情報を常に把握するとともに、研修や指導資料の収集に努める。

41　社会科教育における原発公害についての実践

〔福島県下郷町 小学校〕

渡部　秀和

原発公害を、どの教科のどの単元で教えるのかは、大きな問題であり、それに該当する単元を見つけ出すことはなかなか困難である。今回は、その単元として、第４学年の社会の「特色のある地域」という単元に着目した。福島県の原発立地地域は、現在「人が住めない」地域としても非常に特色のある地域であるし、原発立地地域として選択されたことも「特色のある地域」として学習することにふさわしい地域であると考えられるからである。授業の方法としては仮説実験授業の「授業書方式」を採用した 。

1　福島県内の特色ある地域とひとのくらし－実践の実際

質問 1　みなさんは、福島県のいろいろな特色のある地域を調べましたね。会津若松の「絵ろうそく」や「白河だるま」、滝根町の「鍾乳洞（しょうにゅうどう）」「土湯こけし」「相馬野馬追い」「郡山光のページェント」「二本松のちょうちん祭り」など福島県にはいろいろと特色のある地域がありましたね。

ところで、今、福島県でいちばん特色のある地域（ちいき）はどこか知っていますか？

予想　ア　下郷町（大内宿が有名だから）

　　　イ　福島市（県知事がいるから）

　　　ウ　会津若松市（八重の桜で有名だから）

　　　エ　その他

児童の予想は、ア下郷町が７人、イ福島市が１人、ウ会津若松市が10人、エその他が２人だった。その他を選んだ理由は特になかった。

答え　それは下の写真の地域です。いったいどこでしょう。

その他に、数点原発公害の様子の写真をのせた。

これらは、福島県の双葉町と大熊町の写真です。福島県のどこにあるのか地図で確かめましょう。

どうして、最も特色のある地域なのかというと、人が住めない町だからです。福島県だけではありません。日本中を探しても人の住めない町なんて、双葉町と大熊町以外ありません。どうしてだと思いますか？

自分の意見を考えてみましょう。

・放射線がいっぱいであぶないから。

・放射線が高くて人が住めなくてあぶない町だから 。

・放射線がいっぱい。

・原発ひがいがあったから。

・原発などで放射能が広がっているから 。

・またばくはつ（ほうしゃせん）をあびたり、つなみがあったりするとたいへんだから。

・ほうしゃのうをすいこんでがんになったりするから。

・人が住めないような害があるから 。

・地面がこわれたりしてあぶないから。

・原子力発電所がばくはつして放射線がとんでしまったから。

・原発の空気をすったらガンになるから。

・原発があるから。

・人にキケンなものがあるから 。

・放射線があるから。

・原発があり放射線がひどいから。

原発事故から逃げてきたお友達が楢原小学校にもいますね。そのお友達のお話を、もう一度聞いてみましょう。

楢原小学校　６年　児童Ａ

「ぼくは、３月11日のことを決して忘れることはないでしょう。

ぼくはその日、あたりまえのように、学校に行き、あたりまえのように授業を受け、あたりまえのように給食を食べ、あたりまえのように友だちと遊んでいました。そしてあたりまえのように帰ろうとしていたそのときです。

午後２時46分でした。

教室がぐらぐらとゆれはじめ、教室にあるものが次々に落ちてきました。ぼくは、友だちといっしょに先生の机の下にかくれました。ゆれは、１分以上おさまらず、泣いている子たちもいました。少しゆれがおさまったところで、校庭にひなんしました。

次々にお母さんたちがむかえにきてくれました。ぼくは、お母さんと家に帰ろうとしましたが、余震がおさまらず、しばらくの間、車の中にいました。ラジオをつけると津波がきているので、近づかないで下さいというニュースをくりかえしていました。とても怖かったです。

それから、しばらくして自分の家に入りました。物がぐちゃぐちゃでびっくりしました。テレビをつけると、津波のニュースをやっていて、大変なことが起きてしまったのだなと思いました。

次の日のことです。

福島第１原発が爆発しました。ぼくは、家族やいとこたちと一緒に福島のあづま総合体育館にひなんしました。でも、その夜、２号機も爆発しました。それで、次の日、会津若松の河東総合体育館にひなんし、そこに、３週間いました。

河東総合体育館に来た初めの日は、雪がふっていて夜寝るとき、とても寒かったことを覚えています。ボランティアのおばさんたちが、３食ご飯を毎日用意してくれて、とてもあったかくておいしかったです。

体育館には、お風呂がなかったので、３日に１回ぐらい大江戸温泉に行ってました。しばらくすると、いつまで体育館にいるのだろうかとか、学校はどうなるのだろうかとか、不安な日もありましたが、イチゴ狩りや東山温泉にしょうたいされたり、とても楽しい日もありました。

その後、南会津町館岩のアストリアホテルにひなんし、そこから、館岩小学校にかよいました。初めての転校でとてもきんちょうしましたが、すぐに友だちもでき楽しく過ごすことができました。水泳大会や陸上大会、宿泊学習は、とてもいい思い出になりました。

10月から下郷の楢原小学校に転校しました。初日はかなりきんちょうしました。でも友だちが学校の中を案内してくれたりして、とてもうれしかったです。それでぼくは、うさぎの世話をしてみたいと思い環境飼育委員会に入りました。また生まれて初めてスキーをやりました。最初はできるかとても不安でしたがすぐにすべれるようになって体育の授業が楽しみになりました。

この１年間をふりかえって、おとうさんは、仕事のため南相馬での生活となり、はなればなれの生活となってしまいました。原町第１小学校の友だちもバラバラになってしまいました。

いままで、あたりまえだと思っていたことが、今回の原発事故でみんなこわれてしまいました。このひなん生活で思ったことは、日常のあたりまえが、どんなにたいせつかということです。

ひなんしてよいこともありました。南会津でたくさんの友だちができたことです。

ぼくにとっては、ほんとうにいろいろな経験をした１年間でした。

ぼくは３月11日のことをけっして忘れないでしょう」。

＊福島県の地図で、Ａさんがひなんした道をたどってみましょう。

質問２　では、なぜ原発事故が起きるとそこまでして、逃げなくてはならないのでしょうか？　そして、人が住めなくなるのでしょうか？というよりも、事故を起こした、原子力発電所とはいったいどのような発電所なのでしょうか？

その前に水力発電と火力発電を復習してみましょう。

まず、水力発電とは下の絵のような仕組みです。つまり、水の力で水車をまわすのです。

＊ここに水力発電所の図を入れた。

次は、火力発電です。石油や石炭や天然ガスを燃やして、お湯をわかし、その蒸気でタービンを回すのです。

＊ここに火力発電所の図を入れた。
さて、それでは、原子力発電の仕組みはどうなっているのでしょう。下の図がその仕組みです。
＊ここに原子力発電所の図を入れた。
これを見て、はてなと思ったことを３つあげましょう。
児童の「はてな」は以下のようなものであった。

・なぜ、核分裂で熱をだすの？
・なぜ、ふっとうした蒸気を後から水にもどすの？
・なぜこんなに簡単な発電の仕方なのにキケンなの？
・なぜ、地しんでキケンになるの？
・熱を出す時は、どのような仕組みで熱がでるんだろう。
・どこから水は来ているのか？
・どうして海水の水をつかうのか？
・なんで、すこしのりょうでたかいねつを出せるのか？
・核分裂ってなに？
・なぜ原子力発電ができたのか？

なんだか、火力発電と、にていますよね。火力発電とちがうところはどこでしょうか？そうです、「核分裂（かくぶんれつ）で熱を出す」というところがちがうのです。火力発電では、石油などを燃やして、お湯をわかして、その蒸気でタービンをまわしますが、原子力発電では、「核分裂（かくぶんれつ）で熱を出し」、お湯を沸かして、その蒸気でタービンをまわすのです。
それでは、「核分裂（かくぶんれつ）」とはなんでしょうか？だれか、知っている人はいますか？「核分裂（かくぶんれつ）」とは核（かく）が分裂（ぶんれつ）、つまり、こわれることです。では、そのこわれる核（かく）とはいったいなんなのでしょうか？知っている人はいますか？
「核（かく）」とは「原子（げんし）」のまん中にあるものです。「原子とは」「原子力発電の」「原子」のことです。
では、「原子」とはなんでしょうか？知っていることがあれば書きましょう。
＊理科の時間に仮説実験授業の「もしも原子がみえたなら」を行った。

２　放射線ってなんでキケンなの？－実践の実際

質問１　さて、これまでの学習を整理しましょう。
①ものはすべて原子からできている。
②原子は、電子と原子核からできている。
③原子力発電所では、原子核に中性子をあてて核分裂をおこし、その際にでる熱を利用してお湯をわかし、その蒸気でタービンを回して電気を起こしている。
最初の図が核分裂の図です。核に中性子というものをぶつけて、核をこわします。

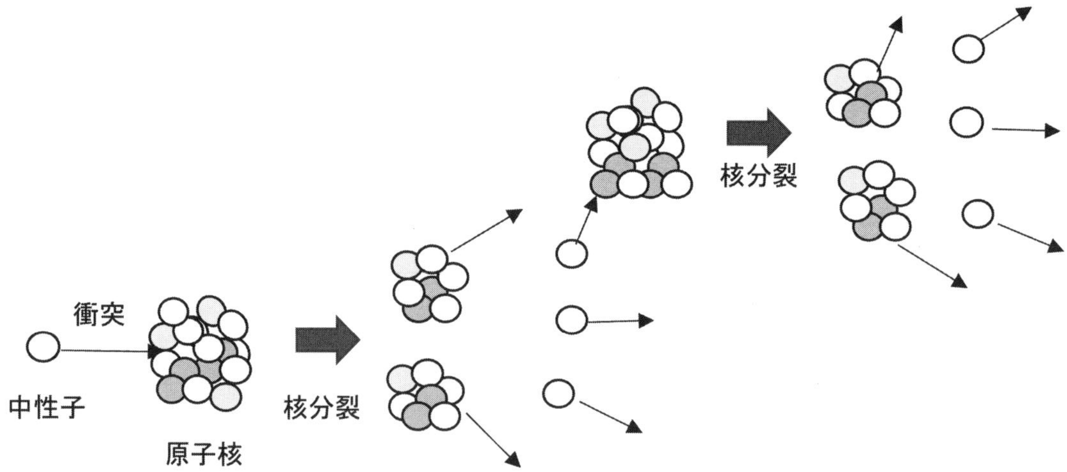

核分裂がおこるとき、燃えかすとして、セシウムや、ヨウ素などが出て、そこから放射線がでる。

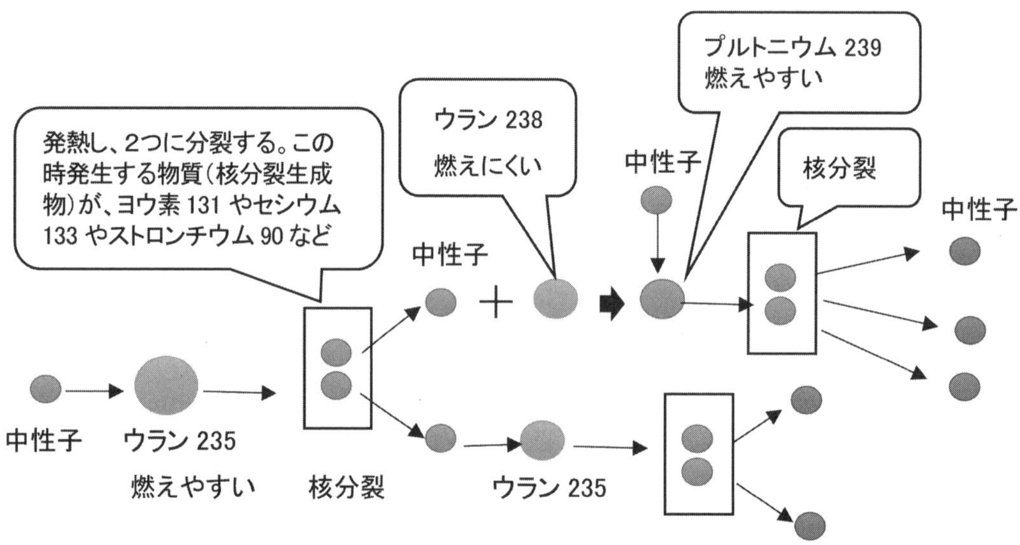

「ここがたいせつ」

核分裂をする時に、ヨウ素131、セシウム133、ストロンチウム90などがでます。これらの物質を「放射性物質」といいます。これらの物質から「放射線」がでるのです。

「放射線」を出す能力のことを「放射能」といいます。

さて、核分裂が起こると放射線を出す物質が出ることがわかりましたが、放射線ってなぜキケンなのでしょうか？みなさんのかんがえをあげてみてください。

児童の意見

・体に害がある。

・ガンマ線、アルファ線、ベータ線というのがあってガンマ線などがとまらない。

・ものをとおりぬける。
・光のようにみえない。
・ひばくするとガンになるぶっしつ。
・放射線はちいさな毒のようなものだからひがいを受けると体に悪い。
・レントゲンににている。レントゲンも何回もあびるとキケン。
・毒みたいなものがまざっているけむり。
・いつもは役にたつけど体に害があるからきけん。
・レントゲンなどでよくつかわれるけど、あぶない 。
＊この後、イラストや写真を使用しながら放射線がＤＮＡを切断するのでガンになるという学習をした。

3　なぜ、福島県には、原子力発電所があるの？－実践の実際

質問 1　さて、原子力発電をすると「放射線」を出す燃えかすがでるということがわかりました。そして、「放射線」を浴びすぎると「ガン」になることもわかりました。

ここで問題です。

では、なぜ、そのようなキケンな「原子力発電所」が福島県の双葉町と大熊町に10基もあるのでしょうか？

予想　ア　双葉町と大熊町で作るようにお願いした。
　　　イ　双葉町と大熊町は作りたくなかったが、無理やりつくらされた。
　　　ウ　その他

児童の予想は、アが８人、イが４人、ウが８人だった。

ア「双葉町と大熊町で、作るようにお願いした」を選んだ児童の考え。
・人が多かったから。
・つまらなかった（さびしかったから）。
・海が近くにあるから。
・近くに原子力発電所があると電気がつきやすいから。
・町の発展になるかもしれないから。
・しんさいがおこったときのことを考えていないからだとおもいます。

イ「双葉町と大熊町は作りたくなかったが、無理やりつくらされた」を選んだ児童の考え。
・双葉町と大熊町は人がいっぱいいるから作りたくなかったが、無理やりつくらされたと思う。
・ばくはつして、放射能がいっぱいでて、すめなくなったりして、ガンにもなったりするから、どこかの町につくるしかなかった。
・双葉町と大熊町はたぶん人が多いからはたらいてくれるとおもった。
・双葉町と大熊町がきらいな町だからつくらされた。

ウ「その他」を選んだ児童の考え。

・東京の方でしか使わないが、東京には作る場所がなく、海が近いので双葉町と大熊町に東京が作った。しかも作りやすいから。
・双葉町と大熊町はつくりやすい地域だったから（低く、平ら）。
・海ぞいにあるから。低地ばかりだから。山のはなれたところだから。
・原子力発電所には海が必要だから、探した結果、広くて海に面したこの２つの町になった。
・双葉町と大熊町の電気が不足していてプルトニウムで電気を作る原子力発電所をつくった。
・電気がひつようだから。

お話

答えは、アの双葉町と大熊町が作ることをお願いしたというものです。というより、反対しなかった、というほうが正しいかもしれません。

どうしてだと思いますか？

双葉町と大熊町が「原子力発電所」を作ることをお願いしたのは、1960年ごろです。

いまから60年くらい前のことです。先生もまだ生まれていません。ところで、いまから、60年前の双葉町や大熊町では、どんな仕事がさかんだったとおもいますか？まず、そこから考えてみましょう。

予想　ア　漁業（サカナをとる仕事）
　　　イ　農業（お米や野菜をつくる仕事）
　　　ウ　工業（車とか、機械とかをつくる仕事）
　　　エ　その他

児童の予想は、ア「漁業」が14人、イ「農業」が４人、ウ「工業」が０人、エ「その他」が２人だった。

選んだ理由としては、ア「漁業」は、「海が近いからサカナがとりやすい」という意見が大半であり、イ「農業」は、「お米や野菜をつくることは大切だから」、ウ「工業」は０人であり、エの「その他」は「農業と漁業が半々」というものだった。

お話

ほとんどの家が農業か漁業をしていました。

しかし、田んぼを作るにはたくさんの水が必要なのですが、双葉町や大熊町には、あまり水がなかったので、田んぼもあまりたくさんありませんでした。

そして、漁業もやってはいたのですが、あまりたくさんの魚をとってはいませんでした。なぜなら、港がつくれなかったからです。その理由は先生と地図をみながら考えてみてください。

でも、一番困ったのは冬でした。冬になると、お米作りや野菜づくりはできませんし、海が荒れて漁業もできなかったのです。そこでお父さんたちは、東京へ「でかせぎ」にでかけました。「でかせぎ」とは、お父さんが一人で東京へ行き、泊まりながら、東京の人がイヤがっているようなツラく、きびしく、あぶない仕事をして、双葉町と大熊町の家にお金を送ることをいいます。

子どもは、小学生やそれよりも小さい場合が多く、かわいい自分の子どもからはなれて、三ヶ月近くも、一人で東京ですごす日々はきっとさびしかったとおもいます。

そして残された子どもたちやお母さんたちもきっとさびしくてつらかっただろうと思います。

そればかりではありません。そのころ東京などの都会では、きれいな家が多くなり、水洗トイレもふきゅうし、じゃぐちをひねればお湯がでてくるような家が多くなってきました。それにひきかえ、いなかでは、かやぶき屋根にいろりに、くみとり式のトイレという生活でした。

そして、買い物も、都会ならば、ベニマルやリオンドールやセブンイレブンやデパートのようなところで何でも買えますが、田舎には何もありませんでした。食べるものといえば、ご飯に漬け物、みそ汁に、魚があれば良いようでした。

もっとも、これは、双葉町や大熊町だけのことではありませんでした。そのころの日本のいなかは、みんなだいたいそんな感じでした。そして都会のようになりたい、東京のようになりたいと思っていたのです。

そこへ、東京電力から原子力発電所をつくらないか？というお誘いが来たのです。東京電力の話では、原子力発電所を作れば、そこで、双葉町と大熊町の人が働くことができる。そうすれば、農業も漁業もやる必要がなくなる。そしてツラい「でかせぎ」にいかなくともよくなる、という話をしました。

その上、双葉町と大熊町に、図書館などの建物をたててあげる、そして、税金もたくさんおさめるというような、夢のようなはなしをしたのでした。

しかし、原発のキケンなことについては、ほとんど話はしなかったようです。

このようなわけで、福島第一原発は、ほとんど反対もなく作られることになったのです。

質問２　東京電力は 、双葉町と大熊町に、福島第一原子力発電所をつくったばかりではなく、1968年、楢葉町（先生と地図で場所をたしかめましょう）に福島第二原子力発電所を作る計画を発表しました。さて、楢葉町の人々は、賛成したでしょうか？反対したでしょうか？

予想　ア 賛成した。

イ 反対した。

ウ その他。

アを選んだ児童は５人、イを選んだ児童は14人、ウを選んだ人は１人だった。

アを選んだ理由としては「経済的に豊かになる」というものが大半であり、イを選んだ理由は「原発があぶないものだということが分かってきたから」というものが大半だった。

お話

楢葉町の人たちは、大反対運動をおこしました。理由は、放射線が心配だったからです。そしてただ反対するだけではなく、裁判を起こすことになりました。その結果、どうなったとおもいますか？

町の人々は 、原発に賛成する人々と反対する人々に分かれてしまったのです。そして、お互いに悪口を言い合い、ケンカをするようになってしまいました。

原発に反対する人々は、原発では必ず事故がおこるといいました。地震や津波、もしかしたら飛行機がつっこむかもしれない。そうしたら、原子炉を冷やす電気がなくなり、放射線が外にもれる、というように今回の事故を予想したような理由を述べて反対しました。

それに対して、賛成する人たちは、原発は安全であるというような講演会をおこなったりパンフレットをつくったりして賛成をうったえました。

さて　裁判の結果はどうなったとおもいますか？

そうです、反対する人々が負け、楢葉町にも福島第二原発が作られることになったのです。

質問３　最後の質問です。あなたの町に原子力発電所を作らないか、とさそわれたらあなたはどうしますか？

予想　ア　つくる。

　　　イ　つくらない。

　　　ウ　その他。

予想の結果は、ア「つくる」が８人、イ「つくらない」が11人、ウ「その他」が１人だった。理由としては、「発電所を作ると、町にお金が入り、仕事が増える」というものが大半だった。児童らのS町には、じつは、水力発電所が３カ所、揚水発電所が１カ所あり、町にお金を払っていることや親や親戚がそこで働いているという実態があった。

しかしながら、半数以上の11人が「つくらない」を選んだことは予想以上の結果だった。その理由としては「命より大切なものはない」という意見が大半だった。その他の１人は「事故を起こさない原子力発電所をつくる」というものだった。

授業全体を通して、原発被害の実態や、なぜ放射線がキケンなのか、またそのようにキケンな原発をなぜ誘致することになったのかについて、特定の立場に偏ることなく事実を児童に伝えることができたように思われる。

しかしながら、結果として特定の地域に人権侵害が生起しているということを更に追究させることが必要であると思われる。

今後は、「人権」概念と地域共同体概念の関係をより深く考えることのできる授業を構想していきたいと思っている。

おわりに

子どもたちは放射線の大きさとＤＮＡの大きさを理解したことによって、放射線によってＤＮＡが切断されるということが理解され、放射線の危険性に対する理解が深まった。また、原発をつくるにあたっては、一方的に強制されたのではなく、地域の方から誘致したという側面があることを理解し、その結果、原発公害への視点に広がりがでた。誘致の背景には双相地域の経済的貧困があったことも理解し、社会問題を経済的に理解する視点も持つことができるようになった。

しかしながら、残された課題としては、「人権」意識と「郷土」意識の相克という側面が授業化されなかったということがある。原発立地地域の誘致の側面とは、「共同体」としての地域を発展させる幻想が大きい。そこには近代的な個人や人権という意識ではなく、家族を拡大したイメージとしての地域共同体の存在がある。そのような地域に原発公害は起きたのである。

42　打小の「震災をわすれない」とりくみ
ー震災25年へむけてのチャレンジ

〔兵庫県芦屋市 小学校〕

永田　守

今年で阪神・淡路大震災から25年、四半世紀を迎える。震災当時、私は新卒6年目の若手教員。下宿していた東灘区で被災した。住んでいた2階建ての文化住宅は全壊。私は2階に住んでいたため、奇跡的に一命をとりとめた。しかし、1階では下敷きになった近所の知り合いが亡くなった。瓦礫を必死にかき分け、肩までは掘り起こすことができたが、首の上に大きな家の梁が被さっており、どうしても助けることができなかった。学校にいくと、すぐに泊まり込みでの避難所運営や学校再開業務に奔走することになった。心が安まることがなかった。そして、目の前の命を助けることができなかった自分を責めた。3年間、震災の映像やニュースを見ることができなかった。もちろん自分の震災体験も語ることはできなかった。そこには、震災から遠ざかりたい自分がいた。

しかし、私が震災と向き合う転機が来る。精道小学校への転勤が決まった。精道小学校は、芦屋でも震災の被害が多く、校区の7割が全半壊した。児童8名、保護者6名の尊い命を失った。毎年、1月17日には追悼式をおこなうなど、学校として震災と真正面からむき合っている学校だ。

私にとって初めての追悼式。自分の子どもを亡くした遺族や友だちを亡くした子どもたちが、言葉を紡ぎ、泣きながら命の尊さや生きる意味について語る場面を目の当たりにして、頭をガツンとなぐられた衝撃を受けた。「この人たちは震災とむき合っている」。私より比べものにならないほどの悲しみを抱えている人たちが「震災とむき合っている」現実をみて、私も「震災とむき合わなければ」と背中を押された瞬間だった。

その後、精道小学校で教育復興担当、心のケア担などを担当することとなり、遺族の方をはじめ、被災した多くの地域の方、そして子どもたちと出会うことができた。その出会いは、私を今も「震災とむき合い」、学校として「何ができるか？」「命を守る防災教育の重要性」を考えるエネルギーの源になっている。

芦屋の地では温度差はあるが、「1.17 を忘れない」を合言葉に、各学校園で、命の尊さ、人々の支え合い、自他の命を守る防災教育にとりくんできている。それは、何より「震災をわすれてはならない」という願いが受け継がれているのにほかならない。しかし、年月の経過とともに、世代交代をむかえ、震災を知る教職員が少なくなっている。

学校教育の中で、「震災をわすれない」とりくみは、どのような意味があるのだろうか？現任校である打出浜小学校でのとりくみから今一度考えてみたい。

1　打小の震災遺構から学ぶー阪神・淡路大震災をわすれない

教育課程の自主編成。組合のベテランの先輩からその大切さと可能性を教わってきた。今回、打小の震災遺構を子どもたちと教職員がともに学ぶために、以下の「震災をわすれない」自主教材をつくった。

「療養中、しょうこさんの木」（Ａ４表裏１枚）

「『打小の水辺』復活プロジェクト」（Ａ４表裏１枚）

ともに、道徳科の地域教材として考えた。今後、打小の道徳科のカリキュラムに入れることで、毎年学習されることが期待される。

1）「療養中、しょうこさんの木」（３年生にて実践）

本教材の「ねらい」は以下のとおりだ。

震災遺構「打出の森」に植えられている「しょうこの木」について学び、命の尊さや震災後に遺構を残そうとした人々の願いに思いを馳せる機会とする。

24年前、1995年１月17日に起こった阪神淡路大震災。本校でも、震災で大きな被害を受けた。校舎は亀裂を生じ、運動場も大きなひびが入った。埋立地に建てられた地面は液状化現象が生じた。被災当時、約1000名が学校に避難。当時の教職員は懸命に避難所運営や学校再開に向けて奔走した。その中で、一番の悲しみは、５年生の児童（中島祥子さん）の尊い命が奪われたということだ。その後、打出浜小学校では、「震災をわすれないとりくみ」として、1.17 追悼集会をはじめ、積極的に防災教育にとりくんでいる。

本教材の「打出の森」は、震災後、「震災をわすれない」ためにつくられた震災遺構の一つだ。「打出の森」の入り口には下記のような掲示板が掲げられている。

> 1998年３月、震災復興を祈念し、この「打出の森」がつくられました。中島祥子さんを追悼するトチの木の苗木を植樹し、１年クヌギ、２年カキ、３年スモモ、４年カリン、５年ザクロ、６年ナツメの計７本がうえられています。震災を乗り越えて、樹木のように大きく成長し、元気に育ってほしいとの願いがこめられています

しかし、多くの歳月がたち、「『打出の森』がどうして作られたのか？」「『打出の森』に込められた思い」などが現在の打小の教職員、そして子どもたちに継承されずにきているのが現状だ。また、残念ながら立地の関係上、なかなか子どもたちや教職員が足を運ぶことが少なく、ここ数年は手入れがあまり行き届かない状態だったと言えよう。「しょうこの木（栃）」も日当たりや地盤が悪いこともあって、元気がない状態だった。

この「打出の森」を何とかしたい。

４月、「打出の森」の雑草を抜き、ベンチを置いた。３年生が毎日、草引きをしてくれるようになった。そして、今年の５月、暖かい季節を待って、しょうこさんの木の弱ってきていた中央部分の幹を切り、癒合（ゆごう）剤という木の薬をぬり、元気になるのを祈った。

６月、「打出の森」にむかうと、しょうこさんの木は元気を取り戻しており、大きな葉が太陽に向

かって広がっている姿を見つけた。うれしかった出来事だった。

本教材は、中学年のある男の子の目線でつづっている。教材文につづられている子どもたちからの質問や反応、そして私との受け答えは実際にあった言葉を選んでいる。震災で亡くなった中島祥子さんや当時の打小の先輩たちが、「打出の森」に託した願いや希望に思いを馳せるような時間にしたい。この学習をとおして、多くの子どもたちが「打出の森」を訪ねてほしいと願う。

授業をふりかえって

この授業をとおして、子どもたちは「生き物である木を植えたのはとてもいい！」と語っていたことが印象的だった。その後、「打出の森」にむかい、「しょうこさんの木」を見に行った。そこには、大事そうに「しょうこさんの木」に触れる子、大きく広がる葉を見上げる子、「がんばってね」と声をかける子がいた。「しょうこさんの木」を身近に感じた瞬間だった。「記憶が記録されて物語になる」、これからも打小の子どもたちに語り継がれることを願う。

2）「『打小の水辺』復活プロジェクト！」（４年生にて実践）

本教材の題材である「打小の水辺」は、震災で傷ついた子どもたちの心を少しでも和らげようと作られた人工池だ。全国から寄せられた義援金120万円を使って作られた。1996年10月完成。子どもたちと教員が、笑顔で魚を放流している新聞記事が残っている。しかし、四半世紀もの時間が経過し、「打小の水辺」の水底には泥やヘドロが溜まっており「水辺」とはいいがたい状態に。さらに、「打小の水辺」ができた経緯や当時の打小の先輩たちの願いが、十分に語り継がれていないことに危機感を感じていた。

４月、かつて打小に勤務していたベテランの教員が再び打小に赴任。「打小の水辺」をもう一度きれいにしよう！と「復活プロジェクト」がスタートすることになった。大型ポンプで水を抜き、水底に溜まっていた泥やヘドロをかき出していった。自然発生的に、有志の子どもたちが手伝うようになった。日に日にその数は増えてきて、子どもたちは嬉々として泥だらけになりながら作業をすすめてくれた。そんな子どもたちの姿に、私たちは大きな勇気をもらった。

「きっと当時も震災後苦しい中、同じような思いをしたんだろうな？」少し、先輩たちが「打小の水辺」をつくるに至った願いがわかったような気がした。

本教材は、そんな作業を熱心に進めていたある４年生の児童をモデルにしている。写真などもその時の様子そのままを映し出している。この学習の中で、多くの子どもたちが「打小の水辺」に興味を持ち、そこにこめられた願いを考える中で、よりよい学校生活を送る「あたたかい」エネルギーのようなものを感じとってほしいと願ってやまない。

成果と課題

本教材は打小の「震災をわすれない」自主教材として今回、開発した。この教材に込められた願いは次の４つ。

①これまで語り継ぐことができてこなかった震災遺構の一つである「打小の水辺」ができた経緯やそれを作った人々の願いを、児童も教職員もともに学ぶ機会をつくる。

②その学習をとおして、阪神・淡路大震災で何が起こったのかという事実と残された人々がどのように向き合ってきたかを学びなおすこと。特に、震災後恐ろしい体験をした多くの子どもたちが悲しみ、心に大きな傷を残したこと（PTSD、心のケアが必要だったこと等）。

③今回、その震災遺構である「打小の水辺」を今を生きる打小の子どもたちの力で見事に復活させたということ。

④そして、これらのことを今後「語り継いでいく」ことの大切さを実感し、「打小の水辺」を自分の学校のかけがえのない大切な場所としての認識を共有すること。

授業後の子どもたちの振り返りを読むと、「打小の水辺」に込められた願いをしっかり受け止めることができていたように感じる。これは、本教材をつくって本当によかったと思うところだ。きっと、既成の教材では、このような学びには至らなかったであろうと考える。あわせて、子どもたちは当時の傷ついた子どもたちの様子やその子どもたちの命を励まそうとした教職員のあたたかい気持ちに触れたとき、大きく心を揺さぶられていたことも興味深かった。

今を生きる子どもたちが、今回の作業と24年前に作られた「打小の水辺」に込められた願いを結びつけることができた時、この打出浜小学校の「打小の水辺」をより身近にとらえることができるとともに、「人のことを考える」「人にやさしい」学校のすばらしさを感じとることができたのではないかと概括する。また、詳細については触れることはできないが、今まさに傷つき体験を持つある子どもの心の解放のきっかけにつながったことも付記しておきたい。

2 「受け入れ教育」から学ぶ－3・11をわすれない

3・11 東日本大震災は私たちがかつて経験したことがない未曽有の災害をもたらした。特に、「原発災害」は「放射線汚染」の問題など、今も収束の目途がたっていない状況だ。大森直樹（東京学芸大）らの研究チームの調査結果によると、原発事故と東北地震により全国に避難した児童生徒の数が13,065名。うち、その多くが岩手・福島・宮城といった「甚大被害」３県から避難してきた子どもたちだ。残りその他の地域６％という数字もある。それは「甚大被害３県以外（栃木・茨木・千葉・東京・神奈川等）」からも避難しているということだ（大森直樹・諏訪清二・中森慶「原発事故と東北地方太平洋沖地震により避難した子どもたち－文部科学省と兵庫教育文化研究所の調査をふまえて－」公教育計画学会第11回大会、2019年６月15日）。つまり、阪神淡路大震災では「兵庫→47都道府県」に避難しており、子どもたちが避難先の学校でどのような「受け入れ教育」がなされてきたか補足しやすい状態であったのに比べて、３・11後は「X県→47都道府県」に避難児童生徒が全国に散らばっており、現在その子どもたちが避難先でどのような「受け入れ教育」がなされているのか、全く把握できていないのが現状である。また、このことは兵庫県の学校現場で働く私たちにも決して他人ごとではない。先の調査で「原発事故と東北地震により避難した児童生徒」が兵庫県には174人いる（甚大被害３県、甚大被害３県以外ともに含む）。その子どもたちが避難先でどのように生活し、学校の中で教職員がその子どもたちや保護者とどのように向き合っているのか？　これは私たちにとっても「３・11後の教育」のあり方を厳しく問われている事実ではないだろうか。

今回、そんな問題意識から「受け入れ教育」のあり方について打小の子どもたちと考えてみたいと思った。教材として選んだのは、「ふくしま道徳教育資料集 第１集『生きぬく・いのち』」（福島県教育委員会）からの出典、『温かさを分け合って』という教材だ（本書巻末の付録５参照）。６年生の道徳科として実践をおこなった。「ねらい」と「主題設定の理由」を以下に記す。

ねらい

・３・11原発災害により、今もなお放射能の健康被害を恐れて全国各地に避難している子どもたちがいること、そして避難先の学校では「放射線がうつる」「福島に帰れ」といった心無い言葉でいじめられ傷ついている子どもたちがいることを知る。

・一方で、「みっちー」が避難した「受け入れ」校では、「みっちー」を教員や友だちが温かく迎え入れ励まし、「みっちー」に生きるエネルギーを与えている。その「差は何か？」ということを考えさせることで、今後課題になるであろう一人ひとりの子どもたち（背景も含めて）を大切にする「受け入れ教育」のあり方について、自分の学校（打出浜小）のこともふまえながら考える機会にしたい。

主題設定の理由

文部科学省の発表によると、原発事故により福島県から避難した子どもたちへの「いじめ」が199件（2017年３月まで）とし、公表にいたった。放射能汚染の健康被害を恐れて他県に自主避難してきた児童生徒が心無い言葉を浴びせかけられたり、いじめにあっていた報道に心を痛める。この問題から私たちが学ぶべきことは大きく重い。本教材での主人公「みっちー」も、福島県から「原発災害」で避難してきた中学生だ。しかし、先述した学校とは違い、教員も友だちも彼をあたたかく迎え入れてくれる。避難先での学校生活に不安を感じていた「みっちー」だったが、教員や友だちのあたたかさに「埼玉の学校でも頑張ろう」と励まされる。そして、この震災を体験して、普段考えることがなかった「人権」について思いを馳せるようになる。そして最後に「ぼくもその温かさを他の人に分けられる人間になりたいし、どんなことがあっても強く生きていく心を持てる人になろうと強く思う」と決意している姿が印象的だ。この作文は、「受け入れ教育」がめざすべき方向性の一つをしめしてくれる。では、先の「原発いじめ」がおこなわれている【学校】と「みっちー」が避難した【学校】とでは「同じ学校なのにいったい何がどうちがうのだろうか？」。今回は、この教材を使いながら、本来学校としてあるべき姿について子どもたちとともに考えていければと思っている。

あわせて、時間があれば、打小が大切にしている「震災をわすれない」とりくみの意味との関連性についても考える機会としたい。

授業を振り返って

「原発災害」をテーマにした本授業。子どもたちがとても真剣な表情で取り組んでいたことが印象的だった。時間が足らず、最後の考えさせたい問いへの深まりに欠けた内容だったことが反省点であげられる。しかし、本授業を通して、いくつかのことが概括できる。

①子どもたちの多くが「原発災害」についてほとんど知らなかったということ（今後、継続した学習の必要性を感じる）。しかし、この授業で原発災害で何が起こったのかという事実の一つを学び取ることができた。

②「原発いじめ」もしかり。こんないじめがあることに驚きを隠せない児童が多かった（原発いじめの問題の根深さ、内部被ばく、外部被ばくなどの放射能の問題の本質についての理解は実感できて

いない＝この問題のむずかしさ ⇒「放射能」についての学習の必要性)。

③「受け入れ」校という概念と今も避難している子どもたちが、全国にいることは理解できた(「受け入れ」校というこの名称は、子どもたちにはしっくりいくようだ)。

④「受け入れ」校はすべての子どもたちにとって「やさしい」学校であるべきだ、という子どもたちの共通認識。

⑤東日本大震災を体験した児童の発見。→「どの学校も受け入れ校になりうる」。

3　打小「阪神・淡路大震災 震災25年祈念冊子　ー未来をひらく」の発刊

打小の震災の記憶を残すため、祈念冊子の編集にあたった。1.17に学校で全児童に配布した。今後、打小の「震災をわすれない」とりくみを支える資料になることを期待している。

内容
①打小、打小校区の被害について　②震災の記憶（打小校区の写真）③教育活動の再開に向けて ④避難所としての打小 ⑤打小の震災遺構（しょうこさんの木、打小の水辺）⑥打小の震災をわすれないとりくみについて ⑦震災25年を迎えるにあたって（当時の打小を知る方々に手記を寄稿してもらう）⑧震災関係の新聞記事より（打小関係）

4　リポートを閉じるにあたって

本リポートは完成されたものではない。現在進行中だ。ただ、大きな発見があった。

１つは、震災遺構を考える自主教材について。「震災をしらない」今の子どもたちにとっても十分に興味をもって学習にとりくめていたという事実。とりわけ、「ふれあい、体験、かかわり」が、子どもたちにとってより身近で自分事として考えることができた要素となる。そういった意味で、身近な震災にかかわる事例やモノについて触れるとともに、大変だがより子どもたちが自分事としてとらえることができる「自主教材」を開発することの意味や可能性は大きい。

２つは、震災遺構を創った人たちの願いに思いを馳せる時間をとることについて。「震災で起こった事実」「そのあと、その事実と生き残った人々がどう向き合ってきたか」を学ぶことができる。特に、「命を大切にする」ことはもちろん、「震災で傷ついた子どもたちの心を少しでも和らげたい」という願いや思いに触れたとき、今を生きる子どもたちの心も温かくすることができるということ。また、授業のあと、自分の辛い現状を語りだした子どもがいたこと。「震災をわすれない」とりくみは、今を生きる子どもたちにとって共感をあたえたり、子どもたちの傷つきの解放につながる力があるのではないか。それは、亡くなった尊い命に思いを馳せ、傷ついた命も大切にしようとした事実が大きいこと。

３つは、「原発災害」を扱った授業について。その被害の大きさ、放射能被害の問題の事実の理解の困難さなど、これまでとりくまねばと思いつつもとりくむことに腰が引けていた自分がいた。自分のような教職員のなかまは少なくないのではないか。この授業をとりくむなかで「受け入れ」教育の目指すべき方向性が見えてきたのではないかと考える。子どもたちと考えたキーワードは「やさしい」学校だった。「やさしい」受け入れ校になるということは、何も特別なことではない。学校現場の中に過度な競争主義や市場原理が蔓延するならば、「みっちー」のような子どもたちは決して救われないであろう。お互いを尊重し支え合う学校風土、一人ひとりの命や人権が大切にされる学校風土や学級づくり…そして、一人も切り捨てない、安心して学びあえる学校や学級を子どもたちは願っている。教職員の側の立場から言えば、現在の「超多忙化」問題は喫緊の課題だ。新学習指導要領により、道徳の教科化、外国語、プログラミング学習など学習量は増大し、毎日の業務を終えるのに精いっぱい、現場は確実に疲弊している。そんな現場状況の中、命を守る「防災教育」や「震災をわすれない」とりくみがないがしろにされる、そんな危険性もある。今まさに、子どもたち一人ひとりとむき合うためのゆとりを保障するとりくみも同時並行でおこなっていかなければならない。このように考えると、これは「受け入れ」校だけの課題ではなく、私たちの学校そのもののあり方が問われていると考えるのは決して間違いではないと考える。

授業をとりくむ際の切り口は、「子ども目線」がいいと私は考えている。子どもたちの「保養」「受け入れ教育」といった「希望」の切り口で「原発問題」を考えるとき、子どもたちは少し自分の問題として考えることができるのではないだろうか。しかし、この仮説については、今後の教育実践とその検討が待たれる。

打小で震災について学びを重ねてきた子どもたち。今後、必ずどこかで３・11等で被災された方と出会うことが予想される。その時、「知らない、関係ない」と他人事とせず、思いや悲しみを共有し、ともに歩んでいくことができる人に育ってほしいと強く願うところだ。

この芦屋の地でも震災から25年たった今でも、震災で受けた心の傷が癒えていない方々が数多くいる。私たちは被災地の学校として、これからも「震災をわすれない」とりくみをつなげていきたい。

「療養中、しょうこさんの木」

祥子さんの木(5/6撮影)

「しょうこさんの木が療養中？」

ぼくは、ポスターを見て何だろうとおもった。どうやらしょうこさんの木が病気にかかっているそうだ。

「木も病気になるんだ。」

しょうこさんの木は、うちでの森にある「とち」という実のなる木だ。二四年前、阪神淡路大震災で亡くなった中島祥子さんを忘れないようにと植えられたそうだ。

ぼくは、阪神淡路大震災といわれてもピンとこない。だってその時、生まれていないからだ。

「どうして、震災のあと、打出浜小学校の人たちは、木を植えたんだろうか？」

切り取る前

切り取った後

そんなことを思いながら、木を治療した先生に話を聞いた。

「中心の幹の上の方が白くなって、弱っていたんだよ。このままだったら木全部が病気になって枯れてしまう…。前から心配だったんだけど、気候がよくなってきたので、治療したんだよ。ホントに、大手術だったんだよ。」

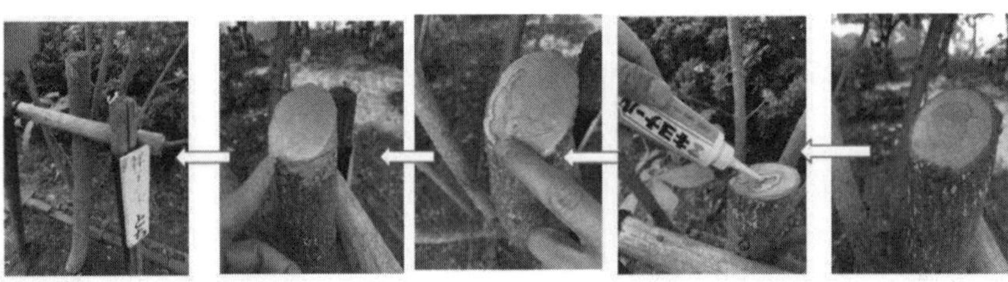

「先生。大手術って、それって言いすぎじゃない？」

とぼくが聞くと、

「いや、木にとってはとても大変なことなんだよ。人間に例えると傷口がふさがっていない状態。切り口がふさがるまで木の中の水や養分が流れでてしまったり、バイ菌がはいったりして、木が弱ってしまうんだ。そこで、癒合剤というお薬を切り口にぬってあげているんだよ。はやく元気になるといいんだけどね。」

心配そうな先生の話を聞いて、ぼくもしょうこさんの木のことがすこし気になった。

一か月後の六月…。今週から「打出の森」の草引きの当番だ。

ぼくは、まっさきにしょうこさんの木のところに行った。

先生の言ったとおり、木の幹は大きく切られて、そこは、灰色の薬がぬられていた。心がズキンとした。でも、切り口の下からは、たくさんの枝がでていた。上を見上げると、手を大きく広げたような緑色の葉っぱが元気いっぱい太陽に向かっていた。

ぼくは、その姿をみて、しょうこさんの木が植えられた意味がすこしわかったような気がした。

一か月後の祥子の木(6/10撮影)

「打小の水辺」復活プロジェクト！

「みんなで打小の水辺をきれいにするよ」

先生がぼくたちに言った。

「先生、でもめちゃくちゃ泥やヘドロがたまっているよ」

泥遊びがすきなぼくでもその作業の大変さをかんがえると投げ出したくなりそうだ。

「打小の水辺」は、打出浜小学校の職員室の前にある人口の池だ。ぼくたち打出浜小学校に通う子どもたちは全員毎日この横を通る。

その「打小の水辺」にはこんな看板が立てられている。

> 震災で傷ついた子どもたちの心を少しでも和らげようと、この「打小の水辺」がつくられました。当時、全国からよせられた義援金一二〇万円を利用してつくられたのが、一九九六年十月。芦屋川でつかまえてきたり、家で飼っていたなどの生き物が放流され、いこいの場所となっています。

「へえ、阪神淡路大震災のあとにできたんだ。じゃあ、二四年も前だな。そりゃ、これだけ汚れているのもうなづけるなあ。でも、これじゃあ、水も濁っているし、魚も見えやしないし、いこいの場所にはならないよな。ようし、いっちょやるか！」

ぼくは、これから作業する自分に言い聞かせるように言った。

さっそく作業がはじまった。ぼくたちは休み時間のたびに「打小の水辺」で作業をした。池の水をポンプで全部抜き、たまっていた泥やヘドロをシャベルでかき出していった。

はじめ、あまりやる気がなかったぼくだったが、ぼくたちの作業をしている様子をみた先生たちが、

「きれいにしてくれてるんだね。ごくろうさん。」

「本当にありがとう！」

と言ってくれるのがうれしかった。そして、何より元気が出たのが、作業を手伝ってくれるなかまがだんだんと増えてきたことだ。はじめは、「何をしているの？」と見ているだけだった低学年の子どもたちが小さいスコップをもって泥をかき出してくれるようになった。

最初乗り気でなかったぼくだったが、だんだん作業が楽しくなってきた。いつのまにか夢中になっていた。みんなも同じ。もう汚れてもへっちゃらだ。

「よし！池の底が見えたぞ！」

はじめてみる「打小の水辺」のコンクリートでできた底は真っ白だった。こうして見ると、とてもきれいにこの池がつくられていることがわかった。

「じゃあ、魚を池に戻すよ！」

ぼくは、職員室前にあるカメの池に避難していた金魚をきれいになった「打小の水辺」に放流した。

「やったあ、打小の水辺の復活だ！」

ぼくの心は高鳴った。

Ⅳ

3・11 後の教育実践の課題

3・11後の教育実践の課題

山口 幸夫

特定非営利活動法人原子力資料情報室 共同代表。工学博士。専門は物性物理学。共著書・著書に『みんなの放射能入門－原発事故の被ばくを避ける』（アドバンテージサーバー）、『なして、原発?! －新潟発・脱原発への指針』（現代書館）、『原発事故と放射能』（岩波書店）など多数。

1　地震・津波・原発災害とはどういうことだったのか

1）東北地方太平洋沖地震と巨大津波

2011年、春まだ浅い３月11日の14時46分ころ、東北地方の東方沖でＭ（マグニチュード）9.0の巨大地震が発生した。気象庁は「平成23年東北地方太平洋沖地震」と命名した。

震源は三陸沖の、宮城県牡鹿半島の東南東、約130キロメートルの深さ24キロメートル付近で、震源断層面は岩手―茨城県沖の南北に約450キロメートル、東西の幅、約200キロメートルという長大なものであった。この断層面の破壊は約３分間という異例に長い時間にわたった結果、断層面に約20～30メートルという大きなずれが生じた。その間、地震波を放出しつづけ、各地に激しい揺れをもたらした。

地震波が地上に達して起こす地面の揺れを地震動というが、その強さをしめすのが震度である。気象庁は震度を数値化し、０から７までを10階級に分けている。この最大の震度７が宮城県栗原市で観測された。震度４以上の地は北海道東部から中部地方にまで及んだ。福島県双葉郡大熊町に位置している東京電力福島第一原発は震度６強の激しい地震動に見舞われた。地震で福島県須賀川市のため池が決壊し、中学生がひとり死亡した。

震源断層面の破壊によって海底が約３メートル隆起する地殻変動が起こった。これによって、地震発生からまもなく10メートルを超える巨大な津波が岩手・宮城・福島の海岸に押し寄せた。15時16分、釜石湾、大船渡港で津波が防波堤を乗り越えた。岩手県陸前高田市では15時30分には家屋を呑み込んで、あっという間に、街中にひろがった。山側から海に流れ入る川という川を津波は遡上した。津波の高さ「遡上高」は、宮古市・姉吉地区で38.9メートルに達し、明治三陸津波（明治29、1896年）の最大値（大船渡市三陸町綾里）38.2メートルを上回った。

火災も発生した。15時45分、岩手県山田町の３、４か所で火の手があがったが、消火作業ができない。18時39分、岩手県大槌町内は火の海状態になり、しかし、強い風でさらに火はひろがった。翌、３月12日の15時50分、山田町の火災は海の方向へ向かった。山林火災も起きた。

2）歴史地震、歴史津波による被災

江戸時代からのことわざに、「地震、雷、火事、親父」というのがある。この世の怖い順にならべたといわれるが、まっさきに、地震とあるのは、ほんとに地震が怖いものだとされていたからで

あろう。

「ゆく河の流れは絶えずして、しかも、もとの水にあらず。淀みに浮かぶうたかたは、かつ消えかつ結びて、久しくとどまりたる例なし。世中にある人と栖と、またかくのごとし」の書きだしで知られる鴨長明『方丈記』(1212年)は、人の世の無常を述べた随筆であると学校で教わった。『方丈記』の前半には地震という天変地異の怖ろしさが次のように記述されている。養和のころ(1181年ころ)と記憶するが、と長明はことわって、「大地震があった。その惨状もまた稀有のものであった。山は崩れて河を埋め、怒濤の津波がおしよせて陸地を水一杯にした。土がさけてそこから水がわきいで、また巨岩がわれくずれて谷にころげこんだ。船は波に翻弄され、馬は足のふみ場に迷うありさま。京都の近辺いたるところの堂や塔がひとつのこらず倒れ傾いた」(唐木順三訳)。

国立天文台編『理科年表 平成20年 2008』(丸善、2007年11月)をみると、長明の生きた12～13世紀の時代に先立って、9世紀末ころからM6～M8.5くらいの大地震が京阪神地方で頻繁に起きていたことがわかる。現代の地震学者・石橋克彦はこれらの地震は南海トラフによる巨大地震であったにちがいないと解釈している。いうまでもなく、近々、確実に起こるであろうから念入りな対策・準備が不可欠だとされるのが、この「南海トラフ巨大地震」である。

それにしても、そんな古い時代のことがどうして分かるのか。

地震についての記述が残っている古文書、古地図、金石文、寺院の過去帳などを広く集め、古い時代に起こったことを推察する学問分野がある。このような、地震に関する信頼に足る史料によって過去の歴史的な地震を研究する分野が歴史地震学である。歴史学者との協力が必要で、口承や伝承、また、地形・地盤・遺跡・津波の痕跡などの物的証拠なども重要だという。ちなみに、日本では、太陽暦が採用され器械的地震観測が始まった1872年あたりまでの地震を歴史地震と呼んでいる。本項では、津波についても同じような意味あいで、歴史津波という呼び方をすることにしたい。『方丈記』が書かれた背景には、地震・地殻変動・津波・火災・出水・大風・飢饉などによる大きな災害が、人の手ではどうしてみようもない、諦めるしかないもの、と受け止められていた現実があったと思われる。

つい最近の1995年1月17日に、淡路島北部から神戸、西宮、芦屋、宝塚にわたる広い地域に起こったM7.2の「兵庫県南部地震」は、大規模な火災を伴ってたいへん深刻な被害をもたらした。「阪神・淡路大震災」である。このとき、関西には地震は起きないといわれていたので、つい日頃の備えを怠ったと多くの市民たちが受け止めた。そのように発言した科学者もいた。

幕末の1854年、安政南海地震が起こったさいの歴史津波として「稲むらの火」物語がある。しかし、それも、『方丈記』という古典の教えも、『六国史』などの古い歴史書の記述も、生かされなかった。「天災は忘れたころにやってくる」という地球物理学者・寺田寅彦のごく最近の有名な警告もまた、忘れられていたのであった。

3)東日本大震災の自然災害性と人災性

災害をどのようにして避けることができるだろうか。地震が起こることを止めることはできないが、地震による被害は小さくすることはできる。耐震構造にする、耐震補強をする、火災発生を防ぐ対策を講ずるなどである。自然災害を技術的な工夫によってできるだけ減じようとする考えである。

人工物の原発が地震によって生む災害は、基本的に、避けることは可能である。原発は人間が作ったものであるからには、原発を止め、核燃料をとりだし、燃料保管プールの耐震構造を十分なものにしておけばよい。広範に放射性物質が飛散するのだけは防ぐことができるだろう。もっとも、ここまでの対策を講ずることは、廃炉にすることにひとしい。原発の存在をなくするにひとしい。

かつて寺田寅彦が「天災と国防」という文章の中で、文明が進むほど天災による被害が大きくなる事実を十分に自覚して、ふだんから対策を講じておかなければならないのに、そうなっていない、と注意したのは1934年であった。室戸台風が大阪・神戸を中心に、死者3,066人、家屋の全壊流失４万戸という大きな被害をもたらした、その２カ月後の文章である。先に引いた「天災は忘れたころにやってくる」の元になった歴史的事実である。

津波対策は可能だろうか。このたびの東日本大震災を経験して、岩手・宮城・福島３県の太平洋岸地帯では、将来やってくるであろう大津波を阻止する防波堤を作るのか、大津波でも到達しないような高台に住宅を建て街づくりをするのか、意見が分かれてきた。後者の選択をすれば、身近に海を見て、海とともにという暮らしはできない。前者の選択をすれば、目の前に巨大な壁がそびえ、海と隔離されたような日々をおくることになる。

作家・吉村昭によると、大津波とのたたかいは克服できるのではないか、という。三陸の海岸はリアス式海岸という津波を受けるのに適地というべき地形である。しかし、明治29年（1896)、昭和８年（1933)、昭和35年（1960）の３度の津波での被害は明らかに減っている、と吉村は数字を挙げている。死者数は、順に26,360名、2,995名、105名であり、流失家屋は9,879戸、4,885戸、1,474戸であった（被害が減少したとはいえ、これらの数字の大きさには驚かざるをえない)。津波避難訓練、避難道路の建設、防波堤の建設、高地への移転など、さまざまな取りうる方法で努力したというのである。

３つの津波と、４度目の昭和43年（1968）十勝沖地震津波を経験した古老が、「津波は時世が変わってもなくならない。必ず今後も襲ってくる。しかし、今の人たちは色々な方法で十分警戒しているから、死ぬ人はめったにないと思う」と語った言葉は、印象深いものとして残っている、と吉村は書き遺した。

岩手県洋野町・八木地区では、「津波てんでんこ」と教え伝えられてきた。また、避難訓練してきたおかげもあって、東日本大震災の巨大津波で、１人も犠牲者が出なかった。知識と経験を伝えていくことの意義は、まことに大きいのである。

４）変動帯日本列島の地震・津波と原発－福島原発の現実

プレートテクトニクス理論が地震学、地球物理学の基本として世界的にも認められたのは1960年代の後半である。ここで、プレート（plate）とは地球の表面を形成している10数枚の、厚さ10キロメートルほどの岩盤をさす。現在では、プレートは10数枚ではなく、数10枚あるのではないかと考えられている。テクトニクス（tectonics）は構造学とか構造地質学のことである。プレートは年に数センチメートルほど動くのだが、プレートがぶつかったり、片方のプレートが沈みこんだりするところでは、地震が起こり、地盤が隆起したり、沈降したりする。

この考え方によると、日本列島は太平洋プレート、北米プレート（オホーツクプレート)、フィリピン海プレート、ユーラシアプレートの４枚のプレートがぶつかりあっている世界的にめずらしい場所で、変動帯（mobile belt）と呼ばれる。当然のことながら、地殻変動や地震活動が活発に起こる。火山活動も盛んで、地震に伴う津波もめずらしくない。

福島第一原発が激しい地震動に耐えることができたのか、地震動には耐えたが津波によって核燃料のメルトダウンという過酷事故が引き起こされたのかは、事故から10年後の今日でも、結論をみていない。議論が続いている。しかし、すくなくとも１号機に関しては、津波が到達する前に、破局が始まったことに疑問の余地はすくない。

起こった事実とその原因とを客観的に評価できないというのも、プラント内と周辺の放射線量が高くて、調査ができないことが主たる理由である。さらに、直接的に責任を負う東京電力が情報を出し渋っていることも、大きな理由である。事故に関しては、東京電力福島原子力発電所事故調査委員会（国会事故調）、当時の政府、東京電力自身、原子力安全・保安院、そして、民間グループの五者による調査報告書が公けにされている。いずれも限界があるが、その中で、国会事故調による報告書がもっとも信頼度が高い。

放射性物質が広く東日本を汚染した福島原発事故は極めて深刻なものである。チェルノブイリ事故（1986年）と並んで、国際原子力・放射能事象評価尺度の最悪のレベル７と評価されている。ここでは一点だけ指摘しておきたい。国会事故調は、「政界、官界、財界が一体となり、国策として共通の目標に向かって進む中、複雑に絡まった『規制の虜（とりこ）』が生まれた」ところに、事故の根本原因があるとした。その結果、安全対策が先送りされた、という分析である。いわば、福島原発事故は人災であるという結論である。

そこでいう人災をもたらした根本原因に、教育問題はどのように関係しているか、暗黙の重い問いかけがひそんでいるように思う。

5）今後の世代に災害を伝える

2011年３月11日に東北地方をおそった巨大地震は大津波を伴い、東日本に歴史的な惨状をもたらし、いまだ、復興は成っていない。日本列島には古来、絶え間なく大小の地震、地殻変動、火山噴火、津波などによって被災してきた歴史がある。しかし、その過去を忘れがちであった。学び継ぎ、語り伝えることが不十分だった。現代科学は、日本列島が世界的に稀有な変動帯に位置していることを教えている。天災は終わらない。「阪神・淡路大震災」と「東日本大震災」とは、今後の世代の教育の場に確実に伝えていかねばならない。

2　教育現場の被災の現実

1）東日本に広く飛び散った放射性物質

東京電力福島第一原発が炉心溶融して起こした過酷事故（シビアアクシデント）の因果関係は10年目の今日でもはっきりしない。事故の主原因が地震であったか、それとも津波であったか、現在も、とくに、東京電力柏崎刈羽原発の再稼働問題を抱える新潟県の技術委員会の場で議論は続いているが、決着はついてはいない。だが、地震が主原因である可能性がつよい。津波を防ぐための防潮堤をつくればよいとする原発推進の立場がある。浜岡原発でも柏崎刈羽原発でも長大な防潮堤が建設された。だが、地震こそが主原因ならば、防潮堤で済む話ではない。耐震設計と耐震工事とがより重要である。それが叶わなければ、廃炉しかない。

事故の因果関係は別として、大量の放射性物質が福島第一原発から環境に放出されたことはまぎれもない事実である。放出量については、外国を含めていくつかの推定がある。正確なところは定かではないが、チェルノブイリのときの約5,200ペタベクレル（ヨウ素換算値）にたいし、約900ペタベクレル、つまり約６分の１程度というのが妥当ではないかとされている（ペタは10^{15}、千兆をあらわす）。また、チェルノブイリの場合はほぼ全量が陸地に降下したが、福島事故では放出量のおよそ９割は原発の東側に位置する太平洋に出たとみられる。

国内のどこに、どのくらいの放射性物質が飛び散ったかは、おおまかには、航空機によるガンマ線の測定で判定され、地図ができている（こうした地図により汚染状況重点調査地域も作られた）。東日本は広範に汚染されたが、一様に汚染されたのではない。福島第一原発から同心円状に汚染が広がったのでもない。風向きと降雨に大きく左右されるからである。しかも、地域によっては、相当の濃淡がある。プルームとよばれる放射性物質を濃く含んだ気流（放射能雲）が通った経路、滞空時間、そのときの雪や雨の影響など、条件によってちがいが生じている。放射性物質は学校も子どもたちの通学路も関係なく降り注いだのであった。

このために、同じ福島県内でも、原発から北西に30～40キロメートル離れた飯舘村はもっとも深刻に汚染された。福島県全体でいえば、13パーセントに相当する1,800平方キロメートルの土地が、年間５ミリシーベルトという高い空間線量を発する可能性のある土地になった。

農水産物の汚染については、福島県のほかに、10年後の今日でも、静岡、長野、東京、新潟、宮城、岩手などの地域、地区などによって、茶、山菜、川魚、野菜、米、食肉などがキログラムあたり数10～100ベクレル超という汚染の例がつづいている。国の基準値は100ベクレル/キログラムなので、数～数10ベクレル/キログラムならよしとするのか、１ベクレル/キログラムの汚染食品でも避けるのか、住民・市民自身がどう考えるか、判断・選択とが問われているのである。

とくに、学校の給食を含めて、子どもたちの食は大人と同じようにはいかない。子どもたちは大人より、放射線影響を遥かに大きく受けることが知られているからだ。学校の教職員は否応なしに、この現実に直面させられたわけである。

「原発安全神話」は崩壊した。事故後に新設された原子力規制委員会は、今後、原発が過酷事故を起こすおそれがあることを認めた。だが、いざ事故というときに住民がどうやって避難するかについては、所掌外だと言う。九州電力川内原発１、２号機と関西電力高浜原発３号機とは、新規制基準のもとで再稼働したが（順に、2015年８月、10月、2016年１月）、住民の避難については、原発立地の首長に一切は任された。だが、実効性ある避難計画は無い。

いざ、事故というときに、そもそも避難が可能だろうかと考える。病院の入院患者、要介護者、学校の児童や教職員たちをどのように、被ばくなしに避難させられるだろうか。福島事故のときには、情報が無く、また、錯綜し、かえって放射能レベルの高い地域に避難した人たちもある。道路は渋滞し、長時間かかった例も多かった。季節、天候、時間帯などに左右されるうえ、地震で山が崩れ、道路が陥没し、橋が落ちているかもしれない。とうてい計画通りの避難は期待できない。学童含めて住民を被ばくさせることになるのは疑いの余地がない。

2）住民避難と放射線被ばく

福島県が福島第一原発から半径2キロメートルの住民に避難指示を出したのは、3月11日20時50分だった。国は21時23分には半径3キロメートル圏に避難指示、10キロメートル圏内は屋内退避指示を出した。だが、住民は事故の中身を知らず、着の身着のままで避難させられた。多くの人たちは、すぐに帰れると思っていたふしがある。確かな情報がないまま、どこに避難すべきか判らずに、避難先が幾度も変わることがあった。6回以上も変えた住民が原発に近くの住民に多くみられた。避難先が放射能汚染の高い地区だった例もある。

このような事故は起こらないと信じ込んでいた「神話」があり、東京電力も政府もメルトダウンへ向かって刻々と変わる原子炉内状況を把握できず、的確な指示を出すことができなかった。

福島第一原発事故によって、福島県民だけでおよそ14万7千人（2011年8月末現在）が避難した（2010年4月の福島県人口203万人の約7.2パーセント）。内訳は、警戒区域（原発から20キロメートル圏）で約7万8千人、計画的避難区域（20キロメートル以遠で年間積算線量が20ミリシーベルトに達するおそれのある地域）で約1万人、緊急時避難準備区域（半径20〜30キロメートル圏で、計画的避難区域および屋内避難指示が解除された地域を除く）で約5万8千人である。ちなみに、2020年末の時点で3万人をきって、29,307人になったと福島県は発表した。

チェルノブイリ事故で子どもたちに甲状腺がんが多発したことはよく知られている。原発から放出された放射性ヨウ素（ヨウ素131）の半減期は8日という短さなので、初期被ばくの測定が重要であった。しかし、今回は事故から2週間以上たってから、1,000人程度の児童に直接測定がされただけだった。住民の被ばく防護にも役に立たなかった。

福島県住民にたいしては、3月13日から31日まで、約11万人超の避難者や地元住民にたいして、体表面スクリーニングが行われた。これは着衣、靴、リュックや皮膚表面からのベータ線をサーベイメーターで測定するものである。ところが、スクリーニングの基準値が従来の1万3千カウント（1分間のカウント数）から10万カウントに引き上げられてしまった。ここで、1万3千カウントは、呼吸による1歳児の甲状腺等価線量100ミリシーベルトに相当する。10万カウントは、890ミリシーベルトに相当する高線量である。1万カウントを超える人たちの数がかなり多く、全身除染するための水を確保することができなかったから、といわれる。起こってしまうと、このように、現実に即すしか手がなくなる。深刻な事態といわねばならない。

3）チェルノブイリとフクシマ

国際原子力・放射線事象評価尺度（INES）によると、1986年のチェルノブイリ原発事故と2011年の福島第一原発事故とは、ともにレベル7である。レベル8以上というのは存在しないので、この二つが世界最悪の原発事故なのである。1979年のスリーマイル島原発事故はレベル5であった。

チェルノブイリとフクシマとは事故の中身に異なるところがある。チェルノブイリの事故は核暴走事故であった。黒鉛減速軽水冷却炉1基の原子炉の核反応が制御できなくなったのである。わずか数秒のあいだに2度以上の大爆発が起こり、原子炉が壊れ、核燃料棒は粉々になって吹き上げられ、花火のような火柱が夜空にあがった、という。重さ1,000トンもある原子炉の上蓋が飛び上がって垂直に落ち、建物の屋根も吹き飛ばされて、原子炉のなかの大量の放射性物質が環境に飛び散った。推定では、原子炉の中にあったヨウ素131の50～60パーセント、セシウム137の30～50パーセントが放出された。

他方、フクシマの事故は炉心溶融事故であった。隣り合った複数の原子炉３基で事故が起こるという、世界初の事例でもあった。沸騰水型原子炉で、じわじわとメルトダウンが進行した。その進行を止めることができず、冷却に失敗した。水素爆発が起こり、１、３、４号機の建屋上部が吹き飛んだ。溶け落ちた核燃料と原子炉の内蔵物の混合がれきは格納容器の中にとどまっているか、底を破っているのか判らない。長期間にわたって水で冷やしつづけなければならない。しかし、大量の地下水が流れ込むので、１日400トンのペースで放射能汚染水が増えつづけた。

環境に大量の放射性物質を放出し、環境を汚染し、住民を被ばくさせた点では共通するが、チェルノブイリとフクシマとでは、子どもたちにたいする事後の施策では大きな違いがある。

ウクライナ国立放射線医学研究センターではチェルノブイリ事故いらい、34年間、５万人以上の子どもたちを診療してきた。そこで見られるのは、呼吸器、心臓血管系、内分泌系、胃や食道、肝臓、すい臓などの病気にかかる子どもたちが増えていることだ。事故がその原因の一つであることは間違いないと考えられている。そこで子どもたちの「保養」に国家事業として取り組んでいるのである。社会政策省に保養庁が新設されて保養事業を担当しているという。保養の大きな意味は、きれいな空気と水のもと、放射能で汚染されていない食べ物、飲み物をとって、心配なく大地で遊び、水辺でたわむれることができるからである。

そのような保養所が1,000か所以上もあるという。たとえば、黒海に面する港町オデッサにある子ども向けの保養地には最大600人を収容できる施設があり、子どもたちは１回に21日間滞在するというのである。滞在中の子どもたちには、若手の先生がつきそっている。病院もついているし、プライベートビーチもあって、学ぶことも遊ぶこともできるのである。

ひるがえって、日本ではどうか。沖縄から北海道まで各地の住民・市民たちがボランテイアで保養受け入れの運動をしている。いずれも、献身的な活動である。しかし、おのずと小規模にならざるをえない。原発を推進してきた電力業界や政府は、子どもたちの保養には関心がうすい。事故を起こしたことの責任をどう考えているのだろうか。保養を必要とするほどの被ばくはないと考えているのだろうか。国家体制のちがいで済ませてはならない。ひとの、とりわけ将来の長い子どもたちのいのちと健康にかかわる問題だとおもうのである。

4）ベクレル（Bq）とシーベルト（Sv）

ここでベクレルとシーベルトについて、整理しておきたい。

ベクレルは放射能の強さを表す単位である。その放射性物質が１秒間に何回崩壊するか、崩壊数で表した客観的な数値である。ベクレルそのものは、人への影響については何も表さない。拡散についても何も表さない。

シーベルトは、放射線に被ばくしたとき人の体にどれくらいの影響があるかを表す単位である。人という生きもの相手の話なので、シーベルトにはどうしても、あいまいさがつきまとう。科学的ではないという理由で、シーベルトを使いたくないという科学者もいるほどだ。

「放射線管理区域」という特別な場所がある。放射線や放射能を扱う人たちを放射線による障害から守るために設けられている。その基準は、放射性物質による表面汚染密度がアルファ線を出さない放射性物質で４ベクレル/cm^2（４万ベクレル/m^2）以下の場所であり、外部放射線については実効線量が３カ月あたり1.3ミリシーベルト、年間にすると5.2ミリシーベルト、毎時0.60マイクロシーベルトが放射線管理区域の設定基準である。

チェルノブイリ事故のあと、1991年に当時のソ連で「チェルノブイリ法」という法律がつくられた。放射性物質のセシウム137が１平方メートル当たり何ベクレル沈着したかで汚染の線引きをした。また、その汚染では人間がどれだけ被ばくするかをミリシーベルトに換算した。表にしめす。

チェルノブイリより４倍も高い福島の避難基準

放射線量（mSv/年）	福島の区分	チェルノブイリの区分
・50超	帰還困難	移住の義務
・20超～50以下	居住制限	（同上）
・20以下	避難指示解除準備	（同上）
・５超	（居住可能）	（同上）
・１超～５以下	（同上）	移住の権利
・0.5～１以下	（同上）	放射能管理

（注）チェルノブイリでは、５mSv/年超の場所は原則的に立ち入り禁止

チェルノブイリ法では、第３ゾーンの１ミリシーベルト/年以上は移住権利ゾーンになっている。放射線管理強化ゾーンが0.5ミリシーベルト/年以上である。日本の福島と比べると、なんと大きな違いであろうか。学校に通う成長期の子どもたちは何ミリシーベルト/年ならば我慢してよい線量なのか。国や地方行政は措いて、私たち自身はどう考えるべきだろうか。

５）原発による放射線被ばくの評価

現在、福島事故の避難住民にたいして政府が2017年３月までに避難指示を解除する目標は、「空間線量」が年間20ミリシーベルト以下、とされている。３・11以前は、公衆の年間追加被ばく線量は１ミリシーベルト以下、とされていた。この大きなちがいをどう考えたらよいのだろうか。なんとも分かりにくい。さきに、「放射線管理区域」の例をあげたが、もう一つの実例をみてみよう。

1991年に、嶋橋伸之さんという青年が29歳と１カ月の若さで慢性骨髄性白血病により死亡する事件があった。死後、遺族が1993年５月に労災認定を申請し、翌年７月に認定された。工業高校を出た18歳の嶋橋さんは頑健な青年だったが、中部電力浜岡原子力発電所で計測装置の保守管理の仕事についてから被ばくするようになり、約10年間で50.93ミリシーベルトを被ばくした。これは累積線量であり、平均すると、年間に約5.1ミリシーベルトであった。残された「放射線管理手帳」の記録によると、最大に被ばくしたのは1987年の１年間で、約9.8ミリシーベルトであった。

嶋橋伸之さんの年間被曝線量と累積被曝線量

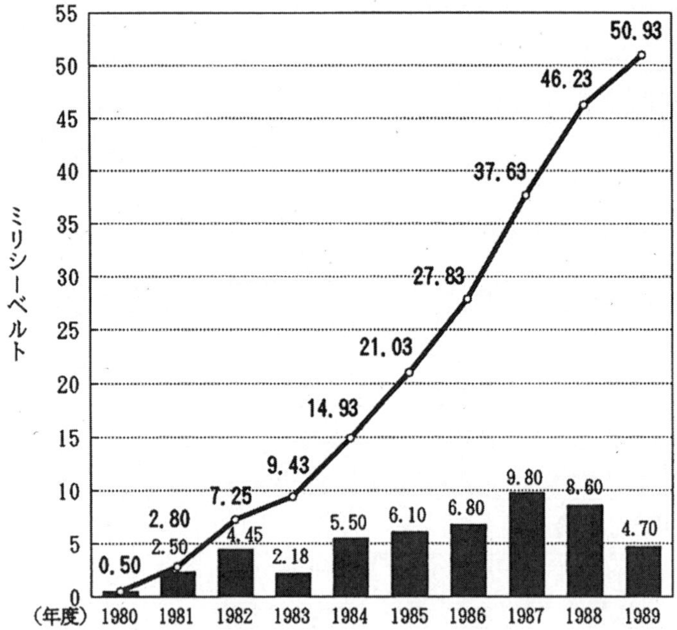

(藤田祐幸『知られざる原発被曝労働ーある青年の死を追ってー』岩波書店、1996年1月、24頁より)

1年間で20ミリシーベルトの線量の地に住むからといって、1年間でまるまる20ミリシーベルトを被ばくするわけではないだろう。放射線をある程度は遮る屋内で過ごす時間もあるからだ。逆に、屋外で近くの森や林からの放射性物質の飛散によって、余分に被ばくすることもあろう。それにしても、20ミリシーベルトの4分の1に当たる5ミリシーベルトという線量は嶋橋さんが平均して1年間に浴びた線量であり、「放射線管理区域」における線量でもある。

文部科学省は2011年4月19日付で通知を出し、幼児、児童、生徒が受ける放射線量の限界を年間20ミリシーベルトと暫定的に規定した。その根拠として、国際放射線防護委員会（ICRP）の2011年3月21日の声明「今回のような非常事態が収束した後の一般公衆における参考レベルとして、1～20ミリシーベルト/年の範囲で考えることも可能」を挙げている。

現在の福島では、次のような考え方で避難民の帰還が用意された。1日24時間のうち、屋外で8時間、屋内で残りの16時間を過ごすと仮定する。屋内は放射線を遮蔽する効果があるので、その効果を40パーセントとみなし、1時間当たりの線量をXマイクロシーベルトとする。20ミリシーベルトは20,000マイクロシーベルトだから、次式からXを求めると、X ＝ 3.8マイクロシーベルトとなる。

$$(X \times 8 \times 365) + (X \times 0.40 \times 16 \times 365) = 20{,}000$$

つまり、屋内における遮蔽やそこで過ごす時間を考慮する、などの仮定をして、それまでの1ミリシーベルト/年、0.15マイクロシーベルト/時から20ミリシーベルト/年、3.8マイクロシーベルト/時まで、緩めてしまったわけである。

この式を使って、従来の年間1ミリシーベルトの場合を計算してみると、0.19マイクロシーベルト/時になる。これに、自然界からの放射線量の0.04マイクロシーベルト/時を加えて、0.23マイクロシーベルト/時をもって、３・11以前の放射線による被ばくの限度に改めたことになる。

以上をまとめると、日本では、

・日常生活の場が0.04マイクロシーベルト/時程度より大きければ、原発からの日常的な放射能放出か、核実験の影響など、なんらかの理由によって空間線量が増えている。

・３・11以前は、１ミリシーベルト/年、すなわち、0.15マイクロシーベルト/時（大森直樹執筆の本書18〜21頁と図表５参照）だった値を、福島事故後、帰還のために緩めて、20ミリシーベルト/年、0.23マイクロシーベルト/時とした。

ということになる。

6）１ミリシーベルト（mSv）の危険

2007年度に国際放射線防護委員会（ICRP）が一般公衆にたいする被ばく線量限度（自然放射線由来をのぞく）を年間１ミリシーベルトと勧告した。その根拠と思われることを以下にのべる。あらかじめいうと、年間１ミリシーベルトという値は決して安心してよい値ではない。

① 公衆は日常生活においてさまざまなリスクに曝されている。たとえば、バスなどの公共輸送にも偶然の死のリスクがある。放射線以外でさまざまなリスクを受け入れているわけである。それら、いろいろなリスクすべてを合わせると、死のリスクは年間でほぼ10万分の１である。

② 全身が放射線に曝されて、ある確率で死に至る場合を考える。そのときのリスク係数（１シーベルト当たりの発生確率）をおよそに見積もって、100分の１とする（臓器それぞれについて値が定められている）。いま、Xシーベルト被ばくしたとき、社会的に受け入れられる死のリスクとして10万分の１を採用すると、

$$1/100000 = 1/100\ (1/\mathrm{Sv}) \times X\ (\mathrm{Sv})$$

である。すなわち、X ＝ （１/1000）シーベルト ＝ １ミリシーベルト となる。これが国際放射線防護委員会の考え方の中身である。

③ だが、この考え方に従うとしても、10万分の１はそのままで、リスク係数を10分の１と見なせば（すなわち、10シーベルトで必ず発生する）、Xは１万分の１シーベルト、つまり、0.1ミリシーベルトになる。

④ こう見てくると、１ミリシーベルトという値は厳密なものではないと同時に、安心してよい値とはいえないことが分かる。しかも、免疫不全、老化、白血病、循環器の障害など、死以外のさまざまな疾患は考慮されていない。

⑤ さらにまた、ひろく受け入れられているLNT仮説（これ以下なら安全だという「しきい値」は存在しない。直線的にリスクは減っていくが、どんな低線量になっても放射線のリスクは存在するという仮説）に矛盾している。LNT仮説には、限度というものが存在していないから、年間の被ばく線量限度という概念は成り立たないのである。

ここで、東日本大震災の被災地の岩手県宮古市で、臨床医として放射能汚染問題に取り組んできた

岩見億丈医師の主張に耳を傾けたい。岩見医師は放射線被ばくのリスクについて、共通の評価値の浸透をのぞむ、と新聞紙上に投稿され、意見をのべている。

日本産業衛生学会は、「環境要因による労働者の健康障害を予防するための手引きに用いられることを目的として」「有害物質の許容濃度，生物学的許容値」などを、毎年改定する「許容濃度等の勧告」で公けにしている（日本産業衛生学会「許容濃度等の勧告（2015年度）」http://joh.sanei.or.jp/pdf/J57/J57_ 4 _07.pdf）。

それは「現在、科学的信頼性が最も高い有害物質リスク評価の一つ」と岩見医師はいう。「2015年版勧告によれば、18歳男性が毎年3.2ミリシーベルトの被ばくを67歳まで受け続けると、100人中に１人の過剰がん死亡が一生のうちに起きる。また、18歳男性が毎年１ミリシーベルトの被ばくを27歳まで受け続けると、1000人中に１人の過剰がん死亡が起きる」。ただし、これは外部被ばくだけで内部被ばくは評価していない。また、「10歳未満の子どものリスク値は、20歳代成人の値の２から３倍である」。そうのべた上で岩見医師は「18歳の若者を守るためには、50年の間、毎年0.003ミリシーベルト未満の」「被ばくにとどめなければならない」とする。「臨床医のリスク管理感覚」からいえば、「公衆被ばく限度『年間１ミリシーベルト』はあまりに高過ぎる」というのである。

事故による放射線の健康への影響については、いろいろな言説が流布している状況にあるなかで、「共通認識として持つべき放射線のリスク評価値が必要」という主張である。（臨床医 岩見億丈「放射線被ばくリスク 共通の評価値 浸透望む」河北新報、2015年12月17日）。

がん死だけではない。すでに触れたように、チェルノブイリ事故の被災者は、多種多様の疾患に子どもたちも大人も悩まされている。フクシマによって、これからどれほどの健康障害が現れるか、その人たちにどのような手当てが可能か。

７）子どもたちの甲状腺がん

チェルノブイリ事故の場合、事故から４年目に子どもたちに甲状腺がんが多数見つかった、という報告がある。フクシマではもう４年半をすぎているので、おなじようにみなすと多数の患者が見つかっていて不思議ではないことになる。

しかし、専門家と称する人たちの間で、調査結果にたいする主張が真っ向から対立しているのが現状である。まず、報告されている事実をのべよう。福島県が実施した県民健康調査の甲状腺検査では、先行調査で約30万人、その後の本格調査で27万人、21.8万人、13.7万人を調べた結果、2020年２月はじめ時点で悪性または悪性疑いと診断された人は237人いる。そのうち、187人が手術を受け、悪性と確定した。

この数値をみて、福島県内で18歳未満の住民で標準の20～50倍という桁違いのレベルで甲状腺がんが多発している、というのが一方の主張である。標準の発生率とは、国立がんセンターの公表データから、年間100万人中３人～５人だという。福島でのデータは「スクリーニング効果」や「過剰診断」によるものとしてはとうてい説明できず、疫学的検討もくわえて、原発事故による影響以外の原因は考えられないとする。

他方、原発事故による放射線被ばくが原因ではない、福島県民の被ばく量はチェルノブイリの人たちより、はるかに少ないと主張する専門家がいる。いずれも、県側に立つ人たちで、早くから「100

ミリシーベルト以下なら安全」と繰り返し、公衆に語ってきた人たちである。それら両者が公開の場で討論することは行われていない。成立していない。

科学者同士のあいだのこのような対立は原子力という国策に科学者がしばられているからであろう。科学も、科学者もけっして中立ではないということである。

前者の主張は、2011年に19歳以上であった県民の甲状腺がん症例の把握や甲状腺がん以外の悪性疾患や、非がん疾患の症例把握とそのためのシステム構築に力をいれるべきだと続く。また、福島県内の空間線量率の高い地域においては、妊婦や若年者を優先させた、保養・避難を含む一層の放射線防護対策が望まれる、と結論する。こちらは、まことにもっともだと思う。

8）後始末の作業員の被ばく

平常時であっても、原発の作業員は元請け、下請け、孫請け、ひ孫請けと何重もの下請け構造の中にいる。労働者が過酷な仕事を強いられ、親方にピンはねされながら働いていることはひろく知られている。彼らは法定限度（1年間で最大50ミリシーベルトまで、5年間で100ミリシーベルト）を超える被ばくをすれば、雇い止めになる。そのような使い捨てにされる労働者の犠牲なしには、原子力発電は成り立たないのである。

福島第一原発事故の後の、3月から4月にかけて構内で緊急作業に従事した人数は東京電力によれば、8,338人であった。全員が被ばくした。111人は100ミリシーベルト以上、緊急時だからと限度の100から250ミリシーベルトに引き上げられたのに、これを超えた人は6人、最高が687ミリシーベルトであった。この人たちには、家族があり、子どもたちもいる。親や兄を心配している子どもたちは、とうてい原発の過酷事故をうけとめることができないだろう。

福島事故以前に労働災害認定を受けた人は10人を数える。その人たちの中で、最高被ばく線量の129.8ミリシーベルトの人が急性リンパ性白血病、9人は100ミリシーベルト以下だ。もっとも低い被ばく者は5.2ミリシーベルトで白血病である。2015年10月、厚労省は福島第一原発で15.7、それ以前の被ばくが4.1の計19.8ミリシーベルトを被ばくした労働者の労災認定を発表した。

このことから推察すると、福島事故による労働者の健康障害は想像を超えたものではないか。この人たちの被ばくは終わらない。何十年と続くのである。

9）放射能汚染と被ばくの現実

地震と津波が重なって、福島第一原発の過酷事故が引き起こされた。「原発安全神話」は完全に崩壊したが、同時に、福島・宮城・岩手の東北三県をはじめ東日本の各地が放射能によって深刻に汚染された。学校もその中にある。児童、教職員、住民、作業員すべてが放射線被ばくしながら生きざるを得ない現実である。1ミリシーベルトの危険についてものべた。

3　困難をどのように克服できるのか

ユーラシア大陸の東端に、花綵（かさい）のように南北に長い弓なりの日本列島には、古来、自然災害が繰り返し、繰り返し、発生してきた。それは1つの国のなかでありながら、地震、津波、台風、火山噴火、出水、集中豪雨や豪雪など、地域特有の現れ方をする。その災害を生き延びるために、地域で暮らす人たちはさまざまに工夫をこらし、生活の知恵を磨きあげてきたのである。それを語り継ぎ、教え継いできたのである。

1）「津波てんでんこ」

近年、歴史地震とともに歴史津波のようすも明らかにされてきた。地震は逃げるいとまがないが、津波が来たら逃げるしかない、他に方法がないことは、語り伝えられ、受け継がれてきた。しかし、どのように逃げるのか。

岩手県洋野町・八木地区では、津波が来たら他人のことをかえりみずに、一人ひとり、勝手に逃げろと教えられてきた。「津波てんでんこ」の教えだ。消防団は、いざという時に備えて、避難の段取りと経路をルール化して日頃の訓練のなかで繰り返し演習してきたという。その成果であろう、3・11巨大津波で子どもたちにも、消防団にも、ただひとりの犠牲者も出なかった。

だが、宮城県石巻市の大川小学校の場合は様子が異なった。児童108人のうち74人が死亡、教職員11人のうち10人が死亡した。大半の児童は学校での集団避難中に津波の犠牲になった。この地域に「津波てんでんこ」の教えがあったかどうかは定かではない。北上川を遡上してきた濁流に巻き込まれながら押し流され、校庭裏の山側にたどりつき、斜面をよじ登って助かった小学生3人と中学生1人がいる。大人12人も同じ場所に流れ着き、助かった。

学校では、ある幅は許されるものの、集団の規律は重んじられる。日常が「てんでんこ」では、教育は成り立たないと考えられているからだと推察される。しかし災害時だけ、てんでんこに行動できるだろうか。さあ、いまから、てんでんこに逃げろ、という指示を誰がするのか。また、誰かが、その判断をできるのか。教育の場である学校と児童・生徒たちとの関係は日常的にどうあるべきか、課題がはっきりしてきた。

2）自然をどう見るか－ふところ深い自然、猛威をふるう自然

この花綵列島に住み暮らしてきた私たちには、自然の美しさを賛美する詩歌や文学にことかかない。山や川や紺碧の空、清澄な湧水、花の咲き乱れる湿原、深紅に燃える全山の紅葉などを思い浮かべる。「美しき天然」という、ながく愛唱された歌もある。いまでも、山は碧く、水は清きふるさと、とうたう。それらは、いちいちもっともではあるが、自然には、もうひとつの猛威をふるう面があることを忘れてはならない。災害列島という面が、まぎれもなく花綵列島のもうひとつの顔である。

近代、現代の技術と科学は災害を防ぐ、被害を少なくするために、自然そのものを変えようと努めてきたところが大きい。津波や洪水を防ぐために堤防を築き、ダムをつくる。建築物の耐震設計を進め、耐震構造に改める。雪崩を避けるためにトンネルを掘り、山を崩す。交通の便をよくするために速い電車を開発して、時間短縮をはかる。つまるところは、人間社会のために列島を改造するという考えにたどりつく。ひとくちにいうと、私たちは工業化社会を目指してきたのである。自然とともに生きるのではなく、自然を切り離し、自然に左右されない国土をつくるという考えである。一応は、安全性を確保したうえでとはいうが、利便性の高い社会を目指してきたわけである。そのために、石炭、石油、ウランという化石エネルギー資源を使い放題に使ってきた。ここで、「化石」とは、人工で再生できないという意味である。

それが国家目的になり、教育をはじめあらゆる面で主役になってくると、どうなるか。各種の専門家集団が形成され、異論を排除する決定がされるようになる。エリートこそがものごとをきめる、地域の古老や先人の経験に学ぶことに価値を見出さなくなる。

これらにたいする重大の教訓が「3・11災害」であったのではないか。自然現象も科学と技術の力でなんとかなると思い込んでいたところはなかったか、という反省である。科学技術を最大に利用したとしても、人間には出来ることと出来ないこととがある。それを見極めなければならない。

3）一人ひとりのいのち、持続の可能性

人ひとりのいのちは有限である。その有限のいのちを次の世代へ引き継ぎ、引き継いで社会の持続性が可能となる。宮沢賢治の『グスコーブドリの伝記』は、このことを示唆しているのではないかと思う。この童話では、天候という自然現象に左右される個人と集団とが描かれる。

天候不順が2年続き、両親は死を選んで、その代わりにブドリとネリの幼い兄妹を生き延びさせる。2人は苦労しながら成長するが、やがて転機が訪れる。再び冷たい夏がやってきたのである。火山技師になっていたブドリは、カルボナード島に渡って、その火山を爆発させることができないかと考える。もし、爆発が起これば、火山から炭酸ガスが大量に噴出するだろう。そうなれば、炭酸ガスが地球の大循環の上層の風にまじり、その中に地球全体がつつまれるだろう。すると、下層の空気や地表からの熱の放散を防ぎ、地球の気温は平均で5度くらい暖かくなるだろう、というのがブドリの考えだった。いのちをかけたブドリの試みは成功して、気候はどんどん暖かくなって、その秋は普通の作柄になった。ひとりのブドリの死と引き換えに、村人たちは冷害を避けることができた、という童話である。

現代の科学からすると、火山が爆発すれば、むしろ寒冷化をまねくのではないか、そもそも、個人の努力によって人工的に火山の爆発を誘発できるのか、という疑問がたちどころに湧く。そこは、童話のことなので措くとして、本質は個と集団の関係、持続可能な社会のありようという問題である。集団の持続のために個が犠牲になる、あるいは、個を犠牲にすることを認めるわけにはゆかない。1992年にブラジルで開かれた地球サミット「環境と開発に関する国連会議」の主題は、「持続可能な開発」の可能性であった。「将来の世代のニーズを満たす能力を損なうことがないようなかたちで、現在の世界のニーズを満足させること」は、人類の欲望をどのように律することができるのかである。現在につづいている問題である。千葉県三里塚の農民が国の強制に強く抵抗した空港建設反対運動の中で、「児孫のために自由を律す」という思想に到達した例もある。

突然の地震で圧死し、逃げ損ねて津波に流され、人生を断ち切られた一人ひとりはまことに痛ましい。ひとりの周りには、数多くの友人知人が、保護者が、先生たちがいたであろうに。ブドリとは異なって、何かこころざしを達成しようとしてやむを得ず、いのちを失ったというのではない。しかし、生涯をかけてやりたかった夢を、それぞれが持っていたであろうに。自然災害の恐ろしさと残酷さを深くかみしめないわけにはいかない。

夢と夢をつないでゆく。そういうつながりが日々の学びと暮らしのなかで実現できるようでありたいと思う。学校というところは、それがもっとも実現できそうな場のひとつである。

4）時間はあやつることができない－放射能の寿命

自然界には旬というものがある。人の手では何ともできない。地球環境がうみだす大気の流れ、水の動き、天気の移り変わり、植物や動物の生理等々、あるがままの自然のことわりの中で人は生きてきた。人そのものも、自然の一部である。

だが、近代、現代になって、人は自然の外にある、人が自然を改変しようという考え方が起こってきた。そのひとつの顕れは、時間というものをあやつろうとする科学技術である。旬というものにしばられない、むしろ、旬そのものをなくそうとするものである。野菜や果物などで、旬はかなり失われてしまった。海流の変化でさんまの旬が変わったなどと語られるが、若い世代には、旬ということばが死語になりかかっている。

もうひとつ例をあげれば、時間の短縮である。物理的時間を変えることはできないから、一定の時間内にできる作業量を増やすことである。移動量をふやすことも時間の短縮に相当する。かりにそのような時間を工業的時間と呼ぶことにすれば、近代、現代社会は工業的時間をどれだけ短縮できるかが、おおきな目標であった。科学や技術の重要な研究目的のひとつである。能率化の促進などという。念のためにいうが、効率化ではない。効率は、エネルギーをどれだけ節約できるかを表す指標である。

「３・11災害」でもっとも厄介な後始末は放射能汚染である。除染ということばが頻繁に使われているが、汚染を取り除くことはできない。著しく汚染された場所から、放射性物質の混じった土やがれきをすくい上げて、よその場所に移すことはできる場合がある。幾分かは汚染レベルが下がることはある。森林の除染は方法がない。

根本問題は、放射性物質にはその放射能に固有な半減期というものがあり、その半減期にしたがって放射能の強さが減衰していくのを待つしか、方法がないということである。薄めることはできる。広範にばらまけばよい。それでも、半減期にしたがって待つことには変わりない。１半減期で放射能の強さは２分の１になる。10半減期でほぼ1,000分の一に、20半減期で100万分の一になる。放射性物質にたいしては、工業的時間というものはない。自然時間しかないのである。

福島第一原発から出た放射性物質で、10年後の現在も環境中に大量に生き残っているのは、放射性セシウム137である。半減期が約30年なので、５半減期の150年で32分の１になる。10半減期の300年で1,000分の一、20半減期の600年で100万分の一というわけである。

待つしかないのが、「３・11原発災害」のおおきな特徴だということができる。

5）何を、どのように学ぶか

このように見てくると、「３・11災害」を経た私たちは、何を、どのように学ぶか、おのずと浮かびあがってくるのではないか。自然というものをどのように考えるか、である。

なにもかも便利になった現代社会。それを支えてきたのは、化石エネルギー資源の使い放題で、能率向上を最優先してきた考えかたであった。人間は、あたかも、自然の外にいるかのように考えて、自然を人間のためにつくりかえようと努力してきたわけである。

しかし、自然界は巨大で複雑である。自然界に起こることをあらかじめ、仔細に窺い知ることなどはできようはずがないことであった。このことを自覚することが、まず第一である。自然災害がいつ起こるのか、事前に知ることはできない。

第二に、自然の時間に寄り添い、自然とともに生きる知恵を学ぶことである。地域に特有な自然現象を知り、自然の声に耳を傾けることである。古くから語り継がれてきた地域の生き方を学ぶことである。

そのうえで、他地域の自然の姿を学ぶことである。さもないと、他地域のひとたちへの共感が湧きにくいだろう。この地球上には、さまざまな文化があり、固有の歴史があることを知らなければならない。

最後に、人災をどう防ぐことができるか、である。いざとなれば、人間がコントロールできず、甚大な被害を社会におよぼすような施設は、作るべきではない。原子力発電所はその典型だということができる。

6）自然をどう学ぶか

工業化社会では、盤石の地盤と一年中快適なようにコントロールされた工場を想定し、厳密に管理された規格製品を大量に生産する。私たちが生きている日本列島の自然は、きわめて多様であり、管理できる対象ではない。日本列島が置かれている自然環境をよく知ることが不可欠である。これまでは、自然にたいする見方や考え方がきわめて不十分だった。「3・11災害」を踏まえて、私たちの学びは根本的な反省を強いられている。

4　教育の根本を見直す

1）いままでの日本の教育、これからの教育

児童、生徒、学生の学力が論じられない日はないといってよい。早期教育の是非が論じられ、よい学校を選ぶには、といった話題にあふれている。そして、どの分野でも、学力を身につけた人材育成を唱え、学力ある人材を求める、という。

だが、そもそも学力とは何だろうか。受験学力のことを指すのだろうか。センター試験の点数や、難関大学にはいれたか、という話なら簡単だが、そうでもなさそうである。教育を熱心に考えている人たちは、受験学力よりも「生きる力」が大事だという。そこで言っていた「生きる力」は「3・11災害」にさいして発揮されたのか。ほとんど無関係だったのではないか。同時に、受験学力も関係なかったのではないか。もし、そうであるならば、改めて「生きる力」とは何か、学力とは何か、考え論じなければならない。いままでの日本の教育のどこに問題があって、どのように変えていくべきか、である。

近代日本では、選抜試験をして、「優秀な人材」と称する人たちを選んできた。その試験に合格するためには、選抜試験の過去の問題をしらべ、それが解けるようになる訓練を重ねる。いわゆる受験勉強である。今現在の自分に興味がない教科やテーマであっても、試験に受かるために努力をする。中央省庁の官僚になれば将来が約束されるとあれば、受験勉強も苦ではないという人たちがいる。そのような人たちがこの国のリーダーになってきたのが、実際のところだろう。そのコースから外れても、災害列島の社会の中で、その人ならではという生き方を生きている人たちはいくらでもいる。

「3・11災害」はしかし、こういう社会の仕組みにおおきな疑問を投げかけたと考える。なぜあれ

ほどの犠牲が出るのを防ぐことができなかったのか。どこに問題があったのか。日本のリーダーと目され、自他ともにそれを認めてきた人たちに責任があるのではないか。とりわけ、東京電力福島第一原発の過酷事故について、どうなのか。国家政策として進めてきた原子力振興に関わった、専門家、官僚、文化人、マスコミ関係者、財界人などの責任をどう考えるのか。

語られることが少ないが、そのような〈人材〉を世に送り出してきた日本の教育界にも、おおきな責任があるのではないか。そう考えるとき、今後の日本の教育をどう進めていくべきなのか。

2）坂の上をめざした明治の教育

150年前、近代日本の統一国家として明治国家が出発したとき、一日でも早く欧米諸国に追いつくことが最大の国家目標であった。教育は国の大本とされ、〈優秀な人材〉の育成が図られた。基本的なやりかたは、欧米に習うことだった。日本全国から集め、選抜した下級武士たちをエリート技術者にしあげるために、お雇い外国人教師を招いて、おおきな国家予算を使った。その典型を工部大学校（1877～1886）にみることができる。近代日本のハードな基盤をつくったのは、ここの卒業生たちであった。サムライエンジニアと呼ばれた工部大学校の卒業生たちの中で、志田林三郎は明治中期の技術思想を代表する論客だが、アイザック・ニュートンを評して、ニュートンが造幣局長官になって１週間に銀貨を製造する高が以前より８倍になった、と能率が向上したことを高く評価したものである。

1886年、日本に初の帝国大学ができた。のちの東京大学である。工部大学校はそれに合併する。この年の「帝国大学令」第１条には「帝国大学ハ国家ノ須要ニ応スル学術技芸ヲ教授シ及其蘊奥ヲ攷究スルヲ以テ目的トス」とある。坂の上をめざしてまっしぐらの方針が表れている。第二次世界大戦後できた「教育基本法」（1947）はこれを否定し、「個人の尊厳を重んじ、真理と平和を希求する人間の育成」を基本理念に掲げた。国家主義は否定され個人こそが大事だとされた。しかし、国家がかならずしも必要としなくとも、知そのものや文化のために欠かせない学術技芸は片隅に追いやられていった。その後の現代史をみると、このことが明白にうかがわれる。戦後ただちに、産業を盛んにし国を豊かにするために科学技術を奨励するという、科学技術立国主義とでもいうべき国家方針が認められていくからである。工業化社会をめざし、それを実現することによって国を富ます思想が主流になっていくのである。

3）国益・国策の下の〈人材〉育成

すでに明治期から、時間短縮を是とする教育方針が打ち出され、しかも、国家が必要とし国家がもとめる学術技芸を教授する、となれば、戦後の教育の理念の実現は困難な道を歩まざるをえなかったわけである。

上に、能率や時間の考え方について触れたが、人間がどうにもできない自然の時間と同じように、一人ひとりの子どもが持つ、その子だけの時間の物差しというものがある。ふつうには、個性とよばれ、発達段階のちがいと理解されているものに当たるだろう。「教育基本法」が言う、個人の尊厳に属するものである。したがって、「教育基本法」の精神に照らせば、国家が教育を一律に管理監督してはならないのである。一人の人間も切り捨てない教育の場を用意するのが国家の仕事である。教育の中身と方法とに中央政府が介入してはならないのである。国家がもとめる人間、つまり、人材という概念は成立しないのである。人材とは、明治国家的な国家に役立つ人間という考えからしか出てこない概念である。

国家が国策を決め、それにそって体制をつくっていくとき、適応する人間とそうでない人間とが出る。1950年代に、原子力を進めるという国家方針が定まったとき、これに呼応して、国家にとって都合のよい専門家グループが形成された。じっさいに日本の「原子力ムラ」はそのようにしてできたのである。そこでは、個人の尊厳やいのちの尊重は二の次、三の次で、国家の意向が最優先された。これをとどめることが極めて困難であったことは、現代史がしめすとおりである。

原子力だけではない。いろいろな分野で「ムラ」が形成され、そこの専門家という人たちがものごとを決めてゆくのが現代日本の特徴である。市民や住民はカヤの外に置かれている。そういう構造の中で、〈人材〉ということばが国家にとって有用に生きてくるのである。

この構造が続くかぎり、研究費と研究場所を提供されて否という研究者、とくに科学者、技術者はほとんど存在しない。存在できないと言ってもよい。また同時に、市民・住民の側には、専門家にお任せする意識が生ずるのは避けがたいであろう。「3・11災害」をうんだ根本構造に、このことがあるのではないか、と考える。これをどうやって克服できるだろうか。

つとにA.ワインバーグがトランス・サイエンスの時代と指摘し、提案した（1972年）ように、「ムラ」に属する専門家と称する人たちと住民・市民とが対等な立場で、時間の制約なしに、議論を尽くすことが国家主義を超える希望のある方法ではないかと思う。そのためには、専門家の側だけでなく、住民・市民の側にも、従来の概念を乗り越えた思想が必要であろう。それを準備できるかもしれない場は学校教育の現場ではないか。

4）「持続可能性」と「責任」－ドイツ倫理委員会

福島原発事故の後、原発をやめるといち早く決めたのはドイツであった。メルケル首相は福島第一原発の過酷事故に衝撃を受けた。技術先進国の日本で起きたからである。メルケル首相はただちに「安全なエネルギー供給に関する倫理委員会」を招集し、2011年４月４日から５月28日まで設置した。この委員会は２人の委員長と15人のメンバーから成る。原子力をすすめようとする専門家は委員のなかにいない。元連邦環境大臣、リスク社会学者、元連邦教育大臣、プロテスタントとカトリックの教会代表、哲学者、環境政策研究者などが並んでいる。

もともとドイツでは長い厳しい議論の末、いずれ脱原発だという合意が国をあげてなされていた。1998年に誕生した社会民主党と緑の党の連立政権は2000年に脱原発法と再生可能エネルギー法とを提出していた。当時のシュレーダー首相は、原発はミスを許されない技術システムであり、原子力は人類が制御できない科学技術だという認識をしめしていたのである。なによりも、安全性にこそ基本的な疑問があるというわけである。ドイツのこの態度はチェルノブイリ事故による深刻な食品被害、環境被害の体験からきている。

倫理委員会は、連邦政府が原子力利用についての責任ある倫理的な判断の理由と、その結果を全体的に考察するために設けられた、という。ドイツの安全な未来は、保全された環境、社会的正義、健全な経済力という持続可能性の３本柱から成り立つと合意がなされていたのである。

きわめて限られた短い設置期間のあいだに、さまざまな関係者、団体から意見を聴き、公聴会をひらき、委員間では率直な意見を交わし、合意にこぎつけることができた。

ドイツで脱原発が可能になって、事故の当事国である日本ではなぜできないのか、という問いがある。両者のおおきなちがいは、日本が明治以来、中央集権国家であり続けたのに対し、ドイツでは地方分権改革が行われ、連邦国家に再編されたことにあるという指摘は説得性がある。許認可をふくめて、何もかも中央政府が行う日本のような国では、政府と業界と地方とがもたれあいの構造をなして、責任をとる体制をとることができない。原発の是非を議論する独立の第三者機関というものが存在できない仕組みになっているのである。さらに奥底には、民族性の相違があるかもしれないと思う。片や森の民として文明を築いてきて唯一神を信仰する人々、片や大陸と離れた災害列島で八百万の神々に囲まれてきた人々、という地理的歴史的相違はどのように作用しているか。別の課題である。

教育こそ国の大本としてきた日本という国が、もっとも肝心な、無責任体制の軌道を修正する構造、をつくることができなかったのは確かである。

5）教育政策について

教育の基本は何かと問えば、「一人の人間も切り捨てない」場を用意することである。教えたり、訓練したりは二の次である。これに沿って政策が決められるわけだが、「3・11災害」のあとの教育政策をみていると、じっさいには「切り捨て」が進んでいる。放射能は自然時間に従って忠実に消えていく。それを待つしかないことは、科学が教えていることである。だが、科学の教えに反して、国は放射能で汚染された地域に帰還せよとの政策を進める。緊急時にはやむを得ないとして、年間20ミリシーベルトまではよしと言いだしている。原子力や放射線利用を促進しようという国際団体の進言を取り入れるのである。「やむを得ない」と言うが、何がやむを得ないのか。人口が減少する、街が消える、地域が消滅する、避難者の生活援助がつづかない、さまざまな理由を挙げているが、これらはすべて、本質ではない。

いまや教育の本質に立ち返るべきである。どんな一人の人間もおのれの生を全うできるための政策を考えよ。国家第一主義を捨てるべきである。

弓なりに長い災害列島の特徴をふまえ、地方と地域の違いを認識し、中央政府がとりしきる一律な教育方針を廃止するべきである。中央政府ができるのは、十分な予算措置だけである。それ以外の地方のことは地方に任せよ。

教科に分けて、教科ごとに各学年の到達目標を決めることだけが教育ではない。そもそも、人は、教科に分けて生きているのではない。学びは融通無碍、自由自在に、知り、学ぶのである。地域の職能者とまじわり、物の性質を知る。地域に生きてきた人たちとあそび、自然を知ることが大切である。津波が来たら、勝手に逃げなければならない。豪雪地では、冬季の単独の行動は危険である。こうやって「生きる力」が養われるのである。

「3・11災害」は、一人ひとりの人間がどうやって生を全うできるかを考え直すきっかけを与えてくれたと思う。このことを誰もが心の底に固くとどめることが犠牲になった人たちへの責務である。

6）国家主義教育から一人の人間も切り捨てない教育へ

エリートを養成することから始まった明治日本の国家主義教育を考え直す機会が「3・11災害」に

よって与えられた。無責任体制の日本の制度を変えることが教育によって可能だろうかを考察した。大量生産・大量消費・大量廃棄の現代社会はしかし、持続可能ではない。社会の持続可能性のためにも、一人の人間も切り捨てない教育の場がもとめられているのである。初中等学校での教科主義についての疑問も提示した。

参考文献

1
・臼井吉見編『日本の思想 5 方丈記・徒然草・一言芳談集』筑摩書房、1970年８月
・東京電力福島原子力発電所事故調査委員会『国会事故調報告書』徳間書店、2012年９月
・石橋克彦『南海トラフ巨大地震　歴史・科学・社会』岩波書店、2014年３月
・吉村昭『三陸海岸大津波』文藝春秋、2004年３月
・黒田光太郎・井野博満・山口幸夫編『福島原発で何が起きたか－安全神話の崩壊』岩波書店、2012年11月
・山下祐介『東北発の震災論－周辺から広域システムを考える』筑摩書房、2013年１月

2
・白石草『ルポ　チェルノブイリ28年目の子どもたち』岩波書店、2014年12月
・study2007『見捨てられた初期被曝』岩波書店、2015年６月
・名取春彦『放射線はなぜわかりにくいのか—放射線の健康への影響、わかっていること、わからないこと』あっぷる出版社、2014年１月
・藤田祐幸『知られざる原発被曝労働－ある青年の死を追って－』岩波書店、1996年１月
・日本産業衛生学会「許容濃度等の勧告（2015年度）」、『産業衛生学雑誌』57巻４号（146～217頁）、公益社団法人日本産業衛生学会、2015年８月

3
・土木学会編『人は何を築いてきたか－日本土木史探訪』山海堂、1995年８月
・山口幸夫「自然との共生」、嶺井正也・小沢牧子編『教育総研理論講座　21世紀を拓く教育 第２巻　共生・共育を求めて　関わりを見なおす』明石書店、1996年３月
・大森直樹『大震災でわかった学校の大問題　被災地の教室からの提言』小学館、2011年８月
・岩手県高等学校教職員組合『2011 東日本大震災　語り継ぐ3.11　その時学校は　そして』岩手県高等学校教職員組合、2012年３月
・宮城県教職員組合『子どもの「いのち」を守りぬくために　東日本大震災を心に刻む ～学校で何があったのか　語りたい、残したい、伝えたいこと～　第３集』宮城県教職員組合、2014年９月
・福島県教職員組合『震災・原発事故記録集　３・11福島の教職員　東日本大震災、東京電力福島第一原子力発電所事故下で』福島県教職員組合、2015年３月

4
・飯田賢一『科学と技術』日本近代思想体系14、岩波書店、1989年２月
・A.M.Weinberg “Science and Trans-Science”, Minerva,vol.10,no.2,1972
（小林傳司『トランス・サイエンスの時代　科学技術と社会をつなぐ』第４章、NTT出版、2007年６月）
・安全なエネルギー供給に関する倫理委員会（編著）、吉田文和（翻訳）、ミランダ・シュラーズ（翻訳）『ドイツ脱原発倫理委員会報告: 社会共同によるエネルギーシフトの道すじ』大月書店、2013年７月

おわりに

原発災害から教訓をどのように引き出すか

大森直樹　大橋保明

自衛隊員や臨床心理士は災害から教訓を引き出してきた。教職員は東日本大震災と原発災害からどのように教訓を引き出すべきか。その手がかりを与えてくれるのが教育実践記録である。本書では、2,346の原発被災校と47都道府県の３・11受入校における教育実践のことを念頭におきながら、まず42件の教育実践記録を収録した。ここから教訓を引き出すために、いくつかの問題を整理してみたい。

誰が引き出すのか

ほかでもない教職員であることを再確認したい。教職員は、国や教育委員会から教訓を教えられる客体であってはならない。ただし、ここ数十年の教育界では、その時代の核心的な教育課題に迫った教育実践が重ねられても、そこから教訓を汲むための評論と研究が総じて低調という状況が続いている。教職員は教育実践記録から教訓を汲むときに、孤独なとりくみを強いられてきたともいえる。今回ばかりは、幅広い読者が教育実践記録に接して、共に教訓を汲んでいくべきではないか。

どの局面の教訓をどこに活かすのか

原発災害では時系列のもつ意味が大きい。事故前の備え、事故時の避難行動、事故後の子どもへの対応という３つの局面がある。それぞれの局面から教訓を汲む必要があるが、この42件の内容からは、とくに事故前の備えと、事故後の10年に及ぶ子どもへの対応に焦点を当てて、教訓を引き出すことになる。

教訓はどこに活かすのか。１つは、原発災害に遭った子どもの教育に活かすことである。2011年に０歳で被ばくや避難を経験した子どもが高校を卒業するのが2028〜29年になる。これから８年間は、被災した子どもと直接に向き合うことが小中高で求められる。２つは、次世代の子どもの教育に活かすことである。

教訓の柱とは何か

今後の議論のための叩き台として大森と大橋による試論を仮説的に記しておきたい。

1　子どもを守る線量基準をつくっておく－事故前にやっておくべきこと

事故前から一般区域の線量限度は１時間0.15マイクロシーベルトだった。国会事故調も指摘するように、事故後の文科省は、検討すべき問題を「学校再開の可否」ではなく、学校再開を前提とした「利用判断基準」を定めることへと転換した。そうして2011年８月に福島の学校の線量の目安が１時間１マイクロシーベルトに定められ今日にいたる（解説Ⅰの図表５参照）。国は子どもの健康よりも学校の再開を優先してきたが、そうした判断を改めさせることを私たちは出来なかった。そもそも事故前の線量限度についても、教育界では議論を重ねていなかった。これらの事実を正確に検証して、子どもの健康を守る線量基準を改めて探し出し、立場をこえた合意をつくっておかなければならない。

2　少しでも被ばくを避ける－原発災害と向き合う教育の前提

県民健康調査をはじめとして福島県外でも行うべき施策が福島県内に限って行われたことは、原発災害をあたかも福島県内に限られたものと人々に思わせる効果を持った。少しでも被ばくを避けることへの合意は、福島県外の原発被災校ではあまりつくられなかった。福島県内でも、時間の経過でそうした合意は薄れていった。子どもを守る自前の線量基準を教育界が備えていなかったことが、ここでも尾を引いている。文科省が発行した『放射線副読本』（2011・2014・2018年版）の不備についても教職員が補って、子どもが外部被ばくと内部被ばくを減らすのに役立つ授業を行う必要がある。

3　自由な表現を引き出す－原発災害と向き合う教育の入口

原発被災校は２つに大別される。避難区域の65校と、それ以外の2,281校だ。前者の子どもはもれなく避難行を経験し、後者は線量が高くても学校が再開されたので、通い続ける子どもと自主避難で転出する子どもが離ればなれになった。バラバラにされた子どもを前にして、教職員は何から手をつければよいのか。それは、不安と不信に直面した子どものつぶやきに耳を傾け、子どもの本音を引き出すような自由な表現の機会をつくることだ。

4　子どもの喪失感と向き合う－原発災害と向き合う教育の中心

原発災害により避難を重ねた子どもの喪失感は大きい。それを埋めていく手立てを持った教職員は事故前には１人もいなかった。こうした課題に挑んだ教育実践の到達点が柴口正武の自作教材「二つのふるさと」による授業だ。「二つのふるさと」は、柴口の自身の家庭の経験にもとづき作成した物語であり、浪江町から家族全員で郡山市に避難をした小学生の恵子が、郡山市で小学校から中学校に進み、2014年に３年生となり、進学先を選ぶのに迷う話である。双葉郡の子どもを受け入れる中高一貫校に進むべきなのか、家族が住む郡山市にある高校に進学するべきなのか。恵子にとっての「ふるさと」は「浪江」なのか、「郡山」なのか。柴口は、子どもの生活の事実から教材をつくり、子どもを励ますことを試みてきた。

5　どうするかは社会で決める－原発災害と向き合う教育の可能性

避難区域外の2,281校の中で、原発災害と正面から向き合った教育実践の１つに山本晴久の「千葉県柏市の放射能問題」の授業がある。山本は次のように考えた。放射線防護の基本的な考え方として、「社会的に可能な限り合理的な範囲で被ばくを低減するための対策を講じること」がある。「柏の子どもたちを放射線汚染から守る会」のとりくみが柏市除染計画に影響を及ぼしたことは、この「可能な限り合理的な範囲」を社会で決める過程だったのではないか。こうした整理にもとづき、放射線防護にかかわる科学的知識の確かさとあいまいさ、行政と市民の協働により放射線防護の施策を改善する可能性を子どもは学んだ。

戦後の教育実践は国が定めた教育内容の中にある不合理を「科学と教育の結合」で改善することを

目指してきたが、「科学だけでは決められないことをどうするか」という未踏の課題に山本は迫っている。

6　原発被災校と３・11受入校の教職員が集まること

原発災害があっても上級学校に進むための勉強は無くならなかった。平時と同じ教育を求める学校内外の圧力の中で、「１」～「５」を行うのは簡単なことではない。福島県では、県教職員組合（県教組）が「生きるための学び」の提案をして、県教育委員会（県教委）が「放射線教育」の方針を打ち出し、放射線学習の必要性という１点では重なりをみせて原発災害と向き合う教育実践がつくられてきた。だが、福島県外では、原発災害があたかも存在しないかのような学校の雰囲気がつくられてきた。どうすればよかったのか。阪神・淡路大震災から２ヶ月後に被災の大きかった15校が集まり、今後の課題をまとめて、「新たな防災教育」の提起へと進んだことが参考になる。まず原発被災校と３・11受入校の教職員が集まり、「山のようにある言いたいこと」を話して、そこから原発災害と向き合うための新たな教育の提起へと進むべきだった。本書は誌上でそれに着手したものだ。

7　原発災害下で子どもを守れるのか－教職員配置から考える

巨大災害に対応した教職員の加配について、阪神・淡路大震災下の初年度は１県128人、東日本大震災下の初年度は７県1,080人だった。兼務発令の問題点は解説Ⅰで記したので繰り返さない。ここでは、７県1,080人を「社会的に可能な限り合理的な範囲で子どもの被ばくを低減するための教職員配置」という視点から検証しておきたい。2011年に生じた４つの事実を合わせると見えてくることがある。

・福島県郡山市の児童生徒14人の保護者が郡山市に学校ごと疎開する措置を求めていた（学校集団避難に保護者の合意が得られた可能性）。
・熊本県人吉市が被災地の中学校丸ごと１校の集団疎開の受け入れを東北３県に表明していた（全国に学校集団避難の受け入れ先が確保できた可能性）。
・郡山市に所在した福島朝鮮学校が同年度に学校を単位とする160日間の県外避難を行い、新潟朝鮮学校が受け入れ先となり、初回の避難期間が４週間だった（学校集団避難の実例）。
・福島県双葉町の住民が埼玉県加須市に県外避難を行ったことに伴い、上記の加配を活用して双葉町の教員６人を加須市の小中に県外勤務させていた（加配を学校集団避難に適用する可能性）。

これらをふまえれば、少なくとも避難区域の65校では、事故後に学校を単位とするまず４週間の県外避難を行い、全国の公立校と自治体が受け入れ、避難区域の教職員を受入校に勤務させることが可能だった。この４週間に、子どもの安全を避難先の学校で確保しながら、国と県教委と学校は原発災害の推移を見極めながら保護者と協議し、65校の再開場所を決めることも出来た。さらにいえば避難区域外の2,281校の一部についても学校を単位とする県外避難を行い、元の校地での再開ありきではなくて、子どもの健康を守るための再開のあり方を考えることも出来たのではないか。原発避難など２度と繰り返すべきでないと多くの人々が考えているが、現実には原発再稼働が進んでいる。教育界は、事故前の備えとして、県外避難と教職員配置を検討せざるを得ないところに追い込まれている。どうしたらよいかを、事実にもとづき、当事者である教職員と子どもは考えなくてはならないだろう。

本書を閉じるに際して、まだ記録されていない無数の教育実践があることと、まだ公表には至らない幾多の教育実践記録があることを、心にとめておきたい。

被害の大きさを前にしたとき、一篇の教育実践記録により３・11後の教育の諸課題について語り尽くすことは出来なくても、数十の教育実践記録があれば、そこにまぎれもない教職員たちのとりくみの軌跡と今日にひきつがれる教訓が見えてくるのではないか。このように考えて、原発災害と教育を主題とする本書と、津波の被災と教育を主題とするもうひとつの書『３・11後の教育実践記録　第１巻』を纏めた。一人でも多くの方々に、両書が届くことを切望してやまない。

2021年３月

付録１　警戒区域・計画的避難区域の3区域への見直しと解除

付録２　汚染状況重点調査地域の指定と解除

付録３　教材ふたばvol.1　わたしたちの生活と環境

付録４　教材ふたばvol.2　二つのふるさと

付録５　温かさを分け合って

付録1　警戒区域・計画的避難区域の３区域への見直しと解除（原子力災害対策本部指示）

自治体 （見直し日）	帰還困難区域 （解除日）	居住制限区域 （解除日）	避難指示解除準備区域 （解除日）
㊺南相馬市 （2012年4月16日）	●	● （2016年7月12日）	● （2016年7月12日）
㊻浪江町 （2013年4月1日）	●	● （2017年3月31日）	● （2017年3月31日）
㊼双葉町 （13年5月28日）	● （2020年3月4日一部）		● 2020年3月4日
㊽大熊町 （2012年12月10日）	● （2020年3月5日一部）	● （2019年4月10日）	● （2019年4月10日）
㊾富岡町 （2013年3月25日）	● （2020年3月10日一部）	● （2017年4月1日）	● （2017年4月1日）
㊿楢葉町 （2012年8月10日）			● （2015年9月5日）
(63)飯舘村 （2012年7月17日）	●	● （2017年3月31日）	● （2017年3月31日）
(64)葛尾村 （2013年3月22日）	●	● （2016年6月12日）	● （2016年6月12日）
(65)川内村 （2012年4月1日）		● （2014年10月1日避難指示解除準備区域に見直し）	● （2016年6月14日）
(67)川俣町 （2013年8月8日）		● （2017年3月31日）	● （2017年3月31日）
(68)田村市 （2012年4月1日）			● （2014年4月1日）

2020年３月11日時点　経産省ホームページより作成

付録２　汚染状況重点調査地域の指定と解除（環境省指定）

	市町村数	指定地域（波線…解除地域）
岩手県	3	⑳奥州市、㉑平泉町、㉒一関市
宮城県	9	㉕石巻市、㊱亘理町、㊲山元町、㊺大河原町、㊻角田市、㊼丸森町、㊽栗原市、(51)白石市、(52)七ヶ宿町
福島県	41	(55)南相馬市・(65)川内村・(67)川俣町・(68)田村市のうち警戒区域又は計画的避難区域を除く区域 (53)新地町、(54)相馬市、(61)広野町、(62)いわき市、(66)伊達市、(69)小野町、(70)平田村、(71)古殿町、(72)国見町、(73)桑折町、(74)二本松市、(75)本宮市、(76)三春町、(77)郡山市、(78)須賀川市、(79)玉川村、(80)石川町、(81)鮫川村、(82)塙町、(83)矢祭町、(84)福島市、(85)大玉村、(86)鏡石町、(87)矢吹町、(88)中島村、(89)浅川町、(90)棚倉町、(91)天栄村、(92)白河市、(93)泉崎村、(94)西郷村、(97)湯川村、(98)会津坂下町、(99)会津美里町、(100)柳津町、(101)昭和村、(102)三島町
茨城県	20	(103)北茨城市、(104)高萩市、(105)日立市、(106)東海村、(107)ひたちなか市、(109)鹿嶋市、(108)鉾田市、(110)常陸太田市、(111)美浦村、(112)稲敷市、(113)土浦市、(114)阿見町、(115)牛久市、(116)龍ケ崎市、(117)利根町、(118)つくば市、(119)つくばみらい市、(120)取手市、(121)常総市、(122)守谷市
千葉県	9	(123)印西市(124)佐倉市、(125)我孫子市、(126)柏市、(127)白井市、(128)鎌ケ谷市、(129)野田市、(130)流山市、(131)松戸市
栃木県	8	(132)那須町、(133)大田原市、(135)矢板市、(134)那須塩原市、(136)塩谷町、(137)日光市、(138)鹿沼市、(139)佐野市
埼玉県	2	(140)吉川市、(141)三郷市
群馬県	12	(142)みどり市、(143)桐生市、(144)片品村、(145)沼田市、(146)川場村、(147)みなかみ町、(148)高山村、(149)渋川市、(150)中之条町、(151)東吾妻町、(152)安中市、(153)下仁田町
計	104	（内、解除15）

（2019年３月末日時点　環境省報道発表資料より作成）

第一原発ALPS　年度内の浄化困難

汚染水処理大幅遅れ

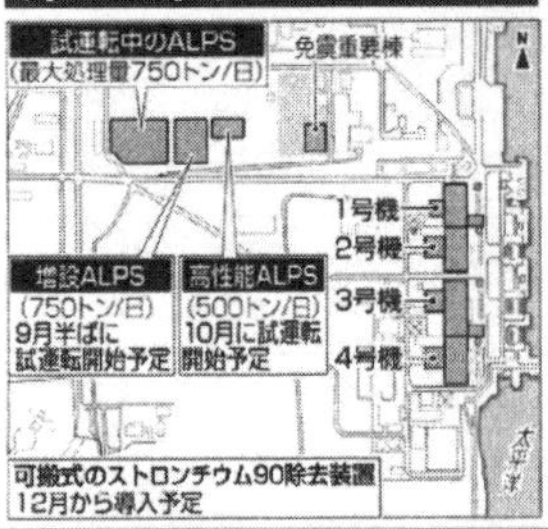

試運転が続く福島第一原発の汚染水処理設備「多核種除去設備（ALPS）」の本格運転開始について、東京電力は早くても十二月になるとの見通しを示した。昨年三月末の試運転開始からすでに一年四カ月余りが経過、ようやく先が見えたが、本年度中の完了を目指す汚染水浄化計画の達成は困難な情勢だ。

汚染水からトリチウム以外の六十二種類の放射性物質を除去できるALPSは、汚染水対策の柱の一つとして昨年三月に実際の汚染水を使った試運転が始まったものの、トラブルが続発。今年四月の本格運転移行を目指したが、直前の三月にフィルターの部品劣化で正常に処理できなくなる故障が発生、三系統すべてで補修を余儀なくされた。

ALPSが試運転でこれまでに処理した汚染水は約十二万トン。一方、構内のタンクには現在約四十万トンの汚染水がたまっている。昨年九月、現地視察した安倍晋三首相に対し、東電の広瀬直己社長は二〇一四年度中の汚染水浄化完了を明言した。構内にはタンク以外にも1～4号機などの地下に約九万トンの汚染水がある。

試運転中のALPSの最大処理量は一日約七百五十トンで、現在は同五百六十トンペースで稼働。東電はALPSを増設するほか、処理能力の高い高性能型も導入して、十月からは処理量一日約二千トンの体制で試運転を始めるとしている。さらに十二月からはストロンチウム90を除去する可搬式の浄化装置も加わる予定。これらが来年三月末までフル稼働すれば計四十万トン近くの汚染水を処理できる計算だが、現状汚染水は一日数百トンずつ増えている。増加量を抑えるために稼働中の「地下水バイパス」はまだはっきりした効果が見えず、今後新設するALPSに不具合があれば処理は大幅に遅れる。

東電「福島第一廃炉推進カンパニー」の川村信一広報担当は「とにかく目標を目指して少しでも前に進むようにやっている」と話している。

第一原発　トレンチ凍結　困難

目標の今月中旬間に合わず

東京電力福島第一原発2号機トレンチ（ケーブルなどの地下管路）で、汚染水抜き取りを目的としたタービン建屋との接続箇所の凍結作業が難航している問題で、東電は十四日、現状は凍結の条件を達成できていないとの見方を示した。八月中旬までに凍結の効果を示すとしていたが、事実上困難とみられる。

東電廃炉推進カンパニーの川村信一広報担当は同日の記者会見で、トレンチ内の汚染水の水面付近で温度低下が緩慢な状態が継続していると説明。東電の解析で、凍結の条件である五度以下の状態を三週間継続するという目標について「満たすには至っていないのではないか」と述べた。一方、「（現場から）手応えは少しあるようなことは聞いている」と発言。「水温を下げて凍らせるところまで実施したい」と、現時点で方針に変更はないとの考えを強調した。

また、川村氏は水温などの具体的データについて、十九日に開かれる原子力規制委員会の検討会で東電の考察とともに提供するとして、それまでは公表を拒否した。

2号機トレンチには汚染水が五千～六千トンたまっているとされ、地中に漏れ出している可能性も指摘されている。同様に汚染水がたまっているタービン建屋からの流入を阻止するため、まずは凍結して水の行き来を遮断する計画だった。これまで約三百トンの氷と数トンのドライアイスが投入されたが、凍結に至っていない。

福島民報（共同通信配信）2014年（平成26年）8月17日2面↑

福島民報（時事通信配信）2014年（平成26年）8月15日2面→

「わたしたちの国土と環境」

わたしたちの生活と環境

～双葉地方の復興のために～

新聞では、「ALPS（多核種除去設備・たかくしゅじょきょせつび）」「汚染水」「トレンチ」ということばが多く見られます。これらはいったいどういうものなのでしょうか。

東京電力株式会社（※1）の福島第一原子力発電所（※2）の事故により、双葉地方の人々をはじめとする多くの人々が避難生活を続けています。その中には、みなさんと同じ小学校 5 年生の子どもたちもいます。この事故でどんなことが起こったのでしょうか。

公園の除染作業

プレハブ校舎（大熊中）

廃校校舎の利用

工場跡地の利用

※1　以下「東電」と表します。

※2　以下「福島第一原発」と表します。

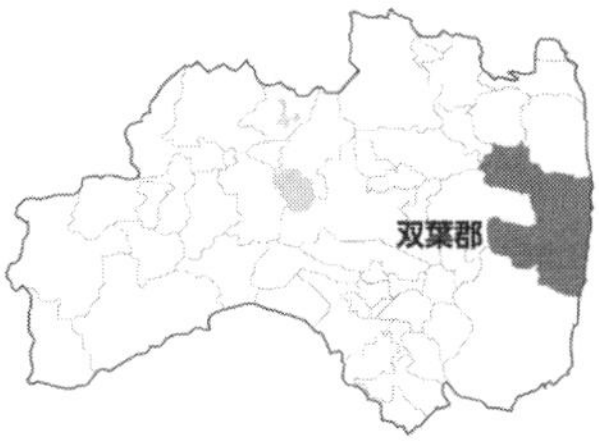

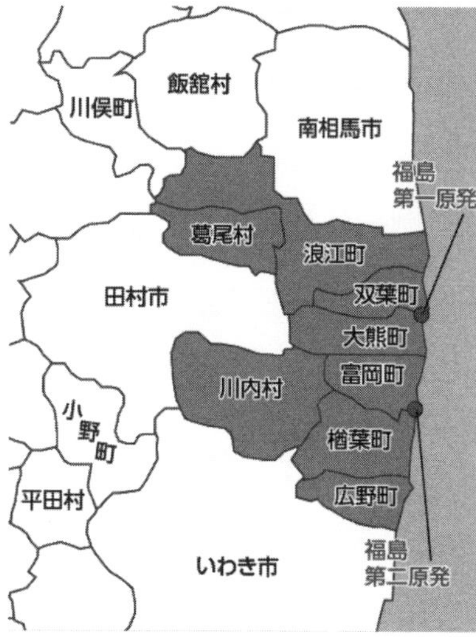

福島県双葉郡には、東電の福島第一原発の他に第二原子力発電所がありました。2011 年 3 月 11 日の東日本大震災では、特に福島第一原発に大きな被害がありました。

(旧) 警戒区域等 (画像提供 : 共同通信社)

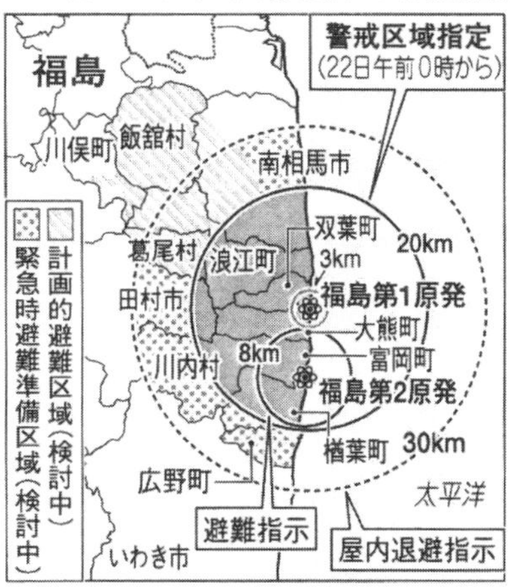

福島県内の地表面へのセシウム137の沈着量マップ
(文部科学省　平成23年8月30日公表資料より福島県内部分)

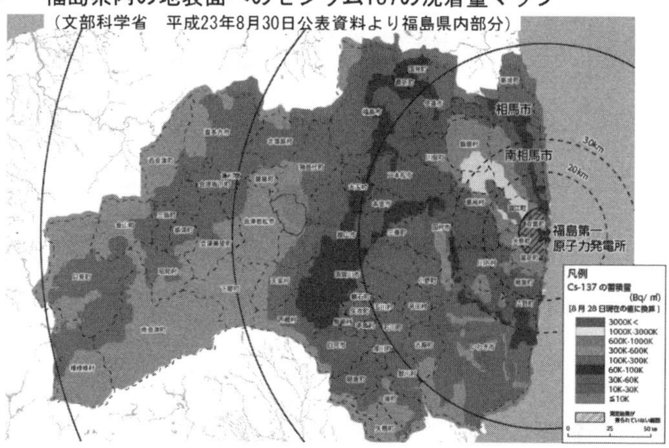

福島第一原発の事故によって、福島第一原発から半径 20kmまでのところ (※3) に住む人々には「避難指示」が出され、20kmよりも遠くへ全員が避難しました。一部の市町村では、避難指示が解除になって自宅に住むことができるようになったところもありますが、多くの住民はもどることができない状態が続いています。

また、震災後の相次ぐ爆発などによって放射性物質 (※4) が広い範囲に拡散し、今でも放射線量が高い場所が多く残され、避難指示が出ていないところから避難している人々がたくさんいます。

※3　「警戒区域」とよばれ、立ち入りがきびしく制限されました。

※4　放射線を出す物質。特に大量に拡散したのが、ヨウ素やセシウム。

事故前の福島第一原発（写真提供：共同通信社）

原発と双葉地方の人々

原発は双葉地方にどのような影響をおよぼしてきたのでしょうか。

福島第一原発がつくられることが正式に決まったのは、今から 50 数年前のことでした。約 10 年後に 1 号機が運転を開始し、その後、10 年の間に 6 号機までが運転を開始し、定期検査や事故、不祥事などで運転が止まったこともありますが、原発の運転は東日本大震災が起きるまで 40 年以上続きました。

原発がある大熊町は、1950（昭和 30）年代には、約 8,800 人の町民の 7 割が農業や漁業などの仕事をしていました。これは、他の双葉地方の町村も同じです。冬の間は、多くの人が首都圏などに行って、高速道路やダムの建設などの仕事を

1961（昭36）	大熊と双葉町の議会で原発をつくることを決める。
1971（昭46）	1号機の運転が始まる。 その後、2号機（'74）、3号機（'76）、4・5号機（'78）、6号機（'79）が運転を始める。
2003（平15）	第一原発全機が運転をとめる。 12月に3・5号機が運転を再開する。 その後、1・6号機（2005）、4号機（'09）、2号機（'10）が運転を再開する。
2010（平22）	3号機プルサーマル運転を始める。
2011（平23）	3月11日、東日本大震災。 5月に1～4号機の廃止が決定される。
2012（平24）	1～4号機が廃止となる。
2013（平25）	4号機から使用済みの燃料の取り出しが始まる。
2014（平26）	5・6号機が廃止となる。

して、春になって農業や漁業ができるようになる頃に戻ってくる「出かせぎ」ということが行われていました。

（町の一般会計歳入額）

1955年	1,700万円
1979年	4億2,000万円
1980年	30億超

（町商工会収入額）

1961年	62万円
1971年	590万円

（賃金の比較）

高卒での1日の賃金

土木工事	270円
原発工事	400円

＊1号機建設時は2,000円

＊日当400円は、東京の出かせぎと同じ

原発がつくられ、運転が行われるようになって、そうした人々の生活に大きな変化が見られるようになりました。原発がある町には原発にかかわっての交付金がたくさん入り、町の財政は豊かになりました。学校や役場庁舎、その他の公共施設が新しく建設されました。原発建設時には、双葉地方の人々は出かせぎをすることなく、地元ではたらくことができるようになりました。また、原発に関係する会社がたくさんできて、建設が終わっても、出かせぎをする必要はなくなりました。東電や関係する会社につとめる人も多くなり、地元の商店街も活気が増しました。双葉地方以外のところから多くの人々が移り住み、前から双葉地方に住んできた人々との関係も良好でした。

大熊町でお肉屋さんを経営していたKさん

私が大熊町におよめさんに来たのは 40 年前のことです。その時には原発は動いていて、原発に関係する会社もたくさんできていました。町の商店街のところでお肉屋をしていましたが、近くには東電の社宅や、新しい団地、県立病院もあって、仕事の方は順調でした。町の中に大きなスーパーもできましたが、お得意様もたくさんいたので、助かりました。むすめが 2 人いますが、オーストラリアのバサースト市との交流で「希望の翼」にも参加させてもらいました。とてもいい経験になりました。今は、いわき市に避難しています。仕事は再開していません。

大熊町で教員をしていたSさん

大熊町の学校に勤めていたのは震災の2年前まででした。当時の町長さんがよく言っていた言葉は「町づくりは人づくり」で、大熊町は、教育にはたくさんの予算をつけてくれていました。学校の施設、備品など、子どもたちは恵まれた環境で勉強していました。私はＰＴＡの仕事もしていたので、保護者の方や、地域の方とのつき合いが多くありました。みなさん、学校の行事にはとても協力的でした。ＰＴＡ主催の夏休みの学習会では、保護者の方が声をかけて、地域の方、東電も含めた企業の方が講師として手伝ってくださいました。大熊にはよい思い出がたくさんあります。

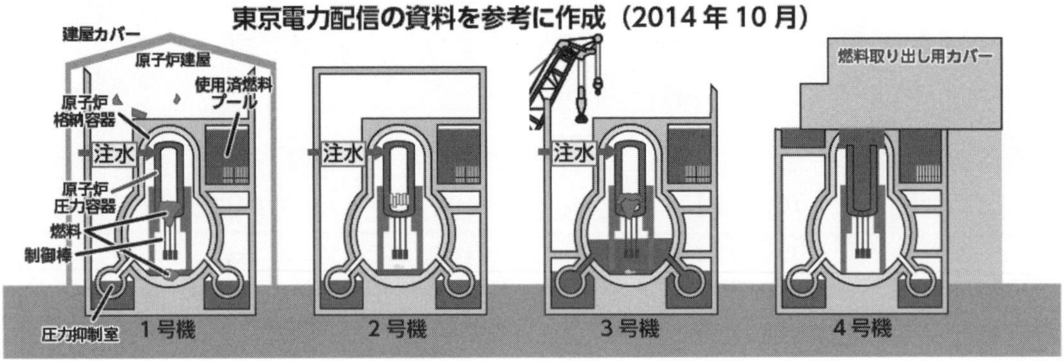

原発事故とその影響

原発事故とはどのようなものだったのでしょうか。それは双葉地方やその他の地域にどのような影響をあたえたのでしょうか。

2011 年 3 月 11 日の大地震と津波により、福島第一原発の各原子炉では、施設が大きくこわれ、非常用の炉心冷却装置（※5）も停止しました。運転していた１～３号機では、原子炉を囲んでいる建物（「原子炉建屋（げんしろたてや）」）の中に水素がたまって爆発するなどの事故が発生しました。このことにより、大量の放射性物質が県内外にまき散らされました。

月日	時刻	事故の状況
3・12	0:30	（1号機） 原子炉の中の圧力が上昇
	13:38	ベント
	15:36	水素爆発
3・13	8:41	（3号機） ベント
3・14	4:08	ベント
	11:01	水素爆発
3・15	0:02	（2号機） ベント
	6:10	水素爆発
	6:14	（3号機） けむりが出る
		（4号機） 水素爆発
	6:20	（2号機） 圧力をおさえる部分がこわれる
	6:56	（4号機） 建屋の屋根が変形する
	8:25	（2号機） 建屋の5階あたりから白いけむりが出る
	9:38	（4号機） 建屋3階あたりで火災発生
	10:22	（3号機） 周辺で 400mSv/h の線量測定
	10:59	オフサイトセンターに退避命令
	11:00	首相指示 20 ～ 30km 圏内屋内退避
	12:25	（4号機） 火災がおさまる

子どもたちはマスクをつけて登校していました。また、首から下げているのはガラスバッジです。

※5　事故後も燃料はどんどん高温になるために冷やし続けなくてはいけません。

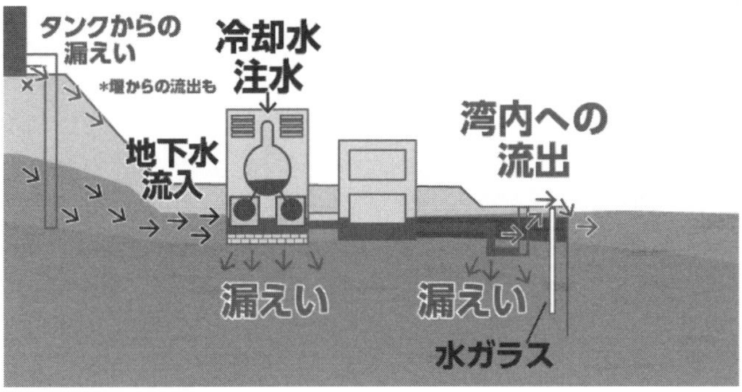

さらに燃料の「溶融（ようゆう）」ということがおきて、溶けて原子炉の外にもれ出た燃料が、原子炉建屋の中の水を汚染してしまいました。第一原発の下は大量の地下水が流れており、それが建屋内に入って、大量の汚染水となりました。1 ページの新聞の報道は、その汚染水の処理についてのものです。いくつかの対応策がとられていますが、完全な解決方法は見つかっていません。

汚染水問題への対策

対策の内容	時期	国のお金
放射性物質をとりのぞく設備をつくる	2014年内	150億
土を凍らせて壁にして汚染水もれを防ぐ	2014 年度後半	320億
その他		なし
・海側の汚染水をとりのぞく	2013年8月～	
・地下水の通り道をつくる	未定	
・タンクを交換する	不明	

原発に近い双葉郡内もふくめて、福島県全体で約 13 万 2 千人（2014 年 3 月現在）の人が避難をしています。また、農作物や魚や貝などの海でとれるものも、放射能検査をして基準を満たしたものでないと出荷できません。県内各地で「除染」（※6）が行われていますが、はじめの計画通りには進んでいません。

原発事故は、避難指示区域や福島県全体ばかりでなく、いまだに東日本全体に大きな影響をあたえています。

※6　家、地面、樹木、道路などから、放射性物質を取り除く作業のこと。

大熊町のホームページより

これからの双葉地方

現在避難をしている町や村では、復興に向けてどのようなことが行われているのでしょうか。

双葉地方の町や村では、もとの場所への帰還をめざしていますが、すぐに戻ることはできません。避難を続けている住民の生活が安定するように、それぞれの町や村がいろいろな工夫をしています。

浪江町の広報誌（当時）

住民が県内外に避難しているため、町や村が発行する広報誌は大切な情報源となっています。また、それぞれの町や村はホームページを作成し、町の取り組み、賠償や支援等の制度などの情報を、インターネットを通じ住民に提供しています。

また、住民のつながりを持つために、事故前に行っていた行事などを再開したり、避難先では住民の集いなども積極的に行われています。

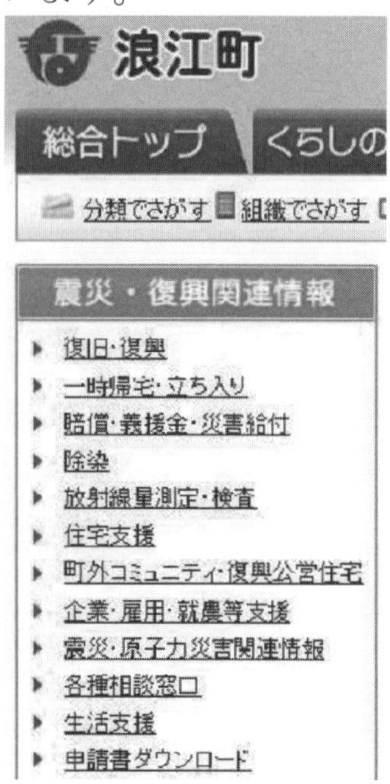

浪江町のホームページ（当時）より

双葉郡全体でも復興を目指した動きがたくさんあります。双葉郡８町村の教育長を中心として、「福島県双葉郡教育復興ビジョン推進協議会」が開催されています。その活動の一つに「福島県双葉郡子供未来会議」があります。双葉郡の子どもたちが、自分や自分たちの町や村の将来について話し合う場となっています。

> **福島県双葉郡教育復興ビジョン推進協議会では、双葉郡のすべての子供と大人が県内外から集まり、双葉郡の教育復興について考え対話する場として、「双葉郡子供未来会議」を開いてきました。会議と言っても堅苦しくなく、自由で楽しい雰囲気です。いくつかのグループに分かれ、子供と大人（保護者・先生・教育長など）が一緒にテーブルを囲んで双葉郡のこれからの教育や理想の学校をテーマに話し合い、お互いの言葉を大きな１枚の紙に書き留めていきます。最後にグループごとに発表を行って意見交換を行います。**
>
> **子供たちの声・皆さんの声が、新しい教育づくり・地域づくりに生かされます。子供会議は今後も開催していきます。ぜひ一緒に、未来を考えましょう。**
>
> （福島県双葉郡教育復興ビジョン推進協議会HP
> https://futaba-educ.net/future より）

（上から）脱原発の集会、太陽光発電パネル、風力発電施設

国や県も、法律や規則を新たにつくって、東日本大震災における被災地の復興が進むように努力しています。特に原発事故への対応については、地元の町長や村長、議員と話し合いながら、新しい町づくり、村づくりが進められようとしています。

原発事故後、人々の考え方も大きく変わりました。脱原発の集会が全国各地で行われたり、太陽光や風力など「再生可能エネルギー」と呼ばれる新しいエネルギーの開発が進められたりしています。町や村全体で避難しているところが多くありますが、それぞれの町や村が、国や県とともに、住民の生活再建が進むように取り組んでいます。そして避難者自身も、支援制度を活用しながら、避難先での新しい生活をつくるための努力を続けています。

- 8 -

出典：教材ふたばvol. 1　第５学年社会科　小単元名　わたしたちの生活と環境－双葉地方の復興のために　大単元名　わたしたちの国土と環境（福島県教組双葉支部 教材「ふたば」作成委員会 設立準備室編、2014年、ｐ１-８）。作者の了解のもと写真と図の一部について差し替えと削除を行った。

浪江の自宅

恵子の自宅は「居住制限区域」に指定され、除染は行われてはいません。

「避難区域」

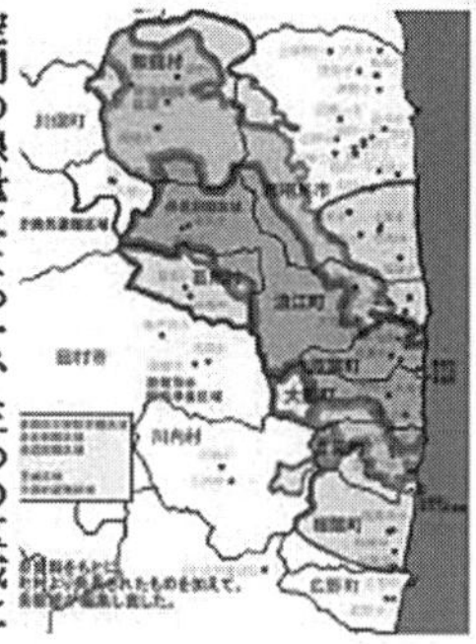

空間の線量によって、三つの区域に分けられます。レベルの低い順に「避難指示解除準備区域」「居住制限区域」「帰還困難区域」です。いずれも住むことはできません。

いいよね。そして、郡山の市民として生活していった方がいいんだよね。」

母は言った。

「お母さんは、正直に言うと、恵子には郡山の学校に進学してほしいな。お姉ちゃんが思いがけず早く家を出た分、恵子には高校までは一緒に住んでほしいよ。」

「そうだよね。じゃ、私は郡山をふるさとにする。」

母は、ちょっと考えてこう言った。

「恵子は、郡山に住んでるうちに、浪江がふるさとでなくなることがいやなのかな？　お母さんの生まれ故郷は山形だから、山形はとっても好きだよ。でも福島も、浪江も、山形と同じくらいに好きだし、お母さんにとっては大事なふるさとだよ。」

恵子は、浪江の時の友達の顔を思い浮かべた。そして、今の学校の同級生の顔を思い浮かべた。そして、夕食の時に、高校のことを両親と真剣に話し合おうと思った。

■　恵子が進学先を選ぶのに迷っているのはなぜでしょう。
■　恵子がどういう結論を出すか予想して、友達と話し合ってみましょう。
■　あなたにとっての「ふるさと」とはどういうものですか。考えてみましょう。
■　帰るべきふるさとをなくした恵子をどう思いますか。

出典：教材ふたばvol. 2　中学2年（3年）道徳　二つのふるさと
（福島県教組双葉支部　教材「ふたば」作成委員会　設立準備室編、2015年）。

新築に向けての工事

自宅に戻ることをあきらめたり、長い期間戻れないと判断したりした住民は、アパートなどから、より広い家を求めます。新築、購入等には賠償金も活用しますが、避難区域のレベルによっては、新たにローンを組む世帯もあります。

何度も考えたことだった。両親から、家を建てるということを聞かされ、さらに自分のふるさとのことを考えることが多くなった。

昨年四月に大学に進学した姉の信子は、どうしても南相馬市の高校に行きたいと言い、下宿住まいから始まり、高校を卒業する頃にはアパートで独り暮らしをしていた。すごいな、と思いつつも、別に郡山の高校でもいいのになあ、と思っていた。しかし、いよいよ浪江の家に帰らないとなった時、小学生まで住んでいた故郷のことが特別なところのように思えてきた。姉がむこうの高校を選んだ理由が少しだけ分かったような気がした。

来年の四月から、双葉郡の子どもたちを受け入れる中高一貫の学校ができることを知った。恵子の複雑な気持ちは、ますます強くなった。昨年までは、当然のことのように、郡山市内の高校に入学するつもりでいた。しかし、家の新築のことから、気持ちは揺れてきた。

(私は郡山の人間なんだろうか。)

(浪江の人間なんだろうか。)

(浪江のことは忘れて新しいふるさとを見つけることの方がいいのだろうか。)

(新しくできる高校に入って、双葉郡の友達がいる方がいいのだろうか。)

夏休みの高校の体験入学が近くなり、恵子は母に聞いた。

「お母さんは、ずっと郡山にいるんでしょ。だったら、私は郡山の高校に入学した方が

郡山市の借り上げ住宅

「借り上げ住宅」
「見なし仮設住宅」ともいいます。民間の貸家やアパートを「仮設住宅」と見なし、上限を決めて家賃の負担を県が行います。家族の規模によって、県の負担額の上限が設定されています。

二つのふるさと

東日本大震災から四年目になった年、恵子は中学三年生だった。東日本大震災の時は小学五年生だった。恵子の自宅は、原発から一〇キロメール内の浪江町にあった。原発事故により、家族全員で避難をし、これまでの三年間は郡山市内の借り上げ住宅で生活をしていた。恵子は近くの小学校に転校し、そのまま小学校の同級生たちと一緒に近くの中学校に入学した。小学校でも、中学校でも、友達や先生と仲良く過ごすことができ、学校生活には何の不満も不安もなかった。

そんなとき、両親からこれからの生活のことについて話をされた。

「恵子、やっぱり浪江の家に戻ることは難しいんだ。お母さんと相談をしたけど、やはり家を建てることにした。」

恵子は複雑な気持ちだった。この四年間の郡山市での生活の中で、近所の友達もできた。なじみの文具店や書店もできた。地理的にも慣れてきて、普通に生活をしている自分に気付くことがある。でも、恵子は一度も自宅には戻っていない。中学生までは、自宅に立ち入ることがいまだに禁止されているからだ。高校生になったらちょっとでもいいから家に帰れるかな、と時々思うことがある。そんな時は必ず、前の家をなつかしく思い、前の小学校の友達のことを思い出し、涙が出そうになった。

(私のふるさとは、どこなんだろう?)

教材ふたば vol.2

中学２年（３年）道徳

「二つのふるさと」

2015.6.10 現在の恵子の自宅。当然だが、草が生い茂った状態。

福島県教組双葉支部
教材「ふたば」作成委員会　設立準備室

であることを、ぼくはこの震災を通して学んだ。たくさんの人に支えられて、ぼくたちは生きている。そのことを忘れなければ、人を傷つける言葉や相手を考えない言動をとることはないと思う。

「みっちー」と温かく迎えてくれた埼玉の友人たち、不安をなくすために温かい言葉をかけてくれた先生方を、ぼくは絶対忘れない。そして、大変な中でも普通の生活に戻そうと工夫してきた原町二中のみんなや先生方の強さも。ぼくもその温かさを他の人に分けられる人間になりたいし、どんなことがあっても強く生きていく心を持てる人になろうと強く思う。

（「平成二十三年度第三十一回全国中学生人権作文コンテスト」生徒作文）

出典：ふくしま道徳教育資料集　第１集「生きぬく・いのち」（福島県教育委員会編、2013年３月、p40-43）
https://www.pref.fukushima.lg.jp/img/kyouiku/attachment/905501.pdf

ぼくは、これまで人権についてあまり考えたことがなかった。しかし、震災後の生活を振り返って、震災以前の当たり前と思っていた生活がどれほど大切なものなのか、ぼくたちを守ってくれていたものがどれほどたくさんあったのかに気づかされた。

家族と一緒に暮らすこと。学校に行って勉強したり、校庭で思い切り体を動かしたりすること。公園の芝生の上に寝転がること。原発の事故で差別されないこと。震災という出来事が、これほどたくさんの「人権」に関わってくるようになるとは思いもしなかった。

千年に一度の大津波。起こることを想定していなかった原発問題。自然の驚異や科学技術の進歩によって、これから先も色々なことが起こるだろう。困っている人、大変な思いをする人がたくさんいる中で、全ての人権を守るのは、とても難しいことが今回の震災でわかった。しかし、だからこそ、放射能による差別や風評被害など人を傷つけるような問題は起こってほしくないと思う。震災以降差別に関する残念なニュースは多かったが、それ以上に心が温かくなる話の方が多かった。大変な時だからこそ、助け合うことが大切そして、転校初日。これからの学生生活がどうなるのか不安に思っていたぼくにとって、「みっちー」というニックネームは思いがけないものだった。初めてなのに、親しく声をかけ色々と教えてくれる級友にぼくはとても安心した。埼玉の学校でも頑張ろう、という気持ちがわいてきた。

そんなある日、ぼくは新聞を見て驚いた。福島から来た小学生が、転校先で「放射能がうつる」と言われたというのだ。さらに、病院で診察を断られる、レストランの入店を拒否される、スクリーニング検査を受けた証明がないと入れない施設がある、いわきナンバーの車がパンクさせられるなど、放射能による差別があちこちで報道されるようになった。同じ福島県内ですら、浜通りから来た人に対して「放射能が来た」と言ったという話を聞いた時は、耳を疑った。

どうして、こんな差別をする人たちがいるのだろう。放射能差別とでもいうべきニュースを見るたびに、ぼくは怒りと共にとても悲しい気持ちになった。それを両親に話すと、「四月に入ってからは、食料やガソリンなどを積んだトラックが仙台まではよく来るようになったよ。でも、『放射性物質で汚染されるから、南相馬市まで運びたくない。』と言っている人もいるね。何とかお願いして相馬市まで運んでくれても、そこから先は危険だから行きたくないという人は、やっぱりいるんだよ。目に見えないから心配なんだね。」と話してくれた。食料がなければ店も開かず、食べるものが手に入らない。軽油がなければがれきをどかす重機も使えない。地震や津波の被害をまぬかれ、町を何とかしようと思っている人たちはたくさんいたが、生活することが難しくなり、町を離れる人は後をたたなかったそうだ。

また、警戒区域では行方不明の家族すら探せない、遺体が見つかっても放射性物質などの関係で家族でも触れることができなかったという。それがどれほどつらいことか、ぼくには想像もつかない。八月が終わろうとする今も、田んぼには漁船が転がり、がれきは集められたものの、あちこちに積み上げられたままだ。震災は当たり前と思っていた景色も生活も、すっかり変えてしまった。

温かさを分け合って

「みっちー」。それが、新しい学校でのぼくのニックネームとなった。四か月足らずの生活だったが、ぼくに色々なことを教えてくれた大切な日々だった。

あの三月十一日の東日本大震災は、ぼくたちの生活を一変させた。南相馬市は原発の影響で屋内退避となり、生活面や健康面など様々なことを心配した両親は、祖父母とぼくたち兄弟を連れて埼玉の伯父の家に一時的に避難することにした。

伯父の家に着いても、両親は仕事があるため、早々に南相馬市に帰り、祖父母とぼくたち兄弟だけが埼玉に残ることになった。いつまで続くかわからない避難生活、両親の不在、そしてあまりにも急な転校の話にぼくは戸惑い、とても不安だった。

いつもは強気な小学生の弟も、心細そうにぼくにくっついていることが増えた。初めて過ごす伯父の家、初めての町、慣れないことばかりの生活が始まった。

編著者

■大森直樹（おおもりなおき）

東京学芸大学 特別支援教育・教育臨床サポートセンター教授。専門は教育史。著書に『子どもたちとの七万三千日－教師の生き方と学校の風景』（東京学芸大学出版会）、『道徳教育と愛国心－「道徳」の教科化にどう向き合うか』（岩波書店）、『福島から問う教育と命』（岩波書店・共著）、『資料集 東日本大震災と教育界－法規・提言・記録・声』（明石書店・共編）など。教育総研『資料集　東日本大震災・原発災害と学校－岩手・宮城・福島の教育行政と教職員組合の記録』（明石書店）の刊行に際してはＰＴの委員となり、教育総研「東日本大震災・原発災害と学校」研究委員会では委員長をつとめた。

■大橋保明（おおはしやすあき）

名古屋外国語大学 教職センター教授、教職センター長。専門は教育社会学。著書に『コミュニティ教育学への招待』（解放出版社・共著）など。震災当時は福島県のいわき明星大学（現・医療創生大学）人文学部准教授として、いわき市教育委員会「人づくり教育懇談会」や福島県教育委員会「地域家庭教育推進協議会いわきブロック会議」の座長を歴任し、教育総研「東日本大震災・原発災害と学校」研究委員会では委員をつとめた。

編者

■一般財団法人 教育文化総合研究所（教育総研）

前身の国民教育文化総合研究所（1991年発足）を経て、2016年設立。

所在地　〒101-0003　東京都千代田区一ツ橋2-6-2　日本教育会館内

電　話　03-3230-0564　ＦＡＸ　03-3222-5416

ＵＲＬ　http://www.k-soken.gr.jp/

３・11後の教育実践記録

第２巻　原発被災校と３・11受入校

2021年４月30日　発行

編著者　大森直樹・大橋保明

編　者　一般財団法人 教育文化総合研究所

発行者　則松佳子

発行所　株式会社 アドバンテージサーバー

〒101-0003

東京都千代田区一ツ橋2-6-2　日本教育会館

TEL：03-5210-9171　FAX：03-5210-9173

URL：https://www.adosava.co.jp

印刷・製本　モリモト印刷株式会社

ISBN978-4-86446-073-6　C3037　¥2500